BRUCK-MÖLLER

Kommentar zum

Versicherungsvertragsgesetz

und zu den

Allgemeinen Versicherungsbedingungen

unter Einschluß des

Versicherungsvermittlerrechtes

Begründet von

Prof. Dr. jur. ERNST BRUCK†

Neubearbeitet von

Prof. Dr. jur. HANS MÖLLER

8. Auflage

1. Lieferung: Einleitung, §§ 1—15 a VVG

VERLAG WALTER DE GRUYTER & CO.

vormals G. J. Göschen'sche Verlagshandlung — J. Guttentag, Verlagsbuchhandlung
Georg Reimer — Karl J. Trübner — Veit & Comp.

Berlin 1953

Inhalt der 1. Lieferung

Abkürzungen

Die Abkürzungen für die gebräuchlichsten Allgemeinen Versicherungsbedingungen (AVB) sind eingeführt in der Einl. Anm. 20.

Das wichtigste Schrifttum ist mit der benutzten Zitierweise angeführt in der Einl. Anm. 39. — Ist ein Werk mit dem Zusatz a. a. O. zitiert, so ist der genaue Fundort aus den Schrifttumsangaben des betreffenden Abschnitts zu entnehmen.

Ferner bedeuten: V = Versicherung, Ver = Versicherer, Vmer = Versicherungsnehmer, Vter = Versicherter.

Ein ausführliches Abkürzungsverzeichnis wird der letzten Lieferung beigefügt sein.

A. Gesetzeswortlaut.

Gesetz über den Versicherungsvertrag.

Vom 30. Mai 1908 (RGBl. S. 263), abgeändert durch Gesetz vom 20. Dezember 1911 (RGBl. S. 985), Verordnung vom 12. Februar 1924 (RGBl. I S. 65), Gesetz vom 7. November 1939 (RGBl. I S. 2223), Verordnung vom 19. Dezember 1939 (RGBl. I S. 2443), Verordnung vom 3. November 1942 (RGBl. I S. 636), Verordnung vom 28. Dezember 1942 (RGBl. I S. 740) und Verordnung vom 6. April 1943 (RGBl. I S. 178)*).

Erster Abschnitt.

Vorschriften für sämtliche Versicherungszweige.

Erster Titel.

Allgemeine Vorschriften.

§ 1[1])

[1] Bei der Schadensversicherung ist der Versicherer verpflichtet, nach dem Eintritte des Versicherungsfalls dem Versicherungsnehmer den dadurch verursachten Vermögensschaden nach Maßgabe des Vertrags zu ersetzen. Bei der Lebensversicherung und der Unfallversicherung sowie bei anderen Arten der Personenversicherung ist der Versicherer verpflichtet, nach dem Eintritte des Versicherungsfalls den vereinbarten Betrag an Kapital oder Rente zu zahlen oder die sonst vereinbarte Leistung zu bewirken.

[2] Der Versicherungsnehmer hat die vereinbarte Prämie zu entrichten. Als Prämien im Sinne dieses Gesetzes gelten auch die bei Versicherungsunternehmungen auf Gegenseitigkeit zu entrichtenden Beiträge.

§ 2[1])

[1] Die Versicherung kann in der Weise genommen werden, daß sie in einem vor der Schließung des Vertrags liegenden Zeitpunkte beginnt.

[2] Weiß in diesem Falle der Versicherer bei der Schließung des Vertrags, daß die Möglichkeit des Eintritts des Versicherungsfalls schon ausgeschlossen ist, so steht ihm ein Anspruch auf die Prämie nicht zu. Weiß der Versicherungsnehmer bei der Schließung des Vertrags, daß der Versicherungsfall schon eingetreten ist, so ist der Versicherer von der Verpflichtung zur Leistung frei; dem Versicherer gebührt, sofern er nicht bei der Schließung von dem Eintritte des Versicherungsfalls Kenntnis hatte, die Prämie bis zum Schlusse der Versicherungsperiode, in welcher er diese Kenntnis erlangt.

[3] Wird der Vertrag durch einen Bevollmächtigten oder einen Vertreter ohne Vertretungsmacht geschlossen, so kommt in den Fällen des Abs. 2 nicht nur die Kenntnis des Vertreters, sondern auch die des Vertretenen in Betracht.

---

*) Die kleinen Ziffern hinter der Paragraphenbezeichnung lassen jeweils ersehen, aus welchen Rechtsquellen sich die jetzige Gesetzesfassung ergibt. Dabei bedeuten:

1) das G vom 30. V. 1908,
2) das G vom 20. XII. 1911,
3) die VO vom 12. II. 1924,
4) das G vom 7. XI. 1939,
5) die VO vom 19. XII. 1939,
6) die VO vom 3. XI. 1942,
7) die VO vom 28. XII. 1942,
8) die VO vom 6. IV. 1943.

Die Bezifferungen der Absätze finden sich in den Rechtsquellen selbst nur insoweit, als sie in runden Klammern gedruckt sind, also nicht in eckigen Klammern.

§ 3[5])

(1) Der Versicherer ist verpflichtet, eine von ihm unterzeichnete Urkunde über den Versicherungsvertrag (Versicherungsschein) dem Versicherungsnehmer auszuhändigen. Eine Nachbildung der eigenhändigen Unterschrift genügt.

(2) Ist ein Versicherungsschein abhanden gekommen oder vernichtet, so kann der Versicherungsnehmer von dem Versicherer die Ausstellung einer Ersatzurkunde verlangen. Unterliegt der Versicherungsschein der Kraftloserklärung, so ist der Versicherer erst nach der Kraftloserklärung zur Ausstellung verpflichtet.

(3) Der Versicherungsnehmer kann jederzeit Abschriften der Erklärungen fordern, die er mit Bezug auf den Vertrag abgegeben hat. Der Versicherer hat ihn bei der Aushändigung des Versicherungsscheins auf dieses Recht aufmerksam zu machen. Bedarf der Versicherungsnehmer der Abschriften für die Vornahme von Handlungen gegenüber dem Versicherer, die an eine bestimmte Frist gebunden sind, und sind sie ihm nicht schon früher vom Versicherer ausgehändigt worden, so ist der Lauf der Frist von der Stellung des Verlangens bis zum Eingang der Abschriften gehemmt.

(4) Die Kosten der Ersatzurkunde sowie der Abschriften hat der Versicherungsnehmer zu tragen und auf Verlangen vorzuschießen.

§ 4[1])

[1] Wird ein Versicherungsschein auf den Inhaber ausgestellt, so treten die im § 808 des Bürgerlichen Gesetzbuchs bestimmten Wirkungen ein.

[2] Ist im Vertrage bestimmt, daß der Versicherer nur gegen Rückgabe des Versicherungsscheins zu leisten hat, so genügt, wenn der Versicherungsnehmer behauptet, zur Rückgabe außerstande zu sein, das öffentlich beglaubigte Anerkenntnis, daß die Schuld erloschen sei. Diese Vorschrift findet keine Anwendung, wenn der Versicherungsschein der Kraftloserklärung unterliegt.

§ 5[5])

(1) Weicht der Inhalt des Versicherungsscheins von dem Antrage oder den getroffenen Vereinbarungen ab, so gilt die Abweichung als genehmigt, wenn der Versicherungsnehmer nicht innerhalb eines Monats nach Empfang des Versicherungsscheins schriftlich widerspricht.

(2) Diese Genehmigung ist jedoch nur dann anzunehmen, wenn der Versicherer den Versicherungsnehmer bei Aushändigung des Versicherungsscheins darauf hingewiesen hat, daß Abweichungen als genehmigt gelten, wenn der Versicherungsnehmer nicht innerhalb eines Monats nach Empfang des Versicherungsscheins schriftlich widerspricht. Der Hinweis hat durch besondere schriftliche Mitteilung oder durch einen auffälligen Vermerk in dem Versicherungsschein, der aus dem übrigen Inhalt des Versicherungsscheins hervorgehoben ist, zu geschehen; auf die einzelnen Abweichungen ist besonders aufmerksam zu machen.

(3) Hat der Versicherer den Vorschriften des Abs. 2 nicht entsprochen, so ist die Abweichung für den Versicherungsnehmer unverbindlich und der Inhalt des Versicherungsantrags insoweit als vereinbart anzusehen.

(4) Eine Vereinbarung, durch welche der Versicherungsnehmer darauf verzichtet, den Vertrag wegen Irrtums anzufechten, ist unwirksam.

§ 6[4])[5])[7])

(1) Ist im Vertrag bestimmt, daß bei Verletzung einer Obliegenheit, die vor dem Eintritt des Versicherungsfalls dem Versicherer gegenüber zu erfüllen ist, der Versicherer von der Verpflichtung zur Leistung frei sein soll, so tritt die vereinbarte Rechtsfolge nicht ein,

wenn die Verletzung als eine unverschuldete anzusehen ist. Der Versicherer kann den Vertrag innerhalb eines Monats, nachdem er von der Verletzung Kenntnis erlangt hat, ohne Einhaltung einer Kündigungsfrist kündigen, es sei denn, daß die Verletzung als eine unverschuldete anzusehen ist. Kündigt der Versicherer innerhalb eines Monats nicht, so kann er sich auf die vereinbarte Leistungsfreiheit nicht berufen.

(2) Ist eine Obliegenheit verletzt, die von dem Versicherungsnehmer zum Zwecke der Verminderung der Gefahr oder der Verhütung einer Gefahrerhöhung dem Versicherer gegenüber zu erfüllen ist, so kann sich der Versicherer auf die vereinbarte Leistungsfreiheit nicht berufen, wenn die Verletzung keinen Einfluß auf den Eintritt des Versicherungsfalls oder den Umfang der ihm obliegenden Leistung gehabt hat.

(3) Ist die Leistungsfreiheit für den Fall vereinbart, daß eine Obliegenheit verletzt wird, die nach dem Eintritt des Versicherungsfalls dem Versicherer gegenüber zu erfüllen ist, so tritt die vereinbarte Rechtsfolge nicht ein, wenn die Verletzung weder auf Vorsatz noch auf grober Fahrlässigkeit beruht. Bei grobfahrlässiger Verletzung bleibt der Versicherer zur Leistung insoweit verpflichtet, als die Verletzung Einfluß weder auf die Feststellung des Versicherungsfalls noch auf die Feststellung oder den Umfang der dem Versicherer obliegenden Leistung gehabt hat.

(4) Eine Vereinbarung, nach welcher der Versicherer bei Verletzung einer Obliegenheit zum Rücktritt berechtigt sein soll, ist unwirksam.

§ 7[1])

Ist die Dauer der Versicherung nach Tagen, Wochen, Monaten oder nach einem mehrere Monate umfassenden Zeitraume bestimmt, so beginnt die Versicherung am Mittage des Tages, an welchem der Vertrag geschlossen wird. Sie endigt am Mittage des letzten Tages der Frist.

§ 8[1])[5])

[1] Eine Vereinbarung, nach welcher ein Versicherungsverhältnis als stillschweigend verlängert gilt, wenn es nicht vor dem Ablaufe der Vertragszeit gekündigt wird, ist insoweit nichtig, als sich die jedesmalige Verlängerung auf mehr als ein Jahr erstrecken soll.

(2) Ist ein Versicherungsverhältnis auf unbestimmte Zeit eingegangen (dauernde Versicherung), so kann es von beiden Teilen nur für den Schluß der laufenden Versicherungsperiode gekündigt werden. Die Kündigungsfrist muß für beide Teile gleich sein und darf nicht weniger als einen Monat, nicht mehr als drei Monate betragen. Auf das Kündigungsrecht können die Parteien in gegenseitigem Einverständnis bis zur Dauer von zwei Jahren verzichten.

§ 9[1])

Als Versicherungsperiode im Sinne dieses Gesetzes gilt, falls nicht die Prämie nach kürzeren Zeitabschnitten bemessen ist, der Zeitraum eines Jahres.

§ 10[1])

[1] Hat der Versicherungsnehmer seine Wohnung geändert, die Änderung aber dem Versicherer nicht mitgeteilt, so genügt für eine Willenserklärung, die dem Versicherungsnehmer gegenüber abzugeben ist, die Absendung eines eingeschriebenen Briefes nach der letzten dem Versicherer bekannten Wohnung. Die Erklärung wird in dem Zeitpunkte wirksam, in welchem sie ohne die Wohnungsänderung bei regelmäßiger Beförderung dem Versicherungsnehmer zugegangen sein würde.

[2] Hat der Versicherungsnehmer die Versicherung in seinem Gewerbebetriebe genommen, so finden bei einer Verlegung der gewerblichen Niederlassung die Vorschriften des Abs. 1 entsprechende Anwendung.

§ 11[5])

(1) Geldleistungen des Versicherers sind mit Beendigung der zur Feststellung des Versicherungsfalls und des Umfangs der Leistung des Versicherers nötigen Erhebungen fällig.

(2) Sind diese Erhebungen bis zum Ablaufe eines Monats seit der Anzeige des Versicherungsfalls nicht beendet, so kann der Versicherungsnehmer in Anrechnung auf die Gesamtforderung Abschlagszahlungen in Höhe des Betrages verlangen, den der Versicherer nach Lage der Sache mindestens zu zahlen hat.

(3) Der Lauf der Frist ist gehemmt, solange die Beendigung der Erhebungen infolge eines Verschuldens des Versicherungsnehmers gehindert ist.

(4) Eine Vereinbarung, durch welche der Versicherer von der Verpflichtung, Verzugszinsen zu zahlen, befreit wird, ist unwirksam.

§ 12[5])

(1) Die Ansprüche aus dem Versicherungsvertrage verjähren in zwei Jahren, bei der Lebensversicherung in fünf Jahren. Die Verjährung beginnt mit dem Schluß des Jahres, in welchem die Leistung verlangt werden kann.

(2) Ist ein Anspruch des Versicherungsnehmers bei dem Versicherer angemeldet worden, so ist die Verjährung bis zum Eingange der schriftlichen Entscheidung des Versicherers gehemmt.

(3) Der Versicherer ist von der Verpflichtung zur Leistung frei, wenn der Anspruch auf die Leistung nicht innerhalb von sechs Monaten gerichtlich geltend gemacht wird. Die Frist beginnt erst, nachdem der Versicherer dem Versicherungsnehmer gegenüber den erhobenen Anspruch unter Angabe der mit dem Ablaufe der Frist verbundenen Rechtsfolge schriftlich abgelehnt hat.

§ 13[5])

Wird über das Vermögen des Versicherers der Konkurs eröffnet, so endigt das Versicherungsverhältnis mit dem Ablaufe eines Monats seit der Eröffnung; bis zu diesem Zeitpunkte bleibt es der Konkursmasse gegenüber wirksam. Soweit das Versicherungsaufsichtsgesetz besondere Vorschriften über die Wirkungen der Konkurseröffnung enthält, bewendet es bei diesen Vorschriften.

§ 14[5])

(1) Der Versicherer kann sich für den Fall der Eröffnung des Konkurses oder des Vergleichsverfahrens über das Vermögen des Versicherungsnehmers die Befugnis ausbedingen, das Versicherungsverhältnis mit einer Frist von einem Monat zu kündigen.

(2) Das Gleiche gilt für den Fall, daß die Zwangsverwaltung des versicherten Grundstücks angeordnet wird.

§ 15[1])

Soweit sich die Versicherung auf unpfändbare Sachen bezieht, kann die Forderung aus der Versicherung nur an solche Gläubiger des Versicherungsnehmers übertragen werden, die diesem zum Ersatze der zerstörten oder beschädigten Sachen andere Sachen geliefert haben.

§ 15a[5])

Auf eine Vereinbarung, durch welche von den Vorschriften des § 3 Abs. 3, § 5 Abs. 1 bis 3, § 6 Abs. 1 bis 3, § 8 Abs. 2, § 11 Abs. 2, §§ 12, 14 zum Nachteile des Versicherungsnehmers abgewichen wird, kann sich der Versicherer nicht berufen.

Zweiter Titel.

Anzeigepflicht. Gefahrerhöhung.

§ 16[1][5])

(1) Der Versicherungsnehmer hat bei der Schließung des Vertrags alle ihm bekannten Umstände, die für die Übernahme der Gefahr erheblich sind, dem Versicherer anzuzeigen. Erheblich sind die Gefahrumstände, die geeignet sind, auf den Entschluß des Versicherers, den Vertrag überhaupt oder zu dem vereinbarten Inhalt abzuschließen, einen Einfluß auszuüben. Ein Umstand, nach welchem der Versicherer ausdrücklich und schriftlich gefragt hat, gilt im Zweifel als erheblich.

[2] Ist dieser Vorschrift zuwider die Anzeige eines erheblichen Umstandes unterblieben, so kann der Versicherer von dem Vertrage zurücktreten. Das Gleiche gilt, wenn die Anzeige eines erheblichen Umstandes deshalb unterblieben ist, weil sich der Versicherungsnehmer der Kenntnis des Umstandes arglistig entzogen hat.

[3] Der Rücktritt ist ausgeschlossen, wenn der Versicherer den nicht angezeigten Umstand kannte oder wenn die Anzeige ohne Verschulden des Versicherungsnehmers unterblieben ist.

§ 17[1])

[1] Der Versicherer kann von dem Vertrag auch dann zurücktreten, wenn über einen erheblichen Umstand eine unrichtige Anzeige gemacht worden ist.

[2] Der Rücktritt ist ausgeschlossen, wenn die Unrichtigkeit dem Versicherer bekannt war oder die Anzeige ohne Verschulden des Versicherungsnehmers unrichtig gemacht worden ist.

§ 18[1][5])

Hatte der Versicherungsnehmer die Gefahrumstände an der Hand schriftlicher von dem Versicherer gestellter Fragen anzuzeigen, so kann der Versicherer wegen unterbliebener Anzeige eines Umstandes, nach welchem nicht ausdrücklich gefragt worden ist, nur im Falle arglistiger Verschweigung zurücktreten.

§ 19[1])

Wird der Vertrag von einem Bevollmächtigten oder von einem Vertreter ohne Vertretungsmacht geschlossen, so kommt für das Rücktrittsrecht des Versicherers nicht nur die Kenntnis und die Arglist des Vertreters, sondern auch die Kenntnis und die Arglist des Versicherungsnehmers in Betracht. Der Versicherungsnehmer kann sich darauf, daß die Anzeige eines erheblichen Umstandes ohne Verschulden unterblieben oder unrichtig gemacht ist, nur berufen, wenn weder dem Vertreter noch ihm selbst ein Verschulden zur Last fällt.

§ 20[1])

[1] Der Rücktritt kann nur innerhalb eines Monats erfolgen. Die Frist beginnt mit dem Zeitpunkt, in welchem der Versicherer von der Verletzung der Anzeigepflicht Kenntnis erlangt.

[2] Der Rücktritt erfolgt durch Erklärung gegenüber dem Versicherungsnehmer. Im Falle des Rücktritts sind, soweit dieses Gesetz nicht in Ansehung der Prämie ein anderes bestimmt, beide Teile verpflichtet, einander die empfangenen Leistungen zurückzugewähren; eine Geldsumme ist von der Zeit des Empfanges an zu verzinsen.

§ 21[1])

Tritt der Versicherer zurück, nachdem der Versicherungsfall eingetreten ist, so bleibt seine Verpflichtung zur Leistung gleichwohl bestehen, wenn der Umstand, in Ansehung dessen die Anzeigepflicht verletzt ist, keinen Einfluß auf den Eintritt des Versicherungsfalls und auf den Umfang der Leistung des Versicherers gehabt hat.

§ 22[1])

Das Recht des Versicherers, den Vertrag wegen arglistiger Täuschung über Gefahrumstände anzufechten, bleibt unberührt.

§ 23[1])

[1] Nach dem Abschlusse des Vertrags darf der Versicherungsnehmer nicht ohne Einwilligung des Versicherers eine Erhöhung der Gefahr vornehmen oder deren Vornahme durch einen Dritten gestatten.

[2] Erlangt der Versicherungsnehmer Kenntnis davon, daß durch eine von ihm ohne Einwilligung des Versicherers vorgenommene oder gestattete Änderung die Gefahr erhöht ist, so hat er dem Versicherer unverzüglich Anzeige zu machen.

§ 24[1])

[1] Verletzt der Versicherungsnehmer die Vorschrift des § 23 Abs. 1, so kann der Versicherer das Versicherungsverhältnis ohne Einhaltung einer Kündigungsfrist kündigen. Beruht die Verletzung nicht auf einem Verschulden des Versicherungsnehmers, so braucht dieser die Kündigung erst mit dem Ablauf eines Monats gegen sich gelten zu lassen.

[2] Das Kündigungsrecht erlischt, wenn es nicht innerhalb eines Monats von dem Zeitpunkt an ausgeübt wird, in welchem der Versicherer von der Erhöhung der Gefahr Kenntnis erlangt, oder wenn der Zustand wiederhergestellt ist, der vor der Erhöhung bestanden hat.

§ 25[1])

[1] Der Versicherer ist im Falle einer Verletzung der Vorschrift des § 23 Abs. 1 von der Verpflichtung zur Leistung frei, wenn der Versicherungsfall nach der Erhöhung der Gefahr eintritt.

[2] Die Verpflichtung des Versicherers bleibt bestehen, wenn die Verletzung nicht auf einem Verschulden des Versicherungsnehmers beruht. Der Versicherer ist jedoch auch in diesem Falle von der Verpflichtung zur Leistung frei, wenn die im § 23 Abs. 2 vorgesehene Anzeige nicht unverzüglich gemacht wird und der Versicherungsfall später als einen Monat nach dem Zeitpunkt, in welchem die Anzeige dem Versicherer hätte zugehen müssen, eintritt, es sei denn, daß ihm in diesem Zeitpunkte die Erhöhung der Gefahr bekannt war.

[3] Die Verpflichtung des Versicherers zur Leistung bleibt auch dann bestehen, wenn zur Zeit des Eintritts des Versicherungsfalls die Frist für die Kündigung des Versicherers abgelaufen und eine Kündigung nicht erfolgt ist oder wenn die Erhöhung der Gefahr keinen Einfluß auf den Eintritt des Versicherungsfalls und auf den Umfang der Leistung des Versicherers gehabt hat.

§ 26[1])

Die Vorschriften der §§ 23 bis 25 finden keine Anwendung, wenn der Versicherungsnehmer zu der Erhöhung der Gefahr durch das Interesse des Versicherers oder durch ein Ereignis, für welches der Versicherer haftet, oder durch ein Gebot der Menschlichkeit veranlaßt wird.

§ 27[1])

[1] Tritt nach dem Abschlusse des Vertrags eine Erhöhung der Gefahr unabhängig von dem Willen des Versicherungsnehmers ein, so ist der Versicherer berechtigt, das Versicherungsverhältnis unter Einhaltung einer Kündigungsfrist von einem Monate zu kündigen. Die Vorschriften des § 24 Abs. 2 finden Anwendung.

[2] Der Versicherungsnehmer hat, sobald er von der Erhöhung der Gefahr Kenntnis erlangt, dem Versicherer unverzüglich Anzeige zu machen.

§ 28[1])

[1] Wird die im § 27 Abs. 2 vorgesehene Anzeige nicht unverzüglich gemacht, so ist der Versicherer von der Verpflichtung zur Leistung frei, wenn der Versicherungsfall später als einen Monat nach dem Zeitpunkt eintritt, in welchem die Anzeige dem Versicherer hätte zugehen müssen.

[2] Die Verpflichtung des Versicherers bleibt bestehen, wenn ihm die Erhöhung der Gefahr in dem Zeitpunkte bekannt war, in welchem ihm die Anzeige hätte zugehen müssen. Das Gleiche gilt, wenn zur Zeit des Eintritts des Versicherungsfalls die Frist für die Kündigung des Versicherers abgelaufen und eine Kündigung nicht erfolgt ist oder wenn die Erhöhung der Gefahr keinen Einfluß auf den Eintritt des Versicherungsfalls und auf den Umfang der Leistung des Versicherers gehabt hat.

§ 29[1])

Eine unerhebliche Erhöhung der Gefahr kommt nicht in Betracht. Eine Gefahrerhöhung kommt auch dann nicht in Betracht, wenn nach den Umständen als vereinbart anzusehen ist, daß das Versicherungsverhältnis durch die Gefahrerhöhung nicht berührt werden soll.

§ 29a[5])

Die Vorschriften der §§ 23 bis 29 finden auch Anwendung auf eine in der Zeit zwischen Stellung und Annahme des Versicherungsantrags eingetretene Gefahrerhöhung, die dem Versicherer bei der Annahme des Antrags nicht bekannt war.

§ 30[1])

[1] Liegen die Voraussetzungen, unter denen der Versicherer nach den Vorschriften dieses Titels zum Rücktritt oder zur Kündigung berechtigt ist, in Ansehung eines Teiles der Gegenstände oder Personen vor, auf welche sich die Versicherung bezieht, so steht dem Versicherer das Recht des Rücktritts oder der Kündigung für den übrigen Teil nur zu, wenn anzunehmen ist, daß für diesen allein der Versicherer den Vertrag unter den gleichen Bestimmungen nicht geschlossen haben würde.

[2] Macht der Versicherer von dem Rechte des Rücktritts oder der Kündigung in Ansehung eines Teiles der Gegenstände oder Personen Gebrauch, so ist der Versicherungsnehmer berechtigt, das Versicherungsverhältnis in Ansehung des übrigen Teiles zu kündigen; die Kündigung kann nicht für einen späteren Zeitpunkt als den Schluß der Versicherungsperiode geschehen, in welcher der Rücktritt des Versicherers oder seine Kündigung wirksam wird.

[3] Liegen in Ansehung eines Teiles der Gegenstände oder Personen, auf welche sich die Versicherung bezieht, die Voraussetzungen vor, unter denen der Versicherer wegen einer Verletzung der Vorschriften über die Gefahrerhöhung von der Verpflichtung zur Leistung frei ist, so findet auf die Befreiung die Vorschrift des Abs. 1 entsprechende Anwendung.

§ 31[5]

(gestrichen)

§ 32[1][4]

Eine Vereinbarung, durch welche der Versicherungsnehmer bestimmte Obliegenheiten zum Zwecke der Verminderung der Gefahr oder zum Zwecke der Verhütung einer Gefahrerhöhung übernimmt, wird durch die Vorschriften dieses Titels nicht berührt.

§ 33[1]

[1] Nach dem Eintritte des Versicherungsfalls hat der Versicherungsnehmer, sobald er von dem Eintritte Kenntnis erlangt, dem Versicherer unverzüglich Anzeige zu machen.

[2] Auf eine Vereinbarung, nach welcher der Versicherer von der Verpflichtung zur Leistung frei sein soll, wenn der Pflicht zur Anzeige des Versicherungsfalls nicht genügt wird, kann sich der Versicherer nicht berufen, sofern er in anderer Weise von dem Eintritte des Versicherungsfalls rechtzeitig Kenntnis erlangt hat.

§ 34[1][5]

[1] Der Versicherer kann nach dem Eintritte des Versicherungsfalls verlangen, daß der Versicherungsnehmer jede Auskunft erteilt, die zur Feststellung des Versicherungsfalls oder des Umfanges der Leistungspflicht des Versicherers erforderlich ist.

[2] Belege kann der Versicherer insoweit fordern, als die Beschaffung dem Versicherungsnehmer billigerweise zugemutet werden kann.

§ 34a[5]

Auf eine Vereinbarung, durch welche von den Vorschriften der §§ 16 bis 29a und des § 34 Abs. 2 zum Nachteile des Versicherungsnehmers abgewichen wird, kann sich der Versicherer nicht berufen. Jedoch kann für die dem Versicherungsnehmer obliegenden Anzeigen die schriftliche Form bedungen werden.

Dritter Titel.
Prämie.

§ 35[1]

Der Versicherungsnehmer hat die Prämie und, wenn laufende Prämien bedungen sind, die erste Prämie sofort nach dem Abschlusse des Vertrags zu zahlen. Er ist zur Zahlung nur gegen Aushändigung des Versicherungsscheins verpflichtet, es sei denn, daß die Ausstellung eines Versicherungsscheins ausgeschlossen ist.

§ 35a[4]

(1) Fällige Prämien oder sonstige ihm auf Grund des Vertrags gebührende Zahlungen muß der Versicherer vom Versicherten bei der Versicherung für fremde Rechnung, ferner vom Bezugsberechtigten, der ein Recht auf die Leistung des Versicherers erworben hat, sowie vom Pfandgläubiger auch dann annehmen, wenn er nach den Vorschriften des bürgerlichen Rechts die Zahlung zurückweisen könnte.

(2) Ein Pfandrecht an der Versicherungsforderung kann auch wegen der Beträge und ihrer Zinsen geltend gemacht werden, die der Pfandgläubiger zur Entrichtung von Prämien oder sonstigen dem Versicherer auf Grund des Vertrags gebührenden Zahlungen verwendet hat.

§ 35b[4])

Der Versicherer kann den Betrag einer fälligen Prämienforderung oder einer anderen ihm aus dem Vertrag zustehenden Forderung von der ihm nach diesem Vertrag obliegenden Leistung in Abzug bringen, auch wenn er die Leistung nicht dem Versicherungsnehmer, sondern einem Dritten schuldet.

§ 36[1])

[1] Leistungsort für die Entrichtung der Prämie ist der jeweilige Wohnsitz des Versicherungsnehmers; der Versicherungsnehmer hat jedoch auf seine Gefahr und seine Kosten die Prämie dem Versicherer zu übermitteln.

[2] Hat der Versicherungsnehmer die Versicherung in seinem Gewerbebetriebe genommen, so tritt, wenn er seine gewerbliche Niederlassung an einem anderen Orte hat, der Ort der Niederlassung an die Stelle des Wohnsitzes.

§ 37[1])

Ist die Prämie regelmäßig bei dem Versicherungsnehmer eingezogen worden, so ist dieser zur Übermittelung der Prämie erst verpflichtet, wenn ihm schriftlich angezeigt wird, daß die Übermittelung verlangt werde.

§ 38[5])

(1) Wird die erste oder einmalige Prämie nicht rechtzeitig gezahlt, so ist der Versicherer, solange die Zahlung nicht bewirkt ist, berechtigt, vom Vertrage zurückzutreten. Es gilt als Rücktritt, wenn der Anspruch auf die Prämie nicht innerhalb von drei Monaten vom Fälligkeitstage an gerichtlich geltend gemacht wird.

(2) Ist die Prämie zur Zeit des Eintritts des Versicherungsfalls noch nicht gezahlt, so ist der Versicherer von der Verpflichtung zur Leistung frei.

§ 39[5])

(1) Wird eine Folgeprämie nicht rechtzeitig gezahlt, so kann der Versicherer dem Versicherungsnehmer auf dessen Kosten schriftlich eine Zahlungsfrist von mindestens zwei Wochen bestimmen; zur Unterzeichnung genügt eine Nachbildung der eigenhändigen Unterschrift. Dabei sind die Rechtsfolgen anzugeben, die nach Abs. 2, 3 mit dem Ablaufe der Frist verbunden sind. Eine Fristbestimmung, die ohne Beachtung dieser Vorschriften erfolgt, ist unwirksam.

(2) Tritt der Versicherungsfall nach dem Ablaufe der Frist ein, und ist der Versicherungsnehmer zur Zeit des Eintritts mit der Zahlung der Prämie oder der geschuldeten Zinsen oder Kosten im Verzuge, so ist der Versicherer von der Verpflichtung zur Leistung frei.

(3) Der Versicherer kann nach dem Ablaufe der Frist, wenn der Versicherungsnehmer mit der Zahlung im Verzuge ist, das Versicherungsverhältnis ohne Einhaltung einer Kündigungsfrist kündigen. Die Kündigung kann bereits bei der Bestimmung der Zahlungsfrist dergestalt erfolgen, daß sie mit Fristablauf wirksam wird, wenn der Versicherungsnehmer in diesem Zeitpunkte mit der Zahlung im Verzuge ist; hierauf ist der Versicherungsnehmer bei der Kündigung ausdrücklich hinzuweisen. Die Wirkungen der Kündigung fallen fort, wenn der Versicherungsnehmer innerhalb eines Monats nach der Kündigung oder, falls die Kündigung mit der Fristbestimmung verbunden worden ist, innerhalb eines Monats nach dem Ablaufe der Zahlungsfrist die Zahlung nachholt, sofern nicht der Versicherungsfall bereits eingetreten ist.

(4) Soweit die in Abs. 2, 3 bezeichneten Rechtsfolgen davon abhängen, daß Zinsen oder Kosten nicht gezahlt worden sind, treten sie nur ein, wenn die Fristbestimmung die Höhe der Zinsen oder den Betrag der Kosten angibt.

§ 40[5])

(1) Wird das Versicherungsverhältnis wegen Verletzung einer Obliegenheit oder wegen Gefahrerhöhung auf Grund der Vorschriften des zweiten Titels durch Kündigung oder Rücktritt aufgehoben oder wird der Versicherungsvertrag durch den Versicherer angefochten, so gebührt dem Versicherer gleichwohl die Prämie bis zum Schluß der Versicherungsperiode, in der er von der Verletzung der Obliegenheit, der Gefahrerhöhung oder von dem Anfechtungsgrunde Kenntnis erlangt hat. Wird die Kündigung erst in der folge den Versicherungsperiode wirksam, so gebührt ihm die Prämie bis zur Beendigung des Versicherungsverhältnisses.

(2) Wird das Versicherungsverhältnis wegen nicht rechtzeitiger Zahlung der Prämie nach § 39 gekündigt, so gebührt dem Versicherer die Prämie bis zur Beendigung der laufenden Versicherungsperiode. Tritt der Versicherer nach § 38 Abs. 1 zurück, so kann er nur eine angemessene Geschäftsgebühr verlangen. Ist mit Genehmigung der Aufsichtsbehörde in den Versicherungsbedingungen ein bestimmter Betrag für die Geschäftsgebühr festgesetzt, so gilt dieser als angemessen.

(3) Endigt das Versicherungsverhältnis nach § 13 oder wird es vom Versicherer auf Grund einer Vereinbarung nach § 14 gekündigt, so kann der Versicherungsnehmer den auf die Zeit nach der Beendigung des Versicherungsverhältnisses entfallenden Teil der Prämie unter Abzug der für diese Zeit aufgewendeten Kosten zurückfordern.

§ 41[1])[5])

[1] Ist die dem Versicherungsnehmer bei der Schließung des Vertrags obliegende Anzeigepflicht verletzt worden, das Rücktrittsrecht des Versicherers aber ausgeschlossen, weil dem anderen Teile ein Verschulden nicht zur Last fällt, so kann der Versicherer, falls mit Rücksicht auf die höhere Gefahr eine höhere Prämie angemessen ist, von dem Beginne der laufenden Versicherungsperiode an die höhere Prämie verlangen. Das Gleiche gilt, wenn bei der Schließung des Vertrags ein für die Übernahme der Gefahr erheblicher Umstand dem Versicherer nicht angezeigt worden ist, weil er dem anderen Teile nicht bekannt war.

[2] Wird die höhere Gefahr nach den für den Geschäftsbetrieb des Versicherers maßgebenden Grundsätzen auch gegen eine höhere Prämie nicht übernommen, so kann der Versicherer das Versicherungsverhältnis unter Einhaltung einer Kündigungsfrist von einem Monate kündigen. § 40 Abs. 1 gilt sinngemäß.

[3] Der Anspruch auf die höhere Prämie erlischt, wenn er nicht innerhalb eines Monats von dem Zeitpunkt an geltend gemacht wird, in welchem der Versicherer von der Verletzung der Anzeigepflicht oder von dem nicht angezeigten Umstande Kenntnis erlangt. Das Gleiche gilt von dem Kündigungsrechte, wenn es nicht innerhalb des bezeichneten Zeitraums ausgeübt wird.

§ 41 a[5])

(1) Ist wegen bestimmter, die Gefahr erhöhender Umstände eine höhere Prämie vereinbart, so kann der Versicherungsnehmer, wenn diese Umstände in der Zeit zwischen Stellung und Annahme des Antrags oder nach Abschluß des Vertrags wegfallen oder ihre Bedeutung verlieren, verlangen, daß die Prämie für die künftigen Versicherungsperioden angemessen herabgesetzt wird.

(2) Das Gleiche gilt, wenn die Bemessung der höheren Prämie durch irrtümliche Angaben des Versicherungsnehmers über einen solchen Umstand veranlaßt worden ist.

§ 42[5])

Auf eine Vereinbarung, durch welche von den Vorschriften der §§ 37 bis 41 a zum Nachteile des Versicherungsnehmers abgewichen wird, kann sich der Versicherer nicht berufen.

Vierter Titel.

Versicherungsagenten.

§ 43[1][5])

Ein Versicherungsagent gilt, auch wenn er nur mit der Vermittelung von Versicherungsgeschäften betraut ist, als bevollmächtigt, in dem Versicherungszweige, für den er bestellt ist:

1. Anträge auf Schließung, Verlängerung oder Änderung eines Versicherungsvertrags sowie den Widerruf solcher Anträge entgegenzunehmen;

2. die Anzeigen, welche während der Versicherung zu machen sind, sowie Kündigungs- und Rücktrittserklärungen oder sonstige das Versicherungsverhältnis betreffende Erklärungen von dem Versicherungsnehmer entgegenzunehmen;

3. die von dem Versicherer ausgefertigten Versicherungsscheine oder Verlängerungsscheine auszuhändigen;

4. Prämien nebst Zinsen und Kosten anzunehmen, sofern er sich im Besitz einer vom Versicherer unterzeichneten Prämienrechnung befindet; zur Unterzeichnung genügt eine Nachbildung der eigenhändigen Unterschrift.

§ 44[1])

Soweit nach den Vorschriften dieses Gesetzes die Kenntnis des Versicherers von Erheblichkeit ist, steht die Kenntnis eines nur mit der Vermittelung von Versicherungsgeschäften betrauten Agenten der Kenntnis des Versicherers nicht gleich.

§ 45[1])

Ist ein Versicherungsagent zum Abschlusse von Versicherungsverträgen bevollmächtigt, so ist er auch befugt, die Änderung oder Verlängerung solcher Verträge zu vereinbaren sowie Kündigungs- und Rücktrittserklärungen abzugeben.

§ 46[1])

Ist der Versicherungsagent ausdrücklich für einen bestimmten Bezirk bestellt, so beschränkt sich seine Vertretungsmacht auf Geschäfte und Rechtshandlungen, welche sich auf Versicherungsverträge über die in dem Bezirke befindlichen Sachen oder mit den im Bezirke gewöhnlich sich aufhaltenden Personen beziehen. In Ansehung der von ihm vermittelten oder abgeschlossenen Verträge bleibt der Agent ohne Rücksicht auf diese Beschränkung zur Vornahme von Geschäften und Rechtshandlungen ermächtigt.

§ 47[1])

Eine Beschränkung der dem Versicherungsagenten nach den Vorschriften der §§ 43 bis 46 zustehenden Vertretungsmacht braucht ein Dritter nur dann gegen sich gelten zu lassen, wenn er die Beschränkung bei der Vornahme des Geschäfts oder der Rechtshandlung kannte oder infolge grober Fahrlässigkeit nicht kannte. Auf eine abweichende Vereinbarung kann sich der Versicherer nicht berufen.

§ 48[1])

[1] Hat ein Versicherungsagent den Vertrag vermittelt oder abgeschlossen, so ist für Klagen, die aus dem Versicherungsverhältnisse gegen den Versicherer erhoben werden, das Gericht des Ortes zuständig, wo der Agent zur Zeit der Vermittelung oder Schließung seine gewerbliche Niederlassung oder in Ermangelung einer gewerblichen Niederlassung seinen Wohnsitz hatte.

[2] Die nach Abs. 1 begründete Zuständigkeit kann durch Vereinbarung nicht ausgeschlossen werden.

Zweiter Abschnitt.
Schadensversicherung.

Erster Titel.
Vorschriften für die gesamte Schadensversicherung.
I. Inhalt des Vertrags.

§ 49[1])

Der Versicherer hat den Schadensersatz in Geld zu leisten.

§ 50[1])

Der Versicherer haftet nur bis zur Höhe der Versicherungssumme.

§ 51[3])

(1) Ergibt sich, daß die Versicherungssumme den Wert des versicherten Interesses (Versicherungswert) erheblich übersteigt, so kann sowohl der Versicherer als auch der Versicherungsnehmer verlangen, daß zur Beseitigung der Überversicherung die Versicherungssumme, unter verhältnismäßiger Minderung der Prämie mit sofortiger Wirkung, herabgesetzt wird.

(2) Ist die Überversicherung durch ein Kriegsereignis oder durch eine behördliche Maßnahme aus Anlaß eines Krieges verursacht oder ist sie die unvermeidliche Folge eines Krieges, so kann der Versicherungsnehmer das Verlangen nach Abs. 1 mit Wirkung vom Eintritt der Überversicherung ab stellen.

(3) Schließt der Versicherungsnehmer den Vertrag in der Absicht, sich aus der Überversicherung einen rechtswidrigen Vermögensvorteil zu verschaffen, so ist der Vertrag nichtig; dem Versicherer gebührt, sofern er nicht bei der Schließung des Vertrags von der Nichtigkeit Kenntnis hatte, die Prämie bis zum Schlusse der Versicherungsperiode, in welcher er diese Kenntnis erlangt.

§ 52[1])

Bezieht sich die Versicherung auf eine Sache, so gilt, soweit sich nicht aus den Umständen ein anderes ergibt, der Wert der Sache als Versicherungswert.

§ 53[1])

Die Versicherung umfaßt den durch den Eintritt des Versicherungsfalls entgehenden Gewinn nur, soweit dies besonders vereinbart ist.

§ 54[1])

Ist die Versicherung für einen Inbegriff von Sachen genommen, so umfaßt sie die jeweils zu dem Inbegriffe gehörigen Sachen.

§ 55[1])

Der Versicherer ist, auch wenn die Versicherungssumme höher ist als der Versicherungswert zur Zeit des Eintritts des Versicherungsfalls, nicht verpflichtet, dem Versicherungsnehmer mehr als den Betrag des Schadens zu ersetzen.

§ 56[1])

Ist die Versicherungssumme niedriger als der Versicherungswert zur Zeit des Eintritts des Versicherungsfalls (Unterversicherung), so haftet der Versicherer für den Schaden nur nach dem Verhältnisse der Versicherungssumme zu diesem Werte.

§ 57[1])

Der Versicherungswert kann durch Vereinbarung auf einen bestimmten Betrag (Taxe) festgesetzt werden. Die Taxe gilt auch als der Wert, den das versicherte Interesse zur Zeit des Eintritts des Versicherungsfalls hat, es sei denn, daß sie den wirklichen Versicherungswert in diesem Zeitpunkt erheblich übersteigt. Ist die Versicherungssumme niedriger als die Taxe, so haftet der Versicherer, auch wenn die Taxe erheblich übersetzt ist, für den Schaden nur nach dem Verhältnisse der Versicherungssumme zur Taxe.

§ 58[1])

[1] Wer für ein Interesse gegen dieselbe Gefahr bei mehreren Versicherern Versicherung nimmt, hat jedem Versicherer von der anderen Versicherung unverzüglich Mitteilung zu machen.

[2] In der Mitteilung ist der Versicherer, bei welchem die andere Versicherung genommen worden ist, zu bezeichnen und die Versicherungssumme anzugeben.

§ 59[1])[5])

(1) Ist ein Interesse gegen dieselbe Gefahr bei mehreren Versicherern versichert und übersteigen die Versicherungssummen zusammen den Versicherungswert oder übersteigt aus anderen Gründen die Summe der Entschädigungen, die von jedem einzelnen Versicherer ohne Bestehen der anderen Versicherung zu zahlen wären, den Gesamtschaden (Doppelversicherung), so sind die Versicherer in der Weise als Gesamtschuldner verpflichtet, daß dem Versicherungsnehmer jeder Versicherer für den Betrag haftet, dessen Zahlung ihm nach seinem Vertrage obliegt, der Versicherungsnehmer aber im ganzen nicht mehr als den Betrag des Schadens verlangen kann.

[2] Die Versicherer sind im Verhältnisse zu einander zu Anteilen nach Maßgabe der Beträge verpflichtet, deren Zahlung ihnen dem Versicherungsnehmer gegenüber vertragsmäßig obliegt. Findet auf eine der Versicherungen ausländisches Recht Anwendung, so kann der Versicherer, für den das ausländische Recht gilt, gegen den anderen Versicherer einen Anspruch auf Ausgleichung nur geltend machen, wenn er selbst nach dem für ihn maßgebenden Rechte zur Ausgleichung verpflichtet ist.

[3] Hat der Versicherungsnehmer eine Doppelversicherung in der Absicht genommen, sich dadurch einen rechtswidrigen Vermögensvorteil zu verschaffen, so ist jeder in dieser Absicht geschlossene Vertrag nichtig; dem Versicherer gebührt, sofern er nicht bei der Schließung des Vertrags von der Nichtigkeit Kenntnis hatte, die Prämie bis zum Schlusse der Versicherungsperiode, in welcher er diese Kenntnis erlangt.

§ 60[5])

(1) Hat der Versicherungsnehmer den Vertrag, durch welchen die Doppelversicherung entstanden ist, ohne Kenntnis von dem Entstehen der Doppelversicherung geschlossen, so kann er verlangen, daß der später geschlossene Vertrag aufgehoben oder die Versicherungssumme unter verhältnismäßiger Minderung der Prämie auf den Teilbetrag herabgesetzt wird, der durch die frühere Versicherung nicht gedeckt ist.

(2) Das gleiche gilt, wenn die Doppelversicherung dadurch entstanden ist, daß nach Abschluß der mehreren Versicherungen der Versicherungswert gesunken ist. Sind jedoch in diesem Falle die mehreren Versicherungen gleichzeitig oder im Einvernehmen der Versicherer geschlossen worden, so kann der Versicherungsnehmer nur verhältnismäßige Herabsetzung der Versicherungssummen und Prämien verlangen.

(3) Die Aufhebung oder Herabsetzung wird erst mit dem Ablaufe der Versicherungsperiode wirksam, in der sie verlangt wird. Das Recht, die Aufhebung oder die Herabsetzung zu verlangen, erlischt, wenn der Versicherungsnehmer es nicht unverzüglich geltend macht, nachdem er von der Doppelversicherung Kenntnis erlangt hat.

§ 61 [1])

Der Versicherer ist von der Verpflichtung zur Leistung frei, wenn der Versicherungsnehmer den Versicherungsfall vorsätzlich oder durch grobe Fahrlässigkeit herbeiführt.

§ 62 [1])[5])

[1] Der Versicherungsnehmer ist verpflichtet, bei dem Eintritte des Versicherungsfalls nach Möglichkeit für die Abwendung und Minderung des Schadens zu sorgen und dabei die Weisungen des Versicherers zu befolgen; er hat, wenn die Umstände es gestatten, solche Weisungen einzuholen. Sind mehrere Versicherer beteiligt und sind von ihnen entgegenstehende Weisungen gegeben, so hat der Versicherungsnehmer nach eigenem pflichtmäßigen Ermessen zu handeln.

(2) Hat der Versicherungsnehmer diese Obliegenheiten verletzt, so ist der Versicherer von der Verpflichtung zur Leistung frei, es sei denn, daß die Verletzung weder auf Vorsatz noch auf grober Fahrlässigkeit beruht. Bei grobfahrlässiger Verletzung bleibt der Versicherer zur Leistung insoweit verpflichtet, als der Umfang des Schadens auch bei gehöriger Erfüllung der Obliegenheiten nicht geringer gewesen wäre.

§ 63 [1])

[1] Aufwendungen, die der Versicherungsnehmer gemäß § 62 macht, fallen, auch wenn sie erfolglos bleiben, dem Versicherer zur Last, soweit der Versicherungsnehmer sie den Umständen nach für geboten halten durfte. Der Versicherer hat Aufwendungen, die in Gemäßheit der von ihm gegebenen Weisungen gemacht worden sind, auch insoweit zu ersetzen, als sie zusammen mit der übrigen Entschädigung die Versicherungssumme übersteigen. Er hat den für die Aufwendungen erforderlichen Betrag auf Verlangen des Versicherungsnehmers vorzuschießen.

[2] Bei einer Unterversicherung sind die Aufwendungen nur nach dem in den §§ 56, 57 bezeichneten Verhältnisse zu erstatten.

§ 64 [1])

[1] Sollen nach dem Vertrag einzelne Voraussetzungen des Anspruchs aus der Versicherung oder die Höhe des Schadens durch Sachverständige festgestellt werden, so ist die getroffene Feststellung nicht verbindlich, wenn sie offenbar von der wirklichen Sachlage erheblich abweicht. Die Feststellung erfolgt in diesem Falle durch Urteil. Das Gleiche gilt, wenn die Sachverständigen die Feststellung nicht treffen können oder wollen oder sie verzögern.

[2] Sind nach dem Vertrage die Sachverständigen durch das Gericht zu ernennen, so ist für die Ernennung das Amtsgericht zuständig, in dessen Bezirke der Schaden entstanden ist. Durch eine ausdrückliche Vereinbarung der Beteiligten kann die Zuständigkeit eines anderen Amtsgerichts begründet werden. Eine Anfechtung der Verfügung, durch welche dem Antrag auf Ernennung der Sachverständigen stattgegeben wird, ist ausgeschlossen.

[3] Eine Vereinbarung, durch welche von der Vorschrift des Abs. 1 Satz 1 abgewichen wird, ist nichtig.

§ 65 [1])

Auf eine Vereinbarung, nach welcher sich der Versicherungsnehmer bei den Verhandlungen zur Ermittelung und Feststellung des Schadens nicht durch einen Bevollmächtigten vertreten lassen darf, kann sich der Versicherer nicht berufen.

§ 66 [1])

[1] Der Versicherer hat die Kosten, welche durch die Ermittelung und Feststellung des ihm zur Last fallenden Schadens entstehen, dem Versicherungsnehmer insoweit zu erstatten, als ihre Aufwendung den Umständen nach geboten war.

[2] Die Kosten, welche dem Versicherungsnehmer durch die Zuziehung eines Sachverständigen oder eines Beistandes entstehen, hat der Versicherer nicht zu erstatten, es sei denn, daß der Versicherungsnehmer nach dem Vertrage zu der Zuziehung verpflichtet war.

[3] Bei einer Unterversicherung sind die dem Versicherer zur Last fallenden Kosten nur nach dem in den §§ 56, 57 bezeichneten Verhältnisse zu erstatten.

§ 67[1])

[1] Steht dem Versicherungsnehmer ein Anspruch auf Ersatz des Schadens gegen einen Dritten zu, so geht der Anspruch auf den Versicherer über, soweit dieser dem Versicherungsnehmer den Schaden ersetzt. Der Übergang kann nicht zum Nachteile des Versicherungsnehmers geltend gemacht werden. Gibt der Versicherungsnehmer seinen Anspruch gegen den Dritten oder ein zur Sicherung des Anspruchs dienendes Recht auf, so wird der Versicherer von seiner Ersatzpflicht insoweit frei, als er aus dem Anspruch oder dem Rechte hätte Ersatz erlangen können.

[2] Richtet sich der Ersatzanspruch des Versicherungsnehmers gegen einen mit ihm in häuslicher Gemeinschaft lebenden Familienangehörigen, so ist der Übergang ausgeschlossen; der Anspruch geht jedoch über, wenn der Angehörige den Schaden vorsätzlich verursacht hat.

§ 68[8])

(1) Besteht das versicherte Interesse bei dem Beginn der Versicherung nicht oder gelangt, falls die Versicherung für ein künftiges Unternehmen oder sonst für ein künftiges Interesse genommen ist, das Interesse nicht zur Entstehung, so ist der Versicherungsnehmer von der Verpflichtung zur Zahlung der Prämie frei; der Versicherer kann eine angemessene Geschäftsgebühr verlangen.

(2) Fällt das versicherte Interesse nach dem Beginn der Versicherung weg, so gebührt dem Versicherer die Prämie, die er hätte erheben können, wenn die Versicherung nur bis zu dem Zeitpunkt beantragt worden wäre, in welchem der Versicherer von dem Wegfall des Interesses Kenntnis erlangt.

(3) Fällt das versicherte Interesse nach dem Beginn der Versicherung durch ein Kriegsereignis oder durch eine behördliche Maßnahme aus Anlaß eines Krieges weg oder ist der Wegfall des Interesses die unvermeidliche Folge eines Krieges, so gebührt dem Versicherer nur der Teil der Prämie, welcher der Dauer der Gefahrtragung entspricht.

(4) Fällt das versicherte Interesse weg, weil der Versicherungsfall eingetreten ist, so gebührt dem Versicherer die Prämie für die laufende Versicherungsperiode.

§ 68a[8])

Auf eine Vereinbarung, durch welche von den Vorschriften des § 51 Abs. 1, 2 und der §§ 62, 67, 68 zum Nachteil des Versicherungsnehmers abgewichen wird, kann sich der Versicherer nicht berufen.

II. Veräußerung der versicherten Sache.

§ 69[1])

[1] Wird die versicherte Sache von dem Versicherungsnehmer veräußert, so tritt an Stelle des Veräußerers der Erwerber in die während der Dauer seines Eigentums aus dem Versicherungsverhältnisse sich ergebenden Rechte und Pflichten des Versicherungsnehmers ein.

[2] Für die Prämie, welche auf die zur Zeit des Eintritts laufende Versicherungsperiode entfällt, haften der Veräußerer und der Erwerber als Gesamtschuldner.

[3] Der Versicherer hat in Ansehung der durch das Versicherungsverhältnis gegen ihn begründeten Forderungen die Veräußerung erst dann gegen sich gelten zu lassen, wenn er von ihr Kenntnis erlangt; die Vorschriften der §§ 406 bis 408 des Bürgerlichen Gesetzbuchs finden entsprechende Anwendung.

§ 70[1][5])

[1] Der Versicherer ist berechtigt, dem Erwerber das Versicherungsverhältnis unter Einhaltung einer Frist von einem Monate zu kündigen. Das Kündigungsrecht erlischt, wenn der Versicherer es nicht innerhalb eines Monats von dem Zeitpunkt an ausübt, in welchem er von der Veräußerung Kenntnis erlangt.

(2) Der Erwerber ist berechtigt, das Versicherungsverhältnis zu kündigen; die Kündigung kann nur mit sofortiger Wirkung oder auf den Schluß der laufenden Versicherungsperiode erfolgen. Das Kündigungsrecht erlischt, wenn es nicht innerhalb eines Monats nach dem Erwerb ausgeübt wird; hatte der Erwerber von der Versicherung keine Kenntnis, so bleibt das Kündigungsrecht bis zum Ablauf eines Monats von dem Zeitpunkt an bestehen, in welchem der Erwerber von der Versicherung Kenntnis erlangt.

[3] Wird das Versicherungsverhältnis auf Grund dieser Vorschriften gekündigt, so hat der Veräußerer dem Versicherer die Prämie zu zahlen, jedoch nicht über die zur Zeit der Beendigung des Versicherungsverhältnisses laufende Versicherungsperiode hinaus; eine Haftung des Erwerbers für die Prämie findet in diesen Fällen nicht statt.

§ 71[1])

[1] Die Veräußerung ist dem Versicherer unverzüglich anzuzeigen. Wird die Anzeige weder von dem Erwerber noch von dem Veräußerer unverzüglich gemacht, so ist der Versicherer von der Verpflichtung zur Leistung frei, wenn der Versicherungsfall später als einen Monat nach dem Zeitpunkt eintritt, in welchem die Anzeige dem Versicherer hätte zugehen müssen.

[2] Die Verpflichtung des Versicherers zur Leistung bleibt bestehen, wenn ihm die Veräußerung in dem Zeitpunkte bekannt war, in welchem ihm die Anzeige hätte zugehen müssen. Das Gleiche gilt, wenn zur Zeit des Eintritts des Versicherungsfalls die Frist für die Kündigung des Versicherers abgelaufen und eine Kündigung nicht erfolgt ist.

§ 72[1])

Auf eine Bestimmung des Versicherungsvertrags, durch welche von den Vorschriften der §§ 69 bis 71 zum Nachteile des Erwerbers abgewichen wird, kann sich der Versicherer nicht berufen. Jedoch kann für die Kündigung, zu der nach § 70 Abs. 2 der Erwerber berechtigt ist, sowie für die Anzeige der Veräußerung die schriftliche Form bedungen werden.

§ 73[1])

Bei einer Zwangsversteigerung der versicherten Sache finden die Vorschriften der §§ 69 bis 72 entsprechende Anwendung.

III. Versicherung für fremde Rechnung.

§ 74[1])

[1] Die Versicherung kann von demjenigen, welcher den Vertrag mit dem Versicherer schließt, im eigenen Namen für einen anderen, mit oder ohne Benennung der Person des Versicherten, genommen werden (Versicherung für fremde Rechnung).

[2] Wird die Versicherung für einen anderen genommen, so ist, auch wenn der andere benannt wird, im Zweifel anzunehmen, daß der Vertragschließende nicht als Vertreter, sondern im eigenen Namen für fremde Rechnung handelt.

§ 75[1])

[1] Bei der Versicherung für fremde Rechnung stehen die Rechte aus dem Versicherungsvertrage dem Versicherten zu. Die Aushändigung eines Versicherungsscheins kann jedoch nur der Versicherungsnehmer verlangen.

[2] Der Versicherte kann ohne Zustimmung des Versicherungsnehmers über seine Rechte nur verfügen und diese Rechte nur gerichtlich geltend machen, wenn er im Besitz eines Versicherungsscheins ist.

§ 76[1])

[1] Der Versicherungsnehmer kann über die Rechte, welche dem Versicherten aus dem Versicherungsvertrage zustehen, im eigenen Namen verfügen.

[2] Ist ein Versicherungsschein ausgestellt, so ist der Versicherungsnehmer ohne Zustimmung des Versicherten zur Annahme der Zahlung sowie zur Übertragung der Rechte des Versicherten nur befugt, wenn er im Besitze des Scheines ist.

[3] Der Versicherer ist zur Zahlung an den Versicherungsnehmer nur verpflichtet, wenn dieser ihm gegenüber nachweist, daß der Versicherte seine Zustimmung zu der Versicherung erteilt hat.

§ 77[1])

Der Versicherungsnehmer ist nicht verpflichtet, dem Versicherten oder, falls über das Vermögen des Versicherten der Konkurs eröffnet ist, der Konkursmasse den Versicherungsschein auszuliefern, bevor er wegen der ihm gegen den Versicherten in bezug auf die versicherte Sache zustehenden Ansprüche befriedigt ist. Er kann sich für diese Ansprüche aus der Entschädigungsforderung gegen den Versicherer und nach der Einziehung der Forderung aus der Entschädigungssumme vor dem Versicherten und dessen Gläubigern befriedigen.

§ 78[5])

(gestrichen)

§ 79[5])[7])

(1) Soweit nach den Vorschriften dieses Gesetzes die Kenntnis und das Verhalten des Versicherungsnehmers von rechtlicher Bedeutung ist, kommt bei der Versicherung für fremde Rechnung auch die Kenntnis und das Verhalten des Versicherten in Betracht.

(2) Auf die Kenntnis des Versicherten kommt es nicht an, wenn der Vertrag ohne sein Wissen geschlossen worden ist oder eine rechtzeitige Benachrichtigung des Versicherungsnehmers nicht tunlich war.

(3) Hat der Versicherungsnehmer den Vertrag ohne Auftrag des Versicherten geschlossen und bei der Schließung den Mangel des Auftrags dem Versicherer nicht angezeigt, so braucht dieser den Einwand, daß der Vertrag ohne Wissen des Versicherten geschlossen ist, nicht gegen sich gelten zu lassen.

§ 80[1])

[1] Ergibt sich aus den Umständen nicht, daß die Versicherung für einen anderen genommen werden soll, so gilt sie als für eigene Rechnung genommen.

[2] Ist die Versicherung für Rechnung „wen es angeht" genommen oder ist sonst aus dem Vertrage zu entnehmen, daß unbestimmt gelassen werden soll, ob eigenes oder fremdes Interesse versichert ist, so kommen die Vorschriften der §§ 75 bis 79 zur Anwendung, wenn sich ergibt, daß fremdes Interesse versichert ist.

Zweiter Titel.

Feuerversicherung.

§ 81[1])

[1] **Bei der Feuerversicherung erlischt ein dem Versicherer gemachter Antrag auf Schließung, Verlängerung oder Änderung des Vertrags, wenn er nicht binnen zwei Wochen angenommen wird. Die Vorschriften des § 149 des Bürgerlichen Gesetzbuchs bleiben unberührt.**

[2] **Wird der Antrag einem Abwesenden gemacht, so beginnt die Frist mit der Absendung des Antrags**

[3] **Abweichende Bestimmungen sind nichtig. An die Stelle der Frist von zwei Wochen kann jedoch eine andere festbestimmte Frist gesetzt werden.**

§ 82[1])

Der Versicherer haftet für den durch Brand, Explosion oder Blitzschlag entstehenden Schaden.

§ 83[1])

[1] **Im Falle eines Brandes hat der Versicherer den durch die Zerstörung oder die Beschädigung der versicherten Sachen entstehenden Schaden zu ersetzen, soweit die Zerstörung oder die Beschädigung auf der Einwirkung des Feuers beruht oder die unvermeidliche Folge des Brandereignisses ist. Der Versicherer hat auch den Schaden zu ersetzen, der bei dem Brande durch Löschen, Niederreißen oder Ausräumen verursacht wird; das Gleiche gilt von einem Schaden, der dadurch entsteht, daß versicherte Sachen bei dem Brande abhanden kommen.**

[2] **Auf die Haftung des Versicherers für den durch Explosion oder Blitzschlag entstehenden Schaden finden diese Vorschriften entsprechende Anwendung.**

§ 84[1])

Der Versicherer haftet nicht, wenn der Brand oder die Explosion durch ein Erdbeben oder durch Maßregeln verursacht wird, die im Kriege oder nach Erklärung des Kriegszustandes von einem militärischen Befehlshaber angeordnet worden sind.

§ 85[5])

Ist die Versicherung für einen Inbegriff von Sachen genommen, so erstreckt sie sich auf die Sachen der zur Familie des Versicherungsnehmers gehörenden sowie der in einem Dienstverhältnis zu ihm stehenden Personen, sofern diese Personen in häuslicher Gemeinschaft mit dem Versicherungsnehmer leben oder an dem Orte, für den die Versicherung gilt, ihren Beruf ausüben. Die Versicherung gilt insoweit als für fremde Rechnung genommen.

§ 86[1])

Als Versicherungswert gilt bei Haushalts- und sonstigen Gebrauchsgegenständen, bei Arbeitsgerätschaften und Maschinen derjenige Betrag, welcher erforderlich ist, um Sachen gleicher Art anzuschaffen, unter billiger Berücksichtigung des aus dem Unterschiede zwischen alt und neu sich ergebenden Minderwerts.

§ 87[1])

Ist bei der Versicherung beweglicher Sachen eine Taxe vereinbart, so gilt die Taxe als der Wert, den das versicherte Interesse zur Zeit der Schließung des Vertrags hat, es sei denn, daß sie den wirklichen Versicherungswert in diesem Zeitpunkt erheblich übersteigt. Eine Vereinbarung, nach welcher die Taxe als der Wert gelten soll, den das versicherte Interesse zur Zeit des Eintritts des Versicherungsfalls hat, ist nichtig.

§ 88[1])

Als Versicherungswert gilt bei Gebäuden der ortsübliche Bauwert unter Abzug eines dem Zustande des Gebäudes, insbesondere dem Alter und der Abnutzung entsprechenden Betrags.

§ 89[1])

[1] Bei der Versicherung des durch den Eintritt des Versicherungsfalls entgehenden Gewinns kann eine Taxe nicht vereinbart werden.

[2] Bestimmungen über die Berechnung des entgehenden Gewinns können mit Genehmigung der Aufsichtsbehörde in den Versicherungsbedingungen getroffen werden. Übersteigt das Ergebnis der Berechnung den der wirklichen Sachlage entsprechenden Betrag, so hat der Versicherer nur diesen Betrag zu ersetzen.

§ 90[1])

[1] Wer in Ansehung derselben Sache bei dem einen Versicherer für entgehenden Gewinn, bei einem anderen Versicherer für sonstigen Schaden Versicherung nimmt, hat jedem Versicherer von der anderen Versicherung unverzüglich Mitteilung zu machen.

[2] In der Mitteilung ist der Versicherer, bei welchem die andere Versicherung genommen worden ist, zu bezeichnen und die Versicherungssumme anzugeben.

§ 91[1])

Bei der Gebäudeversicherung muß die im Falle einer nicht rechtzeitigen Zahlung der Prämie nach § 39 zu bestimmende Zahlungsfrist mindestens einen Monat betragen.

§ 92[1])[5])

(1) Der Pflicht zur Anzeige des Versicherungsfalls wird genügt, wenn die Anzeige binnen drei Tagen nach dem Eintritte des Versicherungsfalls erfolgt. Durch die Absendung der Anzeige wird die Frist gewahrt.

[2] Auf eine Vereinbarung, durch welche die Dauer oder die Berechnung der Frist zum Nachteile des Versicherungsnehmers anders bestimmt ist, kann sich der Versicherer nicht berufen.

§ 93[1])

Bis zur Feststellung des an einem Gebäude entstehenden Schadens darf der Versicherungsnehmer ohne Einwilligung des Versicherers nur solche Änderungen vornehmen, welche zur Erfüllung der ihm nach § 62 obliegenden Pflicht oder im öffentlichen Interesse geboten sind.

§ 94[5])

(1) Die Entschädigung ist nach dem Ablaufe eines Monats seit der Anzeige des Versicherungsfalls mit vier vom Hundert für das Jahr zu verzinsen, soweit nicht aus besonderen Gründen eine weitergehende Zinspflicht besteht.

(2) Der Lauf der im Abs. 1 bezeichneten Frist ist gehemmt, solange infolge eines Verschuldens des Versicherungsnehmers die Festsetzung des Schadens nicht erfolgen kann.

§ 95[1])

Der Versicherer haftet nach dem Eintritt eines Versicherungsfalls für den durch einen späteren Versicherungsfall verursachten Schaden nur bis zur Höhe des Restbetrags der Versicherungssumme. Für die künftigen Versicherungsperioden gebührt ihm nur ein verhältnismäßiger Teil der Prämie.

§ 96[1])

[1] Nach dem Eintritt eines Versicherungsfalls ist jeder Teil berechtigt, das Versicherungsverhältnis zu kündigen.

[2] Die Kündigung ist nur bis zum Ablauf eines Monats seit dem Abschlusse der Verhandlungen über die Entschädigung zulässig. Der Versicherer hat eine Kündigungsfrist von einem Monat einzuhalten. Der Versicherungsnehmer kann nicht für einen späteren Zeitpunkt als den Schluß der laufenden Versicherungsperiode kündigen.

[3] Kündigt der Versicherungsnehmer, so gebührt dem Versicherer gleichwohl die Prämie für die laufende Versicherungsperiode. Kündigt der Versicherer, so gilt das Gleiche in Ansehung desjenigen Teiles der Prämie, welcher auf den dem Schaden entsprechenden Betrag der Versicherungssumme entfällt; von der auf den Restbetrag der Versicherungssumme entfallenden Prämie gebührt dem Versicherer nur der Teil, welcher der abgelaufenen Versicherungszeit entspricht.

§ 97[1])

Ist der Versicherer nach den Versicherungsbestimmungen nur verpflichtet, die Entschädigungssumme zur Wiederherstellung des versicherten Gebäudes zu zahlen, so kann der Versicherungsnehmer die Zahlung erst verlangen, wenn die bestimmungsmäßige Verwendung des Geldes gesichert ist.

§ 98[1])

Im Falle des § 97 kann die Forderung des Versicherungsnehmers auf die Entschädigungssumme vor der Wiederherstellung des Gebäudes nur an den Erwerber des Grundstücks oder an solche Gläubiger des Versicherungsnehmers übertragen werden, welche Arbeiten oder Lieferungen zur Wiederherstellung des Gebäudes übernommen oder bewirkt haben. Eine Übertragung an Gläubiger des Versicherungsnehmers, die bare Vorschüsse zur Wiederherstellung gegeben haben, ist wirksam, wenn die Verwendung der Vorschüsse zur Wiederherstellung erfolgt.

§ 99[1])[5])

[1] Im Falle des § 97 ist eine Zahlung, welche ohne die Sicherung der bestimmungsmäßigen Verwendung des Geldes geleistet wird, dem Hypothekengläubiger gegenüber nur wirksam, wenn ihm der Versicherer oder der Versicherungsnehmer angezeigt hat, daß ohne Sicherung geleistet werden soll, und seit dem Empfange der Anzeige ein Monat verstrichen ist.

[2] Soweit die Entschädigungssumme nicht zu einer den Versicherungsbestimmungen entsprechenden Wiederherstellung verwendet werden soll, kann der Versicherer mit Wirkung gegen den Hypothekengläubiger erst zahlen, wenn er oder der Versicherungsnehmer die Absicht, von der bestimmungsmäßigen Verwendung abzuweichen, dem Hypothekengläubiger angezeigt hat und seit dem Empfange der Anzeige ein Monat verstrichen ist.

[3] Der Hypothekengläubiger kann bis zum Ablaufe der Frist dem Versicherer gegenüber der Zahlung widersprechen. Die Anzeige darf unterbleiben, wenn sie untunlich ist; in diesem Falle wird der Monat von dem Zeitpunkte an berechnet, in welchem die Entschädigungssumme fällig wird.

§ 100[7])

Hat im Falle des § 97 der Hypothekengläubiger seine Hypothek dem Versicherer angemeldet, so ist eine Zahlung, welche ohne die Sicherung der bestimmungsgemäßen Verwendung des Geldes geleistet wird, dem Hypothekengläubiger gegenüber nur wirksam, wenn dieser schriftlich der Zahlung zugestimmt hat.

§ 101[7])

(1) Bei der Gebäudeversicherung hat der Versicherer dem Hypothekengläubiger, der seine Hypothek angemeldet hat, unverzüglich schriftlich Mitteilung zu machen, wenn dem Versicherungsnehmer für die Zahlung einer Folgeprämie eine Frist bestimmt wird. Das gleiche gilt, wenn das Versicherungsverhältnis nach dem Ablaufe der Frist wegen unterbliebener Prämienzahlung gekündigt wird.

(2) Der Versicherer hat binnen einer Woche nach Kenntnis von dem Eintritt eines Versicherungsfalls dem Hypothekengläubiger, der seine Hypothek angemeldet hat, schriftlich Mitteilung zu machen, es sei denn, daß der Schaden unbedeutend ist.

§ 102[7])

[1] Ist bei der Gebäudeversicherung der Versicherer wegen des Verhaltens des Versicherungsnehmers von der Verpflichtung zur Leistung frei, so bleibt gleichwohl seine Verpflichtung gegenüber einem Hypothekengläubiger bestehen. Das gleiche gilt, wenn der Versicherer nach dem Eintritt des Versicherungsfalls von dem Vertrage zurücktritt oder den Vertrag anficht.

(2) Abs. 1 Satz 1 findet keine Anwendung, wenn der Versicherer leistungsfrei ist, weil die Prämie nicht gezahlt worden ist. Hat jedoch der Hypothekengläubiger seine Hypothek dem Versicherer angemeldet, so bleibt im Falle der nicht rechtzeitigen Zahlung einer Folgeprämie die Verpflichtung des Versicherers gegenüber dem Hypothekengläubiger bis zum Ablauf eines Monats von dem Zeitpunkt an bestehen, in welchem dem Hypothekengläubiger die Bestimmung der Zahlungsfrist oder, wenn diese Mitteilung unterblieben ist, die Kündigung mitgeteilt worden ist.

§ 103[7])

(1) Hat im Falle der Gebäudeversicherung ein Hypothekengläubiger seine Hypothek dem Versicherer angemeldet, so wirkt eine Kündigung, ein Rücktritt, ein Fristablauf oder eine sonstige Tatsache, welche die Beendigung des Versicherungsverhältnisses zur Folge hat, gegenüber dem Hypothekengläubiger erst mit dem Ablauf von drei Monaten, nach dem die Beendigung und, sofern diese noch nicht eingetreten war, der Zeitpunkt der Beendigung ihm durch den Versicherer mitgeteilt worden oder in anderer Weise zu seiner Kenntnis gelangt ist. Dies gilt jedoch nicht, wenn das Versicherungsverhältnis wegen unterbliebener Prämienzahlung durch Rücktritt oder Kündigung des Versicherers endigt oder wenn es mit Zustimmung des Hypothekengläubigers durch den Versicherungsnehmer gekündigt wird.

(2) Abs. 1 Satz 1 gilt sinngemäß für die Wirksamkeit einer Vereinbarung zwischen dem Versicherer und dem Versicherungsnehmer, durch welche die Versicherungssumme oder der Umfang der versicherten Gefahr gemindert wird, sowie für die Wirksamkeit einer Vereinbarung, nach welcher der Versicherer nur verpflichtet ist, die Entschädigungssumme zur Wiederherstellung des versicherten Gebäudes zu zahlen.

(3) Die Nichtigkeit des Versicherungsvertrags kann gegenüber einem Hypothekengläubiger, der seine Hypothek angemeldet hat, nicht geltend gemacht werden. Das Versicherungsverhältnis endigt jedoch ihm gegenüber mit dem Ablauf von drei Monaten, nachdem ihm die Nichtigkeit durch den Versicherer mitgeteilt worden oder in anderer Weise zu seiner Kenntnis gelangt ist.

§ 104[7])

Soweit der Versicherer auf Grund der Vorschriften der §§ 102, 103 den Hypothekengläubiger befriedigt, geht die Hypothek auf ihn über. Der Übergang kann nicht zum Nachteil eines gleich- oder nachstehenden Hypothekengläubigers geltend gemacht werden, dem gegenüber die Verpflichtung des Versicherers zur Leistung bestehen geblieben ist.

§ 105[7])

Im Falle des § 102 Abs. 1 Satz 2, Abs. 2 Satz 2, § 103 ist der Versicherer verpflichtet, bis zur anderweitigen Versicherung der Gebäude mit dem Hypothekengläubiger für dessen Interesse eine Gebäudeversicherung abzuschließen oder die Versicherung fortzusetzen, wenn der Hypothekengläubiger dies bis zum Ablauf der in diesen Vorschriften bezeichneten Fristen schriftlich bei dem Versicherer beantragt und sich zur Zahlung der Prämie verpflichtet. Die Versicherung muß das berechtigte Interesse des Hypothekengläubigers gewährleisten.

§ 106[7])

(1) Hat im Falle der Gebäudeversicherung ein Hypothekengläubiger seine Hypothek dem Versicherer angemeldet, so ist die Kündigung der Versicherung durch den Versicherungsnehmer, unbeschadet der Vorschriften des § 70 Abs. 2, § 96, nur wirksam, wenn dieser mindestens einen Monat vor Ablauf des Versicherungsvertrags nachgewiesen hat, daß in dem Zeitpunkte, in dem die Kündigung spätestens zulässig war, das Grundstück nicht mit der Hypothek belastet war oder daß der Hypothekengläubiger der Kündigung der Versicherung zugestimmt hat.

(2) Die Zustimmung darf nicht ohne ausreichenden Grund verweigert werden.

§ 107[7])

Der Versicherer ist verpflichtet, einem Hypothekengläubiger, der seine Hypothek angemeldet hat, die Anmeldung zu bestätigen und auf Verlangen Auskunft über das Bestehen von Versicherungsschutz sowie über die Höhe der Versicherungssumme zu erteilen.

§ 107 a[7])

Hat der Hypothekengläubiger seine Wohnung geändert, die Änderung dem Versicherer aber nicht mitgeteilt, so genügt für eine Mitteilung der in §§ 101 bis 103 bezeichneten Art die Absendung eines eingeschriebenen Briefes nach der letzten dem Versicherer bekannten Wohnung. Die Mitteilung wird in dem Zeitpunkte wirksam, in welchem sie ohne die Wohnungsänderung bei regelmäßiger Beförderung dem Hypothekengläubiger zugegangen sein würde.

§ 107 b[7])

Ist das Grundstück mit einer Reallast, Grundschuld oder Rentenschuld belastet, so finden die Vorschriften der §§ 99 bis 107 a entsprechende Anwendung.

§ 107c[7])

Die durch die Vorschriften der §§ 101 bis 107b begründeten Rechte können nicht zugunsten solcher Hypotheken, Grundschulden oder Rentenschulden geltend gemacht werden, die dem Versicherungsnehmer zustehen.

Dritter Titel.

Hagelversicherung.

§ 108[1])

Bei der Hagelversicherung haftet der Versicherer für den Schaden, der an den versicherten Bodenerzeugnissen durch die Einwirkung des Hagelschlags entsteht.

§ 109[5])

(gestrichen)

§ 110[1])[5])

Der Pflicht zur Anzeige des Versicherungsfalls wird genügt, wenn die Anzeige binnen vier Tagen nach dem Eintritte des Versicherungsfalls erfolgt. Durch die Absendung der Anzeige wird die Frist gewahrt.

§ 111[1])

Bis zur Feststellung des Schadens darf der Versicherungsnehmer an den von dem Hagelschlage betroffenen Bodenerzeugnissen ohne Einwilligung des Versicherers nur solche Änderungen vornehmen, welche nach den Regeln einer ordnungsmäßigen Wirtschaft nicht aufgeschoben werden können.

§ 112[1])

Tritt nach dem Eintritt eines Versicherungsfalls in derselben Versicherungsperiode ein neuer Versicherungsfall ein, so haftet der Versicherer für den dadurch verursachten Schaden nur bis zur Höhe des Restbetrags der Versicherungssumme.

§ 113[1])

Nach dem Eintritt eines Versicherungsfalls ist jeder Teil berechtigt, das Versicherungsverhältnis zu kündigen, der Versicherer nur für den Schluß der Versicherungsperiode, in welcher der Versicherungsfall eingetreten ist, der Versicherungsnehmer spätestens für diesen Zeitpunkt. Kündigt der Versicherungsnehmer für einen früheren Zeitpunkt, so gebührt dem Versicherer gleichwohl die Prämie für die laufende Versicherungsperiode.

§ 114[1])[5])

[1] Im Falle der Veräußerung oder der Zwangsversteigerung der versicherten Bodenerzeugnisse kann der Versicherer dem Erwerber das Versicherungsverhältnis nur für den Schluß der Versicherungsperiode kündigen, in welcher er von dem Eigentumsübergange Kenntnis erlangt; die im § 70 Abs. 1 vorgesehenen Beschränkungen des Kündigungsrechts finden keine Anwendung.

[2] Wird der Eigentumsübergang dem Versicherer nicht rechtzeitig angezeigt, so ist der Versicherer, wenn der Versicherungsfall nach dem Schlusse der Versicherungsperiode eintritt, in welcher ihm die Anzeige hätte zugehen müssen, on der Verpflichtung zur Leistung frei. Die Verpflichtung bleibt jedoch bestehen, wenn der Versicherer von dem Eigentumswechsel so früh Kenntnis erlangt hat, daß er zum Schlusse der Versicherungsperiode kündigen konnte.

§ 115[1])

Erwirbt jemand auf Grund eines Nießbrauchs, eines Pachtvertrags oder eines ähnlichen Verhältnisses die Berechtigung, die versicherten Bodenerzeugnisse zu beziehen, so finden die im Falle einer Veräußerung oder Zwangsversteigerung der Bodenerzeugnisse geltenden Vorschriften entsprechende Anwendung.

§ 115a[5])

(1) Auf eine Vereinbarung, durch welche von den Vorschriften des § 110 zum Nachteile des Versicherungsnehmers, der §§ 114, 115 zum Nachteile des Erwerbers oder der im § 115 genannten Personen abgewichen wird, kann sich der Versicherer nicht berufen.

(2) Die Frist zur Erhebung des Widerspruchs nach § 5 Abs. 1 kann herabgesetzt werden; sie darf jedoch nicht weniger als eine Woche betragen.

Vierter Titel.

Tierversicherung[5]).

§ 116[1])[5])

(1) Bei der Tierversicherung haftet der Versicherer für den Schaden, der durch den Tod (Verenden, Nottötung) des versicherten Tieres entsteht. Wird der Tod durch eine Krankheit oder einen Unfall herbeigeführt, so gilt als Betrag des Schadens der Wert, den das Tier unmittelbar vor Eintritt der Erkrankung oder des Unfalls gehabt hat.

[2] Die Versicherung kann auch für den Schaden genommen werden, der durch eine Krankheit oder einen Unfall entsteht, ohne daß der Tod des Tieres eintritt.

§ 117[1])

Die Versicherung umfaßt nicht:

1. **den infolge einer Seuche oder Krankheit entstehenden Schaden, soweit dem Versicherungsnehmer nach gesetzlicher Vorschrift ein Anspruch auf eine Entschädigung aus öffentlichen Mitteln zusteht oder zustehen würde, wenn der Anspruch nicht durch eine Zuwiderhandlung gegen seuchenpolizeiliche Vorschriften verwirkt worden wäre;**
2. **den Schaden, welcher durch Maßregeln verursacht wird, die im Kriege oder nach der Erklärung des Kriegszustandes von einem militärischen Befehlshaber angeordnet worden sind.**

§ 118[5])

Steht dem Versicherungsnehmer ein Anspruch auf Gewährleistung wegen eines Mangels des versicherten Tieres gegen einen Dritten zu, so geht der Anspruch auf den Versicherer über, soweit dieser dem Versicherungsnehmer den Schaden ersetzt. Der Übergang kann nicht zum Nachteile des Versicherungsnehmers geltend gemacht werden. Geht ein Anspruch auf Gewährleistung durch Verschulden des Versicherungsnehmers verloren oder gibt dieser den Anspruch auf, so wird der Versicherer von seiner Ersatzpflicht insoweit frei, als er aus dem Anspruch Ersatz hätte erlangen können.

§ 119[1])

Der Versicherer haftet nach dem Eintritt eines Versicherungsfalls für den durch einen späteren Versicherungsfall verursachten Schaden nur bis zur Höhe des Restbetrags der Versicherungssumme. Für die künftigen Versicherungsperioden gebührt ihm nur ein verhältnismäßiger Teil der Prämie.

§ 120[1])

Der Versicherer ist befugt, jederzeit auf seine Kosten eine Besichtigung und Untersuchung der versicherten Tiere vorzunehmen.

§ 121[1])

Außer dem Tode ist auch jede erhebliche Erkrankung sowie jeder erhebliche Unfall eines versicherten Tieres dem Versicherer unverzüglich anzuzeigen. Auf die Anzeige der Erkrankung oder des Unfalls finden, auch wenn die Versicherung nur gegen den Schaden genommen ist, der durch den Tod des Tieres entsteht, die für die Anzeige des Versicherungsfalls geltenden Vorschriften entsprechende Anwendung.

§ 122[1])

Erkrankt das versicherte Tier oder erleidet es einen Unfall, so hat der Versicherungsnehmer, sofern nicht die Erkrankung oder der Unfall unerheblich ist, unverzüglich einen Tierarzt oder, wenn dies untunlich ist, einen Sachkundigen zuzuziehen.

§ 123[1])

[1] Die Kosten der Fütterung und der Pflege sowie die Kosten der tierärztlichen Untersuchung und Behandlung gehören nicht zu den nach § 63 von dem Versicherer zu erstattenden Aufwendungen.

[2] Die Kosten der ersten tierärztlichen Untersuchung bei Erkrankung eines versicherten Tieres haben der Versicherungsnehmer und der Versicherer zu gleichen Teilen zu tragen.

§ 124[5])

Die Verzinsung der Entschädigungsforderung des Versicherungsnehmers bestimmt sich nach § 94.

§ 125[1])

Hat der Versicherungsnehmer vorsätzlich oder aus grober Fahrlässigkeit das Tier schwer mißhandelt oder schwer vernachlässigt, so ist der Versicherer von der Verpflichtung zur Leistung frei, es sei denn, daß der Schaden nicht durch die Mißhandlung oder die Vernachlässigung entstanden ist. Als schwere Vernachlässigung gilt es insbesondere, wenn bei einer Erkrankung oder einem Unfalle die Zuziehung eines Tierarztes oder eines Sachkundigen der Vorschrift des § 122 zuwider unterlassen worden ist.

§ 126[1])

[1] Der Versicherungsnehmer darf eine Nottötung nur mit Einwilligung des Versicherers vornehmen, es sei denn, daß die Erklärung des Versicherers nicht abgewartet werden kann. Ist durch das Gutachten des Tierarztes oder, falls die Zuziehung eines Tierarztes untunlich ist, zweier Sachkundigen vor der Tötung festgestellt, daß die Tötung notwendig ist und die Erklärung des Versicherers nicht abgewartet werden kann, so muß der Versicherer die Feststellung gegen sich gelten lassen.

[2] Ist der Vorschrift des Abs. 1 Satz 1 zuwider eine Nottötung erfolgt, so ist der Versicherer von der Verpflichtung zur Leistung frei.

§ 127[1])

Endigt das Versicherungsverhältnis, nachdem das versicherte Tier erkrankt ist oder einen Unfall erlitten hat, so hat die Beendigung auf die Haftung des Versicherers keinen Einfluß, wenn die Erkrankung oder der Unfall den Tod binnen zwei Wochen nach der Beendigung herbeiführt.

§ 128[1])

[1] Wird ein versichertes Tier veräußert, so endigt in Ansehung dieses Tieres das Versicherungsverhältnis; dem Versicherer gebührt gleichwohl die Prämie, jedoch nicht über die laufende Versicherungsperiode hinaus. Tritt vor dem Schlusse der laufenden Versicherungsperiode oder binnen zwei Wochen nach der Veräußerung infolge eines Hauptmangels der Tod des Tieres ein, so bleibt der Versicherer dem Versicherungsnehmer insoweit haftbar, als dieser dem Erwerber kraft Gesetzes zur Gewährleistung verpflichtet ist.

[2] Geht das Eigentum an dem Inventar eines Grundstücks mit dem Eigentum oder dem Besitze des Grundstücks auf einen anderen über, so behält es in Ansehung der zum Inventare gehörenden Tiere bei den Vorschriften der §§ 69 bis 73 sein Bewenden.

Fünfter Titel.

Transportversicherung.

§ 129[1])

[1] Bei der Versicherung von Gütern gegen die Gefahren der Beförderung zu Lande oder auf Binnengewässern trägt der Versicherer alle Gefahren, denen die Güter während der Dauer der Versicherung ausgesetzt sind.

[2] Bei der Versicherung eines Schiffes gegen die Gefahren der Binnenschiffahrt trägt der Versicherer alle Gefahren, denen das Schiff während der Dauer der Versicherung ausgesetzt ist. Der Versicherer haftet auch für den Schaden, den der Versicherungsnehmer infolge eines Zusammenstoßes von Schiffen dadurch erleidet, daß er den einem Dritten zugefügten Schaden zu ersetzen hat.

§ 130[1])

Der Versicherer haftet nicht für einen Schaden, der von dem Versicherungsnehmer vorsätzlich oder fahrlässig verursacht wird. Er hat jedoch den von dem Versicherungsnehmer durch eine fehlerhafte Führung des Schiffes verursachten Schaden zu ersetzen, es sei denn, daß dem Versicherungsnehmer eine bösliche Handlungsweise zur Last fällt.

§ 131[1])

[1] Bei der Versicherung von Gütern haftet der Versicherer nicht für einen Schaden, der von dem Absender oder dem Empfänger in dieser Eigenschaft vorsätzlich oder fahrlässig verursacht wird.

[2] Das Gleiche gilt von einem Schaden, der durch die natürliche Beschaffenheit der Güter, namentlich durch inneren Verderb, Schwinden, gewöhnliche Leckage, sowie durch mangelhafte Verpackung der Güter oder durch Ratten oder Mäuse verursacht wird; ist jedoch die Reise durch einen Unfall, für den der Versicherer haftet, ungewöhnlich verzögert worden, so fällt der Schaden dem Versicherer insoweit zur Last, als er infolge der Verzögerung eingetreten ist.

§ 132[1])

[1] Bei der Versicherung eines Schiffes haftet der Versicherer nicht für einen Schaden, der daraus entsteht, daß das Schiff in einem nicht fahrtüchtigen Zustand oder nicht gehörig ausgerüstet oder bemannt die Reise antritt.

[2] Das Gleiche gilt von einem Schaden, der nur eine Folge der Abnutzung des Schiffes im gewöhnlichen Gebrauch ist oder nur durch Alter, Fäulnis oder Wurmfraß verursacht wird.

§ 133[1])

[1] Die Versicherung gegen die Gefahren der Binnenschiffahrt umfaßt die Beiträge zur großen Haverei. Sind ausschließlich Güter des Schiffseigners verladen, so umfaßt die Versicherung auch die Aufopferungen, welche zur großen Haverei gehören würden, wenn das Eigentum an den Gütern einem anderen zustände.

[2] Die Vorschriften der §§ 835 bis 839 des Handelsgesetzbuchs finden entsprechende Anwendung. Eine vom Schiffer aufgestellte Dispache ist für den Versicherer nur verbindlich, wenn er der Aufstellung durch den Schiffer zugestimmt hat.

§ 134[1])

[1] Die Versicherung von Gütern erstreckt sich auf die ganze Dauer der versicherten Reise.

[2] Die Versicherung beginnt mit dem Zeitpunkt, in welchem die Güter von dem Frachtführer zur Beförderung oder, wenn die Beförderung nicht sofort erfolgen kann, zur einstweiligen Verwahrung angenommen werden. Sie endigt mit dem Zeitpunkt, in welchem die Güter dem Empfänger am Ablieferungsort abgeliefert oder, wenn sich ein Ablieferungshindernis ergibt, rechtmäßig hinterlegt oder verkauft werden.

§ 135[1])

Unter die Versicherung gegen die Gefahren der Beförderung von Gütern auf Eisenbahnen fällt auch die Beförderung zur Eisenbahn sowie die Beförderung von der Eisenbahn an den Empfänger, wenn sie durch die Eisenbahnverwaltung oder unter ihrer Verantwortlichkeit erfolgt.

§ 136[1])

Sind Güter gegen die Gefahren der Beförderung auf Binnengewässern versichert, so trägt der Versicherer die Gefahr der Benutzung von Leichterfahrzeugen bei der Verladung oder der Ausladung, wenn die Benutzung ortsüblich ist.

§ 137[1])

[1] Werden die versicherten Güter in anderer Art als mit dem Schiffe befördert, mit welchem sie nach dem Versicherungsvertrage befördert werden sollen, so haftet der Versicherer nicht.

[2] Werden jedoch die Güter nach dem Beginne der Versicherung infolge eines Unfalls, für den der Versicherer haftet, mit einem anderen als dem im Versicherungsvertrage bestimmten Schiffe oder zu Lande befördert, so fällt die Beförderung unter die Versicherung. Das Gleiche gilt, wenn nach dem Beginne der Versicherung ohne Zustimmung des Versicherungsnehmers die Beförderung geändert oder die Reise des Schiffes aufgegeben wird.

[3] Die Versicherung umfaßt in den Fällen des Abs. 2 die Kosten der Umladung und der einstweiligen Lagerung sowie die Mehrkosten der Weiterbeförderung.

§ 138[1])

[1] Die Versicherung eines Schiffes beginnt, wenn sie für eine Reise genommen ist, mit dem Zeitpunkt, in welchem mit der Einnahme der Ladung angefangen wird, oder, wenn keine Ladung einzunehmen ist, mit der Abfahrt. Sie endigt mit dem Zeitpunkt, in welchem die Löschung der Ladung am Bestimmungsorte beendigt ist, oder, wenn keine Ladung zu löschen ist, mit der Ankunft am Bestimmungsorte. Wird die Löschung von dem Versicherungsnehmer ungebührlich verzögert, so endigt die Versicherung mit dem Zeitpunkt, in welchem die Löschung beendigt sein würde, falls die Verzögerung nicht stattgefunden hätte.

[2] Wird vor der Beendigung der Löschung für eine neue Reise Ladung eingenommen, so endigt die Versicherung mit dem Zeitpunkt, in welchem mit der Einnahme angefangen wird.

[3] Wird nach dem Beginne der Versicherung die versicherte Reise aufgegeben, so tritt in Ansehung der Beendigung der Versicherung der Ort, wo die Reise aufhört, an die Stelle des Bestimmungsorts.

§ 139[1])

Ist ein auf Zeit versichertes Schiff bei dem Ablaufe der vereinbarten Versicherungszeit unterwegs, so gilt das Versicherungsverhältnis als verlängert bis zur Ankunft des Schiffes am nächsten Bestimmungsort und, falls an diesem gelöscht wird, bis zu dem nach § 138 für die Beendigung der Versicherung maßgebenden Zeitpunkte. Der Versicherungsnehmer kann die Verlängerung, solange das Schiff noch nicht unterwegs ist, durch eine gegenüber dem Versicherer abzugebende Erklärung ausschließen.

§ 140[1])[5])

[1] Als Versicherungswert der Güter gilt der gemeine Handelswert und in dessen Ermangelung der gemeine Wert, den die Güter am Orte der Absendung in dem Zeitpunkte haben, welcher nach den §§ 134 bis 136 für den Beginn der Versicherung maßgebend ist, unter Hinzurechnung der Versicherungskosten sowie derjenigen Kosten, welche bis zur Annahme der Güter durch den Frachtführer entstehen.

[2] Der sich nach Abs. 1 ergebende Wert der Güter gilt auch bei dem Eintritte des Versicherungsfalls als Versicherungswert.

(3) Haben die Güter eine Beschädigung erlitten, so ist der Wert, den sie in beschädigtem Zustande am Ablieferungsorte haben, von dem Werte in Abzug zu bringen, den sie an diesem Orte in unbeschädigtem Zustande haben würden. Der dem Verhältnis der Wertminderung zu ihrem Werte in unbeschädigtem Zustande entsprechende Bruchteil des Versicherungswertes (Abs. 1) gilt als Betrag des Schadens.

§ 141[1])

[1] Als Versicherungswert des Schiffes gilt der Wert, den das Schiff bei dem Beginne der Versicherung hat. Dieser Wert gilt auch bei dem Eintritte des Versicherungsfalls als Versicherungswert.

[2] Bei einer Beschädigung des Schiffes gelten, falls das Schiff ausbesserungsfähig ist, die nach den §§ 709, 710 des Handelsgesetzbuchs zu berechnenden Ausbesserungskosten als Betrag des Schadens.

§ 142[1])

Bei der Versicherung von Gütern ist der Versicherer nicht berechtigt, das Versicherungsverhältnis wegen einer unabhängig von dem Willen des Versicherungsnehmers eingetretenen Erhöhung der Gefahr oder wegen einer Veräußerung der versicherten Güter zu kündigen. Der Versicherungsnehmer ist nicht verpflichtet, eine solche Gefahrerhöhung oder eine Veräußerung dem Versicherer anzuzeigen.

§ 143[1])

[1] Wird bei der Versicherung eines Schiffes das Versicherungsverhältnis, während das Schiff unterwegs ist, von dem Versicherer wegen einer unabhängig von dem Willen des Versicherungsnehmers eingetretenen Erhöhung der Gefahr oder wegen Veräußerung des Schiffes gekündigt, so wirkt die Kündigung nicht vor der Beendigung der Reise. Tritt während des bezeichneten Zeitraums ein Versicherungsfall ein, so wird die Verpflichtung des Versicherers zur Leistung nicht dadurch berührt, daß die Anzeige der Gefahrerhöhung oder der Veräußerung unterblieben ist.

[2] Ist die Verpflichtung zur Anzeige schon vor dem Beginne der Reise verletzt, so finden die Vorschriften des Abs. 1 nur Anwendung, wenn die Gefahrerhöhung oder die Veräußerung dem Versicherer vor dem Beginne der Reise bekannt geworden ist.

[3] Bei einer Zwangsversteigerung des versicherten Schiffes finden die Vorschriften über die Veräußerung entsprechende Anwendung.

§ 144[1])

[1] Aufwendungen, die der Versicherungsnehmer gemäß § 62 zur Abwendung oder Minderung des Schadens macht, fallen, soweit der Versicherungsnehmer sie für geboten halten durfte, dem Versicherer ohne Rücksicht darauf zur Last, ob sie zusammen mit der übrigen Entschädigung die Versicherungssumme übersteigen.

[2] Sind Aufwendungen zur Abwendung oder Minderung oder zur Ermittelung und Fest stellung eines Schadens oder zur Wiederherstellung oder Ausbesserung der durch einen Versicherungsfall beschädigten Sache gemacht oder Beiträge zur großen Haverei geleistet oder ist eine persönliche Verpflichtung des Versicherungsnehmers zur Entrichtung solcher Beiträge entstanden, so haftet der Versicherer für den Schaden, der durch einen späteren Versicherungsfall verursacht wird, ohne Rücksicht auf die ihm zur Last fallenden früheren Aufwendungen und Beiträge.

§ 145[1])

Der Versicherer ist nach dem Eintritt einers Versicherungsfalls berechtigt, sich durch Zahlung der Versicherungssumme von allen weiteren Verbindlichkeiten zu befreien. Der Versicherer bleibt jedoch zum Ersatze der Kosten verpflichtet, welche zur Abwendung oder Minderung des Schadens oder zur Wiederherstellung oder Ausbesserung der versicherten Sache verwendet worden sind, bevor seine Erklärung, daß er sich durch Zahlung der Versicherungssumme befreien wolle, dem Versicherungsnehmer zugegangen ist.

§ 146[1])

Bei der Versicherung gegen die Gefahren der Binnenschiffahrt hat der Versicherungsnehmer jeden Unfall, der das Schiff oder die Ladung trifft, auch wenn dadurch ein Entschädigungsanspruch für ihn nicht begründet wird, dem Versicherer unverzüglich anzuzeigen, sofern der Unfall für die von dem Versicherer zu tragende Gefahr von Erheblichkeit ist.

§ 147[1])

Ist die Versicherung für eine Reise genommen, die teils zur See, teils auf Binnengewässern oder zu Lande ausgeführt wird, so finden auf die Versicherung, auch soweit sie die Reise auf Binnengewässern oder zu Lande betrifft, die Vorschriften des Handelsgesetzbuchs über die Seeversicherung entsprechende Anwendung. Unberührt bleiben die Vorschriften des § 133 Abs. 2 Satz 2, des § 134 Abs. 2 und des § 135 über die Dispache des Schiffers, über den Beginn und das Ende der Versicherung sowie über die Haftung des Versicherers für die Beförderung zu und von der Eisenbahn.

§ 148[1])

Die Vorschrift des § 67 Abs. 1 Satz 2 findet auf die Transportversicherung keine Anwendung.

Sechster Titel.

Haftpflichtversicherung.

I. Allgemeine Vorschriften[4].

§ 149[1]

Bei der Haftpflichtversicherung ist der Versicherer verpflichtet, dem Versicherungsnehmer die Leistung zu ersetzen, die dieser auf Grund seiner Verantwortlichkeit für eine während der Versicherungszeit eintretende Tatsache an einem Dritten zu bewirken hat.

§ 150[1][4]

[1] Die Versicherung umfaßt die gerichtlichen und außergerichtlichen Kosten, die durch die Verteidigung gegen den von einem Dritten geltend gemachten Anspruch entstehen, soweit die Aufwendung der Kosten den Umständen nach geboten ist. Dies gilt auch dann, wenn sich der Anspruch als unbegründet erweist. Die Versicherung umfaßt auch die Kosten der Verteidigung in einem Strafverfahren, das wegen einer Tat eingeleitet wurde, welche die Verantwortlichkeit des Versicherungsnehmers einem Dritten gegenüber zur Folge haben könnte, sofern diese Kosten auf Weisung des Versicherers aufgewendet wurden. Der Versicherer hat die Kosten auf Verlangen des Versicherungsnehmers vorzuschießen.

(2) Ist eine Versicherungssumme bestimmt, so hat der Versicherer Kosten, die in einem auf seine Veranlassung geführten Rechtsstreit entstehen, und Kosten der Verteidigung nach Abs. 1 Satz 3 auch insoweit zu ersetzen, als sie zusammen mit der übrigen Entschädigung die Versicherungssumme übersteigen. Das Gleiche gilt von Zinsen, die der Versicherungsnehmer infolge einer vom Versicherer veranlaßten Verzögerung der Befriedigung des Dritten diesem zu entrichten hat.

[3] Ist dem Versicherungsnehmer nachgelassen, die Vollstreckung einer gerichtlichen Entscheidung durch Sicherheitsleistung oder Hinterlegung abzuwenden, so hat auf sein Verlangen der Versicherer die Sicherheitsleistung oder Hinterlegung zu bewirken. Diese Verpflichtung besteht nicht über den Betrag der Versicherungssumme hinaus; haftet der Versicherer nach Abs. 2 für einen höheren Betrag, so tritt der Versicherungssumme der Mehrbetrag hinzu. Der Versicherer ist von der Verpflichtung frei, wenn er den Anspruch des Dritten dem Versicherungsnehmer gegenüber als begründet anerkennt.

§ 151[1]

[1] Ist die Versicherung für die Haftpflicht aus einem geschäftlichen Betriebe des Versicherungsnehmers genommen, so erstreckt sie sich auf die Haftpflicht der Vertreter des Versicherungsnehmers sowie auf die Haftpflicht solcher Personen, welche er zur Leitung oder Beaufsichtigung des Betriebs oder eines Teiles des Betriebs angestellt hat. Die Versicherung gilt insoweit als für fremde Rechnung genommen.

[2] Wird im Falle des Abs. 1 das Unternehmen an einen Dritten veräußert oder auf Grund eines Nießbrauchs, eines Pachtvertrags oder eines ähnlichen Verhältnisses von einem Dritten übernommen, so tritt an Stelle des Versicherungsnehmers der Dritte in die während der Dauer seiner Berechtigung sich aus dem Versicherungsverhältnis ergebenden Rechte und Pflichten ein. Die Vorschriften des § 69 Abs. 2, 3 und der §§ 70, 71 finden entsprechende Anwendung.

§ 152[1]

Der Versicherer haftet nicht, wenn der Versicherungsnehmer vorsätzlich den Eintritt der Tatsache, für die er dem Dritten verantwortlich ist, widerrechtlich herbeigeführt hat.

§ 153[4])

(1) Der Versicherungsnehmer hat innerhalb einer Woche die Tatsachen anzuzeigen, die seine Verantwortlichkeit gegenüber einem Dritten zur Folge haben könnten. § 6 Abs. 3, § 33 Abs. 2 gelten sinngemäß.

(2) Macht der Dritte seinen Anspruch gegenüber dem Versicherungsnehmer geltend, so ist dieser zur Anzeige innerhalb einer Woche nach der Erhebung des Anspruchs verpflichtet.

(3) Durch die Absendung der Anzeige werden die Fristen gewahrt.

(4) Wird gegen den Versicherungsnehmer ein Anspruch gerichtlich geltend gemacht, das Armenrecht nachgesucht oder wird ihm gerichtlich der Streit verkündet, so hat er, wenngleich die Fristen noch laufen, die Anzeige unverzüglich zu erstatten. Das gleiche gilt, wenn gegen ihn wegen des den Anspruch begründenden Ereignisses ein Ermittlungsverfahren eingeleitet wird.

§ 154[1])[4])

[1] Der Versicherer hat die Entschädigung binnen zwei Wochen von dem Zeitpunkt an zu leisten, in welchem der Dritte von dem Versicherungsnehmer befriedigt oder der Anspruch des Dritten durch rechtskräftiges Urteil, durch Anerkenntnis oder Vergleich festgestellt worden ist. Soweit gemäß § 150 Kosten zu ersetzen sind, ist die Entschädigung binnen zwei Wochen von der Mitteilung der Berechnung an zu leisten.

(2) Eine Vereinbarung, nach welcher der Versicherer von der Verpflichtung zur Leistung frei sein soll, wenn ohne seine Einwilligung der Versicherungsnehmer den Dritten befriedigt oder dessen Anspruch anerkennt, ist unwirksam, falls nach den Umständen der Versicherungsnehmer die Befriedigung oder die Anerkennung nicht ohne offenbare Unbilligkeit verweigern konnte.

§ 155[1])

[1] Ist der Versicherungsnehmer dem Dritten zur Gewährung einer Rente verpflichtet, so kann er, wenn die Versicherungssumme den Kapitalwert der Rente nicht erreicht, nur einen verhältnismäßigen Teil der Rente verlangen.

[2] Hat der Versicherungsnehmer für die von ihm geschuldete Rente dem Dritten kraft Gesetzes Sicherheit zu leisten, so erstreckt sich die Verpflichtung des Versicherers auf die Leistung der Sicherheit.

§ 156[4])

(1) Verfügungen über die Entschädigungsforderung aus dem Versicherungsverhältnis sind dem Dritten gegenüber unwirksam. Der rechtsgeschäftlichen Verfügung steht eine Verfügung gleich, die im Wege der Zwangsvollstreckung oder der Arrestvollziehung erfolgt.

(2) Ist die von dem Versicherungsnehmer an den Dritten zu bewirkende Leistung durch Vergleich, Anerkenntnis oder Urteil festgestellt, so ist der Versicherer nach vorheriger Benachrichtigung des Versicherungsnehmers berechtigt und auf Verlangen des Versicherungsnehmers verpflichtet, die Zahlung an den Dritten zu bewirken.

(3) Sind mehrere Dritte vorhanden und übersteigen ihre Forderungen aus der die Verantwortlichkeit des Versicherungsnehmers begründenden Tatsache die Versicherungssumme, so hat der Versicherer nach Maßgabe des Abs. 2 die Forderungen nach dem Verhältnis ihrer Beträge zu berichtigen. Ist hierbei die Versicherungssumme erschöpft, so kann sich ein Dritter, der bei der Verteilung nicht berücksichtigt worden ist, nachträglich auf die Vorschrift des Abs. 1 nicht berufen, wenn der Versicherer mit der Geltendmachung dieser Ansprüche entschuldbarerweise nicht gerechnet hat.

§ 157[1])

Ist über das Vermögen des Versicherungsnehmers der Konkurs eröffnet, so kann der Dritte wegen des ihm gegen den Versicherungsnehmer zustehenden Anspruchs abgesonderte Befriedigung aus der Entschädigungsforderung des Versicherungsnehmers verlangen.

§ 158[1])

[1] Hat nach dem Eintritt eines Versicherungsfalls der Versicherer dem Versicherungsnehmer gegenüber seine Verpflichtung zur Leistung der Entschädigung anerkannt oder die Leistung der fälligen Entschädigung verweigert, so ist jeder Teil berechtigt, das Versicherungsverhältnis zu kündigen. Das Gleiche gilt, wenn der Versicherer dem Versicherungsnehmer die Weisung erteilt, es über den Anspruch des Dritten zum Rechtsstreite kommen zu lassen.

[2] Die Kündigung ist nur innerhalb eines Monats seit der Anerkennung der Entschädigungspflicht oder der Verweigerung der Entschädigung oder seit der Rechtskraft des im Rechtsstreite mit dem Dritten ergangenen Urteils zulässig. Der Versicherer hat eine Kündigungsfrist von einem Monat einzuhalten. Der Versicherungsnehmer kann nicht für einen späteren Zeitpunkt als den Schluß der laufenden Versicherungsperiode kündigen.

[3] Kündigt der Versicherungsnehmer, so gebührt dem Versicherer gleichwohl die Prämie für die laufende Versicherungsperiode. Kündigt der Versicherer, so gebührt ihm nur derjenige Teil der Prämie, welcher der abgelaufenen Versicherungszeit entspricht.

§ 158a[4])

Auf Vereinbarungen, durch die von den Vorschriften des § 153, § 154 Abs. 1, § 156 Abs. 2 zum Nachteil des Versicherungsnehmers abgewichen wird, kann sich der Versicherer nicht berufen.

II. Besondere Vorschriften für die Pflichtversicherung[4]).

§ 158b[4])

Für eine Haftpflichtversicherung, zu deren Abschluß eine gesetzliche Verpflichtung besteht (Pflichtversicherung), gelten die besonderen Vorschriften der §§ 158c bis 158 h.

§ 158c[4])

(1) Ist der Versicherer von der Verpflichtung zur Leistung dem Versicherungsnehmer gegenüber ganz oder teilweise frei, so bleibt gleichwohl seine Verpflichtung in Ansehung des Dritten bestehen.

(2) Ein Umstand, der das Nichtbestehen oder die Beendigung des Versicherungsverhältnisses zur Folge hat, wirkt in Ansehung des Dritten erst mit dem Ablauf eines Monats, nachdem der Versicherer diesen Umstand der hierfür zuständigen Stelle angezeigt hat. Das gleiche gilt, wenn das Versicherungsverhältnis durch Zeitablauf endigt. Der Lauf der Frist beginnt nicht vor der Beendigung des Versicherungsverhältnisses.

(3) Der Versicherer haftet nur im Rahmen der amtlich festgesetzten Mindestversicherungssummen und der von ihm übernommenen Gefahr.

(4) Der Versicherer haftet nicht, insoweit ein anderer Haftpflichtversicherer dem Versicherungsnehmer haftet.

(5) Ein Recht des Dritten, den Versicherer unmittelbar in Anspruch zu nehmen, wird durch diese Vorschriften nicht begründet.

§ 158d[4])

(1) Macht der Dritte seinen Anspruch gegen den Versicherungsnehmer geltend, so hat er dies dem Versicherer innerhalb von zwei Wochen schriftlich anzuzeigen.

(2) Macht der Dritte den Anspruch gegen den Versicherungsnehmer gerichtlich geltend, so hat er dies dem Versicherer unverzüglich schriftlich anzuzeigen.

(3) Der Versicherer kann von dem Dritten Auskunft verlangen, soweit sie zur Feststellung des Schadensereignisses und der Höhe des Schadens erforderlich ist. Zur Vorlegung von Belegen ist der Dritte nur insoweit verpflichtet, als ihm die Beschaffung billigerweise zugemutet werden kann.

§ 158e[4])

(1) Verletzt der Dritte die Verpflichtungen nach § 158d Abs. 2, 3, so beschränkt sich die Haftung des Versicherers nach § 158c auf den Betrag, den er auch bei gehöriger Erfüllung der Verpflichtungen zu leisten gehabt hätte. Liegt eine Verletzung der Verpflichtung nach § 158d Abs. 3 vor, so tritt diese Rechtsfolge nur ein, wenn der Dritte vorher ausdrücklich und schriftlich auf die Folgen der Verletzung hingewiesen worden ist.

(2) Die Vorschrift des Abs. 1 Satz 1 gilt sinngemäß, wenn der Versicherungsnehmer mit dem Dritten ohne Einwilligung des Versicherers einen Vergleich schließt oder dessen Anspruch anerkennt; § 154 Abs. 2 findet entsprechende Anwendung.

§ 158f[4])

Soweit der Versicherer den Dritten nach § 158c befriedigt, geht die Forderung des Dritten gegen den Versicherungsnehmer auf ihn über. Der Übergang kann nicht zum Nachteil des Dritten geltend gemacht werden.

§ 158g[4])

§ 35b findet in Ansehung des Dritten keine Anwendung.

§ 158h[4])

Die Vorschriften über die Veräußerung der versicherten Sache gelten sinngemäß.

Dritter Abschnitt.
Lebensversicherung.

§ 159[5])[7])

(1) Die Lebensversicherung kann auf die Person des Versicherungsnehmers oder eines anderen genommen werden.

(2) Wird die Versicherung für den Fall des Todes eines anderen genommen und übersteigt die vereinbarte Leistung den Betrag der gewöhnlichen Beerdigungskosten, so ist zur Gültigkeit des Vertrags die schriftliche Einwilligung des anderen erforderlich. Ist der andere geschäftsunfähig oder in der Geschäftsfähigkeit beschränkt und steht die Vertretung in den seine Person betreffenden Angelegenheiten dem Versicherungsnehmer zu, so kann dieser den anderen bei der Erteilung der Einwilligung nicht vertreten.

(3) Nimmt der Vater oder die Mutter die Versicherung auf die Person eines minderjährigen Kindes, so bedarf es der Einwilligung des Kindes nur, wenn nach dem Vertrage der Versicherer auch bei Eintritt des Todes vor der Vollendung des siebenten Lebensjahres zur Leistung verpflichtet sein soll und die für diesen Fall vereinbarte Leistung den Betrag der gewöhnlichen Beerdigungskosten übersteigt.

(4) Soweit die Aufsichtsbehörde einen bestimmten Höchstbetrag für die gewöhnlichen Beerdigungskosten festgesetzt hat, ist dieser maßgebend.

§ 160[1])

Durch die Vereinbarung, daß derjenige, auf dessen Person eine Versicherung genommen werden soll, sich zuvor einer ärztlichen Untersuchung zu unterwerfen hat, wird ein Recht des Versicherers, die Vornahme der Untersuchung zu verlangen, nicht begründet.

§ 161[5])

Soweit nach den Vorschriften dieses Gesetzes die Kenntnis und das Verhalten des Versicherungsnehmers von rechtlicher Bedeutung ist, kommt bei der Versicherung auf die Person eines anderen als des Versicherungsnehmers auch die Kenntnis und das Verhalten des anderen in Betracht.

§ 162[1])

Ist das Alter desjenigen, auf dessen Person die Versicherung genommen werden soll, unrichtig angegeben worden und infolge der unrichtigen Angabe die Prämie zu niedrig bestimmt, so mindert sich die Leistung des Versicherers nach dem Verhältnis, in welchem die dem wirklichen Alter entsprechende Prämie zu der vereinbarten Prämie steht. Das Recht, wegen Verletzung der Anzeigepflicht von dem Vertrage zurückzutreten, steht dem Versicherer nur zu, wenn das wirkliche Alter außerhalb der Grenzen liegt, welche durch den Geschäftsplan für den Abschluß von Verträgen festgesetzt sind.

§ 163[1])

Wegen einer Verletzung der dem Versicherungsnehmer bei der Schließung des Vertrags obliegenden Anzeigepflicht kann der Versicherer von dem Vertrage nicht mehr zurücktreten, wenn seit der Schließung zehn Jahre verstrichen sind. Das Rücktrittsrecht bleibt bestehen, wenn die Anzeigepflicht arglistig verletzt worden ist.

§ 164[1])

[1] Als Erhöhung der Gefahr gilt nur eine solche Änderung der Gefahrumstände, welche nach ausdrücklicher Vereinbarung als Gefahrerhöhung angesehen werden soll; die Erklärung des Versicherungsnehmers bedarf der schriftlichen Form.

[2] Eine Erhöhung der Gefahr kann der Versicherer nicht mehr geltend machen, wenn seit der Erhöhung zehn Jahre verstrichen sind. Der Versicherer bleibt jedoch zur Geltendmachung befugt, wenn die Pflicht, seine Einwilligung einzuholen oder ihm Anzeige zu machen, arglistig verletzt worden ist.

§ 164a[5])

§ 41a gilt nicht für die Lebensversicherung.

§ 165[1])

[1] Sind laufende Prämien zu entrichten, so kann der Versicherungsnehmer das Versicherungsverhältnis jederzeit für den Schluß der laufenden Versicherungsperiode kündigen.

[2] Ist eine Kapitalversicherung für den Todesfall in der Art genommen, daß der Eintritt der Verpflichtung des Versicherers zur Zahlung des vereinbarten Kapitals gewiß ist, so steht das Kündigungsrecht dem Versicherungsnehmer auch dann zu, wenn die Prämie in einer einmaligen Zahlung besteht.

§ 166[1])[5])

[1] Bei einer Kapitalversicherung ist im Zweifel anzunehmen, daß dem Versicherungsnehmer die Befugnis vorbehalten ist, ohne Zustimmung des Versicherers einen Dritten als Bezugsberechtigten zu bezeichnen sowie an die Stelle des so bezeichneten Dritten einen anderen zu setzen. Die Befugnis des Versicherungsnehmers, an die Stelle des bezugsberechtigten Dritten einen anderen zu setzen, gilt im Zweifel auch dann als vorbehalten, wenn die Bezeichnung des Dritten im Vertrag erfolgt ist.

(2) Ein als bezugsberechtigt bezeichneter Dritter erwirbt, wenn der Versicherungsnehmer nichts Abweichendes bestimmt, das Recht auf die Leistung des Versicherers erst mit dem Eintritte des Versicherungsfalls.

§ 167[1])[5])

(1) Sind bei einer Kapitalversicherung mehrere Personen ohne Bestimmung ihrer Anteile als Bezugsberechtigte bezeichnet, so sind sie zu gleichen Teilen bezugsberechtigt; der von einem Bezugsberechtigten nicht erworbene Anteil wächst den übrigen Bezugsberechtigten zu.

[2] Soll bei einer Kapitalversicherung die Leistung des Versicherers nach dem Tode des Versicherungsnehmers erfolgen und ist die Zahlung an die Erben ohne nähere Bestimmung bedungen, so sind im Zweifel diejenigen, welche zur Zeit des Todes als Erben berufen sind, nach dem Verhältnis ihrer Erbteile bezugsberechtigt. Eine Ausschlagung der Erbschaft hat auf die Berechtigung keinen Einfluß.

(3) Ist der Fiskus als Erbe berufen, so steht ihm ein Bezugsrecht im Sinne des Abs. 2 Satz 1 nicht zu.

§ 168[1])

Wird bei einer Kapitalversicherung das Recht auf die Leistung des Versicherers von dem bezugsberechtigten Dritten nicht erworben, so steht es dem Versicherungsnehmer zu.

§ 169[1])

Bei einer Versicherung für den Todesfall ist der Versicherer von der Verpflichtung zur Leistung frei, wenn derjenige, auf dessen Person die Versicherung genommen ist, Selbstmord begangen hat. Die Verpflichtung des Versicherers bleibt bestehen, wenn die Tat in einem die freie Willensbestimmung ausschließenden Zustande krankhafter Störung der Geistestätigkeit begangen worden ist.

§ 170[1])

[1] Ist die Versicherung für den Fall des Todes eines anderen als des Versicherungsnehmers genommen, so ist der Versicherer von der Verpflichtung zur Leistung frei, wenn der Versicherungsnehmer vorsätzlich durch eine widerrechtliche Handlung den Tod des anderen herbeiführt.

[2] Ist bei einer Versicherung für den Todesfall ein Dritter als Bezugsberechtigter bezeichnet, so gilt die Bezeichnung als nicht erfolgt, wenn der Dritte vorsätzlich durch eine widerrechtliche Handlung den Tod desjenigen, auf dessen Person die Versicherung genommen ist, herbeiführt.

§ 171[1])

[1] Eine Anzeige von dem Eintritt des Versicherungsfalls ist dem Versicherer nur zu machen, wenn der Tod als Versicherungsfall bestimmt ist. Der Anzeigepflicht wird genügt, wenn die Anzeige binnen drei Tagen nach dem Eintritte des Versicherungsfalls erfolgt; durch die Absendung der Anzeige wird die Frist gewahrt.

[2] Steht das Recht auf die Leistung einem anderen als dem Versicherungsnehmer zu, so liegt die Anzeigepflicht dem anderen ob; das Gleiche gilt von der Pflicht zur Auskunft und zur Beschaffung von Belegen.

§ 172[5])

(gestrichen)

§ 173[5])

Ist die Prämie für einen Zeitraum von drei Jahren bezahlt, so gelten die besonderen Vorschriften der §§ 174 bis 176.

§ 174[1])

[1] Der Versicherungsnehmer kann jederzeit für den Schluß der laufenden Versicherungsperiode die Umwandlung der Versicherung in eine prämienfreie Versicherung verlangen.

[2] Wird die Umwandlung verlangt, so tritt mit dem bezeichneten Zeitpunkt an die Stelle des vereinbarten Kapital- oder Rentenbetrags der Betrag, der sich für das Alter desjenigen, auf dessen Person die Versicherung genommen ist, als Leistung des Versicherers ergibt, wenn die auf die Versicherung entfallende Prämienreserve als einmalige Prämie angesehen wird.

[3] Die Prämienreserve ist für den Schluß der laufenden Versicherungsperiode zu berechnen. Prämienrückstände werden von dem Betrage der Prämienreserve abgesetzt.

[4] Der Versicherer ist zu einem angemessenen Abzuge berechtigt. Ist für den Abzug mit Genehmigung der Aufsichtsbehörde in den Versicherungsbedingungen ein bestimmter Betrag festgesetzt, so gilt dieser als angemessen.

§ 175[1])[7])

[1] Kündigt der Versicherer das Versicherungsverhältnis nach § 39, so wandelt sich mit der Kündigung die Versicherung in eine prämienfreie Versicherung um. Auf die Umwandlung finden die Vorschriften des § 174 Abs. 2 bis 4 Anwendung.

[2] Im Falle des § 39 Abs. 2 ist der Versicherer zu der Leistung verpflichtet, die ihm obliegen würde, wenn sich mit dem Eintritt des Versicherungsfalls die Versicherung in eine prämienfreie Versicherung umgewandelt hätte.

[3] Die im § 39 vorgesehene Bestimmung einer Zahlungsfrist muß einen Hinweis auf die eintretende Umwandlung der Versicherung enthalten.

§ 176[1])[5])

(1) Wird eine Kapitalversicherung für den Todesfall, die in der Art genommen ist, daß der Eintritt der Verpflichtung des Versicherers zur Zahlung des vereinbarten Kapitals gewiß ist, durch Rücktritt, Kündigung oder Anfechtung aufgehoben, so hat der Versicherer den Betrag der auf die Versicherung entfallenden Prämienreserve zu erstatten.

[2] Das Gleiche gilt bei einer Versicherung der im Abs. 1 bezeichneten Art auch dann, wenn nach dem Eintritte des Versicherungsfalls der Versicherer von der Verpflichtung zur Zahlung des vereinbarten Kapitals frei ist. Im Falle des § 170 Abs. 1 ist jedoch der Versicherer zur Erstattung der Prämienreserve nicht verpflichtet.

[3] Bei der Ermittelung des zu erstattenden Betrags ist die Prämienreserve für den Schluß der Versicherungsperiode zu berechnen, in deren Laufe das Versicherungsverhältnis endigt.

[4] Der Versicherer ist zu einem angemessenen Abzuge berechtigt. Ist für den Abzug mit Genehmigung der Aufsichtsbehörde in den Versicherungsbedingungen ein bestimmter Betrag festgesetzt, so gilt dieser als angemessen.

§ 177[5])

(1) Wird in den Versicherungsanspruch ein Arrest vollzogen oder eine Zwangsvollstreckung vorgenommen, oder wird der Konkurs über das Vermögen des Versicherungsnehmers eröffnet, so kann der namentlich bezeichnete Bezugsberechtigte mit Zustimmung des Versicherungsnehmers an seiner Stelle in den Versicherungsvertrag eintreten. Tritt der Bezugsberechtigte ein, so hat er die Forderungen der betreibenden Gläubiger oder der Konkursmasse bis zur Höhe des Betrages zu befriedigen, dessen Zahlung der Versicherungsnehmer im Falle der Kündigung des Versicherungsvertrags vom Versicherer verlangen kann.

(2) Ist ein Bezugsberechtigter nicht oder nicht namentlich bezeichnet, so steht das gleiche Recht dem Ehegatten und den Kindern des Versicherungsnehmers zu.

(3) Der Eintritt erfolgt durch Anzeige an den Versicherer. Die Anzeige kann nur innerhalb eines Monats erfolgen, nachdem der Eintrittsberechtigte von der Pfändung Kenntnis erlangt hat oder der Konkurs eröffnet worden ist.

§ 178[5])[7])

[1] Auf eine Vereinbarung, durch welche von den Vorschriften der §§ 162 bis 164, § 165, § 169 oder des § 171 Abs. 1 Satz 2 zum Nachteile des Versicherungsnehmers abgewichen wird, kann sich der Versicherer nicht berufen. Jedoch kann für die Kündigung, zu der nach § 165 der Versicherungsnehmer berechtigt ist, die schriftliche Form bedungen werden.

(2) Auf eine Vereinbarung, durch welche von den Vorschriften der §§ 173 bis 177 zum Nachteile des Versicherungsnehmers oder des Eintrittsberechtigten abgewichen wird, kann sich der Versicherer nicht berufen. In den Versicherungsbedingungen kann jedoch mit Genehmigung der Aufsichtsbehörde eine andere als die in den §§174, 175 vorgesehene Art der Umwandlung in eine prämienfreie Versicherung sowie eine andere als die im § 176 vorgesehene Berechnung des zu erstattenden Betrages bestimmt werden.

Vierter Abschnitt.
Unfallversicherung.

§ 179[1][5])

[1] Die Unfallversicherung kann gegen Unfälle, die dem Versicherungsnehmer oder gegen Unfälle, die einem anderen zustoßen, genommen werden.

[2] Eine Versicherung gegen Unfälle, die einem anderen zustoßen, gilt im Zweifel als für Rechnung des anderen genommen. Die Vorschriften der §§ 75 bis 79 finden entsprechende Anwendung.

[3] Wird eine Versicherung gegen Unfälle, die einem anderen zustoßen, von dem Versicherungsnehmer für eigene Rechnung genommen, so ist zur Gültigkeit des Vertrags die schriftliche Einwilligung des anderen erforderlich. Ist der andere geschäftsunfähig oder in der Geschäftsfähigkeit beschränkt und steht die Vertretung in den seine Person betreffenden Angelegenheiten dem Versicherungsnehmer zu, so kann dieser den anderen bei der Erteilung der Einwilligung nicht vertreten.

(4) Soweit im Falle des Abs. 3 die Kenntnis und das Verhalten des Versicherungsnehmers nach den Vorschriften dieses Gesetzes von rechtlicher Bedeutung ist, kommt auch die Kenntnis und das Verhalten des anderen in Betracht.

§ 180[1])

Ist als Leistung des Versicherers die Zahlung eines Kapitals vereinbart, so gelten die Vorschriften der §§ 166 bis 168.

§ 181[1])

[1] Der Versicherer ist von der Verpflichtung zur Leistung frei, wenn der von dem Unfalle Betroffene den Unfall vorsätzlich herbeigeführt hat. Das Gleiche gilt, wenn im Falle des § 179 Abs. 3 der Versicherungsnehmer vorsätzlich durch eine widerrechtliche Handlung den Unfall herbeigeführt hat.

[2] Ist ein Dritter als Bezugsberechtigter bezeichnet, so gilt die Bezeichnung als nicht erfolgt, wenn der Dritte vorsätzlich durch eine widerrechtliche Handlung den Unfall herbeiführt.

§ 182[1])

Die Pflicht zur Anzeige des Versicherungsfalls liegt, wenn das Recht auf die Leistung einem bezugsberechtigten Dritten zusteht, diesem ob; das Gleiche gilt von der Pflicht zur Auskunft und zur Beschaffung von Belegen.

§ 183[1])

Der Versicherungsnehmer hat für die Abwendung und Minderung der Folgen des Unfalls nach Möglichkeit zu sorgen und dabei die Weisungen des Versicherers zu befolgen, soweit ihm nicht etwas unbilliges zugemutet wird. Auf eine Vereinbarung, durch welche von dieser Vorschrift zum Nachteile des Versicherungsnehmers abgewichen wird, kann sich der Versicherer nicht berufen.

§ 184[1])

[1] Sollen nach dem Vertrag einzelne Voraussetzungen des Anspruchs aus der Versicherung oder das Maß der durch den Unfall herbeigeführten Einbuße an Erwerbsfähigkeit durch Sachverständige festgestellt werden, so ist die getroffene Feststellung nicht verbindlich, wenn sie offenbar von der wirklichen Sachlage erheblich abweicht. Die Feststellung erfolgt in diesem Falle durch Urteil. Das Gleiche gilt, wenn die Sachverständigen die Feststellung nicht treffen können oder wollen oder sie verzögern.

[2] Sind nach dem Vertrage die Sachverständigen durch das Gericht zu ernennen, so finden auf die Ernennung die Vorschriften des § 64 Abs. 2 entsprechende Anwendung.

[3] Eine Vereinbarung, durch welche von der Vorschrift des Abs. 1 Satz 1 abgewichen wird, ist nichtig.

§ 185[1])

Der Versicherer hat dem Versicherungsnehmer die Kosten, welche durch die Ermittelung und Feststellung des Unfalls sowie des Umfanges der Leistungspflicht des Versicherers entstehen, insoweit zu erstatten, als ihre Aufwendung den Umständen nach geboten war.

Fünfter Abschnitt.

Schlußvorschriften.

§ 186[1])

Die Vorschriften dieses Gesetzes finden auf die Seeversicherung und auf die Rückversicherung keine Anwendung.

§ 187[5])

(1) Die in diesem Gesetze vorgesehenen Beschränkungen der Vertragsfreiheit bleiben bei der Transportversicherung von Gütern, bei der Kreditversicherung und bei der Versicherung gegen Kursverluste außer Anwendung.

(2) Das gleiche gilt von einer Schadensversicherung, die in der Weise genommen wird, daß die versicherten Interessen bei der Schließung des Vertrags nur der Gattung nach bezeichnet und erst nach ihrer Entstehung dem Versicherer einzeln aufgegeben werden (laufende Versicherung).

(3) Der Reichsminister der Justiz kann im Einvernehmen mit den beteiligten Reichsministern durch Verordnung bestimmen, daß die in diesem Gesetz vorgesehenen Beschränkungen der Vertragsfreiheit bei bestimmten Arten von Versicherungsverträgen ganz oder zum Teil außer Anwendung bleiben*).

§ 188[1])

Durch Kaiserliche Verordnung kann mit Zustimmung des Bundesrats bestimmt werden, daß bei den im zweiten, dritten und vierten Abschnitte nicht besonders geregelten Versicherungszweigen, auch soweit sie nicht unter den § 187 fallen, sowie bei der Versicherung von Schiffen gegen die Gefahren der Binnenschiffahrt die in diesem Gesetze vorgesehenen Beschränkungen der Vertragsfreiheit ganz oder zum Teil außer Anwendung bleiben*).

§ 189[6])[7])

(1) Die Vorschriften der §§ 38, 39, 42 über die nicht rechtzeitige Zahlung einer Prämie, des § 165 über das Kündigungsrecht des Versicherungsnehmers und die Vorschriften der §§ 173 bis 176, 178 über die Gewährung einer prämienfreien Versicherung und die Erstattung der Prämienreserve finden, soweit mit Genehmigung der Aufsichtsbehörde in den Versicherungsbedingungen abweichende Bestimmungen getroffen sind, keine Anwendung:

---

*) Hierzu vgl. jetzt Art. 129 Abs. 1, 3 GrundG.

1. auf Versicherungen bei Werkpensionskassen mit Zwangsbeitritt und auf Versicherungen, die bei einem Verein genommen werden, der als kleinerer Verein im Sinne des Versicherungsaufsichtsgesetzes anerkannt ist,
2. auf die Sterbegeldversicherung, die Volksversicherung sowie auf sonstige Arten der Lebensversicherung mit kleineren Beträgen,
3. auf die Unfallversicherung mit kleineren Beträgen.

[2] Sind für Versicherungen mit kleineren Beträgen im Sinne des Abs. 1 Nr. 2, 3 mit Genehmigung der Aufsichtsbehörde abweichende Bestimmungen getroffen, so kann deren Gültigkeit nicht unter Berufung darauf angefochten werden, daß es sich nicht um Versicherungen mit kleineren Beträgen handle.

§ 190[1])[2])

Die Vorschriften dieses Gesetzes finden keine Anwendung auf Versicherungsverhältnisse, die bei den auf Grund der Gewerbeordnung von Innungen oder Innungsverbänden errichteten Unterstützungskassen begründet werden. Das Gleiche gilt von Versicherungsverhältnissen, die bei Berufsgenossenschaften gemäß § 23 des Gesetzes, betreffend die Abänderung der Unfallversicherungsgesetze, vom 30. Juni 1900 (Reichs-Gesetzbl. S. 335) begründet werden**).

§ 191[5])

(gestrichen)

§ 192[1])

[1] Unberührt bleiben die landesgesetzlichen Vorschriften über Versicherungsverhältnisse, die bei einer nach Landesrecht errichteten öffentlichen Anstalt unmittelbar kraft Gesetzes entstehen, sowie über Versicherungen, die bei einer solchen Anstalt infolge eines gesetzlichen Zwanges genommen werden.

[2] Auf sonstige Versicherungen, die bei einer nach Landesrecht errichteten öffentlichen Anstalt genommen werden, finden die in diesem Gesetze vorgesehenen Beschränkungen der Vertragsfreiheit sowie die Vorschriften über die Versicherungsagenten keine Anwendung.

[3] Wird eine Versicherungsunternehmung von dem Bundesaufsichtsamte für das Versicherungs- und Bausparwesen oder von der nach den §§ 2, 3 des Gesetzes über die privaten Versicherungsunternehmungen vom 12. Mai 1901 (Reichs-Gesetzbl. S. 139) zuständigen Landesbehörde als öffentliche Anstalt im Sinne des § 119 des genannten Gesetzes anerkannt, so gilt sie auch im Sinne dieses Gesetzes als öffentliche Anstalt.***

§ 193[1])

[1] Unberührt bleiben die landesgesetzlichen Vorschriften, nach welchen der Versicherer verpflichtet ist, die Entschädigungssumme nur zur Wiederherstellung des versicherten Gegenstandes zu zahlen.

[2] Die Landesgesetze können bestimmen, in welcher Weise im Falle des § 97 die Verwendung des Geldes zu sichern ist.

§ 194[5])

(gestrichen)

**) Hierzu vgl. jetzt § 843 Ziff. 1, 2 RVO.

***) Hierzu vgl. jetzt § 3 Abs. 1, 4, 5, 8 Ziff. 7 G über die Errichtung eines Bundesaufsichtsamtes für das Versicherungs- und Bausparwesen, § 151 VAG.

B. Erläuterungen.

Einleitung: Rechtsquellen des Versicherungsvertragsrechtes.

Gliederung:

[1] **Schrifttum:** Bruck S. 1—48, Ehrenzweig S. 7—32, von Gierke I S. 30—75, Hagen I S. 25—70.

[2] **I. Begriff des Versicherungsvertragrechtes.**

Im Bereiche der V sind Privat- und Sozialv zu unterscheiden (Anm. 12—16 zu § 1). Das Privatvsrecht umfaßt alle auf die Privatv bezüglichen Rechtsnormen, z. B. das Vsunternehmens-, Vsvermittler- und Vsverwaltungsrecht, zu dem seinerseits insbesondere das Vsaufsichtsrecht gehört.

Auch das Vsvertragsrecht ist ein Teil des Privatvsrechts, es hat das Rechtsverhältnis zwischen dem Vsunternehmen (Ver) einerseits und dem Vmer andererseits zum Gegenstand, also das Vsverhältnis, im Rahmen dessen der Vsschutz gewährt wird.

Als Ver kommen nicht nur Rechtspersönlichkeiten des Privatrechtes, besonders Aktiengesellschaften und Vsvereine auf Gegenseitigkeit, in Frage (insoweit kann man von Privatv i. e. S. sprechen), sondern auch öffentlichrechtliche Vseinrichtungen (Privatv i. w. S.). Bei solchen öffentlichrechtlichen Vseinrichtungen entsteht das Vsverhältnis zuweilen nicht kraft Vertrages, sondern kraft Gesetzes (§ 192 I); deshalb ist insoweit der Ausdruck Vsvertragsrecht etwas zu eng.

[3] **II. Gesetzliche Rechtsquellen.**

Zu den in Deutschland maßgeblichen gesetzlichen Rechtsquellen des Vsvertragsrechtes zählen nicht nur Gesetze im formellen Sinn, sondern auch Rechtsverordnungen. Zu unterscheiden sind Vorschriften des Bundes- und Landesrechtes (Anm. 4—14) einerseits und solche des Besatzungsrechtes (Anm. 15) andererseits.

[4] **1. VVG als Spezialgesetz der Binnenversicherung.**

a) Geschichte.

Vor Erlaß des G über den Vsvertrag (VVG) vom 30. V. 1908 (RGBl. S. 263) gab es keine reichsrechtliche Regelung des Binnenvsrechtes. Bei der Schaffung des Allgemeinen Deutschen Handelsgesetzbuches (1861), des HGB und des BGB wurde das Binnenvsrecht als noch nicht kodifikationsreif beiseitegelassen, die landesgesetzlichen Vorschriften blieben unberührt (vgl. Art. 75 EGBGB). Erst nachdem das Vsaufsichtsrecht in dem G über die privaten Vsunternehmungen vom 12. V. 1901 (RGBl. S. 139) geregelt war, erschien die Zeit für die Normierung des Vsvertragsrechtes gekommen. Auf der Grundlage eines im Reichs-Justizamte aufgestellten, mit Sachverständigen vorbesprochenen Entwurfes (Entwurf eines G über den Vsvertrag, Berlin 1903), der von Interessenten und im Schrifttum lebhaft erörtert wurde, ist eine Reichstagsvorlage (Begründung zu den Entwürfen eines G über den Vsvertrag, Berlin 1906) gemacht worden, die nach sorgfältiger Kommissionsberatung zur Annahme des Entwurfes durch das Plenum führte (amtliche Begründung: Reichstagsdrucksache Nr. 364, 12. Legislatur-Periode, I. Session 1907). Das VVG ist am 1. I. 1910 in Kraft getreten (Art. 1 EGVVG).

Weitere Materialien zur Entstehungsgeschichte: Bruck 7. Aufl. S. 1—2, Bruck S. 3—16.

[5] **b) Änderungen.**

Das VVG hat sich vorzüglich bewährt, es gehört zu den Meisterwerken der Gesetzgebungskunst, deren die Jahrhundertwende viele hervorgebracht hat. Die vorgenommenen Änderungen berühren nicht das Grundgefüge, es sind nur folgende (die weiteren bei Prölss S. 1 genannten Normen gehören nicht hierher):

G vom 20. XII. 1911 RGBl. S. 985: zu § 190,
VO vom 12. II. 1924 RGBl. I S. 65: zu § 39 (jetzt überholt),
G vom 7. XI. 1939 RGBl. I S. 2223 (amtliche Begründung: DJustiz 1939 S. 1771): Einführung der Pflichtv für Kraftfahrzeughalter, Änderungen des allgemeinen Haftpflichtvsrechtes u. a.,
VO vom 19. XII. 1939 RGBl. I S. 2443 (amtliche Begründung: Beilage zur DJustiz 1940 Nr. 3): Rechtsangleichung mit Österreich,
VO vom 3. XI. 1942 RGBl. I S. 636: zu § 189,
VO vom 28. XII. 1942 RGBl. I S. 740 (amtliche Begründung: DJustiz 1943 S. 41):

Änderungen des Vshypothekenrechtes, Beseitigung von Unstimmigkeiten, VO vom 6. IV. 1943 RGBl. I S. 178 (amtliche Begründung: DJustiz 1943 S. 269): zu §§ 51, 68, 68a (dazu VO vom 25. X. 1944 RGBl. I S. 278).

Nach der Kapitulation ist (z. B. seitens deutscher Länder oder einzelner Besatzungsmächte) der Wortlaut des VVG nicht geändert.

Die Fortgeltung des VVG als Bundesrecht ergibt sich aus Art. 123 I, 125 Ziff. 1 GrundG. Jetzt kann infolge Art. 72 I, II Ziff. 3 GrundG nur noch der Bund das VVG ändern.

Textausgabe mit allen Änderungen: VVG, 12. Aufl., München-Berlin 1953.

[6] c) **Anwendungsbereich.**

Örtlich gilt das VVG auch in der Deutschen Demokratischen Republik (vgl. aber § 192 II) und im Saargebiet, ferner in Österreich (Anm. 83).

Sachlich findet das VVG Anwendung auf alle Vsverhältnisse der Privatv (Gegensatz: Sozialv), und zwar auch bei im VVG ausdrücklich nicht erwähnten Vszweigen, mag es diese zur Zeit der Schaffung des VVG bereits gegeben haben oder nicht. Jedoch gelten drei wichtige Ausnahmen, nämlich für

die **Seeversicherung** (§ 186). Für sie gilt das HGB,

die **Rückversicherung** (§ 186). Für sie gilt das HGB, soweit es sich um Seerückv handelt (§ 779 I HGB); im übrigen besteht ein gesetzesleerer Raum, der bei Zweifelsfragen ausgefüllt werden kann durch analoge Anwendung des VVG,

solche **Versicherungsverhältnisse bei** nach Landesrecht errichteten **öffentlichrechtlichen Versicherungseinrichtungen,** die unmittelbar **kraft Gesetzes** entstehen oder infolge eines gesetzlichen **Zwanges** genommen werden (§ 192 I). Für sie gilt Landesrecht, welches jedoch zuweilen das VVG für anwendbar erklärt.

Für zwei Grenzfälle stellt § 190 klar, daß das VVG keine Anwendung finde.

Seinem Inhalte nach betrifft das VVG nicht nur das Recht des Vsvertrages, sondern auch Teile des **Versicherungsvermittlerrechtes** (§§ 43—48). Jedoch sind im VVG nur solche Fragen des Agentenrechtes behandelt, die für den Vmer und sein Vsverhältnis Bedeutung haben.

[7] **2. HGB als Spezialgesetz der Seeversicherung.**

a) **Geschichte.**

Die seevsrechtlichen Bestimmungen der §§ 778—900, 905 HGB vom 10. V. 1897 (RGBl. S. 219), in Kraft getreten am 1. I. 1900, sind fast unverändert aus den Art. 792—905, 910 Allgemeines Deutsches Handelsgesetzbuch (1861) hervorgegangen.

b) **Änderungen.**

Nach Erlaß des VVG sind durch G vom 30. V. 1908 (RGBl. S. 307) die seevsrechtlichen Vorschriften des HGB denen des VVG angepaßt. Im übrigen wurden nur durch G vom 10. VIII. 1937 (RGBl. I S. 891) zwei Verweisungen in §§ 860, 875 HGB geändert. — Die Fortgeltung des HGB als Bundesrecht ergibt sich aus Art. 123 I, 125 Ziff. 1 GrundG.

c) **Anwendungsbereich.**

Das HGB gilt für die Verträge der Seev einschließlich Seerückv (§ 779 I HGB).

[8] **3. Sonstige bundesrechtliche Spezialvorschriften (früheres Reichsrecht).**

Unter jenen Spezialvorschriften des früheren Reichsrechtes und jetzigen Bundesrechtes, die den Vsvertrag angehen, und die außerhalb des VVG und der §§ 778—900, 905 HGB stehen, lassen sich zwei Gruppen unterscheiden:

a) **Spezielle Gesetze,** welche die beiden Hauptgesetze ergänzen:

G über die Umwandlung der inländischen Fremdwährungsven vom 26. VIII. 1938 (RGBl. I S. 1062) mit VO vom 10. IX. 1938 (RGBl. I S. 1163).

G über die Einführung der Pflichtv für Kraftfahrzeughalter . . . . vom 7. XI. 1939

(RGBl. I S. 2223 (PflichtVG) mit VO vom 6. IV. 1940 (RGBl. I S. 617), 3. X. 1941 (RGBl. I S. 616), 21. III. 1942 (RGBl. I S. 137).

VO über die Anwendung Allgemeiner Vsbedingungen vom 29. XI. 1940 (RGBl. I S. 1543), als Bundesrecht fortgeltend nach Art. 123 I, 125 Ziff. 1 GrundG, weil sie dem GrundG, insbesondere Art. 129 III GrundG nicht widerspricht.

Einführungsgesetze: EGVVG vom 30. V. 1908 (RGBl. S. 305) mit 2. Abschnitt Ziff. 1 VO vom 19. XII. 1939 (RGBl. I S. 2443); VO vom 13. VI. 1940 (RGBl. I S. 872), vom 27. IX. 1940 (RGBl. I S. 1298); VO vom 13. IV. 1940 (RGBl. I S. 638) betr. Nachträge zum Vsschein.

[9] **b) Eingestreute Bestimmungen,** die speziell das Vsvertragsrecht berühren, enthalten z. B.

VAG §§ 10 III, 14 I 4, 16, 20—21, 24—27, 53 I, 77—81a, 87—89, 109;

VStG § 8 I, IV;

BGB §§ 330[1], 1045—1046, 1127—1130, 1385 Ziff. 3;

HGB §§ 1 II Ziff. 3, 92—92 b, 93 I, 363 II, 390 II, 407 II, 417 I;

VO über das Erbbaurecht §§ 2 Ziff. 2, 23;

SchiffsG §§ 32—38; SchiffsbankG § 11;

VO über Orderlagerscheine §§ 4 II, 20, 38 III Ziff. 5;

StVZO §§ 18 II Ziff. 1[a], 23 I e, 28 V, 29a—d (Fassung der VO vom 8. IV. 1940, RGBl. I S. 619);

LuftverkehrsG §§ 29, 29g, 29m I mit VO vom 21. VIII. 1936 (RGBl. I S. 659), §§ 106—109 VO vom 28. I. 1943 (RGBl. I S. 74);

G über die Altersversorgung für das Deutsche Handwerk §§ 3—9 mit VO vom 13. VII. 1939 (RGBl. I S. 1255) §§ 10—33, vom 28. X. 1939 (RGBl. I S. 2113), vom 20. X. 1940 (RGBl. I S. 1671);

VO zur Durchführung der VO über die Aufhebung der Gebäudeentschuldungssteuer vom 31. VII. 1942 (RGBl. I S. 503) §§ 6 Ziff. 4, 7.

Die aufgeführten Vorschriften stellen vielfach Vspflichten auf (Anm. 54—68 zu § 1) oder betreffen die Rechtsstellung nicht am Vertragsabschluß beteiligter Dritter.

[10] **4. Allgemeine bundesrechtliche Vorschriften (früheres Reichsrecht).**

a) BGB.

Da der Vsvertrag ein schuldrechtlicher, zweiseitig verpflichtender, gegenseitiger Vertrag ist (Anm 34—43 zu § 1), finden in Ergänzung der vsrechtlichen Spezialgesetze und Spezialvorschriften die allgemeinen Bestimmungen des BGB Anwendung, soweit nicht die Spezialnormen eine abweichende oder abschließende Regelung enthalten. Anwendbar sind z. B. die Bestimmungen über Rechtsgeschäfte, Inhalt der Schuldverhältnisse, Schuldverhältnisse aus Verträgen, insbesondere gegenseitigen Verträgen. Jedoch ist z. B. in den §§ 38—39 VVG der Schuldnerverzug des Vmers mit der Prämie abweichend von § 326 BGB geregelt, in den §§ 16—21 VVG ist der Irrtum des Vers über Gefahrumstände derart abschließend behandelt, daß insoweit für die Irrtumsanfechtung des § 119 BGB kein Raum bleibt.

[11] **b) HGB.**

Die Übernahme von Ven gegen Prämie ist nach § 1 II Ziff. 3 HGB ein Grundhandelsgeschäft. Deshalb ist ein Ver Kaufmann, wenn er gewerbsmäßig, d. h. mit der Absicht, Gewinn zu erzielen, arbeitet (§ 1 I HGB). Das hat besondere Bedeutung für sogen. gemischte Vsvereine auf Gegenseitigkeit, die auch Vsgeschäfte mit Nichtmitgliedern gegen feste Prämie betreiben (§ 21 II VAG); sie sind Kaufleute (RG 21. X. 1891 RGZ Bd 28 S. 313—315), und zwar nicht nur partiell (Würdinger in: RGRKomm. HGB Bd 1 S. 82). Vsaktiengesellschaften sind außerdem auch wegen §§ 6 I HGB, 3 AktG Kaufleute (sogen. Formkaufleute). Vsvereine auf Gegenseitigkeit, die nur Mitglieder versichern, sind an und für sich keine Kaufleute, aber die §§ 16, 53 I 1 VAG ergeben, daß auf sie — soweit sie nicht sogen. kleinere Vereine sind — die Vorschriften des 1. und 3. Buches des HGB entsprechend anzuwenden sind. Die öffentlichrechtlichen

Vseinrichtungen unterstehen dagegen ebensowenig wie die kleineren Vsvereine dem Handelsrecht, da es an der Gewerbsmäßigkeit fehlt. Die Anwendbarkeit des HGB hat Bedeutung z. B. für die Prokura und Handlungsvollmacht, die Rechtsstellung der unselbständigen und selbständigen Hilfspersonen und das kaufmännische Zurückbehaltungsrecht. Das Recht der Handelsvertreter, einschl. der Vsvertreter ist durch G vom 6. VIII. 1953 (BGBl. I S. 771) in §§ 84—92 c HGB neu geordnet. Ist der Vsvertrag für beide Teile ein Handelsgeschäft (Anm. 47 zu § 1), so gehören Streitigkeiten beim Landgericht vor die Kammer für Handelssachen (§ 95 Ziff. 1 GVG).

[12] 5. Weitere bundesrechtliche Rechtsquellen (früheres Zonenrecht).

Nach Art. 125 Ziff. 1 GrundG ist solches Recht innerhalb seines Geltungsbereiches Bundesrecht geworden, das Gegenstände der konkurrierenden Gesetzgebung des Bundes betrifft und innerhalb einer oder mehrerer Besatzungszonen einheitlich gilt.

Hiernach wurde z. B. Bundesrecht das für das Vereinigte Wirtschaftsgebiet erlassene Güterfernverkehrs-ÄnderungsG vom 2. IX. 1949 (VOBl. BZ. 1949 S. 477), dessen § 10 dem Unternehmer von Güterfernverkehr eine Vspflicht auferlegte. Das G galt im ganzen Bundesgebiet (mit gewissen Einschränkungen im Lande Rheinland-Pfalz): Art. 127 GrundG, VO vom 3. I. 1950 (BGBl. S. 3), VO vom 24. I. 1950 (BGBl. S. 25), G vom 8. VII. 1950 (BGBl. S. 273), G vom 13. III. 1951 (BGBl. I S. 170), G vom 27. II. 1952 (BGBl. I S. 122). Jetzt sind jedoch §§ 15 IV 1, 27, 104 II Ziff. 4 GüKG maßgebend.

Auch die zonenrechtlichen Vorschriften zum Währungsumstellungsrecht, z. B. die VOen des Zonenamtes des RAA über die Schadens-, Unfall- und Krankenv aus Anlaß der Neuordnung des Geldwesens und die entsprechenden VOen über die Lebens- und Rentenv sowie über den Aufruf unbekannter Ven (Zusammenstellung bei Finke, Währungsgesetze der V, Weißenburg 1950, mit: Nachtrag, Weißenburg 1951, Prölss S. 619—630, 632—644) gelten in der britischen Zone als Bundesrecht (Art. 124, 73 Ziff. 4 GrundG).

[13] 6. Verfassungs- und neues Bundesrecht.

Gemäß Art. 74 Ziff. 11 GrundG erstreckt sich die konkurrierende Gesetzgebung des Bundes auf das „Recht der Wirtschaft (.... privatrechtliches Vswesen)". Die Formulierung ist undeutlich. Sie umfaßt fraglos das Vsvertragsrecht, soweit Vsverhältnisse mit Vern des Privatrechts in Frage kommen (Privatv i. e. S.). Hinsichtlich der Vsverhältnisse mit öffentlichrechtlichen Vseinrichtungen ist es dagegen sehr streitig, inwieweit sie zum „privatrechtlichen Vswesen" zu rechnen sind. Faßt man unter diesen Begriff das gesamte Vswesen mit Ausnahme der Sozialv, also die Privatv i. w. S., so gehören alle Vsverhältnisse auch bei öffentlichrechtlichen Vern dazu (Stuckert VW 1950 S. 175). Eine zweite Ansicht versteht unter dem „privatrechtlichen Vswesen" nur die Privatv i. e. S., schließt also schlechthin die mit öffentlichrechtlichen Vern eingegangenen Vsverhältnisse aus (Schmitt-Lermann, Die Bayerische Vskammer in Vergangenheit und Gegenwart 1875—1950, München o. J., S. 60—61, VW 1950 S. 70—72, 120—121, Sturm BetrBer 1950 S. 130, Wieland nach: VW 1949 S. 475). Eine dritte Auffassung vertritt der Bundesgesetzgeber in § 2 III 1 G über die Errichtung eines Bundesaufsichtsamtes für das Vs- und Bausparwesen vom 31. VII. 1951 (BGBl. I S. 480): Danach werden die „öffentlichrechtlichen Wettbewerbs-Vsunternehmen, die über den Bereich eines Landes hinaus tätig sind", beaufsichtigt; hinsichtlich der Zwangs- und Monopolanstalten gibt es grundsätzlich nur eine Landesaufsicht. Ebenso halten für diese Vseinrichtungen eine Kompetenz des Bundes nicht für gegeben: A. Möller VW 1950 S. 23—24, 92—93, L. Raiser VW 1950 S. 178—179, Schattschneider, Das Vsaufsichtsrecht in seiner Entwicklung von der Reichsaufsicht zur Bundesaufsicht, Hamburg 1951, S. 208—229, Anonym VW 1950 S. 197, vgl. auch Büchner in: 50 Jahre materielle Vsaufsicht, 1. Bd., Berlin o. J., S. 40—41, Prölss, BundesaufsichtsG, München-Berlin 1953, S. 16—17. Gegenüber diesen drei Auffassungen ist festzustellen, daß bei der Bestimmung des Begriffs „privatrechtliches Vswesen" nicht auf die Rechtsstellung des Vsträgers, sondern auf die Rechtsnatur der bei ihm bestehenden Vsverhältnisse abgestellt werden muß: Privatrechtliche Vsverhältnisse gehören zum privatrechtlichen Vswesen, öffentlichrechtliche nicht (ebenso: Anonym BetrBer 1949 S. 434, generell

Forsthoff, Lehrbuch des Verwaltungsrechts, 1. Band, 2. Aufl., München-Berlin 1951, S. 222). Nun werden zwar in der Regel die von öffentlichrechtlichen Wettbewerbseinrichtungen eingegangenen Vsverhältnisse privatrechtlicher, die zu Monopol- und Zwangseinrichtungen bestehenden dagegen öffentlichrechtlicher Natur sein, so daß für die Normalfälle durch § 2 III 1 G über die Errichtung eines Bundesaufsichtsamtes eine nicht zu beanstandende Regelung getroffen worden ist. Gegen diese Norm bestehen aber nach der hier vertretenen Auffassung insoweit verfassungsrechtliche Bedenken, als ausnahmsweise Vsverhältnisse zu öffentlichrechtlichen Wettbewerbseinrichtungen öffentlichrechtlicher Natur sind (hierzu Sievers in: Schmidt-Sievers S. 48—80).

Das Vsvertragsrecht wird durch folgende Vorschriften des neuen Bundesrechtes berührt:

G über Leistungen aus vor der Währungsreform eingegangenen Renten- und Pensionsven (RentenaufbesserungsG) vom 11. VI. 1951 (BGBl. I S. 379), Neufassung vom 15. II. 1952 (BGBl. I S. 118);

WohnungseigentumsG vom 15. III. 1951 (BGBl. I S. 175) §§ 21 V Ziff. 3, 33 IV Ziff. 4;

Vertragshi'feG vom 26. III. 1952 (BGBl. I S. 198) § 6 Ziff. 2;

G über die Erhöhung der Einkommensgrenzen in der Sozialv vom 13. VIII. 1952 (BGBl. I S. 437) §§ 17, 18 III;

GüterkraftverkehrsG (GüKG) vom 17. X. 1952 (BGBl. I S. 697) §§ 15 IV 1, 27, 44, 46, 47 III 1, 50^2, 62 I 1, 78 I Ziff. 2, 4, 83 IV, 85 II, 88 I Ziff. 4, 93 I, 94^1, 96, 97 III, 99 Ziff. 5, 103 II Ziff. 7 mit VO des Bundesministers für Wirtschaft vom 30.VII.1953 (Bundesanzeiger Nr. 147 vom 4.VIII.1953, S. 1);

BundesjagdG vom 29. XI. 1952 (BGBl. I S. 780, 843) §§ 17 I Ziff. 6, 18^1;

AltsparerG vom 14. VII. 1953 (BGBl. I S. 495) §§ 2 II Ziff. 5, 3 II Ziff. 7, 4 VI, 11, 14 I Ziff. 4, 23 II Ziff. 2;

G zur Änderung des HGB (Recht der Handelsvertreter) vom 6.VIII. 1953 (BGBl. I S. 771);

G über Maßnahmen auf dem Gebiete der Zwangsvollstreckung vom 20.VIII. 1953 (BGBl. I S. 952);

PreisVOen des Bundesministers für Wirtschaft betr. Einheitstarife für Kraftfahrtven und Berechnung der Beiträge: VO PR Nr. 51/50 vom 9. VIII. 1950 (Bundesanzeiger Nr. 160 vom 22. VIII. 1950, S. 17), VO PR Nr. 7/52 vom 25. I. 1952 (Bundesanzeiger Nr. 22 vom 1. II. 1952, S. 1), VO PR Nr. 57/52 vom 26. VII. 1952 (Bundesanzeiger Nr. 144 vom 29. VII. 1952, S. 1), VO PR Nr. 77/52 vom 19. XII. 1952 (Bundesanzeiger Nr. 250 vom 30. XII. 1952, S. 1), VO PR Nr. 24/53 vom 2. IX. 1953 (Bundesanzeiger Nr. 172 vom 8. IX. 1953, S. 1), für Berlin VO vom 27. I. 1953 (VA 1953 S. 26), vgl. zum Preisrecht ferner Prölss S. 7.

[14] 7. Landesrecht.

a) Vor der Kapitulation war der in Art. 75 EGBGB enthaltene Vorbehalt zugunsten des Landesrechtes gegenstandslos geworden durch den Erlaß des VVG. Nur noch zwei Spezialvorbehalte spielten eine Rolle (die Auffassung, wonach es sich bei den Landesgesetzen nur um „Verwaltungsanordnungen an die Vsanstalt" handle, „die ihr als Richtschnur dafür dienen sollten, welcher Inhalt den einzelnen Vsverhältnissen zu geben ist", ist abzulehnen: unentschieden BGH 28. VI. 1952 BGHZ Bd 6 S. 375—376 m. w. N.):

Gemäß §§ 192 I, 193 VVG war für landesrechtliche Vorschriften noch Raum bei Vsverhältnissen, die bei nach Landesrecht errichteten öffentlichrechtlichen Vseinrichtungen unmittelbar kraft Gesetzes entstehen oder infolge gesetzlichen Zwanges genommen werden, sowie bei der Frage der Auferlegung und Ausgestaltung einer Wiederherstellungspflicht.

Nach §§ 153, 154 III VAG blieben die landesrechtlichen Vorschriften unberührt, die den Betrieb bestimmter Vsgeschäfte öffentlichrechtlichen Vseinrichtungen vorbehalten (Monopol) oder die einen Kontrahierungszwang für Feuervsunternehmen vorsehen.

b) Nach der Kapitulation konnte zunächst einheitliches Recht — vom Besatzungsrecht abgesehen — nicht mehr erlassen werden. Die Frage, ob dadurch den Ländern die Kompetenz zugewachsen ist, Fragen des Vsvertragsrechtes zu regeln, ist nicht akut geworden. Vgl. dazu für die britische Besatzungszone Art. I Abs. 2a (mit Anhang C Ziff. 3) VO Nr. 57 (MilGovGazette Nr. 15 S. 344), Art. IIa VO Nr. 182 (MilGov Gazette Nr. 28 S. 1082), Stödter, Deutschlands Rechtslage, Hamburg (1948), S. 261—265 m. w. N.

c) Währungsreform.

Die Neuordnung des Geldwesens hat den Ländern weitere Gesetzgebungskompetenzen verschafft. Gemäß § 8 Ziff. 4 VVO waren die Landesaufsichtsbehörden ermächtigt, aus Anlaß der Neuordnung des Geldwesens Vorschriften zu erlassen; über Grenzen der Delegation BGH 15. XII. 1951 BGHZ Bd 4 S. 220, Bad.-Württ. Verwaltungsgerichtshof Stuttgart 23. I. 1953 VA 1953 S. 67, LG Köln 22. IX. 1949 VA 1949 S. 127—128, Reinbothe-Wetter, UmstellungsG, Stuttgart 1949, S. 250—251, 280, 396. In der britischen Besatzungszone hatte das Zonenamt das RAA diese Aufgabe übernommen (Anm. 12), über die Währungsvorschriften in den Ländern der amerikanischen und französischen Besatzungszone Nachweise bei Prölss S. 614—644. Die Delegation des § 8 Ziff. 4 VVO ist aufgehoben durch § 6 I g G vom 21. IV. 1953 (BGBl. I S. 127), dazu Prölss VW 1953 S. 211.

d) Bundesverfassung.

Im Bundesgebiet gehört das privatrechtliche Vswesen (Anm. 13) zur konkurrierenden Gesetzgebung. Deshalb haben jetzt die Länder generell die Befugnis zur Gesetzgebung, „solange und soweit der Bund von seinem Gesetzgebungsrechte keinen Gebrauch macht" (Art. 72 I GrundG). Die Länder könnten also jetzt — theoretisch — Vorschriften über die Rückv erlassen (vgl. § 186). Auch die private Krankenv ist nicht speziell geregelt, aber da hier die generellen Vorschriften des VVG gelten, kann man nicht sagen, daß die Materie ungeregelt sei. Praktisch wird hoffentlich das Landesrecht im Bereiche des Vsvertrages keine große Bedeutung gewinnen, eine landesrechtliche Regelung widerstreitet dem Gedanken der Wahrung der Rechts- und Wirtschaftseinheit (V erfordert große Gefahrengemeinschaften!), vgl. Art. 72 II GrundG.

Nach Art. 123 I GrundG gilt Recht aus der Zeit vor dem Zusammentritt des Bundestages fort, und zwar gemäß Art. 124, 125 GrundG als Landesrecht, soweit die ausschließliche oder konkurrierende Gesetzgebung des Bundes für die betreffende Materie nicht begründet ist. Hiernach gelten hinsichtlich der Haftpflichtvspflicht der Wirtschafts- und Buchprüfer in den Ländern der britischen Zone fort: §§ 3 IV, 10 Ziff. 12 VO des Zentralamtes für Wirtschaft vom 20. XII. 1946 (Amtlicher Anzeiger Hamburg 1947 S. 109) mit Art. II § 2 Anordnung der Verwaltung für Wirtschaft vom 5. III. 1948 (VOBl.BZ. 1948 S. 74). Im übrigen schreiben eine Wirtschaftsprüferhaftpflichtv vor in der französischen Zone für Rheinland-Pfalz § 30 Wirtschaftsprüferordnung vom 21. III. 1950 (G- und VOBl. S. 91), für Baden § 13 Satzung der Kammer der Wirtschafts- und Steuersachverständigen vom 15. I. 1946 (Amtsblatt der Militärregierung Nr. 15 S. 6), für Württemberg-Hohenzollern § 13 Satzung der Kammer vom 8. III. 1946 (Amtsblatt des Staatssekretariats Nr. 3 S. 20), für Buchprüfer vgl. Wirtschaftsprüfer-Jahrbuch Ausgabe 1951, Düsseldorf (1951) S. 60, auch S. 41.

e) Rechtsquellen.

Die landesgesetzlichen Quellen sind im Einzelnen sehr unübersichtlich und zersplittert (Zusammenstellung bei von Gierke II S. 81—82 schon vielfach überholt, erst recht die Textsammlungen Gerboth, Die landesgesetzliche Regelung des Feuervswesens im Deutschen Reich, Berlin 1932, Kersting, Das Recht der deutschen V, Berlin 1938, S. 220—378; den neuesten Stand der Rechtsquellen geben wieder: Schmidt-Sievers, S. 81—481). Zum Wiedergutmachungsrecht: Finke VA 1953 S. 141—142, Prölss S. 7—8, BGH 11. II. 1953 VA 1953 S. 83—89 = VersR 1953 S. 106—110 mit Anm. Prölss. Für die DDR Zusammenstellung und Texte der seit der Kapitulation zunächst erlassenen Rechtsvorschriften bei Möller Neuordnung S. 12—18, 44—149, Damerow, Rechtsquellen für das Vswesen der Deutschen Demokratischen Republik und des Demokratischen Sektors von Groß-Berlin, Berlin (1952), jetzt vgl. VO über die Errichtung der

Deutschen Vs-Anstalt vom 6. XI. 1952 (Gesetzblatt der Deutschen Demokratischen Republik 1952 S. 1185) nebst Erster Durchführungsbestimmung vom 14. XI. 1952 (Gesetzblatt der Deutschen Demokratischen Republik 1952 S. 1212).

Über die ausnahmsweise gegebene Revisibilität im Landesrecht Anm. 34.

[15] **8. Besatzungsrecht.**

Auch das Besatzungsrecht hat sich mit dem Vsvertrag befaßt; zu unterscheiden sind Normen des Kontrollrates und der einzelnen Besatzungsmächte (vgl. auch Prölss S. 8—10). Besonders im Zusammenhang mit der Währungsreform haben die westlichen Besatzungsmächte gleichlautende Vorschriften erlassen: Zusammenstellungen bei Finke, Währungsgesetze der V, Weißenburg 1950, mit: Nachtrag Weißenburg 1951, Prölss S. 594—698. Zum Vsvertragsrecht vgl. als

Kontrollratsrecht:

G Nr. 47: Verbot deutscher Vstätigkeit im Ausland, Haftung für Verbindlichkeiten, dazu aber besonders G Nr. A—15 der Alliierten Hohen Kommission vom 26. IV. 1951 (VA 1951 S. 100, vgl. auch VA Berlin 1951 S. 116). Näheres Anm. 88;

G Nr. 57: Übernahme der Verbindlichkeiten aufgelöster DAF-Vsgesellschaften, dazu G Nr. 59 der Alliierten Hohen Kommission vom 26. VII. 1951 (VA 1951 S. 122), Anordnung und Bekanntmachungen VA 1951 S. 183—184, Starke VersR 1951 S. 234—236, 1952 S. 3.

Überzonales Besatzungsrecht:

§ 24 Drittes G zur Neuordnung des Geldwesens (UmstellungsG) (VOBl.BZ. 1948 S. 149), dazu G Nr. 65 der Alliierten Hohen Kommission vom 8. XI. 1951 (VA 1951 S. 183);

Dritte DurchführungsVO (VVO) (VOBl.BZ. 1948 S. 167);

Zweiunddreißigste DurchführungsVO (VOBl.BZ. 1949 S. 369);

Neununddreißigste DurchführungsVO (VOBl.BZ. 1949 S. 536).

[16] **III. Vertragliche Rechtsquellen.**

Schrifttum: Allgemein: L. Raiser, Das Recht der Allgemeinen Geschäftsbedingungen, Hamburg (1935), speziell: Bruck S. 25—31, Ehrenzweig S. 7—18, von Gierke I S. 51—73, Hagen I S. 32—48.

Man pflegt die zwischen Ver und Vmer vereinbarten Vertragsabreden als Vsbedingungen zu bezeichnen. Zu unterscheiden sind allgemeine Vsbedingungen (AVB) und besondere, wobei für die Abgrenzung nicht die Bezeichnung maßgebend ist, welche den Vsbedingungen beigelegt wurde, sondern der sachliche Unterschied (RG 31. III. 1925 JW 1926 S. 554 = JRPV 1925 S. 131, 29. I. 1929 JRPV 1929 S. 79, 11. V. 1934 RGZ Bd 144 S. 304, 27. V. 1938 RGZ Bd 158 S. 8, 13. I. 1939 RGZ Bd 159 S. 149, 8. IV. 1941 JRPV 1941 S. 96. So sind z. B. die zahlreichen „Besonderen Bedingungen" für die Unfall- und Haftpflichtven des Deutschen Luftpools (VA 1952 S. 80—88) in Wahrheit AVB, desgleichen die „Besonderen Bedingungen für die V des Preisunterschieds bei der Rübenverwertung" (VA 1931 S. 148—149, Feuerklauseln Nr. 7. 03). Der Schein — auch der aufsichtsbehördlich sanktionierte — trügt.

Die AVB gehören zu den allgemeinen Geschäftsbedingungen, wie sie auch in Handel und Industrie, bei Banken, Versorgungsbetrieben und Verkehrsunternehmen weit verbreitet sind — Kennzeichen einer Zeit der Standardisierung, Rationalisierung, Vermassung.

[17] **1. Allgemeine Versicherungsbedingungen.**

a) Begriff.

AVB sind Bedingungen, die dazu bestimmt sind, in eine unbegrenzte Zahl gleichliegender Vsverträge als Bestandteil aufgenommen zu werden (RG 11. V. 1934 RGZ Bd 144 S. 304; Büchner VW 1948 S. 92). AVB sind also nicht auf ein einzelnes spezielles Wagnis zugeschnitten, sondern tragen generelle, gesetzesähnliche Züge, sorgen für eine „Typisierung" der Vertragsinhalte (RG. 7. VI. 1929 RGZ Bd 124 S. 345). Dabei ist es nicht erforderlich, daß tatsächlich bereits eine Aufnahme in eine Mehrzahl von

Vsverträgen erfolgt ist, Eignung und Bestimmung für diesen Zweck reichen aus: AVB werden im voraus — ein für allemal — aufgestellt (dazu vgl. Büchner VA 1947 S. 39—40, bedenklich hinsichtlich der Annahme, daß bei Großrisiken individuelle Abreden AVB sein könnten).

Aus der immer erneuten Anwendung der AVB erklärt es sich, daß sie gedruckt, gestempelt oder hektographiert zu werden pflegen. Solche Vervielfältigung bedeutet jedoch nur ein Indiz für das Vorliegen von AVB, es kommt — besonders bei wirtschaftlich bedeutungsvollen Verträgen — auch vor, daß individuelle Abreden, also besondere Vsbedingungen gedruckt werden; umgekehrt werden AVB nicht dadurch ihres Charakters entkleidet, daß man sie mit Schreibmaschine schreibt (über die Unmaßgeblichkeit der äußeren Form: RG 5. II. 1932 RGZ Bd 135 S. 137).

[18] b) Entstehung.

Wie alle allgemeinen Geschäftsbedingungen haben auch die AVB zunächst zwei **Entstehungsursachen.** Mit dem Streben nach Rationalisierung von Massenverträgen paarte sich nicht selten ein Wunsch der Ver, ihre wirtschaftliche Machtstellung durch rechtliche Mittel zu verstärken. Besonders in der Zeit vor Erlaß des VAG und VVG waren die AVB vielfach — was in ihrer Bezeichnung „Bedingungen" noch anklingt; man denkt dabei an Waffenstillstands- und Friedensbedingungen — diktierte Vertragsabreden (Ehrenberg S. 25, 79—83, Möller VersPrax 1952 S. 35). Aber nicht nur Rationalisierung und Machtstreben drängten im Vsbereich zur Verwendung von allgemeinen Geschäftsbedingungen, sondern — da der Vsvertrag auf dem Gedanken der Gefahrengemeinschaft beruht (Anm. 4 zu § 1) und die Glieder einer Kette nicht verschieden stark sein dürfen — wirkte auch dieser Gesichtspunkt auf die Verwendung von AVB hin. Alle drei Gesichtspunkte sind für die rechtliche Behandlung der AVB von großer Bedeutung.

Aufgestellt wurden und werden AVB meistens von einem Ver oder von einem Zusammenschluß (Verband, zeitweise Wirtschaftsgruppe) von Vern. — Was die Beteiligung von Vmerkreisen anlangt, so sind beim Vsverein auf Gegenseitigkeit die Mitglieder zugleich die Vmer, hier gibt es also theoretisch keine Polarität der Interessen, falls es sich um spezielle AVB des Vsvereins, also nicht um Verbandsbedingungen handelt. Im übrigen bestehen mehrere Möglichkeiten für eine Beteiligung der Vmerkreise (L. Raiser a. a. O. S. 46—48), an der es jedoch häufig überhaupt fehlt. Die schwächste Form der Beteiligung ist die Anhörung nach erfolgter Fertigstellung des Entwurfes der AVB, wie sie z. B. durch das RAA veranlaßt ist bei den AFB (Raiser Anm. 1 vor § 1, S. 43). Weitergehend ist die gemeinschaftliche Aufstellung der AVB, wie sie erfolgt ist bei den ADS (Bruck HansRZ 1919 Sp. 549—550, L. Raiser a. a. O. S. 47, Ritter S. 4), ferner bei der Neuredaktion des „Klauselwerkes" in der Feuerv (vgl. VW 1951 S. 493). — Vsmakler sind durchweg Bundesgenossen der Vmer. Die Maklerbedingungen pflegen deshalb die Vmerinteressen besonders stark zu berücksichtigen, auch sie sind echte AVB (VA 1951 S. 162). — Die Art der Aufstellung von AVB ist für ihre Auslegung (Anm. 74) bedeutsam.

Über die Mitwirkung des Staates, insbesondere die Genehmigung von AVB durch die **Aufsichtsbehörden** Anm. 20, 23, 29.

[19] c) Inhalt.

Die AVB können entweder den grundlegenden Vertragsinhalt oder Einzelfragen behandeln. Deshalb sind AVB z. B. nicht nur die grundlegenden AVB (Aufzählung: Anm. 20), sondern auch z. B. in der Feuerv die Zusatzbedingungen für Fabriken und gewerbliche Anlagen (Feuerklauseln D 1—7), die Zusatzbedingungen für landwirtschaftliche Ven (VA 1951 S. 51—52) und die Zusatzbedingungen für die V gegen Minderverwertbarkeit von Rohzucker der Raffinerien (VA 1931 S. 147, Feuerklauseln D 25—7.01), ferner in der Tierv die Zusatzbedingungen für Jahresdiebstahlv oder für Verkehrsunfallv (VA 1951 S. 56), die Zusatzbedingungen für Weidetier-Diebstahlv (VA 1952 S. 90) und die Zusatzbedingungen für Hausschlachtungsv (VA 1952 S. 97). Weiterhin sind AVB die verschiedenen Sonderbestimmungen (so auch VO vom 29. XI. 1940, abgedruckt Anm. 20), z. B. die Sonderbedingungen für die Neuwertv (VA 1929

S. 142, 1931 S. 150, 1939 S. 140, 1950 S. 156—157, 1951 S. 49—51, 99, 1952 — Hamburg — S. 3—4, 1952 S. 5). Ferner zählen hierher die sogen. „Besonderen Bedingungen" für die Unfall- und Haftpflichtven des Deutschen Luftpools (VA 1952 S. 80—88, vgl. Anm. 16) und schließlich sind AVB einzelne typische Klauseln — etwa aus den Feuerklauseln 1.01—6.03, 7.07—8.06 — wie Wiederherstellungsklauseln (so mit Recht VA 1947 S. 4, 33, 34, RG 14. I. 1930 JW 1930 S. 3090 = JRPV 1930 S. 76, 5. II. 1932 RGZ Bd 135 S. 137, Vorbemerkung 1 der Feuerklauseln, Büchner VA 1947 S. 39—40, anders Bruck 7. Aufl. S. 4, Raiser Anm. 4 vor § 1, S. 44, widerspruchsvoll Weber VersR 1950 S. 108, vgl. auch unten Anm. 34).

Werden AVB einmalig für einen anderen Vszweig herangezogen als für denjenigen, für den sie bestimmt sind, so werden sie insoweit besondere Vsbedingungen (RG 13. III. 1935 HansRGZ 1935 A Sp. 399—401).

Die den grundlegenden Vertragsinhalt betreffenden Abreden können beim Vsverein auf Gegenseitigkeit, bei dem Mitgliedschafts- und Vsverhältnis zusammentreffen (Anm. 36 zu § 1), in die Satzung aufgenommen werden (§ 10 II VAG), vgl. etwa die Mustersatzung für kleine Krankenvsvereine: VA 1951 S. 45—49, für kleinste Sterbekassen: Beilage zu VA 1948 Nr. 3 mit VA 1948 S. 20, 23. Beim gemischten Verein, der auch Nichtmitglieder vert (§ 21 II VAG), empfiehlt sich solche Verbindung nicht.

§ 10 I VAG schreibt vor, daß die AVB über eine Fülle von Materien Bestimmungen enthalten „sollen". Die Vorschrift geht auf eine Zeit zurück, als Vsverträge noch seltener waren und das VVG noch nicht bestand. Im Interesse der Kürzung und damit der Volkstümlichkeit der AVB erscheint es zweckmäßig, in den AVB nicht Vorschriften des VVG zu wiederholen; allenfalls die vom Vmer zu beachtenden Verhaltensnormen sollten nochmals eingeschärft werden. Auch Verweisungen auf das VVG, womöglich unter Abdruck des Gesetzestextes (gefordert von VA 1930 S. 152, 1938 S. 110), sind mißlich. Zur zweckmäßigsten Gestaltung der AVB vgl. Büchner NeumannsZ 1937 S. 713—716, Prölss ZVersWiss 1938 S. 23—38, Goudefroy ZVersWiss 1943 S. 1—14, Küpper ZVersWiss 1943 S. 15—25, Fromm ZVersWiss 1943 S. 25—34. Schon nach geltendem Recht ist die Nichtbeachtung der bloßen Sollvorschrift des § 10 I VAG unschädlich. Soweit die AVB nur den Gesetzeswortlaut wiederholen, sind sie wie das Gesetz selbst auszulegen (Anm. 74).

Zu den AVB gehören — mit der Folge der Revisibilität (Anm. 34 m.w.N.) — alle standardisierten Vertragsabreden, also auch die gedruckten Teile der Antragsscheine (vgl. z. B. VA 1950 S. 131, 1952 — Hamburg — S. 5), soweit sie nicht die vorvertragliche Anzeigepflicht betreffen (Anm. 4 zu § 18), die Versicherungspolizenvordrucke (vgl. z. B. VA 1949 S. 32, 1951 S. 82—83), Verhaltensregeln, wie sie zuerst in der Kraftfahrv vom RAA vorgeschrieben sind (R 48/40 vom 31. VII. 1940: NeumannsZ 1940 S. 413), Tarife, soweit in den AVB auf sie verwiesen wird, Prospekte, soweit auf sie im Vsvertrag Bezug genommen wird (RG 13. XII. 1929 VA 1930 S. 16 Nr. 2108 = JRPV 1930 S. 52), usw.

[20] d) Aufzählung.

Die grundlegenden AVB der bedeutsamsten Vszweige sind durchweg Verbandsbedingungen. In Richtung auf eine Vereinheitlichung wirken ferner erstens das Institut der Normativbedingungen und zweitens die VO über die Anwendung Allgemeiner Vsbedingungen vom 29. XI. 1940 (RGBl. I S. 1543) hin.

Normativbedingungen (Musterbedingungen) sind solche von der Aufsichtsbehörde geprüfte und veröffentlichte AVB bei denen die Aufsichtsbehörde erklärt: Ein Versicherer, der einen Antrag auf Erlaubnis zum Geschäftsbetriebe mit diesen AVB vorlegt, kann damit rechnen, daß ihm die Erlaubnis erteilt wird (wegen sogar stillschweigender Genehmigung vgl. VA 1938 S. 118, 119, 1939 S. 122, 123). Jedoch darf das Institut der Normativbedingungen nicht dazu führen, daß Abweichungswünsche völlig unberücksichtigt bleiben (so für Mustersatzungen von Tiervsvereinen: VA 1952 S. 49—50, bedenklich für die AHaftpflB: VA 1939 S. 107).

Die genannte VO — wegen ihrer Fortgeltung vgl. Anm. 8, 29 — sah nach den 1939 erfolgten Änderungen des VVG vor, daß neue, im Reichsanzeiger bekanntgemachte AVB bei sämtlichen Vern an die Stelle der bisher geltenden AVB träten.

Die VO hat folgenden Wortlaut:

„Verordnung über die Anwendung allgemeiner Versicherungsbedingungen.

Vom 29. November 1940 (RGBl. I S. 1543).

Auf Grund von Artikel V des Gesetzes über die Einführung der Pflichtversicherung für Kraftfahrzeughalter und zur Änderung des Gesetzes über den Verkehr mit Kraftfahrzeugen sowie des Gesetzes über den Versicherungsvertrag vom 7. November 1939 (Reichsgesetzbl. I S. 2223) und auf Grund des Fünften Abschnitts der Verordnung zur Vereinheitlichung des Rechts der Vertragsversicherung vom 19. Dezember 1939 (Reichsgesetzbl. I S. 2443) wird verordnet:

Das Reichsaufsichtsamt für Privatversicherung kann anordnen, daß Allgemeine Versicherungsbedingungen (Zusatzbedingungen, Sonderbedingungen) mit Wirkung für bestehende Versicherungsverhältnisse bei sämtlichen im Deutschen Reich zum Geschäftsbetrieb befugten Versicherungsunternehmungen an die Stelle der bisher geltenden Versicherungsbedingungen treten. Es ist berechtigt, Ausnahmen zuzulassen. Die Anordnung ist im Deutschen Reichsanzeiger und Preußischen Staatsanzeiger bekanntzumachen."

Hiernach ergibt sich folgende Aufzählung von AVB, die nicht nur für einen einzelnen Ver Bedeutung haben (vgl. auch Fromm NeumannsZ 1942 S. 1—4):

Versicherungszweig	Amtliche Veröffentlichungen, einschl. Änderungen	Abkürzung
Ausfuhrkreditv	VA 1934 S. 158	
Ausstellungsv	VA 1951 S. 163, 1953 S. 78—79	
Automatenv	VA 1937 S. 87, R 32/42 vom 21. III. 1942	
Bauwesenv	VA 1938 S. 122	
Betriebsunterbrechungsv	VA 1931 S. 143	BUB
Einbruchdiebstahlv	VA 1938 S. 109, R 62/40 vom 12. XII. 1940, VA 1948 S. 47 = Öffentlicher Anzeiger für das Vereinigte Wirtschaftsgebiet 1949 Nr. 58 S. 1, Nr. 70 S. 8, VA 1951 S. 21, 52 auch RAnz 1941 Nr. 48 S. 2; 1942 Nr. 273 S. 2 (öffr. V)	AEB
Einheitsv	VA 1931 S. 152, 1935 S. 127, 1938 S. 131, 1950 S. 52	
Fahrradv	VA 1931 S. 159	
Feuerv	VA 1930 S. 146, 1933 S. 248, 1937 S. 82, 1938 S. 117, 118, 1939 S. 122, R 56/40 vom 4. XII. 1940, RAnz 1944 Nr. 123 S. 1, VA 1948 S. 47 = Öffentlicher Anzeiger für das Vereinigte Wirtschaftsgebiet 1949 Nr. 58 S. 1, Nr. 70 S. 8 auch RAnz 1941 Nr. 48 S. 2; 1942 S. 273 S. 2 (öffr. V)	AFB
Filmausfallv	VA 1951 S. 38	
Garderobev	VA 1926 S. 176, R 1/42 vom 16. I. 1942	
Glasv	R 72/40 vom 28. XII. 1940 auch RAnz 1941 Nr. 48 S. 2	
Haftpflichtv	VA 1921 S. 117, 1931 S. 133, 1939 S. 106, R 58/40 vom 4. XII. 1940, RAnz 1941 Nr. 48 S. 1, VA 1949 S. 45, 1952 S. 121, 122	AHaftpflB
Haftpflichtv gegen Vermögensschäden	VA 1930 S. 130	
Hagelv (Aktiengesellschaften)	R 5/41 vom 24. I. 1941 auch RAnz 1941 Nr. 48 S. 2; 1942 Nr. 273 S. 2 (öffr. V)	AHagelB

Versicherungszweig	Amtliche Veröffentlichungen, einschl. Änderungen	Abkürzung
Hausratv	RAnz 1942 Nr. 154 S. 1, VA 1948 S. 47 = Öffentlicher Anzeiger für das Vereinigte Wirtschaftsgebiet 1949 Nr. 58 S. 1, Nr. 70 S. 8 auch RAnz 1942 Nr. 154 S. 1 (öffr. V)	AHausratB
Juwelierwarenv	VA 1936 S. 96	
Kraftfahrv	RAnz 1940 Nr. 187 S. 2, VA 1950 S. 131 auch RAnz 1941 Nr. 1 S. 2	AKB
Kraftfahrhaftpflichtv	RAnz 1940 Nr. 187 S. 4, VA 1950 S. 131 auch RAnz 1941 Nr. 1 S. 2	AKHB
Krankenv		
Grundbedingungen der Kostenv	VA 1950 S. 167	GrundBed
Grundbedingungen der Krankenhauskosten- und -tagegeldv	VA 1952 — Hamburg — S. 24	Krankenhaus-GrundBed
Mustersatzung	VA 1951 S. 45	
Kühlgüterv	VA 1951 S. 95	
Lebensv (Kapitalv auf den Todesfall)	VA 1932 S. 115, 1936 S. 59, R 57/40 vom 4. XII. 1940, RAnz 1941 Nr. 48 S. 1 auch RAnz 1942 Nr. 273 S. 2 (öffr. V)	ALB
Leitungswasserschädenv	RAnz 1942 Nr. 222 S. 1, VA 1948 S. 87 = Öffentlicher Anzeiger für das Vereinigte Wirtschaftsgebiet 1949 Nr. 58 S. 1, Nr. 70 S. 8 auch RAnz 1942 Nr. 222 S. 3, Nr. 273 S. 2 (öffr. V)	AWB
Lichtspieltheater-Einheitsv	VA 1939 S. 132, R 42/42 vom 18. V. 1942	
Maschinenv	R 67/40 vom 21. XII. 1940 auch RAnz 1941 Nr. 48 S. 2	
Maschinen-Garantiev	VA 1931 S. 172, R 1/41 vom 4. I. 1941 auch RAnz 1941 Nr. 48 S. 2	
Mietverlustv	VA 1931 S. 146	
Montagev	VA 1931 S. 167, R 69/40 vom 21. XII. 1940 auch RAnz 1941 Nr. 48 S. 2	
Musikinstrumentenv	VA 1936 S. 102, R 2/42 vom 16. I. 1942	
Parkplatzv	VA 1939 S. 140	
Pauschal-Delkrederev	VA 1935 S. 121	
Rechtsschutzv	VA 1953 S. 22	
Reisewetterv	VA 1953 S. 46	
Sterbekassen (Satzung)	VA 1948 S. 23 mit Beilage	
Tierv		
Tierlebensv	VA 1951 S. 53, 1952 S. 97	ATierB
Weidetier-Lebensv	VA 1952 S. 88	
Trächtigkeitsv	VA 1952 S. 90	
Operationsv	VA 1952 S. 92	
Transport- und Ausstellungsv	VA 1952 S. 93	
Mastschweinev	VA 1952 S. 95	
Schlachttierv	VA 1953 S. 119, 121	
Unfallv	VA 1937 S. 61, R 66/40 vom 21. XII. 1940, RAnz 1942 Nr. 273 S. 1, VA 1948 S. 55, VA 1949 S. 6 auch RAnz 1941 Nr. 48 S. 2; 1942 Nr. 273 S. 2 (öffr. V)	AUnfallB

Versicherungszweig	Amtliche Veröffentlichungen, einschl. Änderungen	Abkürzung
Verkehrsmittelunglücksv	VA 1938 S. 96	
Volks-Unfallv	RAnz 1942 Nr. 287 S. 2, VA 1948 S. 55 auch RAnz 1942 Nr. 287 S. 3 (öffr. V)	
Wohngebäudev	VA 1951 S. 22, 99, 162	
Zeitschriftenv	VA 1948 S. 56, 1949 S. 93	AZeitschrB

Zwar nicht amtlich veröffentlicht, aber gleichfalls allgemein verbreitet sind folgende AVB:

Versicherungszweig	Bezeichnung	Abkürzung
Binnentransportv		
Kaskov	Vs-Police auf Kasko für die Schiffahrt auf Binnengewässern	KaskoB
Güterv	Allgemeine Deutsche Binnen-Transportvs-Bedingungen	ADB
	Allgemeine Vs-Bedingungen für den Gütertransport zu Lande mittels Eisenbahn, Post oder Fuhre	
	Allgemeine Bedingungen für die V von Gütertransporten auf Flüssen und Binnengewässern	
	Allgemeine Vs-Bedingungen für den Gütertransport mit Kraftfahrzeugen	
Speditionsv	Speditions-Vsschein	SVS
Rollfuhrv	Rollfuhr-Vsschein	RVS
	Bahn-Rollfuhr-Vsschein	BRVS
Seev	Allgemeine Deutsche Seevs-Bedingungen	ADS

Eine Sonderstellung nehmen AKB (AKHB) und SVS ein, erstere insofern, als § 3 II PflichtVG vorschreibt: „Der Vsvertrag muß den von der Aufsichtsbehörde genehmigten AVB entsprechen“ (dazu RAA R 48/50 vom 31. VII. 1940: NeumannsZ 1940 S. 413). Ehrenzweig S. 13 Anm. 6, auch Würffel VW 1953 S. 206—207 gehen so weit, auf Grund der zitierten Vorschrift die AKB „als VO im rechtstechnischen Sinn zu werten“, wogegen jedoch nicht nur die Ausdrücke AVB und Genehmigung sprechen, sondern auch der Zweck des Gesetzes, der Kraftfahrv ihren privatvsrechtlichen Charakter und ihre Beweglichkeit zu belassen (vgl. auch Anm. 74). Der SVS hat eine Sonderstellung insofern, als seine Anwendung für allgemeinverbindlich erklärt ist (Anm. 24).

[21] e) Rechtsnatur.

Man muß die dogmatische und die soziologische Bedeutung der AVB unterscheiden (dazu L. Raiser a. a. O. S. 59—89).

Dogmatisch gehören die AVB zu den Vertragsabreden, sie sind Inhalt von Rechtsgeschäften, wie sie im Bereiche der Vertragsfreiheit abgeschlossen werden können. (deshalb bedenklich BGH 18. XI. 1952 BGHZ Bd. 8 S. 56). Daraus ergibt sich z. B. die Notwendigkeit der Prüfung, ob die AVB vereinbart, also Vertragsinhalt geworden sind (Anm. 24), die Unabänderbarkeit der AVB ohne Mitwirkung beider Parteien (Anm. 29), der Vorrang der AVB vor dispositiven gesetzlichen Vorschriften (Anm. 40).

Aber soziologisch läßt sich nicht daran vorbeisehen, daß die AVB schon vor Abschluß der Einzelverträge aufgestellt werden wie ein Gesetz und daß ihre faktische Verbreitung sie vielfach bedeutsamer macht als das Gesetz selbst: Die seevsrechtlichen Vorschriften des HGB sind totes Recht, die ADS sind das „Gesetzbuch der Seev“

(OLG Hamburg 29. IV. 1919 LZ 1920 Sp. 182, L. Raiser a. a. O. S. 61). So rücken die allgemeinen Geschäftsbedingungen, insonderheit AVB soziologisch in die Nähe des objektiven Rechts (ähnlich RG 31. I. 1941 DR 1941 S. 1212—1213, 13. X. 1942 RGZ Bd 170 S. 240—241, 26. III. 1943 RGZ Bd 171 S. 47—48, OGH 7. X. 1949 OGHZ Bd 2 S. 299, BGH 19. I. 1951 BGHZ Bd 1 S. 86, 23. V. 1951 NJW 1951 S. 603, 5. X. 1951 NJW 1951 S. 957, 28. XI. 1951 VersR 1952 S. 52, 11. XII. 1951 VersR 1952 S. 118, 28. VI. 1952 BGHZ Bd 6 S. 376, KG 22. X. 1949 MDR 1950 S. 287), und so sind sie hier unter den Rechtsquellen des Vsvertragsrechtes behandelt. Zu manchen AVB sind Kommentare — wie zu Gesetzen — geschrieben worden (Anm. 39). Aus der soziologischen Bedeutung der AVB erklärt sich z. B. die öffentlichrechtliche Genehmigung durch die Aufsichtsbehörden (Anm. 23), die Revisibilität (Anm. 34) und die Notwendigkeit generalisierender Auslegung (Anm. 66), nicht aber die Notwendigkeit objektiver Auslegung (Anm. 73—75).

[22] 2. Besondere Versicherungsbedingungen.

Besondere Vsbedingungen sind diejenigen Vertragsabreden, die sich nicht als AVB darstellen, also die auf ein einzelnes spezielles Wagnis zugeschnittenen individuellen, atypischen Vereinbarungen (Büchner VW 1948 S. 92).

Dieser singuläre Charakter der besonderen Vsbedingungen erklärt es, daß sie nur mit der Hand oder Schreibmaschine geschrieben zu werden pflegen. Alles was auf diese Weise etwa in Vspolizenvordrucke eingefügt wird (besonders Namen, Vsbeginn, Vssumme, Prämienhöhe) sowie Spezialklauseln gehören hierher, nicht aber standardisierte typische Klauseln (Anm. 19). Nicht selten leisten Vsmakler bei der Ausarbeitung von Spezialklauseln Hilfsstellung, es kommt auch vor, daß mit ihrer Hilfe — besonders für Großrisiken — ganze Vsverträge ohne Verwendung von AVB formuliert werden. Hier kann die Gefahr erwachsen, daß solche Verträge nicht als Glieder in die Kette der Gefahrengemeinschaft passen (sie lassen sich jedoch niemals unter den Begriff der AVB pressen; anders Büchner VA 1947 S. 39).

Besondere Vsbedingungen sind dogmatisch und soziologisch rechtsgeschäftliche Vereinbarungen. Deshalb unterliegen sie nicht der öffentlichrechtlichen Genehmigung durch die Aufsichtsbehörden (Anm. 23), sind nie revisibel (Anm. 34), gehen als speziellere Abreden den AVB vor (Anm. 32) und sind nicht generalisierend auszulegen (Anm. 66), wohl aber kann die Unklarheitenregel zur Anwendung kommen (Anm. 75).

[23] 3. Rechtliche Behandlung.

Die Unterscheidung der AVB und besonderen Vsbedingungen hat vielfache Bedeutung:

a) Genehmigung von Versicherungsbedingungen.

Aufsichtsrechtlich sind die AVB — nicht aber besondere Vsbedingungen — als Bestandteil des Geschäftsplans von aufsichtspflichtigen Vsunternehmungen mit dem Antrag auf Erlaubnis des Geschäftsbetriebes einzureichen (§ 5 II, III Ziff. 2 VAG). Die Aufsichtsbehörde prüft, ob die Belange der Vmer ausreichend gewahrt und ob die Verpflichtungen als dauernd erfüllbar dargetan sind (§ 8 I Ziff. 2 VAG). Insbesondere wird untersucht, ob die zwingenden Bestimmungen des VVG (Anm. 45—50) beachtet sind, aber trotzdem kommt es nicht selten vor, daß genehmigte AVB zwingenden Gesetzesnormen widerstreiten (vgl. Möller VersPrax 1952 S. 49—50), so daß „die richterliche Prüfung der Gesetzmäßigkeit der AVB" Bedeutung gewinnt (Ehrenzweig S. 13). Auch auf formelle Gesichtspunkte (z. B. Drucktypen) kann die aufsichtsbehördliche Prüfung erstreckt werden. Vgl. Rehm-Berliner-Fromm S. 135—136, 150—151; VA 1949 S. 32.

Privatrechtlich ist es unerheblich, ob AVB genehmigt sind oder nicht. Sind sie genehmigt, so besteht keine Vermutung dafür, daß die AVB die zwingenden Vorschriften des VVG beachten. Sind die AVB nicht genehmigt, so können sie doch Vertragsinhalt werden (OLG Celle 23. XII. 1910 VA 1913 Anh. S. 49 Nr. 733, 1. XII. 1949 VersR 1950 S. 33): Weder der Ver noch der Vmer noch ein Dritter kann sich auf die Nichtgenehmigung berufen. § 134 BGB greift nicht ein, da kein privatrechtliches Verbot, sondern nur ein verwaltungsrechtliches Gebot verletzt ist. (Nur verwaltungsrechtlich kann von der Aufsichtsbehörde nach § 81 II 1, III VAG mit Ordnungsstrafen eingeschritten werden, übrigens nur gegen die „Inhaber und Geschäftsleiter der Vsunternehmungen", bei Maklerbedingungen also nicht gegen den Vsmakler [dazu VA 1951 S. 162]; wegen strafrechtlicher Verfolgung vgl. § 135 I Ziff 4, II VAG, Rehm-Berliner-Fromm S. 700). Nur nach gewissen Einzelnormen kommt einer aufsichtsrechtlichen Genehmigung zivilrechtliche Bedeutung zu, vgl. §§ 89 II 1, 178 II 2, 189 (mit Anm. 50); §§ 40 II 3, 174 IV 2, 176 IV 2, auch § 159 IV.

[24] b) Maßgeblichkeit für Einzelvertrag.

Da alle Vsbedingungen dogmatisch Vertragsabreden sind, müssen sie Inhalt des einzelnen Vsvertrages geworden sein. Insbesondere muß auch bei den (vorher aufgestellten, regelmäßig genehmigten und häufig veröffentlichten) AVB eine Übernahme in den Einzelvertrag erfolgen, ein Tatbestand der Verweisung (L. Raiser a. a. O. S. 151) muß vorliegen, was BGH 5. X. 1951 BGHZ Bd 3 S. 203, 29. IV. 1952 BGHZ Bd 6 S. 147, 3. II. 1953 VersR 1953 S. 159 (für nicht vsrechtliche Fälle) besonders betonen. Aufstellung, Genehmigung und Veröffentlichung allein bewirken keine Maßgeblichkeit der AVB (L. Raiser a. a. O. S. 174). Es gibt Vsverträge, die nur nach dem VVG zu beurteilen sind.

Unerheblich für die Übernahme der AVB in den Einzelvertrag ist es auch, ob der Ver oder Vmer Dritten gegenüber verpflichtet ist, nur nach Maßgabe der AVB abzuschließen. Wenn z. B. der Ver kartellmäßig durch ein Konditionenkartell gebunden wäre, die AVB zu benutzen, so bedeutet dies noch nicht, daß sie automatisch Vertragsinhalt werden; der Ver könnte ja kartellwidrig handeln, erfahrungsgemäß geschieht dies auch sehr oft (über das grundsätzliche Verbot von Kartellen: VA 1948 S. 18). Auch die aufsichtsrechtliche Verpflichtung zur Benutzung bestimmter AVB (z. B. in der Volks-Unfallv: RAnz 1942 Nr. 287 S. 1) oder eine entsprechende gesetzliche Verpflichtung (z. B. nach § 3 II PflichtVG für AKB und AKHB) schließt nicht aus, daß zivilrechtlich von diesen AVB abweichende Verträge gültig zustandekommen (Thees-Hagemann S. 54 für AKB und AKHB). Ebensowenig bewirkte die Allgemeinverbindlichkeit der ADSp, daß für Speditionsven stets der SVS maßgeblich war; denn die Allgemeinverbindlichkeit bestand nur für die Spediteure, und sie konnten ihr zuwiderhandeln (zur Frage des Fortbestandes der Allgemeinverbindlichkeit: Ewald BetrBer 1951 S. 882—883 m. w. N.).

Auf verschiedenen Wegen können Vsbedingungen Inhalt des einzelnen Vsvertrages werden:

[25] aa) Ausdrückliche Vereinbarung. Sie bildet nicht nur bei besonderen, sondern auch bei AVB die praktische Regel. Nach den vorgedruckten Antragsformularen wird durchweg eine V nach Maßgabe der AVB beantragt (L. Raiser a. a. O. S. 186), und dem Vmer bleibt kein anderer Weg als die Benutzung des Formulars. Deshalb spricht Ehrenzweig S. 15—18, HansRZ 1926 Sp. 86 von „Unterwerfungsvertrag" (vgl. auch RG 31. I. 1941 DR 1941 S. 1212—1213 = JRPV 1941 S. 60, 26. III. 1943 RGZ Bd 171 S. 48, OGH 7. X. 1949 OGHZ Bd 2 S. 299, BGH 19. I. 1951 BGHZ Bd 1 S. 86, 5. X. 1951 NJW 1951 S. 957, 28. XI. 1951 VersR 1952 S. 51, KG 22. X. 1949 MDR 1950 S. 287, OLG München 2. V. 1952 VersR 1952 S. 270, OLG Nürnberg 25. IV. 1950 VersR 1950 S. 86), Saleilles, De la déclaration de la volonté, Paris 1901, S. 229 von „contrat d'adhésion" (Beitrittsvertrag) (dazu L. Raiser a. a. O. S. 148—150).

Sind dem Antragsschein die AVB beigegeben, so ist die beigefügte Fassung maßgebend, auch wenn sie veraltet ist (Prölss S. 5, RG 30. III. 1906 VA 1906 Anh. S. 78—79 Nr. 230 = LZ 1907 Sp. 231—233, bedenklich OLG Hamm 16. V. 1947 MDR 1947 S. 262—263, BGH 28. XI. 1951 VersR 1952 S. 52) oder einen (nicht sofort erkennbaren) Druckfehler enthält (OLG Hamburg 12. VII. 1928 JRPV 1930 S. 186). Sind dem Antragsteller unvollständige AVB übergeben, z. B. bei einer Todesfallv mit Unfallzusatz nicht die AVB für die Unfallzusatzv, so braucht er nur die übergebenen AVB gegen sich gelten zu lassen (RG 20. X. 1936 JW 1937 S. 298—299 = VA 1936 S. 264—266 Nr. 2929). Sind dem Antragsteller AVB nicht übergeben, so ist die zur Zeit des Vertragsabschlusses geltende Fassung maßgebend (L. Raiser a. a. O. S. 152; OLG Celle 1. XII. 1949 VersR 1950 S. 33 für den Fall des Abschlusses einer „Weiterv").

Unerheblich ist es bei Vereinbarung der AVB, daß der Vmer die AVB nicht erhalten hat: KG 22. XII. 1926 VA 1927 S. 25 Nr. 1678 = JRPV 1927 S. 94, 28. X. 1931 VA 1931 S. 258—259 Nr. 2322, OLG Celle 1. XII. 1949 VersR 1950 S. 33, OLG Düsseldorf 21. IV. 1932 VA 1932 S. 240 Nr. 2434 = JRPV 1932 S. 327, 5. XII. 1932 JRPV 1933 S. 276, 30. XII. 1939 JRPV 1940 S. 127, OLG Königsberg 19. III. 1935 JRPV 1935 S. 304, LG Düsseldorf 8. VI. 1951 VA 1951 S. 125, vgl. auch BGH 19. I. 1951 BGHZ Bd. 1 S. 86.

Aufsichtsrechtlich ist zunächst großer Wert darauf gelegt, daß die AVB mit den Vsscheinen verbunden werden (Näheres für die Vszweige Anm. 12 zu § 3). Im Zuge der Geschäftsvereinfachung ist während des Krieges gestattet und sogar geboten worden, von der Aushändigung der AVB abzusehen (RAA: R 19/44 vom 16. V. 1944, 32/44 vom 6. XI. 1944). Nach dem Kriege ist es zur Papierersparnis einzelnen Vern gestattet worden, nur einen Auszug aus den AVB auszuhändigen (VA 1947 S. 34). Alle diese Maßnahmen sollten abgebaut werden (VA 1949 S. 32, 1950 S. 8—9, VA Berlin 1950 S. 38—39), aber aus verschiedensten Gründen ist die Aushändigungspflicht später z. T. weiterhin eingeschränkt oder beseitigt worden (VA 1950 S. 62: keine Aushändigung bei Antragstellung, sondern erst mit dem Vsschein, Aufbrauch alter Formulare; VA 1950 S. 63: Abwarten einer Neufassung der ATierB [erfolgt mit VA 1951 S. 53—56]; VA 1950 S. 109, 1951 S. 21, 95, VA Berlin 1950 S. 78, 1951 S. 4, 76: Fristverlängerungen).

Die Nichtaushändigung der AVB ist selbst dann unerheblich, wenn der Ver auf die „anliegenden AVB" verwiesen, sie aber nicht beigefügt hatte (L. Raiser a. a. O. S. 173). Es ist Sache des Vmers, die AVB vor Vertragsabschluß anzufordern (L. Raiser a. a. O. S. 173 m. w. N., 186; wegen späterer Anforderung § 3 III 1). Die so eröffnete Möglichkeit der Erlangung der AVB genügt. Wenn dagegen die AVB noch gar nicht aufgestellt sind, so ist der Vertrag nicht geschlossen (§ 154 I 1 BGB). Über den Aushang von Reisegepäckvsbedingungen: OLG Stuttgart 2. IV. 1949 VW 1949 S. 282. Über den Einfluß der Nichtaushändigung von AVB auf Verschuldensfragen: Ehrenzweig S. 15—16, 179, Anm. 33 zu § 6.

Die Vereinbarung über die Maßgeblichkeit der AVB erweist sich in dem geschilderten Falle des Nichterhalts der AVB als „Risikoerklärung": Der Vmer begründet ein Rechtsverhältnis, dessen Inhalt er nicht im Einzelnen übersieht (L. Raiser a. a. O. S. 170—171). Über die Anfechtung wegen Irrtums Anm. 3 zu § 22.

Wenn es schon nicht darauf ankommt, ob der Vmer, die AVB erhalten hat, so ist es erst recht unerheblich, ob es sie gelesen und verstanden hat (L. Raiser a. a. O S. 170—171, 186; RG 31. I. 1941 DR 1941 S. 1212—1213 = JRPV 1941 S. 60—61).

[26] bb) Stillschweigende Vereinbarung. Sie ist ausreichend (BGH 5. X. 1951 BGHZ Bd 3 S. 203) und setzt voraus, daß Willenserklärungen der Parteien, wenn auch nicht ausdrückliche, eine Verweisung auf AVB ergeben. Die Auslegung, die nach § 157 BGB mit Rücksicht auf die Verkehrssitte erfolgen muß, ist stets Auslegung von Willenserklärungen. Wo solche fehlen, kommt Vertragsergänzung (Anm. 27) in Frage, bedenklich RG 20. X. 1936 JW 1937 S. 298 = VA 1936 S. 265 Nr. 2929, OLG Celle 1. XII. 1949 VersR 1950 S. 33.

Eine stillschweigende Vereinbarung ergibt sich selbst dann nicht aus der Aufstellung, Genehmigung und Veröffentlichung der AVB, wenn der Vmer diese Tatsachen kennt (L. Raiser a. a. O. S. 179—180). Jedoch kann der Wille des Vmers, sich den AVB zu unterwerfen, nur bestehen, wenn er positiv weiß, daß diese existieren (L. Raiser a. a. O. S. 171). Der genannte Wille kann daraus geschlossen werden, daß auch ein früherer Vertrag zwischen den Parteien nach Maßgabe der AVB geschlossen war (L. Raiser a. a. O. S. 180—181). Auch die Tatsache, daß in einer Werbeschrift des Vers auf die AVB verwiesen war, kann genügen (L. Raiser a. a. O. S. 182). Werden durch besondere Bedingungen Einzelvorschriften der AVB abgeändert, so ergibt sich auch aus dieser Vereinbarung stillschweigend die Maßgeblichkeit der AVB im übrigen.

Bei stillschweigender Vereinbarung von AVB werden diese durchweg nicht ausgehändigt und nicht gelesen, der Vmer gibt eine Risikoerklärung ab. Es gilt das in Anm. 25 Gesagte (L. Raiser a. a. O. S. 171). Über die Anfechtung wegen Irrtums Anm. 3 zu § 22.

Selbstverständlich können auch besondere Vsbedingungen stillschweigend vereinbart sein.

[27] **cc) Vertragsergänzung.** §§ 157, 242 BGB — analog angewendet — betreffen nicht nur die Auslegung, sondern auch die Ergänzung von Willenserklärungen nach Treu und Glauben mit Rücksicht auf die Verkehrssitte (Möller Schuldrecht S. 10). Die Verkehrssitte als tatsächliche Übung geht dahin, daß bei Vsverträgen grundlegend AVB verwendet werden. Nach Treu und Glauben darf ein Vmer nicht annehmen, daß er anders behandelt werde als die übrigen Glieder der Gefahrengemeinschaft und daß sein Vertrag individuellere Züge trage als der übliche standardisierte Massenvertrag. Sonach kann der Vertragsinhalt dahin ergänzt werden, daß die AVB maßgebend sind. Dabei kommt es hier — anders als bei stillschweigender Willenserklärung (Anm. 26) — nicht darauf an, ob der Vmer positiv weiß, daß die AVB und jene tatsächliche Übung bestehen, es reicht aus, wenn ihm diese Kenntnis zugemutet werden kann (L. Raiser a. a. O. S. 204—205.) Die Zumutbarkeit gilt in erhöhtem Maße gegenüber Kaufleuten (vgl. § 346 HGB), aber nicht nur ihnen gegenüber (L. Raiser a. a. O. S. 205). Über die Anfechtung wegen Irrtums Anm. 3 zu § 22.

Aus der Rechtsprechung, die oft die Grenze zwischen stillschweigender Vereinbarung (Anm. 26) und Vertragsergänzung verwischt: OLG Celle 1. XII. 1949 VersR 1950 S. 33, OLG Düsseldorf 20. IV. 1936 VA 1936 S. 227 Nr. 2904 = JRPV 1936 Zus. S. 32, OLG Stuttgart 22. IX. 1948 VW 1948 S. 400, RG 20. X. 1936 JW 1937 S. 298 = VA 1936 S. 265 Nr. 2929, vgl. auch: L. Raiser a. a. O. S. 206—207.

Hinsichtlich besonderer Vsbedingungen wird eine Vertragsergänzung mangels Verkehrssitte nur selten möglich sein.

[28] **dd) Gewohnheitsrecht.** Es unterscheidet sich von der Verkehrssitte dadurch, daß zu der tatsächlichen Übung die Rechtsüberzeugung (opinio juris) der Beteiligten hinzutritt. Möglicherweise setzen sich AVB derart durch, daß sie kraft Gewohnheitsrechts für alle Beteiligten gelten. Dabei könnte entweder das Gewohnheitsrecht besagen, die AVB seien anzuwenden (Verweisung) oder der Inhalt der AVB selbst könnte Gewohnheitsrecht werden. Beide Fälle sind jedoch nicht praktisch, was L. Raiser a. a. O. S. 87, 162 darauf zurückführt, daß allgemeinen Geschäftsbedingungen vielfach allzusehr eine Machtverstärkungstendenz des Unternehmers innewohnt. Deshalb kann sich eine Rechtsüberzeugung schwer bilden.

[29] **c) Änderung von Versicherungsbedingungen.**

Dazu Möller VersPrax 1952 S. 8—9. Über Änderung von Vsverträgen generell Anm. 108—130 zu § 1, Anm. 41—48 zu § 13 (Sanierung), Anm. 22—34 zu § 41 (Prämienerhöhung).

Aufsichtsrechtlich setzt in den beaufsichtigten Vszweigen die Änderung der AVB grundsätzlich einen Antrag des Vsunternehmens auf Änderung des Geschäftsplans sowie eine Genehmigung der Aufsichtsbehörde voraus (§ 13 VAG). Vorher darf die Änderung nicht „in Kraft gesetzt werden“, jedoch ist eine Zuwiderhandlung auch hier (vgl. Anm. 23) privatrechtlich ohne Bedeutung. — Einer Vornahme der Änderung durch den Ver selbst bedarf es auch dann, wenn die Aufsichtsbehörde nach den §§ 81 II 1, 81a[1], 89 I 1 VAG eine Geschäftsplanänderung verlangt; die Organe müssen daraufhin die AVB (oder Satzung) ändern und für diese Änderung gilt § 13. Über die Erzwingung: §§ 81 III, 81a[3] VAG. — Eine Änderung der AVB durch die Aufsichtsbehörde selbst ermöglichen nur § 81a[2] VAG und die VO vom 29. XI. 1940 (RGBl. I S. 1543, vgl. Anm. 8, 20). Beide Vorschriften haben eng umschriebene Voraussetzungen. Nach § 81a[2] VAG muß die Änderung in einem beaufsichtigten Vszweig „zur Wahrung der Belange der Vten notwendig“ erscheinen (dazu Anm. 43 zu § 13). Nach der VO vom 29. XI. 1940 kann das RAA oder seine Nachfolgebehörde, jetzt das BAA bei allen, auch bei unbeaufsichtigten Vern neue AVB einführen, wobei die

Anordnung im RAnz, jetzt Bundesanzeiger, bekanntzumachen ist. Jedoch beruht, wie die Präambel hervorhebt, die VO auf Art. V PflichtVG und dem Fünften Abschnitt der VO vom 19. XII. 1939 (RGBl. I S. 2443). Sie ermöglicht demnach nur die Durchführung, die Durchsetzung der neuen Rechtsgedanken, welche die Änderungen des Vsvertragsrechtes brachten. Diese Anpassung der AVB an die geänderte Gesetzeslage dürfte fast in allen Vszweigen und in allen Punkten durchgeführt sein (vgl. die Hinweise auf Veröffentlichungen im RAnz in der Tabelle: Anm. 20). Soweit aber die Anpassung noch nachzuholen ist, könnte sie auch jetzt noch auf dem Wege über die VO vom 29. XI. 1940 erfolgen (im Einzelnen umstritten: Fromm JRPV 1942 S. 126—128, Prölss S. 5—6, Thees WallmannsZ 1940 S. 271—272, Weber in: 50 Jahre materielle Vsaufsicht, 1. Band, Berlin o. J., S. 56—61, OLG Hamm 16. V. 1947 MDR 1947 S. 263).

Zivilrechtlich hat eine Änderung von AVB nur Bedeutung für künftige Vertragsabschlüsse, für welche nunmehr eine Regelung bereitliegt. Wird nach den neuen AVB abgeschlossen, so entsteht neben dem alten ein neuer Vsbestand. Dieses Nebeneinander bedeutet als solches noch keine Verletzung des Gleichbehandlungsgrundsatzes (Anm. 66). Der Altbestand ist weiterhin nach Maßgabe der alten AVB zu behandeln (LG Landshut 17. I. 1951 VersR 1951 S. 74, OLG Düsseldorf 13. VI. 1938 VA 1938 S. 184—185 Nr. 3052, OLG Hamm 20. XI. 1952 VersPrax 1953 S. 31, OLG München 23. IV. 1951 VersR 1951 S. 145).

Nur ausnahmsweise kann sich eine Einwirkung auf bestehende Vsverhältnisse ergeben, und zwar aus mehreren Gründen:

aa) Einwirkung kraft Gesetzes.

Der Gesetzgeber hat — bei Beobachtung der verfassungsrechtlichen Schranken — die Möglichkeit, unmittelbar in bestehende Vertragsverhältnisse einzugreifen, also auch AVB zu ändern. Das ist z. B. geschehen mit Art. IV PflichtVG, Dritter Abschnitt VO vom 19. XII. 1939 (RGBl I S. 2443). Über die verfassungsrechtlichen Schranken Köster VersPrax 1953 S. 33—35, 52—54.

Kraft einer Delegation haben nach der VO vom 29. XI. 1940 die Vsaufsichtsbehörden, jetzt das BAA eine Rechtsetzungsbefugnis: Sie können im Wege von VOen neue AVB „mit Wirkung für bestehende Vsverhältnisse .... an die Stelle der bisher geltenden Vsbedingungen“ setzen.

Zwar nicht die Änderung von AVB, wohl aber die des Einheitstarifes für Kraftfahrtven, der auch gewisse zu den AVB zählende „Grundregeln“ enthält, ist mit Wirkung für bestehende Vsverhältnisse durch die VOen PR Nr. 51/50, Nr. 77/52 (Anm. 13) vorgenommen, und zwar sah die erstgenannte VO (§ 4 II) Anwendung schlechthin „auch auf laufende Verträge“ vor, die zweitgenannte VO (§ 3 II 1) gilt bei laufenden Verträgen „erstmalig für die nach dem 31. XII. 1952 beginnende Vsperiode.“ Die Tragweite der erstgenannten VO ist umstritten, dazu Anm. 34 zu § 41.

bb) Einwirkung kraft Verwaltungsaktes.

Ein Verwaltungsakt, der in bestehende Vsverhältnisse, insbesondere AVB ändernd eingreift, bedarf einer gesetzlichen Grundlage. Eine solche bietet § 81 a² VAG, der unter den dort genannten Voraussetzungen die aufsichtsbehördliche Änderung eines Geschäftsplans „mit Wirkung für bestehende oder noch nicht abgewickelte Vsverhältnisse“ ermöglicht. Der Geschäftsplan ist jeweils der eines einzelnen Vsunternehmens, jedoch kommen bei gleichliegendem Sachverhalt auch aufsichtsbehördliche Sammelverfügungen in Betracht, welche die AVB sämtlicher Ver eines Vszweiges ändern (dazu Weber in: 50 Jahre materielle Vsaufsicht, 1. Band, Berlin o. J., S. 51—53, der es als höchst merkwürdigen Vorgang bezeichnet, daß durch einen Verwaltungsakt das Normensystem der AVB geändert wird, Ehrenzweig S. 15 Anm. 11, der fälschlich von einer „Verordnungsgewalt“ der Aufsichtsbehörden spricht).

Mit Hilfe des § 81 a² VAG ist — besonders im zweiten Weltkrieg und nach der Kapitulation — eine Fülle von Eingriffen in bestehende Vsverhältnisse vorgenommen (Übersicht bei Starke in: 50 Jahre materielle Vsaufsicht, 1. Band, Berlin o. J., S. 98—101). Erwähnt seien VA 1948 S. 47 = Öffentlicher Anzeiger für das Vereinigte Wirtschaftsgebiet 1949 Nr. 58 S. 1, Nr. 70 S. 8 (Änderung der Kriegsklausel in der Sachv), VA 1950 S. 131 (Änderung der AKB und AKHB), VA 1948 S. 55 (Ausschluß des Luftunfallrisikos in der Unfallv). In allen drei Fällen kann es übrigens zweifelhaft sein, ob sie „zur Wahrung der Belange der Vten" dienten oder „notwendig" waren, dazu Möller VersPrax 1952 S. 50—51 und die Erwiderung BAA VersPrax 1952 S. 99—100 sowie das Schlußwort VersPrax 1953 S. 1, ferner LVG Hamburg 3. VII. 1950 VersR 1950 S. 159. Näheres Anm. 43 zu § 13, Anm. 31 zu § 41.

Ändert die Aufsichtsbehörde die AVB, so bedarf es nicht noch zusätzlich eines Handelns des Vers (BGH 2. V. 1951 BGHZ Bd. 2 S. 57—58, 28. XI. 1951 VersR 1952 S. 52, 28. VI. 1952 BGHZ Bd 6 S. 376—377). Eine Mitteilungs- und Aufklärungspflicht des Vers konstruiert LG Düsseldorf 30. X. 1951 VersR 1952 S. 10; die Verletzung, insbesondere der mangelnde Hinweis auf ein Kündigungsrecht soll die Forthaftung des Vers nach den alten AVB zur Folge haben.

Ohne formelle Änderung der AVB hatte gemäß § 81 a² VAG das RAA für die Sach- und Unfallv die Deckung gewisser mittelbarer Kriegsschäden angeordnet (R 45/40: NeumannsZ 1940 S. 389, R 27/44 vom 20. X. 1944) und bei Kriegsschäden eine Umkehrung der Beweislast verfügt (R 20/40: NeumannsZ 1940 S. 131). Selbstverständlich konnten sich hierauf die Vmer unmittelbar gegenüber den Vern berufen (BGH 2. V. 1951 BGHZ Bd 2 S. 56—59, zweifelnd OLG Stuttgart 16. II. 1949 VW 1949 S. 186). Das gilt nach BGH 28. XI. 1951 VersR 1952 S. 52 selbst dann, wenn nach Erlaß der Anordnungen ein Vsvertrag zu den früheren AVB abgeschlossen ist, welche die Änderung noch nicht enthielten (vgl. auch OLG Hamm 16. V. 1947 MDR 1947 S. 262—263). Wegen der Geltung der Beweislastanordnung bei öffentlichrechtlichen Vern vgl. BGH 28. VI. 1952 BGHZ Bd 6 S. 373—378.

§ 89 II 1—3 VAG sieht zwar eine aufsichtsbehördliche Herabsetzung der Leistungen der Lebensvers vor, nicht aber eine Änderung der AVB.

cc) Einwirkung bei Gegenseitigkeitsvereinen.

Nach § 41 III 1 VAG berührt bei einem Gegenseitigkeitsverein eine Änderung der Satzung oder der allgemeinen Vsbedingungen ein bestehendes Vsverhältnis nur, wenn der Vte der Änderung ausdrücklich zustimmt. Die ausdrückliche Zustimmung kann auch durch schlüssige Handlung erklärt werden (OLG Celle 22. I. 1914 VA 1914 Anh. S. 23—24 Nr. 795), liegt aber nicht in der Beitragszahlung, falls Kündigung erfolgt (LG Braunsberg 28. VI. 1910 VA 1913 Anh. S. 101—102 Nr. 759). Die Zustimmung des für den Wohnsitz des Vmers zuständigen „Vertreters" im obersten Organ (§ 29 I VAG) bindet den Vmer nicht i. S. des § 40 III 1 VAG: OLG Kassel 25. VI. 1936 HRR 1937 Nr. 16.

Die Vorschrift hat deshalb geringe praktische Bedeutung, weil § 41 III 2 VAG das Zustimmungserfordernis aufhebt für solche Bestimmungen, wofür die Satzung ausdrücklich vorsieht, daß sie auch mit Wirkung für die bestehenden Vsverhältnisse geändert werden können. Die Aufsichtspraxis genehmigt zwar keine Generalklauseln solchen Inhalts, aber die Satzungen pflegen eine Aufzählung zu enthalten, wonach praktisch in allen Punkten in bestehende Vsverhältnisse eingegriffen werden kann (vgl. Kisch Gegenseitigkeitsverein S. 79—80, Rehm-Berliner-Fromm S. 352, Beispiel: § 11 I 1 Mustersatzung der Krankenv VA 1951 S. 46). Eine Generalklausel ist sittenwidrig und daher wirkungslos (KG 6. III. 1935 JRPV 1935 S. 216).

dd) Änderungen kraft vorweggenommener Vereinbarung.

Es mehren sich die Fälle, in denen sich vertraglich Vmer im Vorwege zukünftigen Änderungen unterwerfen, insbesondere auch bei Vsaktiengesellschaften.

So § 6 VI 1 GrundBed: „Die Grundbedingungen und Tarife können mit Genehmigung der Aufsichtsbehörde auch mit Wirkung für bestehende Vsverhältnisse geändert werden"; hier wird zu verlangen sein, daß die Aufsichtsbehörde nicht nur die Änderung der AVB als solche genehmigt, sondern auch die Anwendung auf den Altbestand (Anwendungsfall: AG Heidelberg 29. XI. 1951 ZfV 1952 S. 67, für die Gruppenv: VA 1953 S. 45—46). Vgl. ferner § 17 II SVS und die Erörterungen über eine Standardklausel „Jahresbeitrag bis zu anderweitiger Festsetzung DM . . . ." in der Kraftfahrv. Zur Abonnentenv: § 8 AZeitschrB sowie KG 17. VIII. 1938 JRPV 1938 S. 314, 20. VIII. 1938 JRPV 1938 S. 346—347, OLG Düsseldorf 18. VIII. 1936 JRPV 1938 S. 190. Zu einer vorweggenommenen Vereinbarung in der öffentlichrechtlichen V: RG 27. IV. 1926 RGZ Bd 113 S. 280—281.

ee) Änderungen kraft nachträglicher Vereinbarung.

Gemäß § 305 BGB können neue AVB durch Änderungsvertrag in einen bestehenden Vsvertrag eingeführt werden (Näheres Anm. 108—130 zu § 1). OLG Celle 22. I. 1914 VA 1914 Anh. S. 23—24 Nr. 795 sah das Zustandekommen eines Änderungsvertrages darin, daß der Vmer ein Exemplar der neuen AVB entgegennahm und dem Ver daraufhin den Empfang eines Exemplares der für die bestehende V maßgebenden AVB bestätigte.

Sofern es sich um eine Änderung der AVB handelt, die den Vmer schlechter stellt, bedarf die Feststellung der Annahmeerklärung des Vmers besonderer Sorgfalt. Aufsichtsrechtlich sollte der Ver verpflichtet werden, den Vmer auf das Vorliegen der Schlechterstellung sowie auf die Freiwilligkeit der Annahme hinzuweisen (vgl. VA 1921 S. 11).

Bei Besserstellungen des Vmers kann § 151[1] BGB zur Anwendung kommen: Der Änderungsvertrag kommt zustande, ohne daß die Annahme dem Ver gegenüber erklärt zu werden braucht, wenn eine solche Erklärung nach der Verkehrssitte nicht zu erwarten ist oder der Antragende auf sie verzichtet hat. Diese Voraussetzungen dürften vorliegen bei „unentgeltlichen" Erweiterungen des Vsschutzes, wie sie z. B. für die Feuerv gebracht hat VA 1937 S. 82, 83, 1938 S. 118—119. Jedoch ist stets ein Angebot des Vers erforderlich: OLG Düsseldorf 13. VI. 1938 VA 1938 S. 184—185 Nr. 3052.

Ein Änderungsvertrag kommt auch dann gemäß § 151[1] BGB zustande, wenn die Ver oder deren Verbände Entschließungen veröffentlichen, wonach AVB in bestimmter, dem Vmer günstiger Weise angewendet werden sollen (Ehrenzweig S. 18 Anm. 11). So haben die Sach- und Unfallver unter gewissen zeitlichen und sachlichen Voraussetzungen auf den bedingungsgemäßen Haftungsausschluß für Kriegsschäden „verzichtet" (VA 1948 S. 5, 72—73). In der Entschließung, soweit sie den Vmer besser stellt, liegt eine nach den Umständen unbefristete und unwiderrufliche Offerte, welche der Vmer gemäß § 151[1] BGB annimmt, spätestens durch Geltendmachung eines gemäß der Entschließung zu ersetzenden Schadens. Gebunden an die veröffentlichten Verbandsentschließungen sind nach Treu und Glauben alle, auch überstimmte Verbandsmitglieder, für die keine Gegenverlautbarung veröffentlicht ist.

Anders ist die Rechtslage bei geschäftsplanmäßigen Erklärungen der Ver: Sie schaffen zunächst nur eine Bindung des Vers gegenüber der Aufsichtsbehörde, ändern also die zivilrechtliche Lage nicht. Der Vmer kann nur auf dem Wege über eine Beschwerde bei der Aufsichtsbehörde erreichen, daß diese den Ver zwingt, gemäß der geschäftsplanmäßigen Erklärung zu verfahren. Vgl. dazu auch Lorenz-Liburnau Vsrundschau 1952 S. 34, 35, der unter Umständen einen Vertrag zugunsten Dritter konstruieren will. Zweifelhaft ist die Rechtslage, wenn geschäftsplanmäßige Erklärungen veröffentlicht werden (Beispiele: VA 1921 S. 120, 1935 S. 111, 1936 S. 85, 1937 S. 83, 1952 S. 122). Jedoch dürfte die Veröffentlichung als geschäftsplanmäßige Erklärung an deren internem Charakter nichts ändern, es sei denn, daß das Gegenteil besonders betont wird (Beispiel: VW 1953 S. 387).

Änderungen von besonderen Vsbedingungen setzen stets die Vereinbarung einer Vertragsänderung voraus, sie sind für die Aufsichtsbehörde ohne Interesse.

[30] d) Nichtigkeit von Versicherungsbedingungen.

Nach § 134 BGB sind Vsverträge nichtig, die gegen ein gesetzliches Verbot verstoßen, wenn sich nicht aus dem G ein anderes ergibt. Das VVG enthält zahlreiche zwingende Bestimmungen. Weichen Vsbedingungen von ihnen ab, so tritt durchweg keine Nichtigkeitsfolge ein, sondern eine Vertragskorrektur wird vorgenommen (Näheres Anm. 48). Auch eine Verletzung des sog. vsrechtlichen Bereicherungsverbotes (Anm. 26 zu § 1) hat regelmäßig nur zur Folge, daß der Vmer nicht mehr als den ihm entstandenen Schaden ersetzt erhält. Ein G, das für bestimmte Sachen die Überschreitung von Fest- oder Höchstpreisen verbietet, begrenzt zugleich die Vsmöglichkeit; auch hier macht eine abweichende Vereinbarung nicht den ganzen Vsvertrag nichtig, sondern eine Vertragskorrektur wird vorgenommen.

Gemäß § 138[1] BGB sind sittenwidrige Rechtsgeschäfte nichtig. Die Rechtsprechung hat mit dieser Vorschrift allgemeine Geschäftsbedingungen öfters für nichtig erklärt, wenn erstens der Unternehmer sie unter Ausnutzung eines Monopols den Kunden auferlegt, vorausgesetzt, daß zweitens der Inhalt der Bedingungen von den sonst geltenden gesetzlichen Bestimmungen abweicht, und zwar drittens derart, daß den Kunden unbillige, unverhältnismäßige Opfer zugemutet werden. — Jedoch brauchte gegenüber AVB der § 138[1] BGB bisher nicht angewendet zu werden: Insonderheit die Staatsaufsicht und die zwingenden Bestimmungen des VVG haben Mißbräuche verhindern können. So tauchte auch die Frage nicht auf, ob die Sittenwidrigkeit den ganzen Vsvertrag nichtig macht oder ob Teilfolgen eintreten, d. h. die beanstandbaren Bestimmungen gestrichen oder umgestaltet werden.

[31] e) Anfechtbarkeit von Versicherungsbedingungen.

Hierzu vgl. Anm. 3 zu § 22.

[32] f) Rangordnung von Versicherungsbedingungen.

Besondere Vsbedingungen gehen AVB vor. Auch innerhalb der AVB haben die spezielleren Klauseln den Vorrang vor generelleren, z. B. in der Feuerv die Zusatzbedingungen für die Landwirtschaft den Vorrang vor den AFB, andererseits die im „Klauselwerk" zusammengestellten einzelnen Feuerklauseln den Vorrang vor den Zusatzbedingungen (vgl. auch das Beispiel bei Blanck VW 1951 S. 83). Auch wenn die allgemeinere Formulierung nicht ausdrücklich gestrichen oder sonstwie aufgehoben ist, wird sie durch die speziellere beiseitegeschoben.

Nach einer Faustregel, die der Seev entstammt, gehen die handgeschriebenen den maschinengeschriebenen Vereinbarungen vor, die hektographierten oder gestempelten den gedruckten Klauseln, die auf Slips oder am Rand gedruckten AVB den AVB des Polizentextes. — AVB, auf die in geschriebenen Vsbedingungen verwiesen wird, haben den Vorrang vor anderen AVB (vgl. Prölss S. 16, L. Raiser a. a. O. S. 230—233, Ritter S. 8, RG 14. XI. 1904 RGZ Bd 59 S. 160, 8. VI. 1910 LZ 1910 Sp. 787, 3. XI. 1928 JRPV 1928 S. 370—371, 20. II. 1929 JRPV 1929 S. 118—119 = HansRGZ 1929 A Sp. 288—289, OLG Hamburg 2. XI. 1928 HansRGZ 1929 A Sp. 158).

Über das Verhältnis des Gesetzes zu den Vsbedingungen Anm. 40—50.

[33] g) Auslegung von Versicherungsbedingungen.

Hierzu vgl. Anm. 51—75.

[34] h) Revisibilität von Versicherungsbedingungen.

Nach § 549 I ZPO kann die Revision nur darauf gestützt werden, daß die vorinstanzliche Entscheidung auf der Verletzung von Bundesrecht oder der Verletzung einer sonstigen Vorschrift beruht, deren Geltungsbereich sich über den Bezirk des Berufungsgerichtes hinaus erstreckt. AVB sind — rechtsdogmatisch gesehen — keine „Vorschrift", denn sie sind nicht objektives Recht. Wohl aber sind sie es für eine soziologische Betrachtungsweise (Anm. 21). Deshalb hat das RG mit Recht im Wege der Analogie § 549 I ZPO auch auf AVB angewendet, sofern diese nicht nur in einem einzelnen Oberlandesgerichtsbezirk in Gebrauch sind. Auf diese Weise hat sich das RG im Interesse der Rechtseinheit vielfach mit der Frage beschäftigen können, ob AVB nicht oder nicht richtig angewendet worden sind (§ 550 ZPO). Zu allem L. Raiser a. a. O. S. 271—276, Rosenberg S. 646, Leitentscheidung: RG 13. XII. 1912 RGZ Bd 81 S. 117—120, später RG 29. I. 1915 RGZ Bd 86 S. 165, 8. X. 1918 RGZ Bd 94 S. 27, 3. VI. 1919 RGZ Bd 96 S. 150, 8. VI. 1923 RGZ Bd 108 S. 190, 19. IX. 1924 RGZ Bd 108 S. 386, 26. I. 1926 RGZ Bd 112 S. 372—373, 7. VI. 1929 RGZ Bd 124 S. 345, 27. V. 1930 RGZ Bd 129 S. 138, 23. IX. 1930 RGZ Bd 130 S. 56, 20. XI. 1936 RGZ Bd 153 S. 62—63, 11. II. 1938 RGZ Bd 157 S. 70, 13. V. 1938 RGZ Bd 158 S. 115, 26. III. 1943 RGZ Bd 171 S. 46, BGH 28. VI. 1952 BGHZ Bd 6 S. 376.

Im Einzelnen: Zu den AVB gehören auch hinsichtlich der Revisibilität einzelne typische Klauseln (RG 14. I. 1930 JW 1930 S. 3090 = JRPV 1930 S. 76 für eine Wiederherstellungsklausel; RG 5. II. 1932 RGZ Bd 135 S. 137 für eine Infektionsklausel) und andere standardisierte Vereinbarungen, mögen sie auch als besondere Bedingungen bezeichnet sein (RG 11. V. 1934 RGZ Bd 144 S. 304, 5. VII. 1935 RGZ Bd 149 S. 44, 13. I. 1939 RGZ Bd 159 S. 149, letztere Entscheidung nicht unbedenklich hinsichtlich einer maschinengeschriebenen individuellen Abrede). Kann nur ausnahmsweise ein zweites Oberlandesgericht mit den AVB befaßt werden, z. B. im Wege einer negativen Feststellungsklage des Vers, so reicht dies für die Revisibilität nicht aus (RG 20. XI. 1936 RGZ Bd 153 S. 64). AVB, die nur einem einzelnen Ver genehmigt sind, sind revisibel, sofern er nicht nur in einem Oberlandesgerichtsbezirk arbeitet (RG 28. V. 1929 RGZ Bd 124 S. 332, 15. X. 1935 RGZ Bd 149 S. 74, 25. X. 1935 VA 1936 S. 159 Nr. 2558 = JRPV 1935 S. 361) oder insoweit, als einzelne Bestimmungen wörtlich gleichlautend auch von anderen Vern in anderen Oberlandesgerichtsbezirken verwendet werden (Prölss S. 20). Unter den genannten Voraussetzungen sind selbstverständlich auch AVB öffentlichrechtlicher Vseinrichtungen revisibel (RG 28. V. 1929 RGZ Bd 124 S. 332, 15. X. 1935 RGZ Bd 149 S. 74), sehr weit geht es jedoch, wenn BGH 28. VI. 1952 BGHZ Bd 6 S. 375—376 auch Landesgesetze der öffentlichrechtlichen V für revisibel erklärt, sofern sie mit verbreiteten AVB übereinstimmen (übereinstimmende Landesgesetze sind allerdings revisibel: vgl. RG 26. II. 1937 RGZ Bd 154 S. 137—138, BGH 15. XII. 1951 BGHZ Bd 4 S. 220, 30. IV. 1952 BGHZ Bd 6 S. 49—51, 30. IV 1952 VersR 1952 S. 196, 28. VI. 1952 BGHZ Bd 6 S. 378). Revisibel sind wohl auch AVB, die in die Satzung eines Vsvereins auf Gegenseitigkeit gemäß § 10 II VAG eingearbeitet sind (so RG 12. X. 1934 VA 1934 S. 231 Nr. 2727 = Seuff Arch Bd 89 S. 67—68, 25. X. 1935 VA 1936 S. 159 Nr. 2558 = JRPV 1935 S. 361, obgleich Satzungen an sich nicht revisibel sind: Anm. 35). Da auch standardisierte Antragscheine zu den AVB gehören (Anm. 19), sind sie auch revisibel (RG 23. XI. 1926 JW 1927 S. 1420—1421, 31. V. 1929 JRPV 1929 S. 239, 12. II. 1932 JRPV 1932 S. 86—87, 24. II. 1942 RGZ Bd 168 S. 376, anders noch RG 25. I. 1918 VA 1918 Anh. S. 32—33 Nr. 1031). Entsprechendes gilt für Fragen im Rahmen der vorvertraglichen Anzeigepflicht (Anm. 5 zu § 18), für Versicherungsscheinvordrucke, Verhaltensregeln usw.

Sind dagegen besondere Vsbedingungen nicht oder nicht richtig angewendet worden, so kann darauf die Revision nicht gestützt werden. Allenfalls auf dem Umwege über die Frage, ob anerkannte Auslegungsgrundsätze (§§ 133, 157 BGB) oder Erfahrungs- oder Denkgesetze verletzt sind, konnte sich das RG mit ihnen beschäftigen. Dazu Rosenberg S. 646, RG 5. V. 1942 RGZ Bd 169 S. 124 (generell), RG 27. X. 1916 VA 1917 Anh. S. 22 Nr. 981 = LZ 1917 Sp. 137—138, 3. IV. 1917 VA 1917 Anh. S. 67 Nr. 1008 = LZ 1917 Sp. 978, 29. XI. 1918 VA 1920 Anh. S. 82 Nr. 1168, 8. XI. 1921 VA 1922 Anh. S. 30 Nr. 1256, 10. X. 1922 VA 1923 Anh. S. 78 Nr. 1933, 12. VI. 1925 JW 1925 S. 1999, 27. X. 1925 JRPV 1925 S. 313, 27. I. 1928 VA 1928 S. 256 Nr. 1910 = JRPV 1928 S. 60, 7. I. 1930 VA 1929 S. 336 Nr. 2086 = JRPV 1930 S. 54—55, 6. I. 1933 VA 1933 S. 89 Nr. 2531 = JRPV 1933 S. 39, 29. I. 1935 VA 1935 S. 252 Nr. 2821 = JRPV 1935 S. 74, 25. X. 1935 VA 1936 S. 159 Nr. 2858 = JRPV 1935 S. 361, 10. I. 1936 JW 1936 S. 858 = VA 1936 S. 162 Nr. 2860, 9. I. 1942 HansRGZ 1942 A Sp. 48 (speziell für das Vsrecht). Entsprechendes gilt für AVB, die nur in dem Bezirk eines Oberlandesgerichts gelten (RG 20. XI. 1936 RGZ Bd 153 S. 64) und für AVB, die ausnahmsweise für einen anderen Vszweig verwendet werden als für den, dem sie regelmäßig dienen (RG 15. I. 1935 HansRGZ 1935 A Sp. 399—401).

Nicht revisibel sind übrigens Teilungsabkommen der Ver untereinander (BGH 31. I. 1951 VersR 1951 S. 66).

[35] IV. Sonstige Rechtsquellen.

1. Autonomie.

Die öffentlichrechtlichen Vseinrichtungen haben durchweg ein Recht zur Selbstgesetzgebung, Autonomie. Insbesondere auf Grund der landesgesetzlichen Vorschriften können sie für den Kreis ihrer Mitglieder und sachlich beschränkt auf ihre Angelegenheiten Satzungsgewalt ausüben, und die so zustandegekommenen autonomen Satzungen sind objektives Recht. Einzelne autonome Satzungen bei Möller Neuordnung S. 18, 44—149, Schmidt-Sievers S. 83—481. Solche Satzungen sind nicht revisibel (RG 27. IV. 1926 RGZ Bd 113 S. 281, OGH 10. III. 1950 OGHZ Bd 3 S. 257—258, Rosenberg S. 646, vgl. aber Anm. 34).

[36] 2. Gewohnheitsrecht.

Die Grenze zwischen Verkehrssitte und Gewohnheitsrecht ist schwer zu ziehen. Bei der Verkehrssitte — der bloßen tatsächlichen Übung — fehlt der Wille der Beteiligten, eine bindende Regel zu verwirklichen (sogen. opinio juris), während das Gewohnheitsrecht eine dauernde gleichförmige Übung voraussetzt, die eine allgemeine ist und die auf der opiniojuris beruht. Das Gewohnheitsrecht stellt objektives Recht dar. Das Bestehen eines Satzes des Gewohnheitsrechtes wird häufig durch die Rechtsprechung nachgewiesen.

Nachdem die Gesetzgebung das Vsvertragsrecht eingehend geregelt hat, ist für das Gewohnheitsrecht nur noch wenig Raum. Als Beispiel sei angeführt, daß mindestens im hansestädtischen Verkehr der Vsmakler gewohnheitsrechtlich als bevollmächtigt gilt, den Vmer beim Abschluß zu vertreten (Möller Vsvermittlung S. 36 m. w. N.).

[37] 3. Observanz.

So wie dem Gesetzesrecht die Autonomie öffentlichrechtlicher juristischer Personen entspricht, so entspricht dem Gewohnheitsrecht die Observanz als eine von der opinio iuris getragene Übung innerhalb einer öffentlichrechtlichen Rechtspersönlichkeit. So kann z. B. die Tatsache, daß eine öffentlichrechtliche Vseinrichtung lange Zeit hindurch in gewissen Fällen eine „Kulanzentschädigung" gewährt, einen Rechtsanspruch der Vten entstehen lassen (weiteres Beispiel bei Schmidt-Sievers S. 34).

[38] 4. Gerichtsgebrauch.

Auch der Rechtsprechung — besonders des RG und des BGH — kommt eine gewisse Bedeutung als Rechtsquelle zu. Zwar haben die Präjudizien — anders als in England — keine bindende Kraft, aber sie genießen doch faktisch eine hohe Autorität.

Der Gerichtsgebrauch hat in starkem Maße das VVG vorbereitet. Für das geltende Recht zwei Beispiele: Während nach § 61 VVG der Ver nur leistungsfrei wird, wenn der Vmer den Vsfall vorsätzlich oder grobfahrlässig herbeiführt, etwa das feuervte Haus anzündet, stellt die Rechtsprechung dem Vmer dessen „Repräsentanten" in freier Rechtsfindung ständig gleich (Möller Verantwortlichkeit S. 70—75 m. w. N.). Wenn Vsvertreter Belehrung und Aufklärung über den Inhalt und die Bedeutung der Vsbedingungen gewähren, so steht ihr Verhalten dem des Vers insoweit gleich, als der Vmer ohne eigenes Verschulden auf das Verhalten des Vsvertreters vertraut (Möller Vsvermittlung S. 139—143 m. w. N.). Viele weitere Beispiele für den Beitrag der Rechtsprechung zur Entwicklung des Vsrechts: Möller in: Entwicklungslinien und Grundgedanken deutscher V, Berlin 1941, S. 95—102.

Übersichten über die Rechtsprechung Schack, Deutsches Vsrecht, Leipzig 1938, ferner zur Iudikatur des BGH: Haidinger VersR 1953 S. 1—4, Prölss VersR 1953 S. 4—7.

[39] 5. Schrifttum.

Auch dem Schrifttum kommt ein nicht zu unterschätzender Einfluß auf die Rechtsanwendung zu. Erwähnt seien als Hauptwerke — unter Beifügung der hier benutzten Abkürzungen —:

Systematische Darstellungen:

Bruck, Das Privatvsrecht, Mannheim-Berlin-Leipzig 1930 (Bruck),
Ehrenberg, Privatvsrecht, Berlin 1923 (Ehrenberg),
Ehrenzweig, Deutsches (österreichisches) Vsvertragsrecht, Wien 1952 (Ehrenzweig),
von Gierke, Vsrecht, 2 Hälften, Stuttgart 1937, 1947 (von Gierke I, II),
Hagen, Das Vsrecht (in: Ehrenberg, Handbuch des gesamten Handelsrechts, 8. Band, 2 Abteilungen), Leipzig 1922 (Hagen I, II),
Hagen, Grundzüge des Vsrechts, Berlin 1923 (Hagen Grundzüge),
Kisch, Handbuch des Privatvsrechtes, 2. Band: Die Lehre von der Vsgefahr, München-Berlin-Leipzig 1920, 3. Band: Die Lehre von dem Vsinteresse, München-Berlin-Leipzig 1922 (unvollständig) (Kisch II, III);

Erläuterungswerke:

zum VVG (Binnenv):

Fromm, G über den Vsvertrag nebst den Allgemeinen Vsbedingungen, Berlin 1941 (Fromm),

Gerhard-Hagen, Kommentar zum Deutschen ReichsG über den Vs-Vertrag, Berlin 1908 (Gerhard-Hagen),

Prölss, Vsvertrags-G, 7. Aufl., München-Berlin 1952 (Prölss);

zum HGB (Seev):

Sieveking, Das deutsche Seevsrecht, Berlin 1912;

zu AVB:

Feuerv: Raiser, Kommentar der Allgemeinen Feuervs-Bedingungen, 2. Aufl., Berlin 1937 (Raiser), Domizlaff-Liebig-Berliner, Die Allgemeinen Feuervs-Bedingungen, 9. Aufl., Berlin 1930 (Domizlaff-Liebig-Berliner),

Einbruchdiebstahlv: Prölss, Das Recht der Einbruchdiebstahlv, 2. Aufl., München-Berlin 1950 (Prölss Einbruchdiebstahlv),

Haftpflichtv: Oberbach, Allgemeine Vs-Bedingungen für Haftpflicht-V, 2 Bände, Berlin 1938, 1947 (Oberbach I, II),

Kraftfahrv: Pienitz, Allgemeine Bedingungen für die Kraftfahrzeugv, Berlin-Bielefeld-München o. J. (Pienitz), Stiefel-Wussow, Kraftfahrv, 2. Aufl., München-Berlin 1953 (Stiefel-Wussow),

Lebensv: Bruck-Dörstling, Das Recht des Lebensvsvertrages, 2. Aufl., Mannheim-Berlin-Leipzig 1933 (Bruck-Dörstling),

Unfallv: Wüstney, Die private Unfallv, Berlin 1936 (Wüstney), Bühring-Mertins, Erläuterungen zu den Unfall-Vs-Bedingungen, 2 Teile, Stuttgart o. J. (Bühring-Mertins I, II),

Seev: Ritter, Das Recht der Seev, 2 Bände, Hamburg 1922, 1924 (Ritter).

[40] V. Rangordnung der Rechtsquellen.

Schrifttum: Bruck S. 20—24, Ehrenzweig S. 18—24, von Gierke I S. 33—34, Hagen I S. 38—40.

Da der Vsvertrag ein schuldrechtlicher Vertrag ist, gilt für ihn der Grundsatz der Vertragsfreiheit, welcher das gesamte Schuldrecht beherrscht. Deshalb haben regelmäßig Vsbedingungen den Vorrang vor dem Gesetz.

Soweit die Vsbedingungen keine abschließende Regelung bringen, gilt das VVG, gleichgültig, ob die Vsbedingungen auf das VVG verweisen (so Präambel II GrundBed, § 1 Ziff. 5 ALB, Schlußbestimmung ATierB, § 13 II ADB) oder nicht. Wenn in Vsbedingungen auf einzelne Bestimmungen des VVG Bezug genommen wird, oder den AVB ein Auszug aus dem VVG beigegeben ist, so schließt dies doch nicht aus, daß auch andere und nicht abgedruckte Vorschriften des VVG herangezogen werden müssen. Die Frage, wann die Vsbedingungen eine erschöpfende Regelung bringen wollten, kann nur von Fall zu Fall beurteilt werden. Die Vsbedingungen waren erschöpfend gemäß RG 18. X. 1927 JW 1927 S. 3048 = VA 1928 S. 20 Nr. 1800, KG 25. VI. 1938 JRPV 1938 S. 264—265, OLG Düsseldorf 6. III. 1922 HansRZ 1923 Sp. 554, OLG Hamburg 17. II. 1937 HansRGZ 1937 A Sp. 339, nicht erschöpfend gemäß RG 5. III. 1935 VA 1935 S. 223 Nr. 2797 = JRPV 1935 S. 121, 31. V. 1935 VA 1935 S. 264—265 Nr. 2831 = JRPV 1935 S. 214, KG 15. X. 1951 NJW 1952 S. 349—350 = VersR 1951 S. 293, OLG Düsseldorf 16. XI. 1936 JRPV 1937 S. 123—124, OLG Hamburg 20. III. 1934 VA 1934 S. 244 Nr. 2739 = JRPV 1934 S. 272, OLG Naumburg 9. XII. 1938 JRPV 1939 S. 75, LG Duisburg 29. VI. 1939 JRPV 1940 S. 55—56. Das RG stellt den allgemeinen Satz auf: „Denn grade wenn der Ver von der gesetzlichen Regelung des Vertragsverhältnisses abweichen will, so muß er das in den von ihm herrührenden Allgemeinen Bedingungen klar und eindeutig zum Ausdruck bringen .... Ist das .... nicht geschehen“, so muß der Ver „die gesetzliche Regelung gegen sich gelten lassen“ (RG 31. V. 1935 a. a. O.). Das Gesagte kann aber nur für Abweichungen zu Lasten des Vmers gelten. Über das Verhältnis von AVB und besonderen Vsbedingungen zueinander vgl. Anm. 32.

Im Bestreben, den einzelnen Vmer, die Gefahrengemeinschaft oder dritte Personen zu schützen, hat das VVG ein System von Beschränkungen der Vertragsfreiheit, also zwingenden Bestimmungen geschaffen, die im Verein mit der Beaufsichtigung dem früher feststellbaren Machtstreben der Ver Einhalt gebieten sollen.

[41] **1. Grundsatz der Vertragsfreiheit.**

Die Vertragsfreiheit gilt für das VVG in gewissen Fällen, bei denen der Gesetzgeber davon ausgeht, daß entweder die Vmer mächtig und sachverständig genug sind, sich selbst zu schützen (kaufmännische Vszweige) oder die Ver als öffentlichrechtliche die Belange der Vmer ausreichend berücksichtigen werden. Im Einzelnen gelten die Vorschriften des VVG als zwingende nicht für die:

a) Binnentransportversicherung von Gütern, Kredit- und Kursverlustversicherung (§ 187 I).

So wie bei der Seev und Rückv, für welche das VVG überhaupt nicht gilt (§ 186), handelt es sich hier bei den Vmern regelmäßig um Kaufleute, während die Binnentransportv von Schiffen den Beschränkungen der Vertragsfreiheit unterliegt, weil ein kleiner Schiffseigner durchaus schutzbedürftig erscheint. Die Speditionsv ist übrigens keine Gütertransportv, auch eine analoge Anwendung der Ausnahmevorschrift des § 187 I ist unstatthaft.

b) Pflichthaftpflichtv von Unternehmern des Güterkraftverkehrs (§§ 27 I 2 GüKG, 187 I).

Diese Pflichthaftpflichtv steht der Gütertransportv nahe, kann jedenfalls dem Begriff der Transportv subsumiert werden (Möller ZfV 1951 S. 463, Schultze VersR 1950 S. 157—158, teilweise abweichend Bischoff VersR 1952 S. 217—218). Offenbar hat der Gesetzgeber die Unternehmer des Güterkraftverkehrs — anders als Schiffseigner — nicht für schutzbedürftig erachtet, eine Entscheidung, die problematisch erscheint, zumal nicht nur Unternehmer des Güterfernverkehrs in Frage kommen, sondern auch solche des allgemeinen Güternahverkehrs (§§ 83 IV, 85 II GüKG) und des Güterliniennahverkehrs (§ 94^1 GüKG).

c) Laufende Versicherung (§ 187 II).

Diese Sonderform der Schadensv hat es gleichsam mit „Großabnehmern" von Vsschutz zu tun, deshalb ist z. B. freigestellt die laufende Feuerv eines Lagerhalters, auch eine laufende Haftpflichtv gehört hierher, denn sie ist eine Schadensv, nicht aber z. B. eine Unfallv mit nur der Gattung nach bezeichneten und einzeln aufzugebenden Gefahrspersonen.

d) Freiwillige Versicherung bei öffentlichrechtlichen Versicherern (§ 192 II).

Hier nimmt der Gesetzgeber an, daß solche Ver die Belange der Vmer stets wahren. Zuweilen fordert das Landesrecht hier die Beachtung der zwingenden Vorschriften des VVG (vgl. z. B. §§ 21 II 2, 22^3, 25 I, 27 II, 28 II, 29 II, 32 IV preußisches G betreffend die öffentlichen Feuervsanstalten vom 25. VII. 1910, zur Fortgeltung Schmidt-Sievers S. 471 Anm. 1). (Bei Zwangsven gilt das VVG grundsätzlich überhaupt nicht: § 192 I und Anm. 6).

e) Durch Verordnung zu bestimmenden Arten von Versicherungsverträgen und Versicherungszweigen (§§ 187 III, 188).

Solche VOen sind nicht erlassen, heute dürfte die Delegation gemäß Art. 129 I, III GrundG erloschen sein.

[42] Auch für die dem VVG zwar unterstehenden, aber von den Beschränkungen der Vertragsfreiheit freigestellten Vsverträge sind jedoch **einige Bestimmungen unabdingbar,** weil abweichende Vereinbarungen die Belange der Gefahrengemeinschaft schwer treffen würden (§ 134 BGB). Z. B. kann wie in der Seev (§ 787 III HGB) eine betrügerische Doppelv nicht vertraglich für rechtsgültig erklärt werden (§ 59 III), überhaupt gelten die absolut zwingenden Vorschriften (Anm. 46) auch für die freigestellten Vsverträge. Auch das vsrechtliche Bereicherungsverbot (Anm. 26 zu § 1) setzt sich in der ganzen Schadensv durch (Begr. I S. 7).

[43] Bemerkt sei noch, daß **Aufsichtsfreiheit** und Vertragsfreiheit nicht genau zusammenfallen. Die ganze Binnentransportv ist (wie die im VVG nicht behandelte Seev) unbeaufsichtigt, mit Ausnahme der Kraftfahr- und Fahrradv sowie der Gegenseitigkeitsvereine (§ 148 I 1, II VAG). Für die Pflichthaftpflichtv von Unternehmen des Güterkraftverkehrs gilt das Gleiche (§ 27 I 2 GüKG). Vertragsfreiheit gilt jedoch nur für die Binnentransportv von Gütern und die genannte Pflichthaftpflichtv. Die Kreditv sowie die meisten öffentlichrechtlichen Vseinrichtungen werden beaufsichtigt, aber für sie besteht Vertragsfreiheit.

[44] **2. Beschränkungen der Vertragsfreiheit.**

a) Aufsichtsrechtliche Beschränkungen.

Beaufsichtigte Vsunternehmen dürfen nur genehmigte AVB verwenden, aber die Verletzung dieser Norm hat zivilrechtlich keine Folgen (Anm. 23, 29). Auch die vereinbarten ungenehmigten AVB gehen also dem VVG vor.

Nach § 10 III VAG darf von genehmigten AVB durch besondere Vsbedingungen zu Lasten des Vten nur unter drei Voraussetzungen abgewichen werden: Erstens müssen besondere Gründe vorliegen, z. B. ein besonders gelagertes Risiko, zweitens muß der Vmer auf die Abweichung von den AVB ausdrücklich hingewiesen sein, wenn auch vielleicht nur mündlich, und drittens muß der Vmer sich nach dem Hinweis schriftlich mit der Abweichung von den AVB einverstanden erklärt haben. Abweichungen zugunsten des Vten sind zulässig; bei einer Abweichung, die dem Vten teils Vorteile, teils Nachteile bringt, ist nicht die Gesamtbeurteilung maßgebend, sondern wegen der Nachteile gilt § 10 III VAG (vgl. Anm. 49). Auch Ergänzungen der AVB sind Abweichungen (VA 1910 S. 14: Vereinbarung der Wiederherstellungsklausel in der Feuerv; Rehm-Berliner-Fromm S. 173). Sehen allerdings die AVB selbst Vereinbarungen vor (z. B. § 9 II AFB: vereinbarte Selbstv), so ist § 10 III VAG unanwendbar (Rehm-Berliner-Fromm S. 173). Zivilrechtlich hat die aufsichtsrechtliche Vorschrift keine Auswirkung (Rehm-Berliner-Fromm S. 173—174), die vereinbarten besonderen Bedingungen gehen also den AVB stets vor.

Aber sowohl im Falle der Verwendung ungenehmigter AVB als auch der Verletzung des § 10 III VAG kann der Vte die Aufsichtsbehörde um verwaltungsrechtliches Einschreiten bitten (vgl. Anm. 23).

[45] **b) Zivilrechtliche Beschränkungen.**

Auch für die den Beschränkungen der Vertragsfreiheit unterworfenen Vsverträge — das sind alle nicht in Anm. 41 genannten — trägt nicht das ganze VVG zwingenden Charakter, dies hätte zu einer Erstarrung des Vsvertragsrechtes geführt. Zwingend sind vielmehr nur einzelne Vorschriften und Vorschriftengruppen, die besonders bezeichnet oder im Wege der Auslegung zu ermitteln sind. Die zwingenden Bestimmungen, welche übrigens zuweilen etwas willkürlich herausgewählt sind, sind nur zum geringen Teil absolut zwingend, häufiger sind die nur relativ zwingenden Vorschriften.

[46] **aa) Absolut zwingende Bestimmungen** des VVG sind nach keiner Seite hin durch Vsbedingungen abänderbar, also weder zugunsten noch zu Lasten des Vmers oder des Vers oder sonstiger Personen. Hierher zählen die §§ 5 IV, 6 IV, 8 I, 11 IV, 48 II, 51 III, 59 III, 64 III, 81 III, 87^2, 89 I, 154 II, 159 II, 179 III, 184 III; im Wege der Auslegung wird man auch die §§ 4 I, 13, 15, 156 I, 157 für absolut zwingend erachten müssen. Die Verletzung absolut zwingender Normen zeitigt Rechtsfolgen (über sie Anm. 48) auch bei solchen Vsverträgen, die den Beschränkungen der Vertragsfreiheit nicht unterliegen (Anm. 42; wie hier von Gierke I S. 34 gegen Ehrenzweig S. 22).

[47] **bb) Relativ zwingende Bestimmungen** des VVG — auch halbzwingende genannt — können nur zum Nachteil bestimmter geschützter Personen nicht voll wirksam durch Vsbedingungen abgeändert werden. Geschützt sind

der Vmer in §§ 15a (3 III, 5 I—III, 6 I—III, 8 II, 11 II, 12, 14), 34a (16—29a, 34 II), 42 (37—41a), 68a (51 I, II, 62, 67, 68), 91, 92 II, 115a (110), 158a (153, 154 I, 156 II), 178 I (162—165, 169, 171 I 2), 178 II (173—177), 183^2, auch §§ 33 II, 47^2, 65 (hier kommt aber nicht nur der Vmer in Betracht);

der Erwerber der vten Sache in §§ 72 (69—71), 73, 115a (114, 115), 128 II;
der Realgläubiger in §§ 98—107c (Auslegung, ebenso Prölss S. 2);
der Nießbraucher, Pächter in §§ 115a (114, 115);
der geschädigte Dritte in der Haftpflichtv in §§ 158b—h (Auslegung, ebenso Prölss S. 2);
der Eintrittsberechtigte in der Lebensv in §§ 178 II (173—177).

Im Wege der Auslegung ist jeweils zu klären, inwieweit der geschützte Personenkreis erweitert werden kann, z. B. kann dem Vmer bei der V für fremde Rechnung vielfach der Vte gleichgestellt werden.

[48] **cc) Folgen der Verletzung** zwingender Bestimmungen sind sehr mannigfach ausgestaltet, zuweilen nur im Wege der Auslegung festzustellen. Eine Verletzung liegt auch vor, wenn eine zwingende Norm umgangen ist. Verletzungen sind — auch in aufsichtsbehördlich genehmigten AVB — nicht selten (Möller VersPrax 1952 S. 49—50). Als Verletzungsfolgen kommen in Betracht:

Nichtigkeit des Vsvertrages:
ohne besondere Nachwirkungen: §§ 159 II, 179 III;
mit besonderen Nachwirkungen: §§ 51 III, 59 III;

Wegfall des Vereinbarten:
ohne Ersetzung durch eine anderweitige Regelung: §§ 6 IV, 89 I;
mit Ersetzung durch die gesetzliche Regelung: §§ 4 I (Auslegung), 5 IV, 11 IV, 13 (Auslegung), 15 (Auslegung), 15a, 34a, 42, 47^2, 48 II, 64 III, 68a, 72, 73, 81 III, 87^2, 92 II, 98—107c (Auslegung), 115a, 128 II, 156 I, 157 (Auslegung), 158a, 158b—h (Auslegung), 178 I, 178 II, 183^2, 184 III;
mit Ersetzung durch eine modifizierte Vereinbarung: §§ 8 I („insoweit nichtig"), 33 II („nicht berufen, sofern"), 154 II („ist unwirksam, falls").
Die Höhe der Gegenleistung (Prämie) wird durch den Wegfall des Vereinbarten nie berührt.

Sonstige Rechtsfolgen: Unwirksamkeit einer Fristbestimmung: §§ 39 I 3, 91.

[49] **Bei absolut zwingenden Normen** spricht das Gesetz apodiktisch von Nichtigkeit oder Unwirksamkeit (beide Begriffe wechseln leider), ausnahmsweise heißt es: „kann nicht vereinbart werden" (89 I) oder „zur Gültigkeit .... erforderlich" (§§ 159 II, 179 III), die „Zuständigkeit kann .... nicht ausgeschlossen werden" (§ 48 II). Die Verletzung absolut zwingender Normen ist fraglos von Amts wegen zu berücksichtigen.

Bei relativ zwingenden Normen heißt es im Gesetz stereotyp: „Auf eine Vereinbarung, durch welche von den Vorschriften .... zum Nachteile des Vmers" (oder Erwerbers usw.) „abgewichen wird, kann sich der Ver nicht berufen" (§§ 15a, 34a, 42, 68a, 72, 92 II, 115a, 158a, 178 I, II, 183^2, vgl. auch §§ 33 II, 47^2, 65). Oft wirkt sich eine Vereinbarung teils zugunsten, teils zu Lasten des Vsmers aus; dann ist nicht eine Gesamtbewertung statthaft, sondern wegen der Nachteile kann sich der Ver nicht auf das Vereinbarte berufen (RG 19. XII. 1939 RGZ Bd 162 S. 238—243, Ehrenzweig S. 20 Anm. 5). Klagt der Ver und erscheint der Vmer als Beklagter nicht, so ist im Versäumnisverfahren von Amts wegen die Verletzung einer relativ zwingenden Vorschrift zu beachten, falls dies zur Klageabweisung führt. Darüber hinaus aber ist es nicht richtig, daß die Verletzung relativ zwingender Normen von Amts wegen zu berücksichtigen ist (zu allgemein: Bruck 7. Aufl. S. 8, von Gierke I S. 33, Prölss S. 2): Der Vmer hat stets die Wahl: Er kann sich entweder auf den Boden des Vereinbarten stellen, oder er kann die Verletzung der zwingenden Vorschrift geltend machen (RG 19. XII. 1939 RGZ Bd 162 S. 242—243, BGH 10. I. 1951 VersR 1951 S. 68 = NJW 1951 S. 232). Es handelt sich insoweit um eine Rechtsordnung gleichsam mit doppeltem Boden (wie hier Ehrenzweig S. 20).

[50] **Mit Genehmigung der Aufsichtsbehörde** kann ausnahmsweise von gewissen relativ zwingenden Vorschriften in den Vsbedingungen abgewichen werden, nämlich nach
§ 189 von §§ 38, 39, 42, 165, 173—176, 178 in der V bei Werkpensionskassen mit Zwangsbeitritt, V bei kleineren Vsvereinen auf Gegenseitigkeit, Lebens- und Unfallv mit kleineren Beiträgen;

§ 89 II 1 von § 89 I hinsichtlich der Berechnung entgehenden Gewinns;
§ 178 II 2 von §§ 174—176 hinsichtlich der Art der Umwandlung in eine prämienfreie V sowie der Berechnung des Rückkaufswertes.

[51] VI. Auslegung der Rechtsquellen.

Schrifttum: Bruck S. 29—31, Ehrenzweig S. 16—17, von Gierke I S. 30—31, 60, 61—67, 72, Hagen I S. 42—48, Möller ZfV 1952 S. 383—384, Prölss S. 15—21, ZVersWiss 1935 S. 218—231, VersR 1953 S. 5—6, L. Raiser, Das Recht der Allgemeinen Geschäftsbedingungen, Hamburg (1935), S. 251—271. Historisch interessant: Benecke, System des Assekuranz- und Bodmereiwesens, 3. Band, Hamburg 1808, S. 7—31, Emerigon, Traité des Assurances, 1. Band, Marseille 1783, S. 58—60.

Es lassen sich Auslegungsgrundsätze unterscheiden, die generell für die Auslegung aller vsrechtlichen Rechtsquellen gelten, und solche, die speziell für die Auslegung nur von AVB maßgebend sind.

[52] 1. Generell: Auslegung versicherungsrechtlicher Rechtsquellen.

a) Gesetzliche Auslegungsregeln (authentische Interpretation).

aa) Definitionen finden sich in größerer Anzahl im VVG, und zwar häufig so, daß der definierte Begriff in Klammern gesetzt ist (§ 3 I 1: Vsschein, § 8 II 1: dauernde V, § 74 I: V für fremde Rechnung, § 158b: Pflichtv), zuweilen aber auch auf andere Weise (z. B. in § 1 I 1 für den Begriff Schadensv, in § 16 I 2 für den Begriff der erheblichen Gefahrumstände). In den AVB werden zur Definition der vten Gefahr ausführliche Vorschriften gebracht, vgl. z. B. zum Begriff des Brandes § 1 II 1 AFB, des Einbruchdiebstahls § 1 II AEB, des Unfalls § 2 I AUnfallB. Eine ausführliche Bestimmung des Explosionsbegriffs ist enthalten in der Explosionsschädenklausel (FeuerklauselnD 1/2 Abs. 2). Sind Begriffe, welche das VVG oder Vsbedingungen benutzen, im BGB definiert, so ist solche Legaldefinition auch für das Vsrecht maßgebend; erwähnt seien die Begriffe: „unverzüglich“ (§ 23 II = § 121 I 1 BGB), „Einwilligung“ (§ 159 II—III = § 183[1] BGB).

[53] bb) Vermutungen, die im Einzelfall widerlegbar sind, finden sich im Vsrecht sehr häufig, meistens unter Benutzung der Worte „im Zweifel“ (§§ 16 I 3, 74 II, 166 I 1, I 2, 167 II 1, 179 II 1; vgl. auch §§ 330[1], 331 I BGB), zuweilen wird aber auch eine andere Ausdrucksweise gebraucht (§§ 80 I, 166 II, 167 I).

[54] cc) Fiktionen, bei denen eine Widerlegung unstatthaft ist, auch wenn in Wahrheit das Fingierte nicht gewollt oder sonst unrichtig erscheint, sind im Vsrecht auffällig häufig. Als Fälle uneingeschränkter Fiktionen seien erwähnt: §§ 1 II 2; 38 I 2; 40 II 3; 174 IV 2; 176 IV 2; 43; 85[2]; 151 I 2; 116 I 2; 140 II, 141 I 2; 164 I; 189 II, 192 III. Als Fälle eingeschränkter Fiktionen seien angeführt: §§ 9; 5 I—III; 57[2]; 81[1]. Meistens bedient sich bei den Fiktionen der Gesetzgeber des Wortes „gelten“ (aber anders z. B. §§ 5 III; 45; 189 II), in Vsbedingungen wird mit dem Wort „gelten“ viel Unfug getrieben. Nicht selten wird eine von der Aufsichtsbehörde getroffene Feststellung als richtig fingiert: §§ 159 IV; 189 II; 192 III; 40 II 3; 174 IV 2; 176 IV 2. Bei jeder Fiktion ist ihr Anwendungsbereich zu prüfen: Wenn z. B. § 148 II VAG sagt: „Als Transportv sind die Kraftfahrzeugv und die Fahrradv nicht anzusehen“, so gilt diese Fiktion nicht außerhalb des Vsaufsichtsrechtes.

[55] b) Wissenschaftliche Auslegungsregeln (doktrinelle Interpretation).

Bei jeder Auslegung ist vom Wortlaut auszugehen (grammatische Auslegung), aber nicht an dem buchstäblichen Sinne des Ausdrucks zu haften (logische Auslegung).

aa) Grammatische Auslegung. Während bei der Gesetzesauslegung der Sprachgebrauch zur **Zeit** der Gesetzesentstehung entscheidend sein kann, ist bei Vsbedingungen, auch wenn AVB vielleicht schon lange unverändert im Gebrauch sind, der Sprachgebrauch zur Zeit des Vertragsabschlusses maßgebend (in diesem Punkte setzt sich also der Gesichtspunkt durch, daß Vsbedingungen dogmatisch Willenserklärungen sind: Anm. 21). Wie hier RG 5. VII. 1935 RGZ Bd 148 S. 44, 31. I. 1936 RGZ Bd 150

S. 154—155, OLG Düsseldorf 6. III. 1922 HansRZ 1922 Sp. 555, L. Raiser a. a. O. S. 257 gegen Ritter S. 7. Wenn sich die Verhältnisse seit Vertragsschluß anders entwickelt haben, als man dies damals annahm, so ist solche Entwicklung für die Auslegung ohne Belang (RG 31. I. 1936 RGZ Bd 150 S. 154—155). — Bei **örtlichen** Schwankungen des Sprachgebrauchs ist die Sprache am Wohnort des Vmers für die Auslegung von Vsbedingungen maßgebend (L. Raiser a. a. O. S. 258, vgl. auch für die Auslegung eines Vsantrages RG 3. X. 1884 SeuffArch Bd 40 S. 146—147).

[56] Bei Vsbedingungen ist von der allgemeinen Verständnismöglichkeit der Vmer auszugehen, so daß primär jeweils der **Lebenssprachgebrauch** entscheidet, nicht die fachtechnische Bedeutung eines Begriffes: So z. B. für die Begriffe Erstickung RG 2. VI. 1911 VA 1911 Anh. S. 103—104 Nr. 624, Operation RG 23. IV. 1909 VA 1909 Anh. S. 53—54 Nr. 457, 21. IX. 1919 RGZ Bd 97 S. 190—191, OLG Frankfurt 9. VII. 1930 JRPV 1930 S. 318—319, Vergiftung RG 10. I. 1928 RGZ Bd 120 S. 19—20, Hochwasser RG 7. I. 1930 VA 1929 S. 336 Nr. 2086 = JRPV 1930 S. 54, Krankheit OLG Frankfurt 29. V. 1929 JRPV 1929 S. 335, 19. VI. 1929 JW 1929 S. 2289—2290, 11. II. 1931 JRPV 1931 S. 261—262, OLG Stuttgart 12. XII. 1929 VA 1930 S. 13—15 Nr. 2107, Schädlichkeit BGH 15. XII. 1951 VersR 1952 S. 64, generell L. Raiser a. a. O. S. 254, 257—258. Dabei fällt auf, daß die Rechtsprechung regelmäßig den Lebenssprachgebrauch dann vorzieht, wenn er dem Vmer günstiger ist, also z. B. bei der Umreißung der vten Gefahr weiter ist als die Fachsprache (Erstickung, Hochwasser), bei Risikobeschränkungen enger ist als die Fachsprache (Operation, Vergiftung, Krankheit). Kommt dies dem Vmer zugute, so wird zuweilen sogar die Fachsprache zugrunde gelegt (Infektionskrankheit: RG 13. X. 1910 VA 1910 Anh. S. 90—91 Nr. 547). Bei Vsverträgen, die ausschließlich mit Fachleuten abgeschlossen werden, z. B. bei einer Architekten- oder Ärztev, ist das rechte Verständnis des Fachausdrucks zuzumuten (L. Raiser a. a. O. S. 257—258); ist jedoch nur ein einzelner Vmer zufällig Fachmann, so braucht er sich bei AVB, die stets generell auszulegen sind (Anm. 66), seine Fachkenntnisse nicht entgegenhalten zu lassen (L. Raiser a. a. O. S. 258—260).

[57] Da es sich sowohl beim VVG als auch bei Vsbedingungen um rechtliche Regelungen handelt, ist für **rechtstechnische Begriffe** der juristische Sprachgebrauch maßgebend. So können bestimmt werden z. B. vom bürgerlichen Recht her der Begriff „Abhandenkommen“: RG 21. I. 1921 RGZ Bd 101 S. 225, vom Strafrecht her die Begriffe „Unterschlagung“: RG 5. X. 1926 RGZ Bd 114 S. 350, 23. X. 1931 JW 1932 S. 2522 = VA 1931 S. 299 Nr. 2352 oder „Einbruchdiebstahl“: RG 11. XII. 1936 RGZ Bd 153 S. 136—137 oder „Diebstahl“: BGH 16. IV. 1952 BGHZ Bd 5 S. 367—368. Es muß eben im Zweifel angenommen werden, daß Ausdrücke, mit denen die Rechtssprache feststehende Begriffe verbindet, auch im Vsrecht in diesem Sinne verstanden werden (RG 5. X. 1926 RGZ Bd 114 S. 350, BGH 16. IV. 1952 BGHZ Bd 5 S. 367). Der Charakter eines feststehenden rechtstechnischen Begriffs ist geleugnet und deshalb die Maßgeblichkeit des (weiteren) Lebenssprachgebrauches angenommen worden für Begriffe wie „Raufhandel“ (RG 22. XII. 1903 VA 1904 S. 70 Nr. 47), „Verzug“ (RG 4. X. 1912 RGZ Bd 80 S. 144), „Aufruhr“ (RG 28. XI. 1919 RGZ Bd 97 S. 207—209, dazu BGH 23. IV. 1952 BGHZ Bd 6 S. 30—31), „Beraubung“ (RG 21. II. 1922 VA 1922 Anh. S. 53 Nr. 1277) oder „Erhebung der Klage“ (RG 7. IV. 1933 JW 1933 S. 2127 = VA 1933 S. 324 Nr. 2569). Den Begriff „Obhut“ hat BGH 28. XI. 1951 NJW 1952 S. 142 = VersR 1952 S. 20—21 zwar als Rechtsbegriff definiert, daneben aber auch der Verkehrsanschauung Bedeutung zugelegt. Privat- und Sozialv sind zwei völlig getrennte Rechtsgebiete, sodaß die Begriffsbildung der Sozialv nicht für die Privatv herangezogen werden kann (ebenso zum Invaliditätsbegriff RG 19. I. 1934 VA 1934 S. 16 Nr. 2672 = JRPV 1934 S. 54, zum Krankheitsbegriff OLG Stuttgart 12. XII. 1929 VA 1930 S. 13—15 Nr. 2107 gegen OLG Köln 31. XII. 1927 JW 1928 S. 1755—1756).

[58] Das Vsvertragsrecht hat gewisse **Eigenbegriffe** ausgebildet, sei es, daß diese im übrigen Recht überhaupt nicht vorkommen, sei es, daß sie im Vsvertragsrecht eine spezifische Bedeutung erlangt haben. Zur ersten Gruppe gehören z. B. „Vsfall“ (§ 1 I), „Bezugsberechtigter“ (§§ 166—168), „Prämienreserve“ (§§ 174 II—IV, 176), „Total-

schaden" (LG Berlin 9. XII. 1930 JRPV 1931 S. 63). Eine vsrechtliche Sonderbedeutung haben erlangt die Begriffe: „Obliegenheit" (§ 6 I 1), „Interesse" (§ 51 I), „Gefahr" (§ 16 I 1), „Schaden" (§ 49). Zuweilen ist es bestritten, ob ein Begriff nach dem BGB auszulegen ist oder eine vsrechtliche Sonderbedeutung hat; dies gilt z. B. für die „Veräußerung der vten Sache" (§ 69 I: vgl. nur RG 15. I. 1943 RGZ Bd 170 S. 290).

[59] bb) Logische Auslegung. Grammatische Auslegung führt häufig nicht zum Ziel, auch darf — nicht nur bei Willenserklärungen — der Ausleger nicht nur an dem buchstäblichen Sinne des Ausdrucks haften (§ 133 BGB), insbesondere können sprachliche Ungeschicklichkeiten auf die Auslegung keinen Einfluß haben (BGH 21. II. 1951 VersR 1951 S. 80). Zu unterscheiden ist die Auslegung von Gesetzen und Willenserklärungen. Vsbedingungen gehören auch als AVB zu den Willenserklärungen (Anm. 21), so daß sie grundsätzlich wie solche auszulegen sind (L. Raiser a. a. O. S. 251); jedoch kennt diese Regel bei AVB wichtige Durchbrechungen (Anm. 66, 69—75).

Bei der logischen Auslegung sind folgende Faktoren maßgebend: Auszugehen ist von dem Erklärungsgehalt (Anm. 60) unter Berücksichtigung des Gesamtzusammenhanges (Anm. 61). Heranzuziehen sind Entstehungsgeschichte (Anm. 62) und Entwicklungsvorgänge (Anm. 63). Als sachliche Auslegungsmittel kommen Gesichtspunkte der Vstechnik (Anm. 64) und die Würdigung der Interessenlage (Anm. 65—66) in Betracht. Als Richtschnur für die Auslegung (auch der Gesetze) haben Treu und Glauben (Anm. 67) mit Rücksicht auf die Verkehrssitte (Anm. 68) zu dienen.

Auslegung setzt etwas Auslegbares voraus. Fehlt es daran, so ist eine Lückenergänzung notwendig, für welche insbesondere die Gesichtspunkte der Vstechnik und die Würdigung der Interessenlage maßgebend sein müssen. Aus einer Analogie zu den §§ 157, 242 BGB ergibt sich auch hier die Bedeutung von Treu und Glauben und Verkehrssitte (Möller Schuldrecht S. 10). Die Grenzen zwischen Auslegung und Ergänzung sind vielfach zweifelhaft, das Folgende gilt auch für die Ergänzung.

[60] aaa) Erklärungsgehalt. Der Wille des Vers oder Vmers ist nicht zu beachten, wenn er in ihren Willenserklärungen, insbesondere in den Vsbedingungen keinen Ausdruck gefunden hat. Für eine Auslegung bleibt kein Raum, wenn „sich weder aus der Wortfassung .... noch aus der Zweckbestimmung" der Vsbedingungen „wesentliche Zweifel und Bedenken über ihre Tragweite ergeben" (RG 3. VII. 1917 RGZ Bd 90 S. 383, ähnlich RG 14. XII. 1917 RGZ Bd 91 S. 328, L. Raiser a. a. O. S. 266 m. w. N.). Ein unerklärter Wille des Vers muß ebenso außer Betracht bleiben (RG 12. XI. 1915 JW 1916 S. 573. 18. X. 1927 JW 1927 S. 3048 = VA 1928 S. 20 Nr. 1800, 25. XI. 1927 JW 1928 S. 1737—1738) wie eine willkürliche Auffassung des Vmers, die keine Grundlage in den Vsbedingungen findet (RG 21. I. 1921 RGZ Bd 101 S. 226, KG 8. VIII. 1936 JRPV 1937 S. 45).

[61] bbb) Gesamtzusammenhang. Einzelne gesetzliche Vorschriften oder Vsbedingungen dürfen nicht isoliert gesehen werden. Vielmehr ist regelmäßig das VVG zur Ergänzung der Vsbedingungen heranzuziehen (Anm. 40), und auch wenn die Vsbedingungen erschöpfend sind, so kann doch das VVG zu deren Auslegung dienen. Weiter ist der Zusammenhang zwischen besonderen Vsbedingungen und AVB zu beachten (Anm. 32, RG 10. I. 1936 VA 1936 S. 162 Nr. 2860 = JRPV 1936 S. 52, KG 4. V. 1935 JRPV 1935 S. 284). Heranzuziehen ist auch die Schauseite der Polize: RG 31. I. 1911 VA 1911 Anh. S. 29—30 Nr. 583, 8. X. 1918 RGZ Bd 94 S. 26—27. Daß auch die einzelnen Vorschriften von AVB zusammengehalten werden müssen, betonen RG 2. I. 1917 LZ 1917 Sp. 545—546, 26. I. 1926 RGZ Bd 112 S. 373, 11. I. 1931 VA 1932 S. 25 Nr. 2384 = JRPV 1932 S. 7, KG 8. VIII. 1936 JRPV 1937 S. 44—45. Man darf davon ausgehen, daß die Vsbedingungen in ihrer Gesamtheit folgerichtig aufgebaut sind (RG 11. XII. 1931 VA 1932 S. 25 Nr. 2384 = JRPV 1932 S. 7).

Im Gesamtzusammenhang zu würdigen sind auch der Antragschein (KG 9. VII. 1921 VA 1922 Anh. S. 26 Nr. 1253, 27. XI. 1940 JRPV 1941 S. 25) und Prospekte des Vers (RG 21. XII. 1909 VA 1910 Anh. S. 8 Nr. 494 = LZ 1910 Sp. 323, 5. V. 1911 VA 1912 Anh. S. 8—9 Nr. 644, 13. XII. 1929 VA 1930 S. 16 Nr. 2108 = JRPV 1930 S. 52). Jedoch kann ein Prospekt, der nur allgemeine Umrisse gibt, nicht dazu führen,

„den wörtlich klaren Ausdruck der Police umzudeuten" (OLG München 12. VII. 1905 VA 1906 Anh. S. 86—87 Nr. 235). Auch Tarife können Auslegungszwecken dienen, allerdings nicht, wenn sie dem Vmer unbekannt geblieben sind (RG 21. VI. 1910 VA 1910 Anh. S. 89 Nr. 546 = LZ 1910 Sp. 944—945).

Über die besondere Bedeutung von Äußerungen des Versicherungsvermittlers für die Auslegung vgl. Anm. zu § 43.

Aus dem Gesamtzusammenhang ergeben sich Regeln und Ausnahmen. Ausnahmen sind — besonders wenn es sich um Risikobeschränkungen handelt — im Interesse des Vmers regelmäßig eng auszulegen und einer Analogie unzugänglich (Anm. 65).

[62] **ccc) Entstehungsgeschichte.** Für die Auslegung des VVG und seiner Änderungen sind die Materialien, insbesondere die amtlichen Begründungen (Anm. 4, 5), unter Umständen auch das vorgesetzliche Recht heranzuziehen, dazu besonders Ehrenberg, Vsrecht, 1. Band, Leipzig 1893. Für die Entstehungsgeschichte der AVB fehlt es vielfach an Unterlagen, jedoch geben zuweilen ein Vergleich mit früheren AVB oder Äußerungen der Aufsichtsbehörden Aufschlüsse (vgl. L. Raiser a. a. O. S. 254 mit Anm. 2, für die Haftpflichtv z. B. VA 1921 S. 117—120). Für die ADS hervorragend: Bruck, Materialien zu den ADS, 2 Bände, Hamburg 1919. Die Bedeutung der Entstehungsgeschichte von AVB betonen: RG 26. III. 1943 RGZ Bd 171 S. 47, BGH 11. XII. 1951 VersR 1952 S. 118, KG 21. II. 1934 JRPV 1934 S. 202, OLG Stuttgart 3. X. 1929 JRPV 1929 S. 399—400.

[63] **ddd) Entwicklungsvorgänge.** Die Aufsichtsbehörden kommen besonders aus Anlaß von Beschwerden der Vmer häufig in die Lage, das VVG oder Vsbedingungen auszulegen. Solche Auslegung hat dann für das Gericht zwar keine bindende, aber doch faktische Bedeutung (RG 10. I. 1928 RGZ Bd 120 S. 20, vgl. auch BGH 24. XI. 1951 VersR 1952 S. 38). Die vom Zonenamt aus Anlaß der Währungsreform veröffentlichten Amtlichen Hinweise (VA 1948 Nr. 7 S. 7—8, Nr. 8 S. 59) haben gleichfalls keine bindende Wirkung.

Über die Bedeutung von Auslegungen seitens des Reichswirtschaftsministers bei öffentlichrechtlichen Vseinrichtungen: OLG Celle 21. X. 1941 DJustiz 1941 S. 1126 bis 1127 (mit Anm. Thees) und seitens der Wirtschaftsgruppen: RG 29. IX. 1944 DR 1945 S. 59 = DRZ 1947 S. 130—131 (mit Anm. Prölss). Für die Auslegung können auch Beschlüsse und Äußerungen von Verbänden der Ver aufschlußreich sein (vgl. auch Anm. 29 über Änderungen kraft nachträglicher Vereinbarung).

Was das Verhalten des Vers anlangt, so können „aus zufälligen Äußerungen von Vorstandsmitgliedern in dieser oder jener Mitgliederversammlung oder aus gelegentlichen Artikeln in Zeitschriften" für die Auslegung von AVB keine Schlüsse gezogen werden (RG 12. VII. 1935 SeuffArch Bd 89 S. 328—329, auch KG 21. II. 1934 JRPV 1934 S. 202). Dagegen ist das Verhalten des Vers speziell gegenüber dem Vmer im Rahmen des bestehenden oder eines anderen Vsverhältnisses von Bedeutung, z. B. kann die vorbehaltlose Kulanzregulierung von Schadensfällen präjudiziell sein (LG Berlin 29. IX. 1910 LZ 1911 Sp. 167—168).

Über die besondere Bedeutung von nachträglichen Äußerungen des Vsvermittlers: Anm. zu § 43.

[64] **eee) Versicherungstechnik.** Die anerkannten Regeln der Vstechnik und Vsmathematik, aber auch der Vswirtschaft und Vsmedizin müssen bei der Auslegung des VVG und der Vsbedingungen beachtet werden, dazu Prölss S. 12—13, ZVersWiss 1939 S. 70—85, VersR 1950 S. 137—138. — Der Geschäftsplan des Vers (§§ 5 II, III, 11, 12 VAG) ist z. B. maßgebend im Rahmen der §§ 41 II, 162^2. — Das Gesetz der großen Zahl ist herangezogen von RG 9. II. 1926 VA 1927 S. 15 Nr. 1531 = JRPV 1926 S. 64. — Auf das Interesse des Vers an klaren Bilanzverhältnissen und geringen Verwaltungskosten ist abgestellt von OLG Köln 28. V. 1951 VersR 1951 S. 161. — Bei der Prüfung der Frage, welche Gefahr ein Ver trägt, kommt es auf die vstechnische Übernehmbarkeit des Risikos an, vgl. z. B. für die Kriegsgefahr RG 3. VII. 1917 RGZ Bd 90 S. 382, OGH 7. X. 1949 OGHZ Bd 2 S. 301, BGH 2. V. 1951 BGHZ Bd 2 S. 60—61, für die Aufruhrgefahr RG 28. XI. 1919 RGZ Bd 97 S. 208, BGH 23. IV. 1952 BGHZ Bd 6 S. 30

bis 31, für die Gefahr bürgerlicher Unruhen RG 8. VI. 1923 RGZ Bd 108 S. 190, für die Überschwemmungsgefahr BGH 21. II. 1951 VersR 1951 S. 80, für Allmählichkeitsschäden OLG München 2. V. 1952 VersR 1952 S. 270—271. Auch hier gilt aber der Grundsatz, daß bei Eindeutigkeit der Vsbedingungen für eine vstechnische Einschränkung kein Raum bleibt (nach RG 31. I. 1936 RGZ Bd 150 S. 158—159 ist bei einer Goldmarkv auf Dollargrundlage die Art der Rücklagenanlegung und die Tatsache, daß das Kursrisiko von einem Lebensver nicht getragen werden kann, unbeachtet geblieben). — Im Zweifel verdient eine Auslegung den Vorzug, deren Ergebnisse betriebswirtschaftlich und sonst praktikabel sind.

[65] fff) Interessenlage. Besonders von Gierke I S. 30—31 hat betont, daß für die Auslegung zwei Grundgedanken wesentlich sind, nämlich der Sicherungszweck und der Gemeinschaftsgedanke.

Teleologische Rechtsfindung muß davon ausgehen, daß der Vmer die Erlangung eines möglichst weiten Vsschutzes anstrebt, also einen Sicherungszweck verfolgt. Dies führt zu einer ausdehnenden Auslegung des gedeckten Gefahrenkreises, zu einer einschränkenden Auslegung von Risikobeschränkungen. Besonders letzteres ist von der Rechtsprechung seit langem und oft herausgestellt: ROHG 4. IV. 1871 ROHG Bd 2 S. 184, 25. XI. 1871 ROHG Bd 4 S. 64, 8. III. 1872 ROHG Bd 5 S. 243, RG 9. X. 1882 RGZ Bd 10 S. 160, 30. I. 1926 JW 1926 S. 1331, 31. V. 1927 JRPV 1927 S. 210, 30. X. 1934 VA 1935 S. 33 Nr. 2777 = JRPV 1934 S. 361, 23. VII. 1937 JW 1937 S. 2669 = VA 1937 S. 192 Nr. 2998, 29. IX. 1944 DR 1945 S. 58 = DRZ 1947 S. 130, OGH 7. X. 1949 OGHZ Bd 2 S. 299 (Ausnahmebestimmungen sind keinesfalls weiter auszulegen, als das ihr wirtschaftlicher Zweck unbedingt erfordert), BGH 21. II. 1951 VersR 1951 S. 80 (ebenso), OLG Düsseldorf 25. V. 1948 VersR 1950 S. 324, OLG München 2. V. 1952 VersR 1952 S. 270. Speziell zum Krankheitsbegriff hat das OLG Frankfurt 19. VI. 1929 JW 1929 S. 2290 geltend gemacht, eine Gegenauffassung „würde die Krankenv in sehr vielen Fällen praktisch hinfällig machen", nach ihr „könnte kein gegen Krankheit Vter im Ernstfalle mit Bestimmtheit auf Vsschutz rechnen, womit der Zweck der V in sein Gegenteil verkehrt würde". Aus dem Schrifttum: L. Raiser a. a. O. S. 270—271 mit Hinweis auf RG 11. V. 1934 RGZ Bd 144 S. 305, wo einer Überspannung des Schutzgedankens entgegengetreten wird.

[66] Dem Sicherungszweck des Vsmers steht die rechtssoziologische Tatsache gegenüber, daß der Vmer in eine Gefahrengemeinschaft eingegliedert ist (Anm. 4 zu § 1, Prölss S. 10—12). Die Auslegung muß stets beachten, daß der einzelne Vmer nur Glied in einer Kette ist, deren Glieder gleich stark sein müssen, soll die Kette nicht reißen. Ein Vmer kann also keine gemeinschaftswidrigen Sondervorteile für sich beanspruchen.

Der Grundsatz der Gleichbehandlung hat hiernach nicht nur Bedeutung beim Vsverein auf Gegenseitigkeit (§ 21 I VAG, Nutzanwendung: RG 5. VII. 1910 RGZ Bd 49 S. 198—200, 20. XI. 1925 RGZ Bd 112 S. 124), sondern auch bei allen anderen Unternehmungsformen, insbesondere auch bei Vsaktiengesellschaften (Näheres Kisch Gegenseitigkeitsverein S. 173—188, Vetter, Der Grundsatz der Gleichbehandlung in den privaten Vsunternehmungen, ungedr. Hamburger Diss. 1947, S. 51—153, vgl. auch VA 1947 S. 30, 1949 S. 107, 1950 S. 51). Ein Zusammenwirken des arbeits- und vsrechtlichen Grundsatzes der Gleichbehandlung kann sich bei Zuschüssen zu Pensionsvsrenten ergeben (BGH 24. X. 1951 BGHZ Bd 3 S. 248—253, 15. XII. 1951 VersR 1952 S. 57), speziell über den arbeitsrechtlichen Gleichbehandlungsgrundsatz Bötticher Recht der Arbeit 1953 S. 161—169. Über den verfassungsrechtlichen Gleichheitsgrundsatz in seiner Auswirkung auf die Schornsteinfegeraltersversorgung Bundesverfassungsgericht 22. I. 1952 BetrBer 1952 S. 358.

Die Rechtsprechung hat den Gedanken der Gefahrengemeinschaft, welcher zuerst ausführlich begründet ist von Bruck in: Beiträge zum Wirtschaftsrecht, 2. Band, Marburg 1931, S. 1260—1273, neuerdings häufiger verwendet, so sagt RG 8. X. 1935 JW 1936 S. 177 = VA 1935 S. 266 Nr. 2832: „Die Begünstigung eines einzelnen Vten, die auf Kosten der übrigen gehen würde, wäre .... gewiß ebensowenig vertretbar, wie ein Abweichen von den grundlegenden Erfordernissen eines wirtschaftlichen Geschäftsbetriebs zugunsten eines Vten". Vgl. auch RG 28. I. 1938 SeuffArch Bd 92 S. 135—136, 11. II. 1938 RGZ Bd 157 S. 75, DOG 21. VI. 1950 VersR 1950 S. 132 = VA 1950 S. 119—120, BGH 19. XII. 1950 NJW 1951 S. 205, OLG Celle 6. III. 1950 VA 1950 S. 78 = VersR 1951 S. 133, OLG Düsseldorf 31. I. 1938 JRPV 1938 S. 90, OLG Kiel 22. IV. 1933 JRPV 1933 S. 287—288, LG Karlsruhe 16. II. 1950 VW 1950 S. 263. Nie allerdings kann der Gedanke der Gefahrengemeinschaft dazu führen, daß ein vertraglich klar begründeter Anspruch hinfällig wird (RG 18. II. 1938 RGZ Bd 157 S. 88—90). Immerhin rechtfertigt es z. B. der Gedanke der Gefahrengemeinschaft, bei Herbeiführung des Vsfalles dem Vmer seinen Repräsentanten gleichzustellen (Nachweise bei Möller Verantwortlichkeit S. 9—105).

Speziell bei AVB ergibt sich nicht nur aus ihrer soziologischen Bedeutung als Rechtsnormen (Anm. 21), sondern auch aus dem Gedanken der Gefahrengemeinschaft, daß sie — anders als andere Willenserklärungen — generell auszulegen sind. Auszugehen ist also nicht von der Interessenlage des Einzelfalles, sondern der typischen Interessengestaltung (L. Raiser a. a. O. S. 252—253). Insofern ähnelt die Auslegung von AVB derjenigen eines Gesetzes. Jedoch darf die Frage der generellen Auslegung nicht mit jener der objektiven oder subjektiven Auslegung (Unklarheitenregel: Anm. 69—75) verquickt werden: Möller ZfV 1952 S. 383—384.

Die Rechtsprechung hat den Gedanken der generellen Auslegung im Zusammenhang mit der Rechtsprechung zur Revisibilität (Anm. 34) schon lange vertreten (RG 13. XII. 1912 RGZ Bd 81 S. 118—120 und seitdem ständig). Neuerdings ist der Gedanke der generellen Auslegung ganz besonders stark betont (RG 26. III. 1943 RGZ Bd 171 S. 47—48, OGH 7. X. 1949 OGHZ Bd 2 S. 299: „ähnlich wie Gesetze auszulegen", KG 20. V. 1947 DRZ 1948 S. 102, OLG Köln 28. V. 1951 VersR 1951 S. 160, OLG Nürnberg 25. IV. 1950 VersR 1950 S. 86, außerhalb des Vsrechtes schon RG 18. X. 1935 RGZ Bd 149 S. 100, 6. IV. 1937 RGZ Bd 155 S. 28, 13. X. 1942 RGZ Bd. 170 S. 240—241, jetzt BGH 23. V. 1951 NJW 1951 S. 603, 25. X. 1952 BetrBer 1952 S. 932 (es habe „alles Zufällige des einzelnen Streitfalles beiseite zu bleiben").

[67] ggg) Treuepflicht. Hierzu Einzelheiten bei Eichler, Die Rechtslehre vom Vertrauen, Tübingen 1950, S. 68—75, Kisch ZVersWiss 1935 S. 277—291, Möller in: Kernfagen der Vs-Rechtsprechung, Berlin 1938, S. 37—52, Prölss S. 13—15, VersR 1950 S. 138, Schack in: Erwin Bumke zum 65. Geburtstage, Berlin 1939, S. 313—330, Siebert in: Soergel, BGB, Band 1, 8. Aufl., Stuttgart-Köln 1952, Anm. E 13 zu § 242.

Man hat behauptet, es gebe eine besondere vsrechtliche Treuepflicht als selbständige Rechtspflicht, in deren Rahmen „Treu und Glauben in höchstem Maße zu betätigen" wären (§ 13 ADS). Aber so wie Treue kein steigerungsfähiger Begriff ist, läßt sie sich auch nicht als Inhalt einer selbständigen Rechtspflicht denken: „Ein ganz allgemeiner Rechtssatz dahin, ... daß jede Verletzung des erforderlichen Vertrauensverhältnisses seitens des .... Vmers ein Leistungsverweigerungsrecht für den Ver begründet, besteht nicht" (OLG Breslau 23. I. 1936 JRPV 1936 Zus. S. 28, zustimmend RG 13. X. 1936 JW 1937 S. 218—219). Richtig ist aber, daß Treu und Glauben gerade beim Vsvertrag sehr häufig herangezogen werden müssen, und zwar besonders in vier Richtungen: Erstens sind Treu und Glauben bei der (echten) Auslegung des Vereinbarten für die Frage heranzuziehen, ob eine Verpflichtung des Vers oder Vmers besteht (§ 157 BGB). Zweitens kommen Treu und Glauben bei der Feststellung in Betracht, wie geschuldete Leistungen zu erbringen sind (§ 242 BGB). Drittens müssen nicht selten aus Treu und Glauben ergänzende Leistungspflichten hergeleitet werden (§§ 157, 242 BGB analog). Viertens kann sich aus Treu und Glauben ein Einwand gegen ein an und für sich berechtigtes Vorbringen des Gegners, also der Einwand unzulässiger Rechtsausübung entnehmen lassen (früher vielfach als Arglisteinrede, exceptio doli generalis konstruiert).

Niemals darf die Abstellung auf Treu und Glauben in eine Gefühlsjurisprudenz ausarten. — Der Ver darf nicht eine etwaige wirtschaftliche Vormachtstellung ausnutzen, ohne daß dies der Gemeinschaftsgedanke erheischt. — Härten, die sich besonders deshalb ergeben können, weil nicht jedes Risiko vstechnisch tragbar ist, können nicht durch Korrektur klarer Vereinbarungen beseitigt werden. Bedenklich Prölss S. 14—15, VersR 1950 S. 138 über das Verhältnis von Treu und Glauben einerseits, Vstechnik und Gefahrengemeinschaft andererseits: Es ist unangängig, Treu und Glauben im Vswesen so zurückzudrängen, wie dort es versucht wird (billigenswert allenfalls noch OLG Hamburg 7. I. 1949 VW 1949 S. 231, wo auf die besonderen Umstände abgestellt wird). — Im übrigen hat Treu und Glauben selbstverständlich nicht nur der Ver, sondern ebenso sehr der Vmer zu bewähren.

[68] **hhh) Verkehrssitte.** Nach §§ 157, 242 BGB ist die Verkehrssitte zu berücksichtigen; unter Kaufleuten ist auf die im Handelsverkehr geltenden Gebräuche Rücksicht zu nehmen (§ 346 HGB). Die Berücksichtigung der Verkehrssitte bewirkt eine gewisse „Entindividualisierung" von Treu und Glauben. Über den Unterschied von Verkehrssitte und Gewohnheitsrecht Anm. 36. Die Verkehrssitte stellt kein objektives Recht dar, sondern gilt nur, wenn und weil das Gesetz auf sie verweist. Aus der Verkehrssitte wird sich im Wege der Auslegung oder Ergänzung der Parteivereinbarungen regelmäßig ergeben, daß auch in Ermangelung einer ausdrücklichen Vereinbarung für ein Vsverhältnis die AVB maßgebend sind (Anm. 26, 27). Bei den kaufmännischen Vszweigen, insbesondere an der Hamburger Vsbörse und bei Mitwirkung von Vsmaklern, haben sich besondere Handelsgebräuche entwickelt, die zu beachten sind.

[69] **2. Speziell: Auslegung allgemeiner Versicherungsbedingungen.**

Die Darlegungen in Anm. 52—68 beziehen sich auf die Auslegung aller vsrechtlichen Rechtsquellen, also auch des VVG und besonderer Vsbedingungen. Speziell hinsichtlich der AVB wurde bereits betont, daß sie — wie ein Gesetz — generell ausgelegt werden müssen (Anm. 66). Auch die Regel, daß Risikobeschränkungen einschränkend auszulegen sind (Anm. 65), gilt nicht nur für AVB.

Während sich die beiden soeben erwähnten Regeln dem Gemeinschaftsgedanken bzw. dem Sicherungszweck entnehmen lassen, hat die Tatsache, daß AVB häufig eine Machtverstärkung der Ver anstreben, zu einem weiteren Auslegungsgrundsatz geführt, der heiß umstritten ist und bei dem die Rechtsprechung besonders des RG verschiedene Entwicklungsstadien durchgemacht hat. Behandelt werden hier die frühere Rechtsprechung (Anm. 70), die neuere Rechtsprechung (Anm. 71), der Standpunkt von Prölss (Anm. 72) und die eigene Auffassung (Anm. 73—75). Neuerdings scheinen sich die Standpunkte zu nähern, jedenfalls in den Ergebnissen.

[70] **a) Frühere Rechtsprechung.**

Bereits Emerigon a. a. O. S. 59 sagt: „Si celui qui pouvoit et devoit s'expliquer clairement et nettement, ne l'a pas fait, tant pis pour lui: il ne peut être reçu à apporter subséquemment des restrictions qu'il n'a pas exprimées". Das Reichsoberhandelsgericht hat hinsichtlich der Auslegung von Fragen in einem Antragschein gesagt: „Für diese Auslegung spricht .... die Erwägung, daß die Fragen von der Beklagten (Ver) formuliert sind, weshalb sie in der Lage ist, die ihren Absichten entsprechende Fassung zu wählen, aber auch die Pflicht hat, sich so deutlich auszudrücken, daß der Gegentheil ihre Absicht verstehen kann, woraus folgt, daß im Zweifel gegen den Vsgeber zu interpretiren ist" (ROHG 21. XI. 1871 ROHG Bd 4 S. 60, später ROHG 8. III. 1872 ROHG Bd 5 S. 243—244, 23. XI. 1872 ROHG Bd 8 S. 72, 4. XI. 1874 ROHG Bd 14 S. 437).

Das **Reichsgericht** hat diese Rechtsprechung übernommen und zunächst vom römischen Recht her noch sorgfältiger begründet (RG 9. X. 1882 RGZ Bd 10 S. 160, wonach „die von den Vern aufgestellten Vertragsklauseln oder Bedingungen im Zweifel gegen dieselben auszulegen seien"; „in dubio contra stipulatorem"; „clarius loqui debuisset" (man spricht auch von der Celsinischen Auslegungsregel). Spätere Urteile, welche ergeben, daß die Rechtsprechung auch nach Schaffung des BGB, VAG und VVG nicht aufgegeben ist: RG 4. V. 1887 RGZ Bd 18 S. 144, 13. VI. 1888 RGZ Bd 23 S. 90, 6. X. 1894 RGZ Bd 35 S. 59, 7. VII. 1909 LZ 1909 Sp. 938, 29. I. 1915 RGZ Bd 86 S. 165, 12. XI. 1915 JW 1916 S. 573, 3. VII. 1917 RGZ Bd 90 S. 383, 14. XII. 1917 RGZ Bd 91 S. 328, 8. X. 1918 RGZ Bd 94 S. 29, 14. III. 1919 JW 1919 S. 681, 17. III. 1922 VA 1922 Anh. S. 54 Nr. 1278 = LZ 1922 Sp. 559, 8. XII. 1925 VA 1926

S. 34 Nr. 1549, 30. I. 1926 JW 1926 S. 1331, 23. X. 1926 RGZ Bd 115 S. 170, 26. II. 1927 RGZ Bd 116 S. 225, 6. IV. 1927 RGZ Bd 117 S. 8, 25. XI. 1927 JW 1928 S. 1738, 10. I. 1928 RGZ Bd 120 S. 20, 12. VII. 1928 RGZ Bd. 121 S. 400, 19. I. 1929 RGZ Bd 123 S. 145, 28. V. 1929 RGZ Bd 124 S. 333, 14. I. 1930 JRPV 1930 S. 76, 19. I. 1934 VA 1934 S. 16 Nr. 2672 = JRPV 1934 S. 54, 12. IV. 1935 JRPV 1935 S. 171. Besonders ausführlich sagt RG 17. III. 1922 a. a. O., daß „Unklarheiten in der Fassung der Vsbedingungen regelmäßig nach § 157 BGB nicht zu Lasten des Vmers gehen; dies gilt insbesondere von solchen Bestimmungen, die das allgemeine Risiko des Vers zu ungunsten des Vmers einzuschränken suchen oder ihm besonders auf die Verminderung der Gefahr oder Verhütung einer Gefahrerhöhung gerichtete Obliegenheiten auferlegen sollen". Auch für die ADS ist die Unklarheitenregel angewendet (RG 12. VII. 1928 RGZ Bd 121 S. 400).

Die Oberlandesgerichte sind dem RG gefolgt (Nachweise bei L. Raiser a. a. O. S. 265 Anm. 1).

[71] b) Neuere Rechtsprechung.

Schon seit dem Jahre 1927, besonders aber seit dem Jahre 1934 zeigt die reichsgerichtliche Rechtsprechung die Tendenz, die frühere Judikatur einzuschränken. Dies kommt darin zum Ausdruck, daß vor der Anwendung des Satzes, wonach Unklarheiten zu Lasten des Vers gehen, eine Vorprüfung der Rechtslage vorgenommen werden soll (Vorläufer: RG 20. IV. 1921 RGZ Bd. 102 S. 118).

In der Typenflug-Entscheidung (RG 11. III. 1927 RGZ Bd 116 S. 274—277 heißt es: „Allerdings muß sich der Ver gefallen lassen, daß die von ihm aufgestellten Vsbedingungen, wenn sie Unklarheiten enthalten, gegen ihn ausgelegt werden, weil es ihm oblag, sich deutlicher auszudrücken. . . . Aber unrichtig ist die Annahme des Kammergerichts, daß die mißverständliche Erklärung des Vers stets in dem Sinne auszulegen sei, in dem der Vmer sie verstanden habe. Hierzu ist weiter noch erforderlich, daß der Vmer die Erklärung des Vers nach Treu und Glauben und mit Rücksicht auf die Verkehrssitte (§ 157 BGB) in diesem Sinne verstehen konnte. . . . Eine willkürliche Auffassung des Vmers, die der angeführten Unterlage entbehrt, braucht der Ver nicht anzuerkennen. Nach denselben Merkmalen entscheidet sich auch, ob Konsens oder Dissens der Beteiligten vorliegt". Angesichts der Mehrdeutigkeit des Typenflug-Begriffes ist Dissens angenommen worden. — In etwas anderen Formulierungen RG 16. IX. 1932 JW 1933 S. 765 = JRPV 1932 S. 307: Vor der Anwendung der Unklarheitenregel sei „erforderlich, einmal, daß der Vmer die Vsbedingungen in einem bestimmten Sinne verstanden hat, und sodann, daß er sie nach Treu und Glauben und mit Rücksicht auf die Verkehrssitte auch in diesem Sinne verstehen konnte". Knapper RG 19. VI. 1934 RGZ Bd 145 S. 26: Da die sich ergebenden Unklarheiten zu Gunsten des Vers nicht zu beheben seien, müsse die für den Vmer günstigere Auslegung entscheidend sein.

Diese Gedankengänge kommen seit RG 30. X. 1934 JW 1935 S. 1010 = VA 1935 S. 33—34 Nr. 2777 zu deutlicherem, stereotypem Ausdruck: Die Unklarheitenregel „kann nur dann Anwendung finden, wenn sich nach Sinn und Zweck der einzelnen Vertragsabrede und nach den sonstigen nach Treu und Glauben zu berücksichtigenden Begleitumständen nicht ein bestimmter Vertragsinhalt feststellen läßt". Ebenso RG 23. VII. 1937 JW 1937 S. 2669 = VA 1937 S. 192 Nr. 2998, 11. II. 1938 RGZ Bd 157 S. 71. Die Unklarheitenregel wird also zu einer subsidiären (L. Raiser a. a. O. S. 262, 265, Möller JW 1938 S. 1116—1117). Die frühere Formel machte den Richter geneigt, alles was ihm prima facie zweifelhaft erschien, gegen den Ver zu deuten. Die neueren Urteile bannen diese Gefahr.

Die letzte Rechtsprechung des RG dürfte keine Änderung der geschilderten Grundsätze gebracht haben. RG 26. III. 1943 RGZ Bd 171 S. 47—48, 50 nimmt Bezug auf die Rechtsprechung, wonach primär Treu und Glauben und die Verkehrssitte die Auslegung bestimmen, aber es wird zugleich auf die subsidiäre Regel hingewiesen, wonach es nicht zu rechtfertigen ist, „Vsbedingungen . . . . zugunsten des Vers auszulegen, wenn dieser es unterlassen hat, seine . . . . Belange in der Fassung seiner allgemeinen oder besonderen Bedingungen für den Inhalt des Vsvertrages zur Geltung zu bringen". Noch deutlicher beharren auf der Unklarheitenregel RG 17. IX. 1943 DR 1944 S. 78, 4. II. 1944 DR 1944 S. 808.

OHG 7. X. 1949 OGHZ Bd 2 S. 299—300, **BGH** 21. II. 1951 VersR 1951 S. 79—80 knüpfen an die Judikatur des RG ausdrücklich an: Es sei der Sinn der getroffenen Regelung unter Beachtung ihres wirtschaftlichen Zweckes und der gewählten Ausdrucksweise festzustellen. Nur wenn dann noch Zweifel bleiben, bleibt für die Anwendung der Unklarheitenregel Raum; OLG Nürnberg 25. IV. 1950 VersR 1950 S. 86 schließt sich an.

Zur Unklarheitenregel neuerdings — jedoch nur für eine Einzelklausel — OGH 27. IV. 1950 VA 1953 S. 52 = VersR 1950 S. 100—101, wonach „die größere Fachkunde des Vers nach Treu und Glauben dazu führen muß, mehrdeutige Ausdrücke in dem Vten näherliegenden Sinne zu verstehen" (kritisch Frey VersR 1950 S. 124), — für AVB — KG 20. V. 1947 DRZ 1948 S. 102—103 (mit kritischer Anm. von Prölss), OLG Köln 28. V. 1951 VersR 1951 S. 160, OLG München 20. X. 1951 VersR 1951 S. 270, OLG Schleswig 30. X. 1952 VersR 1953 S. 20.

Besonders deutlich die (nicht vsrechtliche) Entscheidung BGH 12. II. 1952 NJW 1952 S. 657—658: „Sollte die Bekl. einen anderen Inhalt dieser Bestimmungen gewollt haben, so ist dieser Wille nicht eindeutig zum Ausdruck gebracht worden. Einen etwa möglichen Zweifel müßte die Bekl. gegen sich gelten lassen, da sie sich klarer hätte ausdrücken können". Der BGH zitiert dabei reichsgerichtliche Urteile zur Unklarheitenregel (RG 10. I. 1928 RGZ Bd 120 S. 20, 19. VI. 1934 RGZ Bd 145 S. 26). Wenn Prölss VersR 1953 S. 5 die in dem Urteil behandelten formularmäßigen Wettbedingungen von den AVB abzurücken trachtet, so übersieht er, daß auch die fraglichen Verträge der Wetteinrichtungen nach § 763[1] BGB staatlich genehmigt sind. Vgl. ferner BGH 18. XI. 1952 MDR 1953 S. 96, wo es für Verfrachtungsbedingungen heißt: „Auf die Belange der an ihrer Fassung beteiligten Wirtschaftskreise kommt es ... nur insoweit an, als sie in dem Wortlaut einen eindeutig erkennbaren Ausdruck gefunden haben".

Die Unklarheitenregel ist übrigens im Sinne der Revisibilität nicht selbst Rechtssatz (so z. B. RG 11. III. 1927 RGZ Bd 116 S. 276 und dazu L. Raiser a. a. O. S. 264).

[72] c) Standpunkt Prölss.

Prölss S. 17—20, ZVersWiss 1935 S. 218—231, VersR 1953 S. 5—6 (vgl. auch die ZVersWiss 1935 S. 221 Anm. 15 Zitierten sowie Ehrenzweig S. 16—17) spricht sich immer wieder gegen die Unklarheitenregel aus; er fordert eine völlig „objektive" Auslegung der AVB. Zur Begründung führt er an, erstens handle es sich um Normen für eine Vielzahl von Fällen, zweitens würden die AVB meistens nicht mehr einseitig von den Vern aufgestellt (Mitwirkung der Vmerkreise und der Vsaufsicht), drittens könnten die Ver ebensowenig wie der Gesetzgeber alle Gestaltungsmöglichkeiten vorausschauend bedenken und sprachlich eindeutig regeln, viertens verstoße die Auslegungsregel gegen den Gleichbehandlungsgrundsatz, fünftens dürften dem Ver keine Wagnisse aufgebürdet werden, die er nicht versichern könne.

Diese Argumente können nicht überzeugen: Zum ersten hat der soziologische Normencharakter der AVB nichts mit ihrer Auslegung zu tun, abgesehen von der Tatsache, daß AVB generell auszulegen sind (Anm. 66). Zweitens gibt es — vielleicht abgesehen vom Klauselwerk der Feuerv — wohl keine AVB der Binnenv, bei deren Aufstellung Vmerkreise gleichberechtigt mitbestimmt haben (Anm. 18); die Vsaufsicht beschränkt sich durchweg auf die Genehmigung der von den Vern aufgestellten AVB. Drittens hat doch derjenige, der die erste Formulierung der AVB vornimmt, zumal als erfahrener Ver, die umfassendsten Gestaltungsmöglichkeiten und die Pflicht zu gedanklicher und sprachlicher Klarheit. Viertens verletzt die Unklarheitenregel den Gleichbehandlungsgrundsatz nicht, da die Regel kraft der generellen Auslegung bei allen Vmern zur Anwendung kommt. Fünftens gilt die Unklarheitenregel nach der neueren Rechtsprechung nur subsidiär; bei der primären Auslegung sind der Gemeinschaftsgedanke und vstechnische Grundsätze zu berücksichtigen (Anm. 66, 64), so daß dem Ver untragbare Wagnisse nicht aufgebürdet werden.

Prölss folgt bislang nur OLG Bremen 26. VI. 1953 VersR 1953 S. 318, LG Hamburg 18. XI. 1949 VersR 1950 S. 55 (anders schon wieder LG Hamburg 30. III. 1950. Der Vmer 1950 S. 78 = BetrBer 1950 S. 354); es ist nicht richtig, daß „der Gedanke der objektiven Auslegung .... auf der ganzen Linie gesiegt" habe (Prölss S. 20, zurückhaltender Prölss VersR 1953 S. 5).

Die letzten Urteile des RG, auf die Prölss sich berufen will, dürfte er mißverstanden haben. RG 31. I. 1941 DR 1941 S. 1210—1213 = JRPV 1941 S. 59—61 sagt zur Unklarheitenregel nichts, sondern betrifft nur die soziologische Bedeutung von AVB (Anm. 21). RG 13. X. 1942 RGZ Bd 170 S. 240—241 behandelt keinen vsrechtlichen Fall, sondern allgemeine Geschäftsbedingungen der Binnenschiffahrt, die überdies von öffentlichrechtlichen Verbänden aufgestellt sind und für die nur eine generelle Auslegung, nicht aber eine Aufgabe der Unklarheitenregel vorgesehen wird. Daß sich vollends RG 26. III. 1943 RGZ Bd 171 S. 47—48, 50 von der Unklarheitenregel nicht distanziert hat, ist in Anm. 71 dargetan und wird durch die noch späteren, dort angeführten Urteile bestätigt. Eine generelle und insoweit gesetzesähnliche Auslegung von AVB bedeutet nicht zugleich ein Abrücken von der (nur subsidiären) Unklarheitenregel und keine Hinwendung zum Gedanken der objektiven Auslegung (deshalb verfehlt auch Prölss DRZ 1948 S. 103, richtig dagegen OLG Köln 28. V. 1951 VersR 1951 S. 160, wo sehr klar generelle Auslegung und Unklarheitenregel getrennt werden). Da sich mindestens seit 1901 — Einführung der Vsaufsicht — die Rechtstatsachen nicht geändert haben, im Gegenteil die besonderen Verhältnisse der Zeit nach 1933, der Kriegs- und Nachkriegszeit das Funktionieren der Vsaufsicht nicht unberührt gelassen haben, bestand für das RG auch keinerlei Grund, ausgerechnet 1941—1943 von seiner jahrzehntealten Judikatur, nachdem diese schon in gewisser Weise fortentwickelt war, völlig abzugehen. Solche Abkehr wäre wohl auch zum mindesten zum Ausdruck gebracht worden. Überdies hat 1944 das RG deutlich wieder an die Tradition angeknüpft.

Auch OGH und BGH haben sich bisher nicht zur Aufgabe der Unklarheitenregel bekannt, im Gegenteil: vgl. Anm. 71, besonders BGH 12. II. 1952 NJW 1952 S. 657 bis 658. Die von Prölss zitierten Urteile betreffen allein die Rechtsnatur der AVB und die generelle Auslegung, nicht die Unklarheitenregel, sie sind deshalb in Anm. 21, 65 angeführt.

Neuerdings erkennt übrigens Prölss VersR 1953 S. 5—6 selbst in dreierlei Wendungen der Unklarheitenregel noch Bedeutung zu, nämlich bei einseitig entworfenen AVB, bei geschriebenen besonderen Vsbedingungen und „als eine Erwägung im Rahmen der objektiven Auslegung". Das alles ist nicht frei von Widerspruch.

[73] d) Eigene Auffassung.

Die alte und von der höchstrichterlichen Rechtsprechung nicht aufgegebene Unklarheitenregel ist gedacht als Korrektiv gegenüber den Möglichkeiten einer Machtverstärkung, wie sie den Vern durch Aufstellung der AVB eröffnet sind (Anm. 18). Dieser Grundgedanke erscheint auch heute noch gerecht und billig, zumal wenn man mit der neueren Rechtsprechung die Unklarheitenregel nur subsidiär anwendet (so auch L. Raiser a. a. O. S. 262—263, 270—271, sogar noch etwas weitergehend aus dem Gedanken der „Verantwortung des Unternehmers für die Wortfassung", vgl. auch Möller VersPrax 1952 S. 34—35).

[74] Von hier aus ergibt sich die Notwendigkeit, alle diejenigen Fälle aus dem Anwendungsbereich der Unklarheitenregel auszuscheiden, bei denen eine Machtverstärkungstendenz der Ver nicht in Betracht kommt. Dies trifft bei folgenden sechs Tatbeständen zu: Erstens dann, wenn und insoweit die AVB den Wortlaut des VVG genau wiederholen. Hier kann die Übernahme in die AVB die objektive Auslegung nicht beeinflussen: L. Raiser a. a. O. S. 257, RG 28. IV. 1914 RGZ Bd 84 S. 409—410, 16. IV. 1918 VA 1918 Anh. S. 69—70 Nr. 1055, 20. IX. 1927 RGZ Bd 118 S. 58, 15. II. 1929 VA 1929 S. 240 Nr. 2005 = JRPV 1929 S. 97. Zweitens scheidet jede Machtverstärkungstendenz aus, wenn bei einem Gegenseitigkeitsverein die Mitgliederversammlung oder ein sonstiges Organ selbst die AVB formuliert (KG 21. II. 1934 VA 1934 S. 28 Nr. 2682 = JRPV 1934 S. 203, dagegen RG 12. X. 1934 VA 1934 S. 231 Nr. 2727 = HansRGZ 1935 A Sp. 178); etwas anderes muß aber gelten, falls ein solcher

Verein z. B. Verbandsbedingungen übernimmt (vgl. RG 4. V. 1887 RGZ Bd 18 S. 143 bis 144). Drittens kann bei ausschließlich staatlicherseits aufgestellten AVB (auch bei Änderungen der AVB auf Initiative der Aufsichtsbehörden) die Unklarheitenregel nicht gelten: L. Raiser a. a. O. S. 255—256, 263; jedoch bewirkt die bloße aufsichtsbehördliche Prüfung, Genehmigung oder Veröffentlichung — auch bei Musterbedingungen oder nach der VO vom 29. XI. 1940 — noch nicht, daß AVB objektiv auszulegen sind (so für die AKB mit Recht Pienitz S. 19, Thees DJustiz 1941 S. 420 gegen Prölss JRPV 1941 S. 85—87, Stiefel-Wussow Einf. Anm. 7, S. 23—24, Würffel VW 1953 S. 207; die AKB sind von den Aufsichtsbehörden weder entworfen [dazu Pienitz S. 9] noch „erlassen" [so Ehrenzweig S. 13 Anm. 6, Prölss S. 17], sondern nur „genehmigt" und publiziert [§ 3 II PflichtVG]). Viertens fehlt es an einer Machtverstärkung, falls sachverständige Vmerkreise bei der Aufstellung der AVB nicht nur angehört sind, sondern gleichberechtigt mitgewirkt haben (L. Raiser a.a.O. S. 255, 263; sogar bei den ADS soll solche Gleichberechtigung nicht vorgelegen haben gemäß RG 26. II. 1927 RGZ Bd. 116 S. 225, 12. VII. 1928 RGZ Bd 121 S. 400, 19. I. 1929 RGZ Bd 123 S. 145). Fünftens müssen Maklerbedingungen, da ein Vsmakler Bundesgenosse des Vmers ist, objektiv ausgelegt werden. Und sechstens gilt dies auch dann, wenn die einzelnen Vmer selbst bei der Abfassung der AVB mitgearbeitet haben (KG 21. V. 1941 JRPV 1941 S. 129—130).

[75] Da die Unklarheitenregel Möglichkeiten der Machtverstärkung ein Gegengewicht schaffen soll, kann sie auch bei besonderen Vsbedingungen, die von den Vern aufgestellt sind, angewendet werden (so auch RG 11. III. 1927 JW 1927 S. 1589, 27. I. 1928 JRPV 1928 S. 60, 26. III. 1943 RGZ Bd 171 S. 50, OGH 27. IV. 1950 VersR 1950 S. 100—101, Prölss VersR 1953 S. 5—6).

Auch ein Vmer, der sich über den Inhalt der AVB bei Vertragsabschluß noch keine Gedanken gemacht hat (etwa weil er die AVB nicht erhalten oder nicht gelesen hat), muß sich später auf die Unklarheitenregel berufen können (ebenso L. Raiser a.a.O. S. 263 gegen Prölss S. 20, KG 2. V. 1931 JRPV 1931 S. 268—269, wohl auch RG 15. XI. 1940 HansRGZ 1941 A Sp. 80).

Das Ergebnis einer Anwendung der Unklarheitenregel ist durchweg eine dem Vmer günstige Auslegung, welche nicht selten allzu verwickelte Bestimmungen stark vereinfacht. Möglicherweise werden aber auch unverständliche Bestimmungen gestrichen (L. Raiser a.a.O. S. 254, vgl. auch S. 262—263). Jedenfalls führt die Unklarheitenregel — vorbehaltlich der Irrtumsanfechtung — zu einem Konsens: Die einen Dissens annehmende Typenflug-Entscheidung (Anm. 71) ist mit Recht angegriffen (Ehrenberg JW 1927 S. 1588—1590) und vereinzelt geblieben; ein non liquet ist für die Beteiligten unerwünscht (L. Raiser a.a.O. S. 260—263, KG 16. X. 1929 JRPV 1930 S. 63). Ein Rechtsirrtum hinsichtlich unklarer AVB ist vom Ver zu vertreten, er kann also in Schuldnerverzug geraten (Anm. 26 zu § 11; RG 12. XI. 1937 RGZ Bd 156 S. 120).

Berücksichtigt man, daß die Unklarheitenregel nach Anm. 71 erst sekundär anzuwenden ist und überdies in den in Anm. 74 genannten sechs Fällen nicht Platz greift, so dürften im Einzelfall die Auslegungsergebnisse durchweg übereinstimmen, gleichgültig ob man dem Standpunkt von Prölss oder dem hier vertretenen zustimmt.

[76] VII. Ausländisches Versicherungsvertragsrecht.

Rechtsvergleichendes Schrifttum (unter Heranziehung von mehr als vier Rechtsordnungen): Basedow, Doppelv, eine rechtsvergleichende Studie, Hamburger Diss., Zeulenroda 1934, Hagemann, Das Zustandekommen des Vsvertrages, Eine rechtsvergleichende Darstellung, Hamburger Diss., Hamburg 1934, Koops, Die vorvertragliche Anzeigepflicht des Vmers, Hamburger Diss., Hamburg 1934, Möller, Das Seevsrecht der bedeutendsten seefahrttreibenden Staaten, in: Wirtschafts- und Rechtsfragen der Transportv, Berlin 1941, S. 60—73, Nothmann, Das Vs-Zertifikat, Hamburger Diss., Hamburg 1932, Tsirintanis, Die Order-Polize, Hamburger Diss., Hamburg 1930. Entschließungen des III. Internationalen Kongresses für Rechtsvergleichung: Z für Ausländisches und Internationales Privatrecht 1951 Bd 16 S. 489—490. Tabellen bei Basedow, Le droit international privé des assurances, Paris 1939, S. 185—189, Prölss S. XIX bis XXIV.

[77] Übersicht.

Vgl. auch den Überblick bei Donati, Trattato del diritto delle assicurazioni private, 1. Band, Mailand 1952, S. 121—130.

Wie in Deutschland sind auch im Ausland im Bereiche des Vsvertragsrechtes Binnen- und Seeversicherung gesetzgebungstechnisch regelmäßig auseinander zu halten. Es gibt nur wenige Staaten, in denen beide Materien in einem einheitlichen Versicherungsvertragsgesetz geregelt sind (Anm. 78). In vielen Ländern des romanischen, insbesondere des ibero-amerikanischen Rechtskreises, findet sich in den großen Handelsrechtskodifikationen zwar eine gleichzeitige gesetzliche Regelung, aber die Seev ist in den Rahmen des Seerechts gestellt und auf diese Weise von der Binnenv getrennt (Anm. 79). Zuweilen sind See- und Binnenv zwar in verschiedenen Gesetzen geregelt, aber so, daß auf die Seev ergänzend die binnenvsrechtlichen Normen Anwendung finden (Anm. 80). Getrennt und völlig unabhängig voneinander ist die Regelung außer in Deutschland (VVG und HGB) in manchen weiteren Staaten (Anm. 81). Einige Länder haben nur das Seeversicherungsrecht (Anm. 82) oder nur das Binnenversicherungsrecht (Anm. 83) kodifiziert. Zuweilen fehlt es sogar völlig an einer Kodifikation des Vsvertragsrechtes (Anm. 84).

Soweit es deutsche Übersetzungen fremdsprachiger Kodifikationen gibt, sind sie im Folgenden angegeben; die mit einem Stern* bezeichneten Gesetze sind übersetzt bei: Borchardt, Die Handelsgesetze des Erdballs, 3. Aufl., Berlin o. J.

[78] 1. Staaten mit einheitlichen Versicherungsvertragsgesetzen.

In den nordischen Ländern gibt es zusammenfassende Kodifikationen des Vsvertragsrechtes, und zwar ist die Seev zusammen mit der Binnentransportv im Abschnitt über die Schadensv geregelt. Die vier Gesetze stimmen weitgehend überein: Dänemark G vom 15. IV. 1930, Finnland G vom 12. V. 1933 (deutsch: AssJahrb Bd 53 S. 502—534), Norwegen G vom 6. VI. 1930, Schweden G vom 8. IV. 1927 (deutsch: Schwedisches G über den Vs-Vertrag, Berlin 1930, S. 7—36).

Auch die Schweiz unterscheidet im G vom 2. IV. 1908 nicht zwischen Binnen- und Seev; nur einzelne, nicht in einen besonderen Abschnitt gestellte Vorschriften gelten auch für die Seev. Führendes Schrifttum der Schweiz: Koenig, Schweizerisches Privatvsrecht, Bern (1951), Roelli(-Jaeger), Kommentar zum Schweizerischen Bundesgesetze über den Vsvertrag, 4 Bände, Bern 1914—1933. Entsprechendes gilt für China G vom 11. I. 1937 und Costarica G vom 25. IX. 1922 (das G enthält auch öffentlichrechtliche Normen).

[79] 2. Staaten mit zusammenfassenden Handelsrechtskodifikationen.

Viele große Handelsrechtskodifikationen behandeln die Binnenv und getrennt davon im Seerecht die Seev, und zwar letztere mit Verweisungen auf die Binnenv. Dies gilt für die Handelsgesetzbücher von Argentinien G vom 9. X. 1889*, Belgien G vom 11. VI. 1874, 21. VIII. 1879, 10. II. 1908, Chile G vom 23. XI. 1865*, Cuba Verfügung vom 28. I. 1886*, wonach das spanische Recht Anwendung findet, Ecuador G vom 30. VII. 1906, Griechenland G vom 17. III. 1910, Guatemala G vom 20. VII 1877*, Honduras G vom 27. VIII. 1880*, Japan G vom 9. III. 1899, 2. V. 1911 (deutsch: Vogt, Handelsgesetzbuch für Japan, 2. Aufl., Berlin 1927, S. 1—150), Nicaragua G vom 12. III. 1869*, die Niederlande G vom 4. VII. 1837*, Paraguay G betr. Einführung des Argentinischen HGB vom 5. X. 1903*, Peru G vom 15. II. 1902*, Portugal G vom 23. VIII. 1888*, San Salvador G vom 5. VII. 1904*, Spanien G vom 22. VIII. 1885*, Uruguay G vom 26. V. 1865*, Venezuela G vom 29. XI. 1919.

[80] 3. Staaten mit zwei aufeinander verweisenden Gesetzen.

Hierher zählen Bulgarien: Binnenv im HGB vom 29. V. 1897*, Seev im SeeHGB vom 24. I. 1908, Columbien: Binnenv im HGB vom 12. X. 1869*, Seev im SeeHGB vom 11. VII. 1870*, Mexiko: Binnenv im VVG vom 26. VIII. 1935, Seev im HGB vom 15. IX. 1889*, Panama: wie Columbien, Rumänien: Binnenv im VsG vom 4. VII. 1930 (deutsch: Das rumänische Vs-G, Berlin o. J., S. 3—35, Weisskircher, Kommentar und

Übersetzung des neuen rum.VsGes, Schäßburg 1933, S. 5—48), Seev im HGB vom 10. V. 1887*, Sowjetrußland: Binnenv im BGB vom 31. X. 1922 (deutsch: Freund, Das Zivilrecht Sowjetrußlands, Mannheim-Berlin-Leipzig 1924, S. 115—286), Seev im SeeHGB vom 14. VI. 1929 (deutsch: Freund, Das Seeschiffahrtsrecht der Sowjetunion, Stuttgart 1930, S. 69—127).

[81] **4. Staaten mit zwei aufeinander nicht verweisenden Gesetzen.**

Völlig unabhängig voneinander bestehen Rechtsquellen der Binnen- und Seev (außer in Deutschland) in folgenden Staaten: Brasilien: Binnenv im BGB vom 1. I. 1916 (deutsch: Heinsheimer, Brasilien, Codigo Civil, Die Zivilgesetze der Gegenwart, Bd III, Mannheim-Berlin-Leipzig 1930, S. 1—373), Seev im HGB vom 25. VI. 1850*, Frankreich: Binnenv im VVG vom 13. VII. 1930, Seev im HGB vom 15. IX. 1807*, Italien: Binnenv im BGB vom 16. III. 1942, Seev im SchiffahrtsG vom 27. I. 1941, Türkei: Binnenv im HGB vom 29. V. 1926, Seev im SeeHGB vom 13. V. 1929, Ungarn: Binnenv im HGB vom 16. V. 1875*, Seev wie Frankreich.

[82] **5. Staaten nur mit Seeversicherungsregelung.**

Eine zusammenfassende Regelung nur des Seevsrechtes gibt es in Australien: Commonwealth Marine Insurance Act, 1909, in Großbritannien: Marine Insurance Act, 1906, in der Dominikanischen Republik: HGB vom 5. VI. 1884* und in Haiti: HGB vom 28. III. 1826*.

[83] **6. Staaten nur mit Binnenversicherungsregelung.**

Zu nennen sind Binnenländer wie Bolivien: HGB vom 12. XI. 1834*, Luxemburg: VVG vom 16. V. 1891 (deutsch: Privat-Vswesen, Die gesetzkräftigen Bestimmungen über das Vswesen im Großherzogtum Luxemburg, Luxembourg 1922), Österreich: deutsches VVG nach dem 4. Abschnitt Art. I—VI VO zur Vereinheitlichung des Rechts der Vertragsv vom 19. XII. 1939 (RGBl. I S. 2443) und nach dem RechtsüberleitungsG vom 1. V. 1945. Führendes Werk: Ehrenzweig, Deutsches (österreichisches) Vsvertragsrecht, Wien 1952 (auch für Deutschland bedeutsam); weitere Quellen bei Wahle-Wahle Vertragsvsrecht, Wien 1949.

[84] **7. Staaten ohne zusammenfassendes Versicherungsvertragsrecht.**

Hier sind besonders die Vereinigten Staaten von Amerika zu erwähnen, jedoch gibt es in einzelnen Staaten Vorschriften über den Vsvertrag, z. B. für New York im Insurance Law, 1939, für Louisiana im Insurance Code, 1948.

[85] **Vereinheitlichungsbestrebungen.**

Die Vereinheitlichung des Privatvsrechts ist erwünscht und möglich (Bruck AssJhrb Bd 50 S. 94—107). Bestrebungen zur Vereinheitlichung des Vsvertragsrechtes sind bislang ausgegangen von dem Internationalen Institut zu Rom für die Vereinheitlichung des Privatrechts (Völkerbund), der Internationalen Vereinigung von Vsjuristen (Möller HansRGZ 1931 A Sp. 435—436), der International Law Association (37. Konferenz Oxford 1932), den Internationalen Kongressen für Versicherungs-Wissenschaft (5. Kongreß Berlin 1906, 6. Kongreß Wien 1909, 11. Kongreß Paris 1937), dem Landesverband der Vsanstalten in Ungarn (Die internationale Vereinheitlichung des Vsvertragsrechts, o. O. o. J.) und dem III. Internationalen Kongreß für Rechtsvergleichung (Z für Ausländisches und Internationales Privatrecht 1951 Bd 16 S. 489—490, Schmidt VersR 1950 S. 126, 138).

[86] **VIII. Internationales Privatrecht.**

Schrifttum: Basedow, Le droit international privé des assurances, Paris 1939, Bruck S. 39—48, Zwischenstaatliches Vsrecht, Mannheim-Berlin-Leipzig 1924, Durst SchweizVersZ 1950/51 S. 332—339, Ehrenzweig S. 29—31, von Gierke I S. 73—75, Raape, Internationales Privatrecht, 3. Aufl., Berlin-Frankfurt 1950, Rothe, Über deutsches internationales Privatvsrecht, Leipziger Diss. 1934, Prölss S. 23—25, Zwischenstaatliches Rückvsrecht, Rostock 1942, Z für Ausländisches und Internationales Privatrecht 1951 Bd 16 S. 203—215, Wolff, Das internationale Privatrecht Deutschlands, 2. Aufl., Berlin-Göttingen-Heidelberg 1949.

[87] 1. Abgrenzung.

Solange es kein einheitliches Weltvsrecht gibt (Anm. 85), sind Fragen des internationalen Vsvertragsrechtes wegen der zwischenstaatlichen Verflechtung der Privatv von großer Bedeutung, und zwar besonders im Bereich der Transport-, Rück-, Lebens- und Feuerv.

Das internationale Vsvertragsrecht ist verzahnt mit dem internationalen Vsunternehmens- und Vsaufsichtsrecht, aber auch völkerrechtliche Fragen spielen eine Rolle, z. B. Handelsverträge (Rothe a.a.O. S. 15—16, Geschäftsbericht 1951/52 des Gesamtverbandes der Vswirtschaft, Köln 1952, S. 34—35) und Friedensverträge (für die Zeit nach dem 1. Weltkrieg: Berliner, Die Vorschriften des Friedensvertrages von Versailles über Vsverträge, Leipzig-Erlangen 1921, Bruck, Die Behandlung der Vs-Verträge im Friedensvertrag zu Versailles, Berlin 1920, Hallstein, Der Lebensvsvertrag im Versailler Vertrag, Marburg 1926, nach dem 2. Weltkrieg: Anonym VW 1949 S. 135 für Italien, Menzel, Die Friedensverträge von 1947 mit Italien, Ungarn, Bulgarien, Rumänien und Finnland, Oberursel 1948, S. 50—51). Über die Auslandsschulden der Vswirtschaft vgl. Geschäftsbericht 1951/52 des Gesamtverbandes der Vswirtschaft, Köln 1952, S. 28—31, speziell bedeutsam zunächst das deutsch-französische Vsabkommen (VW 1953 S. 26, Herzog VW 1953 S. 31—32). Vgl. auch für Vsunternehmen: Mosler, Staatenkonzessionen bei Änderungen der Staatshoheit, Stuttgart (1948).

Die Abgrenzung zwischen internationalem und interlokalem Vsvertragsrecht hat wegen der Verwandschaft beider Rechtsgebiete (Anm. 100) vorwiegend theoretische Bedeutung, vgl. wegen der Rechtslage mit Österreich: VsüberleitungsG vom 13. VI. 1946 BGBl. Nr. 108, VsüberleitungsVOen vom 16. I. 1947, 1. X. 1947 BGBl. Nr. 43, 238, Vsüberleitungsnovelle von 1951 BGBl. Nr. 77, VA 1948 S. 11; von Laun VW 1946 Nr. 8 S. 2—4, mit Polen: AG Krakau 24. VI. 1948 VA 1949 S. 27; mit der Tschechoslowakei (Böhmen-Mähren und Sudetenland): VA 1947 S. 35—36, 1948 S. 17, 46, VW 1948 S. 68; Bronisch VVV 1949 S. 119—122, 239; OLG Hamburg 3. II. 1953 VersR 1953 S. 226—229 mit Anm. Prölss; mit Elsaß-Lothringen: R 1947 Nr. 1 Ziff. XI, R 1947 Nr. 5 Ziff. VII, VA 1947 S. 36, 1948 S. 65, VW 1948 S. 184; mit Eupen: VA 1948 S. 30, 65, mit Luxemburg: VA 1948 S. 65; mit dem Saargebiet: VA 1947 S. 26, 36, 1948 S. 71, 1951 S. 38, Hartmann-Meisch, Die Lebensvsverträge in der Währungsumstellung, 2. Aufl., Hamburg 1950, S. 74, 91—92, Müller-Lutz VW 1948 S. 318 bis 319, Reinbothe-Wetter, UmstellungsG, Stuttgart 1949, S. 281, Schmidt VW 1951 Nr. 14 Sonderbeilage S. I—V.; mit den sonst im Westen abgetrennten Gebieten: VW 1949 S. 310—311, Reinbothe-Wetter a. a. O. S. 281; generell Starke VW 1952 S. 74—76.

[88] 2. Gesetze.

Das deutsche Recht enthält nur wenige einzelheitliche Vorschriften zum internationalen Vsvertragsrecht, und zwar im VVG die §§ 59 II 2, 133 II 1 (mit §§ 835—837 HGB). Aus dem VAG sind die Normen über ausländische Vsunternehmen (§§ 105—111 VAG) zu nennen, besonders § 106 II Ziff. 3 VAG (Vertretungsmacht des Hauptbevollmächtigten) und § 109 VAG (Gerichtsstand der Niederlassung).

Die Tätigkeit deutscher Vsunternehmen im Ausland war geregelt durch KontrollratsG Nr. 47, eingeschränkt seitens der westlichen Besatzungsmächte durch G Nr. 16 der amerikanischen und britischen Militärregierung (VA 1949 S. 29) nebst Zusatz Nr. I (VA 1949 S. 49) und VO Nr. 205, 218 der französischen Militärregierung sowie G Nr. 36 der Alliierten Hohen Kommission vom 7. IX. 1950 (VA 1950 S. 132—133, vgl. auch VA Berlin 1950 S. 6—7), G Nr. A—15 der Alliierten Hohen Kommission vom 26. IV. 1951 (VA 1951 S. 100, vgl. auch VA Berlin 1951 S. 116). Genehmigungswortlaut: VW 1949 S. 432—433, vgl. auch BetrBer 1950 S. 249. Schrifttum: Anonym VW 1951 S. 198, Geschäftsbericht 1951/52 des Gesamtverbandes der Vswirtschaft, Köln 1952, S. 33—34, Groß VW 1950 S. 26—27, Labes VW 1949 S. 265—266, Prölss Gesetz und Recht Heft 10 S. 289—316, Heft 79 S. 2505—2528, Wrangel VW 1949 S. 175—176.

Gemäß § 7 Dritte VO des Zonenamtes des RAA über die Schadens-, Unfall- und Krankenv, § 4 Zweite VO des Zonenamtes des RAA über die Lebens- und Rentenv können im Währungsgebiet Ansprüche aus einem Vsverhältnis, das zu einem selbständigen ausländischen Bestand gehört, nicht geltend gemacht werden, dazu Anonym VW 1950 S. 79, Reinbothe-Wetter, UmstellungsG, Stuttgart 1949, S. 281—282. Entsprechend für Berlin § 25 R 59/49 des Berliner Aufsichtsamts VW 1949 S. 476—477. Vgl. im übrigen über die Behandlung von Auslandsverbindlichkeiten § 5 III 5, IV 23. DVO zum UmstellungsG (Neufassung: VA 1950 S. 17), auch VA 1951 S. 62, Anonym VW 1951 S. 198.

[89] 3. Anknüpfung.

Für die Frage, welche Rechtsordnung in Kollisionsfällen maßgebend ist, hat der deutsche Richter das deutsche internationale Privatrecht zugrundezulegen (RG 20. II. 1929 JRPV 1929 S. 118—119 = HansRGZ 1929 A Sp. 288, OLG Hamburg 22. VII. 1927 HansRZ 1927 Sp. 944). Nach deutschem internationalem Obligationenrecht entscheidet hinsichtlich der anzuwendenden Rechtsordnung primär der wirkliche Parteiwille (Anm.90). Ist ein solcher nicht feststellbar, so ist der hypothetische Parteiwille, besser: die Interessenlage (Raape a. a. O. S. 291—293, BGH 1. II. 1952 NJW 1952 S. 541, 30. IX. 1952 NJW 1953 S. 341) für die Anknüpfung maßgebend (Anm. 91—94).

Für eine Anknüpfung an den Erfüllungsort ist sonach im deutschen Recht bei Vsverträgen kein Raum mehr (a.A. RG 5. XII. 1902 RGZ Bd 53 S. 140, 28. XI. 1922 VA 1923 Anh. S. 47 Nr. 1307, 15. XII. 1922 RGZ Bd 106 S. 61, 21. II. 1930 VA 1930 S. 179 Nr. 2146, KG 23. II. 1924 VA 1924 S. 117 Nr. 1411, 17. XII. 1924 VA 1925 S. 107 Nr. 1466, 31. X. 1934 JRPV 1935 S. 140 = HansRGZ 1936 A Sp. 187, OLG München 9. I. 1931 VA 1931 S. 15 Nr. 2245).

Das ausländische internationale Vsvertragsrecht stellt zum Teil ab auf die lex loci contractus: für die Vereinigten Staaten vgl. Hinrichsen, Die lex loci contractus im amerikanischen Internationalprivatrecht, Heidelberg 1933, S. 54—58, Hammon in: Corpus Juris, Bd 32, New York 1923, S. 977—980, für die britische Binnenv vgl. Macgillivray, On Insurance Law, 3. Aufl., London 1947, S. 430—431. Vgl. zum ausländischen Recht aber auch Anm. 91.

[90] a) Statut des wirklichen Parteiwillens.

Nach deutschem Recht sind Vmer und Ver in der Lage, über die anzuwendende Rechtsordnung eine vertragliche Vereinbarung zu treffen; es tritt dann neben den materiellrechtlichen Vsvertrag der kollisionsrechtliche Verweisungsvertrag (für den die lex fori als Statut maßgebend ist: Raape a.a.O. S. 288, 301). Daß primär die Parteiautonomie entscheidend ist, betonen generell Raape a.a.O. S. 280—284, Wolff a.a.O. S. 115—117, speziell für den Vsvertrag Ehrenzweig S. 30, RG 27. I. 1928 RGZ Bd 120 S. 72, 13. XII. 1929 VA 1930 S. 16 Nr. 1608, 11. IV. 1933 JW 1933 S. 1657 = JRPV 1933 S. 153, BGH 11. II. 1953 VA 1953 S. 85 = VersR 1953 S. 106, KG 17. XII. 1924 VA 1925 S. 107 Nr. 1466, 10. X. 1928 VA 1929 S. 53 Nr. 1962 = HansRGZ 1928 A Sp. 731, 31. X. 1934 JRPV 1935 Sp. 140 = HansRGZ 1936 A Sp. 187, OLG Köln 30. III. 1927 VA 1927 S. 237 Nr. 1746, OLG München 29. X. 1936 HansRGZ 1937 A Sp. 112.

Ausdrückliche Vereinbarungen über die anzuwendende Rechtsordnung finden sich allerdings nur selten in Vsverträgen (Beispiele: § 126[1] ADS; für die Rückv bei Prölss Zwischenstaatliches Rückvsrecht S. 17—21). Häufiger ist eine konkludente Rechtswahl, z. B. durch Bezugnahme auf ausländische Rechtsvorschriften in den AVB (Wolff a. a. O. S. 120) oder durch Verweisung auf das VVG in den AVB (BGH 11. II. 1953 VA 1953 S. 85 = VersR 1953 S. 106). Falls deutsche AVB vereinbart sind, gilt wegen deren Zusammenhang mit dem VVG auch dann deutsches Recht, wenn in den AVB auf das VVG nicht Bezug genommen ist (Ehrenzweig S. 30), Entsprechendes gilt, wenn englische AVB sich dem Wortlaut englischer Gesetze anschließen (OLG Hamburg 21. II. 1930 HansRGZ 1930 B Sp. 425). Eine Vereinbarung über den Erfüllungsort kann bedeuten, daß dieser internationalprivatrechtlich „Schuldort" sein solle (Wolff a.a.O. S. 120, aber auch Bruck S. 44, Ehrenzweig S. 30). Auch Vereinbarungen über den Gerichtsstand, ein Schiedsgerichts- oder Sachverständigenverfahren oder die Stellen, welche Schiedsrichter oder Sachverständige zu ernennen haben, können eine konkludente Rechtswahl beinhalten (Ehrenzweig S. 30, Prölss Zwischenstaatliches Rückvsrecht S. 22—35, RG

13. XII. 1929 VA 1930 S. 16 Nr. 2108 = JRPV 1930 S. 52, OLG Königsberg 9. XII. 1930 JW 1931 S. 751—752 = JRPV 1931 S. 57), jedoch ist Vorsicht geboten, der Parteiwille darf nicht vergewaltigt werden (wie in RG 27. I. 1928 RGZ Bd 120 S. 71—73). Deshalb sind auch Sprache und Währung des Vsvertrages sowie der Vsort nicht ohne weiteres bedeutsam für die anzuwendende Rechtsordnung (über die Sprache allgemein RG 27. V. 1915 RGZ Bd 82 S. 309, für das Vsvertragsrecht KG 23. X. 1906 VA 1907 Anh. S. 31—32 Nr. 295, 17. XII. 1924 VA 1925 S. 107 Nr. 1466, OLG Hamburg 11. I. 1916 SeuffArch Bd 73 S. 59, Bruck S. 41 Anm. 11, Ehrenzweig S. 30, über die Währung OLG Hamm 17. IX. 1934 JRPV 1934 S. 331, OLG Köln 30. III. 1927 VA 1927 S. 237—238 Nr. 1746 = HansRZ 1927 Sp. 453—455).

Für die Privatautonomie bestehen Grenzen. Ein deutscher Vmer kann mit einem deutschen Ver in Deutschland die Maßgeblichkeit einer ausländischen Rechtsordnung nicht ohne weiteres vereinbaren, falls der Vsvertrag keine Auslandsberührung aufweist, kein Vertragsschwerpunkt im Auslande liegt (Raape a.a.O. S. 284—285, Wolff a.a.O. S. 118—119). Bei mangelnder Auslandsberührung können nur diejenigen deutschen gesetzlichen Bestimmungen im Sinne einer ausländischen Rechtsordnung ersetzt werden, die nicht zwingend sind (Anm. 41—50); sonst ließen sich die absolut und relativ zwingenden Vorschriften des VVG stets umgehen. Dazu generell Wolff a.a.O. S. 119.

Nicht selten ist eine Teilverweisung, z. B. durch Aufnahme ausländischer Klauseln in eine deutsche Polize. Dann ist die ausländische Klausel nach ausländischem Recht auszulegen (Nebenstatut): Bruck S. 44, RG 7. XI. 1928 RGZ Bd 122 S. 235, KG 23. X. 1906 VA 1907 Anh. S. 32 Nr. 295, OLG Hamburg 3. XI. 1905 HGZ 1906 Hptbl. S. 11—12, 11. I. 1916 SeuffArch Bd 73 S. 60.

[91] b) Statut des hypothetischen Parteiwillens.

aa) Betriebsstatut.

Sofern ausdrücklich oder konkludent ein Parteiwille hinsichtlich der anzuwendenden Rechtsordnung nicht geäußert ist, muß ermittelt werden, welche Rechtsordnung verständige Kontrahenten vernünftigerweise zugrundegelegt hätten. Es erfolgt also eine Objektivierung der Betrachtungweise, das „organische" Statut ist festzustellen, wobei eine allseitige Würdigung der typischen Interessenlage vonnöten ist.

Diese Würdigung ergibt nach jetzt herrschender Auffassung (die begründet ist von Bruck) die Maßgeblichkeit des sogen. Betriebsstatuts, also der Rechtsordnung am Orte des Sitzes oder der Niederlassung des Vers. So für das deutsche Recht: Bruck S. 39—40, Zwischenstaatliches Vsrecht S. 10—35, Durst SchweizVersZ 1950/51 S. 335—336, Frankenstein, Internationales Privatrecht, 2. Band, Berlin 1929, S. 173, von Gierke I S. 74—75, Lewald, Das deutsche internationale Privatrecht, Leipzig 1931, S. 219—221, Nußbaum, Deutsches internationales Privatrecht, Tübingen 1932, S. 231—232, Prölss S. 24, Raape a.a.O. S. 293—294, Wolff a.a.O. S. 122—123, aus der Judikatur: RG 12. III. 1934 JW 1934 S. 1409, OLG Hamburg 22. VII. 1927 HansRZ 1927 Sp. 944, OLG Jena 14. XII. 1927 VA 1928 S. 218 Nr. 1872, OLG Karlsruhe 12. IV. 1930 VA 1930 S. 184—185 Nr. 2151, OLG Königsberg 9. XII. 1930 JW 1931 S. 751—752 = JRPV 1931 S. 57, OLG München 24. VI. 1931 JW 1931 S. 3222, aus der Verwaltungspraxis: VA 1947 S. 35—36.

Auch im ausländischen Vsrecht setzt sich diese Anschauung weitgehend durch (vgl. aber auch Anm. 89): Für Frankreich: Arminjon, Précis de Droit international privé commercial, Paris 1948, S. 471—490, Basedow a.a.O. S. 3—61, Batiffol, Les conflits de lois en matière de contrats, Paris 1938, S. 294—317, für Schweden: Michaeli, Internationales Privatrecht, Stockholm (1947), S. 297, für die Schweiz: Roelli-Jaeger IV S. 90—92, Schnitzer, Handbuch des Internationalen Handels-, Wechsel- und Checkrechts, Zürich-Leipzig 1938, S. 260, für die britische Seev: Dicey, Conflict of Laws, 6. Aufl., London 1949, S. 674—675. In Polen ist die Frage sogar gesetzlich geregelt: Art. 8 Ziff. 5 G vom 2. VIII. 1926 (bei Raape a.a.O. S. 293). Angesichts dieser sich anbahnenden Einheitlichkeit spielt die Frage der Rückverweisung im Bereich des zwischenstaatlichen Vsvertragsrechtes keine Rolle.

Ihre Begründung findet die Lehre von der Maßgeblichkeit des Betriebsstatuts im Massencharakter der Vsverträge, deshalb gilt es auch im Bank-, Fracht- und Lagerrecht (Frankenstein, Internationales Privatrecht, 2. Band, Berlin 1929, S. 173, Lewald, Das deutsche internationale Privatrecht, Leipzig 1931, S. 219—221, Wolff a.a.O. S. 123). Dem Vsvertrag ist aber nicht nur der Massencharakter eigen, sondern bei ihm führt auch der Gedanke der Gefahrengemeinschaft zu dem Ergebnis, daß aus risikotechnischen Gründen alle Glieder der Kette gleichmäßig sein müssen; daneben läßt sich auf die Notwendigkeit einheitlicher Vsaufsicht hinweisen.

[92] bb) Erscheinungsformen.

Das Betriebsstatut hat zwei Erscheinungsformen, nämlich das Statut des Sitzes und das der Niederlassung. Inländische Vsunternehmen haben ihren Sitz in Deutschland; deshalb ist deutsches Recht anwendbar auf alle ihre Vsverträge, die nicht zu einem ausländischen Vsbestand gehören. Zum deutschen Vsbestand zählen insbesondere alle Vsverträge mit Vmern, die ihren gewöhnlichen Aufenthalt in Deutschland haben und Vsverträge über in Deutschland belegene Sachen (arg. § 107 VAG, § 1 I VStG), aber auch alle sonstigen Vsverträge, bei denen keine ausländische Niederlassung tätig geworden ist, etwa weil sie auf dem Korrespondenzwege abgeschlossen sind. Bei ausländischen Vsunternehmen ist deutsches Recht entsprechend dem Statut der Niederlassung anwendbar, wenn im Inland gemäß § 106 II Ziff. 3 Satz 1 VAG eine Niederlassung unterhalten wird und dafür ein Hauptbevollmächtigter bestellt ist. Zum inländischen Bestand des ausländischen Vers gehören besonders Vsverträge mit Vmern, die ihren gewöhnlichen Aufenthalt in Deutschland haben sowie Vsverträge über inländische Sachen, stets vorausgesetzt, daß der Hauptbevollmächtigte oder ein anderer in Deutschland wohnender Bevollmächtigter den Ver beim Abschlusse vertreten hat (über die Vertretung: §§ 106 II Ziff. 3 Satz 2, 107 VAG). Ebenso BGH 11. II. 1953 VA 1953 S. 85—87 = VersR 1953 S. 107. Auch wenn ein Ausländer mit der deutschen Niederlassung eines Vers seiner Heimat kontrahiert, ist deutsches Recht anwendbar (vgl. OLG München 29. X. 1936 HansRGZ 1937 A Sp. 111—112). Speziell zum Statut der Niederlassung: Prölss Z für ausländisches und internationales Privatrecht 1951 Bd 16 S. 203—215.

Danach ist deutsches Recht nicht anwendbar, wenn z. B. ein Deutscher von Deutschland aus im Korrespondenzwege mit ausländischen Vern (etwa Lloyd's) abgeschlossen hat (gleichgültig, ob ein deutscher Vsmakler eingeschaltet war oder ob die ausländischen Ver außerdem in Deutschland eine Niederlassung unterhalten; zur Beweislast OLG Nürnberg 21. XII. 1951 VersR 1952 S. 122). Schließt ein Deutscher im Ausland mit einem ausländischen Ver einen Vsvertrag, so ist ausländisches Recht anwendbar, auch wenn der Vmer nur vorübergehend im Ausland ist und der Ver in Deutschland eine Niederlassung unterhält (OLG München 24. VI. 1931 JW 1931 S. 3222, von Gierke I S. 74 Anm. 8 gegen Bruck S. 46—47). Das deutsche Recht ist sogar dann nicht maßgebend, wenn der Deutsche im Ausland mit der ausländischen Niederlassung eines deutschen Vers kontrahiert (richtig von Gierke I S. 74—75, OLG Karlsruhe 12. IV. 1930 VA 1930 S. 184—185 Nr. 2151, im Ergebnis auch KG 26. V. 1926 HansRZ 1926 Sp. 670, RG 15. XII. 1922 RGZ Bd 106 S. 61, anders RG 27. I. 1928 RGZ Bd 120 S. 71—73, KG 17. XII. 1930 JRPV 1931 S. 91, OLG Hamburg 11. I. 1916 SeuffArch Bd 73 S. 59, OLG Stuttgart 17. VI. 1927 VA 1927 S. 238—239 Nr. 1747). Falls ein Ausländer von Deutschland aus im Korrespondenzwege mit der ausländischen Niederlassung eines deutschen Vers abschließt, so ist gleichfalls das ausländische Recht anwendbar (a.A. OLG Dresden 21. XII. 1934 VA 1936 S. 163—164 Nr. 2862, bestätigt von RG 11. IV. 1933 JW 1933 S. 1657 = JRPV 1933 S. 153—154, dagegen mit Recht Ehrenzweig S. 30). Entsprechendes gilt, wenn Angehörige der Besatzungsmacht in Deutschland mit hier nicht zugelassenen Niederlassungen von Vern ihrer Heimat kontrahieren. Die Ergebnisse ändern sich auch nicht, wenn eine in Deutschland belegene Sache versichert wird (a. A. teilweise Bruck S. 47).

[93] cc) Aufsichtsrecht.

Die Verletzung der verwaltungs- und strafrechtlichen Vorschriften der §§ 5 I, 105 I, 106 II Ziff. 3 Satz 1, 107, 140 I, II, IV VAG zeitigt keine zivilrechtlichen

Folgen (Rehm-Berliner-Fromm S. 712), insbesondere wird dadurch das maßgebende Statut nicht beeinflußt; die Rechtslage ist so zu beurteilen, als ob jene Vorschriften nicht bestünden: Wenn z. B. ein ausländischer Ver keine Erlaubnis zum Geschäftsbetrieb besitzt, so ist trotz Tätigwerdens von Bevollmächtigten in Deutschland das Statut des ausländischen Sitzes maßgebend.

[94] **dd) Rückversicherung.**

Für die Rückv muß eine Ausnahme vom Betriebsstatut (des Rückvers) gelten. Pröls Zwischenstaatliches Rückvsrecht S. 39—43 hat nachgewiesen, das im Rückvsrecht das Betriebsstatut des Erstvers (und zwar das Statut des Sitzes) für maßgebend zu halten ist (entsprechend auch bei Retrozessionen das Betriebsstatut des Erstvers, nicht des Retrozedenten oder Retrozessionars). Dies ergibt sich aus dem Hilfscharakter, der angelehnten Natur des Rückvsgeschäfts, bei dem auch der Massencharakter zurücktritt. (Die Frage ist jedoch sehr bestritten: Das Betriebsstatut des Rückvers halten für maßgebend Bruck S. 43, Zwischenstaatliches Vsrecht S. 15—16, Kisch AssJahrb Bd 47 S. 8—11). Die Judikatur zeigt keine einheitliche Linie: RG 5. XII. 1902 RGZ Bd 53 S. 139—140, 16. I. 1925 JRPV 1925 S. 55 = HansRZ 1925 Sp. 311 (Erfüllungsort des Beklagten), RG 4. XII. 1926 JW 1927 S. 694 = JRPV 1927 S. 25, auch RG 23. XII. 1931 SeuffArch Bd 86 S. 101—103 (Betonung der Anlehnung), RG 10. VII. 1929 RGZ Bd 125 S. 232 (Ort des Abschlusses), vgl. auch OLG Hamburg 14. X. 1904 OLGRspr Bd 10 S. 147, 20. II. 1931 HansRGZ 1931 A Sp. 293—294.

[95] **4. Tragweite.**

a) Grundsatz der Unwandelbarkeit.

Das vereinbarte Statut oder das Betriebsstatut bleibt in der Regel für die ganze Dauer des Vsverhältnisses maßgebend, auch wenn nachträglich Änderungen eintreten (Wolff a. a. O. S. 125—126, für das Vsrecht BGH 11. II. 1953 VA 1953 S. 85 = VersR 1953 S. 107, KG 14. I. 1910 VA 1910 Anh. S. 54—56 Nr. 524, OLG München 24. VI. 1931 JW 1931 S. 3223). Bei Souveränitätswechsel kann man nicht davon ausgehen, daß ohne weiteres die maßgebenden Rechtsnormen sich ändern: Für Vsverträge mit Vmern in abgetrennten deutschen Westgebieten gilt also weiter deutsches Recht, auch wenn der Ver in dem Erwerbsstaat eine Niederlassung unterhalten würde. Wird der bisher inländische Ver zu einer juristischen Person des ausländischen Rechts oder wird der Vsbestand auf einen ausländischen Ver übertragen, so bleibt doch im Zweifel die bei Vertragsabschluß maßgebende Rechtsordnung anwendbar (Rothe a.a.O. S. 53). Erst recht ist es ohne Einfluß, wenn der Vmer von einem Ausländer beerbt wird oder die vte Sache an einen Ausländer veräußert wird (Rothe a.a.O. S. 52) oder der Vmer seinen Wohnsitz verlegt und dabei vereinbart, daß die Vsleistung im Inland und in deutscher Währung erbracht werden soll (OLG München 24. VI. 1931 JW 1931 S. 3222—3223, KG 2. XI. 1927 JRPV 1928 S. 23—24, vgl. aber auch RG 26. XI. 1920 JW 1921 S. 245—246 = VA 1921 Anh. S. 11—12 Nr. 1177, KG 3. X. 1923 VA 1923 Anh. S. 53—55 Nr. 1311, OLG München 9. I. 1931 VA 1931 S. 15 Nr. 2245). Über den Einfluß der Nationalisierung russischer Zweigniederlassungen amerikanischer Versicherer: KG 19. VI. 1926 VA 1927 S. 7—9 Nr. 1664 = HansRZ 1926 Sp. 736—738.

[96] **b) Bedeutung des „ordre public".**

Ist nach der Lehre vom Betriebsstatut ausländisches Recht maßgebend, so ist doch nach Art. 30 EGBGB die Anwendung durch den deutschen Richter ausgeschlossen, wenn sie gegen die guten Sitten oder gegen den Zweck eines deutschen Gesetzes verstoßen würde. Deshalb sind ausländische Normen, die den Handel mit dem Feind verbieten, nicht anwendbar, soweit sie Deutsche benachteiligen.

Das führt jedoch nicht zu einer Berücksichtigung aller zwingenden Vorschriften des deutschen VVG (vgl. zu diesem Fragenkreis allgemein Wengler Z für vergleichende Rechtswissenschaft Bd 54 S. 168—180, 211, viel zu weitgehend). Die relativ zwingenden Normen beruhen nur auf Zweckmäßigkeitserwägungen, berühren keine grundlegenden staatlichen oder sonstigen Interessen, sodaß eine Abweichung von ihnen Art. 30 EGBGB niemals eingreifen läßt (Bruck Zwischenstaatliches Vsrecht S. 39—41, Durst SchweizVersZ 1950/51 S. 337). Bei den absolut zwingenden Bestimmungen muß man unterscheiden: Wenn z. B. eine ausländische Rechtsordnung eine betrügerische Über- oder Doppelv für gültig erklären würde, so widerstritte dieses dem Zweck der §§ 51 III, 59 III. Auch das vsrechtliche Bereicherungsverbot gehört zu den Grundpfeilern des deutschen Vsrechtes, sofern es sich darum handelt, ob der Anspruchsberechtigte bei der Schadensv überhaupt einen Schaden erlitten hat (hinsichtlich der Höhe des zu ersetzenden Schadens dürfte eine gewisse Standardisierung unbeanstandbar sein). Die Zuständigkeitsnorm des § 48 I darf durch das ausländische Recht nicht ausgeschlossen werden (KG 31. X. 1934 JRPV 1935 S. 140 = HansRGZ 1936 A Sp. 186). Dagegen wird der ordre public nicht berührt bei einer Abweichung des ausländischen Rechts von den absolut zwingenden Vorschriften der §§ 5 IV, 6 IV, 8 I, 11 IV, 81 III. Zweifelhaft ist die Rechtslage hinsichtlich des Einwilligungserfordernisses der §§ 159 II 1, 179 III 1; die Vorschrift muß sich doch wohl gegenüber milderem ausländischem Recht durchsetzen (ebenso Bruck Zwischenstaatliches Vsrecht S. 41—43, Durst SchweizVersZ 1950/51 S. 337, von Gierke I S. 75 Anm. 13, Rothe a.a.O. S. 46—47). Zu weit geht es, wenn Rothe a.a.O. S. 48—49 unter dem Gesichtspunkt des ordre public auf alle Vsverträge über inländische Grundstücke deutsches Recht anwenden will.

Ist im Einzelfall deutsches Recht anwendbar, so kann der Verstoß gegen ein ausländisches G insofern beachtlich sein, als er zugleich einen Verstoß gegen die deutschen guten Sitten darstellt, dazu Ritter S. 79 (Verstoß gegen Zoll-, Steuer-, Ausfuhr- oder Einfuhrregelung; Schmuggel). Überdies kann ein ausländisches G eine Leistung im Sinne des deutschen Rechts anfänglich oder nachträglich unmöglich machen. Generell zu alledem Wengler Z für vergleichende Rechtswissenschaft Bd 54 S. 181—206, 211—212, Zweigert Z für Ausländisches und Internationales Privatrecht Bd 14 S. 283—307.

[97] c) **Grenzen des Schuldstatuts.**

Das Schuldstatut, also insbesondere das Statut des Sitzes oder der Niederlassung ist nicht für sämtliche zwischen den Vertragsparteien auftauchende Fragen bedeutsam, z. B. nicht für die Geschäftsfähigkeit (Art. 7, 8 EGBGB), die Form (Art 11 EGBGB; Ehrenzweig S. 31) oder die sachenrechtlichen Erfüllungsgeschäfte. Jedoch ist dem Schuldstatut (im Sinne eines Wirkungsstatuts) kein besonderes Abschlußstatut gegenüberzustellen (ebenso Raape a.a.O. S. 300—304, Wolff a.a.O. S. 126—132): Deshalb richtet sich nach ihm auch die Behandlung von Willens- und Erklärungsmängeln, die Bedeutung des Schweigens, die Frage des Zugangs usw; anders RG 4. XII. 1926 JW 1927 S. 693—694 = JRPV 1927 S. 25, 23. XII. 1931 SeuffArch Bd 86 S. 101—103, wo allerdings auf den Parteiwillen abgestellt wird. Auch für die Frage des Erlöschens einer Verbindlichkeit ist das Recht maßgebend, dem das Schuldverhältnis selbst untersteht (BGH 11. II. 1953 VA 1953 S. 85 = VersR 1953 S. 106). Über Fragen des Gerichtsstandes und Erfüllungsortes: BGH 11. II. 1953 VA 1953 S. 86 = VersR 1953 S. 107. Öffentlichrechtliche Vorschriften werden durch das Schuldstatut nicht berührt (Prölss Zwischenstaatliches Rückvsrecht S. 54—57). Inländische Enteignungsmaßnahmen können auch den inländischen Vsbestand ausländischer Ver ergreifen (BGH 11. II. 1953 VA 1953 S. 83—89 = VersR 1953 S. 106—109 hinsichtlich der 11. DVO zum ReichsbürgerG).

[98] **5. Einzelheiten.**

a) Beweis.

Jura novit curia. Aber ausländisches Recht, das dem Gericht unbekannt ist, bedarf des Beweises (vgl. § 293 ZPO). Es gilt jedoch die Untersuchungsmaxime, das Gericht darf und muß auch andere Erkenntnisquellen benutzen (Rosenberg S. 508—509, RG 14. XI. 1929 RGZ Bd 126 S. 202).

b) Revisibilität.

Die Vertragsauslegung zu der Frage, ob ein bestimmtes Schuldstatut wirklich vereinbart sei, gehört dem der Revision verschlossenen Gebiete der Tatsachenwürdigung an (RG 27. I. 1928 RGZ Bd 120 S. 73). Revisibel ist dagegen die Feststellung des hypothetischen Parteiwillens (Raape a.a.O. S. 292), also z. B. ein Urteil, das fälschlich das

Statut des Erfüllungsortes, nicht das Statut des Betriebsortes anwendet. Denn die Kollisionsnormen des internationalen Privatrechts gehören dem deutschen Recht an (Anm. 89, Rosenberg S. 646). Ergibt sich die Maßgeblichkeit ausländischen Rechts, so ist dieses nicht revisibel, auch nicht wenn es mit dem deutschen wörtlich übereinstimmt (RG 29. X. 1938 RGZ Bd 159 S. 49—50). Die Revision kann aber auf eine Verletzung des § 293 ZPO gestützt werden (RG 14. XI. 1929 RGZ Bd 126 S. 202).

c) Agenturverträge.

Auch für sie läßt sich ebenso wie für Vsverträge das Statut des Betriebsortes nutzbar machen (Wolff a.a.O. S. 123).

d) Devisenrecht.

Im Auslandsrechtsverkehr sind die Devisenvorschriften zu beachten, und zwar G Nr. 53 der amerikanischen und britischen Militärregierung (Neufassung), für die französische Zone: VO Nr. 235 des Hohen Kommissars, für Westberlin: VO vom 15. VII. 1950 (Verordnungsblatt I S. 304). Wichtig die Allgemeine Genehmigung Nr. 18/49 Neufassung: VA 1951 S. 110—111), Nr. 57/51 (VA 1951 S. 110).

Für Vmer, die sich nur vorübergehend aufhalten, vgl. Allgemeine Genehmigung Nr. 38/50 (VA 1950 S. 112).

[99] IX. Interlokales Privatrecht.

Schrifttum: Möller in: Festschrift zu Ehren von Prof. Dr. jur. Rudolf Laun, Hamburg 1948, S. 97—107, SchweizVersZ Bd 15 (1947) S. 329—337, Prölss S. 25—28, ArchZivPrax Bd 150 S. 28—48, 260—265, Raape s. Anm. 86, Roesch ArchZivPrax Bd 150 S. 48—51, Wolff s. Anm. 86, Würdinger in: RGRKomm. HGB Bd 1 S. 30—41, zusammenfassend: Geschäftsbericht 1950/51 des Gesamtverbandes der Vswirtschaft, Köln 1951, S. 158—176, Geschäftsbericht 1951/52 des Gesamtverbandes der Vswirtschaft, Köln 1952, S. 108—120.

[100] 1. Grundnorm.

Fragen des interlokalen Vsvertragsrechtes waren seit der Schaffung des VVG in Deutschland praktisch unwichtig, sie hatten allenfalls eine gewisse Bedeutung bei der Einverleibung Österreichs usw. und im Verhältnis öffentlichrechtlicher Vseinrichtungen zueinander. Seit 1945 hat infolge der Teilung Deutschlands und seiner Rechts- und Wirtschaftsordnung der Problemkreis große Tragweite gewonnen. Nachdem im Westen die Zonengrenzen für das Vsrecht keine Bedeutung mehr haben, tritt die Frage der Anwendbarkeit west- oder ostzonalen Rechtes in den Vordergrund, auch für Berlin gelten manche Besonderheiten (dazu Geschäftsberichte 1949/1950, 1950/1951 der Vereinigung der Vsbetriebe in Berlin, Berlin [1950, 1951] mit ausführlichen Darlegungen über den schwierigen Begriff des Berliner Bestandes, auch Breitbarth BetrBer 1949 S. 628, Hartmann—Meisch VW 1949 S. 486—487, Schorcht VW 1951 S. 397).

Soweit besondere Vorschriften fehlen, sind die Regeln des internationalen Privatrechts entsprechend anwendbar (RG 3. XII. 1942 RGZ Bd 170 S. 202, Raape a.a.O. S. 102, Wolff a.a.O. S. 2—3, Bedenken bei Beitzke JR 1952 S. 2—3). Dem Statut der Niederlassung entspricht im interlokalen Vsvertragsrecht vielfach jenes der zuständigen Aufsichtsbehörde (Prölss S. 28). Besondere Vorschriften sind im Anschluß an die Währungsumstellung, zum Teil schon vorher, vielfältig erlassen. Ihre Verschiedenheit führt zu erheblichen Abweichungen. Für das Währungsstatut lassen sich die hinsichtlich des Schuldstatuts maßgebenden Grundsätze nicht ohne weiteres anwenden (BGH 30. IX. 1952 NJW 1953 S. 340—341). Der Richter hat das interlokale Privatrecht der lex fori anzuwenden, aus ihm ergibt sich, welche Sachnormen maßgebend sind. Jedoch wird fremden Sachnormen eine gewisse Schranke gesetzt durch den „ordre public“ (dazu eingehender Anm. 105—109).

Nicht selten sind vom Richter auswärtige Regelungen als gegebene Tatsachen, also unnachprüfbar, hinzunehmen, so nach § 24 VI 1 UmstellungG die Tatsache, daß eine Verbindlichkeit einem anderen Unternehmen übertragen worden ist. Andererseits sind in manchen Fällen auswärtige Sachnormen deswegen nicht anzuwenden, weil sie nur territorial wirken. So beziehen sich z. B. Gesetze, durch die das Vermögen einer Person enteignet wird, nicht auf solche Vermögensgegenstände, die außerhalb des enteignenden Staates belegen sind (hierzu Geschäftsbericht 1950/51 a.a.O. S. 158—159,

Würdinger a.a.O. S. 30—32): Die territoriale Wirkung des fremden Rechts verhindert hier seine Anwendung. Zur Frage, wo ein Vermögensgegenstand belegen ist, vgl. Würdinger a.a.O. S. 32—35.

Über die Abgrenzung des interlokalen Privatrechts Anm. 87.

[101] 2. Anknüpfung.

a) Lösungsversuche.

Da es zunächst an gesetzlichen Vorschriften fehlte, hat man sich nach der Kapitulation Gedanken darüber gemacht, an welche Bestimmungen nach dem wirklichen oder hypothetischen Parteiwillen oder unter sonstigen Gesichtspunkten anzuknüpfen sei (hierzu LG Berlin 21. VI. 1951 VersR 1951 S. 193, wonach es auf den Sitz des Vers ankommt, OLG Celle 11. IV. 1949 VA 1949 S. 61—63, 128 = MDR 1949 S. 489—491, OLG Düsseldorf 19. VII. 1949 VW 1949 S. 434, OLG Gera 22. VI. 1949 VA 1948 S. 75 = VW 1948 S. 323, LG Hamburg 6. I. 1949 VW 1949 S. 368, LG Köln 29. VI. 1949 VW 1949 S. 410, die sich für Geltung der am Ort der Hauptniederlassung des Vers bestehenden Sachnormen entscheiden, LG Hamburg 5. I. 1948 VW 1948 S. 86—87, LG Köln 15. VIII. 1947 BetrBer 1948 S. 55, 19. IV. 1948 Deutsche Rechtsprechung II (226) Bl. 22b, die auf den Erfüllungsort abstellen, LG Göttingen 10. II. 1948 VA 1948 S. 40, LG Meiningen 9. I. 1948 VA 1948 S. 24, welche die Frage offenlassen).

Einige Gerichte gingen von einer Spaltung des Vermögens des Vers in einen Ost- und Westbestand aus und wandten das Recht an, welches für denjenigen Bestand galt, dem das streitige Vsverhältnis zugehörte (so für die Lebensv: LG Berlin 31. X. 1950 VersR 1951 S. 157, 11. I. 1951 VA Berlin 1951 S. 65—66, für die Sach- und die Krankenv: OLG Celle 11. IV. 1949 VA 1949 S. 62, 128 = MDR 1949 S. 489—491, LG Hamburg 7. V. 1948 VW 1948 S. 222, AG Charlottenburg 11. VII. 1947 VA 1947 S. 40 = DRZ 1948 S. 63, dazu kritisch Prölss DRZ 1948 S. 64—65, der für die Sachv die Beschränkung der Haftung des Vers auf den jeweiligen [Ost- oder West-]Bestand ablehnte und — soweit das Problem nicht durch spezielle Normen geregelt war — im Einzelfall mit § 242 BGB helfen wollte, ebenso KG 8. XII. 1949 VersR 1950 S. 101—102).

[102] b) Gesetzesrecht.

Heute beschäftigen sich zahlreiche Rechtsnormen mit dem Problem. Für die Bundesrepublik kommen nach § 24 VI 1 UmstellungsG, Dritte VO des Zonenamtes des RAA über die Schadens-, Unfall- und Krankenv, Zweite VO über die Lebens- und Rentenv (vgl. auch VA 1948 S. 72, 1949 S. 24, 43—44, 74, 91, 1950 S. 9, 36—37, 1951 S. 93—94, 179) u. a. folgende Anknüpfungsmerkmale in Betracht: Sitz des Vers, Wohnsitz oder Sitz des Vmers oder an seiner Stelle Berechtigten, Belegenheit des vten Wagnisses, Ort der Prämienzahlung, Wohnsitz oder Sitz des Vten oder an seiner Stelle Berechtigten, Wohnsitz von aus einer Lebens- oder Rentenv Berechtigten, z. B. Bezugsberechtigten, Abtretungsempfängern, Erben. Neben diesen örtlichen Anknüpfungen stehen zahlreiche andere. Aus dem Schrifttum: Anonym VW 1950 S. 436, Breitbarth VW 1948 S. 249—251, Geschäftsbericht 1950/51 a.a.O. S. 172—174, 1951/52 a.a.O. S. 119—120, Haasen VersR 1951 S. 60—61, Hartmann VA 1949 S. 135—136, VersR 1950 S. 78—79, 172—173, VW 1950 S. 481, Hartmann-Meisch, Die Lebensvsverträge in der Währungsumstellung, 2. Aufl., Hamburg 1950, S. 11, 62—63, 73—93, 98—102, VW 1949 S. 382—383, Möller in: Götze-Hildebrandt, Probleme der Währungsreform, Berlin-Frankfurt 1949, S. 130—131, Prölss DRZ 1948 S. 354—355, Sachs VW 1948 S. 269—270, Starke VW 1952 S. 74—76, Weber VersR 1950 S. 172.

[103] c) Problematik.

Die gesamte Regelung ist jedoch insofern problematisch, als die Ausgangsnorm des § 24 VI 1 UmstellungsG nur solche Verbindlichkeiten erlöschen ließ, die auf Grund eines außerhalb des Währungsgebietes ergangenen G „einem anderen Unternehmen übertragen worden sind". Die Vorschrift setzt also voraus, daß der Berechtigte eine Vsforderung gegen ein anderes Unternehmen, insbesondere eine ostzonale Monopolanstalt erlangt hat. Solche Übertragung ist in der Ostzone aber durchaus nicht in allen Vszweigen erfolgt: Besonders in der Lebensv setzte sie einen Antrag auf Erneuerung des alten Vertrages voraus (Möller Neuordnung S. 26—27). Ist ein solcher Antrag nicht gestellt, so ist die Vsforderung im Osten nicht übertragen, die Lebensv im Westen also nicht nach § 24 VI 1 UmstellungsG erloschen. Dennoch sehen die VOen des Zonenamtes weithin ein solches Erlöschen vor, weichen also von der Ausgangsnorm ab. § 8 IV VVO hat die Aufsichtsbehörden nur ermächtigt, „weitere Vorschriften" zu erlassen, sofern sie es zur Wahrung der Interessen der Vmer für erforderlich halten". Eine Delegation zu Gesetzesänderungen, zumal solchen, welche einzelne Gruppen von Berechtigten schlechter stellen, kann nicht angenommen werden; es würde auch nicht erheblich sein, wenn vor Erlass der VOen Stellen der Militärregierung befragt sind. Zur Frage der Rechtsgültigkeit der VOen des Zonenamtes: Geschäftsbericht 1950/51 a.a.O. S. 172—173, 1951/52 a.a.O. S. 119—120, Prölss VersR 1952 S. 197, Reinbothe-Wetter, UmstellungsG, Stuttgart 1949, S. 250—251, 280, Hartmann-Meisch, Die Lebensvsverträge in der Währungsumstellung, 2. Aufl., Hamburg 1950, S. 8, Starke VW 1952 S. 76, aus der Rechtsprechung (hinsichtlich der VOen über die Schadensv): OLG Koblenz 28. IX. 1951 VersR 1952 S. 114—115, (hinsichtlich der VOen über die Lebens- und Rentenv): BGH 13.V.1953 VersR 1953 S.250, OLG Köln 31.VII.1950 VersR 1950 S. 145 = MDR 1950 S. 478, LG Berlin 27. III. 1952 VA 1952 Nr. 2 S. 13—15, 25. X. 1952 VersR 1952 S. 419—420, LG Hamburg 29. I. 1952 VersR 1952 S. 114, LG Hannover 25. IX. 1950 ZfV 1950 Nr. 3 S. 11, LG Köln 29. VI. 1949 VW 1949 S. 410, 28. XII. 1950 ZfV 1951 S. 135, LG Stuttgart 5. V. 1952 VersR 1952 S.222, AG Stuttgart 18.IV.1950 VW 1950 S.440 (die Rechtsgültigkeit der Vorschriften bejahend), OLG Hamm 17.VII.1951 VersR 1951 S. 241, LG Kiel 22. IV. 1950 VersR 1950 S. 112 (Zweifel an der Rechtsgültigkeit äußernd).

[104] d) Verschollenheit.

Da das Verschollenheitsrecht in der Bundesrepublik und in der Ostzone verschieden geregelt ist, beantwortet Art. 4 § 3 G zur Änderung von Vorschriften des Verschollenheitsrechts vom 15. I. 1951 (BGBl. I S. 59) die Frage, auf welche Regelung es ankommt, falls wegen eines im Osten für tot erklärten Verschollenen ein Anspruch aus einer Lebensv erhoben wird: Der Ver kann die Leistung insoweit verweigern, als der Anspruch den Betrag übersteigt, der sich ergeben würde, wenn der Zeitpunkt des Todes des Verschollenen nach den Vorschriften der Bundesrepublik festgestellt worden wäre (vgl. auch VA 1951 S. 38). Diese Norm erfaßt nicht nur solche Fälle, bei denen die Todeserklärung zukünftig erfolgt, sondern auch diejenigen, in denen eine Todeserklärung bereits vor dem Inkrafttreten erfolgt ist (LG Köln 9. III. 1951 VersR 1951 S. 113).Vgl. auch Anm. 108.

[105] 3. Ordre public.

Die Anwendung einer fremden Sachnorm ist nach Art. 30 EGBGB ausgeschlossen, wenn sie gegen die guten Sitten oder gegen den Zweck eines inländischen Ges, also gegen den ordre public, verstoßen würde. Diese Vorschrift ist analog auch auf das interlokale Privatrecht anwendbar. Allerdings wurde gefordert, daß man sich hier bei ihrer Anwendung großer Zurückhaltung befleißigen solle (RG 17. VII. 1943 AkademieZ 1944 S. 67—68 allgemein, OLG Köln 11. IX. 1947 VA 1947 S. 32 = DRZ 1948 S. 62—63 speziell für das Vsrecht). Die unterschiedliche eigenstaatliche Entwicklung in Ost- und Westdeutschland führte jedoch in neuerer Zeit dazu, daß die früher geübte Zurückhaltung hinsichtlich des Gebrauchs der Vorbehaltsklausel allmählich nachließ (Beitzke JR 1952 S. 4—5; Geschäftsbericht 1950/51 a.a.O. S. 163,1951/52 a.a.O. S. 117—118).

Zu beachten ist allerdings, daß von der sowjetischen Besatzungsmacht erlassene Normen — wie alle besatzungsrechtlichen Vorschriften — der Nachprüfung durch den deutschen Richter nicht unterliegen (OLG Koblenz 17. III. 1948 NJW 1949 S. 108, vgl. auch LG Berlin 15. III. 1948 VA 1948 S. 67 = VW 1948 S. 150, AG Charlottenburg 11. VII. 1947 VA 1947 S. 40 = DRZ 1948 S. 63). In diesem Zusammenhang ist darauf hinzuweisen, daß die Enteignungen der Vsunternehmungen in der Sowjetzone nach einer Entscheidung des OLG Halle 27. V. 1949 VersR 1950 S. 40 (mit Anm. Rewoldt) nicht auf Besatzungsrecht, sondern auf Gen der deutschen Länder beruhen. Daraus folgt, daß diese Gesetzgebung der Nachprüfung durch den westdeutschen Richter nicht entzogen ist (bedenklich Prölss S. 25).

Aus dem Anwendungsbereich des Art. 30 EGBGB im interzonalen Privatrecht sind vier Fragenkreise, die das Vsrecht berühren, herauszuheben:

[106] a) Ostenteignungen.

Nach KG 15. XII. 1950 VersR 1951 S. 56 würde die Anwendung der sowjetzonalen Ge, durch welche die Vsunternehmen enteignet wurden, im Westen gegen den ordre public verstoßen, da es sich um reine Willkürakte mit sittenwidrigem Charakter handle. Auch LG Hamburg 31. X. 1950 VersR 1951 S. 86 lehnt die Anwendung der Enteignungsgesetze als gegen den Zweck des GrundG verstoßend ab. Die enteigneten Vsgesellschaften werden also z. B. nach wie vor als Eigentümer der Vermögensgegenstände behandelt, die sie nach der Enteignung in die Bundesrepublik oder nach Westberlin haben verbringen können. Ebenso generell OLG Nürnberg 19. IX. 1949 NJW 1950 S. 228—229, dagegen OLG Hamburg 8. V. 1951 MDR 1951 S. 560—561 und zu allem Geschäftsbericht 1951/52 a.a.O. S. 117—118, Würdinger a.a.O. S. 31.

Unbestritten ist es, daß die ost-enteigneten Vsunternehmen auch dann, wenn ihr Sitz im Osten lag, in der Bundesrepublik und in Westberlin als fortbestehend anzusehen sind (Würdinger a.a.O. S. 35—36), OLG Celle 6. III. 1950 VersR 1951 S. 132—133, bestätigt von BGH 4. IV. 1951 VersR 1951 S. 133—134.

[107] b) Volljährigkeitsfrage.

In der Ostzone ist das Volljährigkeitsalter herabgesetzt (Vollendung des 18. statt 21. Lebensjahres). Raape NJW 1951 S. 457—461 will grundsätzlich und allgemein im interlokalen Privatrecht hinsichtlich des status der Geschäftsfähigkeit die lex fori anwenden, also in Westdeutschland die frühe ostzonale Volljährigkeit nicht beachten. Geht man nicht soweit, so fragt es sich, ob im Einzelfall Art. 30 EGBGB eingreift (dazu KG 29. III. 1951 NJW 1951 S. 485—486 ablehnend).

[108] c) Verschollenheitsrecht.

Das G zur Änderung von Vorschriften des Verschollenheitsrechts vom 15. I. 1951 (BGBl. I. S. 59) bringt heute in Art. 4 § 3 eine interzonalprivatrechtliche Regelung in bezug auf die Todeserklärung Verschollener, auf deren Person eine Lebensv genommen war (vgl. Anm. 104). Schon vor Inkrafttreten dieses Ges wurde jedoch eine Anwendung der Verschollenheits- und Todeserklärungsvorschriften im Westen abgelehnt, soweit es um die Feststellung von Lebensvsansprüchen ging (LG Frankfurt 5. VIII. 1950 VW 1950 S. 386, Geschäftsbericht 1950/51 a. a. O. S. 163—164, a. A. Hartmann-Starke VersR 1950 S. 14).

[109] d) Vollstreckungsfragen.

Auch die Anerkennung eines ausländischen Urteils ist nach § 328 I Ziff. 4 ZPO ausgeschlossen, wenn sie gegen den deutschen ordre public verstoßen würde. Ähnliches sagt § 1041 I Ziff. 2 ZPO für einen Schiedsspruch. Daraus ergibt sich, daß insbesondere eine Vollstreckung nicht stattfinden darf. Die Vorschriften gelten auch für das interzonale Prozeßrecht (KG 15. XII. 1950 VersR 1951 S. 56). Darüber hinaus bestimmt in Westberlin § 1 I G über die Vollstreckung von Entscheidungen auswärtiger Gerichte vom 31. V. 1950 (Verordnungsblatt I S. 179), daß auf Antrag des Schuldners die Vollstreckung von Entscheidungen auswärtiger Gerichte, die gegen die verfassungsmäßigen Grundsätze, die guten Sitten oder gegen den Zweck bestehender Rechtsvorschriften verstoßen, für unzulässig erklärt werden kann (hierzu KG 15. XII. 1950 VersR 1951 S. 56, LG Berlin 18. IX. 1950 VersR 1950 S. 183—184).

[110] 3. Nebenfragen.

Über Zahlungsverbote, Moratorien, Klageschutz und Vollstreckungsbeschränkungen, die unmittelbar nach der Kapitulation für interzonalvsrechtliche Fragen Bedeutung hatten, vgl. Anm. 37—43 zu § 11.

Im interzonalen Rechtsverkehr sind auch Devisenvorschriften zu beachten, nämlich G Nr. 53 der amerikanischen und britischen Militärregierung (Neufassung), für die französische Zone: VO Nr. 235 des Hohen Kommissars, für Westberlin: VO vom 15. VII. 1950 (Verordnungsblatt I S. 304). Speziell für den Verkehr mit Westberlin Allgemeine Genehmigung Nr. 31/50 (VA 1950 S. 63), mit der Ostzone und Ostberlin Allgemeine Genehmigung Nr. 27/49 mit § 1 19. DVO zum UmstellungsG, für Westberlin mit Art. I DB Nr. 12 zur UmstellungsVO (VA Berlin 1949 Nr. 3 S. 13), vgl. auch VA 1952 Nr. 2 S. 6, 1953 S. 150—151. — Über die Schadenshöhe bei einer westdeutschen Krankenv, falls die Kosten in DM-Ost erwachsen sind, LG Kassel 18. XII. 1952 MDR 1953 S. 298.

Mit dem interzonalen Vsrecht hängen ferner manche Probleme des Vsunternehmensrechts zusammen. Vgl. über

Sitzverlegung: Geschäftsbericht 1950/51 a.a.O. S. 165—167 m.w.N.; von Laun VVV 1947 S. 165—168, Mohr VW 1946 Nr. 8 S. 12—13, Möller in: Festschrift a.a.O. S. 104—105, SchweizVersZ Bd 15 (1947) S. 335, Würdinger a.a.O. S. 36—39; Zonenamt R 1946 Nr. 8 Ziff. V, VA 1948 S. 85 = VW 1948 S. 380 (britische Zone), VW 1948 S. 380 (amerikanische Zone), VW 1946 Nr. 2 S. 16 (tatsächliche Angaben), OGH 13. IV. 1950 OGHZ Bd 4 S. 6—10.

Doppelsitz: Geschäftsbericht 1950/51 a.a.O. S. 184—185; Anonym VW 1948 S. 47, 380, Bronisch BetrBer 1949 S. 726—727, Würdinger a.a.O. S. 39; VA 1948 S. 87, 1949 S. 108; LG Köln 31. X. 1949 NJW 1950 S. 352 (Anm. Vogel) = MDR 1950 S. 47—48 (Anm. Starke), AG Bonn 17. IX. 1948 gemäß VW 1948 S. 360 und Starke MDR 1948 S. 461—462, AG Heidelberg 27. XII. 1948 VW 1949 S. 100 = SJZ 1949 S. 341—343 (Anm. Gessler), AG Wuppertal 10. III. 1949 VW 1949 S. 210.

Sonstige Handelsregisterfragen: OLG Gera 24. VII. 1946 VW 1946 Nr. 8 S. 19—20, LG Güstrow 3. X. 1946 VW 1947 S. 44.

Schaffung öffentlichrechtlicher Monopolanstalten einschließlich Enteignung in der Ostzone, Hypothekenfragen: Anonym DRZ 1948 S. 170, VVV 1948 S. 102—104, Laun VW 1946 Nr. 3 S. 1—10, Möller Neuordnung S. 9—10, 18—31, in: Festschrift a.a.O. 98—101, SchweizVersZ Bd 15 (1947) S. 329—333, Roesch, Gesetze und Verordnungen zur Neuordnung des Vswesens in Thüringen, Weimar 1947 S. 8—19, NJW 1948 S. 290—292, Samwer VVV 1948 S. 213—214, R. Schmidt, Die Neuordnung des Vswesens in der sowjetischen Besatzungszone Deutschlands, ungedr. Hamburger Diss. 1948, S. 32—131, K. A. Schmidt VersR 1950 S. 153—154, 173—174, Vossen VW 1947 S. 145—147, generell Würdinger a.a.O. S. 35—36; Zonenamt R 1946 Nr. 4 Ziff. 3, VA 1952 S. 141; BGH 1. II. 1952 NJW 1952 S. 420—421 = VA 1952 Nr. 1 S. 12—15 (mit Anm. Neumann), OGH 13. IV. 1950 OGHZ Bd 4 S. 6—10, OG DDR 9. V. 1951 NJ 1951 S. 364—366, 23. V. 1951 VersR 1951 S. 216, KG 15. XII. 1950 VersR 1951 S. 56, OLG Braunschweig 19. XII. 1950 BetrBer 1950 S. 600, OLG Celle 6. III. 1950 VersR 1951 S. 132—133, OLG Dresden 17. VI. 1948 VA 1948 S. 75, OLG Erfurt 19. V. 1950 VW 1950 S. 419, 29. IX. 1950 VersR 1951 S. 24, OLG Gera 22. VI. 1948 VA 1948 S. 74—75 = VW 1948 S. 323, OLG Halle 27. V. 1949 VersR 1950 S. 40, LG Berlin 10. V. 1950 VA Berlin 1950 S. 64—65, LG Eisenach 5. IV. 1948 VA 1948 S. 67—68, LG Gera 12. III. 1948 VA 1948 S. 66—67, LG Leipzig 3. V. 1948 VW 1948 S. 222—223, LG Magdeburg 10. XII. 1948 VW 1949 S. 100, LG Meiningen 9. I. 1948 VA 1948 S. 24, LG Potsdam 29. XII. 1949 VersR 1950 S. 136, LG Weimar 30. X. 1948 VA 1949 S. 13, AG Eisenach 17. IX. 1947 VA 1947 S. 32 = BetrBer 1948 S. 96, AG Leipzig 14. II. 1948 VA 1948 S. 39, 68.

Schicksal ausländischer Vsunternehmen in der Ostzone: Möller Neuordnung S. 26—27; VW 1948 S. 220, 1949 S. 38, 228; OLG Gera 1. II. 1949 NJW 1949 S. 909—910 = VW 1949 S. 261, OVG Jena 24. VIII. 1948 VW 1948 S. 90—92 (dazu Anonym VW 1948 S. 409—410).

Schicksal öffentlichrechtlicher Vsunternehmen in den Ostgebieten: VW 1948 S. 26, 100, 1949 S. 302, VA 1949 S. 1, 4, 74, 105, dazu Anonym BetrBer 1948 S. 143—144, Finke VW 1948 S. 315.

Enteignung Ostberliner Vsunternehmen: VO des Magistrats von Groß-Berlin vom 10. V. 1949 VA 1949 S. 59, dazu Anonym VW 1949 S. 253, Geschäftsberichte 1949/1950, 1950/1951 der Vereinigung der Vsbetriebe in Berlin, Berlin (1950, 1951).

Interlokales Vsaufsichtsrecht: Möller in: Festschrift a.a.O. S. 101—104, SchweizVersZ Bd 15 (1947) S. 333—334, LG Berlin 15. III. 1948 VA 1948 S. 67, speziell über Deckungsstockfragen: VA 1947 S. 35, über Hauptbevollmächtigte, Zonen-Hauptverwalter, Sonderbeauftragte, Treuhänder: Anonym VW 1948 S. 82, Finke VA 1948 S. 22, Möller in: Festschrift a.a.O. S. 103, SchweizVersZ Bd 15 (1947) S. 334; Zonenamt R 1946 Nr. 6 Ziff. III, IV, 1947 Nr. 2 Ziff. I, VA 1947 S. 27, 34, 1948 S. 17, 29, 63, 78, 1952 Nr. 2 S. 2; VW 1948 S. 398.

Gesetz über den Versicherungsvertrag.

Erster Abschnitt.

Vorschriften für sämtliche Versicherungszweige.

Erster Titel.

Allgemeine Vorschriften.

§ 1

[1] Bei der Schadensversicherung ist der Versicherer verpflichtet, nach dem Eintritte des Versicherungsfalls dem Versicherungsnehmer den dadurch verursachten Vermögensschaden nach Maßgabe des Vertrags zu ersetzen. Bei der Lebensversicherung und der Unfallversicherung sowie bei anderen Arten der Personenversicherung ist der Versicherer ver pflichtet, nach dem Eintritte des Versicherungsfalls den vereinbarten Betrag an Kapital oder Rente zu zahlen oder die sonst vereinbarte Leistung zu bewirken.

[2] Der Versicherungsnehmer hat die vereinbarte Prämie zu entrichten. Als Prämien im Sinne dieses Gesetzes gelten auch die bei Versicherungsunternehmungen auf Gegenseitigkeit zu entrichtenden Beiträge.

Begriff und Einteilung der Versicherung, Wesen und Abschluß des Versicherungsvertrages.

Gliederung:

Entstehung Anm. 1
I. Begriff der V Anm. 2—11
Schrifttum Anm. 2
1. Maßgebliche Merkmale Anm. 3—10
a) Gemeinschaft Anm. 4
b) Gefährdung Anm. 5
c) Gleichartigkeit Anm. 6
d) Bedarfsdeckung Anm. 7
e) Wechselseitigkeit Anm. 8
f) Rechtsanspruch Anm. 9
g) Selbständigkeit Anm. 10
2. Unmaßgebliche Merkmale Anm. 11
II. Einteilung der V Anm. 12—33
Schrifttum Anm. 12
1. Privat- und Sozialv Anm. 13—16
a) Unmaßgebliche materielle Kriterien Anm. 14
b) Maßgebliche formelle Kriterien Anm. 15
c) Grenzgebilde Anm. 16
2. Private Vsunternehmen und öffentlichrechtliche Vseinrichtungen Anm. 17—19
a) Private Vsunternehmen Anm. 18
b) Öffentlichrechtliche Vseinrichtungen Anm. 19
3. Personen- und Nichtpersonenv Anm. 20—22
a) Personenv Anm. 21
b) Nichtpersonenv Anm. 22
4. Schadens- und Summenv Anm. 23—26
a) Schadensv Anm. 24
b) Summenv Anm. 25
c) Bereicherungsverbot Anm. 26
5. Einteilung der Schadensv Anm. 27—30
a) Aktivenv Anm. 28
b) Passivenv Anm. 29
c) Mischformen Anm. 30

[1] **Entstehung:** § 1 ist unverändert geblieben. — Begr. I S. 10—13.

[2] **I. Begriff der Versicherung.**

Schrifttum: Bruck S. 49—58 m. w. N., Ehrenzweig S. 1—2, von Gierke I S. 76—91, Hagen I S. 9—25, Hatzfeld VVV 1948 S. 97—99, Koenig S. 1—5, Mahr, Einführung in die Vswirtschaft, Berlin (1951), S. 66—76, Meyer SchweizVersZ 1951/52 S. 421—433, Manes, Vswesen, 5. Aufl., 1. Band, Leipzig-Berlin 1930, S. 1—16, Möller ZVersWiss 1934 S. 18—43, in: Jahrbuch 1950 des Vereins für Vswissenschaft und Praxis in Hessen, Frankfurt a. M. (1949), S. 25—30, Nußbaumer, Wesen und Grenzen der V, Züricher Diss. 1946, Rohrbeck VVV 1949 S. 16—17, Schmidt-Rimpler in: Beiträge zum Wirtschaftsrecht, 2. Band, Marburg 1931, S. 1211—1249.

[3] **1. Maßgebliche Merkmale.**

V im Rechtssinne ist eine Gemeinschaft (Anm. 4) gleichartig (Anm. 6) Gefährdeter (Anm. 5), also eine Gefahrengemeinschaft mit selbständigen (Anm. 10) Rechtsansprüchen (Anm. 9) auf wechselseitige (Anm. 8) Bedarfsdeckung (Anm. 7). Die V hat also sieben nebeneinander erforderliche Begriffsmerkmale. Vom Begriff der V ist jener des Vsverhältnisses und des Vsvertrages zu unterscheiden; dabei handelt es sich um das einzelne Rechtsverhältnis zwischen Gefährdetem und Ver (Anm. 35).

[4] **a) Gemeinschaft.**

Jede V beruht auf dem Gesetz der großen Zahl und setzt eine Gemeinschaft, einen Zusammenschluß Gefährdeter voraus. Die Geschichte der V ist die Geschichte der Gefahrengemeinschaften. Die Vielzahl von Vsverhältnissen kann beruhen auf Gesetz (vgl. § 192 I), auf dem Gedanken genossenschaftlicher Selbsthilfe (Vsverein auf Gegenseitigkeit; vgl. §§ 15, 20² VAG) oder auf der planmäßigen Organisationsarbeit eines Dritten (Vsaktiengesellschaft). Die Absicht planmäßigen Handelns genügt, es brauchen also nicht viele Ven bereits abgeschlossen zu sein. Der Geschäftsplan ist eine Eigentümlichkeit jedes Vsunternehmens (vgl. § 5 II—III VAG).

An einem Zusammenschluß fehlt es bei der Eigendeckung, also falls lediglich im Rahmen des gefährdeten Betriebes Reserven angelegt werden, oder bei einer selbständigen Selbstvsunternehmung, falls diese nur einen einzigen Vertrag oder einen numerus clausus von Verträgen abschließt (vgl. auch Rehm-Berliner-Fromm S. 77—80, VA 1902 S. 190, 1905 S. 100, 1910 S. 182, 1913 S. 115, 1923 S. 43—44, 1929 S. 146, 1930 S. 154). Bei den kommunalen Haftpflichtschadenausgleichen handelt es sich um echte V nach Anonym ZfV 1953 S. 399—400, Knott, Die kommunalen Haftpflichtschadenausgleiche, Weißenburg [1951], S. 69—73); über einen Zusammenschluß von Straßen- und Kleinbahnen: OLG Hamm 21. VI. 1937 HansRGZ 1938 A Sp. 318—319, auch VA 1908 S. 148—149.

Es fehlt an einem Zusammenschluß auch bei einem gelegentlichen entgeltlichen Leibrentenvertrag (§ 761 BGB; im Gegensatz zur Leibrentenv: vgl. OGH Wien

2. XI. 1949 VRdschau 1950 S. 48—50, KG 2. XII. 1950 VersR 1951 S. 41—42 mit Anm. Dörstling, 27. XI. 1952 VersR 1953 S. 78—79 mit Anm. Bredt VersR 1953 S. 282, LG Berlin 23. VI. 1952 VersR 1952 S. 266—267, Starke VersR 1950 S. 125—126, Fieger VersR 1950 S. 126), bei isolierter entgeltlicher selbstschuldnerischer Bürgschaft (§ 2 II VStG) oder bei gelegentlicher entgeltlicher Garantieübernahme, nicht dagegen bei einer Kredit- oder Hypothekenv (dazu ROHG 26. III. 1872 ROHG Bd 5 S. 332—336, RFH 17. V. 1933 VA 1933 S. 387—389 Nr. 2618, KG 8. X. 1932 JRPV 1933 S. 27—28, vgl. aber auch § 1 III VAG) und bei einer Kautionsv (dazu Rehm-Berliner-Fromm S. 65, Berliner JRPV 1929 S. 27—30, Durst JRPV 1929 S. 30, Kersting JRPV 1928 S. 361—365). Fälschlich ist das Vorliegen einer V für den Fall abgelehnt, daß ein Verein seinen Mitgliedern ärztliche Hilfe in Erkrankungsfällen auf Grund eines mit einem Arzt abgeschlossenen Vertrags zu festen Beiträgen zusichert (VA 1910 S. 125).

Der Gedanke der **Gefahrengemeinschaft** hat für die Anwendung des Vsrechtes größte Bedeutung (vgl. Arens, Zum Wesen der Obliegenheiten im Vsrecht, Münsteraner Diss. 1940, S. 25—37, Bruck in: Beiträge zum Wirtschaftsrecht, 2. Band, Marburg 1931, S. 1260—1273, Constantopoulos, Die Gefahrengemeinschaft, ungedr. Hamburger Diss. 1943, Kisch in: Kernfragen der Vs-Rechtsprechung, Berlin 1938, S. 1—14, Prölss S. 10—12, VersR 1950 S. 137—138), ablehnend Köster VersPrax 1953 S. 52—53).

Der Gedanke der Gefahrengemeinschaft erklärt z. B. die besondere Bedeutung der AVB (Einl. Anm. 18), ihre Anwendbarkeit im Wege der Vertragsergänzung (Einl. Anm. 27) und viele Beschränkungen der Vertragsfreiheit (Einl. Anm. 40). Er beeinflußt die Auslegung vsrechtlicher Normen, rechtfertigt insbesondere die generelle Auslegung der AVB (Einl. Anm. 66 m. w. N.). Das internationalprivatrechtliche Statut des Betriebsortes beruht auf dem Gedanken der Gefahrengemeinschaft (Einl. Anm. 91). Der Grundsatz der Gleichbehandlung (§ 21 I VAG), maßgebend für alle Unternehmensformen (VA 1947 S. 30, 1949 S. 107, 1950 S. 51), steht mit der Gefahrengemeinschaft in Zusammenhang (Einl. Anm. 66), desgleichen die Gefahrtragungstheorie (Anm. 41), die Frage, wann ein Ver in Verzug gerät (Anm. 21 zu § 11), die Vielzahl und Rechtsbehandlung der Obliegenheiten (Anm. 4, 101 zu § 6) und die Unteilbarkeit der Prämie (Anm. 4, 5 zu § 40), ferner die Behandlung der Kausalitätsfrage und manche Ausschlußklausel, insbesondere die Vorschriften über die schuldhafte Herbeiführung des Vsfalles (z. B. § 61). Aus dem Aufsichtsrecht vgl. §§ 81 II 3—4, 89 II VAG, zum Preisrecht DOG 21. VI. 1950 VA 1950 S. 119—120 = VersR 1950 S. 132.

Jedoch schafft die Gefahrengemeinschaft, die keine Gemeinschaft i. S. der §§ 741—758 BGB ist, z. B. bei einer Aktiengesellschaft keine Rechtsbeziehungen zwischen den einzelnen Vmern; es läßt sich nicht rechtfertigen, wenn Schrader in: Rohrbeck, Sozial- und Privatv, Berlin—München 1950, S. 82 meint, neben der Aktiengesellschaft stehe stets ein nicht rechtsfähiger Verein seiner Vmer. Bei einem Vsverein auf Gegenseitigkeit schließt dessen Rechtscharakter ebensowenig wie der Gedanke der Gefahrengemeinschaft eine Kündigung wegen Unsicherwerdens des Vers aus (richtig OLG Celle 6. III. 1950 VersR 1951 S. 133, bestätigt von BGH 4. IV. 1951 VersR 1951 S. 133—134).

Eine Überspannung des Gedankens der Gefahrengemeinschaft bedeutet es auch, wenn man bei der Anwendung des § 81 a² VAG für die Frage, ob ein aufsichtsbehördlicher Eingriff der Wahrung der Belange der Vten diene, ohne weiteres davon ausgeht, alles was das Wohl der Gefahrengemeinschaft anstrebe, gereiche zum Besten des einzelnen Vten (z. B. eine Prämienerhöhung, vgl. Anm. 43 zu § 13, Anm. 31 zu § 41 und die Kontroverse Möller — BAA VersPrax 1952 S. 50—51, 81—84, 100, 1953 S. 1. Richtig Verfassungsgerichtshof Wien 7. X. 1948 VW 1949 S. 61). — Die Problematik kehrt auch wieder bei § 8 IV VVO: LG Hamburg 29. I. 1952 VersR 1952 S. 114, LG Berlin 25. X. 1952 VersR 1952 S. 419—420 (Zugrundelegung der englischen Fassung).

[5] b) Gefährdung.

Zusammengeschlossen werden Gefährdete. Gefahr ist die Möglichkeit der Entstehung eines Bedarfes; beim Lastenausgleich handelt es sich nicht um V, da die Schäden bereits eingetreten sind.

Die Gefährdung kann in mehrfacher Richtung liegen: Regelmäßig ist ungewiß, ob ein Bedarf entsteht (z. B. Feuerv, vgl. aber auch RG 6. IX. 1935 VA 1935 S. 279 Nr. 2844 für eine Haldenv). Jedoch kann die Ungewißheit sich auf das Wann der Bedarfsentstehung beschränken (z. B. Todesfallv). Bei der Lebensv mit festem Auszahlungstermin — Termfixv — tritt der Bedarf in bestimmter Höhe mit dem zeitlich ungewissen Tode ein, nur die Fälligkeit der Vssumme ist auf einen vorbestimmten Zeitpunkt verschoben (vgl. Bruck—Dörstling S. 11, Dörstling HansRZ 1918 Sp. 694—698, Ehrenzweig S. 60, BGH 11. II. 1953 VersR 1953 S. 109, OLG Nürnberg 21. XII. 1951 VersR 1952 S. 122). Denkbar ist sogar eine V, bei der gewiß ist, daß und wann der Bedarf eintritt (oder eingetreten ist), aber bei welcher Ungewißheit hinsichtlich der Höhe, des Wieviel obwaltet (V präjudizierter Risiken, vgl. Anm. 23 zu § 2); bloße Instandhaltungsverträge begründen aber keine V: VA 1926 S. 176, 1927 S. 165—166, 1929 S. 156, 1932 S. 199, 1935 S. 109, vgl. jedoch auch LG Berlin 23. XII. 1930 JW 1931 S. 3231—3232 = VA 1932 S. 59 bis 60. — Subjektive Ungewißheit genügt, deshalb ist eine Rückwärtsv zulässig (vgl. § 2 I, II).

[6] c) **Gleichartigkeit.**

Homogenität der Risiken muß für jede Vsgemeinschaft vorausgesetzt werden, nur Gruppen von gleichartig Gefährdeten lassen einen Ausgleich erwarten. Hieraus ergibt sich die Aufgliederung in Vszweige und Vsarten (Anm. 12—33). Natürlich kann es vstechnisch im Einzelfall fraglich sein, wieweit man bei der Aufgliederung gehen soll.

[7] d) **Bedarfsdeckung.**

Die Lotterie (§ 763 BGB) weist wie die V die Merkmale des Zusammenschlusses, des Risikoelementes und der Gleichartigkeit auf. Aber der Lotteriegewinn bewirkt Vermögensvermehrung, die Vsleistung Vermögensausgleich: Bedarfsdeckung. Dadurch unterscheidet sich die V auch von Spiel und Wette (Begr. I S. 11).

Alles das ist ohne weiteres deutlich in der Schadensv (§ 1 I 1): Die Gefahr ruft im Falle ihrer Verwirklichung einen Vermögensschaden hervor, jede Schädigung aber weckt den Wunsch nach Schadensausgleich, also einen Bedarf. Aber auch außerhalb der Schadensv ist stets eine vte Gefahr vorauszusetzen, deren Realisierung erfahrungsgemäß geeignet ist, dem Grunde nach einen Bedarf hervorzurufen (Begr. I S. 12 meint allerdings, daß vielfach ein Vermögensschaden gar nicht eintrete). Die Notwendigkeit entsprechender Prämienzahlungen bewirkt, daß auch der Höhe nach die Vssumme dem zu erwartenden Bedarf angepaßt wird. Über konkrete und abstrakte Bedarfsdeckung vgl. Anm. 23—26.

Die Bedarfstheorie wird abgelehnt besonders von Ehrenzweig S. 56—57, Koenig S. 30; danach handelt es sich nur um ein wirtschaftliches Motiv, nicht um ein rechtliches Kriterium. Ehrenzweig S. 56 erklärt einen gemeingültigen Begriff für unmöglich (gegen die Alternativdefinition aber besonders Schmidt-Rimpler a. a. O. S. 1214—1218). Koenig S. 26, 134—135, 166—167 nimmt dahin seine Zuflucht, daß er die Gefahr in den Mittelpunkt rückt, die einen „Gegenstand" bedroht und evtl. trifft. Da aber alle Gefahr die Möglichkeit eines Nachteils bedeutet und Gegenstände nur in Verbindung mit speziellen Personen Bedeutung haben, so kommt letztlich seine Ansicht auch auf die Bedarfstheorie hinaus. Auch Schmidt-Rimpler a. a. O. S. 1221—1223, 1227—1248 lehnt die Bedarfstheorie ab und meint, der Ver verspreche eine Leistung, die dazu bestimmt sei, ein „Vermögensgestaltungsziel zu sichern, welches infolge der Ungewißheit eines gestaltungserheblichen Zufalls . . . nicht mit Sicherheit auf einem anderen Wege . . . erreicht werden kann". Aber die Definition ist allzusehr auf gewisse Formen der Lebensv zugeschnitten („Vermögensentwicklungssicherung"), während man im Bereiche der Schadensv doch nur den status quo sichern darf, und dies nicht nur derart, daß die Aktiven gesichert werden („Vermögenserhaltungssicherung"), sondern auch derart, daß keine neuen Passiven entstehen.

Verkoppelungen des Vs- und Lotteriegedankens sind problematisch (anders Riebesell VW 1949 S. 91). — Nur im Rahmen der bestehenden gesetzlichen Vorschriften (§ 134 BGB) und der guten Sitten (§ 138 I BGB) ist ein Bedarf versicherbar, deshalb war eine V zu Schwarzmarktpreisen unzulässig.

[8] e) Wechselseitigkeit.

Entgeltlichkeit kennzeichnet jede V insofern, als die Mittel für die Bedarfsdeckung von seiten der Angehörigen der Gefahrengemeinschaft aufgebracht werden, und zwar nicht nur bei Gegenseitigkeitsvereinen, sondern — unbeschadet des Unternehmerrisikos — grundsätzlich auch bei Aktiengesellschaften. Für jede V ist also die Verpflichtung zur Zahlung von Beiträgen oder Prämien der Gefährdeten (oder der Kontrahenten des Vers, z. B. bei der V für fremde Rechnung) wesentlich (§ 1 II). Zuschüsse Dritter, z. B. des Staates sind allerdings mit dem Vsbegriff vereinbar (Kriegstransportv); jedoch fehlt der Vscharakter, falls nur der Staat (aus allgemeinen Steuermitteln) leistet; dann spricht man bei Gegebensein eines Rechtsanspruches von Versorgung (vgl.BundesversorgungsG vom 20. XII. 1950, BGBl. I S. 791, auch Anm. 9). Unentgeltlichen Vsschutz gibt es nicht (RG 14. I. 1916 RGZ Bd 88 S. 32, OLG Dresden 26. III. 1914 VA 1915 Anh. S. 19—20 Nr. 864, vgl. aber auch KG 1. II. 1930 JRPV 1930 S. 184—185). Das Entgelt kann auch in der Zuführung von Vmern bestehen (KG 4. XI. 1931 HansRGZ 1932 A Sp. 33—34) oder in einer langfristigen Bindung des Vmers („Freijahr", vstechnisch zu unterscheiden von bloßem Rabatt: VA 1948 S. 72 = VW 1948 S. 340, anders VA 1949 S. 11 = VW 1949 S. 38). Wird in eine Feuerv „unentgeltlich" eine Sturmv eingeschlossen, so dient in Wahrheit die Feuerprämie auch zur Deckung der Sturmschäden, was risikotechnisch zu Schwierigkeiten führen kann (vgl.LVG Hamburg 8. XII. 1950 VersR 1951 S. 70). Über weitere nur scheinbar „unentgeltliche" Einschlüsse in die Feuerv: VA 1937 S. 82 (Mietverlust bei Wohngebäuden), VA 1937 S. 83 (herabstürzende Flugzeuge), auch VA 1938 S. 118—119, neuerdings VW 1952 S. 516 (Rohbauv für Wohngebäude). Im Prämientarif für Haftpflichtven (Vorbemerkungen Ziff. 9) ist von prämienfreien Einschlüssen die Rede, was gleichfalls ungenau ist. Bei Vereinbarung einer Zessionsklausel besteht das Entgelt, welches der Ver bezieht, in der Abtretung der Ansprüche gegen den bisherigen Ver (dazu VA 1951 S. 180, Bischoff VA 1951 S. 185—187). Die Nichtleistung des Entgelts hat nach § 39 nicht ohne weiteres das Erlöschen der Vsschutzes zur Folge (OLG München 2. IX. 1949 VersR 1950 S. 8—9). Werden die Beiträge aller Mitglieder eines Vereins an einen Arzt abgeführt, der dafür die Behandlung der Mitglieder übernimmt, so schließt dies den Vscharakter nicht aus (a. A. VA 1910 S. 125).

Wenn die Bundesrepublik Deutschland Garantien gewährt, z. B. für den Warenverkehr zwischen der Bundesrepublik und Berlin (Beschlagnahmerisiko!), so dürfte der Vscharakter — trotz Einschaltung des „Hermes" als Vertreter — deshalb zu verneinen sein, weil für Krisenfälle keine Äquivalenz der Entgelte im Vergleich zu den Garantieleistungen angestrebt ist. Vgl. auch Lichey, Die Systeme der Exportrisikogarantie, Hamburg [1953].

[9] f) Rechtsanspruch.

Der Vmer hat einen Rechtsanspruch auf die Vsleistung. Unterstützungseinrichtungen, die einen Rechtsanspruch ausschließen, sind keine Vsunternehmen (§ 1 II VAG), jedoch darf der Ausschluß kein nur formeller sein: RG 3. IV. 1906 VA 1906 Anh. S. 38—39 Nr. 198, KG 11. I. 1926 VA 1926 S. 227—229 Nr. 1596, RFH 30. X. 1925 VA 1926 S. 308—309 Nr. 1656, 24. XI. 1926 VA 1927 S. 76—78 Nr. 1722, 7. V. 1927 VA 1928 S. 67—70 Nr. 1841, 11. II. 1930 VA 1930 S. 49—51 Nr. 2137, PrOVG 28. VI. 1934 Entscheidungen Bd 24 S. 216—223, 20. VI. 1939 VA 1939 S. 244—247 Nr. 3120, LVG Hamburg 6. IX. 1951 VA 1951 S. 175—176, 17. XII. 1951 VersR 1952 S. 58—60 mit Anm. Sondermann, 9. IX. 1952 VA 1953 S. 56; Rehm-Berliner-Fromm S. 86—90, Sondermann VA 1950 S. 138—141.

Die Unterstützungseinrichtungen gehören in den Bereich der Fürsorge (Wohlfahrt, Armenpflege). Von der Versorgung (Anm. 8) und der V unterscheidet sich die Fürsorge durch den Mangel eines Rechtsanspruches. Erbringt der Staat Fürsorgeleistungen, so fließen sie — wie Versorgungsleistungen — aus allgemeinen Steuermitteln, aber auf Versorgung besteht ein Rechtsanspruch, auf Fürsorge nicht. Es gibt allerdings manche Übergangserscheinungen im Bereiche der Daseinsvorsorge.

[10] g) **Selbständigkeit.**

Die Gefahrtragung darf nicht mit Leistungen anderen Inhalts derart verbunden sein, daß sie (minderbedeutsame) Nebenleistung wird (RG 14. I. 1916 RGZ Bd 88 S. 32, KG 29. VI. 1925 VA 1926 S. 226—227 Nr. 1595, RFH 16. II. 1934 JW 1934 S. 859, 21. I. 1938 JW 1938 S. 762, Rehm—Berliner—Fromm S. 63—65, z. T. anders Ehrenzweig S. 62—63), vgl. auch die wirtschaftspolitischen Bedenken bei Anonym VW 1950 S. 12. Deshalb liegt keine V vor, wenn ein Glaslieferant Glasbruchschäden (VA 1904 S. 19), eine Auskunftei eine Haftung für ihre Kreditauskünfte (VA 1913 S. 195—196), ein Viehhandelsverband Gewährleistungs- und Transportschäden (VA 1919 S. 78—79), ein Vermieter Glasschäden (VA 1930 S. 156) übernimmt. Auch bei Instandhaltungsverträgen fehlt es außer an einer vten Gefahr (Anm. 5) nicht selten an der Selbständigkeit der Leistung. Erst recht kann man von V nicht sprechen, falls bei einem Gattungsschuldverhältnis der Schuldner die Leistungsgefahr, bei einem gegenseitigen Vertrag ein Beteiligter die Vergütungsgefahr trägt (Möller Schuldrecht S. 12—13, 49).

Es ist jedoch von Fall zu Fall zu prüfen, ob die Gefahrtragungsleistung nicht juristisch verselbständigt ist. So kann neben einem Arbeitsvertrag eine Pensionsv stehen (RG 14. I. 1916 RGZ Bd 88 S. 32, BGH 15. XII. 1951 BGHZ Bd 4 S. 199, 216), neben einem Kaufvertrag eine Risikolebensv (VA 1907 S. 81—82) oder eine Unfallv (VA 1909 S. 179—180, 1926 S. 137—138), neben einem Sparvertrag eine Altersrentenv (VA 1913 S. 96) oder eine Lebensv, neben einem Bestattungsgeschäft eine Kleinlebensv (VA 1952 S. 24), neben einem Lesezirkel- oder Zeitschriftenbezugsvertrag eine Abonnentenv. Für diese gilt jetzt VA 1948 S. 43—44, 55—59, 71, 1949 S. 93, 125, 1950 S. 79—81, dazu Anonym VW 1948 S. 121—123, Benken VW 1948 S. 272, Hoffmann, Die Abonnentenv, ungedr. Erlanger Diss. 1951, Prölss S. 552 Anm. 2, LVG Hamburg 16. V. 1953 VersR 1953 S. 313 bis 315. Für die Vergangenheit vgl. nur Bruck 7. Aufl. S. 10—11, Beetz, Das Recht der Abonnentenv, Leipziger Diss. 1935, Benken VersArch 1941/42 S. 345—365, Erman WuRdVers 1927 Nr. 5 S. 1—44, Rehm-Berliner-Fromm S. 65—71 m. w. N.; VA 1937 S. 42, 1938 S. 63—75, VA Berlin 1951 S. 118—120; OLG Hamm 9. X. 1952 VA 1953 S. 36—39. Über die Rechtsschutzv als Abonnentenv: VA 1952 S. 57.

Bei einem Nebeneinander von Vsverträgen mit anderen Verträgen können Mißstände entstehen, so beim Nebeneinander von Bewachungs- und Einbruchdiebstahlvsverträgen (VA 1952 S. 44—45), Kredithingaben und Lebens- oder Sachvsverträgen (§ 81 II 2 VAG; Anm. 84; Rehm—Berliner—Fromm S. 141, 530, 542, Starke in: 50 Jahre materielle Vsaufsicht, 1. Band, Berlin [1952], S. 91; VA 1930 S. 114, 1931 S. 108—109, 1932 S. 146, 1934 S. 125—126 m. w. N.; VW 1951 S. 436; vgl. auch OLG Braunschweig 24. III. 1953 VersR 1953 S. 241).

[11] **2. Unmaßgebliche Merkmale.**

Jedenfalls für den rechtlichen Begriff der V kommt es nicht darauf an, ob der Bedarf schätzbar ist (Ehrenzweig S. 57 Anm. 3), ob die V rationell ist und ob die Bedarfsdeckung in Geld oder in natura erfolgt. Auch ein mathematisch-technisch unschätzbarer Bedarf kann im Wege von Umlagen oder Zuschüssen Dritter vsmäßig gedeckt werden (Kriegsrisikov). Ein unrationeller Vsbetrieb macht übermäßig hohe Nettoprämien oder Verwaltungskosten notwendig, und wird sich deshalb wirtschaftlich nicht durchsetzen oder halten können, aber, solange der Betrieb besteht, handelt es sich um eine echte V. Der Geldersatz bildet zwar auch in der Schadensv nach § 49 die Regel, aber die Vorschrift ist nicht zwingend, man denke an die Fahrrad-, Glas- und Bestattungsv.

Privatrechtlich ist ferner unerheblich, ob ein Unternehmen der Vsaufsicht unterliegt. Es kann sich also herausstellen, daß ein beaufsichtigtes Unternehmen in Wahrheit keine V betreibt (KG 3. XI. 1937 JRPV 1938 S. 61) oder umgekehrt, daß ein unbeaufsichtigtes Unternehmen den Betrieb von Vsgeschäften zum Gegenstand hat (nicht nur in den Fällen der §§ 1 III, 148 I 1, 149 Ziff. 2 VAG: OLG Hamm 21. VI. 1937 HansRGZ 1938 A Sp. 318—319). § 2 VAG berührt das Privatrecht nicht.

[12] **II. Einteilung der Versicherung.**

Schrifttum: Bruck S. 61—82 m. w. N., von Gierke I S. 91—113, Mahr, Einführung in die Vswirtschaft, Berlin (1951), S. 280—310, 332—365, Manes, Vswesen, 5. Aufl.,

1. Band, Leipzig—Berlin 1930, S. 11—16, Möller in: Jahrbuch 1950 des Vereins für Vswissenschaft und Praxis in Hessen, Frankfurt a. M. (1949), S. 30—37 und in: Gegenwartsfragen sozialer V, Heidelberg 1950, S. 74—88.

[13] **1. Privat- und Sozialversicherung.**

Das VVG betrifft nur die Privatv i. w. S. (zum Begriff: Anm. 19, Einl. Anm. 2), nicht die Sozialv. Die Sozialv gehört — zusammen mit Versorgung und Fürsorge — in den großen Bereich der Sozialpolitik (über die drei Formen der Daseinsvorsorge: Anm. 8, 9). Die Abgrenzung von Privatv i. w. S. und Sozialv ist schwierig, da materielle Unterscheidungsmerkmale versagen, nur gewisse formelle Kriterien stehen zur Verfügung. Erwünscht ist de lege ferenda wieder eine Abgrenzung, die jedem Vsbereiche das Seine zuweist.

[14] **a) Unmaßgebliche materielle Kriterien.**

Zwangs- und Pflichtvsverhältnisse gibt es auch in der Privatv (§§ 192 I, 158b), andererseits hat die Möglichkeit freiwilliger V im Bereich der Sozialv immer mehr an Bedeutung gewonnen (§§ 176—178, 539—540, 1243—1244 RVO, 21 AVG). Was die Ver anlangt, so sind nicht nur die Vsträger der Sozialv öffentlichrechtlicher Natur, sondern es gibt auch öffentlichrechtliche Vseinrichtungen der Privatv i. w. S. (§ 192). Die Vten der Sozialv sind zwar durchweg Unselbständige, also Arbeitnehmer, aber in steigendem Maße sind auch Selbständige, z. B. die Handwerker in den Sozialvsschutz einbezogen (§ 1 HandwVersG), weiteres Material bei Heyn, Die Vspflicht der Selbständigen, 2. Aufl., Weißenburg 1951. Deshalb sind auch die Arbeitgeberbeitragsanteile für die Sozialv nicht mehr kennzeichnend. Auch der Staatszuschuß ist für sie nicht typisch: Die Zeit nach der Kapitulation hatte ihn sogar in der Invalidenv in Wegfall kommen lassen, andererseits gab es aber Staatsbeteiligungen auch in der Privatv, z. B. bei der Kriegsgüterv. Der Kreis der Sozialvten ist keineswegs auf Personen mit niedrigem Einkommen begrenzt, die Leistungen sind nicht auf einen untersten Bedarf beschränkt: Die soziale Angestelltenv erfaßt auch den bestverdienenden Handwerker (§ 2 HandwVersG), die soziale Krankenv gewährt hinsichtlich der Krankenpflege volle Bedarfsdeckung (§ 182 II RVO). Das Rechtsverhältnis zwischen Ver und Vten ist in der Sozialv zwar stets öffentlichrechtlicher Natur (auch bei den Ersatzkassen), aber umgekehrt braucht es in der Privatv bei den öffentlichrechtlichen Vseinrichtungen kein privatrechtliches zu sein (vgl.schon Einl. Anm. 13). Eine soziale Beitragsgestaltung ist auch der Privatv nicht fremd, z. B. nicht der privaten Krankenv und dem Einheitstarif für Kraftfahrtven. Schadensverhütung ist nicht nur in der Sozialv (etwa bei den Berufsgenossenschaften, mit der Schadensvergütung verbunden, sondern wird vielfach auch von der Privatv gefördert (Brandschutzmaßnahmen, Verkehrserziehungswochen, laufende ärztliche Untersuchungen in der Lebensv).

[15] **b) Maßgebliche formelle Kriterien.**

Entsprechend den drei Staatsgewalten: Gesetzgebung, Verwaltung und Rechtsprechung läßt sich feststellen: Gesetzgebungstechnisch ist die Masse der Sozialvsnormen streng geschieden von den für die Privatv maßgeblichen Vorschriften. Auch in der Verwaltung, insbesondere bei der Beaufsichtigung sind verschiedene Verwaltungszweige zuständig: Bis zur Kapitulation ressortierte die Sozialv vom Reichsarbeitsministerium und ihrem Behördenapparat (Reichsvsamt usw.), die Privatv vom Reichswirtschaftsministerium und dem ihm zugeordneten Reichsaufsichtsamt für das Vswesen; jetzt gilt entsprechendes für den Bund. Hinsichtlich der Rechtsprechung sind für Streitigkeiten zwischen Vsträgern und Sozialvten besondere Verwaltungsgerichte zuständig, für Streitigkeiten zwischen Vern der Privatv und ihren Vten die ordentlichen Gerichte, ausnahmsweise bei öffentlichrechtlichen Vseinrichtungen die allgemeinen Verwaltungsgerichte. Zur Frage, ob es sich bei den Vsämtern und Obervsämtern der Sozialv um besondere Verwaltungsgerichte handelt, vgl. bejahend die drei Entscheidungen OVG Lüneburg 25. IV. 1951 Zentralblatt für Sozialv 1951 S. 173—179, a. A. OVG Münster 19. X. 1950 Zentralblatt für Sozialv 1950 S. 273—275.

[16] c) Grenzgebilde.

Die Abgrenzung zwischen Privat- und Sozialv bereitet selten Schwierigkeiten. Zusätzliche Versorgungseinrichtungen, welche die Leistungen der Sozialv ergänzen, gehören selbst bei Vspflicht zur Privatv i. w. S. (Wieland VW 1949 S. 274—275, auch unten Anm. 57), nur die Bundesbahn-Vsanstalt gewährt teilweise Privat-, teilweise Sozialvsleistungen (vgl. § 1360 RVO, § 26 BundesbahnG vom 13. XII. 1951, BGBl. I S. 955, Haustein Wege zur Sozialv 1952 S. 133—136). Zur Privatv i. w. S. zählen ferner z. B. die Haftpflichtvseinrichtungen der Berufsgenossenschaften (§§ 843 Ziff. 1, 847 RVO, dazu VA 1949 S. 57, Lauterbach, Unfallv, Stuttgart-Köln 1952, S. 207, Zilz, Die Haftpflichtvsanstalten der RVO, Berliner Diss., Quakenbrück 1938, S. 58—59, 70—72). Vgl. über deren Beaufsichtigung § 10 VO vom 22. VI. 1943, RGBl. I S. 263, über die Unanwendbarkeit des VVG § 190².

Sehr bedenklich die beiden Urteile BGH 15. XII. 1951 BGHZ Bd 45 S. 197—208, VersR 1952 S. 44, wonach es sich insoweit um Sozialv handeln soll, als an sich sozialvspflichtige (oder vspflichtig gewesene) Arbeitnehmer von Privateisenbahnen bei einem Gegenseitigkeitsverein derart rentenvert sind, daß sie gemäß § 1242 RVO oder § 17 AVG von der sozialen Rentenv befreit waren. Die beiden genannten Vorschriften (über deren Weitergeltung vgl. übrigens Art. 4, 7 VO vom 17. III. 1945, RGBl. I S. 41) sahen grade Sozialvsfreiheit (mit Rücksicht auf die anderweitige, privatrechtliche Sicherung der Arbeitnehmer) vor. Im Ergebnis allerdings sind die Urteile befriedigend (Vorinstanzen: LG Köln 16. III. 1950 VersR 1950 S. 67, OLG Köln 8. I. 1951 VersR 1951 S. 45—46). Mit Recht abgelehnt ist der Sozialvscharakter bei dem Versorgungswerk der Presse G. m. b. H. (BGH 15. XII. 1951 BGHZ Bd 4 S. 213—219, Vorinstanzen: LG Frankfurt 22. V. 1950 VersR 1950 S. 97—98, OLG Frankfurt 5. XII. 1950 VersR 1951 S. 44—45; vgl. auch LG München 15. III. 1951 VersR 1951 S. 123, OLG München 14. IX. 1951 VersR 1951 S. 257—258, auch LG Berlin 26. XI. 1951 VersR 1952 S. 18) sowie bei der Ärzteversorgung (BGH 30. IV. 1952 BGHZ Bd 6 S. 53—54).

Die Ersatzkassen sind reine Sozialvsträger und als solche juristische Personen des öffentlichen Rechts. Über die Rechtsnatur des Vsverhältnisses: Menkens Die Ersatzkasse 1951 S. 105—106. Über die für die Privatv bedeutsame Frage, ob eine Ersatzkasse für Angestellte auch Selbständige aufnehmen kann, wenn diese nach den Sozialvsgesetzen Vsberechtigte sind: Schmöle VersR 1953 S. 47.

In einzelnen Fällen ermöglicht die Existenz von Privatvsschutz die Vsfreiheit in der Sozialv. Solche Wahlmöglichkeit kennt besonders § 3 HandwVersG. Für eine Übergangszeit vgl. § 18 III G über die Erhöhung der Einkommensgrenzen in der Sozialv vom 13. VIII. 1952 (BGBl. I S. 437), dazu die Verlautbarung BArbBl 1952 S. 542. Zu beiden Fällen Anm. 56, 57 m. w. N. — Die §§ 375—377 AVG, die sich mit der Halbv solcher Angestellten befaßten, die lebensvert waren und die deshalb von der eigenen Beitragsleistung befreit werden konnten, sind durch § 14 I DVO vom 14. VI. 1942, RGBl. I S. 403 weggefallen.

[17] 2. Private Versicherungsunternehmen und öffentlichrechtliche Versicherungseinrichtungen.

Nach Maßgabe der Unternehmensform kann man innerhalb der Privatv i. w. S. die Privatv i. e. S. und die öffentlichrechtliche V unterscheiden.

[18] a) Private Versicherungsunternehmen.

Als Unternehmensformen kommen hier fast ausschließlich Aktiengesellschaften und Gegenseitigkeitsvereine in Betracht (§ 7 VAG und Aufsichtspraxis: Rehm-Berliner-Fromm S. 126—127, aber auch VA 1927 S. 92—93: Gesellschaft mit beschränkter Haftung). Eine Sonderstellung nehmen die kommunalen Haftpflichtschadenausgleiche ein, die (entgegen § 7 I, II VAG) als nichtrechtsfähige Vereine organisiert sind (Knott, Die kommunalen Haftpflichtschadenausgleiche, Weißenburg 1951, S. 13—17), vgl. auch § 6 PflichtVDVO. Im Bereiche der unbeaufsichtigten Transportv betätigen sich gelegentlich auch in Deutschland Einzelkaufleute und offene Handelsgesellschaften (wie in England: Lloyd's).

[19] b) Öffentlichrechtliche Versicherungseinrichtungen.

Diese können auf Landesrecht (§ 192), ausnahmsweise auch auf früherem Reichsrecht (§ 3 VO vom 22. VI. 1943, RGBl. I S. 263) oder jetzigem Bundesrecht beruhen. Sie können juristisch selbständig oder unselbständig sein, z. B. sind die Haftpflichtvseinrichtungen der Berufsgenossenschaften (Anm. 16) unselbständige Abteilungen der letzteren. Die selbständigen öffentlichrechtlichen Vseinrichtungen können Körperschaften oder Anstalten des öffentlichen Rechts sein: Körperschaften sind genossenschaftlich-mitgliedschaftlich organisiert, Anstalten von einer Vermögensmasse her. Die Unterscheidung ist bisher vielfach zu wenig beachtet (über sie Schmidt in: Schmidt-Sievers S. 23—30, Weber Hans RGZ 1941 A Sp. 161—172). Vsverhältnisse bei öffentlichrechtlichen Vseinrichtungen unterliegen nach § 192 I dem VVG nicht, sofern sie unmittelbar kraft Gesetzes entstehen oder infolge eines gesetzlichen Zwanges genommen werden.

Auch die öffentlichrechtliche V gehört zur Privatv i. w. S. Es ist mißlich, daß der Begriff Privatv deshalb in doppeltem Sinne gebraucht werden muß, aber derAusdruck Individualv (so Manes a. a. O. S. 13, Anonym VW 1952 S. 67, Enge VW 1952 S. 196) oder Singularv (so Rohrbeck VVV 1949 S. 16, VW 1952 S. 190) statt Privatv i. w. S. führt nicht weiter. Denn keine V kann nur das Individuum im Auge haben, jede V setzt eine Gefahrengemeinschaft voraus (Anm. 4), einen Plural. So lasse man es bei den eingeführten Begriffen, erkenne, daß nicht nur die Sozialv sozial wirken kann, und überlege jeweils, ob der Begriff Privatv weit oder eng verstanden werden muß.

[20] 3. Personen- und Nichtpersonenversicherung.

Bei jedem Vsverhältnis kann nur eine natürliche oder juristische Person anspruchsberechtigt sein, aber hinsichtlich des Vsobjektes kann man der Personenv die Nicht personenv gegenüberstellen.

[21] a) Personenversicherung.

Sie ist dadurch gekennzeichnet, daß die vte Gefahr unmittelbar in einer menschlichen Persönlichkeit liegt, die Körperlichkeit einer Person steht in Frage. Deshalb gehört zur Personenv die Lebens-, Unfall- und Krankenv, auch die Filmausfallv (Möller Ufita Bd 8 S. 222, 226). Bei einer gemischten Lebensv ist nicht nur der Todesfall, sondern auch der Erlebensfall (Ablauf) Vsfall, denn auch er ereignet sich unmittelbar in einer Person. Entsprechendes gilt bei einer reinen Erlebensfallv: Durch das Erleben, mag es auch einerseits „freudig begrüßt“ werden (Ehrenzweig S. 59), entsteht doch andererseits Bedarf. Bei der Personenv spielt der Vsarzt, die Vsmedizin eine bedeutsame Rolle.

[22] b) Nichtpersonenversicherung.

Zu ihr zählt alles das, was übrig bleibt. Man hat von Vermögensv (Ehrenzweig S. 1) oder Güterv (Manes a. a. O. S. 12) gesprochen, jedoch hat es vielfach auch die Personenv mit dem Ersatz von Vermögensnachteilen zu tun, und außerhalb der Personenv kommt nicht nur der Vsschutz von Gütern (Aktiven) in Betracht, sondern auch ein Schutz vor der Entstehung von Passiven, man denke an die Haftpflichtv (Anm. 29).

[23] 4. Schadens- und Summenversicherung.

Diese Unterscheidung stellt auf die Art der Bedarfsdeckung ab und liegt § 1 I zugrunde. In § 1 I 2 wird allerdings statt von der Summenv von „der Lebensv und der Unfallv sowie . . . anderen Arten der Personenv“ gesprochen. Aber diese Verwechslung der Begriffe Personenv und Summenv erklärt sich daraus, daß 1908 bei der Schaffung des VVG die Personenv nur als Summenv vorkam. Es muß also in § 1 I 2 berichtigend „Summenv“ gelesen werden (zur Terminologie irrig Begr. I S. 12).

[24] a) Schadensversicherung.

Sie beruht auf dem Prinzip der konkreten Bedarfsdeckung, der Ver hat „nach dem Eintritte des Vsfalls dem Vmer den dadurch verursachten Vermögensschaden . . . zu ersetzen“ (§ 1 I 1). Hier gilt das sog. Bereicherungsverbot (Anm. 26): Neben die Vssumme tritt die Höhe des eingetretenen Schadens als leistungsbegrenzender Faktor (Begr. I S. 11). Vorschriften wie § 59 I (Doppelv) und § 67 I 1 (Übergang von Ersatzansprüchen) knüpfen an die Schadensv und das Bereicherungsverbot an.

[25] b) Summenversicherung.

Anders als die Schadensv verpflichtet die Summenv den Ver, „nach dem Eintritte des Vsfalls den vereinbarten Betrag an Kapital oder Rente zu zahlen oder die sonst vereinbarte Leistung zu bewirken". Angesichts solcher abstrakten Bedarfsdeckung gilt nicht das Bereicherungsverbot: Nur die Vssumme wirkt als leistungsbegrenzender Faktor, Doppelv schadet also nicht, und ein Übergang von Ersatzansprüchen findet nicht statt.

[26] c) Bereicherungsverbot.

Es gilt nach dem in Anm. 24—25 Gesagten nur für die Schadensv und erfährt auch hier gewiß Durchbrechungen (Möller JW 1938 S. 916—920). In der Summenv gilt im deutschen Recht das Bereicherungsverbot nicht (über das anglo-amerikanische Recht: Tiefenbacher, Das Bereicherungsverbot im Lebensvsrecht unter besonderer Berücksichtigung des englischen und amerikanischen Rechts, ungedr. Hamburger Diss. 1948). Das Bereicherungsverbot kann nun nicht dadurch stets umgangen werden, daß man einen Vszweig als Summenv betreibt. Es gilt vielmehr die Regel: Bei der Personenv stehen der Betrieb als Summen- und als Schadensv zur Wahl (Begr. I S. 12). Jedoch bei der Nichtpersonenv, insbesondere bei der Sachv (Anm. 28), ist nur der Weg der Schadensv beschreitbar (Begr. I S. 11; Ehrenzweig S. 58).

Eine Lebens-, Unfall- oder Krankenv kann also entweder abstrakt oder konkret einen Bedarf decken. Summenv liegt z. B. vor, sofern in der Lebensv Kapital oder Rente versprochen wird, in der Unfallv ein Tagegeld, eine Invaliditätssumme (mag sie auch nach der Gliedertaxe abgestuft sein) oder eine Todesfallsumme (§ 1 II 1 AUnfallB), in der Krankenv ein Tagegeld oder ein Sterbegeld (vgl. § 4 XI 3 GrundBed; für das Krankenhaustagegeld vgl. BFH 3. XII. 1952 VersR 1953 S. 54—55 mit Anm. Niethammer). Dagegen ist eine Lebensv Schadensv, wenn nur die konkreten Beerdigungskosten erstattet werden. Entsprechendes gilt für eine Unfallv hinsichtlich der Heilkosten (§ 21 AUnfallB), für eine Krankenv hinsichtlich der Aufwendungen für Krankenpflege (Arzt-, Arznei-, Krankenhauskosten usw.: Krankheitskostenv). Soweit die Personenv als Schadensv betrieben wird, ist das Bereicherungsverbot anwendbar, z. B. hinsichtlich der Bestimmungen über Doppelv und Übergang von Ersatzansprüchen. Die überholte Terminologie des § 1 I steht nicht entgegen (Anm. 23).

[27] 5. Einteilung der Schadensversicherung.

Anders als nach § 249[1] BGB kann in der Schadensv der eingetretene Vermögensschaden nicht vollen Umfangs ersetzt werden, auch nicht soweit er adäquat durch die vte Gefahr verursacht ist. Aus risikotechnischen Gründen bedarf vielmehr der Summenschaden einer Auflösung in Einzelschäden, eine V kann nur gegen Einzelschäden genommen werden (Möller Summen- und Einzelschaden S. 35, ZVersWiss 1937 S. 128—137). Es reicht nicht aus, nach Eintritt eines Vsfalles gleichsam den Saldo der Bilanz des Vmers vor und nach dem Schadensereignis zu ziehen, sondern man muß vstechnisch die einzelnen Bilanzposten und ihre Veränderungen ins Auge fassen. Ein Vmer kann bei solcher Betrachtungsweise Schaden erstens dadurch erleiden, daß Aktiven, die er bislang besaß, beeinträchtigt werden (Aktiven-, Interessev) oder zweitens dadurch, daß Passiven, die ihn bisher nicht belasteten, neu entstehen (Passivenv.)

[28] a) Aktivenversicherung.

Vert ist hier die Beziehung einer bestimmten Person zu einem bestimmten Gute (Aktivum). Diese Wertbeziehung nennt man das vte Interesse, die Aktivenv ist also identisch mit der Interessev. Als Güter, an denen Interessen bestehen, kommen insbesondere in Betracht: Sachen, Forderungen, sonstige Rechte und Gewinnanwartschaften.

Die Sachv (Begr. I S. 12) deckt das Eigentümerinteresse an der Sachsubstanz, z. B. in der Feuer-, Tier-, Transportv, man kann grundlegend Immobiliar- und Mobiliarv unterscheiden. — Forderungsinteressen sind besonders in der Kredit- und Frachtv geschützt. Ein Interesse an sonstigen Rechten spielt bei der Hypothekenv eine Rolle, welche das Interesse des Realgläubigers daran schützt, daß sein dingliches Recht in der Zwangsversteigerung nicht ausfällt. — Nach § 252[1] BGB gehört bürgerlichrechtlich entgangener Gewinn zu dem zu ersetzenden Schaden. Vsrechtlich gesehen kann man Gewinninteressen gesondert schützen, es sind Wertbeziehungen zu Gewinnanwartschaften, Chancen (Möller JRPV 1930 S. 43—48), sei es, daß diese mit einem Sachinteresse in Verbindung stehen (entgehender Gewinn bei Gütertransportschäden, Mietverlust bei Brand eines Gebäudes, Gewinnentgang bei Betriebsunterbrechung durch Brand), sei es, daß die gleichzeitige Beeinträchtigung eines Sachinteresses nicht in Frage steht (Regenv eines Rennplatzbesitzers).

Jedes Interesse hat einen bestimmten Wert, sodaß bei der Interessev der Begriff des Vswertes eine Rolle spielen kann. Neben der Vssumme und der Schadenshöhe hat im Bereiche der Interessev auch der Vswert eine leistungsbegrenzende Funktion, z. B. bei einer Unterv (§ 56).

[29] b) Passivenversicherung.

Sie schützt eine Person dagegen, daß die Beziehung zu einem bestimmten Passivum für sie neu entsteht (oder größer wird). Als Passiven, gegen deren Entstehung man sich vern kann, kommen insbesondere in Frage: Schulden, notwendige Aufwendungen und konkrete Verlustmöglichkeiten.

Für den Fall der Entstehung von Schulden schützt z. B. die Haftpflicht- und Rückv. Bei der Haftpflichtv handelt es sich durchweg um Verbindlichkeiten kraft Gesetzes, bei der Rückv wird der Erstver dagegen geschützt, daß er mit Verpflichtungen aus Erstvsverträgen belastet wird. — Faktisch notwendige Aufwendungen sind rechtlichen Verbindlichkeiten gleichzustellen: Bei dem Brand eines älteren Geschäftshauses ist der Eigentümer gezwungen, über den Zeitwert hinaus die Differenz zwischen Neuwert und Zeitwert aufzuwenden, wenn er am gleichen Platz ein gleich geräumiges Haus wieder erbauen will; diese Mehraufwendung deckt die Neuwertv (Möller SchweizVersZ 1948 S. 265—268, BGH 1. IV. 1953 VersR 1953 S. 194). — Werden gegen einen Haftpflichtvten unbegründete Ansprüche erhoben, so bedeutet dies bereits eine Schädigung, gegen die er sich decken kann durch eine Rechtsschutzv, die isoliert vorkommt, aber auch mit der Haftpflichtv verbunden ist: Denn falls sich der Inanspruchgenommene nicht verteidigt, könnte aus dem unbegründeten Anspruch (etwa durch Versäumnisurteil) leicht ein begründeter werden.

Der Passivenv ist der Begriff des Vswertes fremd, denn nur Aktiven haben einen Wert, auch kann z. B. die Schuld eines Haftpflichtigen theoretisch, auch wenn er arm ist, in unbegrenzter Höhe entstehen. Der Begriff der Interessev umfaßt die Passivenv nicht. Zwar hat man gesagt, hier sei das Interesse am ganzen Vermögen geschützt (Bruck S. 65), auch hat man von Vermögensven gesprochen (Koenig S. 33, 179—180). Aber die V macht es gerade notwendig, das Vermögen aufzugliedern (Anm. 27) und dabei zeigt sich, daß man nicht nur Wertbeziehungen (Interessen) versichern, sondern sich auch gegen die Entstehung von Unwertbeziehungen (Passiven) schützen kann. Letzterenfalls besteht kein Vswert. Allerdings gibt es Fälle gesetzlich beschränkter Haftung (z. B. im Binnenschiffahrtsrecht) und vertraglich beschränkter Haftung (z. B. bei der Rückv); auch die notwendigen Aufwendungen können zuweilen der Natur der Sache nach eine Höchstgrenze haben, z. B. den Neuwert. In solchen Fällen läßt sich ein dem Begriff des Vswertes reziproker Begriff aufstellen, die Regeln über die Unterv sind insoweit möglicherweise analog anwendbar.

[30] c) Mischformen.

Bei der Neuwertv handelt es sich nach dem Dargelegten um eine Kombination von Sachv (Aktivenv) und V gegen notwendige Aufwendungen (Passivenv), bei der Haftpflichtv einerseits um eine Passivenv gegen begründete Schulden, andererseits um eine solche gegen unbegründete Ansprüche (konkrete Verlustmöglichkeiten: Rechtsschutzfunktion). Die Hagelv ist kombinierte Sachv (in Höhe des im Zeitpunkt des Hagelschlages Gewachsenen) und Gewinnv (in Höhe des noch nicht Gewachsenen). Die Betriebsunterbrechungsv schützt einerseits bei Gewinnentgang (Aktivenv), andererseits gegen fortlaufende Unkosten (Passivenv). Jeder Transportv eines Schiffes (Sachv) ist eine Haftpflichtv gegen Kollisionsschäden angehängt (§ 129 II 2), und überhaupt jeder Transportv eine Haftpflichtv hinsichtlich der Beiträge zur großen Haverei (§ 133 I 1). — Die Speditionsv nimmt insofern eine Sonderstellung ein, als hier die zu ersetzenden Schäden mannigfacher Art sein können: Durch einen Spediteurfehler kann nicht nur die beförderte Sache beeinträchtigt, sondern z. B. auch eine nachzunehmende Forderung entwertet werden, Gewinn entgehen oder eine Umwegfrachtschuld oder ein sonstiges Passivum entstehen (Schiering, Die Speditionsv, Hamburg 1932, S. 20—22).

[31] **6. Einteilung nach Versicherungsgefahren.**

a) Spezialität und Totalität.

Jede V schützt gegen die Verwirklichung vter Gefahren (Anm. 5), z. B. Brand, Explosion, Blitzschlag, Einbruchdiebstahl, Hagelschlag, Tod des vten Tieres, Gefahren der Beförderung, gesetzliche Haftpflicht aus näher bezeichneten Eigenschaften, Rechtsverhältnissen oder Tätigkeiten, Unfall, Krankheit. Die Gefahren können unter verschiedensten Gesichtspunkten eingeteilt werden, z. B. gibt es Elementargefahren (Hagelv), Gefahren menschlichen Verhaltens (Einbruchdiebstahl-, Veruntreuungsv, V politischer Risiken), oft aber auch Vszweige mit kombinierten Risiken (Brand oder Unfall als Elementar- und menschliche Gefahr).

Grundlegend ist die Unterscheidung von Vszweigen nach dem Prinzip der Spezialität der vten Gefahr und dem Prinzip der Totalität (Universalität) der vten Gefahren. Nach dem letztgenannten Prinzip ersetzt der Ver grundsätzlich (vorbehaltlich von Ausschlußklauseln) den Bedarf ohne Rücksicht darauf, aus welcher Gefahrenursache er entstanden ist. Der Vmer braucht dann — in der Schadensv — nur den Schadenseintritt zu beweisen, der Ver kann demgegenüber beweisen, daß eine Ausschlußklausel eingreift. Bei Geltung des Prinzips der Spezialität der vten Gefahr muß dagegen der Vmer nicht nur den Schadenseintritt, sondern auch die Verursachung des Schadens durch die vte Gefahr (z. B. Brand) beweisen, während dem Ver wiederum die Möglichkeit offensteht, das Eingreifen einer Ausschlußklausel darzutun (z. B. Erdbebenbrand: § 84).

Man sagt häufig, gestützt auf § 129 I, II 1 (auch § 1 I ADB), besonders die Transportv sei vom Prinzip der Totalität der vten Gefahren beherrscht. Aber was Ritter S. 465 für die Seev bemerkt, gilt für die Binnentransportv entsprechend: „Der Ver trägt alle Gefahren — aber doch nur alle Gefahren der Seeschiffahrt", z. B. keine Beschaffenheitsgefahren (innerer Verderb usw.). Nur insofern kann bei der Transportv von dem Prinzip der Totalität der Gefahren gesprochen werden, als der Vmer aus Gründen der Beweisökonomie nur den Schadenseintritt zu beweisen hat, so daß es dem Ver obliegt, zu beweisen: entweder, daß keine Transportgefahr sich verwirklicht hat, oder daß eine Ausschlußklausel eingreift. (Einige AVB der Binnentransportv hatten den Grundsatz der Totalität der Gefahren übrigens aufgehoben, z. B. § 1 I AVB für den Gütertransport zu Lande mittels Eisenbahn, Post oder Fuhre.)

[32] **b) Versicherungszweige und Versicherungsarten.**

Die Vszweige und ihre Untergruppen, die Vsarten, lassen sich nach Maßgabe der vten Gefahren sowie der vten Interessen und Passiven gegeneinander abgrenzen. So lassen sich innerhalb des Vszweiges Feuerv die Immobiliar- und Mobiliarfeuerv als Vsarten unterscheiden. Dazu Dorn in: Festgabe für Alfred Manes, Berlin 1927, S. 34 bis 38.

[33] **c) Binnenversicherung und Seeversicherung.**

Das VVG betrifft nur die Binnenv, während die Seev im HGB behandelt ist (vgl. § 186). Die Abgrenzung ist nach Maßgabe der vten Gefahren vorzunehmen. Die Seev ist gekennzeichnet durch die Gefahren der Seeschiffahrt (Möller ITV 1939 S. 65—68). Diese Gefahren bedrohen nicht nur das Sachinteresse an Schiff oder Gütern, sondern auch z. B. Frachtforderungen, Gewinnanwartschaften (imaginären Gewinn) und können auch Passiven entstehen lassen, man denke an die Kollisionshaftpflicht- und Seerückv. Alles, was nicht zur Seev gehört, ist Binnenv und unterfällt grundsätzlich dem VVG.

[34] III. Wesen des Versicherungsvertrages.

Schrifttum: Bruck S. 49—57, 364—368, WuRdVers 1932 Nr. 2 S. 1—32, Ehrenzweig S. 56—63, von Gierke I S. 90—91, 113—120, Grieshaber, Das Synallagma des Vsvertrages, Mannheim-Berlin-Leipzig 1914, Güldner, Der Begriff der Leistung des Vers, Kölner Diss. 1939, Haymann, Leistung und Gegenleistung im Vsvertrag, Berlin-Leipzig 1933, Lehmann, Leistung und Gegenleistung bei gewagten Verträgen, Kieler Diss. 1935, JW 1934 S. 2006—2013, Möller AkadZ 1939 S. 514—517, Summen- und Einzelschaden, Hamburg 1937, S. 132—134, de la Motte VersR 1951 S. 185—188, Wenzel, Der Begriff der Leistung des Vers, Kölner Diss. 1937, Wirtz, Der Vsvertrag unter besonderer Berücksichtigung der Leistung des Vers, Kölner Diss. 1940.

[35] 1. Vertrag.

Im Bereiche der Privatv i. w. S. sind die rechtlichen Beziehungen zwischen dem ein zelnen Vmer und dem Ver im allgemeinen im Wege des Vertrages geregelt, man hat deshalb die Privatv auch als Vertragsv bezeichnen wollen (so: Ehrenzweig S. 2—4). Aber diese Bezeichnung ist schon deshalb nicht ganz genau, weil es auch in der Privatv ausnahmsweise Vsverhältnisse gibt, die unmittelbar kraft Gesetzes entstehen (§ 192 I), so nach § 24 G, betr. die Lippische Landesbrandvsanstalt vom 16. IV. 1924 (Schmidt-Sievers S. 353, auch S. 29 mit Anm. 63), vgl. auch BGH 15. XII. 1951 BGHZ Bd 4 S. 211—212, wonach solche Vsverhältnisse öffentlichrechtlicher Natur sind.

Bei Ven, zu deren „Abschluß" eine gesetzliche Verpflichtung besteht (§ 158b), regelmäßig auch bei Ven, die infolge eines gesetzlichen Zwanges „genommen" werden (§ 192 I), fehlt es nicht an dem Vertragscharakter des Vsverhältnisses, nur wird das Zustandekommen dieses Vertrages erzwungen. Über solche Vspflichten vgl. Anm. 54—68.

Es fragt sich allerdings, ob das erzwungene Vsverhältnis stets ein privatrechtliches ist. Die Frage wird vom BGH 15. XII. 1951 BGHZ Bd. 4 S. 211—212 ohne Einschränkung bejaht, insbesondere auch für alle Ven, die bei einer öffentlichen Anstalt infolge eines gesetzlichen Zwanges genommen werden (§ 192 I). Hier erheben sich jedoch zum Teil erhebliche Zweifel (Sievers, Besonderheiten des Vsverhältnisses bei öffentlichrechtlichen Sachvseinrichtungen, ungedr. Hamburger Diss. 1953 und bei: Schmidt-Sievers S. 77—78 m. w. N.), Näheres zu § 192.

Bei öffentlichrechtlichen Vseinrichtungen kommt übrigens außer der Rechtsfigur des (privat-oder öffentlich-rechtlichen) Vertrages auch die Problematik der Mitgliedschaft bei Körperschaften oder der Anstaltsnutzung bei Anstalten in Frage. Über das Verhältnis von Mitgliedschaft und Vertrag vgl. die entsprechenden Ausführungen für den Gegenseitigkeitsverein: Anm. 36. Über die Rechtsverhältnisse bei Anstaltsnutzung vgl. etwa Forsthoff S. 312—321, der auf S. 313 (mit Anm. 5) betont, daß nur bei privatrechtlicher Benutzungsordnung ein Vertrag anzunehmen sei; bei öffentlichrechtlicher Benutzungsordnung handelt es sich nicht etwa um öffentlichrechtliche Verträge, sondern um andere Formen der Zulassung zur Benutzung. Immerhin können nach Forsthoff S. 321 schuldrechtliche Bestimmungen analog herangezogen werden.

Wollte man nur zwischen Vsverhältnissen kraft Gesetzes und solchen kraft Vertrages unterscheiden, so ist die Grenze flüssig. Ein Vertrag setzt Willenserklärungen, insbesondere einen Antrag voraus. Sofern es nur einer Anzeige des Vmers bedarf, die aber immerhin konstitutiv wirkt, handelt es sich um ein Zwischengebilde: Es liegt kein Vertrag vor, aber das Vsverhältnis entsteht auch nicht „unmittelbar" kraft Gesetzes (§ 192 I), sondern nur in Verbindung mit dem Tätigwerden des zu Versichernden (Sievers bei: Schmidt-Sievers S. 54—55).

Bei öffentlichrechtlichen Wettbewerbseinrichtungen ist das Vorliegen eines privatrechtlichen Vertragsverhältnisses unzweifelhaft (RG 25. I. 1927 RGZ Bd 116 S. 30—31, Einschränkungen bei Sievers in: Schmidt-Sievers S. 78—79).

[36] 2. Schuldrechtlicher Vertrag.

Der Vsvertrag, dessen Parteien § 1 I, II 1 Ver und Vmer nennt, ist ein schuldrechtlicher Vertrag, denn er verpflichtet zu Leistungen (§ 241^1 BGB).

Mit einem Ver kann ein Vmer mehrere Vsverträge abschließen, die Anträge können in einer Urkunde zusammengefaßt werden, die Verbriefung kann in einem gemeinsamen Vsschein erfolgen. Im Einzelfall muß im Wege der Auslegung ermittelt werden, ob eine „Zusatzv" zu einer „Hauptv" oder „Stammv" gesondert vorzustellen ist. Die Frage hat nicht nur zivil-, sondern auch vssteuerrechtliche Bedeutung.

So kann ein Ver das Krankheitsrisiko in zwei getrennten Verträgen tragen. „Allerdings müssen diese Vsverhältnisse (Vsverträge) einen selbständigen Charakter haben ... Jeder Vsvertrag muß also unabhängig von dem anderen Vertrag ein eigenes Leben führen, nicht weitgehend dem Schicksal einer V (Haupt-, Stammv) folgen, demnach selbständig sein, also insbesondere ohne daß das Bestehen eines anderen Vsverhältnisses Voraussetzung ist, begründet werden, den anderen Vertrag überdauern können und nicht von selbst mit ihm enden. Dadurch, daß das zusätzliche Rechtsverhältnis auch allein gekündigt werden kann, wird es noch nicht zu einem selbständigen. Liegen diese Merkmale nicht vor, so ist der Zusatzvertrag unselbständig und bildet mit der Haupt- bzw. Stammv nur ein Vsverhältnis" (BFH 3. XII. 1952 VersR 1953 S. 54 bis 55 mit Anm. Niethammer, ferner Anonym VW 1949 S. 465, Obermayer VW 1948 S. 202—203, 220, alle zur Tagegeldv in der Krankenv).

Über die Einheit des Vsvertrages Näheres Anm. 3—9 zu § 30.

Der Mehrheitsnachlaß setzt preisrechtlich nach dem Einheitstarif für Kraftfahrtven 1953 (Ziff. 6 III 2 Grundregeln) nicht die Einheit der V voraus.

Beim Vsverein auf Gegenseitigkeit liegt nicht nur ein schuldrechtlicher Vertrag vor, sondern auch ein personenrechtliches Mitgliedschaftsverhältnis (§ 20² VAG), es sei denn, daß es sich ausnahmsweise um ein Vsgeschäft gegen festes Entgelt handelt (beim sog. gemischten Verein: § 21 II VAG). Die Frage, in welchem Verhältnis Mitgliedschaft und Vsvertrag stehen, ist bestritten. Beide Rechtsverhältnisse sind nicht getrennt vorzustellen, richtig ist vielmehr die Einheitstheorie (RG 9. XI. 1915 JW 1916 S. 420, 18. IX. 1936 JW 1936 S. 3451 = VA 1936 S. 216—217 Nr. 2897): Satzung und AVB können in einer Urkunde enthalten sein (§ 10 II VAG), Beiträge und Prämien sind identisch (§ 1 II 2). In den Vordergrund zu stellen ist das Mitgliedsschaftsverhältnis, in welches das Schuldverhältnis eingekapselt, eingebettet ist (zur Problematik von Gierke II S. 34, Hagen I S. 119—120, Kisch Gegenseitigkeitsverein S. 153—172, JRPV 1938 S. 52—54, Möller in: Festschrift Karl Haff, Innsbruck 1950, S. 309—311, Riesenfeld, Das Problem der gemischten Rechtsverhältnisse im Körperschaftsrecht, Berlin 1932, S. 159—160, Starke VersR 1950 S. 142, auch Ehret, Das besondere Mitgliedschaftsverhältnis der Vsgenossenschaft, Bern 1933, Hügi, Die rechtliche Natur der V auf Gegenseitigkeit, Bern 1935, S. 64—70, Meier, Die Genossenschaft als Rechtsform für die Pensionskasse, Züricher Diss. 1946, S. 82—102). Demgegenüber meint BGH 4. IV. 1951 VersR 1951 S. 134, „daß das Vsverhältnis als Basis des gesamten Rechtsverhältnisses der Mitglieder ... anzusehen ist und das gegenüber dem gesellschaftlichen dominierende Element darstellt". Jedenfalls ist das VVG vollen Umfangs auch auf Vsverhältnisse bei Gegenseitigkeitsvereinen anzuwenden (§ 1 II 2 analog). Mehrere Mitgliedschaftsverhältnisse der gleichen Person können nebeneinander bestehen. Besonders hervorgehoben ist der Gleichbehandlungsgrundsatz in § 21 I VAG, er gilt aber auch außerhalb der Gegenseitigkeitsvereine (Einl. Anm. 66). Überhaupt treten die Unterschiede der Unternehmensformen vom Standpunkt der Vmer aus immer mehr zurück (Hagen I S. 91, von der Thüsen HansRGZ 1937 A Sp. 307—332, BGH 4. IV. 1951 VersR 1951 S. 134).

[37] 3. Zweiseitig verpflichtender Vertrag.

Verpflichtungen zu Leistungen werden sowohl für den Ver (§ 1 I) als auch für den Vmer (§ 1 II 1) begründet, es gibt keinen unentgeltlichen Vsschutz (Anm. 8). Auch Ehrenzweig S. 56, Prölss Anm. 6 zu § 1, S. 33 rechnen den Vsvertrag zu den entgeltlichen Verträgen.

[38] 4. Gegenseitiger Vertrag.

a) Austauschverhältnis.

Nicht jeder zweiseitig verpflichtende Vertrag ist ein gegenseitiger, bei letzterem wird vielmehr die eine Leistung um der Gegenleistung willen erbracht, beide stehen in einem Gleichgewichts- und Austauschverhältnis, wobei es übrigens bestritten ist, ob die Leistungsversprechen (so Lehmann a. a. O. S. 8, JW 1934 S. 2009) oder die Leistungen selbst ausgetauscht werden (so Bruck WuRdVers 1932 Nr. 2 S. 1), und wobei das Vorkommen von bedingten Leistungsversprechen und Leistungen die Schwierigkeiten noch erhöht, denn es könnte an dem Gleichgewicht fehlen, wenn etwa eine aufschiebende Bedingung nicht eintritt.

Von den Nebenleistungen des Vmers und des Vers, die nicht im Gegenseitigkeitsverhältnis stehen, soll hier nicht die Rede sein, vgl. dazu Anm. 5 zu § 35, Anm. 39—43 zu § 3.

[39] **b) Leistung des Versicherungsnehmers.**

Der Vmer hat die vereinbarte Prämie, beim Gegenseitigkeitsverein den Beitrag (Anm. 36) zu entrichten (§ 1 II), es handelt sich also um eine unbedingte Geldleistung, die § 1 I VStG und § 11 I 1 VAG Vsentgelt nennen. Da regelmäßig laufende Prämien zu zahlen sind, keine Einmalprämie (vgl. § 35[1]), liegt insoweit ein Wiederkehrschuldverhältnis vor.

[40] **c) Leistung des Versicherers.**

Der Ver hat nach dem Wortlaut des § 1 I „nach dem Eintritte des Vsfalls dem Vmer den dadurch verursachten Vermögensschaden .... zu ersetzen“, bei der Summenv „den vereinbarten Betrag an Kapital oder Rente zu zahlen, oder die sonst vereinbarte Leistung zu bewirken“. Da der Vsfall unter Umständen nie eintritt (Anm. 5), liegt es — wenn man nur auf die Zeit nach dem Vsfall abstellt — nahe, das Leistungsversprechen oder die Leistung des Vers als nur bedingt zu konstruieren (Prölss Anm. 2 zu § 1, S. 31) und so zu leugnen, daß beim Vsvertrag stets ein Austauschverhältnis, also ein gegenseitiger Vertrag vorliege (dahingestellt von Prölss Anm. 6 zu § 1, S. 33).

Aber § 1 I ist irreführend. Denn der Ver erbringt schon vor dem Eintritte des Vsfalls — über diesen Begriff Anm. 49 — stets eine Leistung, meistens — jetzt auch von § 68 III — Gefahrtragung genannt. Man kann bei der Betrachtung jeder Leistung entweder auf das Leistungsverhalten des Schuldners (so § 241 2 BGB) oder auf den Leistungserfolg beim Gläubiger sehen:

[41] **aa) Leistungsverhalten des Versicherers.**

Der Ver organisiert eine Gefahrengemeinschaft (Anm. 4) und baut den Vmer in diese ein, nimmt — wenn nötig — Rückv, berechnet Reserven und legt diese an (Deckungsrücklage und Deckungsstock in der Lebensv: §§ 65 I, 66 I 1 VAG), tut auch im übrigen Vieles, um nach dem Eintritte des Vsfalls die in § 1 I allein erwähnte Leistung erbringen zu können.

Bei alledem handelt es sich nicht um rechtlich unerhebliche Vorbereitungshandlungen (so Prölss Anm. 2 zu § 1, S. 32), sondern um ein geschuldetes Dauerverhalten des Vers, das Vsverhältnis ist insoweit ein Dauerschuldverhältnis, das Leistungsverhalten des Vers ist während der gesamten materiellen Vsdauer zu beobachten. Geschieht dieses nicht, so kann es möglicherweise der Vmer klageweise erzwingen (denkbar z. B. Klage auf Rückvsnahme), und zwar handelt es sich dabei nicht um eine Feststellungsklage, sondern um eine Klage auf (nicht erst künftige) Leistung (allerdings ist zu prüfen, inwieweit das Aufsichtsrecht ein Rechtsschutzinteresse des Vmers beseitigt). Bei Verzug und Unmöglichkeit kommen die §§ 323, 325; 326 BGB, das funktionelle Synallagma betreffend, zur Anwendung, nicht nur § 321 BGB: Wird also ein Ver, weil er das Leistungsverhalten nicht beobachtet, unsicher, so kann der Vmer nicht nur ein Leistungsverweigerungsrecht besitzen, sondern u. U. auch z. B. Schadensersatz verlangen, vgl. Anm. 38, 39 zu § 13.

[42] **bb) Leistungserfolg beim Versicherungsnehmer.**

Das Leistungsverhalten des Vers zeitigt beim Vmer nicht nur die außerrechtlich-psychologische Wirkung, „ruhig schlafen zu können“, sondern die Gefahrtragung seitens des Vers verschafft dem Vmer — vom „materiellen Vsbeginn“ an (Anm. 3 zu § 2) — eine auch wirtschaftlich bewertbare Anwartschaft, bei Gefahrverwirklichung Bedarfsdeckung zu erlangen. Diese Anwartschaft — ein z. B. bei einer Feuerv vererbliches und im Rahmen der §§ 69—72 übertragbares Rechtsgut — verschafft der Ver dem Vmer in Erfüllung seines bei Vertragsschluß (beim formellen Vsbeginn) gegebenen Leistungsversprechens. Dadurch wird der Vmer der Notwendigkeit enthoben, anderweitige Sicherungsmaßnahmen, z. B. durch Kapitalansammlung, zu ergreifen. Bei Eintritt des Vsfalles verwirklicht sich nur die dem Vmer bereits vorher verschaffte Anwartschaft, die Gefahrtragungsleistung tritt aus einem latenten Stadium in ein akutes Stadium über, bleibt aber einheitlich. Anwartschaftsverschaffungsleistungen spielen auch beim Bauspar- und Lotterievertrag eine wichtige Rolle. Auch der Elektrizitätsunternehmer schuldet die dauernde Ermöglichung der Stromentnahme als Dauerleistung (Rumpf JW 1930 S. 1346—1349).

[43] d) Ergebnis.

Da sonach nicht nur der Vmer (Anm. 39), sondern auch der Ver (Anm. 40—42) in jedem Falle (unbedingte) Leistungen nicht nur versprechen, sondern auch erbringen muß, und da die beiderseitigen Leistungsversprechen und Leistungen in einem Austauschverhältnis stehen — die Prämie wird um der Gefahrtragung willen versprochen und gewährt —, ist es nach der hier vertretenen Gefahrtragungstheorie (Anwartschaftsverschaffungstheorie; Gegensatz: Geldleistungstheorie) unzweifelhaft, daß der Vsvertrag ein gegenseitiger ist.

Der Ver hat also seit dem materiellen Vsbeginn auch dann etwas geleistet, wenn der Vsfall nicht eingetreten ist (es handelt sich nicht nur um eine vage „Haftung" während der Pendenz einer aufschiebenden Bedingung und die dabei sich ergebende schwache Vorwirkungs-Anwartschaft des bedingt Berechtigten: dazu von Tuhr II 2 S. 291—296). Der Ver wird wegen Obliegenheitsverletzung durch den Vmer möglicherweise noch vor Eintritt des Vsfalles von der Verpflichtung zur Leistung frei (§ 6 I 1). Die Gefahrtragung ist eine vom Vmer nicht zurückgewährbare Leistung i. S. der §§ 346^2 (analog), 818 II BGB. Deshalb gebührt dem Ver trotz Rücktritts oder Anfechtung nach § 40 I 1 die Prämie (Ausnahme, falls die V materiell nicht begonnen hat: § 40 II 2).

[44] aa) Anhänger der Gefahrtragungstheorie.

Zur Gefahrtragungstheorie bekennen sich Bruck S. 365—368, WuRdVers 1932 Nr. 2 S. 1—32, Büchner JRPV 1931 S. 114—115, Dernburg-Kohler S. 365, 267, O. von Gierke, Deutsches Privatrecht, 3. Band: Schuldrecht, München-Leipzig 1917, S. 795 bis 796, Gottschalk JRPV 1931 S. 218, ZVersWiss 1932 S. 221—234, Grieshaber a. a. O. S. 88—94, Herzog HansRGZ 1933 A Sp. 49—56, Raiser S. 60, Riebesell HansRGZ 1933 A Sp. 13—16, Staudinger, Die Rechtslehre vom Lebensvsvertrag, Erlangen 1858, S. 55, RG 30. X. 1888 RGZ Bd 21 S. 329—330, 20. VI. 1902 RGZ Bd 52 S. 52—53, DOG 21. VI. 1950 VersR 1950 S. 132, OGH Wien 12. I. 1949 Vsrundschau 1949 S. 86, KG 28. II. 1931 JRPV 1931 S. 126—127 = Praxis 1931 S. 26, 14. VI. 1933 JRPV 1933 S. 335, 2. V. 1934 VA 1934 S. 213—214 Nr. 2713, OLG Hamburg 18. XI. 1932 VA 1933 S. 115 Nr. 2551, 25. IX. 1935 HansRGZ 1935 B Sp. 539—541, OLG Hamm 25. VI. 1928 Praxis 1928 S. 140, OLG Jena 8. II. 1928 VA 1928 S. 220 Nr. 1873, OLG Naumburg 2. IV. 1925 VA 1925 S. 111—112 Nr. 1470, OLG Stuttgart 27. IV. 1931 VA 1931 S. 269 Nr. 2327, LG Berlin 18. IV. 1934 JRPV 1936 Zus. S. 23—24, LG Gotha 29. VII. 1932 Praxis 1932 S. 74, LG Hamburg 4. VI. 1937 JRPV 1937 S. 240, manche AVB sprechen von der „Gewährung von Vsschutz", so z. B. § 1 I AEB, § 1 I AFB, § 1 I AHaftpflB (dazu Oberbach I S. 37—38), Präambel I GrundBed, Präambel I Krankenhaus-GrundBed, § 1 I AWB, § 1 I AUnfallB, in § 68 III benutzt das G selbst das Wort „Gefahrtragung", nach § 1 I ADB trägt der Ver Gefahren.

[45] bb) Gegner der Gefahrtragungstheorie.

Gegen die Gefahrtragungstheorie: von Gierke I S. 90—91, Ehrenzweig S. 162 Anm. 2, Haymann a. a. O. S. 5—103, Kisch II S. 87—89, Koenig S. 78—79, Prölss Anm. 2 zu § 1, S. 31—32, Roelli-Jaeger IV S. 104—107, OLG Breslau 17. X. 1933 VA 1933 S. 396—397 Nr. 2622 = JRPV 1934 S. 254—255, OLG Hamburg 23. VII. 1937 HansRGZ 1938 A Sp. 89—96 (mit Anm. Möller), OLG Hamm 17. XI. 1939 JRPV 1940 S. 166—167 = HansRGZ 1940 A Sp. 215—216, KG 3. XI. 1928 Praxis 1929 S. 37, OLG

Stuttgart 28. IX. 1933 JW 1934 S. 1129—1130 = VA 1933 S. 418—419 Nr. 2640, LG Berlin 20. X. 1931 JRPV 1932 S. 31—32, 11. X. 1934 JRPV 1936 Zus. S. 40—41.

[46] 5. Dauerschuldverhältnis.

Der Vsvertrag gehört zu den Dauerschuldverhältnissen, weil die Leistung des Vers (Gefahrtragung) nicht einmalig zu einem bestimmten Zeitpunkt zu erbringen ist, sondern laufend während eines bestimmten Zeitraumes (materielle Vsdauer). Auch die Prämie muß deshalb für einen Zeitraum berechnet sein (Vsperioden: § 9). Als laufende Prämie (§ 35^1) bildet sie den Gegenstand eines Wiederkehrschuldverhältnisses.

Aus der Natur des Vsvertrages als Dauerschuldverhältnis ergeben sich zahlreiche Folgerungen: Der Ver kann damit rechnen, daß er für die Vsperiode die Prämie ungeteilt erhält: Unteilbarkeit der Prämie (Anm. 4,5 zu § 40). Als geeignete Form des Erlöschens eines Vsvertrages kommt der Rücktritt regelmäßig nicht in Betracht; da die Dauerleistung der Gefahrtragung in natura nicht zurückgewährt werden kann, hieraus erklärt sich § 6 IV. Ausnahmsweise ist ein Rücktritt nur vorgesehen, wenn von Anfang an das Vsverhältnis Mängel aufweist (Verletzung der vorvertraglichen Anzeigepflicht: §§ 16 II 1, 17 I [vgl. aber auch § 21] und Nichtzahlung der Erstprämie: § 38 I). Ansonsten tritt an die Stelle des Rücktritts die Kündigung, insbesondere im Falle des § 325 I 1 BGB (Anm. 24 zu § 8, Anm. 38 zu § 13). An Dauerschuldverhältnisse dürfen die Beteiligten nicht dauernd gefesselt sein. Es gibt deshalb auch beim Vsverhältnis die Kündigung aus wichtigem Grunde (Anm. 25 zu § 8), für die Lebensv vgl. speziell § 165.

Dagegen läßt sich dem Wesen des Dauerschuldverhältnisses nicht entnehmen, daß der Ver unzureichende Prämien stets erhöhen könne (so anscheinend Jellinek VersR 1951 S. 4, Ebel VersR 1951 S. 6—7, dagegen Möller ZfW 1951 S. 82—83).

[47] 6. Handelsgeschäft.

Der Vsvertrag kann ein einseitiges oder beiderseitiges Handelsgeschäft sein. Beim Ver kommt es darauf an, ob er Kaufmann ist (dazu Einl. Anm. 11), auf einen kleineren Gegenseitigkeitsverein finden die Vorschriften des 1. und 3. Buches des HGB auch entsprechend keine Anwendung (§§ 16, 53 I 1 VAG). Auch eine öffentlichrechtliche Vseinrichtung ist regelmäßig kein Kaufmann. Beim Vmer, der Kaufmann ist, gilt der Abschluß von Vsverträgen im Zweifel als zum Betrieb seines Gewerbes gehörig (§ 344 I HGB). Jedoch ist solcher Zweifel ausgeräumt, falls es sich z. B. um eine Lebensv handelt, bei der die Ehefrau Bezugsberechtigte ist (anders eine Lebensv, bei der die Ansprüche einer kreditgebenden Bank abgetreten oder verpfändet sind).

Ist ein Vsvertrag für beide Teile ein Handelsgeschäft, so gehören Streitigkeiten beim Landgericht vor die Kammer für Handelssachen (§ 95 Ziff. 1 GVG). Ferner sind Handelsbräuche zu berücksichtigen (§ 346 HGB), besonders im Börsenverkehr und bei der Einschaltung von Vsmaklern. Die gesetzlichen Zinsen einschließlich der Verzugszinsen belaufen sich auf 5% (§ 352 I 1 HGB), auch die Berechnung von Fälligkeitszinsen (§ 353^1 HGB) kommt in Betracht.

[48] 7. Vertrag zugunsten Dritter.

§ 1 kennt als Vertragsbeteiligte nur den Ver und den Vmer. Jedoch kann der Vsvertrag auch als Vertrag zugunsten Dritter ausgestaltet werden (Begr. I S. 13). Aus der Schadensv für eigene Rechnung wird dann eine V für fremde Rechnung (§§ 74—80), der Berechtigte wird Vter genannt (im Aufsichtsrecht, z. B. in § $81a^2$ VAG wird zwischen Vmer und Vten nicht so sorgsam geschieden: Begr. I S. 13). In der Lebens- und Unfallv heißt der Dritte, zu dessen Gunsten der Vertrag geschlossen werden kann, Bezugsberechtigter (§§ 166—168, 180). Jedoch gibt es bei der Unfallv daneben die Möglichkeit einer V für fremde Rechnung, also die Rechtsfigur des Vten (§ 179 II).

[49] 8. Begriff des Versicherungsfalles.

In der Gefahrtragungstheorie (Anm. 40—45) hat der Vsfall nicht die Bedeutung, daß mit seinem Eintritt erst eine Leistung vom Ver zu erbringen ist (so Begr. I S. 11, Ehrenzweig S. 59). Es tritt nur die Gefahrtragung aus ihrem latenten Stadium in ein akutes. Nachdem der Ver bis dahin nur eine Anwartschaft verschafft hat, realisiert sich diese nunmehr. Dabei können übrigens — besonders bei Teilschäden — latente und akute

Gefahrtragung nebeneinander laufen. Brennt ein Teil der vten Sachen auf, so dauert während des Brandes und später die latente Gefahrtragung des Vers hinsichtlich unverbrannter Sachen fort.

Der Begriff des Vsfalles ist für die Schadens- und Summenv, wie schon § 1 I zeigt, gleichermaßen bedeutungsvoll, für die Schadensv jedoch problematischer, weil der Eintritt des vten Schadens verschiedene Entwicklungsstufen durchläuft. Der Begriff des Vsfalles spielt in verschiedensten rechtlichen Zusammenhängen eine Rolle. Man muß erkennen, daß sich der Vsfall häufig nicht auf einen bestimmten Zeitpunkt fixieren läßt, sondern einen längeren Zeitraum umfaßt. Deshalb ist der Begriff des gedehnten Vsfalles fruchtbringend (zuerst bei Möller, Bericht über die deutsche Rechtsprechung zum Binnenvsrecht in den Jahren 1937—1938, Rom 1940, S. 329, ausführlich Wriede, Der gedehnte Vsfall, ungedr. Hamburger Diss. 1949, auch Möller SchweizVersZ 1948/49 S. 263—265, VVV 1951 S. 52—57).

Der Vsfall beginnt, sobald die vte Gefahr sich zu verwirklichen beginnt, wobei in der Schadensv hinzutreten muß, daß die Beeinträchtigung des vten Interesses anfängt oder ein Passivum zu entstehen beginnt, gegen dessen Entstehung die V genommen ist. Besonders in der Haftpflicht- und Krankheitskostenv läßt sich der Vsfall schon sehr früh in seinem Anfangsstadium konstatieren, z. B. bei einer Architektenhaftpflichtv mit der Ablieferung einer falschen Zeichnung, mag daraus ein Gebäudeschaden auch erst Jahre später erwachsen, in der Krankheitskostenv mit der objektiven Krankheitsentstehung. In der Tierlebensv ist nach § 121 sogar schon jede erhebliche Erkrankung, jeder erhebliche Unfall entsprechend den Vorschriften über die Anzeige des Vsfalles anzuzeigen. Der gedehnte Vsfall endet in der Schadensv mit dem Abschlusse des Schadenseintritts, woraus deutlich wird, daß auch bei einer Feuerv ein Brand sich auf längere Zeit erstrecken kann (Tannenbaumbrand in der Neujahrsnacht); erst recht aber können Schadensfolgen und Inanspruchnahmen bei der Haftpflichtv sich außerordentlich lange hinziehen.

Das Gesagte zeigt, daß es keinen einheitlichen, für alle Vorschriften des VVG oder der AVB passenden Begriff des Vsfalles gibt. Dieser Begriff ist vielmehr auf Grund des Sinnes und Zweckes der einzelnen Normen zu bestimmen, wobei auch die Ausdrücke Schadensereignis oder Schadensfall benutzt werden und die AVB die Möglichkeit haben, im Rahmen der Beschränkungen der Vertragsfreiheit Definitionen zu bringen (so z. B. § 5 I AHaftpflB: „Vsfall im Sinne dieses Vertrages ist das Schadensereignis, das Haftpflichtansprüche gegen den Vmer zur Folge haben könnte", § 5 I a 1 GrundBed: „Der Vsfall beginnt mit dem Eintritt in die Heilbehandlung, er endet mit deren Abschluß, wenn nach ärztlichem Befund Behandlungsbedürftigkeit nicht mehr besteht" (ähnlich § 5 I a 1 KrankenhausGrundBed).

Wie das letzte Beispiel zeigt, muß man — jedenfalls bei möglicherweise gedehnten Vsfällen — zwischen dem Beginn (Eintritt) und dem Ende des Vsfalles unterscheiden und im Rahmen jeder einzelnen Vorschrift des Gesetzes prüfen, auf welchen der Zeitpunkte es ankommt. Es kann sich auch ergeben, daß z. B. die Abwendungs- und Minderungspflicht (§ 62 I 1) während des ganzen Zeitraumes zu erfüllen ist. Auch auf innerhalb dieses ganzen Zeitraumes liegende einzelne Zeitpunkte kann es ankommen: Wenn z. B. § 39 II ergibt, daß nach Eintritt des Vsfalles eine rückständige Folgeprämie nicht mehr mit der Wirkung gezahlt werden kann, daß der Ver leistungspflichtig wird, so bedeutet das für die Krankenv, daß der Vmer zwar noch nach dem objektiven Krankheitsbeginn die Zahlung nachholen kann, nicht aber dann, wenn er bereits subjektiv seine Behandlungsbedürftigkeit kennt (vgl. § 4 X 2 GrundBed, KrankenhausGrundBed; Parallelfall für die Haftpflichtv: RG 14. I. 1938 RGZ Bd 156 S. 378—384, 19. XII. 1939 RGZ Bd 162 S. 238—243). Für die Haftpflichtv unterscheidet § 153 jetzt im übrigen drei Anzeigen, die zu verschiedenen Zeitpunkten des gedehnten Vsfalls zu erstatten sind.

Die mangelnde Erkenntnis, daß es keinen einheitlichen Begriff des Vsfalls gibt, hat zu unübersehbaren Theorien und Streitfragen geführt, besonders in der Kranken- und Haftpflichtv. Nachweise bei Wriede, Der gedehnte Vsfall, ungedr. Hamburger Diss. (1949), S. 33—51, Boettinger in: Roehrbein, Rechtsfragen aus der Privat- und Sozialv, Berlin (1953), S. 5—116.

Generell läßt sich nur sagen, daß mit dem Vsfall die vte Gefahr sich verwirklicht. In der Interessev wird dadurch die vte Beziehung beeinträchtigt und es entsteht ein vter Schaden, der die konkrete Bedarfsdeckung auslöst. Interesse und Schäden sind also reziproke Begriffe. Der vte Schaden ist die Negation des vten Interesses infolge Verwirklichung der vten Gefahr (Eintritt des Vsfalles).

[50] **9. Unerhebliche Merkmale.**

Für den Begriff der V ist die Gefahrengemeinschaft wesentlich, wobei allerdings die Absicht planmäßigen Handelns genügt (Anm. 4). Es ist umstritten, ob auch zum Wesen des einzelnen Vsvertrages gehört, daß er neben anderen Vsverträgen steht oder zum mindesten nach der Absicht des Vers stehen sollte. Der Vmer wird dieses im Einzelfall schwer nachprüfen und nachweisen können. Zu seinem Schutz wird man deshalb annehmen müssen, daß ein Vertrag, der sich seiner äußeren Gestaltung nach als Vsvertrag darstellt, rechtlich auch dann als solcher zu behandeln ist, wenn er nicht planmäßig abgeschlossen ist, also nicht im Rahmen einer Gefahrengemeinschaft steht (so auch OLG Hamm 21. VI. 1937 HansRGZ 1938 A Sp. 319). Dies hat zur Folge, daß auch eine Person, die nicht Vsgeschäfte betreibt, z. B. im Wege der Schuldübernahme Verpflichtungen aus Vsverträgen übernehmen kann, ohne daß sich der Inhalt der Obligation ändert; so kann z. B. bei Auflösung einer Pensionskasse der Arbeitgeber die Vsverbindlichkeiten der Pensionskasse übernehmen, ohne daß sie dadurch zu bloßen Leibrentenverpflichtungen werden.

Noch weniger ist bedeutungsvoll, ob der kontrahierende Ver, falls er an und für sich der Aufsicht unterliegt, tatsächlich die Erlaubnis der Aufsichtsbehörde zum Geschäftsbetrieb (§§ 1 I, III, 2, 148 VAG) erhalten hat. Mangelnde Erlaubnis läßt privatrechtlich die Vsverträge unberührt, § 134 BGB ist nicht anwendbar (Rehm-Berliner-Fromm S. 81, 120—121, 616, 712, VA 1921 S. 84, RG 26. X. 1916 JW 1917 S. 43, 1. VI. 1937 RGZ Bd 155 S. 144, KG 9. VI. 1923 JRPV 1924 S. 80, OLG Düsseldorf 13. VI. 1938 JRPV 1938 S. 237, OLG Frankfurt 10. XI. 1920 VA 1921 Anh. S. 67 Nr. 1222, OLG Hamm 21. VI. 1937 HansRGZ 1938 A Sp. 319. Wohl aber ist ein Vertragswerk wegen Verstoßes gegen § 140 I VAG nach § 134 BGB nichtig, wenn es nach seinem Inhalt bezweckt, einem nicht zugelassenen und nicht unter Aufsicht stehenden Ver durch Tarnung den Betrieb aufsichtspflichtiger Vszweige zu ermöglichen (RG 1. VI. 1937 RGZ Bd 155 S. 138—147), vgl. auch RG 20. VI. 1911 WarnRspr 1911 S. 434 Nr. 389. Über Irrtumsanfechtung des Vmers wegen mangelnder Zulassung des Vers: OLG Frankfurt 10. XI. 1920 VA 1921 Anh. S. 67—69 Nr. 1222. Über Unterlassungsansprüche der Konkurrenten: LG Elberfeld 22. III. 1928 VA 1928 S. 204—205 Nr. 1860, gestützt darauf, daß die Vorschriften über die Zulassung Schutzgesetze i. S. des § 823 II BGB sind.

[51] **10. Zusammenfassendes Ergebnis.**

Nach dem in Anm. 34—50 Dargelegten ist der Vsvertrag ein schuldrechtlicher, zweiseitig verpflichtender Vertrag, bei welchem Prämie und Gefahrtragung gegeneinander ausgetauscht werden. Man kann also auch kurz sagen, der Vsvertrag ist ein gegenseitiger Vertrag, der den Ver zur Gefahrtragung, den Vmer zur Prämienzahlung verpflichtet. Der Vertrag ist ein Dauerschuldverhältnis, er kann einseitiges oder beiderseitiges Handelsgeschäft sein und als Vertrag zugunsten Dritter ausgestaltet werden.

§ 1 I bringt leider keine einheitliche Definition der Leistung des Vers, sondern geht von einer dualistischen Theorie aus (Ehrenzweig S. 57, 60, Prölss Anm. 2 zu § 1, S. 31). Ein weiterer Mangel des § 1 liegt darin, daß er der Geldleistungstheorie eine gewisse Stütze bietet (letztere muß annehmen, daß die unbedingte Prämienzahlungspflicht des Vmers der bedingten Leistungspflicht des Vers gegenübersteht: Prölss Anm. 2 zu § 1, S. 31).

Neben der Gefahrtragungspflicht des Vers und der Prämienzahlungspflicht des Vmers stehen minderwichtige andere Rechtspflichten des Vers (Anm. 39—43 zu § 3) und Vmers (Anm. 5 zu § 35). Diese Rechtspflichten dürfen mit den Obliegenheiten nicht verwechselt werden (dazu Anm. 3—15 zu § 6). Wenn der Ver neben der Gefahrtragung andere Hauptleistungen verspricht, so fehlt es an dem Merkmal der Selbständigkeit und es liegt keine V vor (Anm. 10).

[52] IV. Abschluß des Versicherungsvertrages.

1. Endgültiger Abschluß.

Schrifttum: Bruck S. 161—178 m. w. N., Campell, Besondere Arten des Vsvertrags-Abschlusses, Züricher Diss. 1931, Ehrenzweig S. 63—68, von Gierke II S. 129—143, Hagen I S. 309—336.

[53] a) Übersicht.

Der Vsvertrag kommt durch Antrag und Annahme zustande. Dieser formelle Vsbeginn ist zu unterscheiden vom Beginn der Gefahrtragung (materieller Vsbeginn) und dem Beginn der Prämienberechnung (technischer Vsbeginn): Anm. 3 zu § 2.

Über Verschulden beim Vertragsschluß Anm. 90, 122, über die vorläufige Deckungszusage Anm. 91—107, über die nachträgliche Änderung von Vsverträgen Anm. 108—130, über die Beendigung von Vsverträgen Anm. 19 zu § 8.

Maßgebend für den Vertragsabschluß sind die §§ 145—155, 305—309 BGB, das VVG enthält wenige Ergänzungsvorschriften: §§ 81, 159 II—IV, 179 III, 160.

Über die Anfechtbarkeit von Vsverträgen Anm. 1—8 zu § 22, über die Nichtigkeit Anm. 31—38 zu § 22.

[54] b) Versicherungspflicht.

Schrifttum: Benz, Vsauftrag und Vspflicht in der Sachv, Bern 1934, Dörstling ZVersWiss 1913 S. 602—625, 814—837, Dombrowski, Studie zum Wesen der obligatorischen Ven, ungedr. Heidelberger Diss. 1949, Greulich VW 1951 S. 182—184, VersPrax 1953 S. 97—100, Henrich ZHR Bd 110 S. 85—124, Möller DVZ 1952 S. 169—171, Nipperdey, Kontrahierungszwang und diktierter Vertrag, Jena 1920, Prölss S. 21—23, Rohrbeck VersArch 1942/43 S. 538—556.

Im Zeichen der Vertragsfreiheit steht es grundsätzlich dem Ver und demjenigen, der eines Vsschutzes bedarf, frei, ob, mit wem und mit welchem Inhalt ein Vsvertrag geschlossen wird. Diese Abschlußfreiheit (Partnerfreiheit und Inhaltsfreiheit) kennt jedoch Ausnahmen:

[55] aa) Begriff.

Abschlußpflichten zwingen durchweg den Vmer, einen Antrag zu stellen; davon zu unterscheiden ist der Fall, daß ein Vsverhältnis unmittelbar kraft Gesetzes entsteht. Bei öffentlichrechtlichen Vseinrichtungen kommen beide Fälle vor (§ 192 I), es gibt auch Zwischengebilde (Anm. 35).

Trifft den Ver eine Abschlußpflicht, so spricht man von Annahmezwang oder Annahmepflicht. Ein derartiger Kontrahierungszwang setzt ein entsprechendes Gebot der Rechtsordnung voraus (Nipperdey a. a. O. S. 7). Ein solches Gebot kann ausdrücklich in einer Spezialvorschrift enthalten sein, so für den Kraftfahrhaftpflichtver in § 3 I 2 PflichtVG, § 3 PflichtVDVO, für öffentliche Feuervsanstalten in § 9 preußisches G betreffend die öffentlichen Feuervsanstalten vom 25. VII. 1910 (Schmidt-Sievers S. 473, auch S. 29), vgl. auch § 154 III VAG. Bei öffentlichrechtlichen Monopolanstalten ergibt sich ein Kontrahierungszwang stillschweigend aus dem privilegierenden Gesetz (hierzu Forsthoff S. 315, Nipperdey a. a. O. S. 49, auch Schmidt in: Schmidt-Sievers S. 29, wonach aus dem Bannrecht „naturgemäß" ein Annahmezwang zu folgern ist). Schließlich ist noch auf den allgemeinen Kontrahierungszwang aus § 826 BGB hinzuweisen, der bei Fehlen eines speziellen Gebotes eingreifen und insbesondere jeden treffen kann, der eine — wenn auch nur tatsächliche — Monopolstellung innehat (Forsthoff S. 315, Nipperdey a. a. O. S. 61—63).

Terminologisch gehen die Ausdrücke Vspflicht, Vszwang, Zwangsv hoffnungslos durcheinander.

[56] bb) Fälle.

Eine Abschlußpflicht des Vmers kann auf Gesetz, auf Satzungsrecht oder auf Rechtsgeschäft beruhen, wobei es zu den Fällen gesetzlicher Vspflicht gezählt werden soll, wenn z. B. § 1045 I BGB an die Vereinbarung eines Nießbrauches die Pflicht des Nießbrauchers zur V der Sache knüpft. Fälle landesgesetzlicher Vspflichten bleiben im Folgenden außer Acht, dazu vgl. § 192 I. — Eine Abschlußpflicht kann speziell normiert sein, sie kann sich aber auch aus einer umfassenderen Verwaltungspflicht eines Geschäftsbesorgers i. w. S. (dazu Isele, Geschäftsbesorgung, Umrisse eines Systems, Marburg 1935) entnehmen lassen. — Die Abschlußpflicht kann rein privatrechtliche, insbesondere schuldrechtliche Bedeutung haben (über Vspflichten im Privatrecht: Dörstling ZVersWiss 1913 S. 602—625, 814—837), es kann aber auch das öffentliche Interesse mitspielen, was in der Art der Erzwingung der Pflicht sowie in der Strafbarkeit etwaiger Verstöße zum Ausdruck kommt. — Die Pflicht kann zu einer bloßen Last abgeschwächt sein, so wenn nach § 3 HandwVersG nur Handwerker, die einen Lebensvsvertrag abschließen, im Rahmen der Sozialv Vsfreiheit geltend machen oder Halbv beantragen können. Noch weniger als eine Last liegt vor, falls ein Lebensvmer wegen der bestehenden privaten Lebensv Vsfreiheit in der sozialen Angestelltenv geltend machen kann gemäß § 18 III G über die Erhöhung der Einkommensgrenzen in der Sozialv vom 13. VIII. 1952 (BGBl. I S. 437, dazu die Verlautbarung BArbBl. 1952 S. 542). — Vspflichten kommen in wohl allen Vszweigen vor:

[57] aaa) Lebensversicherung.

Wichtigster Fall: Handwerkerlebensv nach §§ 3—5, 7—9 HandwVersG, §§ 1², 10—32, 33 I Ziff. 2 DVO vom 13. VII. 1939, 20. XII. 1940 (RGBl. 1939 I S. 1255, 1940 I S. 1671), §§ 2—5 DVO vom 28. X. 1939 (RGBl. I S. 2113), § 16 DVO zum Sozialvs-AnpassungsG vom 27. VI. 1949 (Gesetzblatt der Verwaltung des Vereinigten Wirtschaftsgebietes 1949 S. 101) mit Fristverlängerungen (Bundesarbeitsblatt 1950 S. 82, 246, 1951 S. 3, 158), und zu alledem Heyn, Die Handwerkerv, 2. Aufl., Bremen (1949) sowie in: Handwörterbuch der Sozialwissenschaften, 1. Lieferung, Stuttgart-Tübingen-Göttingen 1952, S. 38—42 m. w. N. — Für die Bezirksschornsteinfegermeister, ausgenommen in § 35 DVO zum HandwVersG vom 13. VII. 1939, 20. XII. 1940, besteht als Körperschaft des öffentlichen Rechts die Versorgungsanstalt der deutschen Bezirksschornsteinfegermeister, die Vspflicht beruht auf § 28 VO vom 28. VII. 1937 (RGBl. I S. 831), dazu § 2 G vom 22. I. 1952 (BGBl. I S. 75), Satzung vom 17. IV. 1953. — Eine private Lebensv ermöglicht die Geltendmachung der Vsfreiheit in der sozialen Angestelltenv nach § 18 III G über die Erhöhung der Einkommensgrenzen in der Sozialv vom 13. VIII. 1952 (BGBl. I S. 437). Dazu Bundesarbeitsminister BArbBl. 1952 S. 542, VW 1953 S. 110; Anonym Vs-Dienst Nr. 4/1953 vom 4. II. 1953 S. 1—4, Nr. 5/1953 vom 7. II. 1953 S. 1—4, Härlen VW 1952 S. 521. — Weitere Fälle, bei denen eine Vspflicht auf Tarifverträgen und Satzungsrecht beruht, stellen die Versorgungsanstalt deutscher Bühnen (Satzung: RAnz. 1938 Nr. 70, 1940 Nr. 6, 1943 Nr. 55, Bayerischer Staatsanzeiger 1948 Nr. 43) und die Versorgungsanstalt der deutschen Kulturorchester (Satzung: RAnz. 1938 Nr. 118, 1943 Nr. 56) dar (dazu Schmitt-Lermann, Die Bayerische Vskammer in Vergangenheit und Gegenwart, München [1950], S. 239—255). — Weiterhin ist das Versorgungswerk der Presse G. m. b. H. zu nennen (dazu Schmitt-Lermann a.a.O. S. 257; LG Frankfurt 22.V.1950 VersR 1950 S. 97—98, OLG Frankfurt 5. XII. 1950 VersR 1951 S. 44—45, BGH 15. XII. 1951 BGHZ Bd 4 S. 208—219; LG München 15. III. 1951 VersR 1951 S. 123, OLG München 14. IX. 1951 VersR 1951 S. 257—258; LG Berlin 26. XI. 1951 VersR 1952 S. 18); es handelt sich um ein Unternehmen zur Beschaffung von Vsschutz, das selbst nicht Ver ist, beschafft wird besonders der Vsschutz für Redakteure, die nach ihrem Tarifvertrag verpflichtet sind, sich vern zu lassen. — Bei der Versorgungsanstalt des Bundes und der Länder beruht die Pflichtv auf Arbeits- und Tarifvertrag (Dienstordnung) (dazu G vom 13. IX. 1933 RGBl. I S. 620, Satzung Bundesanzeiger 1952 Nr. 182 S. 1, speziell §§ 22—23), vgl. Iltgen, Satzung der [Ministerialblatt des Bundesministers der Finanzen 1951 S. 90], Iltgen, Satzung der Versorgungsanstalt des Bundes und der Länder, München—Berlin 1953, ferner Wieland

VW 1949 S. 274—275, 317, Schubert VW 1949 S. 447, Anonym VW 1950 S. 148, Iltgen VW 1950 S. 219, Duden NJW 1951 S. 829—830), weitere Zusatzversorgungsanstalten haben die Bundesbahn (dazu § 1360 RVO, § 26 BundesbahnG vom 13. XII. 1951, BGBl. I S. 955, Haustein Wege zur Sozialv 1952 S. 133—136), Bundespost (dazu Engelhardt Wege zur Sozialv 1952 S. 204—206), Gemeinden und Gemeindeverbände, für Beamte vgl. § 167 Deutsches BeamtenG, § 182 BundesbeamtenG — Zur Ärztev LG Berlin 23. X. 1950 VersR 1950 S. 179, 11. I. 1951 VA Berlin 1951 S. 65, LG Düsseldorf 13. VI. 1950 VersR 1950 S. 160, OLG Düsseldorf 3. VII. 1951 VersR 1951 S. 203—204. — Arbeitsrechtlich wird oft eine Vspflicht begründet, besonders bei Betriebspensionskassen (dazu § 189 I Ziff. 1; RG 14. I. 1916 RGZ Bd 88 S. 29—36, OGH 10. III. 1950 OGHZ Bd 3 S. 255—262, BGH 15. XII. 1951 BGHZ Bd 4 S. 197—208, VersR 1952 S. 44, 46—47, OLG Köln 8. I. 1951 VersR 1951 S. 45—46, 6. III. 1951 VersR 1951 S. 122—123, LG Berlin 26. XI. 1951 VA Berlin 1951 S. 139—140, LG Köln 7. II. 1950 VW 1950 S. 129, 16. III. 1950 VersR 1950 S. 67). — Beim Bausparvertrag ist oft „auf die Bausparer eine Lebensv" zu nehmen (§ 118 Ziff. 6 VAG, § 17 Musterbedingungen für private Bausparkassen in: Privates Bausparwesen 1951, Bonn [1951], S. 78—79, auch Möller in: Privates Bausparwesen 1950, Bonn-Frankfurt [1950], S. 172—178). — Für gesetzliche Vspflichten ermöglichen eine Gruppenv VA 1953 S. 118—119, 151—152.

[58] bbb) Unfallversicherung.

Fluggäste (§ 29g LuftverkehrsG, dazu Hübener BetrBer 1952 S. 382) und Flugschüler (§ 29m I LuftverkehrsG mit VO über die Unfallv der Luftausbildungsunternehmen vom 28. I. 1943, RGBl. I S. 74) müssen unfallvert werden, desgleichen Hebammenschülerinnen (§ 6 II 1 VO vom 16. IX. 1941, RGBl. I. S. 561).

[59] ccc) Haftpflichtversicherung.

§§ 158b—h bringen besondere Vorschriften für solche Haftpflichtven, „zu deren Abschluß eine gesetzliche Verpflichtung besteht". Hierher gehören folgende acht Fälle: Kraftfahrhaftpflichtv nach Art. I §§ 1—5 PflichtVG, §§ 1—11 PflichtVDVO, §§ 18 II Ziff. 1^2, 23 I e, 28 V, 29a—d StVZO; Lufthaftpflichtv nach § 29 LuftverkehrsG, §§ 106—111 VO über Luftverkehr vom 21. VIII. 1936 (RGBl. I S. 659); Güterfernverkehrshaftpflichtv nach §§ 15 IV 1, 27, 44, 46, 47 III 1, 50^2, 62 I 1, 78 I Ziff. 2, 4, 83 IV, 85 II, 88 I Ziff. 4, 93 I, 94^1, 96, 97 III, 99 Ziff. 5, 103 II Ziff. 7 GüKG, VO vom 30. VII. 1953 (Einl. Anm. 12, 13) mit § 38 KVO (allerdings ist hier der Charakter als Haftpflichtv bestritten; dazu VA 1952 S. 50, Möller ZfV 1951 S. 462—463, Roesch NJW 1953 S. 331—332, Schultze VersR 1950 S. 157—158); Lagerhalterhaftpflichtv nach § 4 II VO über Orderlagerscheine vom 16. XII. 1931 (RGBl. I S. 763); Jägerhaftpflichtv nach §§ 17 I Ziff. 6, 18^1 BundesjagdG; Wirtschaftsprüferhaftpflichtv (Einl. Anm. 14); Lernschwestern-(Krankenpflegeschüler-)haftpflichtv nach § 8 III 1 KrankenpflegeVO vom 28. IX. 1938 (RGBl. I S. 1310) und Hebammenschülerinnenhaftpflichtv nach § 6 II 1 VO vom 16. IX. 1941 (RGBl. I S. 561). — Zur Haus- und Grundbesitzerhaftpflichtv vgl. § 21 V Ziff. 3 WohnungseigentumsG.

[60] ddd) Sachversicherung.

Eine Gebäudefeuerv war von dem Schuldner eines Abgeltungsdarlehens zu nehmen (vgl. §§ 6 Ziff. 4, 7 VO vom 31. VII. 1942, RGBl. I S. 503). Der Nießbraucher hat die Nießbrauchssache „gegen Brandschaden und sonstige Unfälle" unter V zu bringen, wenn die V einer ordnungsmäßigen Wirtschaft entspricht (§§ 1045—1046 BGB). Der Kommissionär, Spediteur, Lagerhalter ist verpflichtet, die V des Gutes zu bewirken, wenn ihn sein Kontrahent entsprechend anweist (§§ 390 II, 407 II, 417 I HGB), hier entscheidet also eine einseitige empfangsbedürftige Willenserklärung des Kunden (vgl. Sonderregelung im Vertragsrecht der Spediteure). Von der V des Lagergutes nur gegen Feuersgefahr sprechen §§ 20, 38 III Ziff. 5 VO über Orderlagerscheine vom 16. XII. 1931 (RGBl. I S. 763.)

[61] Bei Verwaltern gemeinsamen oder fremden Vermögens gehört zu einer ordnungsgemäßen Verwaltung regelmäßig der Abschluß einer Sachv. Genauer erwähnt § 21 V Ziff. 3 WohnungseigentumsG „die Feuerv des gemeinschaftlichen Eigentums zum

Neuwert sowie die angemessene V der Wohnungseigentümer gegen Haus- und Grundbesitzerhaftpflicht". Nur Generalklauseln hinsichtlich der Verwaltungspflicht, aus denen jedoch eine Vspflicht abzuleiten ist, enthalten im Familienrecht für den Ehemann hinsichtlich des eingebrachten Gutes (bislang) §§ 1374^1, 1359, 1385 Ziff. 3 BGB (Regelung der internen Prämientragung) mit RG 8. IV. 1911 RGZ Bd 76 S. 136, für den Vater hinsichtlich des Kindesvermögens §§ 1627, $1654^{1,2}$, 1385 Ziff. 3 BGB, für die Mutter hinsichtlich des Kindesvermögens §§ 1686, 1627, evtl. $1654^{1,2}$, 1385 Ziff. 3 BGB, für den Vormund hinsichtlich des Mündelvermögens §§ 1793, 1897 BGB, für den Pfleger §§ 1915 I, 1793 BGB. Im Erbrecht gilt entsprechendes für den Nachlaßpfleger nach §§ 1960 II, 1915 I, 1793 BGB, den Nachlaßverwalter nach § 1985 I BGB, den Testamentsvollstrecker nach § 2216 I BGB; wegen der Verwaltungspflicht des Vorerben vgl. § 2130 I 1 BGB. — Im Zwangsvollstreckungsrecht hat der Zwangsverwalter nach der Generalklausel des § 152 I ZVG das Grundstück zu vern (Anm. 25 zu § 14), der Konkursverwalter die Konkursmasse nach § 117 I KO. — Bei Personenvereinigungen gehört die Vsnahme in den Bereich der Pflichten zur Geschäftsführung, so beim geschäftsführenden Gesellschafter einer offenen Handelsgesellschaft (§ 114 HGB), beim Vorstand einer Aktiengesellschaft (§§ 70 I, 84 I 1, II AktienG), beim Geschäftsführer einer Gesellschaft mit beschränkter Haftung (§ 43 I, II GmbHG).

Der Grundeigentümer ist im Verhältnis zu den Realgläubigern zu Vorkehrungen gegen Beschädigungen des Grundstückes oder von Zubehörstücken verpflichtet (§§ 1134 II 2, 1135, 1192 I, 1200 I BGB); hierzu gehört auch die Erneuerung einer abgelaufenen Feuerv (RG 15. X. 1902 RGZ Bd 52 S. 295—297). Entsprechendes gilt im Verhältnis zu den Reallastberechtigten (§ 1107 BGB) und zu Schiffshypothekengläubigern (§ 39 II, III SchiffsG). Nach § 11 I SchiffsbankG ist die Beleihung nur zulässig, wenn das Schiff oder Schiffsbauwerk vert ist.

[62] Vertraglich werden sehr häufig Vspflichten übernommen. So beim Versendungskauf, insbesondere beim Cifgeschäft (Näheres: Möller Cifgeschäft S. 10, 35—196), und beim Abzahlungsgeschäft (dazu: Löffler, Kraftfahrzeugv und Autoabsatzfinanzierung, Hamburger Diss., Hamburg 1937, S. 13—75). Auch bei Gebrauchsüberlassungsverträgen, z. B. Miete und Pacht kommen Vsvereinbarungen vor, bei der Leihe wird zuweilen aus Treu und Glauben eine Vspflicht des Entleihers anzunehmen sein (vgl. § 601 BGB). § 33 IV Ziff. 4 WohnungseigentumsG sieht für das Dauerwohnrecht vor, daß Vereinbarungen getroffen werden über die V des Gebäudes; Entsprechendes gilt nach § 2 Ziff. 2 ErbbauVO für die V des Bauwerkes. Bei den Geschäftsbesorgungsverträgen kommt im Rahmen des Dienstvertrages eine Vspflicht des Arbeitgebers hinsichtlich der Sachen des Arbeitnehmers vor (Endemann VW 1952 S. 512—513, LAG Hannover 14. VII. 1952 BetrBer 1952 S. 635 gegen LAG Hannover 19. X. 1951 BetrBer 1952 S. 404), im Rahmen des Werkvertrages eine Vspflicht des Unternehmers hinsichtlich des vom Besteller gelieferten Stoffes; überhaupt überall dort gibt es Vspflichten, wo ein Geschäftsbesorger eine fremde Sache zu betreuen hat (wie bei der Verwahrung, beim Beförderungsvertrag). Beim Speditionsgeschäft kommt erstens — in Ergänzung der §§ 417 I, 390 II HGB die V des Gutes in Betracht (§§ 35—38 ADSp), daneben aber auch die Speditionsv nach Maßgabe des SVS (§§ 39—42 ADSp). Letztere ist keine Sachv, auch keine Haftpflichtv des Spediteurs (der nach § 41a Satz 1 ADSp gar nicht haftet), sondern eine V eigener Art, die den Auftraggeber hinsichtlich solcher Schäden deckt, die durch Spediteurfehler entstehen (vgl. Schiering, Die Speditionsv in den Allgemeinen Deutschen Spediteurbedingungen, Hamburg 1932, S. 17—30).

Nimmt ein Schutenvermieter eine Kaskov, so kann sich aus dem Treueverhältnis zum Ver ergeben, daß der Vermieter seinen Mietern eine Haftpflichtvspflicht aufzuerlegen hat, damit der Kaskover mit wirtschaftlichem Erfolg seine etwaigen Regreßansprüche gegen Mieter zu verfolgen vermag (OLG Hamburg 27. V. 1940 JRPV 1940 S. 127—128 = HansRGZ 1940 B Sp. 226—229).

[63] **cc) Befreiungen.**

Bei gesetzlichen Vspflichten gibt es z. T. Befreiungstatbestände, z. B. in der Handwerkerv nach §§ 33—35 DVO vom 13. VII. 1939, 20. XII. 1940, in der Kraftfahrhaftpflichtv nach Art I § 2 PflichtVG, §§ 1, 2 PflichtVDVO (dazu Kaffil NJW 1953 S. 132—133), in der Lufthaftpflichtv nach § 29 LuftverkehrsG, §§ 110, 111 II VO vom 21. VIII. 1936.

[64] dd) Beteiligte.

In der Handwerkerv können Vsfreiheit oder Halbv auch auf Grund mehrerer mit demselben oder verschiedenen Lebensvern abgeschlossener Verträge geltend gemacht werden (§ 10 I, II DVO vom 13. VII. 1939, 20. XII. 1940). Die Flugschülerunfallv setzt eine im Deutschen Reich zum Geschäftsbetrieb befugte Vsunternehmung (§ 1 I VO vom 28. I. 1943) voraus. Desgleichen die Lufthaftpflichtv (nach § 106 VO vom 21. VIII. 1936) und die Kraftfahrhaftpflichtv (Art. I § 3 I 1 PflichtVG), für die auch einige spezielle Unternehmen (§ 6 PflichtVDVO, dazu Knapp und Weber VersR 1951 S. 285—286) und eine Vergemeinschaft (§ 5 PflichtVDVO) vorgesehen sind.

Auf der Seite des aus dem Vsvertrag Berechtigten ist zu entscheiden, wer als Vmer aufzutreten hat, bei der Lebens- und Unfallv kommen Fremdven und Bezugsberechtigungen in Frage. Eine Schadens- und eine Unfallv kann als V für fremde Rechnung auszugestalten sein. Zu alledem vgl. für die Handwerkerlebensv § 3 HandwVersG, §§ 11, 12 DVO vom 13. VII. 1939, 20. XII. 1940, § 4 DVO vom 28. X. 1939, für die Fluggäste- und Flugschülerunfallv §§ 29g[1], 29m I 1 LuftverkehrsG, § 1 II, III 4 VO vom 28. I. 1943. Die Zwangshaftpflichtv für Kraftfahrzeughalter muß (für fremde Rechnung) auch den berechtigten Fahrer decken (Art. I § 1 PflichtVG). Der Vsanspruch steht bei der Haftpflichtv den Haftpflichtigen zu, jedoch behandelt § 38 III KVO die Abtretung an den geschädigten Dritten, der generell durch die §§ 158b—h begünstigt wird, z. B. auch bei der Güterfernverkehrshaftpflichtv (VA 1952 S. 50). § 27 I 1, IV GüKG geht davon aus, daß der Unternehmer als Vmer figuriert, jedoch ist auch eine V für fremde Rechnung durch eine Abrechnungsstelle statthaft (§ 3 VO vom 30. VII. 1953). Die V wird als laufende V genommen (Krien Deutsches Autorecht 1953 S. 86). § 17 I Ziff. 7 BundesjagdG hebt hervor, daß bei der Jägerhaftpflichtv die Länder den Abschluß einer „Gemeinschaftsv ohne Beteiligungszwang zulassen" können.

Bei den Sachven sehen §§ 6 Ziff. 4[2], 7 I VO vom 31. VII. 1942 bei Abgeltungshypotheken einen Schutz der Gläubigerin durch einen Hypothekensicherungsschein und die §§ 1127—1130 BGB, 99—104 VVG vor. Diese Bestimmungen des Vshypothekenrechtes schützen auch die sonstigen Hypotheken- und Realgläubiger (§ 107b VVG). Bei der vom Nießbraucher zu nehmenden V muß es sich um eine solche des Eigentümerinteresses handeln (§ 1045 I 2 BGB), jedoch hat auch an der Vsforderung der Nießbraucher das Nutzungsrecht (§ 1046 I BGB). Auch im übrigen ist das Eigentümerinteresse, etwa im Wege einer V für fremde Rechnung oder für Rechnung wen es angeht zu vern (so nach § 20 II VO über Orderlagerscheine). Da im Zweifel nur eine V für eigene Rechnung vorliegt (§ 80 I) und so die Gefahr besteht, daß der Vsschutz versagt (vgl. § 68 I), so hat es besondere Bedeutung, daß bei V eingebrachten Gutes durch den Ehemann RG 8. IV. 1911 RGZ Bd 76 S. 136—137 annimmt, die Ehefrau werde gemäß § 1381 BGB Gläubigerin des Anspruches gegen den Ver, es sei denn, daß er den Anspruch nicht für seine Ehefrau erwerben wollte.

[65] ee) Inhalt.

Am eingehendsten ist der Inhalt des Vsvertrages bei der Kraftfahrhaftpflichtv vorgeschrieben, die nach Art. I § 3 II PflichtVG den von der Aufsichtsbehörde genehmigten AVB entsprechen muß. Die AKB und AKHB sind seit ihrer Schaffung faktisch nur durch Wegfall der NSDAP, formell nur durch Einfügung des § 9a AKB, AKHB (VA 1950 S. 131) geändert (über gewisse mögliche Abweichungen: Pienitz S. 24, vgl. auch Würffel VersR 1950 S. 46—47). Im Bereiche des Speditionsrechtes stellen §§ 39a Satz 1, 41c ADSp einen engen Zusammenhang mit dem SVS her. Für die Handwerkerv bestehen eingehende Vorschriften darüber, wie der Lebensvsvertrag ausgestaltet sein muß (vgl. §§ 4 I, II, 5 I—III HandwVersG, §§ 10 I, II, 11, 13—14, 17—21 DVO vom 13. VII. 1939, 20. XII. 1940), vgl. auch für eine Lebensv, die von der Angestelltenv befreit, § 18 III 1 G über die Erhöhung der Einkommensgrenzen in der Sozialv vom 13. VIII. 1952 (BGBl. I S. 437).

Konkrete Vorschriften über die Höhe der erforderlichen Vssummen enthalten (neben §§ 4 II, 5 II HandwVersG, § 18 III 1 G vom 13. VIII. 1952) für die Kraftfahrhaftpflichtv Art. I § 4 PflichtVG, §§ 7—11 PflichtVDVO, Bekanntmachung des RAA vom 20. VI. 1940 (RAnz Nr. 145 vom 24. VI. 1940), für die Lufthaftpflichtv §§ 29 I 1 LuftverkehrsG, § 107 II VO vom 21. VIII. 1936, für die Jägerhaftpflichtv § 17 I Ziff. 6 BundesjagdG, für die Unfallv der Fluggäste § 29g[2] LuftverkehrsG, der Flugschüler § 3 VO vom 28. I. 1943, für die Feuerv des Lagergutes § 20 III VO über Orderlagerscheine. Eine Zweifelsfrage zur Höhe der Vssumme in der Kraftfahrhaftpflichtv klären: OLG Celle 23. I. 1952 VersR 1952 S. 224—225, BGH 28. V. 1953 VersR 1953 S. 285.

[66] ff) Erfüllung.

Soweit Vspflichten öffentlichrechtliche Bedeutung haben, muß die Erfüllung durchweg staatlichen oder anderen Stellen nachgewiesen werden (Näheres: Anm. 5 bis 8 zu § 3). Bei der Handwerkerlebensv kennen §§ 5 IV 2, 9 HandwVersG, § 27 DVO vom 13. VII. 1939, 20. XII. 1940 nicht nur die Vorlage des Vsscheines, sondern auch die einer besonderen Bescheinigung des Vers. In der Kraftfahrhaftpflichtv ist das besondere Institut der Vsbestätigung ausgebildet, die bei der Zulassungsstelle bleibt, außerdem gibt es Anzeigepflichten des Vers usw. (§ 4 PflichtVDVO, §§ 23 I Abs. 2 e, 29b—d StVZO, dazu Dienstanweisung des Reichsverkehrsministeriums vom 25. IV. 1940, Reichsverkehrsblatt B S. 132, ferner VA 1951 S. 179—180 = VA Berlin 1951 S. 126). Über die Bedeutung einer Aushändigung der Vsbestätigung Anm. 5 zu § 3. Für die Lufthaftpflichtv vgl. §§ 108—109, 111 I VO vom 21. VIII. 1936, für die Güterfernverkehrshaftpflichtv §§ 15 IV 1, 27 II—VII, 78 I Ziff. 2, 4, 83 IV, 85 II, 88 I Ziff. 4, 93 I, 94[1], 96 GüKG, VO vom 30. VII. 1953, für die Jägerhaftpflichtv vgl. §§ 17 I Ziff. 6, 18 BundesjagdG, für die Unfallv der Flugschüler § 5 VO vom 28. I. 1943. Für den Nachweis der Gebäudefeuerv bei Abgeltungsdarlehen: § 7 II VO vom 31. VII. 1942. §§ 20 IV, 38 III Ziff. 5 VO über Orderlagerscheine kennen einen Vsvermerk auf dem Lagerschein.

Bei privatrechtlichen Vspflichten kommt die Anstrengung einer Erfüllungsklage in Betracht; nach § 7 III VO vom 31. VII. 1942 kann das Finanzamt auf Antrag der Gläubigerin die Erfüllung erzwingen. Eine gerichtliche Anordnung sehen § 1134 II BGB, § 39 II SchiffsG vor. Bei der Verletzung privatrechtlicher Vspflichten kann sich eine Schadensersatzpflicht des Vspflichtigen ergeben, der dann so haftet, wie bei Erfüllung der Vspflicht der Ver gehaftet hätte (BGH 17. IV. 1951 VersR 1951 S. 176—177, OLG Dresden 9. XI. 1948 BetrBer 1949 S. 131). Bei öffentlichrechtlichen Vspflichten kommt auch ein Schadensersatzanspruch aus § 823 II BGB oder aus Amtspflichtverletzung in Betracht (BGH 28. V. 1953 VersR 1953 S. 283—285, OLG Celle 23. I. 1952 VersR 1952 S. 224—225, OLG Hamburg 28. VIII. 1951 VersR 1951 S. 270—271, OLG Hamm 14. VI. 1951 VersR 1951 S. 289—290, LG Hamburg 2. II. 1951 ZfV 1951 S. 435—436, AG Tölz 2. III. 1951 ZfV 1951 S. 450—451, dazu auch Fleischmann VersR 1953 S. 272—273, Prölss VersR 1952 S. 1—2, Weimar VersPrax 1953 S. 101; ferner OLG Düsseldorf 25. XI. 1952 VersR 1953 S. 143—144 [Ausstellung eines Fahrtnachweisheftes im Güterfernverkehr mit unrichtigen Angaben über bestehenden Vsschutz], Krien, Deutsches Autorecht 1953 S. 83 [ebenfalls für den Güterfernverkehr]). Eine Strafvorschrift enthalten Art. I § 5 PflichtVG (dazu Bundesminister für Verkehr: Verkehrsblatt vom 15. V. 1952 Nr. 124, BGH 28. V. 1953 VersR 1953 S. 285, OLG Hamm 10. IV. 1953 Deutsches Autorecht 1953 S. 159—160), § 99 Ziff. 5 GüKG.

[67] gg) Haftungseinfluß.

Gelegentlich beeinflußt der Abschluß einer Pflichtv den Umfang der Haftung des Vspflichtigen. Soweit z. B. aus der Unfallv für Fluggäste gehaftet wird, erlischt der Anspruch auf Schadensersatz (§ 29g[3] LuftverkehrsG) und bei den Flugschülern werden die Unternehmen durch die Gewährung des Vsschutzes den Vten gegenüber von ihrer Haftung als Halter — außer bei Vorsatz — frei (§ 29m I 3 LuftverkehrsG). Hier drängt sich die Parallele zur sozialen Unfallv auf. Nach § 41 a[1], c ADSp ist der Spediteur von der Haftung frei, wenn er die Speditionsv gedeckt hat (allerdings nur hinsichtlich der durch diese gedeckten Schäden, dazu LG Köln 7. I. 1953 VersR 1953 S. 63—65 m. w. N.); andererseits darf er sich nicht auf die ADSp berufen, falls er die V trotz seiner Vspflicht nicht gemäß den Bedingungen des SVS gedeckt hat (hierzu OLG Bremen 15. VI. 1951 VersR 1951 S. 210—211, OLG Dresden 9. XI. 1948 BetrBer 1949 S. 131). Die Vorschriften sind analog anzuwenden, falls der Spediteur zwar die V gedeckt, aber durch ständige gröbliche Vernachlässigung der Vertragspflichten den Vsschutz — auch zu Lasten der Auftraggeber — verwirkt hat (OLG Hamburg 4. IV. 1952 VersR 1953 S. 144—146 mit Anm. Schmidt). Die Vorschriften sind nicht analog anzuwenden bei Verletzung anderer Vspflichten durch den Spediteur (BGH 17. IV. 1951 BGHZ Bd 2 S. 1—4). — Zur Haftungsersetzung durch Vsschutz auch Sieg ZHR Bd 113 S. 95—118.

[68] **hh) Prämienabwälzung.**

Wer bei einer Pflichtv als Vmer Prämienschuldner wird, kann im Innenverhältnis die Prämie oft abwälzen. Vgl. für Handwerker, die außerdem in einem Beschäftigungsverhältnis stehen, § 1[3] DVO vom 13. VII. 1939, 20. XII. 1940. Den Nießbraucher trifft die Sachvsprämie, auch wenn der Eigentümer die V genommen hat: § 1045 I 1, II BGB. Über das Innenverhältnis der Eheleute vgl. § 1385 Ziff. 3 BGB, anwendbar auch im Verhältnis des elterlichen Gewalthabers zum Kinde nach §§ 1654[1,2], 1686 BGB. Bei der Speditionsv wird die Prämie vom Spediteur auf den Auftraggeber abgewälzt (§ 39a[1] ADSp).

[69] **c) Antrag.**

aa) Antragsteller.

Antragsteller ist gewöhnlich der Vmer, wenn auch der Ver vielfach die Anregung gibt, so durch Vsvertreter, durch Übersendung von Werbeschriften oder sonstigen Drucksachen, die für die Auslegung der Vsbedingungen von Bedeutung werden können (Einl. Anm. 61). Ausnahmsweise ist der Ver Antragsteller bei der Automatenv oder beim mündlichen Abschluß, vgl. auch § 150 BGB, Anm. 76, 81, Campell a. a. O. S. 25—52.

Der Antragsteller muß eine geschäftsfähige physische Person oder eine juristische Person des privaten oder öffentlichen Rechts sein. Auch mehrere physische (z. B. Vater und Mutter, Eheleute, Gesellschafter, Miterben) oder juristische Personen können zusammen jeder für sich oder der eine auch als Vertreter für den oder für die anderen den Antrag stellen. Vertretung des Antragstellers ist zulässig (OLG Königsberg 6. V. 1919 SeuffArch Bd 75 S. 127—129); die Vollmacht, den Antrag auf Zulassung eines Kraftwagens zu stellen, bevollmächtigt nicht ohne weiteres zum Abschluß einer Kraftfahrhaftpflichtv AG Hamburg 20. V. 1950 VersR 1950 S. 150—151). Über die Vertretungsmacht eines Custodian: Höring-Markowski VersR 1950 S. 17—18, LG Berlin 18. VI. 1951 VersR 1952 S. 31—32 mit Anm. Schmitt, 9. II. 1953 VersR 1953 S. 142.

Nach dem Geschäftsplan mancher Ver, insbesondere nach der Satzung vieler Gegenseitigkeitsvereine sind nur Personen eines bestimmten Alters, Wohnsitzes, Berufes, Gesundheitszustandes usw. **vsfähig** oder **aufnahmefähig.** Zur Frage, ob auch der Antrag einer nicht in die betreffende Kategorie fallenden Person angenommen werden kann, Kisch Gegenseitigkeitsverein S. 113—114, 121—124, Möller JRPV 1937 S. 209—213 m. w. N. In der Kraftfahrhaftpflichtv findet der Kontrahierungszwang des Vers nach § 3 II PflichtVDVO seine Schranke in sachlichen oder örtlichen Beschränkungen im Geschäftsplan. Nach § 161 V BundesbeamtenG gelten Satzungsbestimmungen von Versorgungskassen, nach denen Beamte über ein bestimmtes Lebensalter hinaus der Kasse nicht zugeführt werden können, in bestimmten Fällen nicht. — Über Ven von Angehörigen der Besatzungsbehörden und -streitkräfte: DVO Nr. 2 zur VO Nr. 38 der amerikanischen Militärregierung (VA 1950 S. 133).

Ist der Vmer **geschäftsunfähig** (§§ 104, 105 BGB), so ist der von ihm gestellte Antrag nichtig.

Ist der Vmer **beschränkt geschäftsfähig** (§§ 106, 114 BGB; vgl. Neumann JRPV 1935 S. 33—36, Schweighäuser Der Vmer 1951 S. 77—78), so bedarf es der Einwilligung seines gesetzlichen Vertreters (§ 107 BGB), wenn nicht der gesetzliche Vertreter als solcher abschließt. Der Mitwirkung des Vormundschaftsgerichts nach §§ 1643 I, 1686, 1822 Ziff. 5, 1902 II 1 BGB bedarf es nicht in der Lebensv im Hinblick auf § 165 (KG 24. IV. 1929 JRPV 1929 S. 247, Bruck-Dörstling Anm. 27 zu § 1, S. 16, Prölss Anm. 3 zu § 159,

S. 467, anders KG 3. XI. 1928 VA 1931 S. 14 Nr. 2244 = JRPV 1929 S. 16, Hedemann VersR 1952 S. 189—190), ferner nicht in dem ganzen Bereich der V bei einmaliger Prämienzahlung und bei laufender Prämienzahlung, sofern im Falle des § 1822 Ziff. 5 BGB das Vertragsverhältnis nicht länger als ein Jahr nach Erreichung der Volljährigkeit des Mündels fortdauern soll oder sofern im Falle des § 1902 II 1 BGB das Vertragsverhältnis höchstens vier Jahre währen soll. In allen übrigen Fällen ist vormundschaftsgerichtliche Genehmigung notwendig. Solange sich der Antrag wegen fehlender Genehmigung des gesetzlichen Vertreters in der Schwebe befindet (§ 108 BGB), kann der Ver den Vertrag nur widerrufen, wenn er die beschränkte Geschäftsfähigkeit nicht gekannt oder der Antragsteller wahrheitswidrig die Einwilligung des gesetzlichen Vertreters behauptet hat (§ 109 II BGB). Der Vertrag ist voll wirksam, wenn die Voraussetzungen der §§ 110, 112 BGB erfüllt sind (vgl. jedoch Hedemann VersR 1952 S. 190).

[70] Ist der Vmer eine **Ehefrau,** so bedarf sie für ihre Antragstellung nicht der Mitwirkung des Ehemannes (§ 1399 I BGB), aber die Haftung für die mit dem Vertrag zu übernehmenden Verbindlichkeiten war bislang nach den Güterrechtssystemen verschieden (über Auswirkungen der Gleichberechtigung vgl. nur BGH 14. VII. 1953 NJW 1953 S. 1342—1346). Bislang galt: Die Ehefrau haftet bei Gütertrennung mit ihrem gesamten Vermögen, andernfalls mit ihrem Vorbehaltsgut. Beim gesetzlichen Güterstand haftet sie auch mit ihrem eingebrachten Gut, wenn der Ehemann der Antragstellung zugestimmt hat (§ 1399 II 1 BGB); die Zustimmung ist nicht erforderlich, wenn der Ehemann durch Krankheit oder durch Abwesenheit verhindert und mit dem Aufschub der Antragstellung Gefahr verbunden ist (§ 1401 BGB); letzteres ist bei Vsverträgen regelmäßig anzunehmen. Vgl. auch §§ 1402, 1405 I 1, II BGB. Der Ehemann als solcher ist nicht berechtigt, für die Ehefrau in ihrem Namen oder mit verbindlicher Wirkung für ihr Vermögen den Antrag zu stellen (§ 1375 BGB). Stellt bei allgemeiner Gütergemeinschaft der Ehemann den Antrag, so haftet er nach Vertragsabschluß nicht nur persönlich, sondern es haftet auch das Gesamtgut; bei Abschluß des Vertrages durch die Ehefrau tritt eine Haftung des Gesamtgutes ein in den Fällen der §§ 1450—1452 BGB, regelmäßig jedoch nicht (§ 1460 I BGB). Die Rechte aus dem Vsvertrage gehören zum Gesamtgut, Ausnahmen § 1440 BGB.

Die Ehefrau kann ohne Vollmacht im Rahmen der Schlüsselgewalt (§ 1357 BGB) den Ehemann verpflichten, wobei es nicht darauf ankommt, ob sie im Namen des Ehemannes handelt. Normalerweise gehört die Stellung von Vsanträgen nicht zum häuslichen Wirkungskreis der Ehefrau (Riebesell ZfV 1953 S. 76), insonderheit nicht eine zehnjährige Verlängerung in Arbeiterkreisen (LG Siegen 2. II. 1951 VA 1951 S. 104—105 = VersR 1951 S. 168); eine Ausnahme gilt für Zeitschriftenven (Anonym VW 1948 S. 146—147; AG Köln 22. XII. 1930 VersPrax 1931 S. 21). Während der Kriegsabwesenheit, Gefangenschaft und Verschollenheit des Ehemannes erfährt der häusliche Wirkungskreis eine Erweiterung (Palandt Anm. 2 zu § 1357), es können auch z. B. eine Hausrat-, Sterbegeld-, Krankenv abgeschlossen werden (VA 1949 S. 24; Freytag VW 1948 S. 213, Neumann VW 1948 S. 413, Weber VW 1949 S. 110, a. A. AG Gelsenkirchen 31. III. 1950 VersR 1950 S. 87, Anonym VW 1948 S. 146—147). Doch deckt die Schlüsselgewalt nicht solche Geschäfte, „durch deren Vornahme die Existenz des abwesenden Mannes entscheidend betroffen“ wird (BGH 9. II. 1951 NJW 1951 S. 309). — Außer der Schlüsselgewalt kommt eine ausdrückliche oder stillschweigende Bevollmächtigung der Ehefrau in Frage; nach Neumann VW 1948 S. 413 soll eine Bankvollmacht ausdehnend angewendet werden, vgl. auch Weber VW 1949 S. 110. — Vgl. ferner RAA: R 31/42 vom 20. III. 1942: Abschluß von Lebensven durch Ehefrauen eingezogener Ehemänner. — Über die Mutter als Vmerin: Dörstling NeumannsZ 1934 S. 1184—1185.

Unabhängig von der Frage, wer als Antragsteller, Vmer und Prämienschuldner anzusehen ist, muß das Problem geprüft werden, ob das vte Interesse ausreichend bezeichnet ist (vgl. § 80 I; RG 8. IV. 1911 RGZ Bd 76 S. 133—138, 5. III. 1913 VA 1913 Anh. S. 125—126 Nr. 774).

[71] **bb) Antragsgegner.**

Der Antrag ist an einen bestimmten oder an mehrere bestimmte Ver zu richten. Er kann unter Anwesenden (z. B. durch Fernsprecher oder an der Börse) oder unter Abwesenden gestellt werden. Im letzten Fall ist der Antrag in dem Zeitpunkt wirksam, in dem er dem Antragsgegner zugeht (§ 130 I 1 BGB; dazu Anm. 2—7 zu § 10). Da auch der zuständige Vermittlungsagent zur Entgegennahme von Anträgen befugt ist (§ 43 Ziff. 1; Ausnahme § 47), so ist der Antrag wirksam, wenn ihn der Agent entgegengenommen hat. Der Vsmakler ist kein Empfangsbevollmächtigter des Vers.

[72] cc) Form.

Eine gesetzliche Bestimmung über die Form des Antrags besteht nicht. Aber seit langem erfordert die Technik der meisten Vszweige, den Antrag auf einem von dem Ver im voraus aufgestellten Schein — Antragsschein, Antragspapier — schriftlich zu stellen, der außer dem Vertragsangebot auch die Fragen nach den gefahrerheblichen Umständen und die Anzeigen des Anzeigepflichtigen (§§ 16—22) enthält. Die Verbindung des Vertragsangebots mit der vorvertraglichen Anzeigepflicht ist rein äußerlich; werden die Anzeigen nicht, nicht vollständig, nicht richtig erstattet, so wird das Zustandekommen des Vertrags hierdurch nicht berührt. Eine Doppelbedeutung kann eine vorvertragliche Anzeige nur erlangen, wenn die AVB auf solche Anzeige irgendwie Bezug nehmen, so wenn eine Unfallv gewährt wird „auf Grund des Antrages vom ... in der im Antrage angegebenen Eigenschaft als ...“ (bedenklich OLG Kiel 21. IX. 1936 VA 1937 S. 243 Nr. 3033, an dessen Feststellungen RG 12. XI. 1937 RGZ Bd 156 S. 116—117 gebunden war).

Der schriftliche Antrag kann eine Ergänzung erfahren durch mündliche Erklärungen des Antragstellers, hier wird der Antrag, der sich aus schriftlichen und mündlichen Erklärungen des Vmers zusammensetzt, so gestellt, daß er nur gesamtheitlich angenommen werden kann, ein beteiligter Vermittlungsagent nimmt diesen gesamtheitlichen Antrag gemäß § 43 Ziff. 1 entgegen, er trifft seinerseits keine Abreden, also auch keine Nebenabreden (KG 10. XII. 1907 VA 1908 Anh. S. 47—48 Nr. 380, OLG Colmar 27. XI. 1909 VA 1910 Anh. S. 6—7 Nr. 493, OLG Dresden 13. V. 1908 LZ 1908 Sp. 957—958, 2. II. 1911 VA 1911 Anh. S. 42—43 Nr. 592, OLG Karlsruhe 4. XI. 1911 VA 1912 Anh. S. 45 Nr. 661, unrichtig KG 9. II. 1929 JRPV 1929 S. 144—145). Nimmt der Ver den Antrag an, so entsteht kein Problem, es sei denn, daß auf der Seite des Vers bei der Annahme ein Vertreter ohne Vertretungsmacht mitwirkt (OLG Hamm 13. VI. 1923 VA 1923 Anh. S. 13—14 Nr. 1301: Streichung einer Verlängerungsklausel). Nimmt der Ver nur den schriftlichen Antrag an, so besteht Dissens, es sei denn, daß der schriftliche Antrag mündliche Erklärungen als nicht existent behandelt, etwa mit den Worten: „Vsanträge sowie sämtliche Anzeigen und Erklärungen des Vmers ... müssen schriftlich erfolgen“ (§ 19 AFB, § 20 AEB, § 19 AHausratB, § 19 I AWB). Nach § 1 II 1 GrundBed, KrankenhausGrundBed ist der Vsantrag „auf dem hierfür bestimmten Vordruck zu stellen“, was aber nicht ausschließt, daß daneben mündliche Antragserklärungen abgegeben werden (Ehrenzweig S. 64, 47 meint allerdings, bei Benutzung eines Antragsscheines sei der Agent nie bevollmächtigt, „ergänzende mündliche Antragsbestandteile entgegenzunehmen“). Wenn § 11[1] AHaftpflB, § 9[1] AKB, § 6 I a GrundBed, KrankenhausGrundBed, § 11[1] ATierB, § 19 I 1 AUnfallB davon sprechen, daß Willenserklärungen schriftlich zugehen müssen, so fragt es sich, ob dazu auch schon die Antragserklärungen gehören; die Frage dürfte zu verneinen sein. Jedenfalls kann ein Abschlußagent nach § 45 Vereinbarungen treffen, welche die Formvorschriften aufheben.

Anstelle des Antragstellers kann sein bevollmächtigter Vertreter den Antrag unterschreiben; dabei kann das Vertretungsverhältnis kenntlich gemacht werden, der Vertreter kann aber auch nur mit dem Namen des Vertretenen unterschreiben (vgl. RG 27. VI. 1910 RGZ Bd 74 S. 69—76, spezieller: RG 3. XII. 1926 VA 1927 S. 6—7 Nr. 1663 = JRPV 1927 S. 10). Wegen der hierdurch entstehenden Mißstände vgl. für die Lebensv: VA 1932 S. 141. Vielfach soll die Unterschrift des Antragstellers von dem Agenten beglaubigt werden. Durch Annahme des nicht unterschriebenen oder sonst mangelhaften Antrags wird der Mangel geheilt (OLG Kiel 24. XI. 1922 VA 1923 S. 12 Nr. 1300).

[73] dd) Inhalt.

Der Antrag muß so unzweideutig gestellt sein, daß der Andere durch eine nur bejahende ausdrückliche oder stillschweigende Erklärung annehmen kann. Die Höhe der Prämie jedoch braucht nicht zahlenmäßig angegeben zu werden, sofern sie nach dem

Prämientarif des Vers, nötigenfalls nach der Üblichkeit oder Billigkeit bestimmbar ist (Anm. 20—25 zu § 35). Im übrigen muß der Antrag so beschaffen sein, daß bei seiner Annahme Einigung über alle wesentlichen Vertragspunkte herbeigeführt ist (§ 154 I BGB). Über einen Fall der Kopplung von Anstellungs- und Vsverträgen bei einer Firmenpensionskasse RG 18. IX. 1936 JW 1936 S. 3451—3452 = VA 1936 S. 216—218 Nr. 2897.

Nimmt der Antrag auf AVB Bezug, sind diese aber dem Antragsteller nicht ausgehändigt oder hat er sie nicht gelesen oder nicht verstanden, so ist dennoch der Antrag als „Risikoerklärung" wirksam: Einl. Anm. 25.

Verfälscht der Agent den Antrag des Vmers, so soll nach OLG Düsseldorf 7. XII. 1933 JRPV 1934 S. 153—154 = HansRGZ 1934 A Sp. 174—175 die ursprüngliche Willenserklärung des Vmers maßgebend sein, § 120 BGB soll nur bei Irrtümern des Boten gelten.

[74] ee) Wirkung.

Das Angebot ist bindend, d. h. unwiderruflich, es sei denn, daß der Antragsteller die Gebundenheit ausgeschlossen hat (§ 145 BGB). — Die Bindung beginnt mit dem Zugang (Anm. 2—7 zu § 10), sie entfällt, wenn dem Antragsgegner vorher oder gleichzeitig ein Widerruf zugeht (§ 130 I 2 BGB). Auch für den Widerruf ist selbst ein bloßer Vermittlungsagent Empfangsvertreter (§ 43 Ziff. 1). Stirbt der Antragsteller nach der Antragstellung oder wird er geschäftsunfähig, so bleibt der Antrag wirksam (§ 153 BGB). Die Annahme muß jedoch den Erben oder dem gesetzlichen Vertreter des Antragstellers gegenüber erklärt werden. Der Antrag erlischt, wenn der abzuschließende Vertrag mit dem Tode des Antragstellers geendigt hätte (z. B. Todesfallv, vgl. RG 12. X. 1926 SeuffArch Bd 81 S. 36). — Die Bindung endigt nach Ablauf der vereinbarten Bindungsfrist (z. B. § 1 II 3 GrundBed, KrankenhausGrundBed, § 1 I 2 ALB) oder der vereinbarten oder gesetzlichen Annahmefrist (Anm. 75; §§ 146—148 BGB, 81; aufsichtsbehördliche Auskunft: VW 1950 S. 257), und zwar muß die Annahme dem Antragsteller innerhalb der Frist zugehen (dazu Anm. 2—7 zu § 10). Selbst eine geringfügige Fristüberschreitung läßt die Bindung des Antragstellers aufhören (BGH 31. I. 1951 VersR 1951 S. 115 = NJW 1951 S. 313). Die Beantwortung von Rückfragen des Vers setzt die Bindungsfrist für den Antragsteller nicht erneut in Lauf (bedenklich: VW 1950 S. 257). Vgl. jedoch § 149 BGB.

[75] d) Annahme.

aa) Frist.

Wird der Antrag an den anwesenden Ver gerichtet oder fernmündlich gestellt, so muß der Ver ihn, ausgenommen in der Feuerv (§ 81 I 1), sofort annehmen (§ 147 I BGB). Im übrigen, also unter Abwesenden, ist der Antragsteller solange an seinen Antrag gebunden, bis er den Eingang der Antwort des Antraggegners unter regelmäßigen Umständen erwarten darf (§ 147 II BGB; KG 4. XI. 1925 JRPV 1925 S. 330—331, OLG Celle 23. II. 1932 VA 1932 S. 229 Nr. 2427 = JRPV 1932 S. 266—267). Diese Umstände erfordern nach der Eigenart der V gewöhnlich einen längeren Zeitraum; verzögernde Umstände, die dem Antragsteller bekannt sind, verlängern die Annahmefrist (RG 10. XI. 1933 RGZ Bd 142 S. 402—410).

Zur Vermeidung von Unklarheiten wird in den AVB häufig ausdrücklich die Annahmefrist bestimmt (Beispiele BGH 24. XI. 1951 VersR 1952 S. 37; § 148 BGB), eine vereinbarte Bindungsfrist (z. B. § 1 II 3 GrundBed, KrankenhausGrundBed, § 1 I 2 ALB) ist zugleich Annahmefrist (OLG Königsberg 5. VII. 1938 HansRGZ 1940 A Sp. 37). Die Vereinbarungen gelten durchweg auch für Anträge unter Anwesenden. Die Vereinbarungen sind nur wirksam, wenn eine entsprechende vorvsvertragliche Vereinbarung zustandegekommen ist (OLG Celle 23. II. 1932 VA 1932 S. 229 Nr. 2427 = JRPV 1932 S. 266—267); dies trifft zu, wenn der Antrag nach Maßgabe der AVB gestellt wird. Die in den genehmigten AVB vorgesehene Annahmefrist kann nur unter Beobachtung des § 10 III VAG verlängert werden. In der Feuerv muß die Annahmefrist fest bestimmt sein, wenn von der gesetzlichen Frist (zwei Wochen) abgewichen wird (§ 81 III 2).

Innerhalb der Annahmefrist, einer vertraglichen oder gesetzlichen Ausschlußfrist, deren Berechnung sich aus §§ 187 I, 188, 193 BGB ergibt, hat die Annahme des Vers dem

Antragsteller zuzugehen; der Ver darf sich hierbei nicht des vereinfachten, aus § 10 sich ergebenden Verfahrens bedienen (Anm. 16 zu § 10). § 149 BGB findet Anwendung (vgl. § 81 I 2, übersehen von Prölss Anm. 2 zu § 3, S. 39). Die Annahmefrist beginnt mit dem Zugehen des Antrages bei dem Antragsgegner oder dessen Vertreter (§ 130 BGB), bei Vermittlung des Vertrags durch einen Agenten mit Entgegennahme des Antrags durch ihn (§ 43 Ziff. 1; Ausnahme § 47), in der Lebensv mit ärztlicher Untersuchung mit dem Tage der vertrauensärztlichen Untersuchung (§ 1 I 2 ALB; OLG Kiel 16. VI. 1925 VA 1925 S. 118—119 Nr. 1476 = JRPV 1925 S. 319), in der Feuerv mit der Absendung des Antrags (§ 81 II). — Für den Antrag des Vers kommt grundsätzlich nur § 147 II BGB zur Anwendung.

Über das Verhältnis von Kontrahierungszwang (Anm. 55) und Annahmefrist in der Kraftfahrv: Ossewski VW 1953 S. 286.

[76] bb) Verspätung.

Auch eine geringfügige Fristüberschreitung enthält eine Ablehnung (BGH 31. I. 1951 VersR 1951 S. 115 = NJW 1951 S. 313). Aber die verspätete Annahme gilt ebenso wie Annahme unter Erweiterung, Einschränkung oder sonstiger Änderung als neuer Antrag, den die Gegenseite unter Beobachtung der sich aus § 147 II BGB ergebenden Frist annehmen kann (§ 150 BGB; OLG Nürnberg 26. III. 1913 VA 1913 Anh. S. 118—121 Nr. 770, KG 15. III. 1922 HansRGZ 1922 Sp. 416—418, 28. X. 1925 VA 1926 S. 21—22 Nr. 1537 = JRPV 1925 S. 331—332, 3. XI. 1926 JRPV 1927 S. 16—17, 9. V. 1928 VA 1928 S. 217—218 Nr. 1871, falsch AG München 27. XII. 1951 VersR 1952 S. 90—91 mit Anm. Klauser).

[77] cc) Erklärung.

Die Annahmeerklärung kann eine ausdrückliche oder eine stillschweigende sein. Eine ausdrückliche Erklärung liegt auch im Angebot oder in der Aushändigung des Vsscheines (Anm. 18—19 zu § 3). Über die Möglichkeit stillschweigender Annahme KG 19. X. 1932 HRR 1933 Nr. 474. Der Antrag auf Abschluß einer Pflichtv für Kraftfahrzeughalter gilt als angenommen, wenn der Ver ihn nicht innerhalb einer Frist von fünf Tagen schriftlich ablehnt (§ 3 I PflichtVDVO).

Die das Vswesen im allgemeinen beherrschende Verkehrssitte erfordert, daß die Annahme vom Ver dem Antragsteller gegenüber erklärt wird (vgl. § 151 1 BGB; BGH 31. I. 1951 VersR 1951 S. 114 = NJW 1951 S. 313, RG 23. IX. 1921 HansRZ 1921 Sp. 895—896, 12. X. 1926 SeuffArch Bd 81 S. 35—36, KG 8. XI. 1922 HansRZ 1923 Sp. 217—218, 17. VI. 1925 VA 1926 S. 14 Nr. 1531 = JRPV 1925 S. 265—266, AG Dortmund 19. VII. 1949 VW 1949 S. 411), nur in der Hagelv pflegt der Antrag als angenommen zu gelten, wenn er nicht innerhalb einer gewissen Frist abgelehnt wird (§ 5 III 2 AHagelB). Der Antragsteller kann jedoch auf die Annahmeerklärung verzichten (KG 17. I. 1923 JRPV 1924 S. 37), ein Verzicht liegt nicht darin, daß er vor Vertragsschluß die Erstprämie vorausbezahlt (RG 12. X. 1926 SeuffArch Bd 81 S. 35). — Hat der Ver einen Antrag verspätet angenommen, so wird der hierin liegende neue Antrag des Vers sehr oft gemäß § 151 BGB angenommen, jedenfalls dann, „wenn keine Umstände vorliegen, die die Möglichkeit einer Änderung der sachlichen Entschließung nahelegen“ (BGH 31. I. 1951 VersR 1951 S. 115 = NJW 1951 S. 313—314, KG 28. X. 1925 VA 1926 S. 22 Nr. 1537, anders AG Rheine 28. VI. 1950 VersR 1951 S. 19). Über einen anderen Fall stillschweigender Annahme seitens des Vmers KG 25. IV. 1928 JRPV 1928 S. 189—190. Eine konkludente Annahme liegt auch in der Einlösung des Vsscheines (Anm. 19 zu § 3).

[78] dd) Form.

Die Annahme bedarf gesetzlich keiner besonderen Form; insbesondere ist nirgends bestimmt, daß der Vsvertrag erst durch Ausstellung oder Aushändigung des Vsscheins zustande kommt (RG 9. I. 1926 VA 1926 S. 60 Nr. 1570, KG 28. II. 1920 VA 1920 Anh. S. 74 Nr. 1162, 28. X. 1925 VA 1926 S. 21 Nr. 1537 = JRPV 1925 S. 331, OLG Stuttgart 22. IX. 1948 VW 1948 S. 400). Über einen Fall, in welchem für die schriftliche Annahmeerklärung der Briefbogen eines anderen Vers benutzt wurde, LG Hamburg 23. V. 1952

VersR 1952 S. 419. Die Annahme kann vertraglich an eine bestimmte Form gebunden werden, z. B. Beurkundung des Vertrags (RG 13. I. 1922 Mitteilungen 1922 S. 109—110, KG 3. V. 1930 JRPV 1930 S. 302; falsch KG 9. V. 1934 JRPV 1934 S. 315).

[79] **ee) Wirkung.**

Da der Vsvertrag ein Konsensualvertrag ist, so kommt er in dem Augenblick zustande, in dem sich der Antragsgegner mit dem Antragsteller über alle Punkte geeinigt hat, über die nach der Erklärung auch nur einer Partei eine Vereinbarung getroffen werden soll (vgl. § 154 I 1 BGB). Durch die Annahme des Antrags gegenüber dem Antragsteller wird der formelle Vsbeginn herbeigeführt (Anm. 3 zu § 2).

Hat der Ver, Abschlußagent (§ 45) oder sein sonstiger Vertreter angenommen, dann ist der Vertrag in dem Zeitpunkt formell abgeschlossen, in welchem dem Vmer oder seinem Vertreter, z. B. dem Vsmakler, die ausdrückliche Erklärung des Vers, Abschlußagenten oder seines sonstigen Vertreters hierüber zugegangen (Anm. 2—7 zu § 10) oder sein Wille durch schlüssige Handlungen kundgetan ist (OLG Frankfurt 12. III. 1909 Praxis Bd 3 S. 120—122, KG 17. II. 1911 OLGRspr Bd 24 S. 217, OLG Hamm 25. VI. 1928 JRPV 1929 S. 83). Ein Agent als solcher ist zur Entgegennahme der Annahmeerklärung für den Vmer nicht befugt (ROHG 13. II. 1872 ROHG Bd 5 S. 110—115.) Wegen des Widerrufes der Annahmeerklärung gilt § 130 I 2 BGB.

Wird der Vertrag durch Annahme seitens des Vmers oder seines Vertreters abgeschlossen, dann ist der Vertrag formell zustande gekommen, wenn die Annahmeerklärung des Vmers oder seines Vertreters dem Ver, Abschlußagenten oder seinem sonstigen Vertreter zugegangen oder sein Wille durch schlüssige Handlungen (z. B. durch Einlösung des Vsscheins) kundgetan ist. Der bloße Vermittlungsagent kann die Annahmeerklärung nicht als Vertreter des Vers entgegennehmen, § 43 I Ziff. 2 betrifft nur Willenserklärungen im Rahmen eines bereits existenten Vsverhältnisses. Der Hauptbevollmächtigte eines ausländischen Vers ist zum selbständigen Abschluß von Vsverträgen mit Vmern im Inland und über inländische Grundstücke befugt (§ 106 II Ziff. 3 VAG).

[80] **ff) Ablehnung.**

Der Ver, Abschlußagent oder sein sonstiger Vertreter ist regelmäßig zu einer Mitteilung der Ablehnung des Antrags rechtlich nicht verpflichtet, da er kein Geschäftsbesorger (§§ 663 BGB, 362 HGB) ist. Tatsächlich pflegt die Ablehnung mitgeteilt zu werden. Über Kontrahierungszwang Anm. 55, über culpa in contrahendo Anm. 90.

[81] **e) Dissens.**

Ob sich Antrag und Annahme decken, ist nicht buchstabengemäß, sondern sinngemäß zu ermitteln (RG 8. X. 1920 HansRZ 1920 Sp. 708—711). Hinsichtlich von Nebenpunkten und der Höhe der Prämie (oben Anm. 73) kann die Annahmeerklärung Lücken des Antrags ausfüllen. Weicht die Annahme von dem Antrag ab, dann liegt Dissens (§ 154 I 1 BGB) vor, die Annahme gilt als Ablehnung verbunden mit einem neuen Antrag (§ 150 II BGB).

Die Annahme weicht von dem Antrag ab, wenn beispielsweise Erstattung von Nebengebühren, die in den AVB nicht vorgesehen sind, gefordert wird (OLG Dresden 13. V. 1908 LZ 1908 Sp. 957—958); wenn die Termine für die Prämienzahlung, für den materiellen Beginn der Versicherung geändert werden (RG 8. X. 1909 VA 1910 Anh. S. 16—17 Nr. 500); wenn die Dauer der Prämienzahlung geändert wird (VA 1912 S. 103); wenn der Abschluß einer Lebensv zu normalen Prämien beantragt ist und in den Vsschein eine höhere als die Normalprämie eingesetzt wird (OLG Düsseldorf 3. X. 1929 VA 1929 S. 304 Nr. 2057 = JRPV 1929 S. 398); wenn die Höchstbeträge der Haftung für das einzelne Transportmittel geändert werden (KG 26. IV. 1922 HansRZ 1922 Sp. 851—853); wenn die Annahme bedingt statt — wie beantragt — unbedingt erfolgt, z. B. die V des Kraftwagens davon abhängig gemacht wird, daß die Steuerung einwandfrei arbeitet (KG 26. X. 1927 JRPV 1927 S. 348); wenn das Inkrafttreten eines Feuervsvertrags von der Einrichtung einer Feuerlöschanlage abhängig gemacht wird (OLG Frankfurt 17. II. 1930 JRPV 1930 S. 241), wenn hinsichtlich der Streichung der Verlängerungsklausel keine Einigung erfolgt (OLG Hamm 13. VI. 1923 VA 1923 Anh. S. 13—14 Nr. 1301).

Dissens liegt nicht vor, wenn jene Sachen, welche der Vmer für eigene Rechnung vert, einem Dritten gehören. Hier greift § 68 I Platz. Bedenklich RG 15. III. 1932 JRPV 1932 S. 134, OLG Hamburg 18. I. 1935 HansRGZ 1935 A Sp. 266.

Trotz sich äußerlich deckender Erklärungen ist der Vertragsabschluß nicht erfolgt, wenn jede Partei mit den Erklärungen einen verschiedenen Sinn verbindet oder wenn die eine Partei die andere Partei mißverstanden hat (§ 155 BGB), wobei jedoch jede Partei die Erklärung so gegen sich gelten lassen muß, wie sie von der Allgemeinheit verstanden wird und wie sie nach Treu und Glauben zu verstehen ist (vgl. RG 27. XI. 1934 JRPV 1935 S. 12, OLG Braunschweig 4. XII. 1951 VersR 1952 S. 147). Die letztgenannte Einschränkung führt in Verbindung mit der Unklarheitenregel (Einl. Anm. 75) regelmäßig zu einem Konsens. Gegen die Typenflug-Entscheidung (RG 11. III. 1927 RGZ Bd 116 S. 274—277) mit Recht Ehrenberg JW 1927 S. 1588—1590. Dissens hinsichtlich des Ausdrucks co-insurance hat angenommen OLG Hamburg 13. X. 1925 HansRZ 1926 Sp. 59—60, 20. II. 1931 HansRGZ 1931 A Sp. 291—294, hinsichtlich des Ausdrucks Tigerpaar KG 6. XI. 1935 JRPV 1936 S. 128 (hilfsweise). Ferner liegt Dissens vor, wenn ein Agent als Bote den Antrag des Vmers und später die daraufhin erfolgende Annahme des Vers verfälscht (OLG Düsseldorf 7. XII. 1933 JRPV 1934 S. 153 bis 154 = HansRGZ 1934 A Sp. 174—175). RG 27. XI. 1934 JRPV 1935 S. 12 betont, daß § 155 BGB nicht anwendbar ist, sofern der Ver das Verhalten eines Angestellten unter dem Gesichtspunkt der culpa in contrahendo gegen sich gelten lassen muß. Ferner wirkt § 5 einem Dissens entgegen (Anm. 17, 21 zu § 5).

[82] f) Abschlußkosten.

aa) Agenturgebühren.

Negativ ist hervorzuheben, daß aufsichtsrechtlich allen Vsvermittlern (Agenten und Maklern) die Berechnung von „Agenturgebühren" (Gebühren oder Kosten für die Aufnahme eines Antrages oder aus anderen Gründen) untersagt ist, falls nicht in den AVB die Erhebung solcher Beträge ausdrücklich vorgesehen ist (Beispiel: § 33 I a AHagelB); darauf sind die Vmer in den Antrags- und Vsscheinvordrucken durch einen bestimmten Vermerk hinzuweisen (VA 1939 S. 82—83, vorher vgl. z. B. VA 1910 S. 116, 1912 S. 51 bis 52, 193—195, 1916 S. 100, 1927 S. 145, 1936 S. 87, 1937 S. 85).

Die Regelung begegnet insoweit formellen Bedenken, als Vsvermittler nicht der Aufsicht unterliegen. Insoweit können sich die Aufsichtsbehörden nur an die Vsunternehmen wenden und deren Einflußnahme verlangen. Zivilrechtlich aber sind Vereinbarungen zwischen Vsvermittlern und Vmern, nach denen sich der Vmer zur Zahlung an den Vsvermittler verpflichtet, gültig (so denn auch die Aufsichtspraxis bis 1937).

bb) Versicherergebühren.

Die vom Ver mit dem Vmer vereinbarten, neben der Prämienzahlung stehenden Zahlungen nennt man „Nebengebühren". Auch insoweit bestehen aufsichtsrechtliche Verfügungen: VA 1927 S. 124—125 (Lebensv), S. 134 (Unfall- und Haftpflichtv), S. 145 bis 146, 1928 S. 140—141 (Sachv), 1938 S. 120—121, 1939 S. 83, vgl. auch VA 1909 S. 161, 1921 S. 93, 119, 1923 S. 16, 21, 40, 1938 S. 38. In den Antrags- und Vsscheinvordrucken ist eine abschließende Nebengebührenübersicht mit Angabe von deren Höhe zu bringen, in den AVB sind die Nebengebühren der Art nach zu bezeichnen.

Beim Vertragsabschluß kommen eine Gebühr für Ausfertigung des Vsscheins, evtl. auch für Porto (Zustellungsgebühr) und sonstige bare Auslagen in Frage (zur Höhe VA 1927 S. 145, 1928 S. 140—141, speziell für die Feuerv vgl. § 8 I AFB, VA 1930 S. 153, 1931 S. 141).

Bei Gegenseitigkeitsvereinen wird statt oder neben der Ausfertigungsgebühr zuweilen eine Aufnahmegebühr (Eintrittsgeld) erhoben, die Hagelv kennt das „Legegeld".

In der Gruppenv dürfen Nebengebühren erlassen werden (VA 1949 S. 5, 33: Krankenv; 1949 S. 68, 71: Lebensv). Über die privatrechtliche Behandlung der Nebengebühren vgl. Anm. 8, 10 zu § 35, über die vssteuerrechtliche Behandlung RFH 9. X. 1929 VA 1929 S. 342—344 Nr. 2092, über einen Fall des Dissenses über Nebengebühren OLG Dresden 13. V. 1908 LZ 1908 Sp. 957—958.

[83] g) Abschlußort.

Die lex loci contractus hat für das zwischenstaatliche Vsvertragsrecht in Deutschland keine Bedeutung (Einl. Anm. 89), wohl aber für das interlokale Vsvertragsrecht (Einl. Anm. 101, 102). Aufsichtsrechtlich kommt es bei ausländischen Vsunternehmungen auf den Begriff der „im Inland abgeschlossenen Ven" an (§ 110 I VAG, vgl. auch § 106 II Ziff. 3 VAG, OLG Nürnberg 21. XII. 1951 VersR 1952 S. 122). Für das Vssteuerrecht vgl. § 1 VStG. Wegen des Gerichtsstandes vgl. § 48, auch § 109 VAG.

[84] h) Vertragsformen.

aa) Bedingte Versicherung.

Ein Vsvertrag kann unter einer aufschiebenden oder unter einer auflösenden Bedingung abgeschlossen werden, jedenfalls wenn diese Bedingung dem Interesse des Vmers dient (Lieferung eines Kraftfahrzeuges: KG 17. II. 1911 OLGRspr Bd 24 S. 217, Übertragung von Prozeßvertretungen: OLG Königsberg 30. V. 1930 JRPV 1930 S. 317, Hingabe von Krediten: Anm. 10, RG 23. II. 1928 JW 1928 S. 1740—1742 = VA 1928 S. 189—191 Nr. 1849, KG 10. XII. 1907 VA 1908 Anh. S. 47—49 Nr. 380, OLG Colmar 27. XI. 1909 VA 1910 Anh. S. 6—7 Nr. 493, OLG Hamm 7. IV. 1952 MDR 1953 S. 177—178, LG Köln 12. VI. 1951 VersR 1951 S. 294—295, 1952 S. 69—70 mit Anm. Bronisch, von der Thüsen). Über die Zulässigkeit von Bedingungen, die dem Interesse des Vers dienen, insbesondere Risikobeschränkungen: Anm. 12, 14 zu § 6, Anm. 33—38 zu § 32.

[85] bb) Laufende Versicherung.

Eine Schadensv kann in der Weise genommen werden, daß beim Vertragsabschluß die vten Interessen nur der Gattung nach bezeichnet werden (§ 187 II). Es handelt sich dann um einen einheitlichen Vsvertrag, in dessen Rahmen eine Verpflichtung oder Möglichkeit zu einzelnen Deklarationen besteht; auf Grund der Deklarationen kommen keine einzelnen Vsverträge zustande. Bei beiderseits obligatorischen laufenden Ven beruht die Deklaration auf einer echten Rechtspflicht, sie ist — ebenso wie die Prämienzahlung des Vmers — mit der Gefahrtragung des Vers synallagmatisch verknüpft. Bei schuldhafter Verletzung der Deklarationspflicht kommt also nicht nur Schadensersatz in Betracht, sondern auch Rücktritt nach § 326 I 2 BGB, wobei sich allerdings fragt, ob der Rücktritt nur als Kündigung wirkt. Spezialregelung in § 97 VI 2, 3 ADS. Sonderform: Abschreibev des § 98 ADS.

In der mehrjährigen Hagelv entspricht der Deklaration in jedem Vsjahr ein sog. „Vsantrag". Dazu vgl. §§ 6, 11 AHagelB, Anm. 7 zu § 2, aber auch OLG Marienwerder 4. II. 1913 VA 1913 Anh. S. 85—86 Nr. 751.

[86] cc) Begünstigungsverträge.

§ 81 II 3, 4 VAG gestattet der Aufsichtsbehörde die Untersagung der Gewährung von Sondervergütungen sowie des Abschlusses und der Verlängerung von Begünstigungsverträgen. Über Sondervergütungen, die Vmern von Vern oder Vsvermittlern gewährt werden: Möller Vsvermittlung S. 243—256. In vier Bekanntmachungen, die sich materiell als RechtsVOen darstellen (Weber in: 50 Jahre materielle Vsaufsicht, 1. Band, Berlin [1952], S. 52), sind Sondervergütungen ausnahmslos, Begünstigungsverträge insoweit untersagt, als die Aufsichtsbehörde keine Ausnahme zuläßt (Bekanntmachungen für die Lebens-, Unfall-, Haftpflicht-, Sach- und Krankenv vom 8. III. 1934 und 5. VI. 1934 VA 1934 S. 99—101. Die Bekanntmachung für die Krankenv sieht zwar Ausnahmen nicht vor, dennoch sind sie aber auch für sie bestimmt).

Die **Ausnahmeregelungen** — Gestattung von Begünstigungsverträgen — sind enthalten in folgenden Rundschreiben:

für die Lebensv in VA 1934 S. 101—103 (Gruppenvsverträge von Arbeitgebern = Gefolgschaftsv, Vereinsgruppenven, Vsverträge von Versorgungseinrichtungen und Vsverträge mit Bausparkassen), VA 1936 S. 52—54, 1938 S. 88—89, 1939 S. 91—94, R 19/40 vom 22. II. 1940 = VA 1949 S. 72, R 7/43 vom 11. III. 1943 = VA 1949 S. 72, VA 1947 S. 20, 1948 S. 29—30, 1949 S. 24 (die bislang genannten Quellen sind zusammengestellt in VA 1949 S. 67—72), VA 1949 S. 55, 1950 S. 154,

1951 S. 81—82, 1951 S. 179, 1953 S. 100, 118—119, 151—152. Die Materie ist höchst unübersichtlich! Dazu auch Bronisch BetrBer 1951 S. 730—731, 1008, Möller NeumannsZ 1939 S. 729—734.

für die Unfall-, Haftpflicht- und Kraftfahrzeugv in VA 1934 S. 103—104 (Ziff. III kennt vier erlaubte Formen), VA 1939 S. 104—105, 1949 S. 53 (die bislang genannten Quellen sind zusammengestellt in VA 1949 S. 53—55), VA 1951 S. 93, 1953 S. 57. Dazu Bronisch BetrBer 1951 S. 731, Fleischmann JR 1948 S. 306—307, Ossewski VersR 1951 S. 156, Roesch JR 1948 S. 100—102.

für die Sachv in VA 1934 S. 104—105 (Ziff. III kennt nur eine erlaubte Form: Deckung vorübergehender Gefahren), VA 1949 S. 53, 67.

für die Krankenv in VA 1934 S. 105—106 = VA 1949 S. 132—133, 1936 S. 72, 1937 S. 58, 1938 S. 93—94, 1949 S. 5, 33—34, 57, 1950 S. 37—38, 1951 S. 71—72, 1953 S. 44—46 (danach gibt es jetzt drei erlaubte Formen).

[87] Als **Erscheinungsformen** von Begünstigungsverträgen nennt VA 1934 S. 101: Gruppenvs-, Kollektiv-, Rahmen- und Empfehlungsverträge; allen Begünstigungsverträgen soll eine unmittelbare oder mittelbare Vorteilsgewährung (ermäßigte geldliche Leistungen des Vmers oder günstigere Vsbedingungen) eigentümlich sein, woraus sich ergibt, daß z. B. nicht jeder Gruppenvsvertrag ein Begünstigungsvertrag zu sein braucht (V der Gruppe nach normalem Geschäftsplan) und daß auch eine Einzelv sich als Begünstigungsvertrag darstellen könnte. VA 1934 S. 103 identifiziert Gruppenvsverträge mit (früher sogen.) Kollektivvsverträgen. VA 1934 S. 104 definiert Gruppenvsverträge als solche, in denen durch einen Vmer und einen Vsschein eine Mehrheit von Personen vert wird (Widerspruch dazu: VA 1949 S. 24: „Ist das einzelne Gruppenmitglied Vmer . . ."). Speziell die Gefolgschaftsv — als Unterart der Gruppenv — betrifft § 11 IV AltsparerG; danach handelt es sich darum, daß „der Vsvertrag von einem Arbeitgeber zugunsten eines Arbeitnehmers im Rahmen eines Gesamtvertrages zur Versorgung der Arbeitnehmer abgeschlossen worden ist". VA 1934 S. 104, 105 nennt als Begünstigungsverträge auch „Mantel- und Listenverträge, d. h. Verträge mit Vereinigungen von Personen . . ., durch welche deren Mitgliedern Sondervorteile . . . in der Weise gewährt werden, daß die betreffende Vereinigung nicht Vmer ist", diese Verträge können den Rahmen- und Empfehlungsverträgen insofern gleichgestellt werden, als auch bei letzteren eine Vielzahl von Einzelven zustandekommt (so für Empfehlungsverträge: VA 1934 S. 106). Der Begriff des Rahmenvertrages wird bei Einzelven mit Sammelinkasso bedeutsam (VA 1951 S. 82).

[88] In der Kraftfahrtv gibt es den **Mehrheitsnachlaß**, der jedoch keine Gruppenv voraussetzt, vielmehr können die Wagnisse auch von verschiedenen Vern in Deckung genommen werden (Ziff. 6 Grundregeln des Einheitstarifes).

Über das Verhältnis von Abonnenten- und Gruppenv: VA 1934 S. 103, 104, 1948 S. 71, 1950 S. 80.

[89] **dd) Zusammengefaßte Versicherung.**

So wie eine laufende V (Anm. 85) und eine Gruppenv (Anm. 87) eine Mehrzahl von Interessen oder Personen schützt, so kennt § 30 generell den Begriff einer V, die sich auf eine Mehrzahl von Gegenständen oder Personen bezieht. Man kann von einer zusammengefaßten V sprechen und muß dabei die Einheit des Vsvertrages voraussetzen. Näheres Anm. 3—9 zu § 30.

Zusammengefaßte Ven stellen auch dar Familienkrankenven, Kundenven (für fremde Rechnung oder für Rechnung, wen es angeht), nicht aber Todesfallven auf zwei verbundene Leben, da hier nur einmal die Vssumme fällig wird beim Tode des Erstversterbenden, nicht auch Abonnentenven (Anm. 10), da sie als Einzelven abgeschlossen werden (VA 1948 S. 44, 1950 S. 79). Allerdings kann die Einzelv eine Mehrheit von Personen schützen, z. B. Ehegatten (VA 1948 S. 56), und dadurch zur zusammengesetzten V werden.

[90] f) Culpa in contrahendo.

Schrifttum: Jaax, Culpa in contrahendo im Vsrecht, Kölner Diss., Düsseldorf 1935, Haymann JW 1932 S. 2500—2503, Heinrichs JRPV 1934 S. 97—99, Schumann Hans-RGZ 1938 A Sp. 81—88.

Schon im Zuge der Vertragsvorverhandlungen treffen die Parteien gewisse Pflichten der Rücksichtnahme auf die Belange des Gegners, bei Verletzung dieser Pflichten haften sie im Falle des eigenen Verschuldens oder des Verschuldens von Erfüllungsgehilfen (§§ 276 I 1, 278[1] BGB) auf Ersatz des Schadens, der durch die Pflichtverletzung entstanden ist.

Was allerdings das Verschulden des Vmers und seiner Erfüllungsgehilfen anlangt, so enthalten die §§ 16—21 mit der Regelung der vorvertraglichen Anzeigepflicht eine insoweit abschließende Spezialnormierung der Materie (Anm. 55 zu § 16, OLG Hamburg 6. VI. 1934 HansRGZ 1934 A Sp. 539, OLG Köln 1. III. 1934 VA 1934 S. 40 Nr. 2690 = JRPV 1934 S. 300, auch Jaax a. a. O. S. 39—47, bedenklich RG 6. IX. 1935 VA 1935 S. 278—280 Nr. 2844). Den Vmer kann also keine Schadensersatzpflicht aus dem Gesichtspunkt der culpa in contrahendo treffen, der Ver kann nur zurücktreten, falls es überhaupt zum Vertragsabschluß gekommen ist. — Soweit es sich allerdings nicht um eine Nicht- oder Falschanzeige gefahrerheblicher Umstände handelt, kann auch der Vmer aus dem Gesichtspunkt des Verschuldens beim Vertragsschluß haften, so wenn er einen Ver zu Aufwendungen veranlaßt, obgleich er weiß, daß ein Vertragsschluß mit diesem Ver letztlich nicht in Frage kommt, oder wenn der Ver dadurch Schaden erleidet, daß die Räume, in welche der Werber des Vers geführt wird, sich in einem nicht verkehrssicheren Zustand befinden.

Culpa in contrahendo des Vers kann darin liegen, daß er oder sein Erfüllungsgehilfe einen Antrag nicht der Bearbeitung zuleitet (der Vermittlungsagent schickt einen Antrag nicht an die Direktion ab), nicht bearbeitet, die beabsichtigte Ablehnung nicht erklärt, die beabsichtigte Annahme nicht weiterleitet oder sonstwie nicht erklärt. Auch in der nicht rechtzeitigen Vornahme dieser Handlungen kann ein Verschulden liegen. Aber immer muß davon ausgegangen werden, daß bei Neuabschlüssen der Antragsteller grundsätzlich kein Recht auf Bearbeitung, Ablehnung oder Annahme hat (Ehrenzweig S. 66—67; über die abweichende Rechtslage bei nachträglichen Änderungen des Vsvertrages: Anm. 122). Wenn der Ver die Annahme nicht in der Annahmefrist erklärt (Anm. 77), so steht das einer Ablehnung gleich (Anm. 80). Es müssen also besondere Umstände vorliegen, damit eine culpa in contrahendo angenommen werden kann. Sie sind gegeben, wenn der Vmer in einfachen ländlichen Verhältnissen lebt, der Ver sich eines Ratsschreibers als Agenten bedient, beide Teile an sich abschlußbereit sind, aber der Agent die Annahmeerklärung dem Vmer nicht weiterleitet: Hier kann der Vmer, der einen Antrag vom 25. I. gestellt hat, noch am 25. IV. (Unfalltag) mit der Annahme rechnen (RG 26. II. 1935 RGZ Bd 147 S. 103—112). Allzu weitgehend fordert LG Hamburg 20. II. 1951 VA 1951 S. 126 = VersR 1951 S. 158—159 (mit Anm. Weber) stets eine Bearbeitung ohne Verzögerung sowie einen ablehnenden Bescheid, KG 15. XI. 1930 VA 1930 S. 250—251 Nr. 2207 = JRPV 1931 S. 40—41 eine Antragsprüfung ohne wesentliche Verzögerung. Besser LG Berlin 28. XII. 1950 VersR 1951 S. 42, wo darauf abgestellt wird, daß bei einer Sterbegeldv mit Antrag vom 11. VI., vorgesehenem materiellem Vsbeginn vom 1. VII. und bei sofortiger Zahlung des ersten Beitrags der Ver alles zu tun hat, um den am 27. VI. ausgefertigten Vsschein und damit die Annahmeerklärung dem Vmer bis zum 1. VII. zugehen zu lassen, mag auch die Annahmefrist bis dahin noch nicht abgelaufen sein. Prölss Anm. 4 zu § 3, S. 40—41 will hier mit konkludenter Verkürzung der Annahmefrist helfen, lehnt aber jede Haftung des Vers für culpa in contrahendo ab, ähnlich LG Wuppertal 30. IV. 1937 JRPV 1937 S. 267—268, beide kennen nur eine Haftung aus § 826 BGB. Immerhin gibt auch Prölss Anm. 4 zu § 3, S. 41—42 zu, daß ein besonderer Umstand vorliegt, falls die Anregung zu dem Antrag vom Ver ausgegangen ist, so auch KG 7. XI. 1931 JRPV 1932 S. 24—25 = HansRGZ 1932 A Sp. 470—472. Eine Bearbeitungszeit von 9 Tagen ist nicht verzögerlich nach OLG Celle 28. VII. 1939 JRPV 1940 S. 30.

Jeder Agent — und erst recht jeder Angestellte (RG 27. XI. 1934 JRPV 1935 S. 12) —, der mit der V befaßt wird, ist im Rahmen der culpa in contrahendo als Erfüllungsgehilfe anzusehen (RG 26. II. 1935 RGZ Bd 147 S. 110), auch ein Unteragent (KG 15. XI. 1930 VA 1930 S. 251 Nr. 2207 = JRPV 1931 S. 41). Jedoch gibt es sachliche Grenzen des Einstehenmüssens (Zusicherung eines Hypothekendarlehens: RG 23. II. 1928 JW 1928 S. 1741—1742 = VA 1928 S. 190—191 Nr. 1849).

Im übrigen kann das Verhalten eines Vsvertreters beim Vertragsabschluß dadurch bedeutsam sein, daß es das Verschulden, insbesondere die Arglist des Vmers ausschließt oder mildert oder den Ver haften läßt für Aufklärungen und Belehrungen. Dabei erwähnt den Gesichtspunkt der culpa in contrahendo: RG 31. I. 1941 DR 1941 S. 1212—1213 = JRPV 1941 S. 60—61; OLG Celle 27. X. 1936 HansRGZ 1937 A Sp. 331—335 (Lebensv), OLG Hamm 4. X. 1935 VA 1935 S. 268—269 Nr. 2834 (Lebensv), LG Düsseldorf 16. XI. 1950 VersR 1951 S. 198—199 (Betriebshaftpflichtv), LG Essen 13. X. 1950 VersR 1951 S. 11 (Betriebshaftpflichtv), AG Frankfurt 15. III. 1950 VersR 1950 S. 160 (Handwerkerv). Besser wäre es, hier nur auf die besonderen agentenrechtlichen Prinzipien abzustellen.

Ein mitwirkendes Verschulden des Antragstellers läßt § 254 BGB anwendbar werden, auch eine einfache 62jährige Frau muß sich um das Schicksal ihres Vsantrages kümmern (RG 26. II. 1935 RGZ Bd 147 S. 111). Mitwirkendes Verschulden verneint KG 29. X. 1932 JRPV 1933 S. 58.

Der Ver hat im Wege des Schadensersatzes den Zustand herzustellen, der bei sorgfältiger Weiterleitung, Bearbeitung usw. bestanden haben würde (§ 249^1 BGB). Dabei wird sich häufig ergeben, daß der Ver Vsschutz, also das positive Interesse leisten muß, sei es, weil mit ihm selbst, sei es, weil mit einem anderen Ver ein Vsvertrag zustandegekommen wäre (unrichtig AG Dortmund 19. VII. 1949 VW 1949 S. 411). Bedenklich AG Berlin 31. III. 1950 VersR 1950 S. 162—163, wonach ein Vmer eine 10jährige Kinderschadenhaftpflichtv unter dem Gesichtspunkt des Verschuldens beim Vertragsschluß soll kündigen können, wenn der Agent nicht auf die lange Vsdauer hingewiesen hat, in deren Verlauf die Kinder aus der Aufsichtspflicht herausgewachsen sein werden. Der Ver kann sich jedoch darauf berufen, daß er leistungsfrei, anfechtungs- oder rücktrittsberechtigt gewesen wäre, falls der Vertragsabschluß erfolgt wäre (dazu LG Hamburg 20. II. 1951 VA 1951 S. 126 = VersR 1951 S. 158—159).

[91] 2. Vorläufige Deckungszusage.

Schrifttum: Bischofsberger, Die vorläufige Deckungszusage im Vsrecht, Züricher Diss. 1946, Böse, Die vorläufige Deckungszusage, Kölner Diss. 1935, Bruck S. 172—175, Burger, Der Beginn des Vsschutzes, Heidelberger Diss. 1938, S. 31—39, Durst JW 1921 S. 1075—1076, Ehrenzweig S. 106—108, von Gierke II S. 144—145, Gräber, Erstprämienzahlung und Haftungsbeginn nach dem VVG und den üblichen Vertragsklauseln, Kölner Diss. 1938, Herrmann, Die vorläufige Deckungszusage, Erlanger Diss. 1931, Johlen, Die Deckungszusage im Vsrecht, Kölner Diss. 1929, Manes JW 1921 S. 515—516, Niedeggen, Die vorläufige Deckungszusage im Privatvsrecht, Kölner Diss. 1938, Oberbach I S. 158—162, Prölss S. 33—35, Raiser Anm. 55—64 zu § 9, S. 256—262, Schumacher, Die Deckungszusage im Vsrecht, Rostocker Diss. 1936, Wiesemann, Der Vsschutz bei der vorläufigen Deckungszusage, Berliner Diss. 1940 m. w. N.

[92] a) Vorkommen.

Die Deckungszusage kommt — abgesehen von der Lebens-, Kranken- und Glasv (zur Glasv: VA 1928 S. 148—149) — in allen Vszweigen vor (VA 1926 S. 95). Sie schafft provisorisch Vsschutz vor endgültiger Risikoprüfung, vor völliger Einigung (z. B. über die endgültige Prämie) oder vor Erledigung der Verwaltungsarbeiten im Vsbetrieb (Ausstellung des Vsscheines) und dient der schnellen Deckung des Vmers (Herrmann a. a. O. S. 1—3).

[93] b) Abgrenzung.

Die Deckungszusage setzt, wenn der endgültige Vsvertrag nachfolgt, eine zweimalige Einigung der Parteien voraus, deshalb kann keine Deckungszusage vorliegen, wenn überhaupt nur eine Vereinbarung getroffen und in dieser als Vsbeginn ein zurückliegender Zeitpunkt bezeichnet wird. Hier handelt es sich vielmehr um eine einheitliche Rückwärtsv: BGH 31. I. 1951 NJW 1951 S. 314 = VersR 1951 S. 115, auch RG 25. XI. 1932 VA 1933 S. 95 Nr. 2536 = JRPV 1933 S. 6—7, OLG Köln 6. VI. 1952 VersR 1952 S. 268—269, bedenklich RG 17. XI. 1936 JW 1937 S. 300—301 = VA 1936 S. 286—287 Nr. 2940. An einer zweimaligen Einigung fehlt es auch dann, wenn sogleich endgültig abgeschlossen und verabredet wird, die Gefahrtragung solle — abweichend von § 38 II — sogleich einsetzen. Deshalb verfehlt die Definition von § 1 II 1 AKB, AKHB: „Soll der Vsschutz schon vor der Einlösung des Vsscheins beginnen, bedarf es einer besonderen Zusage des Vers oder der hierzu bevollmächtigten Personen (vorläufige Dekkung)." Ferner liegt keine vorläufige Deckung vor, falls vor einer Vertragsänderung der „Vsschutz bereits auf Grund eines abgeschlossenen Vsvertrages besteht" (BGH 9. V. 1951 BGHZ Bd 2 S. 91). Die Deckungszusage ist auch zu unterscheiden von der Deckungsbestätigung, worin der Ver dokumentiert, daß (endgültiger) Vsschutz bestehe (KG 27. XI. 1926 JRPV 1927 S. 43) und von der Vsbestätigung bei der Pflichtv für Kraftfahrzeughalter (§ 4 PflichtVDVO), in deren Aushändigung der Abschluß eines Vsvertrages liegen kann (Anm. 5 zu § 3). Über Deckungsnoten eines Vsmaklers OLG Hamburg 27. VI. 1924 HansRZ 1924 Sp. 779—780. Bei der Deckungszusage handelt es sich normalerweise nicht um eine Rückwärtsv (§ 2 I), da der Vsschutz nicht vor dem (vorläufigen) Vertragsabschluß beginnt (es gibt aber rückdatierte Deckungszusagen, dazu Prölss VersR 1952 S. 1—2).

[94] c) Rechtsnatur.

Auch die vorläufige Deckungszusage läßt einen echten Vsvertrag entstehen, der allerdings regelmäßig kraft seines provisorischen Charakters zunächst nicht langfristig ist. Wenn Referenten des BAA VersPrax 1952 S. 98 die Rechtsauffassung vertreten wollen, „wonach das Recht der vorläufigen Deckungszusage außerhalb der Vorschriften des VVG ..., auf jeden Fall aber der zwingenden Vorschriften des VVG für den eigentlichen Vsvertrag bleibt und die Möglichkeit der Vertragsfreiheit aufrecht erhalten ist", so ist das unhaltbar: Es besteht kein materieller Unterschied zwischen einem Vsvertrag und dem Rechtsverhältnis auf Grund einer Deckungszusage (Ehrenzweig S. 107), und die zwingenden Bestimmungen des VVG können nicht dadurch umgangen werden, daß man nur eine Deckungszusage erteilt (anders auch nicht das von den Referenten des BAA zitierte Urteil OLG Düsseldorf 30. XII. 1939 JRPV 1940 S. 126—127, abwegig LG Osnabrück 22. XII. 1933 Praxis 1934 S. 72).

Folgt ein endgültiger Vsvertrag nach, so ist es bestritten, ob insgesamt ein einheitliches Rechtsverhältnis anzunehmen ist. Der Parteiwille kann ausnahmsweise ergeben, daß zwei völlig gesonderte Vsverträge vorliegen. Regelmäßig und im Zweifel ist jedoch anzunehmen, daß die Kontinuität der Deckung gewahrt sein soll, also ein einheitlicher Vsvertrag gewollt ist, was zum Ausdruck kommt in einem zusammenfassenden Vsschein, in einer einheitlichen Vsdauer und/oder einer gesamtheitlichen Prämie. Formell folgt allerdings der vorläufigen Deckungszusage eine weitere Vereinbarung nach (die auch Änderungen enthalten kann), aber der Parteiwille ist bei dieser endgültigen Vereinbarung regelmäßig auf eine Zusammenfassung der Deckungen gerichtet: Der Vmer stellt den Antrag hinsichtlich der endgültigen Deckung zugleich mit jenem hinsichtlich der vorläufigen Deckung, er möchte möglichst durchgehend, ununterbrochen vert werden. Der Ver kann durch Nichtabschluß der endgültigen V die Rechtsbeziehungen der Parteien lösen, tut er dies nicht, so muß er normalerweise die Konsequenzen daraus tragen, daß er das Risiko nicht sogleich definitiv prüfen, noch nicht die Prämie festlegen oder noch nicht die Verwaltungsarbeiten erledigen konnte. Schließt er also endgültig ab, so muß er sich so behandeln lassen, als ob sogleich ein einheitliches Vsverhältnis geschaffen wäre.

[95] aa) Anhänger der Einheitstheorie.

Wie hier (Einheitstheorie): Bruck JW 1927 S. 169—171, Bühring ZVersWiss 1924 S. 293—304, HansRZ 1925 Sp. 877—880, VuGeldwirtschaft 1927 S. 37—41, 54—55. Den Gedanken der Einheitlichkeit betonen — ohne mit der hier vertretenen Auffassung in allen Einzelheiten übereinzustimmen — RG 18. V. 1887 RGZ Bd 19 S. 216—226,

Durst JW 1921 S. 1075—1076. Für den ihm vorliegenden Fall nahm OLG Hamburg 4. I. 1926 HansRZ 1926 Sp. 171—177 ein einheitliches Vsverhältnis an, auch Ehrenberg JW 1927 S. 171—172, NeumannsZ 1927 S. 14—15 stimmt hinsichtlich gewisser Gruppen von Deckungszusagen der Einheitstheorie zu.

[96] bb) Anhänger der Trennungstheorie.

Dagegen nehmen selbständige Vsverträge an (Trennungstheorie): Ehrenzweig S. 107, von Gierke II S. 144—145, Gräber a. a. O. S. 48—49, Johlen a. a. O. S. 19—24, Niedeggen a. a. O. S. 40—45, Oberbach I S. 158—159, Prölss S. 34, Raiser Anm. 61 zu § 9, S. 261, Schumacher a. a. O. S. 38—39, Wiesemann a. a. O. S. 53, RG 16. X. 1923 RGZ Bd 107 S. 200 (noch undeutlich), 19. III. 1926 RGZ Bd 113 S. 152, 24. IX. 1926 RGZ Bd 114 S. 322—324, 24. IX. 1926 JW 1927 S. 169—171 = VA 1927 S. 2—4 Nr. 1660, 12. V. 1933 RGZ Bd 140 S. 321, BGH 31. I. 1951 NJW 1951 S. 314 = VersR 1951 S. 115, 9. V. 1951 BGHZ Bd 2 S. 91, 27. VI. 1951 VersR 1951 S. 195, KG 24. IX. 1926 JRPV 1926 S. 295, OLG Celle 22. V. 1950 VersR 1950 S. 114, OLG Hamburg 26. V. 1932 JRPV 1932 S. 236, OLG Köln 22. XI. 1932 VA 1933 S. 116 Nr. 2552, 14. II. 1933 VA 1933 S. 84—85 Nr. 2528, 6. VI. 1952 VersR 1952 S. 269.

[97] cc) Möglichkeit abweichender Vereinbarungen.

Beide Theorien erkennen die Möglichkeit abweichender Vereinbarungen an. Jedoch sind die Ausgangspositionen diametral entgegengesetzt.

Die Trennungstheorie besagt, „daß Deckungszusage und endgültiger Vsvertrag selbständige Verträge seien, sofern nicht etwas anderes deutlich vereinbart sei" (RG 12. V. 1933 RGZ Bd 140 S. 321). Dabei wird die Einheit der Vszeit und der Prämie nicht für ausreichend deutlich erachtet (BGH 27. VI. 1951 VersR 1951 S. 195), ebensowenig die Einheit des Vsscheins (BGH 31. I. 1951 NJW 1951 S. 314 = VersR 1951 S. 115).

Nach der hier vertretenen Einheitstheorie muß umgekehrt vorausgesetzt werden, daß die ausnahmsweise erfolgte Trennung deutlich in den Parteiabreden klargestellt werde. Denn für den Vmer ist die Einheit vorteilhafter, und da die Tatsache, daß es zunächst nur zu einer vorläufigen Deckung kommt, durchweg in der Sphäre des Vers begründet ist (Anm. 92), muß es klar zum Ausdruck kommen, wenn der Ver die Trennung will. Eine Trennungsvereinbarung liegt vor, falls der Vsschein nur die endgültige Deckung betrifft (also für die vorläufige Deckung — wenn überhaupt — ein gesonderter Vsschein ausgestellt wird) oder falls die Vsdauer und die Prämie geteilt werden. Aber auch auf eine andere Weise kann der Trennungswille zum Ausdruck kommen, vgl. z. B. § 1 II 3 AKB, AKHB: Danach soll die vorläufige Deckung außer Kraft treten, wenn der Antrag unverändert angenommen, der Vsschein aber nicht unverzüglich eingelöst wird. Hierin liegt eine Vereinbarung über das Ende der Deckungszusage einerseits und über den materiellen Beginn der endgültigen V andererseits. Bedenklich ist dabei nur, daß die vorläufige Deckung „rückwirkend" außer Kraft treten soll, dies widerstreitet den §§ 39 II, III, 42 (Loppuch JRPV 1937 S. 256, Möller VersPrax 1952 S. 49—50, wohl auch RAA VA 1929 S. 120, wo auf geschäftsplanmäßige Erklärungen der Ver verwiesen wird; verkannt von OLG Düsseldorf 30. XII. 1939 JRPV 1940 S. 126—127, Pienitz S. 35—36, Referenten des BAA VersPrax 1952 S. 97—98; Näheres Anm. 97, Anm. 52 zu § 39). Ein (nicht zurückwirkendes) Ende der vorläufigen Deckung sieht auch die Hamburger Börsenklausel vor: „Sie erlischt mit dem Beginn der Leistungsverpflichtung der Ver aus dem endgültigen Vsvertrage, spätestens jedoch 14 Werktage nach Aushändigung des Vsscheines an den Makler und einer spätestens 3 Werktage vor Ablauf dieser Frist direkt an den Vmer zuzustellenden schriftlichen Mitteilung." Für die Feuerv vgl. das gleichfalls eine Befristung vorsehende Muster bei Raiser Anm. 63 zu § 9, S. 262 (von einer Rückwirkung ist dort entgegen der Ansicht der Referenten des BAA VersPrax 1952 S. 98 nicht die Rede).

[98] d) Erteilung.

Die vorläufige Deckungszusage kann erteilt werden vom Ver oder seinem Vertreter. Ein Abschlußagent ist auch zur Erteilung von Deckungszusagen befugt (RG 22. IX. 1933 RGZ Bd 141 S. 415—417, OLG Marienwerder 12. XI. 1926 VA 1928 S. 11—12

Nr. 1794), nicht dagegen ein Vermittlungsagent (BGH 31. I. 1951 NJW 1951 S. 314 = VersR 1951 S. 115). Unter dem Gesichtspunkt des Rechtsscheins haftet der Ver, wenn er duldet, daß Angestellte einer Schwesterunternehmung Deckungszusagen in seinem Namen erteilen (RG 16. VI. 1931 RGZ Bd 133 S. 97—101) oder wenn er nach Erlöschen eines Vsvertreterverhältnisses nicht dafür sorgt, daß laufende, vom Vsvertreter eingeleitete Beziehungen ordnungsgemäß abgewickelt und die Firmenpapiere zurückgegeben werden (RG 20. XII. 1940 DR 1941 S. 998—999 = JRPV 1941 S. 44—45). Vgl. ferner OLG Celle 22. V. 1950 VersR 1950 S. 114—115 mit Anm. Gerlach, bestätigt von BGH 27. VI. 1951 S. 195, Anonym BetrBer 1950 S. 606.

Der Vmer muß beweisen, daß eine Deckungszusage wirklich erteilt ist (OLG Düsseldorf 23. I. 1939 JRPV 1939 S. 139 = HansRGZ 1939 A Sp. 204); der Ver ist beweispflichtig, wenn er behauptet, es handle sich nur um ein Scheingeschäft (RG 3. X. 1939 JRPV 1939 S. 323—324). Über einen Fall der Anwendbarkeit des § 151 BGB: OLG Celle 14. II. 1952 VersR 1952 S. 93.

Ein Vsmakler genügt zunächst seinem Auftrage durch Beschaffung einer Deckungszusage, muß aber dem Vmer mitteilen, daß kein endgültiger Vsvertrag abgeschlossen ist (OLG Hamburg 13. I. 1922 HansRZ 1922 Sp. 348—350 = SeuffArch Bd 78 S. 34).

Weist der Ver durch seinen Inspektor den Vmer nicht auf die Möglichkeit einer vorläufigen Deckungszusage hin, so kann sich unter besonderen Umständen eine Schadensersatzpflicht des Vers aus dem Gesichtspunkt des Verschuldens beim Vertragsschluß ergeben (KG 15. XII. 1934 JRPV 1935 S. 201, vgl. aber auch KG 2. VI. 1937 JRPV 1937 S. 234, Pienitz S. 37).

[99] e) Form.

Für die Form der Deckungszusage bestehen ebensowenig gesetzliche Vorschriften wie für den Abschluß eines sonstigen Vsvertrags (RG 20. XII. 1940 DR 1941 S. 998 = JRPV 1941 S. 44, OLG Celle 14. II. 1952 VersR 1952 S. 92—93), jedoch ist aufsichtsbehördlich — ohne zivilrechtliche Auswirkung (OLG Celle 14. II. 1952 VersR 1952 S. 93) — Schriftform verfügt (VA 1927 S. 95—96), auch gilt § 3 I. Die mündliche Deckungszusage eines Abschlußagenten bleibt gültig, wenn das ihm intern gegebene Verbot zur Erteilung mündlicher Deckungszusagen dem Vmer unbekannt war und dessen Unkenntnis nicht auf grober Fahrlässigkeit beruhte (§ 47; OLG Marienwerder 12. XI. 1926 VA 1928 S. 11 Nr. 1794). Ist vertraglich schriftliche Form für die Erteilung von Deckungszusagen vorgesehen, so ist eine mündlich gewährte grundsätzlich unwirksam (KG 3. X. 1928 JRPV 1928 S. 352, OLG Königsberg 19. I. 1926 VA 1926 S. 24 Nr. 1540), unter besonderen Umständen kann aber die Berufung des Vers auf den Mangel der Form einen Verstoß gegen Treu und Glauben darstellen (OLG München 27. III. 1931 VA 1931 S. 205 Nr. 2283).

Muster für Deckungszusagen bei Herrmann a. a. O. S. 4—7, Raiser Anm. 63 zu § 9, S. 262, Schumacher a. a. O. S. 57—68.

[100] f) Inhalt.

aa) Versicherungsbedingungen.

Das durch die Deckungszusage geschaffene und während ihres Bestandes vorhandene Vsverhältnis bestimmt sich nach den besonderen Vereinbarungen, die bei Abgabe der Deckungszusage getroffen sind (RG 6. VII. 1923 VA 1923 Anh. S. 73—74 Nr. 1329), es bestimmt sich ferner nach den in Betracht kommenden AVB, wenn auf sie ausdrücklich Bezug genommen ist (OLG Königsberg 19. I. 1926 VA 1926 S. 24 Nr. 1540, Beispiel bei Raiser Anm. 63 zu § 9, S. 262) oder wenn sie als Grundlage der Rechtsbeziehungen der Parteien anzusehen sind, etwa weil die Parteien bereits Vsverträge derselben Art abgeschlossen haben (stillschweigende Vereinbarung; Einl. Anm. 26, nach OLG Köln 22. XI. 1932 VA 1933 S. 116 Nr. 2552 sind die AVB in diesem Fall entsprechend anzuwenden) oder weil die Anwendung der AVB einer Verkehrssitte entspricht (Vertragsergänzung; Einl. Anm. 27). Letzteres ist allerdings zweifelhaft: Wie hier OLG Hamburg 13. I. 1922 Hans RZ 1922 Sp. 348—349, OLG Königsberg 13. V. 1941 HRR 1941 Nr. 962, Prölss S. 35, Raiser Anm. 61 zu § 9, S. 260, anders Bruck 7. Aufl. S. 24—25, KG 10. X. 1934 VA 1934 S. 206 Nr. 2708, wo angenommen wird, daß das VVG gelte. —

Klauseln, auch wenn sie üblicherweise — jedoch nicht stets — bei dem in Frage stehenden Risiko vereinbart werden, gelten im Rahmen der Deckungszusage nur kraft besonderer Abrede (Raiser Anm. 61 zu § 9, S. 260, OLG Hamburg 21. IX. 1934 JRPV 1935 Zus. S. 3—6).

Zuweilen enthalten AVB besondere Vorschriften für den Fall der Deckungszusage, so § 1 II AKB, AKHB (vgl. aber auch VA 1927 S. 95).

[101] bb) Versicherungsprämie.

Im Rahmen der Deckungszusage ist die vereinbarte, sonst die übliche oder angemessene Prämie zu zahlen (OLG Hamburg 13. I. 1922 HansRZ 1922 Sp. 349). Kommt eine endgültige V nicht zustande, so ist dennoch für die vorläufige Deckung Prämie zu zahlen (RG 23. X. 1936 RGZ Bd 152 S. 246). Was die Höhe anlangt, so kommt es darauf an, wer den endgültigen Vertragsabschluß scheitern läßt. Lehnt derVer die endgültige Deckung ab, so erhält er nur die anteilige Jahresprämie (so auch § 1 II 5 AKB, AKHB), andernfalls erhält er die Prämie für eine entsprechende kurzfristige V (zu weitgehend Prölss S. 35 [Kurztarif]). Für den Fall, daß der Vmer die endgültige V scheitern läßt, billigt KG 16. VI. 1923 VA 1923 Anh. S. 11—12 Nr. 1298 die volle Jahresprämie zu. Kommt eine endgültige V zustande, so wird für die Deckungszusage und für sie regelmäßig eine einheitliche Prämie mit durchlaufender Vsperiode vereinbart, was gegen die Trennungstheorie (Anm. 94—97) spricht.

[102] cc) Obliegenheiten.

Beim vorläufigen und beim endgültigen Abschluß ist die vorvertragliche Anzeigepflicht zu erfüllen (Anm. 9 zu § 16), und auch während der Zeit der vorläufigen Deckung trifft den Vmer die Gefahrstandspflicht (Anm. 7 zu § 23). Über einen Fall des Rücktritts von der Deckungszusage: OLG Hamm 26. X. 1950 VersR 1951 S. 39, unrichtig Pienitz S. 37, über einen Fall der Leistungsfreiheit wegen Verletzung der Gefahrstandspflicht: RG 6. VII. 1923 VA 1923 Anh. S. 73—74 Nr. 1329. Wird die vorvertragliche Anzeigepflicht nur beim endgültigen Abschluß verletzt, so berührt dies die vorläufige Deckung nicht (RG 12. V. 1933 RGZ Bd 140 S. 321—322).

[103] dd) Versicherungsdauer hinsichtlich vorläufiger Deckung.

aaa) Versicherungsbeginn.

Für den formellen Vsbeginn gelten keine Besonderheiten (vgl. Anm. 98).

Der materielle Vsbeginn kann bei der Deckungszusage wie bei jedem anderen Vsverhältnis sofort mit dem formellen Beginn, der Abgabe der Erklärung, einsetzen ohne Rücksicht darauf, ob in diesem Zeitpunkt eine Prämienzahlung geleistet ist. Er kann aber auch, gleichfalls in Übereinstimmung mit sonstigen Vsverhältnissen, davon abhängig sein, daß eine Prämie gezahlt ist (Beispiel: Raiser Anm. 63 zu § 9, S. 262, vgl. ferner OLG Königsberg 19. I. 1926 VA 1926 S. 24 Nr. 1540, KG 11. XII. 1926 HansRZ 1927 Sp. 138—139). Die Stundung der Prämie ist für die Deckungszusage nicht begriffswesentlich (deshalb verfehlt § 1 II 1 AKB, AKHB), kommt aber (auch außerhalb der Transportv) entsprechend dem Zweck der Deckungszusage, sofortigen Vsschutz zu schaffen, häufig vor. Fehlt es an einer ausdrücklichen oder stillschweigenden Vereinbarung, so beginnt die Gefahrtragung entsprechend dem Wort „Deckungszusage" sofort (RG 20. XII. 1940 DR 1941 S. 998 = JRPV 1941 S. 44, Pienitz S. 33, Prölss S. 34), die Prämie ist Folgeprämie i. S. des § 39 (OLG Hamburg 4. I. 1926 JRPV 1926 S. 73 = HansRZ 1926 Sp. 174). Näheres Anm. 16 zu § 35. Selbstverständlich kann die Deckungszusage nicht dadurch ihrer Bedeutung entkleidet werden, daß man — ausgehend vom endgültigen Vsvertrag — § 2 II 2 anwendet: Der Vmer ist auf Grund der Deckungszusage geschützt (OLG München 27. III. 1931 VA 1931 S. 205 Nr. 2283). Die Deckungszusage kann selbstverständlich aufschiebend bedingt sein, z. B. durch die Abholung des vten Kraftwagens (RG 20. XII. 1940 DR 1941 S. 998 = JRPV 1941 S. 44).

[104] bbb) Versicherungsende.

Zu unterscheiden ist das formelle und materielle Ende der Deckungszusage und des endgültigen Vsschutzes.

Das formelle und materielle Ende der Deckungszusage kann sich daraus ergeben, daß die Vsdauer von vornherein zeitlich beschränkt ist (vgl. das Muster bei Raiser Anm. 60 zu § 9, S. 262; unzulässig allerdings in der Kraftfahrhaftpflichtv: Pienitz S. 33) oder daraus, daß der Ver oder Vmer den Abschluß eines endgültigen Vsvertrages ablehnt (RG 20. II. 1914 Mitteilungen 1914 S. 162). Mit dem Zugang der Ablehnungserklärung endigt — auch wenn die vereinbarte Zeit noch nicht abgelaufen ist — sofort die Gefahrtragung, ebenso mit endgültigem Scheitern von Verhandlungen (RG 16. X. 1923 RGZ Bd 107 S. 200, 19. III. 1926 RGZ Bd 113 S. 152, OLG Köln 14. IV. 1926 JW 1927 S. 192 = VA 1927 S. 236 Nr. 1603, OLG Düsseldorf 19. II. 1934 VA 1934 S. 3 Nr. 2663 = JRPV 1934 S. 254, wo noch betont wird, daß es auf das Erlöschen des Antrages des Vmers — in bezug auf die endgültige V — nicht ankommt). Eine Kündigung der vorläufigen Deckung sieht § 1 II 4 AKB, AKHB vor (dazu OLG Celle 14. II. 1952 VersR 1952 S. 93), sie kann erblickt werden in einer Ablehnung des endgültigen Vsschutzes, nicht aber in jedem Scheitern der Verhandlungen (a. M. Pienitz S. 33—34). Ferner endigt die vorläufige Deckung mit dem materiellen Beginn der endgültigen Deckung (so auch § 1 II 2 AKB, AKHB: Einlösung des Vsscheines) oder — bei entsprechender Vereinbarung — bei nicht unverzüglicher Einlösung des endgültigen Vsscheines (vgl. § 1 II 3 AKB, AKHB und die oben Anm. 97 wiedergegebene Hamburger Börsenklausel).

Die Beendigung wirkt nie zurück; während des Bestandes der Deckungszusage haftet der Ver (OLG Hamburg 13. I. 1922 HansRZ 1922 Sp. 349, OLG Kiel 16. III. 1922 JW 1922 S. 1342—1343, zweifelnd KG 7. II. 1931 VA 1931 S. 217 Nr. 2294 = JRPV 1931 S. 148, unrichtig KG 27. IV. 1932 JRPV 1932 S. 221, OLG Düsseldorf 30. XII. 1939 JRPV 1940 S. 126—127, OLG Köln 14. II. 1933 VA 1933 S. 84—85 Nr. 2528, die es für zulässig halten, daß die vorläufige Deckungszusage durch die nicht unverzügliche Einlösung des Vsscheins resolutiv bedingt sein und der Bedingungseintritt zurückwirken solle. Versteht man hierbei unter vorläufiger Deckungszusage nur den Vsschutz, so soll im Fall des Bedingungseintritts nur der Vmer seiner Rechte verlustig gehen: Die rechtliche Unhaltbarkeit einer derartigen Bestimmung ergibt sich dann aus §§ 39 II, III, 42. Die Vereinbarung wäre aber auch dann unwirksam, wenn man mit der vorläufigen Deckungszusage den ganzen (vorläufigen) Vsvertrag meinte, wobei dann im Falle des Bedingungseintritts der Ver keine Prämie für die Zeit der vorläufigen Deckung fordern dürfte. Denn auch für diejenigen Sanktionen der Nichtzahlung einer Folgeprämie, die nicht nur hinsichtlich des Vsschutzes, sondern hinsichtlich des Gesamtvertrages vereinbart werden, hat das Gesetz in §§ 39 II, III, 42 zugunsten des Vmers eine unabdingbare Schranke gesetzt. Vgl. auch Anm. 97.

[105] ee) Versicherungsdauer hinsichtlich endgültiger Versicherung.

aaa) Versicherungsbeginn.

Beim endgültigen Vsvertrag fragt es sich hinsichtlich des formellen Vsbeginns, ob der Ver oder der Vmer Antragsteller ist. Man wird regelmäßig davon ausgehen können, daß der Vmer zugleich mit der Deckungszusage auch den endgültigen Vsvertrag beantragt. Jedoch muß nach einer Deckungszusage angenommen werden, daß die Bindungsfrist (Anm. 74) zulasten des Vmers verlängert ist (vgl. aber § 81 I 1, III). Nimmt der Ver den Antrag fristgemäß unverändert an, so kann der Vmer das Zustandekommen des endgültigen Vsvertrages nicht hindern (bedenklich Pienitz S. 34, Prölss S. 34, KG 16. VI. 1923 VA 1923 Anh. S. 11 Nr. 1298). Nach Ablauf der (verlängerten) Bindungsfrist kann auch der Vmer den endgültigen Abschluß ablehnen. Dem Ver steht es dagegen stets frei, ob er endgültig abschließen will (OLG Kiel 16. III. 1922 OLGRspr Bd 42 S. 200). Über die Frage, ob der Vmer verpflichtet ist, (bei mangelnder Gleichzeitigkeit) nach der Deckungszusage unverzüglich den endgültigen Vsvertrag zu beantragen, OLG Celle 14. II. 1952 VersR 1952 S. 93.

Folgt der Deckungszusage das Zustandekommen des endgültigen Vsvertrages nach, so setzt sich das Vsverhältnis regelmäßig und im Zweifel unmittelbar fort (Einheitstheorie; Anm. 94—97), und zwar auch dann, wenn der endgültige Vsvertrag inhaltlich von der Deckungszusage abweicht. Hat der Ver bei Erteilung der Deckungszusage die Prämie gestundet oder ist im Rahmen der Deckungszusage eine Erstprämie gezahlt und hat eine etwaige zeitliche Begrenzung des durch die Deckungszusage geschaffenen Vsschutzes nicht bewirkt, daß der Vsschutz beendet ist, so entsteht die Frage, ob durch den endgültigen Vertragsabschluß der Vsschutz materiell in der Weise unterbrochen wird, daß der Ver erst wieder haftet, wenn seiner Aufforderung zur Prämienzahlung Folge geleistet worden ist. Anders gefaßt: Ist die Prämie, die bei Zustandekommen der endgültigen Vereinbarung fällig ist, eine Erstprämie (§ 38) oder im Hinblick darauf, daß bereits die Deckungszusage das Vsverhältnis geschaffen hat, eine Folgeprämie, also eine Prämie, die nach materiellem Beginn der V zu entrichten ist (§ 39)? Das RG vertrat von der Trennungstheorie her die Auffassung, daß es sich um eine Erstprämie (§ 38) handelt, mithin bei nicht sofortiger Zahlung nach Zustandekommen der endgültigen Vereinbarung der Vsschutz unterbrochen wird (RG 19. III. 1926 RGZ Bd 113 S. 150—152, 24. IX. 1926 RGZ Bd 114 S. 321—324, 24. IX. 1926 JW 1927 S. 169—171 = VA 1927 S. 2—4 Nr. 1660, 23. X. 1936 RGZ Bd 152 S. 245—246 und ihm folgend Ehrenzweig S. 107, Prölss S. 35, 129, KG 24. VI. 1925 JRPV 1925 S. 225, OLG Hamburg 25. V. 1932 VA 1932 S. 234 Nr. 2430 = JRPV 1932 S. 236, OLG Kiel 14. VII. 1927 JRPV 1927 S. 302). Dieser Ansicht kann nicht zugestimmt werden, da sie dem Willen der Parteien nach einem einheitlichen zusammenhängenden Vsschutz zuwiderläuft, ferner dem schutzbedürftigen Interesse des Vmers widerstreitet und insbesondere der technischen Behandlung nicht Rechnung trägt: Der zusammenfassende Vsschein umfaßt auch den Zeitraum, in dem nur der durch die Deckungszusage geschaffene Vsschutz bestand, die Prämie wird gleichfalls einheitlich für die gesamte Dauer des Vsschutzes berechnet. Während der Vmer nach endgültigem Vertragsschluß annimmt, nunmehr besser gestellt zu sein, tritt nach der Trennungstheorie die Rechtsfolge ein, daß die vorläufige Deckung mit dem formellen Abschluß des endgültigen Vsvertrages materiell endet und daß der endgültige Vsschutz von der Zahlung der Erstprämie abhängt (§ 38 II), wobei es nicht einmal darauf ankäme, ob der Vmer überhaupt schon zahlen könnte (möglicherweise ist ihm die Prämienrechnung noch gar nicht zugegangen). Richtig kann also — in Ermangelung einer abweichenden Vereinbarung (Anm. 97) — nur die Einheitstheorie sein: Solange nicht das Verfahren nach § 39 I durchgeführt ist, muß der Ver, dessen Haftung begonnen hat, die Gefahr weiter tragen, und zwar haftet er durchgehend entweder auf Grund der Deckungszusage, wenn die materielle Dauer der durch sie geschaffenen V noch nicht abgelaufen ist, oder auf Grund des endgültig zustandegekommenen Vsvertrages (RAA: VA 1921 S. 136—137; OLG Hamburg 4. I. 1926 JRPV 1926 S. 73—75 = HansRZ 1926 Sp. 171—177, OLG Köln 14. IV. 1926 VA 1926 S. 235—237 Nr. 1603 = JRPV 1926 S. 166). Das RG sah neuerdings das Unbefriedigende seiner Lösung und zog in Erwägung, dem Vmer „nach Treu und Glauben einige Tage Zeit" zu lassen (RG 23. X. 1936 RGZ Bd 152 S. 245, zustimmend Prölss S. 35). Nachdem § 38 II n. F. klarstellt, daß der Vsschutz nie vor Zahlung der Erstprämie beginnt, ist die Auffassung des RG erst recht nicht aufrechtzuerhalten, auch das Urteil KG 25. III. 1936 JRPV 1936 S. 222 ist überholt. Ehrenzweig S. 107 macht die Konzession: „Da eine haftungsfreie Zwischenzeit dem Vertragszweck widerspricht, endet die Haftung nicht mit dem endgültigen Vertragsabschluß, sondern erst mit dem vorgesehenen Beginn der endgültigen Haftung, wenn anders der Vmer nicht säumig wird; wenn er mit der Prämienzahlung zögert, dann endet die Haftung mit der den Vertragsabschluß bewirkenden Anbietung des Vsscheins". Aber diese Kompromißlösung zieht nicht voll die durch den „Vertragszweck" gebotenen Folgerungen und führt zu einer merkwürdigen Überlagerung von vorläufiger Deckung und endgültigem Vsvertrag. Der BGH hat sich mit der wichtigen Frage noch nicht befaßt.

[106] bbb) Versicherungsende.

Bei der Bemessung der Gesamtvsdauer ist nach der hier grundsätzlich vertretenen Einheitstheorie die Zeit der vorläufigen Deckung einzurechnen. Dem entspricht die übliche praktische Handhabung.

[107] g) Anfechtung.

Die Deckungszusage kann vom Ver angefochten werden (LG Osnabrück 22. XII. 1933 Praxis 1934 S. 72), desgleichen der endgültige Vertragsabschluß, und zwar auch im Bereiche der Kraftfahrhaftpflichtv (Prölss VersR 1952 S. 1).

[108] 3. Nachträgliche Änderung.

Schrifttum: Dittmann, Vertragliche Abänderungen von Vsverhältnissen, ungedr. Hamburger Diss. 1952, Ehrenberg JRPV 1931 S. 185—188, Förster, Die Vsumgestaltung durch Nachv bei demselben Ver, Kölner Diss. 1939, Gottschalk JRPV 1926 S. 321—323 generell: Klein, Vertragliche Änderung des Inhalts eines Schuldverhältnisses, Wien 1907

[109] a) Begriff.

Es ist möglich, daß sich die für ein Vsverhältnis maßgebenden Grundsätze unter Wahrung der Identität des Vsverhältnisses ändern. Hiervon zu unterscheiden ist der Fall, daß ein bestehendes Vsverhältnis aufgehoben und ein neues begründet wird. Für die Neubegründung spricht es, wenn „die für einen Vsvertrag wesentlichen Punkte: das vte Objekt, die Gesamtvssumme, die Prämienzahlung und die Vsdauer . . . völlig neu vereinbart" sind (KG 10. XII. 1915 NeumannsZ 1916 S. 6, ähnlich KG 22. III. 1933 Praxis 1933 S. 34). Nach dem formellen Ende eines Vsverhältnisses liegt es nahe anzunehmen, daß nur ein neues begründet werden kann (OLG Köln 6.VI. 1952 VersR 1952 S. 269). Jedoch vermag der Parteiwille zu erreichen, daß das neue Vsverhältnis so behandelt wird als ob Identität bestehe. Der Ausdruck Wiederinkraftsetzung, Wiederherstellung, evtl. auch Verlängerung weist auf solche Willensrichtung hin, desgleichen die „Zurücknahme" einer Kündigung (vgl. RG 23. XII. 1919 RGZ Bd 97 S. 323—325, OLG Breslau 16. VI. 1932 JW 1932 S. 2552—2553).

[110] b) Fälle.

Vertragsänderungen können inhaltlich sehr verschiedene Punkte angehen, so die Person des Vers, z. B. Bestandsübertragungen, oder die Person des aus einer V Berechtigten, insbesondere bei einer Veräußerung der vten Sache, ferner die vten Gegenstände, die vten Gefahren, die vten Schäden oder die gedeckten Vssummen (bei diesen vier Tatbeständen spricht man in Erweiterungsfällen von einer Nachv: Förster a. a. O. S. 2); weitere Fälle können sich ergeben aus einer Veränderung der Taxe, der Selbstbeteiligung, der Währung, ferner aus der Auferlegung neuer Obliegenheiten. Besonders bedeutungsvoll schließlich sind Änderungen des Vsortes, der Prämie — nicht nur hinsichtlich der Höhe, sondern auch der Zahlungszeit (Stundung) und des Zahlungsortes — und der Vsdauer (hier kommen besonders Verlängerungen, Wiederinkraftsetzungen und Ruhensvereinbarungen in Betracht). Alle diese Fälle bedeuten Änderungen, es ist also nicht ganz logisch, wenn §§ 43 Ziff. 1, 45, 81 I 1 Verlängerungen und Änderungen nebeneinander nennen.

Formal gesehen können diese Änderungen besonders erfolgen durch Änderungen von Satzungen eines Gegenseitigkeitsvereins sowie von AVB (dazu ausführlich Einl. Anm. 29). Über den Fall, daß der Vsschein von den getroffenen Vereinbarungen abweicht, vgl. § 5 I.

Vgl. speziell für Prämienänderungen Anm. 22—34 zu § 41, für Ruhensvereinbarungen Anm. 10 zu § 2, für Verlängerungen Anm. 10—12 zu § 8, für Aufhebungen Anm. 40 zu § 8.

[111] c) Abgrenzung.

Nicht um nachträgliche Änderungen mit Bezug auf ein spezielles Vsverhältnis handelt es sich, sofern von vornherein besondere Vsbedingungen von AVB abweichen (vgl. § 10 III VAG, Einl. Anm. 44). Der Fall, daß der Vsschein nur von dem Antrage abweicht (§ 5 I), betrifft deshalb keine Vertragsänderung, weil ein Vertrag noch nicht zustandegekommen war. Bei stillschweigender Verlängerung eines Vsverhältnisses (§ 8 I) sowie bei einer Deklaration im Rahmen einer laufenden V (§ 187 II) handelt es sich um einen Vorgang im Rahmen eines unverändert fortbestehenden Vertrages.

Nicht als Änderungsfälle brauchen betrachtet zu werden bloße Wohnungsänderungen des Vmers (§ 10), welche den Vsort nicht berühren, ferner Abtretungen, Verpfändungen, Pfändungen der Vsforderung, weiterhin Gefahrerhöhungen (§§ 23—29a), bei denen sich nur die objektive Gefahrslage ändert, nicht aber der Vertragsinhalt. Es kann allerdings zu einer Vertragsbeendigung kommen; über die sich bei Teilkündigung (Teilrücktritt) ergebenden Änderungen vgl. § 30 und Anm. 17 zu § 30.

Folgt einer vorläufigen Deckungszusage ein endgültiger Vsvertrag nach, so ist der Parteiwille regelmäßig auf eine Zusammenfassung der Deckungen, also auf eine Identität des Vsverhältnisses gerichtet (Einheitstheorie), Näheres Anm. 94—97.

[112] **d) Zustandekommen.**

Änderungen können bei bestehenden Vsverhältnissen auf mancherlei Weise zustandekommen (vgl. auch die Übersichten Einl. Anm. 29, Anm. 22—34 zu § 41), nämlich:

[113] **aa) kraft Gesetzes.**

An gewisse objektive Tatbestände ist eine Änderung durch das G geknüpft, z. B. in § 39 III 3 (Wiederinkrafttreten durch Prämienzahlung nach Verzug), § 69 I (Eintritt des Erwerbers bei Veräußerung der vten Sache), § 139[1] (Verlängerung der Zeitv eines unterwegs befindlichen Schiffes), § 168 (Rechtserwerb des Vmers, falls bei einer Kapitallebensv ein Bezugsberechtigter das Recht nicht erwirbt), § 14 I 3 VAG (Wechsel des Vers bei Bestandsübertragung), § 24 I 1 UmstellungsG (Währungsumstellung von RM auf DM), § 1 G über die Umwandlung der inländischen Fremdwährungsven vom 26. VIII. 1938 (Währungsumstellung auf RM, dazu OLG Nürnberg 21. XII. 1951 VersR 1952 S. 123, OLG Schleswig 9. VIII. 1951 VersR 1951 S. 256), § 3 II 1 VO PR Nr. 77/52 über den Einheitstarif für Kraftfahrtven 1953 vom 19. XII. 1952 (Prämienerhöhungen bei laufenden Verträgen). Nicht genannt werden sollen die zahlreichen Fälle, in denen das VVG den Vertragsparteien wegen Pflicht- oder Obliegenheitsverletzungen oder aus sonstigen Gründen Auflösungsrechte oder Leistungsfreiheit gewährt.

[114] **bb) kraft Verwaltungsaktes.**

Nach § 81 a[2] VAG kann die Aufsichtsbehörde einen Geschäftsplan mit Wirkung für bestehende Vsverhältnisse ändern, wenn es zur Wahrung der Belange der Vten notwendig erscheint. Dazu Einl. Anm. 29 (für AVB), Anm. 31 zu § 41 (für Prämien). Vgl. auch § 89 II VAG (Herabsetzung der Verpflichtungen eines Lebensvers).

[115] **cc) kraft Satzungsänderung.**

Bei einem Gegenseitigkeitsverein berührt nach § 41 III VAG eine Änderung der Satzung oder der AVB ein bestehendes Vsverhältnis nur, wenn der Vte der Änderung ausdrücklich zustimmt; dies gilt nicht für solche Bestimmungen, wofür die Satzung ausdrücklich vorsieht, daß sie auch mit Wirkung für die bestehenden Vsverhältnisse geändert werden können. Solche Satzungsbestimmung darf keine Generalklausel sein; die Zustimmung ist eine einseitige Willenserklärung des Vten (Einl. Anm. 29).

[116] **dd) kraft einseitiger Willenserklärung.**

In gewissen Fällen wird durch eine Willenserklärung des Vers oder Vmers der Vsvertrag inhaltlich umgestaltet, ohne daß der andere Teil mitzuwirken braucht. Dabei muß jeweils geprüft werden, ob es sich um ein Gestaltungsrecht handelt oder um einen verhaltenen Anspruch, der durch ein einseitiges Verlangen realisierbar wird.

[117] **aaa) Erklärungen des Versicherers,** z. B. nach § 41 I (Verlangen einer Prämienerhöhung), § 37 (Verlangen der Übermittlung einer bisher abgeholten Prämie). Einen vertraglich vereinbarten Fall (einseitiges Verlangen des Vers, die Vsdauer zu verlängern: Optionsrecht), behandeln RG 27. II. 1931 JRPV 1931 S. 101 = Praxis 1931 S. 27, OLG Königsberg 28. I. 1930 JW 1930 S. 3649—3650 = VA 1930 S. 6—7 Nr. 2100, auch Schweighäuser VVV 1950 S. 27.

[118] **bbb) Erklärungen des Versicherungsnehmers,** z. B. nach § 41 a (Verlangen einer Prämienherabsetzung), § 60 I, II (Verlangen der Herabsetzung einer Doppelv), § 166 I (Bezeichnung, Änderung, auch Widerruf einer Bezugsberechtigung), § 174 (Verlangen nach Umwandlung einer Lebensv), § 24 I 2 UmstellungsG, § 6 VIII 1 VVO (Wiedererhöhung einer abgewerteten Lebensv), § 3 V 1 VVO (Wiederinkraftsetzung der Lebensv eines Kriegsgefangenen, Vermißten, Internierten). Vertraglich kann dem Vmer (wie dem Ver) das Optionsrecht eingeräumt werden, seine Lebensv zu erneuern (Schweighäuser

VVV 1950 S. 27). Nach § 5 AKB kann ein Vmer in gewissen Fällen eine Vertragsunterbrechung und -verlängerung verlangen. § 4 IV 2 ALB ermöglicht es dem Vmer in Erweiterung des § 39 III 3, die Lebensv nach Kündigung wegen Prämienverzuges durch Zahlung wiederherzustellen. Zwar nicht eine Erklärung des Vmers, wohl aber eine solche des Bezugsberechtigten, des Ehegatten oder der Kinder (mit Zustimmung des Vmers) sieht § 177 vor (Eintritt in eine Lebensv). Alle derartigen Erklärungen kann auch ein Vermittlungsagent nach § 43 Ziff. 2 entgegennehmen.

[119] **ccc) Erklärungen beider Vertragsteile** kennt § 51 I, II (Verlangen der Beseitigung einer Überv).

[120] **ee) kraft vorweggenommener Vereinbarung.**

Es mehren sich die Fälle, in denen sich vertraglich Vmer im Vorwege zukünftigen Änderungen unterwerfen. In erster Linie sind entsprechende Klauseln der AVB zu nennen, so § 8 AZeitschrB, § 6 VI 1 Grundbed, § 17 II SVS (Näheres Einl. Anm. 29). In allen Fällen ist vorausgesetzt, daß eine Genehmigung der Änderungen seitens der Aufsichtsbehörde vorliegt, beim SVS seitens gewisser anderer Organisationen. Änderbar sind in der Zeitschriftenv außer den Vsbedingungen auch die Vsleistungen, in der Krankenv außer den GrundBed auch die Tarife. Notwendig ist mindestens eine Bekanntgabe der Änderungen, was für die Zeitschriftenv ausdrücklich vorgesehen ist. Man wird nach Treu und Glauben eine Bekanntgabe an die einzelnen Vmer verlangen müssen. Nach § 9a II AKB sollen Änderungen des Einheitstarifes von ihrem Inkrafttreten an Wirkung auch für bereits bestehende Vsverhältnisse haben (dazu abschwächend VA 1950 S. 159—160, auch Möller BetrBer 1951 S. 37). In diesen Zusammenhang gehört auch die in der Kraftfahrv häufiger vereinbarte Klausel: „Jahresbeitrag bis zu anderweitiger Festsetzung DM . . .“ und die Vorsorgev in der Haftpflichtv (§§ 1 IIc, 2 AHaftpflB).

[121] **ff) kraft nachträglicher Vereinbarung.**

Im Zweifel ist zur Änderung des Inhalts eines Schuldverhältnisses ein Vertrag zwischen den Beteiligten erforderlich (§ 305 BGB). Auch ein Vermittlungsagent kann Anträge auf Änderung entgegennehmen (§ 43 Ziff. 1), ein Abschlußagent kann auch Änderungen vereinbaren (§ 45).

Ist hinsichtlich der Änderung der Vmer Antragsteller, so wird in der Praxis häufig irreführend von Veränderungsanzeigen gesprochen, die in Wahrheit Anträge sind (RG 31. I. 1922 RGZ Bd 104 S. 22). In der Feuerv gilt hinsichtlich der Bindungs- und Annahmefrist § 81 (VA 1939 S. 82, RG 24. VI. 1927 RGZ Bd 117 S. 313—314, BGH 24. XI. 1951 VersR 1952 S. 38), im übrigen gilt für die Annahmefrist bei Änderungsanträgen § 147 BGB (BGH 24. XI. 1951 VersR 1952 S. 37—38). Über Änderungsanträge der Ehefrau Weber VW 1949 S. 110—111. Ist der Ver Antragsteller, so werden an den Antrag zum Schutze des Vmers aufsichtsrechtlich gewisse Anforderungen gestellt, besonders hinsichtlich der zu benutzenden Vordrucke, der Verbindung mit Prämienrechnungen und -quittungen (VA 1925 S. 59, 63, 1933 S. 253, 1934 S. 120—121, 1935 S. 89 = VW 1949 S. 433, VA 1948 S. 5—6 = VW 1949 S. 433). Ist der Vmer Antragsteller, so muß ihm die Annahme zugehen, der Agent ist nicht sein Empfangsbevollmächtigter (KG 9. V. 1934 JRPV 1934 S. 315). Jedoch kann der Vmer darauf verzichten, daß die Annahme ihm gegenüber erklärt wird (§ 151[1] BGB, KG 17. I. 1923 JRPV 1924 S. 37—38). Allein im Schweigen des Vmers kann keine Annahme einer Änderungsofferte des Vers gesehen werden (Anm. 10 zu § 8), wohl aber in der Bestätigung des Empfanges der für die V maßgebenden (geänderten) AVB (OLG Celle 22. I. 1914 VA 1914 Anh. S. 23—24 Nr. 795). Wird ohne vorhergehende Vereinbarung dem Vmer ein Änderungsschein, insbesondere ein Verlängerungsschein übersandt, so greift § 5 nicht ein, der Vmer braucht also nicht zu widersprechen (Anm. 7 zu § 5, Anm. 10 zu § 8), in der Annahme des Scheins liegt keine Annahme des Änderungsangebotes (OLG Braunschweig 4. XI. 1932 JRPV 1933 S. 46). Auch eine Prämienzahlung des Vmers braucht keine Annahme des Änderungsgebotes zu bedeuten, z. B. dann nicht, wenn eine Änderung (die keine Verlängerung darstellt) keine Prämienänderung mit sich bringt. Anders bei Zahlung einer geänderten Prämie oder in Verlängerungsfällen bei Weiterzahlung der Prämie (LG Hamburg 16. III. 1933 JRPV 1933 S. 289—290).

Über die Bedeutung der Frage, ob der Vmer besser oder schlechter gestellt wird, sowie publizierter Entschließungen und geschäftsplanmäßiger Erklärungen der Ver: Einl. Anm. 29.

Zuweilen besteht eine **Verpflichtung** des Vmers, einen Änderungs-, insbesondere einen Nachvsantrag zu stellen, so nach § 6 I 1, 2 ATierB, vgl. auch OLG Hamm 19. III. 1928 VA 1928 S. 241 Nr. 1895. Hierdurch wird dann aber nicht ohne weiteres eine Annahmepflicht des Vers begründet (dazu vgl. OLG Celle 7. X. 1926 VA 1928 Anh. S. 32—33 Nr. 1812 = JRPV 1926 S. 335—336, LG Kassel 31. I. 1952 VA 1952 S. 130—132). Eine schuldlose Verletzung der Vspflicht schadet dem Vmer nicht (OLG Köln 11. VI. 1904 VA 1906 Anh. S. 108—109 Nr. 251), § 276 I 1 BGB ist anzuwenden. Es handelt sich nicht um eine Obliegenheit des Vmers (a. A. Bruck 7. Aufl. S. 360, KG 21. II. 1920 VA 1920 Anh. S. 54—55 Nr. 1149). Deshalb kann (ohne Rücksicht auf § 6 II) als Verletzungsfolge Leistungsfreiheit des Vers vereinbart werden (§ 6 III ATierB; OLG Stuttgart 20. VI. 1929 VA 1929 S. 237 Nr. 2003 = JRPV 1929 S. 352). Über das Verhältnis der Nachvspflicht zur Obliegenheit, den Zugang an Tieren anzuzeigen: OLG München 23. XII. 1916 VA 1917 Anh. S. 18—19 Nr. 979. Das Vsverhältnis bleibt trotz der Nachv ein einheitliches: OLG Jena 21. VI. 1918 LZ 1918 Sp. 1017—1018. — Über eine Mitwirkungspflicht des Vmers bei Vertragsänderungen in der Gruppenv: VA 1953 S. 118.

[122] e) Culpa in contrahendo.

Über culpa in contrahendo bei Neuabschlüssen Anm. 90.

Stellt der Vmer einen Änderungsantrag, so ergibt sich aus der bereits bestehenden Vertragsverbindung für den Ver eine besondere Pflicht: Er muß den Antrag zeitgerecht bearbeiten und im Falle der Ablehnung den Vmer unterrichten, damit dieser anderweitigen Vsschutz beschaffen kann. Bei schuldhafter Verletzung ergibt sich eine Schadensersatzpflicht des Vers, und zwar im Hinblick auf den bestehenden Vertrag wegen Verletzung einer sich daraus ergebenden Nebenpflicht aus Treu und Glauben, im Hinblick auf den abzuschließenden Änderungsvertrag wegen culpa in contrahendo, wobei der letztgenannte Gesichtspunkt den Vorzug verdient (RG 31. I. 1922 RGZ Bd 104 S. 22—23, 13. III. 1923 VA 1923 Anh. S. 79—80 Nr. 1334 = HansRZ 1923 Sp. 664—665, KG 13. VII. 1921 VA 1922 Anh. S. 56—57 Nr. 1281, 17. I. 1923 JRPV 1924 S. 38, 15. XII 1934 JRPV 1935 S. 200—201, 17. IV. 1937 VA 1937 S. 197—199 Nr. 3002 = JRPV 1937 S. 202—203, OLG Celle 7. X. 1926 VA 1928 Anh. S. 32—33 Nr. 1812 = JRPV 1926 S. 335—336, OLG Hamm 22. IV. 1926 JRPV 1926 S. 170—171, LG Kassel 31. I. 1952 VA 1952 S. 132). Über culpa in contrahendo im Rahmen einer Gruppenv: OLG Nürnberg 11. V. 1950 VersR 1950 S. 180. Verschulden ist verneint von KG 30. X. 1920 VA 1921 Anh. S. 23 Nr. 1186 (2 Wochen Bearbeitungszeit), OLG Koblenz 9. III. 1951 VersR 1951 S. 164 — 165, bestätigt von BGH 24. XI. 1951 VersR 1952 S. 38, LG Paderborn 10. VII. 1951 VersR 1951 S. 256 (nach der Währungsreform 3—4 Wochen).

Das Verschulden von Agenten, auch bloßen Vermittlungsagenten steht nach § 278[1] BGB jenem des Vers gleich (RG 31. I. 1922 RGZ Bd 104 S. 22—23, 13. III. 1923 VA 1923 Anh. S. 79—80 Nr. 1334 = HansRZ 1923 Sp. 664—665, OLG Hamm 22. IV. 1926 JRPV 1926 S. 170—171, 4. XII. 1930 JRPV 1931 S. 324 = HansRGZ 1931 A Sp. 658, im Ergebnis ebenso OLG Celle 7. X. 1926 VA 1928 Anh. S. 32—33 Nr. 1812 = JRPV 1926 S. 335 bis 336). Auch Inspektoren stehen dem Ver gleich (KG 15. XII. 1934 JRPV 1935 S. 200—201).

Bei mitwirkendem Verschulden des Vmers findet § 254 BGB Anwendung (KG 13. VII. 1921 VA 1922 Anh. S. 56—57 Nr. 1281, OLG Celle 7. X. 1926 VA 1928 S. 32—33 Nr. 1812 = JRPV 1926 S. 335—336), was auch zu einer völligen Beseitigung des Schadensersatzanspruches führen kann (KG 6. V. 1933 JRPV 1933 S. 284—285, LG Kassel 31. I. 1952 VA 1952 S. 132). Mitwirkendes Verschulden verneint KG 17. IV. 1937 JRPV 1937 S. 203.

Einen Fall der culpa in contrahendo, in welchem ein Vsagent bei einer Nachv nicht darauf hingewiesen hat, daß der Vsort erweitert werden müsse, behandelt OLG Hamm 4. XII. 1930 JRPV 1931 S. 324—325 = HansRGZ 1931 A Sp. 657—659. Hier wäre es aber am Platze gewesen, die Haftung für mangelhafte Belehrung und Aufklärung eintreten zu lassen. — Bedenklich auch RG 6. IX. 1935 VA 1935 S. 279—280 Nr. 2844 über culpa in contrahendo des Vmers bei einem Wechsel des Vers.

[123] **f) Rechtsfolgen.**

Bei einer nachträglichen Änderung eines Vsverhältnisses, und zwar nicht nur bei Änderungsverträgen, fragt es sich, inwieweit bei einer Änderung dieselben Vorschriften eingreifen wie bei einem Neuabschluß. Im Zweifel gelten für den Änderungsvertrag dieselben Bedingungen wie für den ursprünglichen Vertrag (RG 12. X. 1917 NeumannsZ 1917 S. 464). Folgende Fragenkreise sind besonders wichtig:

[124] **aa) Ausstellung eines Versicherungsscheins.**

Ist der Vsvertrag inhaltlich geändert, so ist nach § 3 I 1 der Ver verpflichtet, einen neuen Vsschein auszuhändigen, auch z. B. nach gesetzlichen Änderungen (Währungsumstellung ,vgl. VA 1939 S. 175—176). Der Ver genügt seiner Verpflichtung durch Ausstellung eines Nachtrags (Verlängerungsscheins, Anhanges); über Gebührenberechnung: VA 1915 S. 172, 1916 S. 109, 1927 S. 145, 1938 S. 120—121. Eine Nachtragsaushändigung spricht für gewollte Identität (KG 14. II. 1931 JRPV 1931 S. 165); aber umgekehrt spricht die Aushändigung eines neuen Vsscheins nicht entscheidend für das Vorliegen eines selbständigen neuen Vertrages (RG 16. IV. 1929 VA 1929 S. 246 Nr. 2010 = JRPV 1929 S. 185, wo sogar der alte Vertrag als erloschen bezeichnet war, RG 31. III. 1933 VA 1933 S. 77—78 Nr. 2520 = JRPV 1933 S. 134, OLG Breslau 30. IV. 1932 JW 1932 S. 2552—2553), auch nicht bei neuer Polizennummer. Es kommt auf den einzelnen Fall an. Verweist der neue Vsschein auf den alten, so kann doch bei Vorliegen besonderer Umstände ein selbständiger neuer Vertrag angenommen werden (RG 11. XI. 1927 VA 1928 S. 5—6 Nr. 1789 = JRPV 1927 S. 362—363). Zur Natur des Nachtrags als Beweisurkunde: RG 21. I. 1921 VA 1921 Anh. S. 51—52 Nr. 1209. Ein Nachtrag brauchte nicht ausgehändigt zu werden nach der VO vom 13. IV. 1940 (RGBl. I S. 638).

[125] **bb) Anfechtung bei Vertragsänderung.**

Bei Identität des Vsverhältnisses kann der Ver anfechten, sofern der Vmer schon beim ersten Vertragsabschluß getäuscht hat (RG 31. III. 1933 VA 1933 S. 77—78 Nr. 2520 = JRPV 1933 S. 134); ferner kann der Änderungsvertrag selbständig angefochten werden, vgl. aber KG 11. II. 1952 VersR 1952 S. 124 (keine Arglist), LG Berlin 15. XII. 1952 VersR 1953 S. 57—58 (Motivirrtum)

[126] **cc) Vorvertragliche Anzeigepflicht.**

Bei einem völlig neuen Vsverhältnis muß selbstverständlich die Obliegenheit neu erfüllt werden (OLG Hamburg 24. III. 1931 HansRGZ 1931 A Sp. 603). Bei einer bloßen Änderung besteht wegen § 34a[1] keine Vertragsfreiheit, es ist also bedenklich, wenn § 8 I 1 ALB bei jeder Vertragsänderung die vorvertragliche Anzeigepflicht voll eingreifen lassen will. Bei der Schließung des Änderungsvertrages ist die Anzeigepflicht nur immer dann zu erfüllen, wenn der Ver eine neue oder erhöhte Gefahr übernimmt (vgl. § 16 I 1), also besonders bei der Nachv neuer Gegenstände, Gefahren, Schäden und bei der Erhöhung der Vssummen (RG 9. I. 1925 RGZ Bd 110 S. 152—155, 3. II. 1925 VA 1925 S. 154 Nr. 1502 = HansRZ 1925 Sp. 396—397), ferner bei vereinbarter Änderung des Vsortes, nicht aber bei bloßer Prämienänderung, bei Verlängerung oder bei Änderung der Satzung oder der AVB. Bei vertraglichen Wiederinkraftsetzungen, besonders in der Personenv, hat der Vmer die vorvertragliche Anzeigepflicht erneut zu erfüllen (Beispiel: OLG Frankfurt 3. XI. 1925 VA 1926 S. 29—30 Nr. 1545), nicht aber in den Fällen des § 39 III 3, § 4 IV 2 ALB, § 3 V VVO, § 24 I 2 UmstellungsG. Im Wiederinkraftsetzungsfalle RG 18. XII. 1934 Praxis 1935 S. 54—56 erwähnt das Gericht allerdings die vorvertragliche Anzeigepflicht nicht, sondern erklärt es für arglistig, wenn der Vmer bei den Verhandlungen die Selbstmordabsicht verschweigt. Über den Fall des Hinzutritts eines weiteren Vers (bedenklich) RG 6. IX. 1935 VA 1935 S. 278—280 Nr. 2844, wonach die vorvertragliche Anzeigepflicht entfallen soll (vgl. jedoch Anm. 55 zu § 16).

[127] **dd) Bemessung der Versicherungsdauer.**

Handelt es sich um einen neuen selbständigen Vertrag mit Rückwärtsv, so greift § 2 II ein (KG 16. VI. 1926 VA 1927 S. 49—50 Nr. 1699 = JRPV 1926 S. 232—233). Bei Einheit des Vsverhältnisses läuft in der Lebensv eine vereinbarte halbjährige Wartezeit nicht von neuem (OLG Frankfurt 3. XI. 1925 VA 1926 S. 29—30 Nr. 1545), selbst bei einer Neuv kann sich dies bei entsprechender Aufklärung durch einen Agenten ergeben (OLG Hamm 17. V. 1926 JRPV 1926 S. 260—261). Über die Selbstmordklausel bei Wiederherstellung von Lebensven (teilweise bedenklich): Mohr VersR 1952 S. 111, OLG Schleswig 3. X. 1951 VersR 1952 S. 32—33 mit Anm. Bronisch, OLG Schleswig 30. X. 1952 VersR 1953 S. 19—20, Dörstling VersR 1953 S. 99—100. Falls bei einer V ohne Verlängerungsklausel kurz vor Ablauf eine vertragsändernde Deckungszusage gegeben wird, läuft diese über den Ablauf hinaus (RG 16. X. 1923 HansRZ 1923 Sp. 925). Wird eine V mit Verlängerungsklausel durch eine Nachv erweitert, so wird grundsätzlich auch die Vertragserweiterung durch die Verlängerungsklausel erfaßt, nur ausnahmsweise kann sich aus den besonderen Umständen Gegenteiliges ergeben (RG 12. X. 1917 NeumannsZ 1917 S. 464).

[128] ee) Erstprämie oder Folgeprämie.

Hier gewinnt die Identitätsfrage besondere Bedeutung. Denn bei einem neuen Vsverhältnis ist die Prämie im Zweifel Erstprämie, es gilt die Einlösungsklausel des § 38 II. So denn auch RG 11. XI. 1927 VA 1928 S. 5—6 Nr. 1789 = JRPV 1927 S. 362—363, KG 22. III. 1933 Praxis 1933 S. 34, OLG Karlsruhe 14. XI. 1929 JRPV 1930 S. 173—174. Über die Fortdauer des Vsschutzes aus der alten V bis zum materiellen Beginn der neuen: OLG Köln 17. X. 1930 JW 1930 S. 3648—3649 = JRPV 1931 S. 131—132, über einen Fall der zwischenzeitlichen „Deckungsbestätigung" KG 27. XI. 1926 JRPV 1927 S. 43. Bei Einheit des Vsverhältnisses ist die auf Grund der Änderungsvereinbarung zu zahlende Prämie dagegen regelmäßig Folgeprämie (RG 23. XI. 1926 VA 1927 S. 46—48 Nr. 1697, KG 14. II. 1931 JRPV 1931 S. 165, OLG Breslau 30. IV. 1932 JW 1932 S. 2552—2553, OLG Jena 21. VI. 1918 LZ 1918 Sp. 1017—1019), auch wenn es sich um eine Zuschlagsprämie für eine Nachv handelt, die sich theoretisch getrennt behandeln ließe. Entscheidend ist der Gesichtspunkt, daß der Vsschutz nicht infolge der Änderung unterbrochen werden soll. Näheres zu § 35, besonders für Fälle der Wiederinkraftsetzung.

[129] ff) Rechte dritter Personen.

Bei Identität einer wiederhergestellten Lebensv leben Bezugsberechtigungen, Zessionen, Verpfändungen, Pfändungen wieder auf (Bruck-Dörstling Anm. 50 zu § 4, S. 97).

[130] gg) Provision von Agenten.

Über die Frage, ob bei Nachven dem Agenten Abschlußerstprovisionen zu zahlen sind: RG 1. X. 1921 JW 1922 S. 98—100.

§ 2

[1] Die Versicherung kann in der Weise genommen werden, daß sie in einem vor der Schließung des Vertrags liegenden Zeitpunkte beginnt.

[2] Weiß in diesem Falle der Versicherer bei der Schließung des Vertrags, daß die Möglichkeit des Eintritts des Versicherungsfalls schon ausgeschlossen ist, so steht ihm ein Anspruch auf die Prämie nicht zu. Weiß der Versicherungsnehmer bei der Schließung des Vertrags, daß der Versicherungsfall schon eingetreten ist, so ist der Versicherer von der Verpflichtung zur Leistung frei; dem Versicherer gebührt, sofern er nicht bei der Schließung von dem Eintritte des Versicherungsfalls Kenntnis hatte, die Prämie bis zum Schlusse der Versicherungsperiode, in welcher er diese Kenntnis erlangt.

[3] Wird der Vertrag durch einen Bevollmächtigten oder einen Vertreter ohne Vertretungsmacht geschlossen, so kommt in den Fällen des Abs. 2 nicht nur die Kenntnis des Vertreters, sondern auch die des Vertretenen in Betracht.

Versicherungsdauer und Rückwärtsversicherung.

[1] **Entstehung:** § 2 ist unverändert geblieben. — Begr. I S. 13—15.

[2] **I. Versicherungsdauer.**

Schrifttum: Bruck S. 230—242, Ehrenzweig S. 101—106, von Gierke II S. 129—143, Hagen I S. 455—456.

[3] **1. Versicherungsbeginn.**

a) Begriffe.

Formeller, materieller und technischer Vsbeginn sind zu unterscheiden (hierzu RG 25. XI. 1932 JW 1933 S. 761 = VA 1933 S. 95 Nr. 2536, 17. XI. 1936 JW 1937 S. 300 bis 301 = VA 1936 S. 286 Nr. 2940, wo allerdings die hier gebrauchte Terminologie noch nicht verwendet wird, OGH Wien 12. I. 1949 Vsrundschau 1949 S. 85—86). Formell beginnt eine V, sobald der Vsvertrag durch Antrag und Annahme zustandegekommen ist, sei es endgültig (Anm. 79 zu § 1), sei es durch eine vorläufige Deckungszusage (Anm. 103 zu § 1). Der materielle Vsbeginn ist dagegen der Zeitpunkt des Beginns der Gefahrtragung (OGH Wien 12. I. 1949 Vrundschau 1949 S. 86), der Erbringung der Dauerleistung des Vers (Anm. 42, 46 zu § 1), Im einzelnen lassen sich unterscheiden:

Der Zeitpunkt, von dem an im Vsvertrag die Gefahrtragung vorgesehen ist (vorgesehener materieller Beginn) und der Zeitpunkt, von dem an die Gefahrtragung wirklich beginnt, z. B. nach Zahlung einer Erstprämie (§ 38 II; faktischer materieller Beginn). Ferner lassen sich scheiden der Zeitpunkt, von dem an der Ver seine Gefahrtragungsleistung zu erbringen verpflichtet ist, und der Zeitpunkt, von dem an diese Verpflichtung tatsächlich erfüllt wird (Nichterfüllung bei Unsicherheit oder Verweigerung). Der technische Vsbeginn bezeichnet den Zeitpunkt, von dem an die Prämie berechnet wird.

[4] **b) Verhältnis.**

Die genannten drei Zeitpunkte fallen häufig auseinander. So liegt z. B.
der formelle Beginn vor dem materiellen bei entsprechender Vereinbarung (Vertragsabschluß 27. XII., Vsschutz ab 1. I.; bei bedeutender Zeitdifferenz spricht man von Vorvsverträgen, die wettbewerbsrechtlich bedenklich sein können [RG 21. IV. 1931 VA 1931 S. 197—199 Nr. 2277 = JRPV 1931 S. 158—160, KG 22. V. 1930 JRPV 1930 S. 311—314; Rehm-Berliner-Fromm S. 541, 738—739 m. w. N.; VA 1928 S. 140, 1932 S. 175, 1933 S. 185—187, 1934 S. 121]) oder gemäß § 38 II (Nichtzahlung der Erstprämie: RG 26. I. 1911 RGZ Bd 75 S. 377—378),
der materielle Beginn vor dem formellen bei Rückwärtsv (Anm. 14) oder gemäß § 7[1] (Vertragsabschluß 16 Uhr, Vsschutz ab 12 Uhr),
der formelle Beginn vor dem technischen bei entsprechender Vereinbarung (Vertragsabschluß 27. XII., Prämienberechnung und Vsschutz ab 1. I.),
der technische Beginn vor dem formellen bei der besonders in der Lebensv gebräuchlichen Rückdatierung (Anm. 5),
der materielle Beginn vor dem technischen bei den begrifflich an und für sich ausgeschlossenen Fällen „unentgeltlichen" Vsschutzes, z. B. bei der Rohbauv für Wohngebäude (VW 1952 S. 516, auch Anm. 8 zu § 1),
der technische Beginn vor dem materiellen wiederum bei der Rückdatierung (Anm. 5), aber auch gemäß § 38 II (Prämienberechnung ab 1. I., auch wenn Zahlung der Erstprämie und damit Vsschutz erst am 3. I.).

[5] **c) Sonderfälle.**

aa) Rückdatierung.

Sie erfolgt in der Lebensv, damit die niedrigere Prämie des jüngeren Lebensalters zugrundegelegt werden kann, zuweilen auch zwecks Erreichung der Aufnahmefähigkeit (Anm. 69 zu § 1). Es ist Auslegungsfrage, welche weitere Bedeutung die Rückdatierung haben soll, niemals hat sie aber eine Vorverlegung des materiellen Vsbeginns zum Inhalt: Ein Rückwärtsv des eigenen Lebens gibt es nicht (OLG München 26. I. 1951 VersR 1951 S. 74). Soweit es in einer Norm lediglich auf die Prämienzahlungsdauer ankommt, z. B. bei § 173, § 6 III ALB, wird die Zeit der Rückdatierung mitgerechnet (KG 10. X. 1936 VA 1936 S. 267—268 Nr. 2931 = JRPV 1937 S. 73—74, Bruck-Dörstling Anm. 15 zu § 6, S. 127); infolge der (gemäß § 178 II 1) zwingenden Neufassung des § 173 ist § 5 I ALB, der außer auf die technische auf die formelle Vsdauer abstellte, insoweit rechtsungültig geworden, auch hier ist also — entgegen Bruck-Dörstling Anm. 5 zu § 5, S. 106 — die Zeit der Rückdatierung mitzurechnen. Dagegen kann die Rückdatierungszeit nicht mitgerechnet werden nach § 163[1], § 8 II d ALB (Unschädlichkeit einer Verletzung der vorvertraglichen Anzeigepflicht), § 10[1] ALB (Selbstmordwartezeit: OLG Hamburg 6. X. 1920 VA 1921 Anh. S. 14—15 Nr. 1180 = HansRZ 1920 Sp. 707—708, OLG Hamm 28. II. 1936 HansRGZ 1936 A Sp. 462—463, vgl. auch RG 26. V. 1916 VA 1916 Anh. S. 73—75 Nr. 948, 2. I. 1917 NeumannsZ 1917 S. 68, OLG Celle [ohne Datum] NeumannsZ 1919 S. 259 [vom RG aufgehoben]). Entsprechendes gilt bei Rückdatierung in der Krankenv.

[6] **bb) Wartezeiten.**

Besonders in der Personenv werden zum Zwecke der Risikoverringerung häufig Wartezeiten (Karenzzeiten) vereinbart, die nicht den materiellen Beginn schlechthin, sondern nur hinsichtlich bestimmter Risiken hinausschieben, vgl. z. B. § 10[1] ALB (Lebensv: Selbstmordrisiko), § 4 AZeitschrB (Zeitschriftenv), § 4 II[1], III, IV GrundBed

(Krankenv). Wenn nichts Besonderes bestimmt ist, muß die Wartezeit vom vertraglich vorgesehenen materiellen Vsbeginn an gerechnet werden; ist z. B. am 27. XII. eine V ab 1. I. abgeschlossen, so beginnt die Wartezeit am 1. I., selbst wenn die Erstprämie erst am 5. I. gezahlt wird (so ausführlich § 4 III GrundBed, vgl. auch OLG Stuttgart 22. VII. 1953 VersR 1953 S. 365—366). Über Erlaß und Abkürzung der Wartezeit in der Krankenv VA 1936 S. 71—73, 1937 S. 57, 1938 S. 91—92, 1939 S. 100—101, 1948 S. 1—2, 4, 6—7, 46, 65, 1949 S. 105—106, 118, 1950 S. 87—88, 1951 S. 180—181, 1952 (Hamburg) S. 4, Anordnung des RAA vom 13. XII. 1939 über Wartezeiten: NeumannsZ 1939 S. 1030. Über die Wartezeit bei der Handwerkerlebensv VA 1948 S. 20, Heyn, Die Handwerkerv, 2. Aufl., Bremen (1949), S. 92, in der Vereinsgruppenv VA 1952 S. 56. Über nachträgliche Änderung einer Wartezeit bei einer Pensionskasse: OLG Celle 23. XII. 1910 VA 1913 Anh. S. 48—50 Nr. 733.

[7] **cc) Vorausdeckung.**

Sie kommt vor in der Hagelv. Dazu vgl. § 11 AHagelB, KG 28. III. 1911 VA 1911 Anh. S. 113 — 115 Nr. 631, OLG Karlsruhe 11. X. 1950 VersR 1951 S. 19—21, auch Anm. 85 zu § 1.

[8] **2. Versicherungsende.**

a) Begriffe.

Dem formellen, materiellen und technischen Vsbeginn entsprechen ebensolche Endzeitpunkte. Formell ist ein Vsvertrag beendet, wenn alle sich aus ihm ergebenden Verpflichtungen erfüllt sind; in einem etwas engeren Sinne pflegt man vom formellen Ende auch schon dann zu sprechen, wenn z. B. durch Kündigung ein Vsverhältnis aufgelöst ist, mögen auch noch nicht alle Verpflichtungen erfüllt sein; vgl. zum formellen Ende KG 9. VII. 1912 VA 1912 Anh. S. 103 Nr. 691. Materiell entscheidet das Ende der Gefahrtragung. Das technische Vsende bezeichnet den Zeitpunkt, bis zu dem die Prämie berechnet wird.

[9] **b) Verhältnis.**

Auch diese drei Zeitpunkte brauchen nicht zusammenzufallen. So liegt z. B.

- das materielle Ende vor dem formellen, falls zwar die Zeit abgelaufen ist, während welcher der Vsschutz zu gewähren ist, aber der Ver oder Vmer noch eine Leistung schuldet. Der umgekehrte Fall kommt nicht vor, da bei Fortdauer der Gefahrtragung der Vsvertrag noch nicht abgewickelt ist,
- das formelle Ende vor dem technischen bei Unteilbarkeit der Prämie (vgl. z. B. § 40 I 1): Das Vsverhältnis ist abgewickelt, wobei der Vmer die Prämie bis zum Schluß der Vsperiode zahlen mußte, obgleich der Ver nicht so lange die Gefahr trug,
- das technische Ende vor dem formellen, falls nach Ablauf der Prämienzahlungsdauer der Ver oder der Vmer noch eine Leistung schuldet,
- das materielle Ende vor dem technischen, falls der Ver die Gefahr, etwa wegen Eintritts des Vsfalls nicht mehr trägt, aber die Prämie bis zum Ende der Vsperiode erhält (§ 68 IV),
- das technische Ende vor dem materiellen bei einer prämienfreien Lebensv (§ 174 I) oder wenn bei einer Todesfallv Jahresprämien nur bis zu einem bestimmten Alter zu entrichten sind.

[10] **c) Sonderfälle.**

aa) Ruhen.

Ein Ruhen eines Vsvertrages (Vertragsunterbrechung) liegt vor, falls vereinbarungsgemäß weder der Ver noch der Vmer Leistungen zu erbringen haben trotz formellen Fortbestandes des Vertragsverhältnisses (dazu und zum Folgenden vgl. Starke VW 1949 S. 354—356). Es ist nicht zu verwechseln mit der Leistungsfreiheit des Vers, bei welcher die Prämienzahlungspflicht des Vmers fortbesteht. LG Hamburg 14. XII. 1950 VersR 1951 S. 75 spricht von einem „beiderseitigen, zeitlich begrenzten Erlaßvertrag besonderer Art", VA 1950 S. 155 betont, daß die „Unterbrechung rechtlich in einer den kontinuierlichen Zusammenhang nicht aufhebenden Weise zu werten ist" (Identität des Vsverhältnisses). Starke VersR 1951 S. 91 spricht von einem „eingefrorenen" Vertrag. Eine Ruhensvereinbarung muß die zwingenden Vorschriften des VVG beachten, z. B. kann wegen §§ 39 I, II, 42 nicht gültig vereinbart werden, der Vsschutz solle bei Nichtzahlung einer Folgeprämie ohne weiteres ruhen. Auch vom Gesetzgeber kann ein Ruhen einer V normiert werden.

Während in der krisenfreien Zeit der Schaffung des VVG Fälle des Ruhens noch nicht geregelt zu werden brauchten, sind sie häufiger seit der Wirtschaftskrise (Arbeitslosigkeit: VA 1935 S. 89 [Feuerv]), besonders aber seit Wehr- und Arbeitsdienst (Krankenv: VA 1936 S. 69) und Kriegsausbruch (Krankenv: R 41/39 vom 15. IX. 1939, R 32/40 vom 20. IV. 1940, abgedruckt bei Heyn, Die deutsche private Krankenv im Kriege, Berlin-Wilmersdorf 1941, S. 12—15, ergänzt durch VA 1948 S. 13, 46, 1950 S. 109—110, 170; Kraftfahrv: §§ 1—3 VO vom 3. X. 1939, RGBl. I S. 1985; Sach- und Haftpflichtv: VO vom 15. VI. 1940, RGBl. I S. 881, dazu AG Aachen 6. IV. 1950 VersR 1950 S. 164). Auch nach der Kapitulation sind neue Fälle des Ruhens entstanden (für die Krankenv: VA 1948 S. 1—2 mit VA 1948 S. 30 [Ostven], dazu Donay VA 1948 S. 6—7, auch VA 1949 S. 45 = VW 1949 S. 229, VA 1953 S. 64—65, für die Feuerv auf Grund einer besatzungsrechtlichen Anordnung: KG 8. XII. 1949 VersR 1950 S. 101 bis 102). Von dauernder Bedeutung ist § 5 AKB (Vertragsunterbrechung in der Kraftfahrv), dazu Würffel VW 1953 S. 424—425.

Hinsichtlich der Einzelwirkungen des Ruhens entscheiden in erster Linie die getroffenen Vereinbarungen, welchen die zwingenden Vorschriften des VVG vorgehen. Starke VW 1949 S. 355—356 will im Zweifel die materielle Vsdauer um die Ruhenszeit verlängern, was aber mit der Erlaßkonstruktion unvereinbar scheint (vgl. VA 1935 S. 89). Wartezeiten laufen während des Ruhens weiter; beginnen nach dem Ende der Ruhenszeit nicht von neuem (VA 1950 S. 155). Entsprechendes gilt für die Selbstmordklausel bei einer Lebensv (bedenklich Mohr VersR 1952 S. 111, Dörstling VersR 1953 S. 99—100). Während der Ruhenszeit ist oft eine Verwaltungsgebühr zu zahlen (zur Rechtsnatur LG Augsburg 28. II. 1951 VersR 1951 S. 124). Zur Frage, ob ein Krankenvsfall in der Ruhenszeit eingetreten ist: LG Berlin 16. II. 1951 VersR 1951 S. 170—171 mit Anm. Behne. Nach dem Ende der Ruhenszeit wird gelegentlich von einer Wiederinkraftsetzung, Wiederherstellung der V gesprochen, jedoch handelt es sich um einen völlig anderen Fall als den nach formeller Beendigung der Vorv. Die vorvertragliche Anzeigepflicht ist nicht erneut zu erfüllen. Auch Gefahrerhöhungen, die während der Ruhenszeit eintreten, sind nur anzeigepflichtig, wenn sie bei dem Ende des Ruhens noch fortbestehen. Auch ist der materielle Wiederbeginn der Gefahrtragung grundsätzlich nicht von der Zahlung einer Prämie abhängig (VA 1950 S. 155—156, Starke VersR 1951 S. 91, LG Hamburg 14. XII. 1950 VersR 1951 S. 75—76 mit zustimmender Anm. Otto VersR 1951 S. 97, ablehnender Anm. Klauser VersR 1951 S. 97 für die Krankenv, a. A. KG 8. XII. 1949 VersR 1950 S. 102 für die Feuerv), es sei denn, daß der Ver gemäß § 39 II leistungsfrei geworden war und seine Leistungsfreiheit nicht in Fortfall gekommen ist (so auch Frick VersR 1952 S. 383, Prölss Anm. 11 zu § 39, S. 137). Eine Ruhensvereinbarung kann die Verzugsfolgen beseitigen (VA 1950 S. 155—156, LG Augsburg 28. II. 1951 VersR 1951 S. 123—125). Unwirksam ist eine Vereinbarung, welche die nach der Ruhenszeit zu zahlende Prämie als Erstprämie konstruiert (VA 1950 S. 155; Beispiel in LG Berlin 16. II. 1951 VersR 1951 S. 170), richtig Frick VersR 1952 S. 383. Den Fortbestand des Vsschutzes für Familienangehörige sieht VA 1936 S. 69 vor, eine Übernahme in einen anderen Tarif VA 1949 S. 45 = VW 1949 S. 229.

[11] bb) Spätschäden.

Sie sind in der Haftpflichtv dadurch gekennzeichnet, daß der letzte Teil des gedehnten Vsfalles erst nach dem materiellen Ende der V liegt (Anm. 49 zu § 1): Nach § 1 I AHaftpflB genügt es, wenn jenes Ereignis, das den Personen- oder Sachschaden zur Folge hat, „während der Wirksamkeit der V" eintritt (Oberbach I S. 108).

[12] cc) Haftzeit.

So nennt man in der Betriebsunterbrechungsv einen Zeitraum, der „mit dem Eintritt des Schadensereignisses" beginnt und abredegemäß 3, 6, 9 oder 12 Monate währen.

kann. Nur solcher Gewinn, der während der Haftzeit entgeht, nur solche Unkosten, die auf die Haftzeit entfallen, sind ersatzpflichtig (§§ 4 I, II, 7, 8 I 1, 11 IIb, 12 II BUB). Solche „Aussteuerung“ kommt auch in der Krankenv häufig vor.

[13] II. Rückwärtsversicherung.

Schrifttum: Bruck S. 387—394, Ehrenzweig S. 76—79, von Gierke II S. 132—133, Greiser JRPV 1934 S. 145—150, Hagen I S. 386—389.

[14] 1. Begriff.

Der Vsschutz wird regelmäßig für die Zukunft versprochen. Die Leistungspflicht des Vers wird durch Ereignisse ausgelöst, die nach dem formellen Beginn der V eintreten: Vorwärtsv. Das entspricht dem Vsbegriff, und zwar dem Erfordernis der Ungewißheit (Anm. 5 zu § 1). Aus praktischen Gründen reicht jedoch seit alters her ausnahmsweise subjektive Ungewißheit aus. Deshalb kann die V auch in der Art genommen werden, daß sie auf einen vor Schließung des Vertrags liegenden Zeitpunkt zurückwirkt: Rückwärtsv (Vergangenheitsv). Es kann sich insbesondere auch um einen zwischen Antragstellung und -annahme liegenden Zeitpunkt handeln.

Bei nachträglicher Änderung eines Vsvertrages kann der neue Vertrag sich als Rückwärtsv darstellen (KG 16. VI. 1926 VA 1927 S. 49—50 Nr. 1699 = JRPV 1926 S. 232—233). Auch eine vorläufige Deckung ist als Rückwärtsv gewährbar (Prölss VersR 1952 S. 1—2), jedoch liegt keine vorläufige Deckung vor, falls sogleich endgültiger Vsschutz im Wege einer Rückwärtsv versprochen wird (BGH 31. I. 1951 NJW 1951 S. 314 = VersR 1951 S. 115, auch Anm. 93 zu § 1).

[15] 2. Vorkommen.

Die Hauptanwendungsgebiete der Rückwärtsv sind die Transportv, wenn z. B. ein schon auf der Reise befindliches Schiff oder Gut von dem Beginn der Reise an vert wird, und die Haftpflichtv (KG 21. XII. 1938 VA 1939 S. 213 Nr. 3101, Boettinger VersR 1953 S. 299—300, Oberbach I S. 78, 154—158). Auch bei der Feuer- und Diebstahlv, z. B. von überseeischen Lägern, und bei der Kreditv kommt sie vor. Selbst die Personenv ist der Rückwärtsv nicht verschlossen, aber natürlich mit Beschränkung auf die Fremdv (§§ 159, 179 I—III: A schließt eine Todesfall- oder Unfallv auf das Leben des auf einer Überseereise befindlichen B auf Grund der vorher von B erteilten Einwilligung ab). Bei einer V auf eigenes Leben kann auch ein Vertreter des Vmers keine Rückwärtsv abschließen (OLG München 26. I. 1951 VersR 1951 S. 73—74). Zur Krankenv vgl. VA 1949 S. 118, Behne VersR 1951 S. 140—141, LG Göttingen 8. VII. 1948 DRspr. II (226) Bl. 13a.

[16] 3. Beginn.

a) Klarheit der Vereinbarung.

Die Rückwärtsv muß, was ihren formellen Abschluß anlangt, stets vereinbart sein.

Um eine Vereinbarung handelt es sich nicht schon immer dann, wenn als Vsbeginn in Antrag und Annahmeerklärung oder im Vsschein ein Zeitpunkt bezeichnet wird, der vor dem Vertragsabschluß liegt. Dies kommt bei verzögerter Annahme oder Ausfertigung des Vsscheins häufig vor und bewirkt regelmäßig nur, daß der technische Vsbeginn vor dem formellen liegt, der materielle Vsbeginn wird dadurch grundsätzlich nicht berührt und hängt von der Zahlung der Erstprämie ab (§ 38 II), wobei die Zahlung keinen rückwirkenden Vsschutz auslöst: RG 8. X. 1909 VA 1910 Anh. S. 16—17 Nr. 500, 26. I. 1911 RGZ Bd 75 S. 377—378, 8. X. 1920 JW 1921 S. 31—32 = VA 1920 Anh. S. 49—50 Nr. 1145, 27. XI. 1920 RGZ Bd 101 S. 30—32, KG 2. VI. 1937 JRPV 1937 S. 234, 15. XI. 1930 JRPV 1931 S. 40—41, OLG Celle 28. VII. 1939 JRPV 1940 S. 30, OLG Düsseldorf 20. X. 1932 JRPV 1933 S. 192—193. Sogar dann, wenn die Prämie bei der Antragstellung vorausgezahlt war, die Annahmeerklärung in der Lebensv aber erst nach dem Tode des Vmers zugeht, kann keine Rückwärtsv als vereinbart angenommen werden, mag auch der technische Vsbeginn für einen Zeitpunkt vorgesehen sein, der vor dem formellen Vsbeginn und vor dem Tode lag: RG 12. X. 1926 SeuffArch

Bd 81 S. 35—36 (vgl. jedoch hierzu auch LG Berlin 28. XII. 1950 VersR 1951 S. 42). Zu weitgehend in der Annahme, daß Rückwärtsv gewollt sei: RG 17. XI. 1936 JW 1937 S. 301 = JRPV 1937 S. 5—6, KG 21. oder 12. XII. 1938 VA 1939 S. 213 Nr. 3101 = JRPV 1939 S. 56—57, Behne VersR 1951 S. 140—141, Loppuch JRPV 1937 S. 51—52.

Es muß ausdrücklich klargestellt werden, falls Rückwärtsv gewollt ist, also der Vsschutz rückwirkend gewährt werden soll. Ausnahmsweise kann sich letzteres aus den Umständen ergeben, vgl. z. B. OLG Hamburg 18. XI. 1927 JRPV 1928 S. 73—74 = HansRGZ 1928 A Sp. 103—105, OLG Köln 6. VI. 1952 VersR 1952 S. 268—269; auch OLG Düsseldorf 20. X. 1932 JRPV 1933 S. 192—193 kommt durch Auslegung der Parteierklärungen zu dem Ergebnis, daß im konkreten Falle eine Rückwärtsv gewollt war.

Einen Fall gesetzlicher Rückwärtsv ergibt § 7[1], falls die V nachmittags formell geschlossen und die Erstprämie gezahlt wird (Anm. 7 zu § 7). Behördlich angeordnet ist eine Rückwärtsv für die Krankenv bei Übertrittsven: VA 1949 S. 118.

Zur Frage, ob ein Vsvertreter Vollmacht zum Abschluß von Rückwärtsven. hat: Prölss VersR 1952 S. 2, KG 8. XI. 1930 JRPV 1931 S. 8—9.

[17] b) Beginn des Versicherungsschutzes.

Der materielle Beginn der Rückwärtsv wird kalendermäßig durch den Tag der Antragstellung oder sonstwie, z. B. durch den Beginn der Reise, festgelegt.

[18] c) Anwendbarkeit des Einlösungsprinzips.

Auch für die Rückwärtsv gilt § 38 II, aber die Zahlung löst hier rückwirkenden Vsschutz aus (RG 25. 5. 1937 RGZ Bd 155 S. 105). § 38 II kann beiseitegeschoben werden durch vorläufige Deckungszusage oder Stundung der Prämie.

[19] d) Ausscheidung von Grenzfällen.

Eine Rückwärtsv liegt nicht notwendig in den Fällen der §§ 3 I Abs. 3 Satz 2 AHaftpflB, 16 I 2 AUnfallB vor: „Wird die erste Prämie erst nach dem als Beginn des V festgesetzten Zeitpunkt eingefordert, alsdann aber ohne Verzug bezahlt, so beginnt der Vsschutz mit dem vereinbarten Zeitpunkt.“ Hier wirkt zwar die Zahlung der Erstprämie auf einen vergangenen Zeitpunkt zurück, doch braucht dieser Zeitpunkt, der materielle Vsbeginn nicht vor der Schließung des Vertrages, dem formellen Vsbeginn zu liegen, wie es ja für die Rückwärtsv begriffsnotwendig ist (Anm. 14), oftmals wird dies allerdings der Fall sein (vgl. RG 25. V. 1937 RGZ Bd 155 S. 105). Vgl. zu den beiden angeführten Bestimmungen genauer Anm. 39 zu § 35. — Niemals liegt in der Vorsorgev (§ 1 II c AHaftpflB) eine Rückwärtsv: Hier umfaßt schon der ursprüngliche Vertragsschluß auch das später neu entstehende Risiko, das Nichtzustandekommen der nachträglichen Prämienvereinbarung (§ 2 I 3 AHaftpflB) ist nur als auflösende Bedingung der (antizipiert vereinbarten) Vorsorgev anzusehen.

[20] e) Arten der Rückwärtsversicherung.

Die V kann in der Weise vorgenommen werden, daß sie nur Rückwärtsv ist, weil sich die materielle Dauer der V nur auf die Vergangenheit erstreckt, oder daß die V Rückwärts- und Vorwärtsv ist, weil sich die materielle Dauer der V auf Vergangenheit und Zukunft erstreckt. Auch im Wege einer Vertragsänderung kann nachträglich zu einer Vorwärtsv eine Rückwärtsv hinzutreten.

[21] f) Beweis der Rückwärtsversicherung.

Ist streitig, ob und in welchem Umfang Rückwärtsv vereinbart ist, so hat der, welcher Folgerungen hieraus zieht, den Beweis zu erbringen; im Zweifelsfall ist anzunehmen, daß keine Rückwärtsv abgeschlossen worden ist, da sie die Ausnahme von der die Regel bildenden Vorwärtsv darstellt (Prölss VersR 1952 S. 1).

[22] 4. Eingetretener Versicherungsfall.

Bei dem formellen Vsbeginn kann bereits der Vsfall eingetreten sein oder sich bereits die Unmöglichkeit des Eintritts des Vsfalls herausgestellt haben. In dem ersten Fall ist zu unterscheiden, ob nur Rückwärtsv oder ob neben Rückwärtsv auch Vorwärtsv vereinbart ist. Bei gedehnten Vsfällen kommt es auf die Kenntnis vom Beginn des Vsfalls an (so für die Haftpflichtv: OLG Köln 6. VI. 1952 VersR 1952 S. 269—270), bei der Haftpflichtv ist ferner von Bedeutung, daß auch unbegründete Ansprüche Dritter vom Ver abzuwehren sind (LG Berlin 22. X. 1951 VersR 1952 S. 50—51 mit Anm. Hähnel).

[23] a) **Nur Rückwärtsversicherung** ist vereinbart.

aa) **Beide Parteien wissen,** daß sich der Vsfall ereignet hat: Der Vertrag ist als Vsvertrag ungültig (vgl. § 785 II HGB), es sei denn, daß Ungewißheit über die Höhe des eingetretenen Schadens besteht (Anm. 5 zu § 1): Vnotleidender, präjudizierter Risiken bei Lloyds. Unrichtig OLG Düsseldorf 20. X. 1932 JRPV 1933 S. 193, OLG Naumburg 12. II. 1921 JW 1921 S. 687—688. Der Ver kann von dem Vmer oder von dem sonstigen Prämienschuldner insbesondere keine Prämie, der Vmer (Vte) von dem Ver insbesondere nicht die Vsentschädigung fordern. Ob sich der Vertrag als anderes Rechtsgeschäft aufrechterhalten läßt, ist Tatfrage (OLG Hamburg 28. VI. 1884 SeuffArch Bd 40 S. 338—339 Nr. 227). Vgl. auch Anm. 43.

[24] bb) **Nur der Ver weiß,** daß sich der Vsfall ereignet hat: Der Vsvertrag ist in vollem Umfange wirksam. Die subjektive Nichtkenntnis des Vmers wird der objektiven Ungewißheit gleichgeachtet. Der Ver hat insbesondere die vertraglich übernommene Leistung zu bewirken, der Prämienschuldner insbesondere die Prämie zu entrichten.

[25] cc) **Nur der Vmer weiß** bei Vertragsabschluß, daß sich der Vsfall ereignet hat: Der Ver ist ohne weiteres leistungsfrei (§ 2 II 2), auch dann, wenn bei der Antragstellung der Vmer vom Eintritt des Vsfalles keine Kenntnis hatte oder haben konnte (RG 23. IX. 1921 VA 1922 Anh. S. 3—4 Nr. 1231 = HansRZ 1921 Sp. 896—897, 23. IX. 1921 HansRZ 1922 Sp. 60, OGH Wien 12. I. 1949 Vsrundschau 1949 S. 85—87, KG 17. VI. 1925 VA 1926 S. 13—14 Nr. 1531 a = JRPV 1925 S. 265, OLG Hamburg 2. XI. 1921 HansRZ 1922 Sp. 61—62, OLG Köln 21. I. 1926 JRPV 1926 S. 91—92 = LZ 1926 Sp. 596 bis 597, OLG Nürnberg 26. III. 1913 VA 1913 Anh. S. 121 Nr. 770), vgl. aber Anm. 43. Bei rückkaufsfähigen Todesfallven ist der Ver zur Auszahlung der Rückvergütung (§§ 173, 176 II 1) verpflichtet. Der Ver behält den Anspruch auf die Prämie, aber nicht über den Schluß der Vsperiode (§ 9) hinaus, in welcher er von dem Eintritt des Vsfalls Kenntnis erhält (§ 2 II 2). Über die Kenntnis den Vten bei V für fremde Rechnung § 79, der Gefahrsperson bei der Lebens- und Unfallfremdv §§ 161, 179 IV. Für die Anwendung der Grundsätze über den Wegfall der Geschäftsgrundlage ist neben § 2 II 2 kein Raum (KG 11. II. 1952 VersR 1952 S. 124).

[26] dd) **Beide Parteien wissen nicht,** daß sich der Vsfall ereignet hat: Der Vsvertrag ist voll wirksam.

[27] b) **Rückwärts- und Vorwärtsversicherung** sind vereinbart.

aa) **Weiterer Versicherungsfall unmöglich.**

Zur Zeit des formellen Vsbeginns hat sich bereits ein Vsfall ereignet, welcher einen weiteren Vsfall ausschließt, z. B. ein Todesfall oder ein Vsfall, der einen Totalschaden verursacht hat (das überseeische Lager ist völlig verbrannt): Die Gefahrtragung des Vers ist im Rahmen der Vorwärtsv gegenstandslos geworden. Soweit nicht § 2 II 2 das Prämienschicksal regelt (Kenntnis des Vmers), kann § 68 zur Anwendung kommen (z. B. § 68 IV bei Unkenntnis beider Parteien).

[28] bb) **Weiterer Versicherungsfall möglich.**

Zur Zeit des formellen Vsbeginns hat sich bereits ein Vsfall ereignet, welcher einen weiteren Vsfall nicht ausschließt, z. B. ein Vsfall, der einen Schaden, aber keinen Totalschaden verursacht hat (das überseeische Lager ist von Feuer beschädigt). Es ist zu unterscheiden:

[29] aaa) **Beide Parteien wissen,** daß sich der Vsfall ereignet hat: Der Vsvertrag ist als Vorwärtsv wirksam (OLG Stettin 24. II. 1930 JRPV 1930 S. 420—421). Da er aber als Rückwärtsv unwirksam ist (Anm. 23), so muß eine entsprechende Herabsetzung der

Prämie stattfinden (ebenso Behne VersR 1951 S. 141). Wird die durch den früher eingetretenen Vsfall herbeigeführte Beeinträchtigung des vten Interesses nicht beseitigt, so kann Überv vorhanden sein (§ 51). Der bereits eingetretene Vsfall ist kein Vsfall im rechtlichen Sinne, infolgedessen vermindert sich nicht die Haftung des Feuer-, Hagel-, Tiervers (§§ 95, 112, 119) und der Feuer-, Hagel-, Haftpflichtver kann nicht kündigen, da er in Kenntnis des eingetretenen Schadensfalls den Vertrag abgeschlossen hat (§§ 96, 113, 158), ferner sind nicht die Abwendungs- und Minderungspflicht (§ 62), die Schadensanzeigepflicht (§ 33) zu erfüllen, ein Übergang von Ersatzansprüchen (§ 67) findet nicht statt.

[30] **bbb) Nur der Ver weiß,** daß sich der Vsfall ereignet hat: Der Vsvertrag ist in vollem Umfange wirksam. Der Feuer-, Hagel-, Tierver haftet für einen späteren Vsfall nur bis zur Höhe des Restbetrages der Vssumme, dafür gebührt ihm nur eine verminderte Prämie (§§ 95, 112, 119). Der Ver kann von dem ihm gegebenenfalls zustehenden Kündigungsrecht keinen Gebrauch machen, weil er bei Vertragsabschluß gewußt hat, daß sich der Vsfall ereignet hat.

[31] **ccc) Nur der Vmer weiß,** daß sich der Vsfall ereignet hat: Der Vsvertrag ist als Vorwärtsv wirksam (Begr. I S. 14, OLG Stuttgart 8. VII. 1920 VA 1921 Anh. S. 27 bis 28 Nr. 1190), sofern nicht der Ver wegen schuldhafter Verletzung der vorvertraglichen Anzeigepflicht zurücktritt oder wegen arglistiger Täuschung anficht. Dagegen ist Anfechtung wegen Irrtums ausgeschlossen, insoweit der Irrtum die Tatsache betrifft, daß der Vsfall bereits eingetreten ist. Im übrigen gilt Anm. 25. Über die Kenntnis des Vten bei der V für fremde Rechnung § 79, der Gefahrsperson bei der Lebens- und Unfallfremdv §§ 161, 179 IV (Beispiel zu § 79: OLG Köln 6. VI. 1952 VersR 1952 S. 268—269).

[32] **ddd) Beide Parteien wissen nicht,** daß sich der Vsfall ereignet hat: Der Vsvertrag ist als Rückwärtsv und als Vorwärtsv wirksam.

[33] **5. Unmöglicher Versicherungsfall.**

a) Unmöglichkeit schon vor vorgesehenem materiellem Beginn.

Die Unmöglichkeit des Vsfalles ist objektiv schon in dem Augenblick gegeben, in dem die V rückwirkend materiell beginnen soll (z. B. die am 15. II. mit der Wirkung vom 1. I. versicherte Schiffsreise ist nicht angetreten worden): Die Rechtslage ist ähnlich wie wenn dem Vertrag kein versicherbares Interesse zugrunde liegt. Da der Vsfall niemals eintreten kann, so entfällt jeder Anspruch auf eine Leistung des Vers. Der Ver kann eine angemessene Geschäftsgebühr ohne Rücksicht auf die Kenntnis oder Nichtkenntnis der einen Partei oder beider Parteien verlangen (vgl. § 68 I).

[34] **b) Unmöglichkeit zwischen vorgesehenem materiellem und formellem Beginn.**

Die Unmöglichkeit des Vsfalls tritt objektiv erst nach dem materiellen Beginn der Rückwärtsv, aber vor dem formellen Vsbeginn ein. Bei teilweiser Unmöglichkeit des Vsfalles, z. B. nach einem Teilschaden, bleibt die V gültig, soweit der Vsfall noch eintreten kann; insoweit ist eine geminderte Prämie zu zahlen.

[35] **aa) Beide Parteien wissen** bei Vertragsabschluß, daß der Vsfall überhaupt nicht mehr eintreten kann: Der Vertrag ist als Vsvertrag ungültig, vor allem hat der Ver keinen Anspruch auf Prämie (§ 2 II 1). Zur Krankenv: LG Göttingen 8. VII. 1948 DRspr II (226) Bl. 13a.

[36] **bb) Nur der Ver weiß,** daß der Vsfall nicht mehr eintreten kann: Der Vertrag ist formell gültig. Ob er als Vsvertrag gültig ist, kann zweifelhaft sein, da der Ver tatsächlich keine Gefahr trägt, andererseits der Vmer glaubt, daß der Vsfall eintreten kann. Jedenfalls hat der Ver keinen Anspruch auf Prämie (§ 2 II 1).

[37] **cc) Nur der Vmer weiß,** daß der Vsfall nicht mehr eintreten kann: Der Ver behält den Anspruch auf Prämie, aber nicht über das Ende der Vsperiode hinaus, welche lief, als die Möglichkeit der Entstehung des Vsfalls wegfiel. Über die Kenntnis des Vten bei der V für fremde Rechnung § 79, der Gefahrsperson bei der Lebens- und Unfallfremdv §§ 161, 179 IV.

[38] dd) **Beide Parteien wissen nicht,** daß der Vsfall nicht mehr eintreten kann: Der Ver behält den Anspruch auf Prämie, aber nicht über das Ende der Vsperiode hinaus, welche lief, als die Möglichkeit der Entstehung des Vsfalls wegfiel.

[39] 5. **Wissen.**

a) **Personen.**

Ob der Vsvertrag als solcher voll oder teilweise wirksam, ob er unwirksam ist, bestimmt sich nach dem wirklichen Wissen, der Kenntnis (Anm. 31—37 zu § 16) der einen oder anderen Partei, bei der V für fremde Rechnung nach der Kenntnis der Vmers und des Vten (§ 79 I, anders nach § 79 II, III), bei der Lebens- und der Unfallfremdv nach der Kenntnis des Vmers und der Gefahrsperson (§§ 161, 179 IV), nicht nach dem Kennenmüssen (insoweit kommt eine analoge Anwendung nicht in Frage: KG 11. II. 1952 VersR 1952 S. 124). Weder dem Ver noch dem Vmer, bei der V für fremde Rechnung auch nicht dem Vten, liegt eine Erkundigungspflicht ob. Wodurch und von wem die Kenntnis erlangt wird, ist belanglos; bei einem Ver reicht es aus, wenn ein Organ in einer anderen Abteilung die Kenntnis besitzt (OLG Naumburg 12. II. 1921 JW 1921 S. 688). Arglistige Nichtkenntnis steht der Kenntnis gleich (vgl. § 16 II 2). Über die Zurechnung des Wissens dritter Personen: Möller Verantwortlichkeit S. 25—27. Bei mehreren Vern kommt es bei jedem auf seine Kenntnis an, selbst wenn einer von ihnen die Führung hat, da sich die Führungsklausel nicht auf die Kenntnis von Umständen bei Vertragsabschluß erstreckt. Bei mehreren Vmern schadet die Kenntnis des einen allen übrigen (vgl. Möller Verantwortlichkeit S. 20—25). Die Kenntnis des Vermittlungsagenten steht der Kenntnis des Vers nicht gleich (§ 44). Wer sich darauf beruft, daß der andere Teil Kenntnis gehabt hat, muß diese Kenntnis beweisen (Ritter Anm. 23 zu § 5, S. 220).

[40] Erfolgt der Vertragsabschluß nicht durch den Ver und den Vmer, sondern — auf der einen oder auf der anderen Seite oder auf beiden Seiten — durch **Bevollmächtigte** (z. B. Abschlußagenten) oder **Vertreter ohne Vertretungsmacht,** so käme nach § 166 I BGB nur die Kenntnis des Vertreters in Betracht; es käme auch auf die Kenntnis des Vertretenen an, wenn der Bevollmächtigte nach bestimmten Weisungen des Vertretenen gehandelt hat (§ 166 II 1 BGB). Für das Vsrecht ist eine Erweiterung dieser Bestimmung zum Schutz gegen unredliche Handlungsweise notwendig. Infolgedessen wird — ebenso wie bei der vorvertraglichen Anzeigepflicht (§ 19[1]) — auf die Kenntnis des Vertreters und des Vertretenen abgestellt (§ 2 III). Wird also der Vertrag von einem Bevollmächtigten oder von einem Vertreter ohne Vertretungsmacht abgeschlossen, so kommt es auch auf die Kenntnis des Vertretenen an. Wird der Vertrag von einem **gesetzlichen Vertreter** angeschlossen, so entscheidet gemäß § 166 I BGB nur die Kenntnis des Vertreters (Begr. I S. 15), es sei denn, daß der Vertretene arglistig den Vertreter zum Abschluß des Vertrags bestimmt hat (Kisch II S. 124—125, weitergehend Ritter Anm. 34 zu § 5, S. 226).

[41] b) **Offenbarungspflicht.**

Wie der Vmer bei Abschluß des Vsvertrages zur Anzeige der ihm bekannten gefahrerheblichen Umstände verpflichtet ist und ihm die Kenntnis solcher Umstände schadet, wenn er sie nicht rechtzeitig anzeigt (vgl. §§ 16—22), so schadet ihm bei Vereinbarung einer Rückwärtsv die Kenntnis von dem bereits eingetretenen Vsfall. Der allgemeinen vorvertraglichen Anzeigepflicht könnte also vielleicht bei Abschluß einer Rückwärtsv eine Offenbarungspflicht zur Seite gestellt werden, die als eine Unterart der vorvertraglichen Anzeigepflicht zu betrachten wäre (Ritter Anm. 25 zu § 5, S. 222), sich aber in verschiedenen Beziehungen von ihr unterschiede (Bruck S. 392). Ebenso wie die Anzeigepflicht wäre die Offenbarungspflicht eine Obliegenheit.

Nimmt man solche Offenbarungspflicht des Vmers an, so ist es nur folgerichtig, auch eine entsprechende Obliegenheit des Vers zu konstruieren, dem sein Wissen gleichfalls schaden kann.

Da jedoch § 2 II, III lediglich auf die Tatsache des Wissens des Vmers, Vers oder ihrer Vertreter abstellt, ihnen aber kein Verhalten auferlegt und auch die Verschuldensfrage keine Rolle spielen läßt, ist die Annahme von Obliegenheiten bedenklich (so Ehrenzweig S. 78 Anm. 5, wohl auch Prölss Anm. 4 zu § 2, S. 37).

[42] **c) Zeitpunkt.**

Der maßgebende Zeitpunkt für die Kenntnis des Vers und des Vmers und der dritten Personen, deren Kenntnis in Betracht kommt, ist der Augenblick des formellen Vsbeginns (Bruck HansRZ 1925 Sp. 182—183), selbst wenn der Vertragsabschluß aufschiebend bedingt erfolgte (OLG Stuttgart 25. X. 1926 VA 1928 S. 58 Nr. 1832 = JRPV 1927 S. 98). Die Kenntnis, die die Parteien über den Eintritt des Vsfalls oder über die Unmöglichkeit seines Eintritts bis zu diesem Zeitpunkt erlangen, müssen sie gegen sich gelten lassen, auch wenn im Zeitpunkt der Antragstellung die Kenntnis noch nicht vorhanden war.

[43] **7. Abdingbarkeit.**

Nach § 2 II 2 ist der Ver von der Verpflichtung zur Leistung frei, wenn der Vmer zur Zeit des Vertragsabschlusses weiß, daß der Vsfall schon eingetreten ist. Es fragt sich, ob diese Bestimmung — die in § 15a nicht erwähnt ist und daher nicht zu den ausdrücklichen Beschränkungen der Vertragsfreiheit gehört — durch Parteivereinbarung aufgehoben werden kann: Kann sich also der Ver im Rahmen eines Vsvertrages auch für den Fall zu einer Leistung verpflichten, daß der Vmer und er zur Zeit des Vertragsabschlusses wissen, daß der Vsfall bereits eingetreten ist (wegen des Sonderfalles der Ungewißheit über die Höhe des Schadens: Anm. 23)?

Das RG bejaht die Frage. Nachdem RG 16. XI. 1920 RGZ Bd 100 S. 222—224 eine derartige Vereinbarung für rechtlich zulässig erklärt hat, hat RG 9. II. 1926 JW 1926 S. 1820—1821 = VA 1926 S. 15 Nr. 1531 b ausdrücklich ausgesprochen: Wenn Ver und Vmer vereinbaren, ohne daß der Ver eine Deckungszusage erteilt hat, daß „der zwischen Antragstellung und Vertragsschluß eingetretene und vor dem Vertragsschluß beiden Parteien bekanntgewordene Schadensfall noch mit in die V einbezogen" wird, so ist eine solche Vereinbarung im Rahmen der Rückwärtsv zulässig. Ebenso und teilweise dem RG folgend KG 28. II. 1920 VA 1920 Anh. S. 74—75 Nr. 1162 = JRPV 1925 S. 264—265, 15. II. 1922 HansRZ 1922 Sp. 415—416, 17. VI. 1925 VA 1926 S. 13—14 Nr. 1531 a = JRPV 1925 S. 265—267, 16. VI. 1926 VA 1927 S. 49—50 Nr. 1699 = JRPV 1926 S. 232—233, 23. VI. 1926 VA 1926 S. 291—292 Nr. 1645 = JRPV 1926 S. 231, OLG Köln 18. II. 1925 JRPV 1925 S. 149, OLG Nürnberg 26. V. 1926 JRPV 1926 S. 200—201.

Diese Rechtsprechung ist kritisiert worden, und zwar im Hinblick auf den Begriff der vsrechtlichen Gefahr (Bruck 7. Aufl. S. 32—33, JW 1926 S. 1820—1821 m. w. N.). Es dürfte jedoch kein Bedenken dagegen bestehen, das Erfordernis der subjektiven Ungewißheit des Vmers dahin zu präzisieren, daß es im Zeitpunkt seiner Willenserklärung, also regelmäßig der Antragstellung gegeben sein muß. Weiß allerdings schon im Zeitpunkt der Antragstellung der Vmer, daß und in welcher Höhe ein Schaden eingetreten ist, so ist der Vsvertrag als solcher ungültig; es fragt sich, ob ein contractus sui generis oder eine Schenkung gewollt ist. Dem RG folgen Behne VersR 1951 S. 141, Hagen I S. 387 Anm. 4, Kisch JW 1921 S. 835, Kramer JRPV 1927 S. 297—298, Prölss Anm. 5 zu § 2, S. 37. Eine Beantragung einer Rückwärtsv mit Wegbedingung des § 2 II 2 zeitigt bei Annahme des Antrags dieselbe Wirkung wie eine vorläufige Deckungszusage. Nur selten wird sich ein Parteiwille ermitteln lassen, wonach § 2 II 2 wegbedungen sein soll. Über die Rechtslage bei Übertrittsven in der Krankenv: VA 1949 S. 118.

§ 3

(1) Der Versicherer ist verpflichtet, eine von ihm unterzeichnete Urkunde über den Versicherungsvertrag (Versicherungsschein) dem Versicherungsnehmer auszuhändigen. Eine Nachbildung der eigenhändigen Unterschrift genügt.

(2) Ist ein Versicherungsschein abhanden gekommen oder vernichtet, so kann der Versicherungsnehmer von dem Versicherer die Ausstellung einer Ersatzurkunde verlangen.

Unterliegt der Versicherungsschein der Kraftloserklärung, so ist der Versicherer erst nach der Kraftloserklärung zur Ausstellung verpflichtet.

(3) Der Versicherungsnehmer kann jederzeit Abschriften der Erklärungen fordern, die er mit Bezug auf den Vertrag abgegeben hat. Der Versicherer hat ihn bei der Aushändigung des Versicherungsscheins auf dieses Recht aufmerksam zu machen. Bedarf der Versicherungsnehmer der Abschriften für die Vornahme von Handlungen gegenüber dem Versicherer, die an eine bestimmte Frist gebunden sind, und sind sie ihm nicht schon früher vom Versicherer ausgehändigt worden, so ist der Lauf der Frist von der Stellung des Verlangens bis zum Eingang der Abschriften gehemmt.

(4) Die Kosten der Ersatzurkunde sowie der Abschriften hat der Versicherungsnehmer zu tragen und auf Verlangen vorzuschießen.

Versicherungsschein (Grundlegung). Nebenpflichten des Versicherers.

Gliederung:

[1] **Entstehung:** § 3 ist durch VO vom 19. XII. 1939 neugefaßt; sachlich sind § 3 I 2 sowie § 3 III eingefügt. — Begr. I S. 16—18, Begr. III S. 3.

[2] **Schrifttum:** Bruck S. 215—229, Campell, Besondere Arten des Vsvertrags-Abschlusses, Züricher Diss. 1931, Ehrenzweig S. 68—74, von Gierke II S. 146—149, Glindemann, Der Lebensvsschein, Leipziger Diss. 1935, Hagen I S. 350—367, Jacobi, Der Vsschein, Heidelberger Diss. 1911, Kisch, Der Vsschein, Wiesbaden 1952, Salberg, Die rechtliche Bedeutung des Vsscheins, Erlanger Diss. 1934, Tsirintanis, Die Order-Polize, Hamburg 1930.

[3] **I. Wesen des Versicherungsscheins.**

1. Begriff.

Der Vsschein ist eine vom Ver unterzeichnete Urkunde über den Vsvertrag (§ 3 I 1); beurkundet wird entweder ein durch endgültigen Abschluß oder durch vorläufige Deckungszusage zustandegekommener Vsvertrag. Der Vsschein wird auch Polize (Police) genannt. Über die Unterschrift, also den Aussteller, Anm. 11, über den Inhalt Anm. 12.

Bei Vertragsverlängerungen tritt ein Verlängerungsschein zum ursprünglichen Vsschein hinzu, bei sonstigen Änderungen des Vsvertrags ein Nachtrag (Anhang): Anm. 124 zu § 1. Der Vmer kann statt eines Verlängerungs- oder Nachtragsscheins nach Treu und Glauben auch einen zusammenfassenden neuen Vsschein verlangen, falls die Verbriefung sonst unübersichtlich ist.

Beim Gegenseitigkeitsverein kann an die Stelle des Vsscheins, möglicherweise aber auch nur neben ihn, der Mitgliederausweis (Mitgliedsbuch, Aufnahmeschein) treten, dazu Kisch a. a. O. S. 8.

Bei einer laufenden V (§ 187 II) sind die laufende Polize als zusammenfassendes Dokument und die Einzelpolizien (Zertifikate) als Urkunden über die einzelnen Deckungen zu unterscheiden (§ 97 III, IV ADS), dazu Nothmann, Das Vs-Zertifikat, Hamburg 1932. §§ 3 I, II, IV, 75 I 2 müssen auf die laufende Polize und die Einzelpolizen angewendet werden, jedoch kommt es bei der Geltendmachung der Vsforderung (§§ 75 II, 76 II) nur auf den Besitz der Einzelpolize an, auch § 77^1 ist auf die Einzelpolize zu beziehen, während der Hinweis des § 3 III 2 nur in der laufenden Polize gebracht zu werden braucht.

[4] **2. Abgrenzung.**

a) Versicherungsausweis.

Auch in der Zeitschriftenv, die heute Einzelvsverträge voraussetzt (VA 1950 S. 79), war ein gesamtheitlicher Vsschein auszustellen, vgl. auch § 7^2 Anordnung vom 27. VII. 1948: VA 1948 S. 56, §§ 1 I, 7 III, 20a AZeitschrB. Ein vom Verleger oder seinem Bevollmächtigten ausgestellter Vsausweis bei einer Abonnentenunfallfremdv für fremde Rechnung (Vmer: Verlag) ist kein Vsschein (KG 25. II. 1931 JRPV 1931 S. 223—224, OLG Düsseldorf 8. I. 1940 JRPV 1940 S. 78, OLG Kiel 12. III. 1937 JW 1937 S. 2626 = HansRGZ 1937 A Sp. 269—270, 272). Gegen die Bezeichnung „Vsausweis" wendet sich Pfeiffer JRPV 1933 S. 51—53, er schlägt den Ausdruck „Vtenausweis" vor.

Bei der Gruppenv erhält der Vmer den Vsschein, die vte Person regelmäßig einen Ausweis des Vers, welcher kein Vsschein ist, sondern nur informatorische Zwecke verfolgt. Vgl. für die Lebensv VA 1934 S. 102—103, 1936 S. 53, 1939 S. 93, für die Krankenv VA 1949 S. 33, 1950 S. 38, 1951 S. 72, 1953 S. 45.

[5] **b) Versicherungsnachweis.**

Zu den Vsscheinen gehören ferner nicht Urkunden, die vom Ver ausgestellt werden und die den vom Vmer zu führenden Nachweis über Abschluß und Fortdauer einer Pflichtv erbringen (vgl. Anm. 66 zu § 1). Durch die Ausstellung einer solchen Urkunde wird das Vertragsverhältnis zwischen Ver und Vmer grundsätzlich nicht berührt: Bei unterschiedlichen Angaben auf Vsschein und Vsnachweis über Vssumme oder Vsdauer sind die Angaben auf dem Vsschein maßgebend. Die Vorlage eines Vsnachweises durch den Vmer ersetzt nicht die Vorlage des Vsscheins. Wird vom Ver ein Vsnachweis ausgestellt, obwohl in Wirklichkeit gar kein Vsvertrag und Vsschutz besteht, so kann hierin bei Vorliegen eines Antrages des Vmers doch eine konkludente Annahmeerklärung liegen, die nicht nur formell, sondern auch materiell die V sofort beginnen läßt (vgl. Anm. 93 zu § 1). Ein Vsvertreter, der Vsnachweise in Händen hat, muß — mindestens unter dem Gesichtspunkt des Rechtsscheins — als Abschlußagent angesehen werden (über die zivilrechtlichen Wirkungen der Vsbestätigung in der Kraftfahrhaftpflichtv vgl. auch — sehr zurückhaltend — Durst ZfV 1950 Nr. 5 S. 15, Würffel ZfV 1951 S. 426—428, Kramer ZfV 1951 S. 471—472).

Die Ver müssen also mit den Vsnachweisen sehr vorsichtig umgehen (VA 1951 S. 179—180 = VA Berlin 1951 S. 126). Tun sie das nicht, wobei auch andere Mängel in Betracht kommen (die Vssumme wird im Vsnachweis höher als die vertraglich vereinbarte angegeben) und erteilt die Zulassungsbehörde im Vertrauen auf die Richtigkeit des Vsnachweises eine Zulassung, dann dürfte, falls ausnahmsweise der Vsschutz und auch § 158c versagt, bei Verschulden des Vers — und ein solches wird regelmäßig vorliegen — ein Schadensersatzanspruch des Geschädigten gegenüber dem Ver begründet sein: § 823 II BGB; Schutzgesetz ist diejenige Vorschrift, die dem Ver die Verpflichtung zur Ausstellung eines Vsnachweises auferlegt (wozu auch die Richtigkeit dieser Erklärung gehört). Den Fall von Amtspflichtverletzungen der Zulassungsbehörden behandeln die in Anm. 66 zu § 1 zitierten Urteile und Autoren.

Zu den Vsnachweisen der hier fraglichen Art, auf die Prölss Anm. 5 zu § 3, S. 42 zu Recht § 3 I (wohl auch II 1, IV), zu Unrecht § 3 II 2 (erforderlichenfalls) analog anwenden will, gehören (außer weiteren Fällen: Anm. 66 zu § 1):

[6] **aa) in der Handwerkerlebensversicherung** die Bescheinigung des Vers für einen Antrag auf Befreiung von der halben Beitragsleistung oder von der ganzen Beitragsleistung (Vsfreiheit), die der Vspflichtige beizubringen hat (§§ 5 IV 2, 9 HandwVersG). Diese Bescheinigung enthält ausführliche Angaben über die eingegangene Ersatzv. Durch gemeinschaftliche Verfügung des Reichsvamts und des RAA ist hierfür gemäß § 27 I Ziff. 1 DVO vom 13. VII. 1939, 20. XII. 1940 (RGBl. 1939 I S. 1255, 1940 I S. 1671) ein einheitliches Muster aufgestellt worden (vgl. Haaß-Glanzmann, Kommentar zum Handwerkerversorgungsgesetz, Berlin 1939, S. 140, 168 und Nachtrag dazu: Berlin 1940, S. 33, 51—56). Durch Vorlage der Bescheinigung anstelle des Vsscheins soll einem Verlust des wertvollen Vsscheines bei Übersendung an die Behörde vorgebeugt werden. Eine weitergehende Bedeutung kommt der Bescheinigung nicht zu;

[7] **bb) in der Kraftfahrhaftpflichtversicherung** der Nachweis, den ein Kraftfahrzeughalter nach § 4[1] PflichtVDVO, § 29b I 2 StVZO durch die vom Ver kostenlos auszustellende „Vsbestätigung" zu erbringen hat; eine nochmalige Ausfertigung kann gemäß § 29b I 3 StZVO verlangt werden. Ohne diesen Nachweis wird kein zulassungspflichtiges Kraftfahrzeug zugelassen, § 23 I e StVZO. Die Vsbestätigung wird Bestandteil der Akten der Zulassungsstelle, sie ist mit einem Formblatt nach Muster 6, 7 zur StVZO zu erteilen, über das die Dienstanweisung des Reichsverkehrsministeriums vom 25. IV. 1940 (Reichsverkehrsblatt B S. 132) nähere Angaben enthält. Weder der Vsschein noch ein anderer Nachweis über die V brauchen vom Kraftfahrzeughalter bei Benutzung des Fahrzeugs mitgeführt zu werden. Über spätere Vorlage-, Nachweis- und Anzeigepflichten des Vers: §§ 29b III, 29c StVZO mit Muster 8 und Dienstanweisung, über Pflichten des Halters: § 29d StVZO mit Dienstanweisung; zivilrechtliche Verletzungsfolgen: § 158c II, LG Bremen 20. VII. 1950 VersR 1951 S. 290—291, AG Bremen 15. XII. 1950 VersR 1951 S. 291; — Für die Güterfernverkehrshaftpflichtv gelten analoge Grundsätze nach der VO vom 30. VII. 1953 (Bundesanzeiger Nr. 147 vom 4. VIII. 1953, S. 1), dazu Muth ZfV 1953 S. 405;

[8] **cc) in der Lufthaftpflichtversicherung** der Nachweis über das Bestehen einer Haftpflichtv. Er ist gemäß § 108 I 2 VO vom 21. VIII. 1936 (RGBl. I S. 659) durch einen vom Ver auszustellenden Vsnachweis zu erbringen, den der Luftfahrzeughalter beim Betrieb des Luftfahrzeugs mitzuführen hat. Im Vsnachweis wird durch den Ver bescheinigt, daß die darin bezeichnete Person für ein bestimmtes Luftfahrzeug und einen bestimmten Zeitraum gegen Haftpflicht vert ist. Aus der mitzuführenden Urkunde muß erkennbar sein, ob die V noch besteht (vgl. Schleicher-Reymann, Recht der Luftfahrt, Berlin 1937, S. 238).

[9] **c) Restfälle.**

Vsschein ist auch nicht die Garantieerklärung in der Rückv, insbesondere der Lebensrückv. Hier handelt es sich darum, daß gegenüber dem Vmer der Rückver eine Eigenhaftung, also eine selbstschuldnerische Bürgschaft für die Leistung des Erstvers, übernimmt. Dieses Rechtsverhältnis, das nicht den Normen des Vsrechts, sondern denen des allgemeinen Zivilrechts unterliegt, wird durch die Garantieerklärung beurkundet (Kisch a. a. O. S. 10).

Ferner sind aus dem Begriff des Vsscheines Kennzeichen auszuscheiden, welche verdeutlichen, daß gewisse Gegenstände vert sind, so Stempel oder Ohrmarken in der

Schlachtviehv (VA 1907 S. 9—10, Kisch a. a. O. S. 9), Blechschilder, die an feuervten Häusern angebracht werden.

In der öffentlichrechtlichen V werden als Vsscheine vielfach Urkunden bezeichnet, welche Aussagen über die Schätzungswerte von Gebäuden auf Grund von Eintragungen im Brandregister, Brandkataster usw. beurkunden (dazu Sievers in: Schmidt-Sievers S. 63—64).

[10] 3. Sonderformen.

Sonderformen von Vsscheinen sind Block- oder Kuponpolizen, die den Inhalt des Vsscheines weitgehend standardisieren (dazu Campell a. a. O. S. 32—41, Schneider ZVersWiss 1918 S. 312—328; VA 1910 S. 117—118, 1923 S. 22, 54) und daher insbesondere etwa in der Reisegepäck-, Reiseunfall und Garderobenv Verwendung finden (Campell a. a. O. S. 37), in steigendem Maße aber auch z. B. in der Hausrat-, Volksunfall-, Glas-, Privat- und Sporthaftpflicht-, Reisewetter-, Ausstellungsv (Muster für letztere: VA 1953 S. 78—79). Zuweilen wird von Blockpolizen auch in einer anderen Bedeutung gesprochen (V aller Sachen des Vmers ohne Bildung besonderer Positionen: „Feuerblock", dazu VA 1949 S. 106—107). — Bei der Automatenv erhält der Vmer nur ein mit Zeit- und Datumstempel versehenes Pappkärtchen, das auch als Ticketpolize bezeichnet wird (dazu Campell a. a. O. S. 41—45, Manes, Vslexikon, 3. Aufl., Berlin 1930, Sp. 249—250, 976—977). Wegen ihres geringen Umfanges enthält die Ticketpolize außer kurzen Hinweisen auf die zugrunde liegenden Vsbedingungen keine weiteren Angaben.

[11] 4. Unterzeichnung.

Der Vsschein ist vom Ver zu unterzeichnen, also — da der Ver in aller Regel juristische Person ist — unter Angabe des genauen Namens des Vers durch vertretungsberechtigte Organe oder Bevollmächtigte auszufertigen. Ein Abschlußagent (§ 45) muß als bevollmächtigt angesehen werden; ein Vermittlungsagent oder ein Makler kann dagegen den Ver regelmäßig insoweit nicht vertreten, jedoch gilt auch ein Vermittlungsagent nach § 43 Ziff. 3 als bevollmächtigt, vom Ver ausgefertigte Vsscheine auszuhändigen. Bei einer sogen. Mitv (§ 58) unterzeichnen alle Ver gemeinsam einen Vsschein, so daß jeder beteiligte Ver durch ein Organ oder einen Vertreter zeichnen muß; der führende Ver hat insoweit regelmäßig keine Vertretungsmacht für die Mitbeteiligten. Nur vom Ver, nicht auch vom Vmer ist zu unterzeichnen, man kann von einer einseitigen Urkunde sprechen. Über die Rechtsbedeutung einer beiderseitigen Unterzeichnung vgl. Kisch a. a. O. S. 18.

Faksimilierte Unterschriften, also Namenszüge, reichen nach § 3 I 2 aus, nicht aber eine Namensangabe der Organe oder Vertreter in Druckbuchstaben. Der anzugebende Name des Vers kann in Druckbuchstaben gedruckt oder gestempelt werden. Formulare mit faksimilierten Unterschriften sind besonders sorgfältig aufzubewahren (VA 1947 S. 34), damit mit ihnen kein Mißbrauch getrieben und derart ein Rechtsschein gegen den Ver entstehen kann.

Wird eine Unterschrift gefälscht, so wirkt sie in der Regel nicht gegen oder für den Ver, jedoch kommt auch hier eine Rechtsscheinhaftung des Vers in Betracht, wenn er die Blankoformulare unsorgfältig aufbewahrt hat.

Urkunden, die nicht von einem Organ oder Vertreter des Vers unterzeichnet werden, sind keine Vsscheine. So nicht das von einem Makler oder vom Cifverkäufer ausgestellte Zertifikat bei der lauffenden V (Möller Cifgeschäft S. 103, 108—109). Über den Vsausweis, ausgestellt vom Verleger in der Zeitschriftenv, Anm. 4.

Die Regeln über die Unterschriften des Vers auf Vsscheinen gelten sinngemäß für die Unterschriften des Vers auf Vsnachweisen (Anm. 5—8); jedoch sieht die Dienstanweisung zu § 29b StVZO hinsichtlich der Vsbestätigung vor, sie dürfe nicht handschriftlich oder mit Schreibmaschine hergestellt, sondern müsse gedruckt sein, auch Firma und Unterschrift des Vers müssen gedruckt (letztere faksimiliert) sein.

[12] 5. Inhalt.

Als „Urkunde über den Vsvertrag" (§ 3 I 1) muß der Vsschein den Inhalt des Vertrages vollständig wiedergeben, nicht etwa nur die wesentlichen oder individualisierenden

Vereinbarungen (Kisch a. a. O. S. 11—13). Anzugeben sind also vor allem die vertragschließenden Parteien, die sonst beteiligten Personen, die vte Gefahr, das vte Interesse oder das Passivum, gegen dessen Entstehung Vsschutz gewährt wird, mindestens bei der Summenv die Vssumme, ferner die Vsdauer. Es genügt, wenn der Vsschein auf andere Urkunden verweist, aber zu einem vollständigen Vsschein gehören sodann auch diese Urkunden (Kisch a. a. O. S. 15—16). Wenn auf AVB nicht ausdrücklich verwiesen wird, so kann sich ihre Bedeutsamkeit für den Einzelvertrag auch aus stillschweigender Vereinbarung, Vertragsergänzung oder Gewohnheitsrecht ergeben (Einl. Anm. 26—28). Aufsichtsrechtlich ist gefordert, daß AVB auf dem Vsschein abgedruckt werden (VA 1910 S. 85, 1911 S. 211—212, 1912 S. 2, 1913 S. 3, 11—18, 1921 S. 96—97, 1924 S. 20, 1926 S. 134—135). Nachdem im Zeichen der Papierknappheit eine Lockerung vorgenommen war (RAA: R 19/44 vom 16. V. 1944), müssen jetzt die AVB wieder mit dem Vsschein verbunden sein (VA 1949 S. 32, 1950 S. 8—9, VA Berlin 1950 S. 38—39), wohl auch dann, wenn bereits bei der Antragstellung die AVB ausgehändigt sind (hierzu Einl. Anm. 25). Aber zivilrechtlich haben die Aufsichtsverfügungen keine Bedeutung. Besondere Vsbedingungen gehören in den Vsschein. Auch die Prämienhöhe und -fälligkeit sollten im Vsschein angegeben werden. Als Datum des Vsscheins kommt — auch bei einer Rückwärtsv (Anm. 14 zu § 2) oder bei einer Rückdatierung der V (Anm. 5 zu § 2) — nur der Tag der Ausstellung in Frage (VA 1914 S. 134—135, Kisch a. a. O. S. 17). Über die Beifügung von Antragsabschriften in der Unfall- und Haftpflichtv: VA 1923 S. 34—36, 135, in der Krankenv: § 1 II 2 GrundBed, KrankenhausGrundBed.

Es besteht eine Vermutung dafür, daß der Vsschein den Vertragsinhalt vollständig wiedergibt (Anm. 26), jedoch ist diese Vermutung widerlegbar. Es können mündliche Nebenabreden bestehen, oder stillschweigende Vereinbarungen. Ferner kann eine Vertragsergänzung vonnöten sein (z. B. hinsichtlich der Anwendbarkeit der AVB [Einl. Anm. 27] oder hinsichtlich der Prämienhöhe [Anm. 73 zu § 1]). Erst wenn solche Ergänzungen des Vsscheins nicht in Betracht kommen, gelten die gesetzlichen Vorschriften, evtl. Gewohnheitsrecht.

Über Unrichtigkeit des Vsscheins vgl. § 5.

[13] II. Aushändigung des Versicherungsscheins.

1. Aushändigung nach Vertragsschluß.

a) Formlosigkeit.

Der Grundsatz der Formfreiheit, der das Recht der Schuldverträge beherrscht, erleidet auch hinsichtlich des Vsvertrages keine Ausnahme (Begr. I S. 16; RG 9. I. 1926 VA 1926 S. 60 Nr. 1570, KG 28. II. 1920 VA 1920 Anh. S. 74 Nr. 1162, 28. X. 1925 VA 1926 S. 21 Nr. 1537 = JRPV 1925 S. 331, OLG Stuttgart 22. IX. 1948 VW 1948 S. 400). Es kann selbstverständlich Schriftform vereinbart werden, sei es für die Erklärungen beider Vertragsteile, sei es für die Erklärung des Vers oder des Vmers (Anm. 72, 78 zu § 1, auch Kisch a. a. O. S. 49—52). Nach der gesetzlichen Regel jedoch kann der Vertragsschluß z. B. auch telefonisch oder durch konkludente Handlungen erfolgen. Insbesondere ist zum wirksamen Abschluß nicht die Aushändigung des Vsscheins erforderlich.

[14] b) Rechtspflicht.

Der Ver ist jedoch zur Aushändigung eines Vsscheines verpflichtet (§ 3 I 1). Aushändigung bedeutet Besitzverschaffung (Kisch a. a. O. S. 21); über das Eigentum an dem Vsschein Anm. 21. Es handelt sich um eine echte Rechtspflicht (nicht etwa um eine Obliegenheit) des Vers. Sie ergibt sich aus dem G, beruht auf dem zustandegekommenen Vertrag und steht neben der Verpflichtung zur Gefahrtragung. Die Aushändigungspflicht entsteht in der Binnenv ohne Verlangen des Vmers (anders in der Seev, dazu Kisch a. a. O. S. 20). Fällig ist die Forderung nach der Regel des § 271 I BGB im Zweifel sofort nach Vertragsschluß. Ist auch eine Prämie fällig, so kann der Ver ein Zurückbehaltungsrecht am Vsschein geltend machen (§ 273 I BGB).

Die Pflicht zur Aushändigung des Vsscheins ist der Gefahrtragungspflicht nicht gleichwertig. Der Vmer erbringt seine Prämienleistung um des Vsschutzes willen, nicht etwa, um eine Polize zu erhalten: Die Aushändigungspflicht ist also keine synallagmatisch verknüpfte Hauptpflicht, was zur Folge hat, daß die §§ 320—327 BGB nicht anwendbar sind. Im übrigen resultieren aber aus einer Pflichtverletzung (die nur in der Erscheinungsform des Verzuges, nicht der Unmöglichkeit vorkommen wird) die üblichen Rechtsnachteile, nämlich Schadensersatzpflichten (§ 286 I BGB) für den Ver; auch kann der Vmer auf Aushändigung klagen, Zwangsvollstreckung: § 888 I ZPO (falls der Vsschein noch nicht ausgestellt ist), §§ 883, 886 ZPO (falls der Vsschein schon ausgestellt ist), Näheres: Kisch a. a. O. S. 22—23. Eine weitere Möglichkeit, die Aushändigung zu erzwingen, ergibt sich für den Vmer aus § 35^2: Er braucht die erste laufende oder Einmalprämie nur Zug um Zug gegen Aushändigung des Vsscheins zu zahlen. Es handelt sich hier um einen Fall des Zurückbehaltungsrechts des Vmers (§ 273 I BGB), welcher allerdings die Besonderheit aufweist, daß die Abwendung durch Sicherheitsleistung (§ 273 III BGB) ausgeschlossen ist (vgl. Anm. 48 zu § 35).

Weil die eigentliche Leistung des Vers die Gefahrtragung ist, beziehen sich auch nur auf diese die gesetzlich und vertraglich normierten Fälle der Leistungsfreiheit des Vers. Hat also der Vmer z. B. die Gefahrstandspflicht verletzt (§ 25 I) oder eine Folgeprämie nicht gezahlt (§ 39 II), so bleibt gleichwohl die Pflicht des Vers zur Aushändigung des Vsscheins — wenn sie noch nicht erfüllt sein sollte — bestehen. Wenn Prölss Anm. 7 zu § 3, S. 43 das Recht auf Ausstellung eines Vsscheins als nicht selbständig bezeichnet und annimmt, es erlösche mit dem Hauptanspruch, so ist das zu weitgehend. Auch nach dem materiellen, allerdings nur vor dem formellen Vsende kann ein Interesse des Vmers an der Aushändigung bestehen (Kisch a. a. O. S. 19), richtig ist allerdings, daß eine gesonderte Abtretung oder Verpfändung der Forderung auf Aushändigung regelmäßig nicht möglich ist (Anm. 5 zu § 15). Wegen der Pfändung vgl. Anm. 10 zu § 15. Verjährung nach § 12 I, II (Anm. 8 zu § 12, dagegen Ehrenzweig S. 70).

Auf § 3 I 1 läßt sich auch der Anspruch des Vmers auf Aushändigung eines Teiles des Vsscheines stützen, z. B. derjenige auf Aushändigung der AVB, auf welche die Polize verweist (vgl. Anm. 12).

Da § 3 I 1 nicht zwingend ist (§ 15a), kann vereinbart werden, ein Vsschein solle nicht ausgehändigt werden (vgl. § 35^2, Kisch a. a. O. S. 20—21, Preußisches OVG 9. VI. 1906 VA 1906 Anh. S. 111—112 Nr. 254).

Über andere Nebenpflichten des Vers Anm. 39—43.

[15] c) Beteiligte.

Die Pflicht des Vers zur Aushändigung des Vsscheins wird durch Besitzübertragung seitens des Vers oder seines Erfüllungsgehilfen erfüllt (Anm. 14). Kisch a. a. O. S. 21 stellt auf Vertretungsgrundsätze ab. Jedoch gibt es bei Besitzübertragung keine Vertretung im technischen Sinne (§ 164 BGB), da es sich nicht um Abgabe einer Willenserklärung handelt, doch kann der Ver einen Dritten als Erfüllungsgehilfen zur Vornahme des (rein tatsächlichen) Übertragungsaktes ermächtigen. Um die Fiktion einer derartigen Ermächtigung handelt es sich, wenn nach § 43 Ziff. 3 der Vermittlungsagent zur Aushändigung von Vsscheinen, die der Ver ausgehändigt hat, als „bevollmächtigt" gilt.

Auch der Vmer braucht bei der Aushändigung nicht in Person anwesend zu sein: Es genügt, wenn auf andere Weise sein Besitz an der Polize begründet wird, so wenn seine Ehefrau oder eine andere hierzu ermächtigte Person sie entgegennimmt oder wenn sie in seinen Briefkasten geworfen wird. Die für den Zugang von Willenserklärungen entwickelten Grundsätze (Anm. 2—7 zu § 10) sind verwertbar. Mehrere Vmer müssen Mitbesitz erlangen, doch genügt auch hier die Empfangnahme durch einen hierzu Ermächtigten. Aushändigung an den Makler des Vmers kann der Aushändigung an den Vmer selbst regelmäßig nicht gleichgestellt werden.

Auch bei der V für fremde Rechnung steht der Aushändigungsanspruch dem Vmer, nicht dem Vten zu (§ 75 I 2). Über das Innenverhältnis beider vgl. § 77^1.

Bei einer Veräußerung der vten Sache geht auch das Recht auf Aushändigung des Vsscheins gemäß § 69 I auf den Erwerber über, solange es noch besteht. Hatte der Veräußerer bereits einen Vsschein erhalten, so kann nach Treu und Glauben der Erwerber zum mindesten einen Nachtrag verlangen, der seinen Eintritt dokumentiert. Entsprechendes gilt im Falle des Eintritts in eine Lebensv nach § 177.

Über den Anspruch auf Aushändigung eines Vsscheins oder eines Nachtrages im Falle der Abtretung, Verpfändung, Pfändung einer Vsforderung: Anm. 5 zu § 15.

[16] **d) Leistungsort.**

Auszuhändigen ist an dem für die Leistungen des Vers vereinbarten Leistungsort. Fehlt es an einer Vereinbarung, so dürfte sich aus dem Begriff der „Aushändigung" ergeben, daß es sich nicht um eine bloße Holschuld (§ 269 I, II BGB) handelt, sondern um eine Bringschuld, so daß Kosten und Leistungsgefahr während einer Übersendung vom Ver zu tragen sind (a. A. Kisch a. a. O. S. 25).

[17] **e) Kosten.**

Abgesehen von den Kosten des § 3 IV ist über die Kosten der Ausstellung und Aushändigung des Vsscheins nichts bestimmt. Sie sind demnach vom Ver zu tragen, weil sie bei der Erbringung seiner Leistung erwachsen (Kisch a. a. O. S. 25—26). Vertraglich kann jedoch vereinbart werden, daß der Vmer diese Kosten übernimmt (Ausfertigungs-, Polizen-, Schreibgebühr, evtl. zuzüglich Zustellungsgebühr), sie können in einer Aufnahmegebühr (einem Eintrittsgeld) enthalten sein oder daneben stehen. Aufsichtsrechtlich werden Hinweis und Bezifferung im Antragschein, in den AVB und/oder im Vsschein gefordert: Näheres Anm. 82 zu § 1. Diese Kosten werden rechtlich der Prämie gleichbehandelt (Anm. 8, 10 zu § 35).

[18] **2. Vertragsschluß durch Aushändigung.**

a) Versicherungsschein als Annahme.

Hat, wie üblich, der Vmer den Antrag gestellt, so kommt es nicht selten vor, daß der Ver den Antrag nicht durch eine gesonderte (mündliche oder schriftliche) Willenserklärung, sondern durch das Angebot oder die Aushändigung des Vsscheins annimmt. Auf die Zusendung der Polize stellt ab KG 17. II. 1911 OLGRspr Bd 24 S. 217. Geht diese Willenserklärung dem Vmer innerhalb der Annahmefrist zu, so bestehen keine Bedenken gegen die Verbindung der Annahme mit der sofortigen Erfüllung der Aushändigungspflicht nach § 3 I 1. Vgl. auch Campell a. a. O. S. 51.

Über die Aushändigung einer Vsbestätigung als Annahmeerklärung vgl. Anm. 5.

[19] **b) Versicherungsschein als Angebot.**

Hat der Ver die Annahmefrist versäumt, so liegt im Angebot oder in der Aushändigung des Vsscheins ein neuer Antrag (§ 150 I BGB). In einem solchen Falle liegt in der Einlösung des Vsscheines konkludent die Annahme (OLG Hamburg 23. VII. 1937 HansRGZ 1938 A Sp. 91, OLG Hamm 7. VI. 1926 VA 1926 S. 240 Nr. 1608, OLG Naumburg 29. IX. 1933 VA 1933 S. 406—407 Nr. 2628), vgl. im übrigen Anm. 77 zu § 1. Ein neuer Antrag liegt auch dann vor, wenn trotz Rechtzeitigkeit der Vsschein von dem Antrag des Vmers abweicht, vorausgesetzt, daß nicht vorher der Antrag durch eine gesonderte Willenserklärung angenommen war (§ 150 II BGB), hierzu § 5 I. Schließlich liegt in der Übermittlung eines Vsscheins ein Angebot des Vers, falls von der Gegenseite überhaupt kein gültiger Antrag gestellt war. Auch dieses Angebot kann durch widerspruchslose Einlösung des Vsscheins angenommen werden. Ferner kann auch der Vertrag stets durch Schweigen des Vmers zustandekommen, insbesondere wenn letzterer Kaufmann ist und bereits vertragliche Beziehungen bestanden oder Vorverhandlungen stattgefunden haben; Näheres Anm. 7 zu § 5, vgl. aber auch AG Rheine 28. VI. 1950 VersR 1951 S. 19. S. ferner Campell a. a. O. S. 50.

[20] **3. Bedeutung für Gefahrtragungsbeginn.**

Über den möglichen Zusammenhang zwischen Aushändigung des Vsscheins und materiellem Vsbeginn, insbesondere zu der Frage, ob in der Aushändigung ohne Prämienzahlung eine Stundung liegt, vgl. Anm. 45 zu § 35. Im Rahmen des § 38 II (Einlösungsprinzip) kommt es auf die Aushändigung des Vsscheins nicht an (Anm. 17 zu § 38).

[21] **III. Rechtsnatur des Versicherungsscheins.**

1. Überblick.

Der Vsschein ist stets Beweisurkunde und Schuldschein. Er ist möglicherweise Ausweispapier oder Wertpapier. Als Schuldschein kann der Vsschein eine einfache oder qualifizierte Bedeutung haben, als Wertpapier kann der Vsschein in der Binnenv Orderpapier, in der Seev auch Inhaberpapier sein.

Das Eigentum am Vsschein steht dem Träger der Vsforderung zu, sofern es sich nur um einen Schuldschein oder ein Ausweispapier handelt (§ 952 I 1 BGB), dagegen folgt umgekehrt bei einem Wertpapier das Recht aus dem Papier dem Recht am Papier. Näheres Anm. 9, 17, 19 zu § 4.

Kommt ein Vsschein abhanden, so bedarf es eines Anerkenntnisses, falls er nur Schuldschein ist, einer Kraftloserklärung, falls er auch Ausweis- oder Wertpapier ist, vgl. Anm. 34.

[22] 2. **Beweisurkunde.**

Der Vsschein ist stets Beweisurkunde (RG 8. VI. 1920 VA 1920 Anh. S. 37 Nr. 1138, 9. I. 1926 VA 1926 S. 60 Nr. 1570, OLG Frankfurt 7. IV. 1933 JRPV 1933 S. 306, OLG Hamburg 16. I. 1952 VersR 1952 S. 113, Kisch a. a. O. S. 30 m. w. N.), vorausgesetzt, daß die wirkliche oder faksimilierte Unterschrift vom Ver herrührt, also die Urkunde echt ist, über den Beweis der Echtheit §§ 439, 440 I ZPO. Ist die Unterschrift echt, so hat auch die darüber stehende Urkunde die widerlegbare gesetzliche Vermutung der Echtheit für sich (§ 440 II ZPO).

Bei einer echten Urkunde sind die äußere und innere Beweiskraft zu unterscheiden:

[23] **a) Äußere Beweiskraft.**

Da der Vsschein Privaturkunde ist, begründet er vollen Beweis dafür, daß der Ver die im Vsschein enthaltenen Erklärungen abgegeben hat (§ 416 ZPO). Diese äußere Beweiskraft, gegen die es keinen Gegenbeweis gibt, besagt aber noch nichts dafür, daß die Erklärungen inhaltlich richtig sind, also der beurkundete Vsvertrag zum angegebenen Zeitpunkt usw. wirklich zustande gekommen ist.

[24] **b) Innere Beweiskraft.**

Jedoch lassen sich aus der Echtheit der Urkunde in Verbindung mit deren Aushändigung an den Vmer, mit dessen Schweigen (Kisch a. a. O. S. 55—56, Anm. 9 zu § 5) und mit einem äußerlich einwandfreien Erhaltungszustand (OLG Frankfurt 17. II. 1930 JRPV 1930 S. 241) zwei widerlegbare tatsächliche Vermutungen folgern. Sie betreffen die

[25] **aa) Richtigkeit** der abgegebenen Erklärungen. Es wird also vermutet, daß der Vsvertrag zustandegekommen ist; wer das Gegenteil behauptet, muß demnach den Gegenbeweis führen, z. B. den Beweis, in der Aushändigung des Vsscheins habe nur ein Antrag des Vers gelegen, den der Vmer nicht angenommen habe. Desgleichen wird vermutet, daß der Vsvertrag mit dem Ver, der den Vsschein unterzeichnet hat, zustandegekommen ist (KG 4. X. 1922 VA 1924 S. 136 Nr. 1420), und zwar mit dem beurkundeten Inhalt (RG 8. VI. 1920 JW 1920 S. 896, 21. I. 1921 VA 1921 Anh. S. 52 Nr. 1209); der Ver muß also z. B. einen von ihm behaupteten Schreibfehler beweisen;

[26] **bb) Vollständigkeit** der abgegebenen Erklärungen (Prölss Anm. 6 zu § 3, S. 42, irreführend Bruck 7. Aufl. S. 35). Es wird also vermutet, daß keine weiteren als die beurkundeten Abreden getroffen sind (OLG Hamburg 22. V. 1917 Recht 1917 Nr. 1509); wer das Gegenteil behauptet, muß demnach den Gegenbeweis führen (RG 9. V. 1917 Recht 1917 Nr. 1776), z. B. den Beweis, die im Vsschein nicht erwähnten AVB seien im Wege der mündlichen oder stillschweigenden Vereinbarung für maßgeblich erklärt. KG 12. II. 1930 JRPV 1930 S. 136 fordert (zu Unrecht) sogar den Nachweis „besonderer Gründe, um derentwillen der Inhalt der Vorverhandlungen nicht in die Vertragsurkunde aufgenommen worden ist." Beispiel für den Beweis einer Nebenabrede: RG 17. XI. 1908 LZ 1909 Sp. 324—325 (ergänzende Abrede über materiellen Vsbeginn), bedenklich KG 24. I. 1908 VA 1908 Anh. S. 104—105 Nr. 422 (keine Zulassung des Gegenbeweises, allerdings auf Grund besonderer Abrede). Nebenabreden mit einem Vermittlungsagenten haben keine Bedeutung (OLG Köln 23. XII. 1920 VA 1921 Anh. S. 38—39 Nr. 1198), es kann vertraglich vereinbart werden, daß auch Nebenabreden mit einem Abschlußagenten unwirksam sein sollen (RG 16. V. 1911 VA 1912 Anh. S. 48 Nr. 662). Über Nebenabreden vgl. auch Anm. 72 zu § 1.

[27] cc) **„Billigungsklausel"**. Im Rahmen des § 5 wird unter gewissen Voraussetzungen die bloße Beweisbedeutung des Vsscheins verstärkt zu einer konstitutiven Wirkung: Der Inhalt des Vsscheins gilt als genehmigt. Soweit die konstitutive Wirkung nicht Platz greift, z. B. vor Ablauf eines Monats nach Empfang des Vsscheins, sowie bei mangelndem Hinweis, bleibt die Bedeutung des Vsscheins als Beweisurkunde unberührt.

[28] 3. **Schuldschein.**

Der Vsschein ist auch stets Schuldschein, woraus sich ergibt, daß der Ver Vorlage und nach dem formellen Ende der V auch Rückgabe des Vsscheins verlangen kann (§ 371^1 BGB: einfacher Schuldschein), bei entsprechender Vereinbarung sogar verlangen muß (§ 4 II 1: qualifizierter Schuldschein). Näheres Anm. 3—9 zu § 4.

[29] 4. **Ausweispapier.**

Enthält ein Vsschein die Inhaberklausel, so treten in der Binnenv stets nur die Wirkungen des § 808 BGB ein (§ 4 I). Der Vsschein wird damit zum Ausweis- (hinkenden Inhaber-, qualifizierten Legitimations-)papier. Der Ver wird also durch die Leistung an den Inhaber des Vsscheins befreit (§ 808 I 1 BGB). Näheres Anm. 10—17 zu § 4.

[30] 5. **Wertpapier.**

Der Vsschein ist ausnahmsweise Wertpapier dergestalt, daß der legitimierte Inhaber berechtigt ist, vom Ver die Leistung zu verlangen und daß die Vsforderung demjenigen zusteht, dem der Vsschein gehört. Der Vsschein kann Order- oder Inhaberwertpapier sein. Die Frage, ob auch Rekta-[Namens-]papiere zu den Wertpapieren zählen, kann hier unbeantwortet bleiben; denn bei den Vspolizen, die keine Order- oder Inhaberwertpapiere sind, sondern auf den Namen eines bestimmten Berechtigten lauten, ergibt sich ihre rechtliche Behandlung aus ihrem Charakter als Beweisurkunde und Schuldschein, evtl. auch als Ausweispapier. Weitere Rechtsgrundsätze kommen nicht zur Anwendung (Oberste Rückstellungskommission Wien 21. V. 1949 Vsrundschau 1949 S. 217—218, Möller ArchZivPrax 1953 S. 395—396), insbesondere niemals jener, wonach das Recht aus dem Papier dem Recht am Papier folgt. Es ergeben sich also keine Folgerungen, wenn z. B. Hueck, Recht der Wertpapiere, 4. Aufl., Berlin 1948, S. 13, Locher, Das Recht der Wertpapiere, Tübingen 1947, S. 151, 58, 59 jene Vsscheine zu den Rektapapieren rechnen, die sich als Ausweispapiere darstellen. Kisch a. a. O. S. 31 mit Anm. 1 zählt die Ausweispapiere nicht zu den Rektapapieren, wohl aber die qualifizierten Schuldscheine des § 4 II 1.

[31] a) **Orderpolize.**

Im Bereiche der Transportv, also nicht nur der See-, sondern auch der Binnentransportv, kann ein Vsschein an Order gestellt werden (§ 363 II HGB: gekorene Orderpapiere). Da die Gefahrtragungsleistung des Vers nur von demjenigen entgegengenommen werden kann, der von der Gefahr bedroht ist, so zeitigt ein Indossament nur Wirkungen hinsichtlich der Verpflichtung des Vers zur Zahlung der Vsentschädigung nach Eintritt des Vsfalles. Die Gefahrtragung als solche bleibt also grundsätzlich unberührt (Tsirintanis a. a. O. S. 50—52). Näheres Anm. 18—19 zu § 4.

[32] b) **Inhaberwertpapier.**

§ 4 I bewirkt, daß in der Binnenv die Inhaberklausel einen Vsschein nur zum Ausweispapier macht. Auch eine entgegenstehende ausdrückliche Vereinbarung zeitigt keine andere Wirkung (Begr. I S. 17), obgleich § 4 I in § 15a nicht für zwingend erklärt ist. Aber in der Seev kann der Vsschein als Inhaberwertpapier ausgestaltet werden (Ritter Anm. 29 zu § 14, S. 304—305, a. A. wohl Kisch a. a. O. S. 33—34). Auch in der Inhaberpolize ist nicht die Forderung auf die gesamte Gefahrtragung verbrieft, sondern nur der Anspruch auf die nach Eintritt eines Vsfalles sich aus der Gefahrtragung ergebende Geldleistung.

[33] **IV. Ausstellung von Ersatzurkunden.**

1. Abhandenkommen oder Vernichtung.

Ein Vsschein ist dem Vmer abhanden gekommen, wenn er den unmittelbaren Besitz ohne seinen Willen verloren hat (RG 21. I. 1921 RGZ Bd 101 S. 225), z. B. durch höhere

Gewalt, Unachtsamkeit oder bei Geschäftsunfähigkeit. Eine Vernichtung des Vsscheins hat diesen als Sache untergehen lassen oder die Schriftzeichen sind unlesbar geworden (Kisch a. a. O. S. 35); auf die Ursache der Vernichtung kommt es nicht an; auch eine absichtliche Vernichtung durch den Vmer kommt also in Betracht.

[34] 2. Anerkenntnis oder Kraftloserklärung.

Ist ein Vsschein abhanden gekommen oder vernichtet, so unterliegt er der Kraftloserklärung, falls er Ausweispapier (§ 808 II 2 BGB), Orderpapier (§ 365 II 1 HGB) oder Inhaberwertpapier (§ 799 I 1 BGB) ist. Über das Verfahren §§ 1003—1009, 1014—1020, 1022—1023 ZPO, auch Kisch a. a. O. S. 37—40.

Ist ein Vsschein nur Schuldschein, so genügt nach § 371² BGB das öffentlich beglaubigte Anerkenntnis, daß die Vsleistung erbracht sei, und zwar genügt dies immer dann, wenn der Vmer behauptet, zur Vorlage oder Rückgabe außerstande zu sein. Näheres Anm. 7, 15, 19 zu § 4.

[35] 3. Verlangen von Ersatzurkunden.

Der Ver ist zur Ausstellung und Aushändigung einer Ersatzurkunde unter drei, zuweilen vier Voraussetzungen verpflichtet: Erstens muß der Vsschein — auch wenn er nur Schuldschein ist — abhanden gekommen oder vernichtet sein (§ 3 II 1). Zweitens muß der Vmer ein Verlangen geäußert haben (§ 3 II 1), es handelt sich also um einen verhaltenen Anspruch, dessen Entstehung von einer rechtsgestaltenden empfangsbedürftigen Willenserklärung des Vmers abhängig ist. Drittens ist bei Vsscheinen, die der Kraftloserklärung unterliegen, letztere Voraussetzung der Anspruchsentstehung (§ 3 II 2). Viertens muß auf Verlangen der Vmer die Kosten der Ersatzurkunde vorschießen (3 IV).

Die Ausstellung — und Aushändigung — der Ersatzurkunde ist Gegenstand einer Rechtspflicht des Vers, für die das in Anm. 14 Gesagte entsprechend gilt (Ehrenzweig S. 71 hält allerdings die Vorschrift für unabdingbar). Ihrem Inhalte nach hat die Ersatzurkunde, die als solche vom Vmer gekennzeichnet werden kann, den bei ihrer Ausstellung maßgeblichen Vertragsinhalt wiederzugeben (Kisch a. a. O. S. 36).

Die Kosten der Ersatzurkunde, also ihrer Ausstellung und Aushändigung fallen dem Vmer zur Last (§ 3 IV, aber auch VA 1910 S. 85), der Ver braucht deshalb die Ersatzurkunde nur Zug um Zug gegen Kostenerstattung auszuhändigen (Kisch a. a. O. S. 36), sofern der Ver nicht sogar einen Kostenvorschuß verlangt (§ 3 IV). Ist der Ver nach einem Vsfall leistungspflichtig, so kann er aufrechnen. Vor einem Vsfall kann es Bedeutung haben, daß nach dem materiellen Vsbeginn die Kosten als solche des § 39 IV in Betracht kommen, also der Folgeprämie gleichbehandelt werden (Anm. 8, 10 zu § 35).

Die ausgehändigte Ersatzurkunde hat die gleiche Rechtsbedeutung wie der ursprüngliche Vsschein (Kisch a. a. O. S. 36).

[36] V. Erteilung von Abschriften.

1. Rechtspflicht.

Der Ver ist auf Verlangen des Vmers jederzeit zur Erteilung von Abschriften verpflichtet (§ 3 III 1), die Abschriften sind dem Vmer zu übermitteln (Schickschuld, vgl. § 3 III 3, „Eingang"). Auch hier handelt es sich um eine echte Rechtspflicht des Vers, für die das in Anm. 14 Gesagte entsprechend gilt. Der Vmer hat einen verhaltenen Anspruch, der nicht voraussetzt, daß er seine Unterlagen verloren habe, wohl aber, daß er auf Verlangen die Kosten der Ersatzurkunde (dazu VA 1910 S. 85) vorschießt (§ 3 IV). Das Verlangen nach Abschriften kann auch mehrfach, sogar hinsichtlich der gleichen Erklärungen erhoben werden, auch eine Mehrzahl von Abschriften der gleichen Erklärung ist forderbar, jedoch darf es sich nicht um eine unzulässige Rechtsausübung handeln (ähnlich Kisch a. a. O. S. 45). In der Krankenv ist eine Abschrift des Antrags — auch ohne Verlangen des Vmers — spätestens mit dem Vsschein auszuhändigen (§ 1 II 2 GrundBed, KrankenhausGrundBed), desgleichen in der Unfall- und Haftpflichtv (VA 1923 S. 34—36, 135). Trotzdem kann auch hier außerdem § 3 III 1 Anwendung finden.

Neben dem Vmer ist sein Rechtsnachfolger anspruchsberechtigt. Bei der V für fremde Rechnung gelten §§ 75 I 1, II, 76 I. Einem Zessionar oder Bezugsberechtigten der Vsforderung müßte das Recht aus § 3 III 1 zusätzlich übertragen werden. Zu richten ist das Verlangen an den Ver, auch ein bloßer Vermittlungsagent gilt nach § 43 Ziff. 2 als empfangsermächtigt. Der Ver ist außerdem verpflichtet, bei der Aushändigung des Vsscheins auf das Recht, die Abschriften fordern zu können, aufmerksam zu machen (§ 3 III 2; VA 1910 S. 31—32, 85; Kisch a. a. O. S. 46). Aus der Verletzung der Hinweispflicht kann sich eine Schadensersatzpflicht des Vers ergeben, z. B. kann ein Vmer dartun, daß er bei erfolgtem Hinweis eine Abschrift mit der fristhemmenden Wirkung des § 3 III 3 verlangt und somit die Frist nicht versäumt hätte.

Abschriften kann der Vmer hinsichtlich „der Erklärungen fordern, die er mit Bezug auf den Vertrag abgegeben hat" (§ 3 III 1). In Frage kommen z. B. der Antrag auf Vertragsabschluß, -änderung oder -verlängerung, Benennung von Bezugsberechtigten, Kündigungs- und sonstige Willenserklärungen, Schadensberechnungen, vorvertragliche oder spätere Anzeigen oder Auskünfte (auch bezüglich der Gefahrspersonen in der Lebens- und Unfallfremdv: Begr. I S. 17). Zu den Erklärungen, die der Vmer abgegeben hat, gehören auch von ihm selbst beigebrachte ärztliche Zeugnisse (vgl. § 11 IIb ALB), Belege usw., nicht aber das vom Vmer aufgenommene Schadensprotokoll oder ein ärztlicher Bericht, den sich der Ver hat erstatten lassen (vgl. Begr. I S. 17, §§ 9 V, VIa, b, 14 II Abs. 1 AUnfallB und dazu OLG Hamm 24. VII. 1939 HansRGZ 1940 A Sp. 107, LG Halle 15. XI. 1939 JRPV 1940 S. 40, LG Hamburg 6. I. 1951 VersR 1951 S. 47).

Nach allgemeinen Grundsätzen kann der Vmer vollständige oder teilweise Vorlegung der Vsakten (nicht Abschriften) fordern nach § 810 BGB, wenn er an der Vorlegung ein rechtliches Interesse hat (VA 1917 S. 91); ein rechtliches Interesse ist jedoch dann nicht anzuerkennen, wenn die Einsichtnahme dazu dienen soll, Unterlagen für Ansprüche gegen den Besitzer der Urkunden zu gewinnen (RG 23. X. 1924 RGZ Bd 135 S. 192, LG Halle 15. XI. 1939 JRPV 1940 S. 40, LG Hamburg 6. I. 1951 VersR 1951 S. 47, LG Stade 23. I. 1953 VersR 1953 S. 154—155. Eine Anwendung des § 46 HGB (Prölss Anm. 9 zu § 3, S. 43) dürfte kaum praktisch werden können.

[37] 2. Verletzungsfolgen.

Da es sich um echte Rechtspflichten des Vers handelt, gelten die §§ 275, 280 I, 286 I BGB, auch hier gelten nicht die §§ 320—327 BGB (Anm. 14).

Eine weitere Rechtsfolge ist in § 3 III 3, der auf das österreichische Recht zurückgeht, zum Schutze des Vmers vor Überstürzung (Begr. III S. 3) ergänzend vorgesehen: Hemmung von Fristen (dazu § 205 BGB) in der Zeit vom Zugang des Verlangens bis zum Eingang der Abschriften, wobei unter dem Eingang der Zugang der Abschriften beim Vmer zu verstehen ist, Näheres Anm. 2—7 zu § 10. Außer der Fristhemmung treten weitergehende Folgen nicht ein: Ist z. B. der Ablauf einer Prämienzahlungsfrist bei einer Erstprämie gehemmt, so setzt nicht etwa die Gefahrtragung des Vers (entgegen § 38 II) ein. Bereits abgelaufene Fristen können durch ein (nachträgliches) Verlangen nicht mehr gehemmt werden (Kisch a. a. O. S. 44). Die Frist muß für die Vornahme von Handlungen des Vmers (oder sonst aus § 3 III 1 Berechtigten: Anm. 36) gegenüber dem Ver — also nicht einem Dritten — laufen, z. B. eine Verjährungs-, Klage-, Prämienzahlungs-, Widerspruchs-, Anfechtungs- und Kündigungsfrist; auch Wissenserklärungen (Anzeigen) sind Handlungen des Vmers (Kisch a. a. O. S. 43—44, a. A. Prölß Anm. 10 zu § 3, S. 43). Eine Abschrift ist schon dann für die Vornahme von Handlungen erforderlich, wenn der Inhalt der abzuschreibenden Erklärung auf den Entschluß des Vmers, die Handlung vorzunehmen — objektiv gesehen — einzuwirken vermag (dazu Kisch a. a. O. S. 44, Prölß Anm. 10 zu § 3, S. 43). Sind die Abschriften dem Vmer schon früher, z. B. mit dem Vsschein vom Ver ausgehändigt worden, so tritt die fristhemmende Wirkung nicht ein, sei es denn, daß der Vmer beweist, er habe den Besitz ohne Verschulden verloren (abweichend Kisch a. a. O. S. 44, Prölss Anm. 10 zu § 3, S. 44). Mit Prölss Anm. 10 zu § 3, S. 44 ist anzunehmen, daß nach Treu und Glauben die Hemmung endet, falls der Vmer innerhalb angemessener Frist nicht die verlangten Kosten der Abschrift vorschießt und daß der Vmer regelmäßig mehrere erforderliche Abschriften nicht nacheinander mit der Wirkung verlangen darf, daß die Frist mehrfach gehemmt wird.

[38] 3. Unabdingbarkeit.

§ 3 III ist im Bereiche der Beschränkungen der Vertragsfreiheit zugunsten des Vmers (und der übrigen berechtigten Personen: Anm. 36) relativ zwingend (§ 15a).

[39] VI. Nebenpflichten des Versicherers.

1. Übersicht.

Aus der Gefahrtragungspflicht des Vers (Anm. 40—45 zu § 1) erwächst seine Leistung nach Eintritt des Vsfalls (Schadensersatz, Kapital- oder Rentenleistung nach § 1 I). Aber auch der Anspruch auf Abschlagszahlungen (§ 11 II) gehört wirtschaftlich zur Hauptleistung des Vers, desgleichen der Anspruch aus einer umgewandelten, prämienfreien Lebensv (§§ 174, 175 I, II), auf eine Rückvergütung (§ 176), auf ein zugesagtes Polizendarlehen (eine zugesagte Vorauszahlung) (§ 7 ALB). Zur Gefahrtragung des Vers zählt ferner der Anspruch eines Realgläubigers in der Feuerv (z. B. nach §§ 102 I, 107b) oder die Begünstigung des geschädigten Dritten in der Pflichthaftpflichtv (§ 158c I, II, IV).

§ 3 zeigt jedoch, daß den Ver neben der Gefahrtragungspflicht weitere Rechtspflichten treffen, so zur Aushändigung des Vsscheins (§ 3 I), zur Ausstellung einer Ersatzurkunde (§ 3 II), zur Erteilung von Abschriften (§ 3 III 1), zum Hinweis auf diesen Anspruch (§ 3 III 2).

Die Rechtspflichten des § 3 dienen letztlich der Durchsetzung des Gefahrtragungsanspruches. Das gilt auch für die gesetzlichen Ansprüche aus § 810 BGB oder § 46 HGB (Anm. 36), ferner für den Anspruch auf Rückforderung des Vsscheins bei verstärkter Einlösungsklausel (Anm. 5 zu § 4) sowie für den Anspruch auf Benennung eines Sachverständigen (vgl. §§ 64, 184) oder eines Schiedsrichters (dabei kann es sich aber auch um eine Obliegenheit handeln: Anm. 12 zu § 6; Schmidt S. 234—235). Eine Bestätigungs- und Auskunftspflicht gegenüber einem Realgläubiger kennt die Feuerv (in §§ 107, 107b). Auch aus Treu und Glauben können sich Rechtspflichten des Vers ergeben, z. B. Hinweispflichten (Anm. 24 zu § 39, aber auch Anm. 35 zu § 8) oder die Pflicht, die Interessen des Vmers gegenüber Dritten wahrzunehmen (BGH 11. II. 1953 VersR 1953 S. 109 mit Anm. Prölss VersR 1953 S. 110).

Aber es gibt auch Ansprüche des Vmers die — neben dem Gefahrtragungsanspruch stehend — selbständigen Charakter tragen. Man denke an Ansprüche auf Verzugszinsen (§ 11 IV) oder auf weitergehenden Verzugsschaden (Anm. 27—28 zu § 11) oder auf sonstige Zinsen (§ 94), an sonstige Schadensersatzansprüche des Vmers wegen Forderungsverletzung seitens des Vers (Anm. 38—39 zu § 13), aber mehr noch an Ansprüche, gerichtet auf Aufwendungsersatz (§ 63) oder Kostenerstattung (§ 66).

Während man besonders in den Fällen der §§ 63, 66 noch von Vsschaden i. w. S. spricht (Bruck S. 350), handelt es sich um andersartige geldliche Leistungen des Vers, sofern er — besonders bei vorzeitiger Beendigung eines Vsverhältnisses (z. B. nach § 40 III), aber auch in den Fällen der §§ 41a, 51 I, II, 68 II, III Prämien oder Prämienteile zurückzuerstatten hat, wobei von Fall zu Fall zu prüfen ist, ob es sich um Ansprüche aus dem Vsvertrag oder um gesetzliche Ansprüche, z. B. aus ungerechtfertigter Bereicherung handelt.

Auch bei normalem Ablauf eines Vsverhältnisses kommen Ansprüche auf — durchweg teilweise — Prämienrückgewähr in Betracht, deren Voraussetzungen verschieden ausgestaltet sein können. Soll ein Vmer belohnt werden, der den Ver nicht in Anspruch genommen hat, so wird möglicherweise nur auf diesen subjektiven Umstand, nicht dagegen auf den Geschäftsverlauf im ganzen abgestellt (Prämienrückgewähr i. e. S.; Näheres Anm. 41). In der Kraftfahrv entscheidet neben dem subjektiven schadensfreien Verlauf das Vorhandensein eines technischen Überschusses (Prämienrückvergütung; Näheres Anm. 42).

Nur auf den Geschäftsverlauf im ganzen, nicht auf subjektive Momente pflegt beim Dividendenanspruch in der Lebensv abgehoben zu werden (Näheres Anm. 43).

Beim Vsverein auf Gegenseitigkeit kommen ferner Rechte des Vmers in Betracht, die aus der Körperschafts-, also vereins- und mitgliedschaftsrechtlichen Sphäre stammen; dazu Kisch Gegenseitigkeitsverein S. 143, 145—153, der besonders die Verwaltungs- oder Organisationsrechte und die Vermögensrechte unterscheidet, ferner die gewöhnlichen Mitgliedschaftsrechte und die Sonderrechte. Zu den Vermögensrechten gehört das Recht auf Überschußverteilung (Näheres Anm. 40).

Pflichten des Vers von minderer Stärke — gleichsam Obliegenheiten des Vers — sollen hier außer Betracht bleiben, darüber vgl. Anm. 3 zu § 6. Schwierig zu entscheiden ist die Frage, inwieweit den Ver gegenüber Hypotheken- und anderen Realgläubigern Obliegenheiten oder Rechtspflichten treffen, vgl. §§ 99 I, II, 101, 102 II 2, 103 I 1, III 2, 105[1], 107, 107b; § 1128 I 1 BGB; § 34 I, II 1, IV 2 SchiffsG.

Im Zusammenhang mit den Vsverhältnissen ergeben sich auch gewisse öffentlichrechtliche Verpflichtungen der Ver, so hinsichtlich der Vssteuerentrichtung (§ 8 I 3 VStG), der Feuerschutzsteuerschuld (§ 5 I FeuerschStG), nach § 187a RAbgO oder bei Vspflichtigen (Anm. 66 zu § 1).

[40] 2. Einzelfälle.

a) Überschußverteilung.

Beim Gegenseitigkeitsverein (§ 38 VAG), aber auch bei gewissen öffentlichrechtlichen Vseinrichtungen, und zwar Körperschaften (VA 1953 S. 2) wird ein sich nach der Bilanz ergebender Überschuß unter gewissen Voraussetzungen an die Mitglieder verteilt, wobei die Satzung zu bestimmen hat, welcher Maßstab der Verteilung zugrunde zu legen ist und ob der Überschuß nur an die am Schlusse des Geschäftsjahrs vorhandenen oder auch an ausgeschiedene Mitglieder verteilt werden soll. Bei gemischten Vereinen (§ 21 II VAG) können auch Nichtmitglieder an der Überschußverteilung teilnehmen (Rehm-Berliner-Fromm S. 271).

Beim Umlagesytem kommen Überschußverteilungen selten in Frage (Bischoff VA 1953 S. 15). Über die Verteilung vor endgültiger Bilanzerstellung VA 1953 S. 2—3 und dazu Bischoff VA 1953 S. 15—16.

Juristisch handelt es sich nicht um eine teilweise Rückgewähr der vorausgezahlten Beiträge (Kisch Gegenseitigkeitsverein S. 218), vielmehr ist — besonders auch steuerlich — die Tatsache bedeutsam, daß ein „Bilanzgewinn eines Jahresüberschusses nur unter dem Bilanzstrich verteilt werden" kann (Bischoff VA 1953 S. 15).

Für die Mitglieder handelt es sich bei dem Recht auf Überschußverteilung um ein mitgliedschaftliches Recht, und zwar ein Vermögensrecht, das zu den allgemeinen Mitgliedschaftsrechten, nicht zu den Sonderrechten zählt und für welches der Gleichbehandlungsgrundsatz (§ 21 I VAG) gilt (Kisch Gegenseitigkeitsverein S. 217—219, vgl. aber auch VA 1914 S. 131, OLG Braunschweig 17. IV. 1914 VA 1914 Anh. S. 70 Nr. 824, KG 14. I. 1922 VA 1922 Anh. S. 7—8 Nr. 1235). Nach der Festsetzung des Überschusses erlangt das Mitglied ein Gläubigerrecht (Kisch Gegenseitigkeitsverein S. 217).

Über die Art der Verteilung (Barauszahlung, Aufrechnung mit Beiträgen, Schaffung einer Zusatzv): Kisch Gegenseitigkeitsverein S. 219—220.

[41] b) Prämienrückgewähr i. e. S.

Zuweilen wird ohne Rücksicht auf den Geschäftsverlauf im ganzen einem Vmer oder seinen Erben völlige oder teilweise Prämienrückgewähr für den Fall versprochen, daß der Vsfall in einem gewissen Zeitraum nicht eintritt.

Das kommt besonders bei Lebensven ohne unbedingte Leistungspflicht vor (Erlebensfall-, Aussteuerv), auch bei Leibrenten- und Invaliditätsven. Für den Vmer ist solche V mit Prämienrückgewähr weniger riskant, der Ver wird vor einer ihm ungünstigen Selektion geschützt.

Sofern das Risiko subjektiv beeinflußbar ist, kann eine Prämienrückgewähr dazu dienen, solchen Vmer zu belohnen, der den Ver nicht oder nur in geringem Ausmaß in Anspruch genommen hat („Bonus"). Auch solche Prämienrückgewähr ist vom Geschäftsverlauf im ganzen unabhängig. Sie führt in der Krankenv auch zu einer Eindämmung der Bagatellschäden, für die Kraftfahrv vgl. VW 1953 S. 135. Über den Geschäftsplan der Krankenv: VA 1951 S. 130. Die Prämienrückgewähr wird durch Leistungen des Krankenvers an einen Haftpflichtver auf Grund eines Teilungsabkommens nicht berührt (VA 1953 S. 101).

Jede derartige Prämienrückgewähr vollzieht sich „vor dem Bilanzstrich“, was wiederum steuerlich für den Ver höchst bedeutsam ist (dazu Bischoff VA 1953 S. 15—16). Die Prämienrückgewähr kann im Rahmen des § 22 KörpStDVO (BGBl. 1952 I S. 310) auch nachträglich beschlossen werden. VA 1953 S. 2 erwähnt dabei die zivilrechtlichen Wege der Prämiensenkung, der Rabattgewährung, des Erlasses oder der Stundung eines Prämienteiles.

Auch hier kommt, was die Art der Ausschüttung anlangt, neben der Barauszahlung die Aufrechnung gegen Prämienschulden in Betracht. Die Fälligkeit der Ausschüttung kann hinausgeschoben sein.

[42] c) **Prämienrückvergütung.**

Nach VO PR Nr. 7/52 vom 25. I. 1952, VO PR Nr. 24/53 vom 2. IX. 1953 (Neufassung) werden in der Kraftfahrthaftpflicht- und Fahrzeugvollv Prämienrückvergütungen bei schadensfreiem Verlauf gewährt, die jedoch von dem Vorhandensein eines technischen Überschusses abhängig sind. Näheres Wolff-Cuntz, Prämienrückvergütung in der Kraftfahrthaftpflicht- und Fahrzeugvollv, Karlsruhe (1952), Ossewski ZfV 1953 S. 429—430. Bei Gegenseitigkeitsvereinen können Prämienrückvergütung und Überschußverteilung nebeneinander herlaufen.

[43] d) **Versichertendividende.**

Der Dividendenanspruch des Vmers in der Lebensv — nicht zu verwechseln mit dem Dividendenanspruch des Aktionärs — beruht auf dem Vsvertrag, nicht auf einem davon getrennt zu denkenden Renten- oder Sparvertrag, die Prämie läßt sich nicht in zwei festbestimmte Teile zerlegen (Krumbholz, Der Dividendenanspruch des Vmers in der Lebensv, ungedr. Hamburger Diss. 1950, S. 27—39). Es handelt sich um die (auflösend) bedingte Verpflichtung des Vers zur Erbringung einer Geldleistung, die neben der unbedingten Verpflichtung zur Gefahrtragung steht. Ebenso wie letztere ist auch die Dividende mit der Prämie synallagmatisch verknüpft. Die Geldleistung des Vers dient wirtschaftlich der Korrektur der Prämienzahlung des Vmers, was sich — vor dem Bilanzstrich — besonders steuerlich auswirkt (VA 1936 S. 127—128, Krumbholz a.a.O. S. 39—43).

Da § 19 ALB die Regelung des Dividendenanspruchs den einzelnen Vern offenläßt, gibt es eine Fülle von Dividendensystemen (dazu Krumbholz a. a. O. S. 74—86, Mahr, Einführung in die Vswirtschaft, Berlin [1951], S. 270—271). Während früher das RAA forderte, daß die AVB das Dividendensystem klar erkennen lassen (VA 1905 S. 48), wird neuerdings genehmigt, daß der Ver nur auf den Geschäftsplan verweist, der dem Vmer unzugänglich ist. Man unterscheidet mechanische und natürliche Systeme. Erstere können zu gleichbleibenden oder zu steigenden Dividenden führen, steigend nach Maßgabe der seit Vsbeginn gezahlten Prämien oder der Prämienreserve. Die natürlichen Systeme beachten die verschiedenen Überschußquellen und kennen einen Kontributionsplan. Das Tontinensystem berücksichtigt nur die am Ende einer längeren Periode noch in Kraft befindlichen Ven.

Der Dividendenanspruch wird — nach einer zwei- bis fünfjährigen Aufschubzeit — entweder jährlich oder am Ende der Vsdauer fällig. Bei jährlicher Fälligkeit ist Barauszahlung selten, regelmäßig hat der Vmer nur eine Aufrechnungsmöglichkeit, bei Ratenzahlung der Prämie nur eine ratierliche. Da die Aufrechnung eine vertraglich vereinbarte ist, steht bei Gegenseitigkeitsvereinen § 26 VAG ihr nicht entgegen, wohl aber hindert die Vorschrift Zurückbehaltung durch das Mitglied eines Gegenseitigkeitsvereins (Krumbholz a. a. O. S. 100—102). Neben der Aufrechnung bieten die Ver gelegentlich die Möglichkeit einer verzinslichen Ansammlung der Jahresdividenden, hier entsteht ein Sparguthaben. (Es kommt auch vor, daß die jährliche Dividende als Prämie entweder zur Erhöhung der Vssumme oder zur Erfüllung eines weiteren Vsvertrages benutzt werden muß.) Der jährlichen steht die Schlußdividende gegenüber, bei der nur Barauszahlung — oft nur im Erlebensfall — in Frage kommt. Der Dividendenanspruch, soweit auf Barauszahlung gerichtet, ist abtretbar, verpfändbar und pfändbar (Krumbholz a. a. O. S. 102—107). Eine Bezugsberechtigung erstreckt sich nicht auf einen Dividendenanspruch (Krumbholz a. a. O. S. 107—108).

Über ein Verbot zur Gewinnausschüttung: VA 1947 S. 33 und seine Aufhebung: VA 1949 S. 24, vgl. aber auch VA 1951 S. 21. Über eine „vorläufige Beitragsrückerstattung: VA 1951 S. 179 = VA Berlin 1951 S. 125—126, dazu Slatmann VA 1952 — Hamburg — S. 53—54. Zur Gleichbehandlung: VA 1952 — Hamburg — S. 38.

§ 4

[1] Wird ein Versicherungsschein auf den Inhaber ausgestellt, so treten die im § 808 des Bürgerlichen Gesetzbuchs bestimmten Wirkungen ein.

[2] Ist im Vertrage bestimmt, daß der Versicherer nur gegen Rückgabe des Versicherungsscheins zu leisten hat, so genügt, wenn der Versicherungsnehmer behauptet, zur Rückgabe außerstande zu sein, das öffentlich beglaubigte Anerkenntnis, daß die Schuld erloschen sei. Diese Vorschrift findet keine Anwendung, wenn der Versicherungsschein der Kraftloserklärung unterliegt.

Versicherungsschein (Fortsetzung).

Gliederung:

[1] **Entstehung:** § 4 ist unverändert geblieben. — Begr. I S. 17—18.

[2] **Schrifttum:** Anm. 2 zu § 3.

[3] **I. Versicherungsschein als Schuldschein.**

1. Begriff.

Als Beweismittel hinsichtlich der Tatsachen und Rechtsverhältnisse, die er beurkundet, ist der Vsschein stets Beweisurkude (Anm. 22—27 zu § 3). Als solche, als „eine die Schuldverpflichtung .... bestätigende, vom Schuldner zum Zwecke der Beweissicherung für das Bestehen der Schuld ausgestellte Urkunde" (RG 23. III. 1927 RGZ Bd 116 S. 173) ist er stets auch Schuldschein, allerdings mit den vollen Rechtswirkungen nur Schuldschein über die (primär auf Gefahrtragung gerichtete) Vsforderung; denn der Ver allein stellt den Vsschein aus und übergibt ihn dem Vmer. Daran ändert es nichts, daß im Vsschein nicht nur die Vsforderung beurkundet wird, sondern z. B. auch die Prämienforderung des Vers. Ähnlich wie hier von Gierke II S. 147, Kisch a.a.O. S. 14—15, vgl. auch RG 14. III. 1902 RGZ Bd 51 S. 85, 24. V. 1907 RGZ Bd 66 S. 163, OLG Hamburg 23. VII. 1937 HansRGZ 1938 A Sp. 93. Nach Ehrenzweig S. 69, Prölss Anm. 5 zu § 3, S. 42, KG 18. X. 1922 HansRZ 1923 Sp. 216 ist die Polize Schuldschein nur bei vereinbarter Rückgabepflicht für den Fall des Erlöschens der Schuld.

Schuldschein ist der Vsschein auch dann, wenn ihm darüber hinaus noch Bedeutung als Ausweispapier (Anm. 10—17) oder Wertpapier (Anm. 30—32 zu § 3, Anm. 18—19) zukommt (Kisch a. a. O. S. 30). Im Folgenden sollen die Polizen mit Ausweis- und Wertpapiercharakter zunächst ausgeschieden und nur diejenigen Vsscheine betrachtet werden, die ihrer Rechtsnatur nach nur Schuldscheine sind.

[4] 2. **Arten.**

a) Einfacher Schuldschein.

Beim einfachen Schuldschein gilt hinsichtlich der Rückgabe der Urkunde § 371[1] BGB, wonach „der Schuldner neben der Quittung Rückgabe des Scheins verlangen" kann. (Über die Modifikationen, denen die „Rückgabe" im Vsrecht unterliegt, Anm. 6). Ob der Ver von seinem Recht Gebrauch macht, ist in sein Belieben gestellt, denn die Regelung dient seinem Interesse. Einer Vereinbarung des Rückgabeanspruchs bedarf es nicht: Daher bedenklich Bruck 7. Aufl. S. 38, die von „einfacher Einlösungsklausel" spricht, was den Anschein erwecken kann, es bedürfe zur Begründung der Rückgabepflicht einer besonderen Abmachung, irreführend auch Kisch a. a. O. S. 14—15, der eine Rückgabepflicht nur im Falle des § 4 II (Anm. 5) annimmt.

[5] **b) Qualifizierter Schuldschein.**

In Abweichung von der Regel des § 371[1] BGB, wonach das Rückgabeverlangen in das Belieben des Vers gestellt ist, kann ihn auch eine entsprechende Verpflichtung (nicht synallagmatisch verknüpfte Nebenpflicht) treffen. In diesem Falle ist der Vsschein als Schuldschein also dadurch qualifiziert, daß der Ver an den Gläubiger der Vsforderung nur gegen Rückgabe leisten darf. (Über die Modifikationen, denen der Begriff „Rückgabe" unterworfen werden muß, Anm. 6). Diese Regelung dient den Interessen beider Parteien: Dem Ver wird — wie beim einfachen Schuldschein — die Prüfung der Berechtigung des Fordernden erleichtert, der Vmer hat, solange er im Besitz des Vsscheins ist, die Gewißheit, daß eine befreiende Leistung an einen Dritten nicht erfolgt. — Zu einem qualifizierten Schuldschein wird die Polize nur durch Vereinbarung (vgl. § 4 II 1), Bruck 7. Aufl. S. 38 spricht von „verstärkter Einlösungsklausel". Nicht richtig ist es, wenn Ehrenzweig S. 69 meint, bei der V für fremde Rechnung greife stets § 4 II ein.

[6] 3. **Rückgabepflicht.**

Der Gläubiger der Vsforderung ist verpflichtet, den Vsschein zurückzugeben, und zwar beim qualifizierten Schuldschein ohne weiteres, beim einfachen Schuldschein auf Verlangen des Vers. Nach dem Wortlaut des § 4 II 1 und des § 371[1] BGB kommt die Rückgabe in Betracht, sobald der Ver zu leisten hat, sobald er als Schuldner eine Schuld zu erfüllen hat, wobei Erfüllungssurrogate wie Hinterlegung und Aufrechnung der Erfüllung gleichzustellen sind.

Der Ver schuldet Gefahrtragung, aber es versteht sich von selbst, daß die abstrakte Gefahrtragung die Rückgabepflicht nicht auslöst: Selbst dann, wenn die V materiell endet, ohne daß ein Vsfall eingetreten ist, braucht der Vsschein nicht zurückgegeben zu werden (vgl. Kisch a. a. O. S. 46—47).

Vorauszusetzen ist vielmehr eine Konkretisierung der Gefahrtragung, also der Eintritt eines Vsfalles. Auch dann kommt jedoch die Rückgabe nicht in Frage, sofern die Gefahrtragung des Vers fortdauert, also noch weitere Vsfälle denkbar sind. Aus dem Wesen des Dauerschuldverhältnisses ergibt sich hier, daß der Gläubiger den Vsschein behalten darf. Sinngemäß ist die Rückgabepflicht solchenfalls zu einer bloßen Vorlagepflicht abzuschwächen; die Vorlage muß beim Ver erfolgen. Konkurrierend kommt eine Anwendung der §§ 810, 811 BGB in Betracht (gesetzliche Vorlegungspflicht).

Eine wirkliche Rückgabe kommt sonach nur in Frage, wenn sich die Gefahrtragung des Vers derart konkretisiert, daß ein Vsfall künftig nicht mehr eintreten kann, man denke an Vszweige mit notwendig nur einmaligem Vsfall (Todesfallv) und an den Eintritt von Totalschäden in der Sachv (§ 68 IV).

Die Rückgabepflicht ist eine echte Rechtspflicht (nicht etwa nur eine Obliegenheit), die sich aber insofern als bloße Nebenpflicht darstellt, als sie nicht in einem Austauschverhältnis zur Hauptleistung des Vers steht. So sind die §§ 320—327 BGB unanwendbar. Der Ver kann die Rückgabe dadurch erzwingen, daß er seine Geldleistung bis zur Rückgabe zurückbehält, also Erfüllung Zug um Zug fordert (§ 273 I BGB). So ergibt sich, daß die Rückgabe des Vsscheins beim formellen Ende der V zu erfolgen hat, denn umgekehrt braucht auch der Vmer nur Zug um Zug gegen die Vsleistung zurückzugeben. Die Rückgabe, welche Besitz- und Eigentumsverschaffung bedeutet, muß beim Ver erfolgen.

Gläubiger des Rückgabeanspruches ist der Ver. Schuldner ist der Vmer oder sonstige Gläubiger der Vsforderung, vgl. § 371² BGB. Nicht jeder Besitzer des Vsscheins ist Gläubiger der Vsforderung, der Ver muß bei einem Schuldschein die materielle Berechtigung des Besitzers prüfen (über die abweichende Rechtslage beim Ausweis- und Wertpapier vgl. Anm. 13, Anm. 30 zu § 3). Andererseits ist der wahre Gläubiger der Vsforderung nicht nur materiell berechtigt, wenn er den Vsschein besitzt; die Rückgabepflicht kann er, falls er des Besitzes ermangelt, dadurch beseitigen, daß er behauptet, zur Rückgabe außerstande zu sein. Einen besitzenden Nichtgläubiger trifft keine Rückgabepflicht, auch ist der Gläubiger nicht verpflichtet, sich oder dem Ver den Besitz vom besitzenden Nichtgläubiger zu verschaffen (anders Kisch a. a. O. S. 116—117).

Eine Vermutung, wonach seine Schuld erloschen ist, wenn sich der Ver im Besitz des Vsscheins befindet, besteht nicht (RG 8. XII. 1909 JW 1910 S. 64).

[7] 4. Mortifikationsschein.

Behauptet der Vmer oder sonstige Gläubiger der Vsforderung, zur Rückgabe (oder — analog — zur Vorlage) des Vsscheins außerstande zu sein, so kann der Ver ein öffentlich beglaubigtes Anerkenntnis verlangen, daß die Schuld erloschen sei (§§ 371² BGB, 4 II 1). Bei Vsscheinen, die Ausweis- oder Wertpapiere sind, muß allerdings eine Kraftloserklärung erfolgen (Anm. 15, 19).

Die bloße Behauptung des Gläubigers läßt den Anspruch des Vers auf das Anerkenntnis entstehen; bei dem einfachen — nicht beim qualifizierten — Schuldschein ist allerdings noch ein Verlangen des Vers vorauszusetzen (§ 371² BGB). Wegen der Rechtsnatur der Anerkenntnisverpflichtung vgl. Anm. 6 hinsichtlich der Rückgabepflicht. Das negative Anerkenntnis ist ein Vertrag gemäß § 397 II BGB, jedoch genügt es, daß die Erklärung des Gläubigers (Mortifikationsschein) öffentlich beglaubigt (§ 129 BGB) wird. Die Kosten gehen zu Lasten des Gläubigers.

Ist die Behauptung des Gläubigers, zur Rückgabe außerstande zu sein, falsch, so bleibt seine Rückgabepflicht bestehen. Ist dagegen tatsächlich die Rückgabe unmöglich geworden, so ist der Gläubiger hinsichtlich der Rückgabe leistungsfrei, wenn er die Unmöglichkeit nicht zu vertreten hat (§ 275 BGB). Bei Verschulden des Gläubigers wird die Schadensersatzpflicht des § 280 I BGB nur selten praktisch werden können.

[8] 5. Quittung.

§ 371¹ BGB stellt klar, daß der Ver neben der Rückgabe des Vsscheins (aber wohl nicht neben dem Mortifikationsschein) eine Quittung verlangen kann (§ 368¹ BGB), gleichfalls Zug um Zug (VA 1926 S. 148). § 11 III 3 ALB sieht eine beglaubigte Unterschrift vor. Die Quittung ist auch zu erteilen, falls der Ver bei Zahlung durch die Post von dieser einen Beleg erhalten hat (LG Stuttgart 27. I. 1905 GerhardPrax Bd 2 S. 152). Im Gegensatz zum negativen Anerkenntnis ist die Quittung kein Vertrag, sondern ein einseitiges Empfangsbekenntnis des Gläubigers. Die Kosten der Quittung hat der Ver zu tragen (§ 369 BGB). Die Vorschrift, wonach der Überbringer einer Quittung grundsätzlich als ermächtigt gilt, die Leistung zu empfangen (§ 370 BGB), kann auch bei einem Vsschein, der nur Schuldschein ist, lediglich gelten, falls der Überbringer auch den Vsschein zurückgibt.

Verbreitet sind im Bereiche der Privatv Abfindungserklärungen, auf deren Abgabe kein Rechtsanspruch des Vers besteht, der Ver könnte erforderlichenfalls nur eine negative Feststellungsklage erheben (OLG Hamburg 13. I. 1913 VA 1913 Anh. S. 41—42 Nr. 730). Aufsichtsbehördlich ist verfügt, daß die Schlußprotokolle Abfindungserklärungen nicht enthalten sollen (VA 1913 S. 10—11, 1915 S. 114). Lediglich im Vergleichsfalle muß der Vmer die Erklärung abgeben, wegen sämtlicher Ansprüche aus dem Vsfall befriedigt zu sein (VA 1913 S. 10—11, 86). Ist eine Abfindungserklärung abgegeben, so kann sie wegen Sittenwidrigkeit nichtig (RG 30. V. 1919 VA 1920 Anh. S. 11—12 Nr. 1122) oder wegen Irrtums oder wegen arglistiger Täuschung oder wegen Drohung anfechtbar sein (RG 24. III. 1908 LZ 1908 Sp. 622, OLG Breslau 29. III. 1926 VA 1926 S. 45—46 Nr. 1695, OLG Colmar 12. I. 1912 LZ 1912 Sp. 795—796).

[9] 6. **Eigentum.**

Bei Schuldscheinen, die nicht echte Wertpapiere sind (dazu Anm. 19), folgt das Recht am Papier dem Recht aus dem Papier (§ 952 I BGB), wobei es gleichgültig ist, ob es sich um einen einfachen oder qualifizierten Schuldschein handelt (a. A. Raiser Anm. 3 zu § 8, S. 215, der nur bei qualifizierten Schuldscheinen — und damit nicht in der Feuerv — § 952 I BGB anwenden will). Der Vmer erwirbt ohne Übergabe das Eigentum am ausgestellten Vsschein, wenn die V formell begonnen hat. Der materielle Beginn der V braucht nicht vorausgesetzt zu werden. Der sachenrechtliche Herausgabeanspruch des § 985 BGB konkurriert mit dem schuldrechtlichen Anspruch aus § 3 I 1. Bei der V für fremde Rechnung erwirbt wegen § 75 I 1 der Vte das Eigentum am Vsschein, aber nach § 75 I 2 kann nur der Vmer die Aushändigung verlangen, auch der sachenrechtliche Anspruch kann deshalb vom Vten nicht geltend gemacht werden. Ein neuer Gläubiger der Vsforderung, z. B. ein Erwerber der vten Sache (§ 69 I) oder ein Zessionar, erwirbt das Eigentum am Vsschein (ohne Übergabe) mit dem Forderungsübergang. Mehrere Gläubiger werden Miteigentümer, Miteigentum entsteht auch bei Teilzession. Nach dem Erlöschen der Vsforderung bleibt der letzte Gläubiger Eigentümer, der Rückgabeanspruch der §§ 371[1] BGB, 4 II 1 wirkt nur obligatorisch.

Bei Verpfändung oder Pfändung der Vsforderung entsteht ein Pfandrecht am Vsschein (vgl. § 952 I 2 BGB), für den Fall der Pfändung vgl. auch § 836 III ZPO. Unzulässig ist eine selbständige Veräußerung oder Belastung des Vsscheins, nur ein obligatorisch wirkendes Zurückbehaltungsrecht könnte vertraglich eingeräumt werden (vgl. RG 14. III. 1902 RGZ Bd 51 S. 83—88, 17. IV. 1907 RGZ Bd 66 S. 24—28, KG 23. IX. 1918 JW 1919 S. 117—118, OLG Hamburg 29. XI. 1909 LZ 1910 Sp. 252).

[10] **II. Versicherungsschein als Ausweispapier.**

1. Begriff.

Ausweispapiere, auch hinkende Inhaber- oder qualifizierte Legitimationspapiere genannt, sind Urkunden, in welchen zwar der Gläubiger benannt ist, aber doch mit der Bestimmung, daß die in der Urkunde versprochene Leistung (mit befreiender Wirkung) an jeden Inhaber bewirkt werden kann (§ 808 I 1 BGB). Nach § 4 I ist jeder auf den Inhaber ausgestellte Vsschein Ausweispapier, auch wenn es an der Bestimmung fehlt, daß die Leistung an jeden Inhaber mit befreiender Wirkung erfolgen könne. Während so einerseits der Eintritt der Wirkungen des § 808 BGB erleichtert wird, macht § 4 I — der insoweit absolut zwingend ist — es andererseits unmöglich, im Bereiche der Binnenv Inhaberwertpapiere zu schaffen (Begr. I S. 17). Würde der Gläubiger, etwa in einer Lebensvspolize, nicht benannt werden, so läge wegen § 4 I doch kein Inhaberwertpapier vor, sondern ein bloßes Ausweispapier, bei dem als Gläubiger beim Mangel einer Abtretung oder Bezugsberechtigung der Vmer anzusehen wäre (RG 15. IV. 1921 JW 1922 S. 166). Zur Frage, ob als Bezugsberechtigter der Inhaber des Vsscheins bezeichnet werden kann: Manpel JR 1950 S. 714—715.

Während jeder Vsschein notwendig Beweisurkunde und Schuldschein ist (Anm. 21, 22 zu § 3, Anm. 3), wird der Vsschein Ausweispapier erst durch die Inhaberklausel, die besonders in der Lebensv üblich ist (§ 13 ALB).

[11] **2. Arten.**

a) Einfache Inhaberklausel.

§ 808 I BGB spricht nur von der Bewirkung der in der Urkunde versprochenen Leistung. Darunter ist beim Vsschein die Befriedigung der Vsforderung zu verstehen. Es dürften auch keine Bedenken dagegen obwalten, daß der Ver die bei Erfüllungssurrogaten notwendigen Handlungen dem Inhaber des Vsscheins gegenüber vornehmen, also z. B. hinterlegen oder aufrechnen kann. Aber weiter geht bei der einfachen Inhaberklausel der Schutz des Vers nicht.

[12] **b) Qualifizierte Inhaberklausel.**

Etwas anderes gilt, wenn der Ver nach dem Wortlaut der Inhaberklausel den Inhaber des Vsscheins als berechtigt ansehen darf, über alle Ansprüche aus dem Vsvertrag zu verfügen, insbesondere die Leistung des Vers in Empfang zu nehmen (so § 13 ALB). Bei solcher Formulierung wird der Ver nicht nur geschützt, falls er gegenüber dem Inhaber erfüllt oder Erfüllungssurrogate erbringt, sondern auch dann, wenn andere Verfügungen von dem Inhaber ausgehen. Eine Verfügung liegt z. B. in einer Umwandlung der Lebensv (§ 174), in einer Kündigung (§ 165), in der Bezeichnung eines Bezugsberechtigten (§ 166 I), in einer Verpfändung (Bruck-Dörstling Anm. 4 zu § 13, S. 208), in der Aufnahme eines Polizendarlehens (LG Berlin 22. VIII. 1936 JRPV 1937 S. 143—144). Auch ein Vergleich darf mit dem Inhaber des Vsscheins geschlossen werden (KG 11. XI. 1936 JRPV 1937 S. 93). Dagegen schützt auch die qualifizierte Inhaberklausel den Ver nicht, falls er gegenüber einem materiell nicht berechtigten Inhaber anficht, zurücktritt, kündigt oder mahnt (Prölß S. 503).

[13] 3. Legitimationswirkung.

Ein Ausweispapier wird im Interesse des Schuldners, nicht des Gläubigers geschaffen. Der Ver darf mit befreiender Wirkung an den Inhaber des Vsscheins leisten, aber der Inhaber ist nicht berechtigt, seinerseits die Leistung zu verlangen (§ 808 I BGB). Wäre es anders, so würde ein Inhaberwertpapier vorliegen. Bei einem Ausweispapier kann der Inhaber die Leistung nur dann verlangen, wenn er sein Gläubigerrecht dartut (RG 6. XI. 1934 RGZ Bd 145 S. 324—326), die Inhaberschaft begründet keine Vermutung für die Forderungsberechtigung (Mampel JR 1950 S. 741). Von einem Recht des Vers auf Beweis der Gläubigerschaft kann nicht die Rede sein (Ehrenzweig S. 70 gegen Bruck S. 222).

Der Begriff des Inhabers deckt sich nicht ganz mit dem des unmittelbaren Besitzers. Auch ein Besitzdiener (§ 855 BGB) kann im einzelnen Falle als Inhaber erscheinen. Umgekehrt kann ein unmittelbarer Besitzer solange nicht als Inhaber betrachtet werden, als er z. B. den Vsschein verlegt hat. Bei der Innehabung handelt es sich um ein reines Raumverhältnis. Inhaber ist derjenige, der ein Papier derart in seiner Gewalt hat, daß er es vorzulegen imstande ist. Es ist nicht erforderlich, daß der Inhaber ein eigenes Recht zu besitzen behauptet (Prölß S. 503). Bei einer Mehrheit von materiell Berechtigten wird regelmäßig doch nur einer Inhaber sein (vgl. Kisch a. a. O. S. 163).

Leistet der Ver an einen Nichtberechtigten auf Grund der Inhaberklausel, so wird er gegenüber dem Berechtigten befreit (§ 808 I 1 BGB). Im Innenverhältnis zwischen dem materiell Berechtigten und dem Nichtberechtigten besteht ein Bereicherungsanspruch nach § 816 II BGB (vgl. OLG Hamburg 27. V. 1936 JRPV 1936 S. 254).

Der Ver darf, aber er muß nicht an den Inhaber leisten, wie § 13 ALB ausdrücklich hervorhebt; vgl. auch RG 8. X. 1918 RGZ Bd 94 S. 28. Der Ver kann deshalb auch an den materiell berechtigten Nichtinhaber leisten, vgl. OLG Hamburg 16. I. 1952 VersR 1952 S. 112—113.

In Ausnahmefällen darf der Ver sogar nicht an den Inhaber leisten: Er darf letzterem nicht wider besseres Wissen und gegen Treu und Glauben in Kenntnis seiner Nichtberechtigung die Leistung erbringen (RG 8. XII. 1914 RGZ Bd 86 S. 87, KG 7. II. 1921 VA 1922 Anh. S. 12 Nr. 1238, OLG Dresden 22. IV. 1938 JW 1938 S. 1661). Hieraus ergibt sich, daß den Ver niemals eine Nachprüfungspflicht trifft (a. A. Mampel JR 1950 S. 713—714), daß er darüber hinaus sogar durch bewußte Leistung an einen Nichtberechtigten befreit werden kann (etwa an den Boten des Vmers, der ja auch als bloßer Besitzdiener Inhaber des Papiers ist, vgl. auch LG Landshut 14. V. 1932 JRPV 1932 S. 253—254: Früherer Agent des Vers). Nur im Falle eines treuwidrigen Handelns des Vers ergeben sich für ihn nachteilige Folgen, sei es, daß die Schuldbefreiung nicht eintritt, sei es, daß er sich schadensersatzpflichtig macht (RG 9. II. 1917 RGZ Bd 89 S. 403).

[14] 4. Rückgabepflicht.

Nach § 808 II 1 BGB ist der Schuldner nur gegen Aushändigung der Urkunde zur Leistung verpflichtet. In dieser Rückgabepflicht kommt zum Ausdruck, daß jedes Ausweispapier zugleich Schuldschein ist (im Zweifel: einfacher), es kann deshalb auf Anm. 4—6 verwiesen werden. Rückgabepflichtig ist beim Ausweispapier der Inhaber als solcher, nicht der Vmer oder sonstige Gläubiger der Vsforderung.

[15] 5. Kraftloserklärung.

Während bei einem Schuldschein, der kein Ausweispapier ist, ein Mortifikationsschein genügt, sofern der Gläubiger behauptet, zur Rückgabe außerstande zu sein, sieht § 808 II 2 BGB eine Kraftloserklärung vor, so daß der Mortifikationsschein nicht ausreicht (§ 4 II 2). Es kann jedoch eine Abweichung von § 808 II 2 vereinbart werden (Begr. I S. 18).

Die Kraftloserklärung läßt es nicht genügen, daß der Gläubiger behauptet, zur Rückgabe außerstande zu sein, vielmehr muß das Abhandenkommen oder die Vernichtung der Urkunde nicht nur behauptet, sondern auch bewiesen werden. Wegen des Aufgebotsverfahrens vgl. § 1023 ZPO. Das ergehende Ausschlußurteil ersetzt nur die Rückgabe oder Vorlage der Urkunde, schließt also nicht aus, daß der Schuldner den Nachweis der materiellen Berechtigung dessen verlangt, der die Leistung fordert.

[16] 6. Quittung.

Auch wenn der Vsschein Ausweispapier ist, kann der Ver neben der Rückgabe eine Quittung fordern (§ 368^1 BGB). Näheres Anm. 8.

[17] 7. Eigentum.

Ausweispapiere sind keine echten Wertpapiere. Deshalb gilt auch für sie § 952 I BGB: Das Recht am Papier folgt dem Recht aus dem Papier (RG 14. III. 1902 RGZ Bd 51 S. 85, 24. V. 1907 RGZ Bd 66 S. 162—163, 15. IV. 1921 JW 1922 S. 166, 12. III. 1934 JW 1934 S. 1409 = VA 1934 S. 209 Nr. 2711, OLG Hamburg 29. XI. 1909 LZ 1910 Sp. 251—252, Mampel JR 1950 S. 713, unrichtig Ehrenzweig S. 69—70, der primär auf die Übereignung des Papiers abstellt). Näheres Anm. 9.

[18] III. Versicherungsschein als Orderpapier.

1. Begriff.

Echte Wertpapiere sind Rekta-, Order- oder Inhaberpapiere. Über die Abgrenzung der Rektapapiere vgl. Anm. 30 zu § 3. Beim Rektapapier muß an den Inhaber geleistet werden, falls er beweist, daß er die in der Urkunde benannte Person ist. — Darüber, daß Vsscheine wegen § 4 I in der Binnenv nicht als Inhaberwertpapiere ausgestaltet werden können, vgl. Anm. 32 zu § 3.

Orderpapiere sind Urkunden, welche durch Indossament mit der Wirkung übertragen werden können, daß der durch eine fortlaufende Kette von Indossamenten legitimierte Inhaber der Urkunde die Leistung fordern kann.

Es gibt geborene und gekorene Orderpapiere. Nach § 363 II HGB können Transportvspolizen durch eine Orderklausel zu (gekorenen) Orderpapieren werden. Die Transportv kann nicht nur See-, sondern auch Binnentransportv sein (§§ 129—148) und ist dadurch gekennzeichnet, daß die Gefahren der Beförderung vom Ver getragen werden (Möller ITV 1939 S. 65—68; Anm. 33 zu § 1). Orderpolizen kommen besonders bei der Gütertransportv vor. Über den Fall, daß außerhalb der Transportv die Orderklausel beigefügt wird: Kisch a. a. O. S. 32—33.

[19] 2. Rechtssätze.

Anwendbar sind auf die Orderpolize die §§ 364—365 HGB, welche ihrerseits auf das WechselG verweisen.

Bei der Orderpolize ist das in ihr bezeichnete vte Interesse vert, also nicht notwendig ein Interesse des Indossatars. Bei Eintritt des Vsfalls braucht also der Schaden nicht demjenigen zu erwachsen, der wertpapiermäßig berechtigt ist. Schwierigkeiten bereitet bei solcher Diskrepanz das Problem der Beschränkung der Einwendungen (§ 364 II HGB), Näheres bei Kisch a. a. O. S. 130—136, Prölss HansRGZ 1931 A Sp. 649—658, JRPV 1932 S. 260, Tsirintanis a. a. O. S. 58—69, vgl. auch OLG Hamburg 24. VI. 1932 JRPV 1932 S. 235—236 = HansRGZ 1932 B Sp. 560—563. Man wird im Interesse des Vers den Begriff der Einwendungen, die sich aus dem Inhalte der Urkunde ergeben, weit auslegen.

Nach § 364 III HGB ist der Ver nur gegen Aushändigung der quittierten Orderpolize zur Leistung verpflichtet. Hinsichtlich der Rückgabepflicht müssen die in Anm. 6

behandelten Einschränkungen gelten. Eine besondere Quittung (Anm. 8) braucht bei Quittierung auf der zurückgegebenen Urkunde nicht erteilt zu werden. Leistet der Ver nur eine Teilzahlung, so kann er verlangen, daß sie auf dem Vsschein vermerkt und ihm eine besondere Quittung erteilt wird (analog Art. 39 III WechselG). Leistet der Ver eine Vollzahlung, können aber noch weitere Vsfälle eintreten, so daß eine Aushändigung des Vsscheins nicht in Betracht kommt, so gilt Entsprechendes.

Orderpapiere unterliegen nach § 365 II HGB der Kraftloserklärung, falls die Vernichtung oder das Abhandenkommen bewiesen wird. Wegen des Aufgebotsverfahrens vgl. § 1003 ZPO.

Bei einem Orderpapier folgt das Recht aus dem Papier dem Recht am Papier: Zu der Übergabe tritt die Indossierung als qualifizierte Einigung hinzu. § 952 I BGB gilt nicht.

§ 5

(1) Weicht der Inhalt des Versicherungsscheins von dem Antrage oder den getroffenen Vereinbarungen ab, so gilt die Abweichung als genehmigt, wenn der Versicherungsnehmer nicht innerhalb eines Monats nach Empfang des Versicherungsscheins schriftlich widerspricht.

(2) Diese Genehmigung ist jedoch nur dann anzunehmen, wenn der Versicherer den Versicherungsnehmer bei Aushändigung des Versicherungsscheins darauf hingewiesen hat, daß Abweichungen als genehmigt gelten, wenn der Versicherungsnehmer nicht innerhalb eines Monats nach Empfang des Versicherungsscheins schriftlich widerspricht. Der Hinweis hat durch besondere schriftliche Mitteilung oder durch einen auffälligen Vermerk in dem Versicherungsschein, der aus dem übrigen Inhalt des Versicherungsscheins hervorgehoben ist, zu geschehen; auf die einzelnen Abweichungen ist besonders aufmerksam zu machen.

(3) Hat der Versicherer den Vorschriften des Abs. 2 nicht entsprochen, so ist die Abweichung für den Versicherungsnehmer unverbindlich und der Inhalt des Versicherungsantrags insoweit als vereinbart anzusehen.

(4) Eine Vereinbarung, durch welche der Versicherungsnehmer darauf verzichtet, den Vertrag wegen Irrtums anzufechten, ist unwirksam.

„Billigungsklausel".

Gliederung:

[1] **Entstehung:** Bis zur VO vom 19. XII. 1939 galt nach § 5 a. F. die Billigkeitsklausel nur bei ihrer Vereinbarung, die aber regelmäßig erfolgte und dann einen gewissen Mindestinhalt haben mußte. Jetzt ist die Billigungsklausel nach österreichischem Vorbild zum Gesetzesrecht erhoben, was eine Abkürzung der AVB ermöglicht. Die Hinweislast des § 5 II, III ist für Deutschland neu. — Begr. III S. 3—5.

[2] **Schrifttum:** Zu § 5 a. F.: Bruck S. 225 Anm. 50 m. w. N., dazu Greiser JRPV 1935 S. 1, Kedenburg JRPV 1929 S. 2; zu § 5 n. F.: Dörstling NeumannsZ 1940 S. 99, Ehrenzweig S. 71—74, Kisch, Der Vsschein, Wiesbaden (1952), S. 54—110, Prölß JRPV 1940 S. 51, Raiser OeffrV 1940 S. 267, Ruppelt, Der § 5 VVG, Seine Auslegung und Anwendung durch Lehre und Rechtsprechung, ungedr. Hamburger Diss. 1951, Richter, Betrachtungen zum Abschluß des Vsvertrages, Leipzig 1940, S. 14, Thees VersPrax 1941 S. 54, Vassel OeffrV 1940 S. 253.

[3] **I. Tatbestand.**

Die „Billigungsklausel“ setzt zunächst einen Vsschein (Anm. 4) voraus, dessen Inhalt von Vereinbarungen oder vom Antrag (Anm. 5—7) eine Abweichung (Anm. 8—9) aufweisen muß. Die Rechtsfolgen sind verschieden, je nachdem, ob der Ver auf die Abweichungen hinweist oder nicht (Anm. 10—12) und ob der Vmer widerspricht oder schweigt (Anm. 13—15).

[4] **1. Versicherungsschein.**

In § 5 I wird vorausgesetzt, daß der Vsschein von dem Antrage oder den getroffenen Vereinbarungen abweicht. In § 3 I 1 ist der Vsschein als Urkunde über den Vsvertrag definiert, es gehören dazu auch Nachträge (OLG Braunschweig 4. XI. 1932 JRPV 1933 S. 46), Verlängerungsscheine, Aufhebungsurkunden, die vom Ver oder seinem Vertreter ausgestellt sind; § 5 kann entsprechend angewendet werden auf Übersendungsschreiben, mit denen solche Vsscheine übermittelt werden (OGH 27. IV. 1950 VersR 1950 S. 100, Frey VersR 1950 S. 124). Da auch vorläufige Deckungszusagen Vsverhältnisse schaffen, ist auch eine Urkunde über eine vorläufige Deckung Vsschein (a. A. Kisch a. a. O. S. 67, Prölss Anm. 2 zu § 5, S. 41, Ruppelt a. a. O. S. 28—29, Thees VersPrax 1941 S. 55), was bei längerer Dauer der vorläufigen Deckung Bedeutung gewinnen kann. Bei einer laufenden V ist Vsschein i. S. des § 5 I nur die laufende, nicht jede Einzelpolize, bei einer Zeitschriften- oder Gruppenv nur die gesamtheitliche Polize, nicht jedoch Ausweise über einzelne Vsverhältnisse. Denn die Grundvereinbarungen sollen nur in den Haupturkunden dokumentiert werden. Vsscheine sind deshalb auch nicht die Vsnachweise bei einer Pflichtv.

[5] **2. Vereinbarungen, Antrag.**

Der Vsschein muß nach § 5 I vom Antrag oder den getroffenen Vereinbarungen abweichen.

a) Vereinbarungen.

In Frage steht also zunächst der Fall, daß der Vsvertrag nicht erst durch Aushändigung der Polize zustandekommt, sondern bereits vorher schriftlich oder mündlich geschlossen worden ist. Von dem so Vereinbarten weicht der Vsschein ab. Als Vereinbarungen kommen nur gültige Abreden in Betracht, beispielsweise keine Zusagen durch bloße Vermittlungsagenten. Die Willenserklärung eines solchen Vertreters ohne Vertretungsmacht könnte nur bei Genehmigung durch den Ver (§ 177 I BGB) zu einer Vereinbarung mit dem Ver führen.

[6] **b) Antrag.**

Zu denken ist hier, bei diesem zweiten Fall allein an einen Antrag des Vmers, der vom Ver erst durch Aushändigung des Vsscheins angenommen werden soll (Anm. 18 zu § 3). Der Vsschein weicht jedoch von dem Antrage ab, wobei zum Antrag auch mündliche Nebenerklärungen des Vmers gehören können (Anm. 72 zu § 1, a. A. Ehrenzweig S. 71 Anm. 11), übrigens auch nicht nur ausdrückliche Erklärungen (a. A. Prölss Anm. 2 zu § 5, S. 45, zweifelnd OGH 27. IV. 1950 VersR 1950 S. 100). Der Antrag kann durch

Aufklärungen und Belehrungen eines Vermittlungsagenten einen spezifischen Inhalt gewinnen (LG Hamburg 26. X. 1950 VersR 1951 S. 172—173, dagegen Stech VersR 1951 S. 208—209). Selbst Anträge, deren Inhalt gesetzliche Vorschriften entgegenstehen, sind immerhin Anträge (deshalb unrichtig Prölss Anm. 2 zu § 5, S. 45, LG Kiel 7. XII. 1950 VersR 1951 S. 66—67, OLG Celle 19. VI. 1952 VersR 1952 S. 283). Über die Auslegung eines Änderungsantrages: OGH 27. IV. 1950 VersR 1950 S. 100. Im Zeitpunkt des Zuganges des Vsscheines muß der Antrag des Vmers noch annahmefähig sein.

[7] c) **Restfälle.**

§ 5 I kommt demnach nicht zum Zuge, wenn der Vsschein mit den Vereinbarungen übereinstimmt; dies ist der problemlose Regelfall. Weiterhin scheidet die Anwendung des § 5 aus, falls der Antrag des Vmers bereits vor Aushändigung des Vsscheines erloschen ist, z. B. wegen Widerrufes des Antrages nach § 130 I 2 BGB oder wegen verspäteter Annahme (der Mangel der Verspätung wird durch Schweigen auf den Vsschein nicht geheilt). Hierher gehört auch der Fall, daß eine erste Annahmeerklärung des Vers vom Antrage abwich, der Ver dann aber einen dem Antrag entsprechenden Schein übermittelt: Denn hier ist der Antrag des Vmers bereits durch Ablehnung erloschen (§ 150 II BGB), der Vsschein weicht also nicht vom Antrage ab, wie es § 5 voraussetzt. Schließlich scheidet der Fall aus, daß der Ver einen Initiativantrag stellt und einen Vsschein übermittelt: Hier zwingt jedenfalls § 5 den Vmer nicht zum Reden, da er keinen Antrag gestellt hat. Entsprechendes gilt auch, wenn der Ver ohne vorangehenden Antrag des Vmers diesem einen Nachtragsschein (OLG Braunschweig 4. XI. 1931 JRPV 1933 S. 46) oder Verlängerungsschein (VA 1914 S. 125, 1930 S. 154, 1934 S. 120, LG Neustrelitz 16. X. 1913 VA 1914 Anh. S. 71 Nr. 826) übermittelt. Bedenklich KG 19. X. 1932 HRR 1933 Nr. 474, wonach ein Verwechsel selbst dann stillschweigend „genehmigt“ sein soll, wenn der Vmer einer gleichzeitig dokumentierten Verlängerung widersprochen hat.

In den somit aus dem Anwendungsbereich des § 5 auszuscheidenden Fällen — nicht aber darüber hinaus (Anm. 26) — können die Grundsätze über konstitutive Bestätigungsschreiben unter Umständen Bedeutung gewinnen: Es entspricht kaufmännischer Auffassung, auch Rechtsprechung und Rechtslehre, daß ein Kaufmann sich auf ein ihm zugegangenes Bestätigungsschreiben — dem die Polize gleichgestellt werden kann — unverzüglich äußern muß, will er eine Bindung ausschließen (Nachweise bei Krause, Schweigen im Rechtsverkehr, Marburg 1933, S. 9—10, vgl. auch Kisch a. a. O. S. 49). Richtig legt z. B. KG 28. X. 1925 VA 1926 S. 21—22 Nr. 1537 dar, daß ein Kaufmann unverzüglich darauf hinweisen müsse, er lehne eine verspätete Annahme ab, und KG 25. IV. 1928 JRPV 1928 S. 189—190 führt aus, ein Kaufmann, der einen ihm als (angeforderte) Offerte übersandten Vsschein unbeantwortet und ungelesen lasse, sei durch sein Schweigen gebunden. Bedenklich AG Rheine 28. VI. 1950 VersR 1951 S. 19. Fraglich kann nur sein, ob in solchen Fällen § 5 I hinsichtlich der Widerspruchsfrist von einem Monat und § 5 II, III hinsichtlich der Hinweislast des Vers entsprechend anzuwenden sind (so mit guten Gründen Ruppelt a. a. O. S. 49—52). Einen Nichtkaufmann verpflichtet sein Schweigen nicht (OLG Braunschweig 4. XI. 1932 JRPV 1933 S. 46).

[8] 3. **Abweichung.**

a) **Begriff.**

Der Inhalt des Vsscheines muß von dem Antrag oder den getroffenen Vereinbarungen abweichen. Eine Abweichung liegt nicht vor, wenn im Vsschein übliche Lücken des Antrages durch die übliche Regelung ausgefüllt werden (Einfügung der Tarifprämie: Anm. 73 zu § 1; Zugrundelegung allgemein gebräuchlicher AVB und sonstiger typischer AVB, die bei Risiken der vorliegenden Art von allen Vern stets angewendet werden: Einl. Anm. 27). Wohl aber handelt es sich um eine Abweichung bei Ausfüllung nicht üblicher Lücken des Antrages oder bei Ausfüllung üblicher Lücken durch eine unübliche Regelung (anormale Prämien, Selbstbeteiligung, Ausschluß bestimmter alter Leiden). Zweifelhaft ist die Rechtslage, wenn dem Vsschein Klauseln beigefügt werden, die bei Risiken der vorliegenden Art zuweilen benutzt werden, zuweilen nicht, man denke an eine Wiederaufbauklausel. Hier wird man eine Abweichung vom Antrag annehmen müssen (a. A. Ruppelt a. a. O. S. 35—39). Zweifelhaft ist die Rechtslage ferner, falls der Vmer im Antrage eine Prämie von 238,— DM angegeben hat, obgleich die Festprämie nach dem Einheitstarif 294,— DM beträgt, so daß eine niedrigere Prämie nicht gültig vereinbart werden kann. Auch hier wird man trotzdem eine Abweichung vom Antrag annehmen müssen; denn vielleicht will angesichts der Prämienhöhe der Vmer kein Kraftfahrzeug halten (a. A. LG Kiel 7. XII. 1950 VersR 1951 S. 66—67, Prölss Anm. 2 zu § 5, S. 45). Eine Abweichung liegt auch vor, wenn der Vsschein unvollständig ist (Kisch a. a. O. S. 72—73)

Aus der Rechtsprechung: OLG Dresden 13. V. 1908 LZ 1908 Sp. 956—958 (Forderung im Antrag nicht vorgesehener Nebenkosten), RG 8. X. 1909 VA 1910 Anh. S. 16—17 Nr. 500 (Aufnahme eines abweichenden Vsbeginns in die Polize), KG 15. III. 1922 HansRZ 1922 Sp. 416—418 (Normierung einer neuen Obliegenheit), KG 26. IV. 1922 HansRZ 1922 Sp. 851—853 (antragswidrige Begrenzung der Haftung des Vers auf Höchstbeträge), OLG Hamm 13. VI. 1923 VA 1923 Anh. S. 13—14 Nr. 1301 = HansRZ 1924 Sp. 136—138 und OLG Celle 8. VII. 1926 JRPV 1926 S. 335 (Verlängerungsklausel trotz gegenteiligen Antrages), KG 6. XI. 1929 JRPV 1930 S. 61—62 (Prämiendifferenz), OLG Stuttgart 27. IV. 1931 VA 1931 S. 267—268 (Verrechnung eines Bonus mit der Prämie oder nicht).

[9] b) Arten.

Zu unterscheiden sind für den Vmer ungünstige und günstige Abweichungen sowie vom Ver gewollte und ungewollte Abweichungen. § 5 will möglichst eine erschöpfende Beweisurkunde für die beiderseitigen Rechte und Pflichten entstehen lassen (Begr. III S. 4). Ziel ist dabei jedoch nur der Schutz des Vmers, wie die Hinweislast des Vers (§ 5 II, III) ergibt. Solchen Schutzes bedarf der Vmer nur bei für ihn ungünstigen Abweichungen. Bei günstigen Abweichungen kann ohne weiteres nur der Vsschein maßgebend sein, insoweit bedarf es keiner Erklärung des Vmers (§ 151^1 BGB; Anm. 18). Ob eine ungünstige Abweichung vom Ver gewollt oder ungewollt ist, erscheint unerheblich (a. A. OLG Breslau 18. III. 1931 VA 1931 S. 5—6 Nr. 2238), bei ungewollten Abweichungen wird es an dem Hinweis nach § 5 II 2 stets fehlen. Schreibfehler des Vers, die den Vmer günstiger stellen, wirken — vorbehaltlich einer Anfechtung — gegen den Ver (Fall: RG 8. VI. 1920 VA 1920 Anh. S. 37—38 Nr. 1138, vgl. aber auch KG 25. VII. 1936 JRPV 1937 S. 12); bei für den Vmer ungünstigen Schreibfehlern greift § 5 ein, aber wegen mangelnden Hinweises gemäß § 5 II 2 wird der Schreibfehler den Vmer nicht belasten. Offensichtliche Schreibfehler will Kisch a. a. O. S. 70 nicht als Abweichungen gelten lassen (vgl. auch OLG Breslau 18. III. 1931 VA 1931 S. 5—6 Nr. 2238). Die Beschränkung des § 5 auf für den Vmer ungünstige Abweichungen ist sehr umstritten, grundsätzlich wie hier Ehrenzweig S. 72—73, Prölss Anm. 2 zu § 5, S. 45, Ruppelt a. a. O. S. 52—65 m. w. N., a. M. Kisch a. a. O. S. 74—75.

Eine Abweichung kann zugleich für den Vmer ungünstig und günstig sein, z. B. eine Verlängerung der Vsdauer im Vsschein. Hier ist keine Gesamtabwägung vorzunehmen, sondern der Vmer kann von Fall zu Fall entscheiden. Brennt es nach Ablauf der ursprünglich vorgesehenen Vsdauer, so wird der Vmer Entschädigung verlangen. Werden Prämien von ihm gefordert, so kann der Vmer sich darauf berufen, mangels Hinweises sei die Abweichung für ihn unverbindlich. Jedoch darf sich der Vmer nicht zu seinem eigenen Verhalten in Widerspruch setzen, also nach Verweigerung der Prämienzahlung Entschädigung fordern.

Behauptet der Vmer eine ihm ungünstige Abweichung des Vsscheines, schweigt er also nicht (vgl. Anm. 24 zu § 3), so ist der Ver für die Richtigkeit des Vsscheines beweispflichtig: vgl. KG 6. XI. 1929 JRPV 1930 S. 62.

[10] 4. Hinweislast.

Bei für den Vmer ungünstigen Abweichungen kann eine Genehmigung nach § 5 II nur angenommen werden, falls der Vmer einen formgerechten Hinweis mit doppeltem Inhalt erhalten hat, nämlich einem generellen und einem speziellen.

a) Form.

Was die förmliche Seite des Hinweises anlangt, so muß er bei Aushändigung des Vsscheines erfolgen, nicht später, nicht vorher (OLG Celle 19. VI. 1952 VersR 1952 S. 283: etwa bei der Antragsstellung). Kleine zeitliche Differenzen schaden nicht, z. B. ist es unerheblich, wenn die besondere schriftliche Hinweismitteilung des § 5 II 2 einen Posttag früher ankommt als der Vsschein. Wesentlich ist es, daß dem Vmer bei Durchsicht des Vsscheines der Hinweis vorliegt. — Ein mündlicher Hinweis genügt nicht (auch nicht nach Treu und Glauben: OLG Celle 19. VI. 1952 VersR 1952 S. 283), vorgeschrieben ist vielmehr ein auffälliger Vermerk in dem Vsschein, der aus dem übrigen Inhalt des Vsscheines hervorgehoben ist, oder eine besondere schriftliche Mitteilung.

Der Vermerk braucht nicht besonders unterzeichnet zu sein, er steht zweckmäßig auf der Schauseite des Vsscheins, muß abgesondert sein von dessen laufendem Text und muß ins Auge springen durch große Drucktypen, Umrandung und/oder Farbigkeit.

Die besondere Mitteilung darf nur den Hinweis, nichts anderes enthalten. Damit der Hinweis nicht unbeachtet bleibe, ist die Schriftform zu wahren, die nach § 126 I BGB eigenhändige Unterschrift voraussetzt (a. A. Prölss Anm. 7 zu § 5, S. 48, dessen Hinweis auf § 3 I 2 deshalb nicht überzeugt, weil der Vermerk auf dem Vsschein auf andere Weise auffällt).

Der Hinweis darf im Einzelfall nicht generell durch Vermerk auf dem Vsschein, speziell durch besondere Mitteilung erfolgen, hat vielmehr formell einheitlich zu sein (a. M. Prölss Anm. 7 zu § 5, S. 48). — Nichtbeachtung der Formvoraussetzungen läßt § 5 III eingreifen, auch Treu und Glauben können hieran nichts ändern.

[11] b) Inhalt.

Inhaltlich muß der Hinweis generell besagen, „daß Abweichungen als genehmigt gelten, wenn der Vmer nicht innerhalb eines Monats nach Empfang des Vsscheins schriftlich widerspricht“ (§ 5 II 1). Wortgetreuer Gebrauch dieser Wendung ist nicht vonnöten, eine Zitierung des § 5 genügt nicht. Unschädlich, weil der Gesetzeslage entsprechend, wäre es, wenn klargestellt wird, daß nur dem Vmer ungünstige Abweichungen in Frage kommen. Eine Fristveränderung würde eine entsprechende Parteivereinbarung voraussetzen, bei einer Verkürzungsvereinbarung würde § 15a eingreifen.

Mit dem generellen Hinweis muß nach § 5 II 2 in allen Vszweigen ein spezieller Hinweis verbunden sein: „auf die einzelnen Abweichungen ist besonders aufmerksam zu machen“. Für die Feuerv hat das RAA in R 56/40 vom 4. XII. 1940 für den Vermerk im Vsschein folgende Fassung vorgesehen: „An den rot kenntlich gemachten Stellen weicht der Vsschein von dem Antrag ab. Wenn nicht innerhalb eines Monats nach Empfang des Vsscheins schriftlich widersprochen wird, gelten die Abweichungen als genehmigt“ (ebenso für die Haftpflichtv R 58/40 vom 4. XII. 1940, ähnlich für die Lebensv R 57/40 vom 4. XII. 1940). Diese Fassung ist unrichtig, falls bereits Vereinbarungen zustandegekommen waren. Denn hier weicht der Vsschein nicht nur vom Antrage, sondern von den Vereinbarungen ab. § 5 I unterscheidet beide Fälle, und so muß es auch der Hinweis tun. Der Vmer ist in hohem Maße daran interessiert, den Hinweis zu erhalten, daß von bereits getroffenen Vereinbarungen abgewichen wurde, da sein Widerspruch sodann die Vereinbarungen wiederherstellt und keinen vertraglosen Zustand entstehen läßt (wie hier Ruppelt a. a. O. S. 43—46, Thees VersPrax 1941 S. 56). Ein Ver, der auch in Fällen der Abweichung von Vereinbarungen die aufsichtsbehördliche Fassung unverändert benutzt, hat den vorgeschriebenen Hinweis unterlassen, § 5 III greift ein. Der Wortlaut des Antrags oder der Vereinbarungen, also der Inhalt der Abweichung braucht dem Vmer nicht nochmals vor Augen geführt zu werden. Bei einer Mehrzahl von Abweichungen ist es denkbar, daß der Hinweis sich nicht auf alle bezieht.

[12] c) Rechtsnatur.

Der dem Ver auferlegte Hinweis ist nicht Gegenstand einer Rechtspflicht des Vers, denn es gibt keine entsprechende Klage, keinen Schadensersatzanspruch des Vmers bei unterlassenem Hinweis (anders Bruck 7. Aufl. S. 39). Es handelt sich vielmehr um eine

Last, eine Obliegenheit des Vers: Unterbleibt der Hinwies, so treten die Rechtsnachteile des § 5 III für den Ver ein, der Ver schneidet ins eigene Fleisch. Auf ein Verschulden des Vers kommt es nicht an, § 276 I 1 BGB gilt nicht. Nur die objektive Tatsache, ob hingewiesen ist oder nicht, entscheidet. Es würde also ausreichen, wenn ein bloßer Vermittlungsagent den Hinweisvermerk auf dem Vsschein ohne Wissen des Vers vor der Aushändigung nachfügt. Der Ver muß im Bestreitensfalle beweisen, daß der Hinweis erfolgt ist.

[13] 5. Widerspruch, Schweigen.

Ist der Hinweislast seitens des Vers genügt, so tritt die Genehmigungswirkung nach § 5 I nicht sofort ein, sondern nur, „wenn der Vmer nicht innerhalb eines Monats nach Empfang des Vsscheines schriftlich widerspricht". Man bezeichnet die Billigungsklausel deshalb auch als Widerspruchsklausel. An den Widerspruch und an das Schweigen werden völlig verschiedene Rechtsfolgen geknüpft, bei mehreren Abweichungen ist es denkbar, daß der Vmer teils widerspricht, teils schweigt.

Die Monatsfrist beginnt mit dem Empfang des Vsscheines, also demjenigen Zeitpunkt, der den Vmer in die tatsächliche Lage versetzt, von dem Inhalt des Vsscheines Kenntnis zu nehmen. Wird einem verreisten Vmer der Vsschein in den Briefkasten geworfen, so hat er ihn noch nicht empfangen. Heranzuziehen ist das Material zum Begriff der Ablieferung in § 377 I HGB, nicht jenes zum Begriff des Zuganges in § 130 I 1 BGB (anders Thees VersPrax 1941 S. 55). Dem Empfang durch den Vmer steht jener durch Empfangsbevollmächtigte gleich, ferner der Empfang durch eine Person, die in der Lage war, selbst den Vsvertrag im Namen des Vmers zu schließen, z. B. durch einen Vsmakler.

Die Frist ist zu berechnen nach §§ 187 I, 188 II, 193 BGB. Der § 7 ist unanwendbar (Kisch a. a. O. S. 79). — Da die Frist heute eine gesetzliche Ausschlußfrist für das Widerspruchsrecht des Vmers ist, kann ihre Versäumung nach Ansicht von Kisch a. a. O. S. 91, Prölss Anm. 4 zu § 5, S. 46, Schmidt S. 250, Thees VersPrax 1941 S. 55 nicht entschuldigt werden. Jedoch kann diese rein formale Betrachtungsweise nicht entscheidend sein, zumal es sich bei § 5 a. F. um eine vertragliche Ausschlußfrist handelte. Ähnlich wie bei der Klagefrist (Anm. 43—47 zu § 12) muß der für die gesamte Rechtsstellung des Vmers maßgebende Verschuldungsgrundsatz auch hier gelten. Jedenfalls muß der Vmer die faktische Möglichkeit des Widerspruchs gehabt haben (Kisch a. a. O. S. 91—92, Ruppelt a. a. O. S. 67—71 m. w. N.) Mit Fristablauf und im Verschuldensfalle — Verschulden des Vmers ist zu vermuten — erlischt das Widerspruchsrecht, entsteht also nicht nur eine Einrede. Als Obliegenheit kann die Notwendigkeit des Widerspruchs nicht konstruiert werden, da unter den Begriff der Obliegenheit solche Fälle nicht zu bringen sind, in denen es nur darum geht, daß jemand ein ihm zustehendes Recht innerhalb einer gewissen Frist auszuüben hat, falls es nicht erlöschen soll (a. A. Schmidt S. 250—251). § 6 I 1 ist auch deshalb unanwendbar, weil die Folgen des § 5 kraft Gesetzes eintreten. — Gemäß § 115a II kann in der Hagelv die Monatsfrist auf mindestens eineWoche verkürzt werden. Das setzt jedoch eine Vereinbarung voraus, darf also nicht ohne weiteres in dem Hinweis geschehen.

[14] a) Widerspruch.

Der Widerspruch ist eine reschtsgestaltende, empfangsbedürftige Willenserklärung des Vmers, welche nicht nur bewirkt, sondern darauf gerichtet ist, daß die gesetzliche Genehmigungswirkung des § 5 I nicht eintritt (Kisch a. a. O. S. 83). Es handelt sich also nicht um eine bloße (geschäftsähnliche) Rechtshandlung (a. M. wohl Prölss Anm. 3 zu § 5, S. 46), sondern die Vorschriften über Willenserklärungen, z. B. Anfechtung, sind unmittelbar anwendbar (Kisch a. a. O. S. 84).

Widerspruchsberechtigt, also Träger des Gestaltungsrechtes ist der Vmer, nach § 107 BGB auch der beschränkt Geschäftsfähige, sofern der Widerspruch nur einen rechtlichen Vorteil bringt. Das trifft jedenfalls dann zu, wenn bereits Vereinbarungen vorlagen, von denen der Vsschein nur ungünstig abweicht. Dem Vmer steht sein gesetzlicher oder rechtsgeschäftlicher Vertreter (z. B. Vsmakler) oder ein gesetzlicher Verwalter (Konkurs-, Nachlaß-, Zwangsverwalter, Testamentsvollstrecker) gleich, ferner derjenige, der voll in die Vmerrolle eintritt, z. B. der Erwerber des § 69 I, der Erbe, der sonstige Gesamtnachfolger, nicht aber der Zessionar, Vertrags- oder Pfändungspfandgläubiger, bei einem Vertrag zugunsten Dritter nicht der Dritte (Vte, Bezugsberechtigte), bei der Haftpflichtv nicht der Drittgeschädigte. Bei einer Mehrzahl von Vmern ist bei Vorhandensein einer einheitlichen Vsforderung und Prämienschuld jeder von ihnen mit Wirkung für alle anderen widerspruchsberechtigt (zu weit: Prölss Anm. 3 zu § 5, S. 46).

Adressat der Widerspruchserklärung ist der Ver, jeder Agent (§ 43 Ziff. 2), bei einer Mitv jeder Ver, bei Vorhandensein eines führenden Vers dieser.

§ 5 I schreibt zur Vermeidung unnötiger Rechtsstreitigkeiten (Begr. III S. 4) für den Widerspruch die Schriftform vor, es gelten §§ 125[1], 126 I BGB, nicht die Bestimmungen über vereinbarte Schriftform (Kisch a. a. O. S. 80, a. M. Prölß Anm. 1 zu § 34a, S. 121, wo verkannt wird, daß das Widerspruchsrecht nicht als Recht aus dem Vsvertrag konstruiert werden kann, bezieht es sich doch auf die Frage, ob überhaupt ein Vertrag zustandegekommen ist). Der Ver kann auf die Schriftform verzichten, auch kann es Treu und Glauben widerstreiten, sich auf sie zu berufen.

Inhaltlich braucht der Widerspruch nur zu ergeben, daß der Vmer mit dem Inhalt des Vsscheines nicht einverstanden sei, das Wort Widerspruch braucht nicht benutzt zu werden, die einzelnen Abweichungen zwischen Vsschein und Antrag bzw. Vereinbarungen brauchen nicht gerügt zu werden (Ehrenzweig S. 73, Kisch a. a. O. S. 82, a. A. Raiser Anm. 13 zu § 8, S. 222). In der wortlosen Rücksendung des Vsscheines kann also ein Widerspruch liegen. Werden die Abweichungen bezeichnet, so kann sich ergeben, daß der Vmer nicht sämtliche Abweichungen beanstandet (Teilwiderspruch).

Innerhalb der Monatsfrist kann der Widerspruch auch noch nach Zahlung der Prämie oder Eintritt des Vsfalles (Kisch a. a. O. S. 84) erfolgen. Der Widerspruch ist nicht zurücknehmbar, da es sich um die Ausübung eines Gestaltungsrechts handelte (Kisch a. a. O. S. 85). Aber in der Zurücknahme liegt ein Angebot des Vmers, den Vertrag nunmehr entsprechend der Polize abzuschließen.

[15] b) Schweigen.

In dem Schweigen des Vmers während der Monatsfrist kann im Einzelfall eine Willenserklärung des Vmers liegen, aber dies braucht nicht der Fall zu sein. Das Schweigen gilt bei erfolgtem Hinweis nach § 5 I als Genehmigung. Es handelt sich hier nicht um die nachträgliche Zustimmung des § 184 I BGB. Genehmigung bedeutet vielmehr im Rahmen des § 5 I Annahme jenes Antrages des Vers, der in der Aushändigung des Vsscheines liegt (Ruppelt a. a. O. S. 6—8). Es gibt auch sonst Fälle im Recht, in denen ein Schweigen als Annahmeerklärung gilt, vgl. besonders § 362 I HGB und die für kaufmännische Bestätigungsschreiben maßgebenden Grundsätze (Ruppelt a. a. O. S. 8—16).

Das Schweigen gilt als Annahmeerklärung. Jedoch liegt hierin keine reine Fiktion (wie Kisch a. a. O. S. 94 meint), da § 5 I sowohl den Fall umfaßt, in welchem dem Schweigen ein Geschäftswille zugrunde lag (stillschweigende Willenserklärung), wie den, daß der Geschäftswille fehlte. Deshalb erscheint es richtiger, von einer unwiderlegbaren Vermutung zu sprechen (Möller ArchZivPrax 1953 S. 394—395). Solche Vermutungen können eine schwächere oder stärkere Wirkung zeitigen. Das Schweigen hätte dann eine schwächere Wirkung, wenn das Gesetz lediglich auf den Tatbestand einer Willenserklärung verzichtet, aber im übrigen die unerläßlichen Voraussetzungen einer Willenserklärung erheischt (z. B. Geschäftsfähigkeit) und auch deren Rechtsfolgen eintreten läßt (z. B. Anfechtbarkeit). Eine stärkere Wirkung würde eintreten, falls nicht nur vom Tatbestand der Willenserklärung abgesehen wird, sondern es überhaupt ausgeschlossen ist, die für Willenserklärungen maßgebenden Grundsätze anzuwenden. Bei § 5 I tritt — ebenso wie bei § 362 I HGB — lediglich die schwächere Wirkung ein, was sich schon aus § 5 IV ergibt, wonach der Vmer wegen Irrtums anfechten kann (Ruppelt a. a. O. S. 18—27 m. w. N.). Das Schweigen setzt also volle Geschäftsfähigkeit des Vmers voraus (Kisch a. a. O. S. 96); verliert der Vmer diese während der Monatsfrist und wird ein gesetzlicher Vertreter nicht bestellt, so tritt die Genehmigungswirkung nicht nach Ablauf des Monats ein (a. A. Kisch a. a. O. S. 96—97).

[16] **II. Rechtsfolgen.**

Die Rechtsfolgen einer Abweichung zwischen Vsschein einerseits und Antrag oder Vereinbarungen andererseits sind verschieden, je nachdem, ob der Ver seiner Hinweislast genügt hat (Anm. 19—25) oder nicht (Anm. 17—18), und — ersterenfalls — je nachdem, ob der Vmer widersprochen (Anm. 19—20) oder geschwiegen (Anm. 21—25) hat.

[17] **1. Rechtslage bei mangelndem Hinweis.**

Ist der Hinweis nicht oder nicht ordnungsgemäß nach § 5 II erfolgt, so tritt keine Genehmigungswirkung ein (§ 5 II 1), die Abweichung ist für den Vmer unverbindlich (§ 5 III). Es gelten die vor Aushändigung des Vsscheins getroffenen Vereinbarungen (Ehrenzweig S. 73 Anm. 19), deren Zustandekommen derjenige beweisen muß, der sich auf sie beruft. Falls Vereinbarungen noch nicht zustandegekommen waren, hängt der Antrag des Vmers gleichsam in der Luft, könnte sogar als erloschen angesehen werden (vgl. § 150 II BGB). Hier hilft dem Vmer die Fiktion des § 5 III, wonach „der Inhalt des Vsantrags insoweit als vereinbart anzusehen" ist. Dem Ver wird also wegen Verletzung seiner Hinweislast hier ein Vertrag aufgezwungen, den er mit diesem Inhalt nicht abschließen wollte; andererseits kann sich aber auch der Ver auf das Zustandekommen dieses Vertrages berufen (Kisch a. a. O. S. 77—78). Eine Irrtumsanfechtung durch den Ver ist ausgeschlossen, da er nicht durch eine Willenserklärung, sondern durch § 5 III verpflichtet ist. Gemäß § 3 I 1 kann nunmehr der Vmer einen Vsschein fordern, der inhaltlich dem Antrag entspricht. — Auf jeden Fall führt nach alledem die Verletzung der Hinweislast zu einem Vertrage (Ehrenzweig Vsrundschau 1950 S. 139 bis 140, Richter a. a. O. S. 19—20; OLG Celle 19. VI. 1952 VersR 1952 S. 283, LG Hamburg 26. X. 1950 VersR 1951 S. 174; überholt z. B. OLG Breslau 18. III. 1931 VA 1931 S. 5—6 Nr. 2238, OLG Celle 8. VII. 1926 JRPV 1926 S. 335). Ob ein Widerspruch gegen den Vsschein erfolgt oder nicht, ist rechtsunerheblich (unzweckmäßig deshalb die Gliederung bei Prölss Anm. 6, 7 zu § 5, S. 46—48). § 5 III schließt nicht aus, daß trotz mangelnden Hinweises der Vmer mit dem Ver vereinbart, der Inhalt des Vsscheines solle maßgebend sein. Es würde sich regelmäßig um einen Änderungsvertrag handeln, von Zustimmung oder Genehmigung sollte hier nicht gesprochen werden (anders von Gierke II S. 147, Prölss Anm. 6 B zu § 5, S. 48).

[18] Da § 5 nur bei Abweichungen gilt, die für den Vmer ungünstig sind (Anm. 9), ist bei günstigen Abweichungen auch § 5 III nicht anwendbar. Hier ist vielmehr regelmäßig anzunehmen, daß der Vmer den in der Ausfertigung des Vsscheines liegenden neuen Antrag des Vers (§ 150 II BGB) gemäß § 151[1] BGB annimmt: Trotz mangelnden Hinweises auf die Abweichung gilt demnach der Inhalt des Vsscheines (anders, falls der Vmer den Ver auf die Abweichung aufmerksam macht, obgleich sie ihm günstig ist: KG 25. VII. 1936 JRPV 1937 S. 12 [Schreibfehler]). Prölß Anm. 6 B zu § 5, S. 48 meint, auch der Ver könne sich auf § 5 III berufen. Ist aber die Abweichung für den Vmer eine ungünstige, so hat diese Feststellung keine Bedeutung. Ist die Abweichung dagegen eine für den Vmer günstige, so gilt § 5 nicht (so auch Prölß Anm. 2 zu § 5, S. 45).

[19] **2. Rechtslage bei vorgenommenem Hinweis und Widerspruch des Versicherungsnehmers.**

Hat der Ver seiner Hinweislast genügt und der Vmer frist- und formgerecht widersprochen, so gilt die Abweichung gleichfalls nicht als genehmigt (§ 5 I); wie im Falle des § 5 III ist die Abweichung für den Vmer unverbindlich. Für einen Widerspruch ist natürlich nur Raum, sofern wirklich eine ungünstige Abweichung vorliegt. Fehlt es überhaupt an einer Abweichung, so kann sich der Vmer von seinen Verpflichtungen nicht mehr durch Widerspruch befreien. Liegt eine für den Vmer günstige Abweichung vor, so handelt es sich nicht um einen Widerspruch i. S. des § 5 I. Beweisfragen hinsichtlich des Vorliegens einer dem Vmer ungünstigen Abweichung können im Falle des Widerspruchs nicht auftauchen, da der Ver mit dem Hinweis selbst zugegeben hat, daß solche Abweichung vorliege (deshalb bedenklich Prölß Anm. 5 zu § 5, S. 46).

Wirkungen des Widerspruchs können nur eintreten, wenn vorher der Hinweislast genügt ist. Die Wirkungen sind verschieden: War der Vertrag schon vor Aushändigung des Vsscheines geschlossen, so bleibt bei Widerspruch der geschlossene Vertrag in Kraft, ein entsprechender Vsschein ist nach § 3 I 1 auszuhändigen. War der Antrag des Vmers dagegen noch nicht vom Ver angenommen, so ist er mit Aushändigung des abweichenden Vsscheines erloschen (§ 150 II BGB; OLG Celle 8. VII. 1926 JRPV 1926 S. 335). Der Ver kann also nicht mehr auf den Antrag zurückgreifen und diesen nunmehr annehmen (Ehrenzweig S. 73). Auch § 5 III greift nicht ein. Es bedarf vielmehr, soll ein Vertrag zustandekommen, beiderseits neuer Willenserklärungen. Der Widerspruch hat also nicht die Wirkung, einen Vertrag entsprechend dem Willen des Vmers neu zu gestalten (OLG Köln 23. XII. 1920 VA 1921 Anh. S. 39 Nr. 1198).

[20] Widerspricht der Vmer nur einzelnen der vom Ver herausgestellten Abweichungen (Teilwiderspruch), so kommt es wieder darauf an, ob vor Aushändigung des Vsscheines schon ein Vertrag geschlossen war oder nicht. Lag bislang nur ein Antrag des Vmers vor, so bewirkt der Teilwiderspruch, daß der Vertrag nicht zustandekommt. Jedoch kann man daraus, daß der Vmer nicht vollen Umfanges widerspricht, entnehmen, daß er einen neuen Antrag stellt, den der Ver z. B. durch Übersendung einer Polize annehmen kann, in der die vom Vmer nicht gewünschten Abweichungen weggelassen sind. War umgekehrt schon eine Vereinbarung zustandegekommen, so bewirkt der Teilwiderspruch, daß das Vereinbarte nur insoweit gilt, als Widerspruch erhoben ist. Im übrigen aber gibt der Vmer durch den Teilwiderspruch zu erkennen, daß er den Vsschein, in dem ein Änderungsantrag liegt, insoweit annimmt, als der Widerspruch unterbleibt.

[21] 3. Rechtslage bei vorgenommenem Hinweis und Schweigen des Versicherungsnehmers.

a) Genehmigungswirkung.

In diesem Falle entfaltet die Billigungsklausel ihre bedeutsamste Rechtswirkung, es „gilt die Abweichung als genehmigt" (§ 5 I). Kraft unwiderlegbarer Vermutung bedeutet das Schweigen des Vmers oder sein nicht ordnungsgemäßer Widerspruch die Annahme jenes Antrages, den der Ver mit Aushändigung des Vsscheines stellt (Anm. 15).

Soweit diese Wirkung des § 5 I reicht, hat der Vsschein konstitutive Bedeutung, es gilt, und zwar ausschließlich, das Verbriefte. Das Vereinbarte oder der Antrag verlieren ihre Bedeutung (OLG Köln 23. XII. 1920 VA 1921 Anh. S. 39 Nr. 1198), soweit nicht die Polize auf den Antrag hinsichtlich anderer Punkte ergänzend verweist (dazu Pröl., Anm. 6 zu § 5, S. 47). Verletzungen zwingender Vorschriften werden durch die Genehmigung jedoch nicht geheilt. — Soweit die Genehmigungswirkung nicht eintritt, z. B. infolge unterbliebenen Hinweises oder erfolgten Widerspruches, kann der Vmer die Unrichtigkeit und die Unvollständigkeit des Vsscheines immer noch geltend machen. Der Vsschein, der als Beweisurkunde die beiderseitigen Rechte und Pflichten erschöpfend wiedergeben soll (Begr. III S. 4), unterbindet also nicht einen Streit um den Inhalt des Vertrages.

[22] b) Wirkungsbeginn.

Die Genehmigung des § 5 I wirkt auf den Zeitpunkt des formellenVsbeginns zurück. Folgt der Vsschein einem schon geschlossenen Vertrag, so wird es nach Ablauf der Monatsfrist so angesehen, als ob der Vertrag von Anfang an mit dem Inhalt des Vsscheines zustandegekommen wäre. War der Vertrag noch nicht geschlossen, so bewirkt § 5 I, daß trotz der Abweichung vom Antrag der Vertrag als mit dem Zugang der Polize geschlossen anzusehen ist, und zwar mit dem Inhalt des Vsscheins.

[23] c) Anfechtungsfrage.

Was die Anfechtungsfrage anlangt, so schreibt § 5 IV absolut zwingend (§ 15a) vor, daß das Recht des Vmers, „den Vertrag wegen Irrtums anzufechten", unverzichtbar sei. Anfechtbar sind nicht eigentlich Verträge, sondern Willenserklärungen, deren Vernichtung dann erst sekundär auch den Vertrag aufhebt. Der Vmer könnte entweder seinen ursprünglichen Antrag oder aber die Genehmigung (Annahme des Änderungsantrages des Vers) anfechten wollen. Beide Fälle umfaßt § 5 IV (Begr. III S. 5). Wird die Genehmigung der Abweichungen angefochten (hierzu dogmatisch Kisch a. a. O. S. 98), so liegt darin zugleich die Erhebung des Widerspruches. Es gilt also wieder das ursprünglich Vereinbarte, falls der Vertrag vor Aushändigung der Polize bereits geschlossen worden war (OLG Hamm 13. VI. 1923 VA 1923 Anh. S. 13—14 Nr. 1301 = HansRZ 1924 Sp. 136—138, wo aber der Vermittlungsagent keine Vereinbarungen treffen konnte). Falls dagegen der Vmer bisher nur einen Antrag gestellt hatte, so hat die Anfechtung der Genehmigung, also des Stillschweigens, zur Folge, daß ein Vertrag nicht zustandegekommen ist. Der Fall, daß nicht die Genehmigung, sondern der ursprüngliche Antrag angefochten wird, kann nur in Frage kommen, wenn entweder der Ver der Hinweislast nicht genügt hatte oder der Vmer widersprochen hatte. Hier nämlich gilt eine etwa zustandegekommene Vereinbarung und im Rahmen des § 5 III eine fingierte Vereinbarung entsprechend dem Antrag. Wird jetzt der ursprüngliche Antrag angefochten, so fällt die (faktische oder fingierte) Vereinbarung in sich zusammen. (§ 5^2 a. F. sprach nur von der Anfechtung der Genehmigung. Es ist unrichtig, wenn Prölß JRPV 1940 S. 51 die Ansicht vertritt, das Recht auf Anfechtung der Genehmigung könne heute vertraglich ausgeschlossen werden.)

[24] § 5 IV schafft kein neues Anfechtungsrecht, sondern setzt voraus, daß einer der Fälle des § 119 BGB gegeben ist. Jedoch kommt bei der Anfechtung der Genehmigung § 119 I, 2. Fall BGB nicht in Betracht. Denn es liegt im Wesen der unwiderlegbaren Vermutung, daß der Vmer sich nicht darauf stützen kann, er habe mit seinem Stillschweigen eine Erklärung überhaupt nicht abgeben wollen (Ruppelt a. a. O. S. 18—19 100—102, a. A. Kisch a. a. O. S. 99). Dagegen ist auch die Genehmigung nach § 119 I, 1. Fall BGB anfechtbar, wenn der Vmer über den Inhalt des Vsscheins, auf den sich sein eigenes Stillschweigen bezog, im Irrtum war, man denke daran, daß der Vmer sich verliest (z. B. bei der Prämie 1‰ statt % liest). Der Vmer kann aber nicht mit der Begründung anfechten, er habe sich den Vsschein überhaupt nicht angesehen und deshalb auch den Hinweisvermerk nicht gelesen. Im Falle der Anfechtung gilt § 122 BGB; ein Schaden kann dem Ver z. B. durch Rückvsnahme entstanden sein.

[25] Neben den Anfechtungsmöglichkeiten des § 5 IV steht für den Vmer die Möglichkeit zur Anfechtung seiner Widerspruchserklärung, sowie zur Anfechtung wegen arglistiger Täuschung oder Drohung, für den Ver die Möglichkeit zur Anfechtung seines in der Aushändigung des Vsscheines liegenden Angebotes (RG 8. VI. 1920 VA 1920 Anh. S. 37—38 Nr. 1138 = HansRZ 1920 Sp. 718—719, OLG Hamburg 23. VII. 1937 HansRGZ 1938 A Sp. 92—93 = OeffrV 1938 S. 401), nicht aber die Möglichkeit, sich im Wege der Anfechtung von der fingierten Vereinbarung des § 5 III zu lösen.

[26] III. Unabdingbarkeit.

§ 5 IV ist absolut zwingend, § 5 I—III gemäß § 15a relativ zwingend zugunsten des Vmers. Es kann also z. B. die Hinweislast des Vers nicht vertraglich beseitigt oder — etwa hinsichtlich der Form — abgeschwächt werden (OLG Celle 19. VI. 1952 VersR 1952 S. 283). Die Widerspruchsfrist kann vertraglich wohl verlängert, nicht aber verkürzt werden (vgl. jedoch für die Hagelv § 115a II). Die Rechtsfolge des § 5 III, wonach der Inhalt des Antrages als vereinbart anzusehen ist, kann nicht ausgeschlossen werden.

§ 5 schließt auch insoweit, als er den Ver begünstigt, nicht aus, daß der Vmer sich auf culpa in contrahendo des Vers beruft (OLG Hamm 4. XII. 1930 JRPV 1931 S. 325 = HansRGZ 1931 A Sp. 659).

Dagegen verschließt § 5 dem Ver die Möglichkeit, sich insoweit auf die Grundsätze über konstitutive Bestätigungsschreiben zu berufen, als § 5 einen Vmer schützt, z. B. wegen mangelnden Hinweises (deshalb unrichtig OLG Königsberg 15. XII. 1925 VA 1926 S. 23 Nr. 1539). Hierzu OGH 27. IV. 1950 VersR 1950 S. 100.

§ 6

(1) Ist im Vertrag bestimmt, daß bei Verletzung einer Obliegenheit, die vor dem Eintritt des Versicherungsfalls dem Versicherer gegenüber zu erfüllen ist, der Versicherer von der Verpflichtung zur Leistung frei sein soll, so tritt die vereinbarte Rechtsfolge nicht ein, wenn die Verletzung als eine unverschuldete anzusehen ist. Der Versicherer kann den Vertrag innerhalb eines Monats, nachdem er von der Verletzung Kenntnis erlangt hat, ohne Einhaltung einer Kündigungsfrist kündigen, es sei denn, daß die Verletzung als eine unverschuldete anzusehen ist. Kündigt der Versicherer innerhalb eines Monats nicht, so kann er sich auf die vereinbarte Leistungsfreiheit nicht berufen.

(2) Ist eine Obliegenheit verletzt, die von dem Versicherungsnehmer zum Zwecke der Verminderung der Gefahr oder der Verhütung einer Gefahrerhöhung dem Versicherer gegenüber zu erfüllen ist, so kann sich der Versicherer auf die vereinbarte Leistungsfreiheit nicht berufen, wenn die Verletzung keinen Einfluß auf den Eintritt des Versicherungsfalls oder den Umfang der ihm obliegenden Leistung gehabt hat.

(3) Ist die Leistungsfreiheit für den Fall vereinbart, daß eine Obliegenheit verletzt wird, die nach dem Eintritt des Versicherungsfalls dem Versicherer gegenüber zu erfüllen ist, so tritt die vereinbarte Rechtsfolge nicht ein, wenn die Verletzung weder auf Vorsatz noch auf grober Fahrlässigkeit beruht. Bei grobfahrlässiger Verletzung bleibt der Versicherer zur Leistung insoweit verpflichtet, als die Verletzung Einfluß weder auf die Feststellung des Versicherungsfalls noch auf die Feststellung oder den Umfang der dem Versicherer obliegenden Leistung gehabt hat.

(4) Eine Vereinbarung, nach welcher der Versicherer bei Verletzung einer Obliegenheit zum Rücktritt berechtigt sein soll, ist unwirksam.

Obliegenheiten.

Gliederung:

[1] **Entstehung:** Die wichtige Bestimmung des § 6 ist formell und materiell geändert durch das G vom 7. XI. 1939, die VO vom 19. XII. 1939 und die VO vom 28. XII. 1942. Die Änderungen bedeuten weitgehende Verbesserungen zugunsten des Vmers. Neu sind das Klarstellungserfordernis des § 6 I 2, 3, die Aufgabe des Alles-oder-Nichts-Prinzips in § 6 III 2 und der Ausschluß einer Rücktrittsvereinbarung in § 6 IV. Nur formelle Bedeutung haben die Umstellung des § 32^2 a. F., der jetzt in § 6 II übernommen ist und die Streichung des § 6 III a. F., der durch § 15a überflüssig geworden ist. — Begr. I S. 20—23, 42, II S. 1772—1773, III S. 5.

[2] **Schrifttum:** Arens, Zum Wesen der Obliegenheiten im Vsrecht, Münsteraner Diss., Dortmund 1940, Arzt, Die vorbeugenden Obliegenheiten, ungedr. Hamburger Diss. 1951, Bruck S. 276—294 m. w. N., Ehrenzweig S. 147—155, 170—181, Greve, Wegfall der Rechtsfolgen von Obliegenheitsverletzungen, ungedr. Hamburger Diss. 1953, Hagen I S. 523—538, Ivens, Das Klarstellungserfordernis des § 6 VVG, ungedr. Hamburger Diss. 1951, Kern, Die Rechtsnatur der vsrechtlichen Obliegenheiten, Freiburger Diss., St. Gallen 1949, Koenig S. 105—118, Schmidt, Die Obliegenheiten, Studien auf dem Gebiete des Rechtszwanges im Zivilrecht unter besonderer Berücksichtigung des Privatvsrechts, Karlsruhe 1953 m. w. N., Schmitt, Die Rechtsnatur der Obliegenheiten im Privatvsrecht, Jenaer Diss., Würzburg 1939, Zingg, Die Befreiung des Vers von der Leistungspflicht, Bern 1926, Zumbach, Die Exkulpation des Vmers, Züricher Diss., Lachen 1946, auch unten Anm. 54, 78.

[3] **I. Begriff der Obliegenheit.**

1. Bedeutung.

Den Vmer belasten vielfach nuancierte Gruppen von Verhaltensnormen, besonders kann man Rechtspflichten und Obliegenheiten unterscheiden. Als Rechtspflicht kommt in erster Linie die Prämienzahlungspflicht in Betracht (Anm. 39 zu § 1, Anm. 3—5 zu § 35, wo auch Nebenpflichten des Vmers behandelt sind). Die Erkenntnis, daß es neben den Rechtspflichten Obliegenheiten gibt, ist verhältnismäßig jung. Obliegenheiten kommen nicht nur bei Vsverträgen, sondern im gesamten Zivilrecht vor (vgl. nur §§ 254, 149, 293, 351 BGB, 377—378, 362 I HGB, Art. 44 WechselG) und werden besonders im Prozeßrecht auch als Lasten bezeichnet (weitschichtiges Material bei Schmidt S. 89—97, 105—197, 303—311).

Sie können beim Vsvertrag nicht nur den Vmer, sondern auch den Ver treffen (a. A. Bruck NeumannsZ 1927 S. 12, OLG Hamburg 30. III. 1928 JRPV 1929 S. 31), man denke an den Hinweis auf Abweichungen nach § 5 II (Anm. 12 zu § 5), an die Kündigung nach § 6 I 2, 3 (Anm. 41), an die Setzung der Klagefrist nach § 12 III 2, an die qualifizierte Mahnung nach § 39 I, an die Benachrichtigung nach § 156 II, an die Anzeige nach § 158c II 1, an den Hinweis nach § 158e I 2, vgl. auch Ehrenzweig S. 180—181 und Anm. 39 zu § 3. Praktisch bedeutungsvoll sind aber besonders die Obliegenheiten des Vmers, von ihnen allein handelt § 6.

[4] Ihre Häufigkeit erklärt sich aus dem Wesen der Gefahrengemeinschaft; denn die dem Vmer auferlegten Verhaltungsnormen dienen weithin dazu, zu verhindern, daß der einzelne Vmer gemeinschaftswidrige Sondervorteile genießt (dazu BGH 19. XII. 1950 NJW 1951 S. 205). Je mehr in einem Vszweig die Gefahrslage durch den Vmer beeinflußt werden kann, desto zahlreicher sind die Obliegenheiten. Deshalb sind sie in der Hagel- und Lebensv geringer an Zahl als in der Haftpflicht- und Transportv. Aber darüber hinaus läßt sich das Wesen der Obliegenheiten nicht von der Gefahrengemeinschaft her klären (Schmidt S. 299—300 gegen Arens a. a. O. S. 37, 43—45). Sie erstrecken sich vom Zeitpunkt der Antragstellung bis zum formellen Ende der V. Gewisse Obliegenheiten stehen mehr mit allgemeinen rechtlichen Gesichtspunkten als mit dem Wesen der Gefahrengemeinschaft in Zusammenhang, z. B. die Obliegenheit zur Anzeige einer Wohnungsänderung nach § 10 (Schmidt S. 249—255).

[5] 2. **Rechtsnatur.**

a) Verhaltensnorm.

Rechtspflichten und Obliegenheiten ist gemeinsam, daß sie von dem Vmer ein bestimmtes Verhalten, also ein Tun oder Unterlassen fordern. In beiden Fällen wird das Verhalten auch zunächst auferlegt im Interesse des Vers, welcher der Verwalter der Gefahrengemeinschaft ist. Der Unterschied zwischen Rechtspflichten und Obliegenheiten besteht nur darin, daß (nach der Auferlegung der Verhaltensvorschrift) die Beobachtung des Verhaltens bei einer Rechtspflicht nach wie vor im (fremden) Interesse des Vers liegt, bei einer Obliegenheit dagegen nur noch im (eigenen) Interesse des Vmers: An der Erlangung der Prämienzahlung (Rechtspflicht) ist der Ver stark interessiert, während ein Vmer, der grobfahrlässig einen Schaden nicht anzeigt, sich (infolge der vorgesehenen Folgen einer Verletzung der Obliegenheit) nur ins eigene Fleisch schneidet.

[6] **b) Erfüllungszwang.**

Während die Erfüllung einer Rechtspflicht durch Klageerhebung, Verurteilung und Vollstreckung erzwungen werden kann, entfällt solcher Erfüllungszwang bei einer Obliegenheit, was sich schon daraus ergibt, daß jede Klage ein Rechtsschutzinteresse voraussetzt (Rosenberg S. 387). Der Ver aber hat — angesichts der vorgesehenen Verletzungsfolgen — kein Interesse an der Erfüllung einer Obliegenheit.

[7] **c) Schadensersatz.**

Der Schaden ist stets die Negation eines Interesses. Deshalb kann ein Ver einen Schadensersatzanspruch haben, falls der Vmer eine Rechtspflicht verletzt, also z. B. eine Prämie nicht zahlt. Die Verletzung einer Obliegenheit dagegen kann nie einen Schadensersatzanspruch des Vers auslösen, da durch sie nur der Vmer sich selbst schädigt, nicht aber den Ver; im Gegenteil die Stellung des Vers wird verbessert (a. A. Begr. I S. 22, Prölß Anm. 11 zu § 6, S. 60, Anm. 8 zu § 33, S. 116, Anm. 3 zu § 34, S. 119, RG 21. II. 1913 Warn 1913 S. 316—317 Nr. 270, KG 27. II. 1914 VA 1914 Anh. S. 47 Nr. 809, OLG Kiel 12. II. 1926 VA 1927 S. 65 Nr. 1711, OLG Hamm 12. VII. 1928 VA 1929 S. 28 Nr. 1940, wo aber ausdrücklich konstatiert wird, daß sich eine Schädigung des Vers nicht nachweisen lasse).

Auch in § 62 II 2 handelt es sich nicht um einen Schadensersatzanspruch des Vers vielmehr mindert sich möglicherweise der Entschädigungsanspruch des Vmers, falls er grobfährlässig die Abwendung oder Minderung eines Vsschadens unterläßt (falsch formuliert § 10 III 2 SVS). — Wenn § 41 den Anspruch auf eine höhere Prämie kennt, so handelt es sich hier um eine vom Gesetz auferlegte zusätzliche Rechtspflicht, nicht um die typische Folge einer Obliegenheitsverletzung. — Wird ausnahmsweise für den Fall einer Obliegenheitsverletzung die Zahlung einer Vertragsstrafe vorgesehen, so beruht die Zahlungspflicht nicht auf der Obliegenheitsverletzung, sondern auf der Vertragsstrafenvereinbarung, die nicht nur an die Verletzung von Rechtspflichten anknüpfen kann (a. A. Oberbach II S. 39), sondern auch an andere Tatbestände (vgl. § 343 II BGB). Bei der Vertragsstrafenvereinbarung des § 8 II 1 AHaftpflB dürfte es sich um eine echte Rechtspflicht handeln.

[8] **d) Verbindlichkeitstheorie.**

Sie leugnet die geschilderten Unterschiede zwischen Rechtspflichten und Obliegenheiten und sieht auch in den Obliegenheiten Rechtspflichten. Hauptvertreter der Verbindlichkeitstheorie sind Ehrenzweig S. 147—155, von Gierke II S. 150—151, Koenig S. 112—118, Prölß Anm. 4 zu § 6, S. 51—52, Ritter S. 35—38. Die Verbindlichkeitstheorie verkennt, daß zwar ein Sollen, eine Verhaltensnorm auch den Obliegenheiten zugrunde liegt, daß es aber mindestens zwei große Gruppen von Verhaltensnormen gibt. Sie übersieht auch, daß das Interesse an der Auferlegung einer Verhaltensnorm zu unterscheiden ist von dem Interesse an der Erfüllung (Anm. 5). Letzteres besteht für den Ver nur bei den Rechtspflichten, nicht bei den Obliegenheiten. Die Vertreter der Verbindlichkeitstheorie bezeichnen die Gegenmeinung als „Irrlehre“ (Ehrenzweig S. 147), als „ein Erzeugnis formalistischer Begriffsjurisprudenz" (von Gierke II S. 151), während sie in Wahrheit ihrerseits den Begriff der Rechtspflicht vergewaltigen, weil sie zu Unterscheidendes nicht unterscheiden. Ritter S. 37 spricht immerhin von „Verbindlichkeiten von besonderer Art und besonderer Kraft" — übrigens geminderter Kraft. Daß eine Klagbarkeit entfällt, konzediert auch von Gierke II S. 150: „Manche sind freilich nicht durch eine Klage erzwingbar oder es hat eine Klage keinen praktischen Wert". Koenig S. 114 gibt sogar zu, daß der Ver „regelmäßig kein Interesse" habe, dennoch hält er eine Klage für zulässig. Prölss Anm. 4 zu § 6, S. 52 vergleicht die Obliegenheiten den Naturalobligationen, wobei er verkennt, daß an deren Erfüllung stets der Gläubiger ein Interesse hat (Möller Schuldrecht S. 6—7, vgl. auch Schmidt S. 41—48, 314). Die Ausdrücke Schuldner und Gläubiger passen bei Obliegenheiten nicht. Deshalb rückt von Gierke II S. 151 wohl — unfolgerichtig — auch ab von einer Anwendung des § 278[1] BGB auf Obliegenheiten.

In keiner Weise weiß die Verbindlichkeitstheorie zu erklären, daß Obliegenheiten nicht nur den Vmer, sondern auch dritte Personen zu belasten vermögen, z. B. den Erwerber bei Veräußerung der vten Sache (§ 71 I 2), den Vten bei der V für fremde Rechnung (§ 79 I), den Hypothekengläubiger (§ 107a[1]), den geschädigten Dritten in der Haftpflichtv (§ 158d, e), die Gefahrsperson in der Lebens- und Unfallv (§§ 161, 179 IV) und den Bezugsberechtigten ebendort (§§ 171 II, 182), vgl. auch Anm. 71. Anerkanntermaßen gibt es doch keine Verträge zu Lasten Dritter, also Verträge, durch die ein Nichtkontrahent mit Rechtspflichten belastet wird. Prölss VersR 1951 S. 119 konzediert denn auch, daß es sich bei den dritten Personen um „Obliegenheiten im Sinne der herrschenden Meinung" handle.

[9] e) Obliegenheitstheorie.

Sie trägt allein der Tatsache Rechnung, daß grundlegende Unterschiede zwischen Rechtspflichten und Obliegenheiten bestehen. Hauptvertreter sind Bruck S. 276—294, Hagen I S. 524—526, Kisch II S. 178—180, 511, 515—516, III S. 329—332, Raiser Anm. 1 zu § 5, S. 163—165, Anm. 32 zu § 14, S. 351—352, Stiefel-Wussow Anm. 10 zu § 2, S. 44, Thees ÖffrV 1941 S. 17 und besonders in ständiger Rechtsprechung das RG: RG 28. VI. 1904 RGZ Bd 58 S. 346, 21. XII. 1905 RGZ Bd 62 S. 192, 11. IV. 1919 RGZ Bd 95 S. 254, 12. XII. 1919 RGZ Bd 97 S. 281, 19. VI. 1931 RGZ Bd 133 S. 122: „Eine Obliegenheit ist .... keine in irgendeiner Art erzwingbare, bei Nichterfüllung in eine Schadensersatzpflicht übergehende Verbindlichkeit". In gleicher Richtung die in Anm. 74 zitierten Urteile, welche die Anwendung des § 278[1] BGB ablehnen.

Der BGH hat zu § 254 BGB betont, daß es sich hier nicht um eine Rechtspflicht, sondern um eine Obliegenheit handle; es wird zwischen der Verletzung einer Leistungspflicht und einem „Gebot des eigenen Interesses" unterschieden, ebenso zwischen Rechtspflichten mit Schadensersatzfunktion und der „Obliegenheit, sich selbst vor Schaden zu bewahren, deren Verletzung ... keine Schadensersatzpflicht ...., wohl aber die Schmälerung des eigenen Anspruches .... zur Folge hat"; § 278 BGB setze eine echte Rechtspflicht voraus (BGH 3. VII. 1951 BGHZ Bd 3 S. 46—52, ähnlich schon RG 21. X. 1937 RGZ Bd 156 S. 207—208). Demnach ist anzunehmen, daß auch im Bereich des Vsrechts der BGH bei der Obliegenheitstheorie bleibt, die z. B. anklingt in BGH 14. II. 1951 BGHZ Bd 1 S. 167—168.

Es ist im Einzelfall zu prüfen, ob eine Verhaltensnorm sich als Rechtspflicht oder Obliegenheit darstellt (Oberbach II S. 23—46), maßgebend sind die Interessenlage und die Möglichkeiten, zu klagen oder Schadensersatz zu verlangen. Unerheblich ist der Wortlaut: Auch bei Obliegenheiten spricht man nicht selten von Pflichten (vgl. § 33 II, 41 I 1), auch bei Rechtspflichten sagt man, daß ihre Erfüllung „obliegt" (vgl. §§ 6 III 2, 35b), hierzu auch Ehrenzweig S. 149—150, Schmidt S. 102—103. Aber allmählich erlangt im Vsrecht der Zentralbegriff der Obliegenheit rechtstechnische Bedeutung.

[10] aa) Speziellere Ausprägungen.

aaa) Voraussetzungstheorie.

Eine besondere Ausgestaltung hat die Obliegenheitstheorie in der sog. Voraussetzungstheorie erfahren: „Obliegenheiten sind zum Vertragsinhalt erhobene Voraussetzungen für die Bewirkung oder den Umfang der Leistung oder für das sonstige Tun des Vers" (Bruck 7. Aufl. S. 44), sie sind „nur eine Voraussetzung für die Erhaltung des Anspruchs aus dem Vsvertrage" (RG 19. VI. 1931 RGZ Bd 133 S. 122). Diese Theorie geht von der Erkenntnis aus, daß eine Obliegenheitsverletzung keine sekundären selbständigen Verpflichtungen (z. B. zum Schadensersatz) auslösen kann, wie das bei Rechtspflichten die Regel bildet. Eine Obliegenheitsverletzung kann deshalb nur auf die Verpflichtungen des Vers Einfluß üben, sei es auf einzelne Verpflichtungen (insbesondere die Gefahrtragungspflicht), sei es auf den ganzen Vertrag. In beiden Fällen werden die Rechte des Vmers beeinträchtigt; insofern ist die Erfüllung der Obliegenheiten Voraussetzung.

Besonders hervorzuheben ist aber zweierlei: Ist weder gesetzlich noch vertraglich eine Verletzungsfolge vorgesehen, so tritt eine solche auch nicht ein (Anm. 17), eine sanktionslose „Obliegenheit" ist also ein Nichts und deshalb auch keine Voraussetzung. Weiterhin ist zu beachten, daß zum Tatbestand der Obliegenheit auch die subjektiven Tatbestandsmerkmale gehören. Es gibt z. B. keine Obliegenheit zur Abwendung und Minderung eines Schadens schlechthin, sondern nur die mindestens grobfahrlässige Nichtabwendung oder Nichtminderung zeitigt Rechtsnachteile für den Vmer (§ 62 II). Ein Verletzungsverhalten ohne den relevanten Verschuldungsgrad ist unerheblich, weil insoweit wieder gar keine „Obliegenheit" besteht. Das muß man sich stets vor Augen halten, wenn man Rechtspflichten und Obliegenheiten vergleicht. Bei ersteren ist das Sollen ohne Rücksicht auf Sanktion und Verschuldensgrad bedeutsam, bei letzteren gilt die Verhaltensnorm nur, soweit sie eine Sanktion aufweist und sofern der erforderliche Verschuldensgrad erreicht wird. — Schwer vereinbar mit der speziellen Voraussetzungstheorie ist auch z. B. die Rechtsfolge des § 10: Hier ist die Mitteilung der Wohnungsänderung nicht Voraussetzung der Leistungen des Vers, sondern es wird bestimmt, daß für Willenserklärungen die Absendung eines eingeschriebenen Briefes an die alte Anschrift genügt (ähnlich § 107a). Deshalb erscheint es nicht ratsam, die Obliegenheitstheorie im Sinne der Voraussetzungstheorie zu spezialisieren.

bbb) Rechtszwangstheorie.

Zur Klärung des Wesens der Obliegenheiten hat sich Schmidt S. 21—23, 27—97, 295—302, 312—321 gründlich mit der Erscheinung des Rechtszwanges auseinandergesetzt. Danach gibt es Verhaltensnormen (Pflichten i. w. S.) unterschiedlicher Zwangsintensität: Der echten Verbindlichkeit steht eine Vielfalt von weniger intensiven Geboten und Verboten gegenüber, mit einer Skala abgestufter Sanktionen. Stehen bei Betrachtung einer Vorschrift Vorteile in Aussicht, so kann man von Anreizungstatbeständen sprechen, sie begründen keine Pflichten i. w. S. Droht aber eine Vorschrift Nachteile an, so ergibt sich ein Nötigungstatbestand, eine Pflicht i. w. S. (die Abgrenzung zwischen Anreizung und Nötigung dürfte im Einzelfall schwierig sein). Bei den Nötigungstatbeständen soll unterschieden werden, ob die Nötigung allein durch die „logisch-kausale Verknüpfung von Tatbestand und Rechtsfolge ausgeübt" wird (S. 313) oder ob über solche funktionelle Verknüpfung hinaus die „Vorschrift auf die Herbeiführung eines bestimmten Verhaltens gerichtet ist" (S. 313), so daß von teleologischen Nötigungstatbeständen gesprochen werden kann. (Da ein Gesetzgeber oder Vertragspartner stets zweck- und zielgerecht handelt, dürfte auch diese Abgrenzung im Einzelfall schwierig sein; zu den nur funktionellen Nötigungstatbeständen zählt Schmidt [S. 315] die Verjährung und die Prozeßlasten.) Als echte Verbindlichkeiten will Schmidt (S. 314) alle teleologischen Nötigungstatbestände mit Schadensersatzsanktion werten, den Erfüllungszwang (Klage, Zwangsvollstreckung) hält er nicht für begriffswesentlich. Bei den vsrechtlichen Obliegenheiten handle es sich um teleologische Nötigungstatbestände mit schwächerer Wirkung, also ohne Schadensersatzsanktion (S. 301—302, 314—315), überdies auch ohne Erfüllungsanspruch (S. 315). In der Wertung der Interessenlage weicht Schmidt (S. 314—315) insofern von der in Anm. 5 entwickelten Auffassung ab, als er annimmt, auch nach der Auferlegung behalte der Ver ein Interesse an der Erfüllung der Obliegenheit durch den Vmer (S. 315; auf S. 302 spricht Schmidt von der Interessenlage bei Auferlegung). Das Verbot eines venire contra factum proprium wird als rechtspolitische Wurzel der Obliegenheiten herausgestellt (S. 317). Die Obliegenheiten seien institutionell zu einem eigenen Rechtsgedanken geworden, der Ausdruck lebendigen Rechts sei (S. 302). Im ganzen: Eine vorzügliche Neubegründung der Obliegenheitstheorie!

[11] bb) Wichtigste Konsequenzen.

Die wichtigste Folge der Obliegenheitstheorie liegt darin, daß § 278[1] BGB nicht unmittelbar anwendbar ist (Anm. 74). Nur diese Theorie erklärt, daß auch dritte Personen mit Obliegenheiten belastet sein können (Anm. 8), etwa der Vte (§ 79 I). Wenn es auch keine Verträge zu Lasten Dritter gibt, so können doch Obliegenheiten geschaffen werden, welche eine Begünstigung Dritter einschränken oder sonstwie Dritte belasten (vgl. § 435[1] HGB). Ferner rechtfertigt nur die Obliegenheitstheorie die Annahme, daß bei Nichtregelung der Verletzungsfolgen, regelmäßig auch bei mangelndem Verschulden, eine Obligenheitsverletzung sanktionslos bleibt (Anm. 10).

[12] 3. Abgrenzung.

Die Obliegenheiten gehören zu den Risikobeschränkungen i. w. S., d. h. zu den Mitteln, das vom Ver getragene wirtschaftliche Risiko zu umgrenzen (Lötsch, Die Risikobeschränkungen, Hamburg 1935, S. 39—41). Da die Vorschriften über die Obliegenheiten weitgehend zwingend sind, gewinnt die Frage ihrer Abgrenzung große Bedeutung. Zulässige, also dem Interesse des Vers dienende Risikobeschränkungen, welche durch § 6 nicht berührt werden, sind:

Aufschiebende Bedingungen des Vsvertrages insgesamt (Anm. 84 zu § 1; RG 15. II. 1921 JW 1922 S. 100 = VA 1921 Anh. S. 53 Nr. 1210). Solche aufschiebenden Bedingungen lassen gegebenenfalls auch die Prämienzahlungspflicht des Vmers entfallen. Sie sind höchst selten, regelmäßig will der Ver die Prämie auf jeden Fall erhalten, nur die Gefahrtragung soll bedingt sein (Anm. 34 zu § 32, Prölß Anm. 2 zu § 6, S. 50, jedoch etwas zu weit). Über auflösende Bedingungen des Vertrages: Anm. 35 zu § 32, über Bedingungen des Vsschutzes: Anm. 14.

Zulässig sind grundsätzlich auch Beschränkungen der vten Interessen, der vten Gefahr und des vten Schadens. Um eine Interessenbegrenzung handelt es sich z. B. bei der Klausel: Bargeld unversichert (vgl. Anm. 14). Zu den Gefahrbegrenzungen gehören in erster Linie z. B. der Brand-, der Unfallbegriff usw., aber auch die Gefahrausschlüsse und Gefahrumstandsausschlußklauseln, z. B. Kriegsklauseln; es kommt dabei durchweg auf die Verschuldensfrage nicht an (OGH 23. VI. 1950 VersR 1950 S. 117). Zu den Gefahrbegrenzungen (Gefahrumstandsausschlußklauseln) zählen aber die Bestimmungen über schuldhafte Herbeiführung des Vsfalles (§ 61). Alle Gefahrbegrenzungen setzen Kausalität zwischen ausgeschlossenem Tatbestand und „Vsfall" voraus (vgl. Anm. 14). Da eine Gefahrbegrenzung die vte Gefahr einschränkt, handelt es sich um eine primäre Risikobeschränkung, die Gefahrtragung des Vers kommt von vornherein nicht in Frage. Die Schadensbegrenzungen (z. B.: „Nur für Totalverlust") stellen auf gewisse Erscheinungsformen des infolge Gefahrverwirklichung eingetretenen Schadens ab (vgl. Anm. 14).

Zulässig sind auch rein zeitliche oder rein örtliche (vgl. Anm. 14) Beschränkungen des Vsschutzes, z. B. Hinausschiebungen des materiellen Vsbeginns (auch Wartezeiten) oder Bezeichnungen der Vsräumlichkeit.

Keine Obliegenheit des Vmers ist gegeben, falls er von einem Gestaltungsrecht Gebrauch zu machen hat (z. B. von einem Kündigungsrecht: Anm. 8, 36 zu § 8, vom Widerspruchsrecht: Anm. 13 zu § 5).

Auch vertragliche oder gesetzliche Ausschlußfristen für die Geltendmachung von Ansprüchen schaffen keine Obliegenheit (Anm. 21 zu § 12).

Schließlich können dem Vmer echte Rechtspflichten auferlegt werden (z. B. Anmeldungspflicht für Schoberv: KG 16. V. 1936 JRPV 1936 S. 330—332, wo fälschlich von einer „Bedingung für den Beginn des Vsschutzes" die Rede ist). Hat ein Vmer (oder Ver) einen Sachverständigen zu ernennen, so kann es sich um eine Rechtspflicht oder um eine Obliegenheit handeln (Schmidt S. 234—235, vgl. auch OLG Hamburg 30. III. 1928 JRPV 1929 S. 21—22).

[13] **4. Umgehungen.**

Formen der Risikobeschränkung sind insoweit nicht zulässig, als es sich um Verhaltensnormen handelt, die der Vmer zu beobachten hat, und als durch Normen Obliegenheiten verdeckt werden, für welche zwingende Rechtsvorschriften gelten (Möller VersPrax 1935 S. 44—47). „Es ist zwar zulässig, den Anspruch auf Vsentschädigung und die ihm gegenüberstehende Leistungspflicht rein objektiv von anderweiten besonderen Umständen abhängig zu machen, nur dürfen diese Umstände nicht in Handlungen oder Unterlassungen bestehen, welche den Gegenstand (von Verpflichtungen oder) von Obliegenheiten des Vmers bilden" (RG 15. II. 1921 JW 1922 S. 100 = VA 1921 Anh. S. 53 Nr. 1210). Eine äußerst wichtige Entscheidung! Auf den Wortlaut der Klauseln kommt es nicht an, nur auf ihren materiellen Gehalt (Ehrenzweig S. 174, 175—176). Deshalb sind auch Gliederung und Überschriften der AVB nicht entscheidend (so für § 6 II Abs. 2 AUnfallB: OLG München 20. X. 1951 VersR 1951 S. 269—270). Leider finden sich auch in aufsichtsamtlich genehmigten AVB Umgehungen des § 6.

[14] Insbesondere sind **Bedingungen des Vsschutzes,** also der Gefahrtragung, bei denen ein Verhalten des Vmers eine Rolle spielt, in Wahrheit Obliegenheitsklauseln, es gilt also § 6 mit seinen Verschuldens-, Kausalitäts- und Klarstellungserfordernissen (Anm. 25—43). So für die Klausel: „Die Ersatzpflicht der Gesellschaft ist dadurch bedingt, daß . . . . die Vsräumlichkeiten mit . . . . angegebenen Sicherheitsvorrichtungen versehen sind" RG 15. II. 1921 JW 1922 S. 100 = VA 1921 Anh. S. 52—53 Nr. 1210. Weitere zahlreiche Nachweise Anm. 36—38 zu § 32. Auch wenn es heißt: „Die V ist dadurch bedingt, daß . . . .", ist im Zweifel nur eine Bedingung der Gefahrtragung gewollt, es liegt also eine getarnte Obliegenheit vor, falls die Bedingung auf das Verhalten des Vmers abstellt (Anm. 13; Anm. 34 zu § 32). Verfehlt deshalb Wagner ZfV 1953 S. 433 bis 434. Den Bedingungen des Vsschutzes können auflösende Bedingungen des ganzen Vsvertrages gleichstehen (Ehrenzweig S. 174, Anm. 35 zu § 32).

Auch als **Interessebegrenzungen** können Obliegenheiten getarnt sein, so wenn gewisse Sachgruppen nur solange und insoweit als vert gelten sollen, als über den Bestand genaue Aufzeichnungen geführt werden (Ehrenzweig S. 176). Den Interessebegrenzungen stehen besonders in der Personenv die Rechtsinstitute der Vsfähigkeit, beim Gegenseitigkeitsverein der Aufnahmefähigkeit nahe (dazu Anm. 69 zu § 1). Sie dürfen nicht zur Umgehung zwingender Obliegenheitsbestimmungen benutzt werden, vgl. Möller JRPV 1937 S. 209—213. Wenn es in § 3 Ziff. 7^1 AUnfallB (ähnlich § 17 IV AKB) heißt, ausgeschlossen von der V seien Unfälle, die der Vte erleidet, nachdem er z. B. von einer Lähmung durch Schlaganfall befallen ist, so soll die konkrete Kausalität unerheblich sein (Prölss S. 557, OLG Hamm 5. X. 1948 VA 1948 S. 90, a. A. KG 4. VI. 1932 JRPV 1932 S. 261—262). Bei alledem aber handelt es sich möglicherweise um Umgehungen von Obliegenheitsbestimmungen, sei es, daß der Vte schon bei Vertragsabschluß durch Schlaganfall gelähmt war, aber dies nicht wußte (vgl. § 16 I 1), sei es, daß er erst später, ohne es zu wissen, gelähmt wurde (vgl. §§ 27 II, 28); im übrigen wäre in beiden Fällen die Kausalfrage zwingend zu beachten (vgl. §§ 21, 28 II 2); dazu Möller VersPrax 1952 S. 50, jedoch auch Referenten des BAA VersPrax 1952 S. 98 (mit Hinweis auf eine Empfehlung des zuständigen Ver-Verbandes).

Bei **Gefahrbegrenzungen** kommt es stets auf die Kausalität an. Handelt es sich um den Ausschluß von subjektiven Gefahrumständen, bei denen auf ein Verhalten des Vmers abgestellt wird, so liegt eine unzulässige Umgehung von Obliegenheitsbestimmungen immer dann vor, wenn das Verhalten nicht unmittelbar auf den Vsfall bezogen ist, sondern auf die Verhütung einer Gefahrerhöhung (Näheres: Anm. 41—46 zu § 32). Das Wort Leistungsfreiheit weist übrigens nicht nur hier, sondern stets auf eine sekundäre Risikobeschränkung (Anm. 20), also auf eine Obliegenheit hin (BGH 14. II. 1951 BGHZ Bd 1

S. 167, Prölss Anm. 3 zu § 6, S. 50). Bei Gefahrbegrenzungen heißt es meistens: „Ausgeschlossen von der V sind ....“ oder: „Der Ver haftet nicht, wenn ....“ (vgl. § 152, aber auch § 61).

Eine zulässige **Schadensbegrenzung** ist dann nicht gegeben, wenn nur für den Fall der Nichtbeobachtung eines bestimmten Verhaltens der Schaden beschränkt ersetzt werden soll. Deshalb verbirgt eine Wiederherstellungsklausel in der Feuerv eine Obliegenheit, wenn sie sagt: „Kann die Wiederherstellung .... nicht erfolgen ...., so verliert der Vmer den Anspruch auf ein Drittel der .... Entschädigung“ (RG 19. VI. 1931 RGZ Bd 133 S. 117—124, KG 13. I. 1934 JRPV 1934 S. 104—105, OLG Colmar 12. VI. 1913 VA 1913 Anh. S. 124—125 Nr. 773, OLG Hamburg 21. IX. 1934 JRPV 1935 Zus. S. 6, OLG Marienwerder 8. I. 1907 VA 1907 Anh. S. 73—74 Nr. 324, a. A. OLG Breslau 8. II. 1933 VA 1933 S. 118—119 Nr. 2554, dazu Börner VersR 1952 S. 109—111, Möller OeffrV 1932 S. 33—38). Nur im Rahmen des § 6 III kann bei Nichtwiederaufbau die Leistungsfreiheit des Vers eintreten. Im Ergebnis ähnlich, aber ohne klare Herausstellung des Obliegenheitscharakters BGH 1. IV. 1953 VersR 1953 S. 195, OLG Königsberg 21. X. 1930 JRPV 1934 S. 61—62. Näheres zu § 97. Auch die Ausbesserungsklausel in der Kaskov verbirgt eine Obliegenheit (Bruck S. 470, Ewald HansRGZ 1930 A Sp. 354—355, Möller MDR 1950 S. 395—397, Pfeiffer JRPV 1929 S. 137—138, LG Hamburg 26. I. 1950 VersR 1950 S. 37 mit kritischer Anm. Helberg VersR 1950 S. 69—70, vgl. auch Anm. 15).

Eine zulässige **rein zeitliche Begrenzung** liegt nicht vor, wenn hinsichtlich des Endes der V bestimmt wird: „Ersetzt werden nur solche innerhalb der Vsdauer eingetretene Schäden, die spätestens drei Monate nach dem Ende der V angezeigt werden“.

An einer **rein örtlichen Begrenzung** des Vsschutzes fehlt es, wenn bestimmt wird: „Die V ist dadurch bedingt, daß die vten Gegenstände sorgfältig aufbewahrt und behandelt, und wenn sie nicht getragen, unter Verschluß gehalten werden“. Denn hiernach sind die Sachen nicht ausnahmslos nur unter Verschluß vert, es liegt also eine bloße Obliegenheit zum Verschließen — mit Verschuldenselement — vor (so auch nach § 2 III Ziff. 2 AEB, eine Vorschrift, in der Prölss Einbruchdiebstahlv S. 86 eine „objektive Wagnisbegrenzung“ sieht). Näheres Anm. 39—40 zu § 32.

[15] Der Ansicht von Prölss Anm. 3 zu § 6, S. 50—51: „Klare, auf bestimmte Fälle beschränkte Haftungsausschüsse sind .... auch dann zulässig, wenn ein Verhalten des Vmers .... mitwirkt“, kann nach alledem nicht gefolgt werden, sie öffnet Umgehungen der Obliegenheitsschutzvorschriften, insbesondere des § 6, Tür und Tor. Wie Prölss leider auch Referenten des BAA VersPrax 1952 S. 98: Es dürfe die Vstechnik nicht in ein Prokrustesbett gezwängt werden.

Liegt eine Umgehung vor, so ist im allgemeinen die unzulässige Klausel nicht als nicht vorhanden zu betrachten, sondern auf ihren mit § 6 vereinbarten Gehalt zurückzuführen.

Nur soweit Vertragsfreiheit herrscht, z. B. in der Gütertransport- und laufenden V (§ 187 I, II), sind Abweichungen von § 6 I—III zu Lasten des Vmers an und für sich zulässig (§ 15a). Aber „im Rahmen einer redlichen Vertragsauslegung“ setzen sich die Grundgedanken des § 6 oft dennoch durch, sogar im Bereiche der durch das VVG nicht geregelten Seev: BGH 15. VI. 1951 BGHZ Bd 2 S. 339—342 führt z. B. aus, daß bei unverschuldeter Unmöglichkeit einer Ausbesserung in der Seekaskov die Entschädigung nicht von der Ausbesserung abhängig sein könne (so auch die Vorinstanz: OLG Hamburg 31. X. 1950 VersR 1951 S. 15 im Anschluß an Möller MDR 1950 S. 395—397).

[16] II. Arten der Obliegenheit.

1. Gesetzliche oder vertragliche Auferlegung der Obliegenheiten.

Das Gesetz erlegt dem Vmer (und anderen Personen) eine Fülle von Obliegenheiten auf, die entweder vor oder nach dem Eintritt des Vsfalles zu erfüllen sind und entweder für sämtliche Vszweige oder für alle Zweige der Schadensv oder für einzelne Vszweige gelten. Um klare Fälle von Obliegenheiten für sämtliche Vszweige handelt es sich bei der vorvertraglichen Anzeigepflicht (§§ 16—22), bei der Gefahrstandspflicht (§§ 23—29a), bei der Obliegenheit zur Anzeige des Vsfalles (§ 33) und bei der Auskunfts- und Belegpflicht (§ 34). Für die gesamte Schadensv besteht die Obliegenheit zur Anzeige einer mehrfachen V (§ 58), zur Abwendung und Minderung (§ 62) und Anzeige einer Veräußerung (§ 71). Beispiele für gesetzliche Obliegenheiten in einzelnen Vszweigen bieten §§ 93, 111, 121, 122, 153. Die Vorschriften sind keine Schutzgesetze i. S. des § 823 II 1 BGB, wohl aber kann strafrechtlich bei Vorliegen eines Unterlassungsdeliktes, z. B. eines Betruges durch Unterlassung, die Obliegenheit für den Vmer eine „Pflicht" zum Tun begründet haben (Betrug durch Nichterfüllung der vorvertraglichen Anzeigepflicht).

Die im Gesetz auferlegten Obliegenheiten können vertraglich nicht nur wegbedungen, eingeschränkt oder erweitert werden, sondern auch neue, weitere Obliegenheiten können dem Vmer (und dritten Personen) auferlegt werden. §§ 32, 6 II sprechen z. B. von Obliegenheiten zum Zwecke der Verminderung der Gefahr oder zum Zwecke der Verhütung einer Gefahrerhöhung, die besonders vereinbart werden. § 6 I, III, IV gilt auch für alle übrigen vertraglich auferlegten Obliegenheiten, man denke an die Anzeige einer Veränderung des Vsortes oder an die Anzeige der Wiedererlangung gestohlener Sachen.

Die Vereinbarung von Obliegenheiten kann ausdrücklich oder stillschweigend (a. A. Prölß Anm. 2 zu § 6, S. 50) erfolgen. Jedoch ist bei der Annahme stillschweigender Vereinbarungen besondere Vorsicht geboten, da im Zweifel der Vmer eine Risikobeschränkung nicht gewollt hat. Die Vereinbarung kann auch mündlich oder durch Angaben auf dem Antragsformular erfolgen, jedoch kann nicht ohne weiteres in der Erfüllung der vorvertraglichen Anzeigepflicht, insbesondere einer Fragenbeantwortung („Risiko wird bewacht") eine Unterwerfung unter eine Obliegenheit (Bewachungspflicht) gesehen werden (richtig OLG Breslau 20. II. 1923 JW 1924 S. 326—327, unentschieden KG 11. VII. 1925 JRPV 1925 S. 240 = HansRZ 1926 Sp. 19—20, falsch KG 23. II. 1929 JRPV 1929 S. 122, 27. IV. 1921 VA 1921 Anh. S. 55 Nr. 1212, OLG Hamm 7. VII. 1927 JRPV 1927 S. 313—314, zu weitgehend Prölss Anm. 2 zu § 6, S. 50, Einbruchdiebstahlv S. 123—124). Darüber, ob Feststellungen im Antrag oder Vsschein Obliegenheitsvereinbarungen sind, vgl. auch bejahend ausnahmsweise RG 27. XI. 1903 VA 1904 S. 77—78 Nr. 52 („Der Herr Vte schläft im Keller"), verneinend RG 17. III. 1922 VA 1922 Anh. S. 53—55 Nr. 1278 = LZ 1922 Sp. 558—559, KG 4. VI. 1910 VA 1911 Anh. S. 81—82 Nr. 613, 14. VII. 1926 JRPV 1926 S. 245—246, auch KG 18. III. 1925 JRPV 1925 S. 133—134, 27. II. 1926 JRPV 1926 S. 88. Es hat auch Bedeutung, ob der Vsschein auf den Antrag verweist oder sonstwie die Vereinbarung wiedergibt (KG 24. I. 1908 VA 1908 Anh. S. 104—105 Nr. 422, 7. V. 1932 JRPV 1932 S. 266). Enthält der Vsschein eine nicht beantragte oder vereinbarte Obliegenheit, so gilt § 5 (Anm. 8 zu § 5: KG 15. III. 1922 HansRZ 1922 Sp. 416—418).

Eine Vertragsergänzung in Richtung einer Obliegenheitsvereinbarung wird kaum je möglich sein. Immerhin ist es theoretisch denkbar, daß sich aus Treu und Glauben im Einzelfall eine ergänzende Obliegenheit ableiten läßt, aber angesichts des ausgeklügelten Systems des Gesetzes und der AVB werden sich kaum je Lücken ergeben (Möller in: Kernfragen der Vs-Rechtsprechung, Berlin 1938, S. 46—47, Schmidt S. 275—276, ähnlich auch OLG Breslau 23. I. 1936 JRPV 1936 Zus. S. 28, OLG Hamburg 29. I. 1937 HansRGZ 1937 A Sp. 228), Beispiel allenfalls RG 6. IX. 1935 VA 1935 S. 278—280 Nr. 2844. Schmidt S. 276—277 will eine Obliegenheit konstruieren, bei der Ermittlung der Entschädigung nicht arglistig zu täuschen, spricht auch von Gewohnheitsrecht. Richtiger dürfte es sein, hier nur mit dem Gesichtspunkte eines Einwandes der Arglist zu operieren.

[17] 2. Vorhandene oder fehlende Regelung der Verletzungsfolgen.

Folgende Fälle lassen sich unterscheiden:

Für eine gesetzlich auferlegte Obliegenheit sind die Verletzungsfolgen im Gesetz vollständig geregelt (lex perfecta), z. B. §§ 16—22, 23—29 a mit §§ 30, 40—41 a. Für eine gesetzlich auferlegte Obliegenheit sind die Verletzungsfolgen im Gesetz nicht oder nicht vollständig geregelt (lex imperfecta), z. B. §§ 33, 34, 93. Hier ist die Rechtslage streitig, falls auch der Vertrag über die Verletzungsfolgen schweigt. Es dürfte eine

Überspitzung der speziellen Voraussetzungstheorie (Anm. 10) bedeuten, solchenfalls zu sagen, daß die Obliegenheitserfüllung Voraussetzung der Leistungspflicht des Vers sei (so OLG Köln 22. II. 1928 VA 1928 S. 221 Nr. 1874 = HansRGZ 1928 A Sp. 413, Bruck 7. Aufl. S. 131). Von der speziellen Rechtszwangstheorie (Anm. 10) her kommt Schmidt S. 265—270 nur zu einer Entscheidung von Fall zu Fall. Die Verbindlichkeitstheorie (Anm. 8) versucht, einen Schadensersatzanspruch des Vers zu konstruieren (KG 27. II. 1914 VA 1914 Anh. S. 47—48 Nr. 809), jedoch muß die Leistungsfreiheit nach ihr vereinbart sein (Ehrenzweig S. 174 Anm. 7, VersR 1952 S. 381). Die richtig verstandene Obliegenheitstheorie muß dagegen zu dem Ergebnis gelangen, daß eine Obliegenheit ohne Sanktion ein nullum ist, im Verletzungsfalle also keine Rechtsnachteile für den Vmer mit sich bringt. Werden aber Sanktionen vereinbart, z. B. Leistungsfreiheit, so gilt § 6.

Bei vertraglich auferlegten Obliegenheiten müssen auch die Verletzungsfolgen vertraglich vereinbart sein, widrigenfalls auch hier die soeben behandelte Streitfrage auftritt. Zu alledem wie hier RG 25. XI. 1927 JW 1928 S. 792 = JRPV 1928 S. 8, 11. II. 1938 RGZ Bd 157 S. 72, KG 12. I. 1918 VA 1918 Anh. S. 46 Nr. 1041, 27. II. 1918 VA 1918 Anh. S. 74—75 Nr. 1059, 20. III. 1918 VA 1918 Anh. S. 62—63 Nr. 1050, 14. VII. 1926 JRPV 1926 S. 264, 7. V. 1932 JRPV 1932 S. 266.

Unter Umständen kann im Wege der Auslegung die Vereinbarung einer Verletzungsfolge festgestellt werden (RG 11. II. 1938 RGZ Bd 157 S. 72—73, 10. X. 1922 VA 1923 Anh. S. 78—79 Nr. 1333, KG 9. VII. 1921 VA 1922 Anh. S. 55—56 Nr. 1280; Beispiel: Leistungsfreiheit des Krankenvers, bis die Bezahlung der Rechnungen vom Vmer nachgewiesen ist, § 4 V 2 GrundBed), unter Umständen können die Vertragsvereinbarungen auch in diesem Sinne nach Treu und Glauben ergänzt werden, allerdings nur mit großer Zurückhaltung (RG 11. II. 1938 RGZ Bd 157 S. 74—75). RG 24. II. 1939 RGZ Bd 160 S. 6 meint, Treu und Glauben könnten „im Vsrecht dahin führen, daß der Vmer seinen Vsanspruch ganz oder zum Teil einbüßt, auch wenn für den gegebenen Fall keine Rechtsverwirkung vereinbart worden ist (§ 242 BGB). Dies kann jedoch nur bei grober Verletzung tragender Obliegenheiten in Frage kommen. Es muß sich um eine Erschütterung des ganzen Vsvertrags handeln. Die Verletzung muß die Grundlagen der V berühren". Dagegen Ehrenzweig S. 174 Anm. 7. Im allgemeinen sind an die Klarheit der Vereinbarung von Verletzungsfolgen strengste Anforderungen zu stellen (OLG Düsseldorf 2. XII. 1926 JW 1927 S. 723—724).

Wird vertraglich Leistungsfreiheit vereinbart bei einer Obliegenheit, die vor Eintritt des Vsfalles zu erfüllen ist, so setzt § 6 I 2, 3 neben die vertraglich vereinbarte Leistungsfreiheit ein Kündigungsrecht des Vers als gesetzliche Folge der Obliegenheitsverletzung. Im übrigen liegt die Bedeutung des § 6 darin, daß den vertraglichen Vereinbarungen über die Verletzungsfolgen gewisse Schranken gesetzt werden, sofern es sich um vertraglich auferlegte Obliegenheiten handelt oder um gesetzliche Obliegenheiten, die im Wege einer lex imperfecta geregelt sind. § 6 gilt also nicht bei einer lex perfecta (so für die Gefahrstandspflicht: BGH 10. I. 1951 VersR 1951 S. 68).

[18] 3. Zeitpunkt der Erfüllung.

Über die Frage, ob eine Obliegenheit ein einmaliges, mehrmaliges oder dauerndes Verhalten fordert, vgl. Anm. 24. Die Folgen einer Obliegenheitsverletzung können vorübergehende oder dauernde sein, vgl. § 24 II. Im übrigen ist wichtig, wann eine Obliegenheit zu erfüllen ist.

a) Gesetzliche Obliegenheiten.

Die gesetzlich auferlegten Obliegenheiten lassen ersehen, wann sie zu erfüllen sind. Zeitlich überdecken sich die vorvertragliche Anzeigepflicht und die Gefahrstandspflicht in der Zeit zwischen Stellung und Annahme des Antrags (§§ 16 I 1, 29a). Die Abwendungs- und Minderungspflicht des § 62 I 1 ist „bei dem Eintritte des Vsfalles" zu erfüllen, und zwar hinsichtlich der Abwendung auch schon unmittelbar vorher. Die Abgrenzung zur Gefahrstandspflicht ergibt sich hier daraus, daß bei Gefahrerhöhungen die Gefahrslage auf erhöhtem Niveau ausruht, während bei Verletzung der Abwendungspflicht unmittelbar eine Kausalreihe von der Verletzung zum Vsfall führt.

[19] b) Vertragliche Obliegenheiten.

Bei den vertraglich auferlegten Obliegenheiten unterscheidet § 6 I, III solche, die vor und die nach dem Eintritt des Vsfalles zu erfüllen sind. Die Verletzungsfolgen sind bei den letzteren milder (mindestens grobe Fahrlässigkeit, bei grober Fahrlässigkeit: Kausalitätserfordernis). Somit gewinnt die Frage, wann der Vsfall eintritt, Bedeutung. Bei gedehnten Vsfällen (Anm. 49 zu § 1) kommt es auf den Beginn des gedehnten Zeitraumes an („Eintritt"), was § 153 I 2 für die Haftpflichtv klarstellt (Anzeige derHaftpflichttatsache ist bereits Obliegenheit nach Eintritt des Vsfalles) und worauf auch die Regelung der §§ 62 II, 121[2] beruht (wie hier für die Haftpflichtv: Oberbach II S. 173 bis 177). Maßgebend ist stets die objektive Würdigung des Begriffes Vsfall, eine Vereinbarung könnte nicht bewirken, daß eine Obliegenheit des § 6 III nach § 6 I, also strenger behandelt werden soll (für die Krankenv vgl. zu § 5 I a GrundBed die entsprechenden Darlegungen zu § 21: Anm. 5 zu § 21). Obliegenheiten, die ohne Rücksicht auf den Eintritt des Vsfalles zu erfüllen sind, unterfallen auch dann § 6 I, wenn zufällig ein Vsfall eingetreten ist.

[20] 4. Arten der Verletzungsfolgen.

Man kann Obliegenheiten mit Verwirkungsfolgen und sonstigen Verletzungsfolgen unterscheiden.

a) Verwirkungsfolgen.

aa) Leistungsfreiheit oder Vertragsbeendigung.

Die Verwirkungsfolgen — der Ausdruck ist älter als die moderne Lehre von der Verwirkung, aber angesichts letzterer nicht mehr sehr glücklich (Schmidt S. 265) — führen dazu, daß der Vsschutz aufhört, sei es dadurch, daß der Ver von der Verpflichtung zur Gefahrtragungsleistung befreit wird (Leistungsfreiheit), sei es dadurch, daß der ganze Vsvertrag durch Kündigung oder Rücktritt endet.

Die Leistungsfreiheit des Vers läßt den Vsvertrag und damit die Prämienzahlungspflicht des Vmers fortbestehen, aber die an und für sich bestehende Leistungspflicht des Vers kommt in Wegfall (RG 21. XI. 1930 RGZ Bd 130 S. 271—275, auch RG 12. III. 1926 JW 1926 S. 1972—1973, Schmidt S. 264—265), und zwar ohne weiteres, nicht erst kraft einer Willenserklärung (Ausübung eines Leistungsverweigerungsrechtes) des Vers oder Vmers (RG 9. II. 1932 JW 1932 S. 2539 = JRPV 1932 S. 73, OLG Hamburg 9. X. 1951 VersR 1951 S. 272, vgl. aber Anm. 44 und RG 23. IV. 1940 JRPV 1940 S. 100—101). Dieses bedeutet vor Eintritt eines Vsfalles, daß die Gefahrtragungspflicht des Vers erlischt. Nach Eintritt eines Vsfalles wird sich die Leistungsfreiheit normalerweise darauf beschränken, daß die Leistungspflicht des Vers nur für einen, speziellen Vsfall wegfällt (RG 16. III. 1934 RGZ Bd 144 S. 163—170), es sei denn, daß die Obliegenheitsverletzung einen Dauerzustand geschaffen hat. Völlige und teilweise Leistungsfreiheit können unterschieden werden (vgl. § 158c I, Ehrenzweig S. 174—175, irreführend RG 12. III. 1926 VA 1926 S. 302 Nr. 1652 = JRPV 1926 S. 99), Beispiel für Obliegenheit mit teilweiser Leistungsfreiheit: § 10 V AKB (OLG Hamm 26. V. 1950 VersR 1950 S. 163 mit Anm. Bischoff). Da an und für sich die Leistungspflicht des Vers besteht, aber nachträglich in Wegfall kommt, handelt es sich bei der hier fraglichen Leistungsfreiheit um eine sekundäre Risikobeschränkung. Andere Verpflichtungen des Vers als die Gefahrtragungspflicht werden durch die Leistungsfreiheit prinzipiell nicht berührt, so für eine sekundäre Schadensersatzpflicht: RG 17. II. 1928 JW 1928 S. 1739 = JRPV 1928 S. 85. Von Leistungsfreiheit ist die Rede in § 6 I 1, 3, II, III. Der Leistungsfreiheit sind die Schaffung einer auflösenden Bedingung des Vsschutzes (evtl. auch des ganzen Vsvertrages: Anm. 14) oder ein dauerndes Leistungsverweigerungsrecht gleichzuachten (vgl. § 813 I 1 BGB). Entsprechendes gilt, wenn z. B. § 4 V 1 GrundBed besagt: „Der Ver ist zur Leistung nur verpflichtet, wenn ...." oder wenn die Fälligkeit einer Entschädigung (ganz oder teilweise) auf einen Zeitpunkt verlegt wird, der nicht eintreten kann (Wiederherstellung, wenn diese unmöglich ist). Ein echtes Zurückbehaltungsrecht kann es als Folge von Obliegenheitsverletzungen nicht geben, da der Ver keinen „Anspruch" gegen den Vmer besitzt (a. A. Prölß Anm. 11 zu § 6, S. 60, Anm. 8 zu § 33, S. 116, Anm. 3 zu § 34, S. 119). Vgl. auch die in Anm. 47 zu § 32 wiedergegebenen Formulierungen.

Die Kündigung wirkt nur für die Zukunft, sie ist z. B. vorgesehen in § 6 I 2, 3, auch §§ 24 I 1, 27 I 1, 41 II 1. Einzelheiten: Anm. 18—39 zu § 8.

Dem Rücktritt, der wirtschaftlich auch für die Vergangenheit wirkt, begegnet das Gesetz mit Zurückhaltung: Nach § 6 IV ist eine Vereinbarung, nach welcher der Ver zum Rücktritt berechtigt sein soll, unwirksam: die Vorschrift setzt sich als absolut zwingend auch im Gebiet der Vertragsfreiheit durch (Prölss Anm. 16 zu § 6, S. 62), jedoch nur im Anwendungsbereich des § 6, z. B. nicht bei der gesetzlich abschließend geregelten Gefahrstandspflicht (BGH 10. I. 1951 VersR 1951 S. 68). Als gesetzliche Verwirkungsfolge ist der Rücktritt nur bei Verletzung der vorvertraglichen Anzeigepflicht in §§ 16 II, III, 17 vorgesehen, er ist jedoch hier seiner scharfen Wirkung durch die §§ 21, 40 I 1 entkleidet.

[21] bb) Alles-oder-Nichts-Prinzip.

Das Gesetz war beherrscht von dem Alles-oder-Nichts-Prinzip, auch eine geringfügige Obliegenheitsverletzung gab dem Ver stets Totalrechte (RG 12. III. 1926 JW 1926 S. 1972—1973 = VA 1926 S. 301—302 Nr. 1652). Wenn der Ver sich auf sie beruft, so verstößt er nicht gegen Treu und Glauben oder gegen die guten Sitten (OLG Düsseldorf 21. X. 1926 VA 1927 S. 38 Nr. 1689). Ob dem Ver durch die Obliegenheitsverletzung ein Schaden erwachsen ist, erscheint schon deshalb unerheblich, weil begrifflich die Entstehung solchen Schadens ausgeschlossen ist (Anm. 7, vgl. RG 11. III. 1930 JW 1930 S. 3617 = VA 1930 S. 42 Nr. 2128). Die Novellen haben das Alles- oder Nichts-Prinzip zwar nicht aufgehoben (Thees OeffrV 1941 S. 18), aber gemildert (Begr. II S. 1773), indem sie neben die Fälle der Totalverwirkung solche der Teilverwirkung gesetzt haben, und zwar speziell bei Tatbeständen geringeren Verschuldens des Vmers. Für vertragliche Obliegenheiten nach Eintritt des Vsfalles läßt § 6 III 2 die Leistungspflicht des Vers insoweit bestehen, als eine grobfahrlässige Verletzung Einfluß weder auf die Feststellung des Vsfalles noch auf die Feststellung oder den Umfang der Leistung des Vers gehabt hat (Thees OeffrV 1941 S. 19—20, Stiefel-Wussow Anm. 38 zu § 7, S. 151—152). Ähnlich bei grobfahrlässiger Verletzung der Abwendungs- und Minderungspflicht: § 62 II 2. Vgl. ferner §§ 67 I 3, 158e I 1, II. Über Teilkündigung und Teilrücktritt sowie teilweise Leistungsfreiheit: § 30, Anm. 36 zu § 8. Über Fälle, in denen die Verwirkung Dritten nicht entgegengehalten werden kann: §§ 102 I 1, 103 I 1; §§ 36 I 1, 34 II 1 SchiffsG; vgl. auch § 158c I, II 1, Schmidt S. 291—295. Bedeutsam für die Lebensv: § 176 II.

[22] cc) Rückforderung des Geleisteten.

Hat ein Ver in Unkenntnis der Verwirkung dennoch geleistet, so kann er vom Vmer das an ihn Geleistete zurückfordern (§§ 812 I 1, 814 BGB). Bei Leistung an einen Pfändungspfandgläubiger ist dieser, nicht der Vmer Bereicherungsschuldner (a. A. OLG Köln 25. III. 1929 JRPV 1929 S. 305), desgleichen bei Leistung an einen Vertragspfandgläubiger (a. A. KG 20. X. 1934 VA 1935 S. 9—10 Nr. 2759 = JRPV 1935 S. 93); richtig Haymann JRPV 1935 S. 84—86. Bei Zession des Vsanspruches ist der Zessionar Bereicherungsschuldner. Nur der Vmer ist dagegen Bereicherungsschuldner bei Leistung an eine vom Vmer aufgegebene Person (KG 10. II. 1934 JRPV 1934 S. 191). Vom OLG Düsseldorf 27. II. 1935 JRPV 1935 Zus. S. 61 wird angenommen, die Zahlung an einen Dritten sei kraft Auftrages erfolgt (§ 670 BGB). Bei Vsverträgen zugunsten Dritter ist der Dritte Bereicherungsschuldner, z. B. der Bezugsberechtigte (OLG Naumburg 18. XII. 1936 JRPV 1937 S. 281) oder Vte.

[23] b) Sonstige Folgen.

Während für Verwirkungsfolgen besonders im § 6 die Vertragsfreiheit stark eingeschränkt ist, gilt dies für andere Folgen nicht. In Betracht kommen: Vertragsstrafen

(Begr. I S. 22), deren Vereinbarung jedoch aufsichtsbehördlich durchweg verhindert wird und die konstruktiv über den Bereich der Obliegenheiten hinausführen (Anm. 7), sowie Rechtsfolgen, die mit den einzelnen Obliegenheiten zusammenhängen. So kann — was gesetzliche Obliegenheiten anlangt — der Ver nach § 10 einem Vmer eine Willenserklärung in die letzte bekannte Wohnung senden, falls der Vmer eine Wohnungsänderung dem Ver nicht mitgeteilt hat (ähnlich § 107a). So kann der Vmer nach § 11 II, III keine Abschlagszahlungen verlangen, solange die Beendigung der Erhebungen infolge seines Verschuldens gehindert ist. Ähnlich § 94 II für eine Verzinsungspflicht.

[24] 5. Inhalt der Obliegenheiten.

Nach dem Inhalt der Obliegenheiten kann man solche unterscheiden, die auf ein Tun und solche, die auf ein Unterlassen gerichtet sind.

Das Tun kann insbesondere die Abgabe einer Wissenserklärung sein, sei es, daß der Vmer solche Wissenserklärungen spontan abzugeben hat (Anzeigen), sei es, daß es eines Verlangens des Vers bedarf (Auskünfte). Zum Wesen der Wissenserklärungen: RG 28. VI. 1904 RGZ Bd 58 S. 346. Für sie gelten gewisse Besonderheiten, z. B. läßt sich der allgemeine Grundsatz aufstellen, daß ein Umstand, von dem der Ver bereits Kenntnis hat, nicht mehr angezeigt zu werden braucht; solche Anzeige hieße Eulen nach Athen tragen (der Rechtssatz der §§ 16 III, 17 II, 25 II 2, 28 II 1, 33 II, 71 II 1 ist also zu verallgemeinern: OLG Breslau 20. XI. 1939 HansRGZ 1940 A Sp. 87, falsch OLG Düsseldorf 8. VII. 1936 JRPV 1936 Zus. S. 39).

Ein Verhalten, welches nicht in der Abgabe von Wissenserklärungen besteht, kann — wie gesagt — ein Tun oder Unterlassen zum Gegenstand haben, als Tun z. B. ein Verhalten zum Zwecke der Verminderung der Gefahr oder der Verhütung einer Gefahrerhöhung (§§ 6 II, 32) oder die Abwendung und Minderung des Schadens (§ 62 I 1), als Unterlassen die Nichtvornahme einer Gefahrerhöhung (§ 23 I) oder die Nichtveränderung der Schadensstätte (§ 93).

Die Obliegenheiten, die Anzeigen oder Auskünfte zum Gegenstand haben, fordern ein einmaliges oder mehrmaliges kurzfristiges Verhalten. Das gilt z. B. auch bei der gefahrmindernden Obliegenheit zur Anbringung (einmalig) und Benutzung (regelmäßig, also mehrmalig) eines Sicherheitsschlosses. Es gibt aber auch Obliegenheiten, die ein dauerndes Verhalten fordern (Dauerobliegenheiten), sei dieses ununterbrochen (Unterlassungen, vgl. z. B. § 23 I), sei es wiederkehrend (Bewachung jeweils bei Nacht).

Auch bei Obliegenheiten gibt es einen Vollzugsort, z. B. sind Wissenserklärungen zu bringen oder zu schicken (vgl. § 130 I 1 BGB).

[25] III. Rechtsbehandlung der Obliegenheiten.

1. Verschuldenserfordernis.

a) Grundsatz.

Es gibt Obliegenheiten, bei denen an einen rein objektiven Tatbestand Verletzungsfolgen anknüpfen: Z. B. setzt § 10 I 1 kein Verschulden des Vmers voraus, die objektive Nichtmitteilung der Wohnungsänderung genügt. Die Regel bildet aber bei Obliegenheiten (ebenso wie bei Rechtspflichten: § 276 I 1 BGB) das Verschuldensprinzip (zur Beweislast Anm. 52—53). Die vorgesetzliche Rechtsprechung hat diesen Grundsatz bereits in freier Rechtsfindung entwickelt (Begr. I S. 21, BOHG 24. XI. 1870 BOHG Bd 1 S. 111—112, 4. IV. 1871 BOHG Bd 2 S. 183—184).

Das Gesetz hat den Grundsatz in einer gewissen Beschränkung übernommen: Sind nämlich bei Obliegenheiten die Verletzungsfolgen nicht gesetzlich, sondern vertraglich geregelt, und sieht der Vertrag die Leistungsfreiheit des Vers vor, so tritt diese nach § 6 I 1, III 1 nur bei Verschulden (Vorsatz oder Fahrlässigkeit) des Vmers ein, auch wenn die Vsbedingungen dieses nicht hervorheben.

Zu unterscheiden sind Obliegenheiten, die vor und solche, die nach dem Eintritt des Vsfalles zu erfüllen sind (dazu Anm. 19). Bei ersteren genügt leichte Fahrlässigkeit des Vmers, bei letzteren muß grobe Fahrlässigkeit oder Vorsatz des Vmers gegeben sein. Dies beruht darauf, daß mit dem Eintritt des Vsfalles die Gefahrtragung an und für sich schon akut geworden ist, der Vmer soll seinen Geldanspruch nur unter erschwerten Voraussetzungen wieder verlieren können (Begr. I S. 21), zumal ein Vsfall nicht selten eine gewisse Nervosität, Aufregung oder Verwirrung hervorruft, die leichte Fahrlässigkeit erklärlich macht. Über das Verschulden dritter Personen Anm. 54—109.

[26] b) Leistungsfreiheit.

§ 6 I 1, III 1 nennt als Verwirkungsfolge, deren Eintritt von einem Verschuldeu abhängig sein soll, nur die Leistungsfreiheit. Da der Rücktritt nach § 6 IV nicht in Betracht kommt und die Kündigung nur für die Zukunft wirkt, braucht für sie das Verschuldensprinzip nicht aufgestellt zu werden. Im Wege der Analogie sind der Leistungsfreiheit des Vers jedoch auflösende Bedingungen sowie ein dauerndes Leistungsverweigerungsrecht des Vers gleichzustellen (Anm. 20).

[27] c) Schuldformen.

Was die Verschuldensform anlangt, so ist davon auszugehen, daß Vorsatz und Fahrlässigkeit sich auf einen bestimmten objektiven Tatbestand beziehen müssen, z. B. bei § 23 I auf die Vornahme einer Gefahrerhöhung, bei § 16 II 1 auf die Nichtanzeige.

[28] aa) Vorsatz.

Er erfordert das Wollen der Obliegenheitsverletzung im Bewußtsein des Vorhandenseins — nicht des Wortlautes — der Verhaltensnorm. Nur die Vornahme der Gefahrerhöhung, die Nichtanzeige usw. müssen gewollt sein, nicht die sich daraus ergebenden Konsequenzen; die Folgen der Obliegenheitsverletzung brauchen also nicht erkannt zu sein. Auf die Motive zur Obliegenheitsverletzung kommt es regelmäßig nicht an (Ausnahme: § 26). Rechtsirrtum über Existenz oder Umfang einer Obliegenheit — vielleicht bestärkt oder hervorgerufen durch einen Vsagenten — schließt den Vorsatz aus (OLG Stuttgart 14. II. 1951 VersR 1951 S. 127). Bedingter Vorsatz (dolus eventualis) genügt jedoch; er liegt vor, wenn der Vmer bei seinem Verhalten in Kauf nimmt, daß es sich möglicherweise um eine Obliegenheitsverletzung handelt (OLG Stuttgart 14. II. 1951 VersR 1951 S. 127). Über Böswilligkeit: RG 21. II. 1913 Warn 1913 S. 315—316 Nr. 270, über Arglist Anm. 33 zu § 16.

[29] bb) Fahrlässigkeit.

Fahrlässig handelt, wer die im Verkehr erforderliche Sorgfalt außer acht läßt (§ 276 I 2 BGB). Die Anforderungen an die Sorgfalt haben davon auszugehen, wie dem Vmer „die vorhandene Sachlage erscheint und erscheinen muß" (RG 20. VI. 1939 VA 1939 S. 253 Nr. 3124 = JRPV 1939 S. 248). Die Anforderungen sind für die verschiedenen Menschen- und Vmertypen nicht gleichmäßig zu stellen, es kommt auf „Alter, Bildung, Lebensstellung und Lebenstätigkeit" verkehrsmäßig an (RG 14. III. 1922 JW 1924 S. 1430 = VA 1922 Anh. S. 46 Nr. 1270, vgl. auch OLG Colmar 22. VI. 1911 LZ 1911 Sp. 878). Es gibt also keinen abstrakt-generellen Maßstab, sondern nur einen abstrakt-gruppenbildenden Maßstab (dazu Schmidt S. 259). BGH 11. XII. 1951 VersR 1952 S. 118 sagt, es handle sich „um eine erfahrungsmäßige generelle Entscheidung, ob die . . . . Handlungsweise dem Angehörigen des einschlägigen Verkehrskreises als die nach Lage der Dinge gebotene erschienen wäre". Bei der Gruppenbildung darf nicht so verfahren werden, daß praktisch eine völlige Individualisierung herauskommt (RG 18. II. 1913 LZ 1913 Sp. 491). Atypische Dummheit geht z. B. zu Lasten des Vmers, desgleichen ein nervöser Erregungszustand (bedenklich OLG Zweibrücken 25. III. 1931 JRPV 1932 S. 124; richtig RG 29. VI. 1915 VA 1916 Anh. S. 90 Nr. 956 = LZ 1915 Sp. 1373, OLG Stuttgart 29. XI. 1927 VA 1928 S. 30 Nr. 1809: Erregung nach Tod des Hausvaters) oder besondere Vergeßlichkeit durch Arterienverkalkung (LG München 18. XI. 1929 Praxis 1930 S. 26); weniger glücklich RG 9. XI. 1934 JRPV 1934 S. 380: „Berücksichtigung der Individualität des Handelnden".

Obliegenheitsverletzungen im Zustand der Trunkenheit können nach § 827² BGB fahrlässig sein: RG 29. IV. 1941 JRPV 1941 S. 137—139 = HansRGZ 1941 A Sp. 157 bis 160.

[30] Die Rechtsprechung zeigt die Tendenz, Fahrlässigkeit kraft allzu individueller Umstände zu verneinen, was im Interesse der Gefahrengemeinschaft nicht selten zu untragbaren Ergebnissen führt. Aus der Rechtsprechung (vgl. auch Prölss Anm. 12 zu § 6, S. 60—61): „70 Jahre alter, kleiner, geschäftlich ungewandter Bauer und schon sehr schwachsichtig und schwerhörig" (RG 14. III. 1922 JW 1924 S. 1430 = VA 1922 Anh. S. 46 Nr. 1270), hohes Alter (OLG Königsberg 20. III. 1934 JRPV 1934 S. 173), geringe Bildung (RG 1. XII. 1925 JW 1926 S. 1442), Gemüsemarktfrau (KG 16. XII. 1933 VA 1934 S. 23 Nr. 2678), Polizeibeamter (OLG Stettin 5. VI. 1930 VA 1930 S. 203 Nr. 2166), Berginvalide (OLG Hamm 27. IX. 1928 VA 1929 S. 39—40 Nr. 1952). — Generell bedeutsam KG 29. III. 1922 VA 1923 Anh. S. 85 Nr. 1339: „Es heißt . . . die Pflichten des Vten überspannen, wenn man von ihm fordert, daß er alle Ansprüche, die sein Beruf, sein Haushalt an ihn stellt, zurücksetzen muß, um die Obliegenheiten gegen die Vsgesellschaft zu erfüllen". — Rechtsirrtum über Existenz oder Umfang einer Obliegenheit schließt zwar Vorsatz aus (Anm. 28), kann aber fahrlässig sein. Er ist jedoch nicht stets fahrlässig (anders Prölss Anm. 13 zu § 6, S. 61), Beispiel: RG 17. VI. 1927 RGZ Bd 117 S. 273. Nur im Einzelfall ist Fahrlässigkeit des Rechtsirrtums angenommen von RG 5. VII. 1929 RGZ Bd 125 S. 194, 196, 16. IV. 1929 VA 1929 S. 247 Nr. 2010 (wo richtig gesagt wird: „bloße Unkenntnis des Gesetzes ist . . . kein Entschuldigungsgrund"), 19. VI. 1931 VA 1931 S. 200 Nr. 2279.

[31] **Grobe Fahrlässigkeit** (bedeutsam nach §§ 6 III, 62 II) ist eine besondere schwere Außerachtlassung der im Verkehr erforderlichen Sorgfalt, bei der einfachste, ganz naheliegende Überlegungen nicht angestellt werden (RG 21. III. 1940 RGZ Bd 163 S. 106). „Grob fahrlässig handelt, wer die nach Lage des Falles gebotene Sorgfalt in besonders hohem Maße außer acht läßt" (BGH 11. XII. 1951 VersR 1952 S. 118). Nach einer früher viel gebräuchlichen, aber nicht unbedenklichen Formulierung handelt grobfahrlässig, „wer nicht beachtet, was unter den gegebenen Umständen jedem einleuchten mußte" (RG 5. X. 1906 VA 1907 Anh. S. 16 Nr. 281, wiederholt in OLG Hamburg 14. XII. 1949 VersR 1950 S. 36, LG München 18. XII. 1929 Praxis 1930 S. 26, LG Wuppertal 25. I. 1950 VersR 1950 S. 116 und bei Prölss Anm. 12 zu § 6, S. 60). Grobfahrlässig kann bei gewissen Personen aber auch etwas sein, was nicht jedem einleuchten mußte.

[32] **d) Revisibilität.**

Eine Revision kann darauf gestützt werden, daß die Begriffe des Vorsatzes, der Fahrlässigkeit oder der groben Fahrlässigkeit verkannt sind oder daß „bei Prüfung der Verschuldensfrage das angefochtene Urteil einer erschöpfenden allseitigen Berücksichtigung der im Tatbestand enthaltenen oder in Betracht zu ziehenden Umstände ermangelt" (RG 29. IV. 1938 VA 1938 S. 193 Nr. 3057 = JRPV 1938 S. 184). Dagegen ist „die Frage, ob eine Fahrlässigkeit als grobe anzusehen ist, nach ständiger Rechtsprechung des Reichsgerichts eine Frage der tatsächlichen Würdigung" (RG 14. VI. 1932 RGZ Bd 136 S. 372, 11. III. 1930 VA 1930 S. 41—42 Nr. 2128, 4. VII. 1933 JRPV 1933 S. 234, 9. XI. 1934 JRPV 1934 S. 379, 26. VII. 1935 VA 1935 S. 270 Nr. 2836 = JRPV 1935 S. 264, 11. IX. 1936 JRPV 1936 S. 311, 3. I. 1939 S. 494 = JRPV 1939 S. 86). Ebenso OGH 24. XI. 1949 OGHZ Bd 3 S. 20.

[33] **e) Fallgruppen.**

Zur Verschuldensfrage seien folgende Fallgruppen besonders herausgestellt:

aa) Beachtung von AVB.

Es liegt regelmäßig eine — sogar grobe — Fahrlässigkeit des Vmers darin, daß er die AVB nicht zur Kenntnis nimmt: Ehrenzweig S. 179, RG 20. VI. 1939 VA 1939 S. 253 Nr. 3124 = JRPV 1939 S. 248, KG 21. II. 1920 VA 1920 Anh. S. 55 Nr. 1149, 9. VII. 1930 Praxis 1930 S. 65 (Fahrlässigkeit schlechthin), OLG Düsseldorf 5. XII. 1932 JRPV 1933 S. 276, OLG Hamm 9. II. 1921 VA 1922 Anh. S. 49 Nr. 1273, OLG Kiel 24. II. 1927 VA 1927 S. 224 Nr. 1737, OLG Marienwerder 9. VII. 1937 Hans RGZ 1938 A Sp. 244, OLG Stuttgart 11. V. 1928 VA 1928 S. 238 Nr. 1892, vgl. auch RG 11. IV. 1919 RGZ

Bd 95 S. 255. Fahrlässig handelt ein Vmer auch, wenn er die AVB nach einem Vsfall nicht nochmals durchsieht: KG 16. XII. 1933 VA 1934 S. 23—24 Nr. 2678 verneint allerdings grobe Fahrlässigkeit, anders aber KG 17. VIII. 1938 JRPV 1938 S. 331, OLG Kiel 10. XI. 1926 JRPV 1927 S. 84, OLG Düsseldorf 21. I. 1932 VA 1932 S. 42—43 Nr. 2400, 16. VI. 1932 VA 1932 S. 259—260 Nr. 2451 = JRPV 1933 S. 161, OLG Stuttgart 14. II. 1951 VersR 1951 S. 127. Eine Ausnahme kann gelten, falls die AVB dem Vmer nicht ausgehändigt sind (Ehrenzweig S. 15—16, 179, Thees ÖffrV 1941 S. 18), sofern der Vmer sie nach einem Vsfall anfordert. Bis zum Eingang der AVB kann ein Verschulden des Vmers ausgeschlossen sein (allzu weitgehend deshalb Prölss Anm. 13 zu § 6, S. 61). Eine Ausnahme kann ferner gelten, wenn eine Person aus der Sphäre des Vers durch ihr Verhalten die Kenntnisnahme überflüssig zu machen scheint (OLG Hamm 9. II. 1921 VA 1922 Anh. S. 49 Nr. 1273, OLG Kiel 10. XI. 1926 JRPV 1927 S. 84, 24. II. 1927 VA 1927 S. 224 Nr. 1737) oder wenn der körperliche Zustand den Vmer an der Kenntnisnahme hindert (RG 1. IV. 1910 VA 1910 Anh. S. 63 Nr. 528).

Eine für einen Laien unklare, unübersichtliche Fassung der AVB kann eine Obliegenheitsverletzung entschuldigen oder nur leicht fahrlässig machen (KG 7. V. 1932 JRPV 1932 S. 266, OLG Frankfurt 7. X. 1920 VA 1922 Anh. S. 47 Nr. 1271, OLG Düsseldorf 2. XII. 1926 JW 1927 S. 723—724, KG 29. XI. 1930 VA 1930 S. 256 Nr. 2211).

[34] **bb) Bedeutung der Zeitfrage.**

Obliegenheiten, für deren Erfüllung keine Frist gesetzt ist, müssen dennoch innerhalb angemessener Frist erfüllt werden, sonst liegt eine schuldhafte Nichterfüllung vor (a. A. KG 3. II. 1940 JRPV 1940 S. 54 = HansRGZ 1942 A Sp. 88—89). Das Wort „unverzüglich" (z. B. in §§ 23 II, 27 II, 33 I, 58 I, 71 I 1) bedeutet nach § 121 I 1 BGB „ohne schuldhaftes Zögern".

Bei Anzeigen und Auskünften kann der Vmer mit normalem Funktionieren der Post rechnen, die Möglichkeit des Verlustes von Postsendungen kann ohne Verschulden außer Betracht gelassen werden (OLG München 16. X. 1916 LZ 1917 Sp. 147 bis 148, KG 4. III. 1925 HansRZ 1925 Sp. 435).

[35] **cc) Mitwirkung von Dritten.**

Ein eigenes Verschulden des Vmers kann darin liegen, daß er für die Erfüllung von Obliegenheiten, die er selbst — z. B. wegen Krankheit, Reisen, Größe des Unternehmens — nicht erfüllen kann, keinen Dritten einsetzt oder instruiert (Prölss Anm. 8 D, 12 zu § 6, S. 57, 61). Ein Verein handelt schuldhaft, wenn er einen Vorstand wirken läßt, der nach seiner eigenen Angabe wegen Arterienverkalkung hierzu nicht mehr in der Lage ist (LG München 18. XII. 1929 Praxis 1930 S. 26—27).

Zur Frage, wann in der mangelhaften Auswahl oder Überwachung oder in dem übergroßen Vertrauen zu Arbeitnehmern ein Verschulden liegt: Verschulden bejahend: RG 14. XI. 1913 VA 1914 Anh. S. 34—35 Nr. 799 (Buchhalterin), KG 8. VI. 1932 JRPV 1932 S. 249 (Angestellte), Verschulden verneinend: RG 14. I. 1919 VA 1919 Anh. S. 61 Nr. 1101 (Portier), OLG Köln 2. VII. 1930 VA 1930 S. 223—224 Nr. 2184 = JRPV 1930 S. 321—322, RG 15. V. 1931 VA 1931 S. 240 Nr. 2310 = JRPV 1931 S. 206 (Zofe).

Über die Bedeutung des Verhaltens von Vsvertretern bei der Beurteilung der Verschuldensfrage zu § 43.

[36] **dd) Ablehnung der Entschädigung.**

Obliegenheiten, die nach dem Eintritt des Vsfalles zu erfüllen sind, verletzt der Vmer dann nicht schuldhaft, wenn der Ver die Entschädigung ablehnt: RG 29. I. 1917 VA 1918 Anh. S. 23—26 Nr. 1028, 30. VIII. 1938 VA 1938 S. 227—228 Nr. 3076 = JRPV 1938 S. 309, KG 27. XI. 1926 JRPV 1927 S. 42, 15. VI. 1935 JRPV 1935 S. 313, 8. I. 1936 JRPV 1936 S. 187—189, OLG Hamburg 10. IV. 1931 VA 1931 S. 33 Nr. 2261, OLG Hamm 23. XI. 1931 VA 1932 S. 37—38 Nr. 2395, 10. III. 1939 HansRGZ 1940 A Sp. 103. Abweichendes kann nur gelten, wenn der Ver ohne Verstoß gegen Treu und Glauben trotz der Ablehnung die Obliegenheitserfüllung ausdrücklich fordert: RG

30. III. 1938 VA 1938 S. 227—228 Nr. 3076 = JRPV 1938 S. 309, weitergehend RG 12. XII. 1913 VA 1914 Anh. S. 13 Nr. 786, 2. X. 1931 VA 1931 S. 277—278 Nr. 2334 = JRPV 1931 S. 335—336.

[37] 2. **Kausalitätserfordernis.**

Die Verletzung einer Obliegenheit löst Rechtsfolgen ohne Rücksicht darauf aus, ob ein ursächlicher Zusammenhang zwischen der Verletzung und dem Eintritt des Vsfalles oder der Feststellung des Vsfalles oder anderen Umständen besteht. So kann z. B. die Nichtanzeige einer mehrfachen V oder einer Veräußerung zur Leistungsfreiheit des Vers auch dann führen, wenn diese Nichtanzeige keinerlei Folgen ausgelöst hat. Vgl. RG 12. III. 1926 JW 1926 S. 1972—1973 = VA 1926 S. 301—302 Nr. 1652.

Aber in steigendem Maße wird neben dem Verschulden auch die Kausalität beachtet (zur Beweislast Anm. 52—53), und zwar für Obliegenheiten

vor Eintritt des Vsfalles in §§ 6 II, 21, 25 III, 28 II 2,

nach Eintritt des Vsfalles in §§ 6 III 2, 62 II 2, 67 I 3, 125, 158e I 1, II.

RG 24. II. 1939 RGZ Bd 160 S. 6—7 berücksichtigt diese Tendenz, indem es in freier Rechtsfindung nach Treu und Glauben auch bei anderen Obliegenheiten die Kausalität prüft.

In den Fällen des § 6 II, III 2 ist das Kausalitätserfordernis auch dann zu berücksichtigen, wenn die Vsbedingungen darüber nichts sagen.

[38] **a) Vor Eintritt des Versicherungsfalles.**

Bei vor Eintritt des Vsfalles vorgenommenen Obliegenheitsverletzungen kann geprüft werden, ob die Verletzung Einfluß auf den Eintritt des Vsfalles oder den Umfang der vom Ver zu erbringenden Geldleistungen gehabt hat. Bejahendenfalls greift die Verwirkungsfolge voll Platz, selbst dann, wenn die Kausalität nur eine teilweise, vielleicht sogar nur eine geringfügige ist (Alles- oder Nichts-Prinzip), insbesondere reicht es aus, daß die Obliegenheitsverletzung nur eine von mehreren Mitursachen war (RG 30. V. 1924 VA 1925 S. 150—151 Nr. 1499, OLG München 17. I. 1952 VersR 1952 S. 205, OLG Schleswig 29. V. 1951 VersR 1951 S. 206, LG Berlin 7. V. 1953 VersR 1953 S. 239). Bei mangelnder Kausalität wird der Vmer in §§ 6 II, 21, 25 III, 28 II 2 auch dann geschützt, wenn ihn Vorsatz trifft: § 6 II behandelt nur die Obliegenheiten zum Zwecke der Verminderung der Gefahr oder zum Zwecke der Verhütung einer Gefahrerhöhung (Näheres Anm. 1—48 zu § 32), keine sonstigen Obliegenheiten (BGH 25. X. 1952 VersR 1952 S. 429 = VA 1953 S. 12), und schließt die Leistungsfreiheit des Vers bei mangelnder Kausalität aus. § 21 gilt für die vorvertragliche Anzeigepflicht und schränkt sogar die Folgen eines Rücktritts des Vers ein. Die §§ 25 III, 28 II 2 beschränken die Leistungsfreiheit bei Verletzung der Gefahrstandspflicht.

[39] **b) Nach Eintritt des Versicherungsfalles.**

Bei nach Eintritt des Vsfalles vorgenommenen Obliegenheitsverletzungen kann insbesondere geprüft werden, ob die Verletzung Einfluß auf die Feststellung des Vsfalles oder auf die Feststellung oder den Umfang der vom Ver zu erbringenden Geldleistung gehabt hat. Hier ist jetzt überall der Gedanke der Teilverwirkung („insoweit") verwirklicht (Anm. 21), und zwar handelt es sich stets um Fälle der Leistungsfreiheit: In den §§ 6 III 2, 62 II 2 kommt die Kausalitätsprüfung einem Vmer, der vorsätzlich gehandelt hat, nicht zustatten, sie greift vielmehr nur bei grober Fahrlässigkeit Platz. In §§ 67 I 3, 158e I 1, II ist der Verschuldensgrad nicht erwähnt, es wird also auch bei Vorsatz die Kausalität geprüft, desgleichen nach § 125.

Ein Einfluß auf die vom Ver zu erbringenden Geldleistungen liegt auch vor, wenn der Ver eine Rückgriffsmöglichkeit verliert: OLG Stuttgart 14. II. 1951 VersR 1951 S. 127—128; nicht dagegen bei Einfluß auf die Prämienhöhe: Schmidt S. 257.

[40] 3. **Klarstellungserfordernis.**

a) Gesetzeszweck.

Liegt eine Obliegenheitsverletzung vor, die den Ver leistungsfrei macht, ist aber ein Vsfall noch nicht eingetreten, so könnte der Ver zunächst davon absehen, sich auf die Obliegenheitsverletzung zu berufen. Er könnte versucht sein, zwecks Prämienerlangung auf dem Rücken des Vmers zu spekulieren, die Leistungsfreiheit „auf Eis zu legen" und erst nach Eintritt eines Vsfalles hervorzukehren (vgl. Begr. II S. 1773). Solches Verhalten, dem Treu und Glauben entgegenstehen würden (vgl. etwa RG 23. I. 1929 JRPV 1929 S. 81), wird verhindert durch neuere Vorschriften, die vom Ver eine Klarstellung verlangen, ihm eine Kündigungsobliegenheit auferlegen. Dagegen läßt sich — entgegen BGH 31. I. 1952 BGHZ Bd 4 S. 375 — nicht die Annahme rechtfertigen, der Sinn der Bestimmungen sei „darüber hinaus der, daß sich der Ver ganz allgemein auf die Leistungsfreiheit nur dann berufen kann, wenn er den Verstoß für so schwerwiegend ansieht, daß er sich auch zu einer Kündigung des Vertrages entschließt". Die Vorschriften sollen den Vmer schützen, ihn begünstigen, aber nicht dazu beitragen, daß unnötige Vertragsauflösungen erfolgen.

Hier ist der Fall des § 6 I 2, 3 zu behandeln, aber es gibt auch andere Fälle einer neben Leistungsfreiheit stehenden klarstellenden Kündigung: §§ 25 III, 28 II 2 für die Gefahrstandspflicht, § 71 II 2 für die Veräußerungsanzeigepflicht. Die Kündigungsobliegenheit kann sich auch aus Treu und Glauben ergeben.

Klarstellende Wirkung hat es selbstverständlich auch schon, wenn bei Obliegenheitsverletzungen Kündigungs- oder Rücktrittsrechte des Vers an eine Ausschlußfrist geknüpft sind: § 6 I 2, 20 I, 24 II, 27 I 2, 41 III 2, 70 I 2. Dadurch entsteht aber noch keine Kündigungs- oder Rücktrittsobliegenheit (Anm. 12).

[41] b) Voraussetzungen.

§ 6 I 2, 3 setzt bei vor Eintritt des Vsfalles zu erfüllenden Obliegenheiten neben die vereinbarte Leistungsfreiheit ein gesetzliches Kündigungsrecht des Vers (Anm. 17), welches auch bei Stillschweigen der Vsbedingungen existent wird. Das gilt nicht nur für vertraglich auferlegte Obliegenheiten, sondern auch für gesetzliche Obliegenheiten, die als lex imperfecta geregelt sind, z. B. bei § 58 (Prölss Anm. 5 zu § 58, S. 171). Zur Beweislast: Anm. 52—53.

Voraussetzung ist zunächst eine schuldhafte Obliegenheitsverletzung, wobei es gleichgültig ist, ob die Obliegenheit ein einmaliges, mehrmaliges oder dauerndes Verhalten forderte (dazu Anm. 24) und ob die Folgen der Obliegenheitsverletzung sich als vorübergehende oder dauernde darstellen (dazu Anm. 18). Prölss Anm. 10 zu § 6, S. 59 (ähnlich Prölss JRPV 1941 S. 153—154) meinte: „Die Kündigungspflicht gilt nicht bei einmaligen, vorübergehenden Obliegenheitsverletzungen, sondern nur bei solchen, durch die ein vertragswidriger Dauerzustand geschaffen wird". Aber diese Unterscheidungen, bei denen übrigens Verhalten und Folgen nicht klar geschieden wurden, sind mit Recht abgelehnt von BGH 31. I. 1952 BGHZ Bd 4 S. 372—374. Das in diesem Punkte überzeugende Urteil hat auch Prölss VersR 1952 S. 83 überzeugt, desgleichen Ehrenzweig VersR 1952 S. 116, von Gierke ZHR Bd 115 S. 180—181, Schmidt S. 262—263. Also: Auch wegen eines einmaligen Verhaltens des Vmers ohne Dauerfolgen kann der Ver kündigen, und er muß es tun, will er sich auf Leistungsfreiheit berufen.

Vorauszusetzen ist aber weiterhin die Kenntnis des Vers (Näheres Anm. 10 zu § 24) von der Verletzung. Zu fordern ist positive Kenntnis der Voraussetzungen der Leistungsfreiheit, also auch des Verschuldens des Vmers (Ivens a. a. O. S. 31—34, Prölss Anm. 10 zu § 6, S. 59, Thees ÖffrV 1941 S. 18 fordern nur Kenntnis vom objektiven Sachverhalt der Verletzung); Kennenmüssen genügt nicht, erst recht kann ein bloßer Verdacht den Ver nicht zwingen, die schwerwiegende Kündigung zu erklären. Dagegen ist es der Kenntnis gleichzuachten, wenn sich der Ver der Kenntniserlangung arglistig entzieht. Bei den Obliegenheiten mit Kausalerfordernis, z. B. nach § 6 II ist Kenntnis der Kausalität nicht erforderlich, weil diese vor Eintritt des Vsfalles noch gar nicht in Frage steht (so wohl auch BGH 31. I. 1952 BGHZ Bd 4 S. 379). Kommen gleichzeitig mehrere Obliegenheitsverletzungen, z. B. die Verletzungen mehrerer Sicherheitsvorschriften in Betracht, von denen der Ver einige kennt, so kann er sich nach Treu und Glauben auf seine teilweise Unkenntnis insbesondere dann nicht berufen, wenn seine teilweise Kenntnis so schwerwiegende Verletzungen betrifft, daß kaum ein Vsfall vorstellbar ist, bei dem die bekannten Verletzungen nicht kausal i. S. des § 6 II sind.

Die Kündigung ist innerhalb der Ausschlußfrist von einem Monat seitens des Vers zu erklären (Näheres Anm. 18—39 zu § 8); die Frist rechnet von der Kenntniserlangung an, ist nach §§ 187 I, 188 II, III, 193 BGB zu berechnen, und die Kündigung muß dem Vmer innerhalb der Frist zugehen (§ 130 I 1 BGB; Anm. 1—7 zu § 10). Die Kündigung kann nur fristlos auf sofort erfolgen, mit dem Streben nach Klarstellung ist eine andersartige Kündigung unvereinbar (Ivens a.a.O. S. 23—26, Prölss Anm. 10 zu § 6, S. 59, a.A. Thees ÖffrV 1941 S. 19, teilweise auch Schmidt S. 262, bedenklich §§ 7¹ AFB, 7¹ AEB, 8 IV 1 AWB). Das Kündigungsrecht erlischt, wenn die Ausschlußfrist verstrichen ist, schon vorher, wenn der Ver auf das Kündigungsrecht verzichtet hat. Zu erwägen ist, das Kündigungsrecht bei Obliegenheitsverletzungen mit vorübergehenden Folgen analog 24 II dann erlöschen zu lassen, wenn erstens der frühere Zustand wiederhergestellt ist und außerdem zweitens eine Leistungsfreiheit des Vers, auf die er sich nur bei Kündigung berufen kann, nicht in Frage steht (zu weitgehend in der Analogie zu § 24 II jedenfalls Ivens a.a.O. S. 38—43, Prölss Anm. 10 zu § 6, S. 59, gegen die Analogie Ehrenzweig S. 177 Anm. 16, vgl. auch § 8 IV 2 AWB). Die Kündigung beendet die materielle Vsdauer, dem Ver gebührt die Prämie bis zum Schluß der Vsperiode (§ 40 I).

[42] c) Rechtsfolgen.

Die Versäumung der Ausschlußfrist bewirkt nicht nur das Erlöschen des Kündigungsrechts, sondern auch die rückwirkende Beseitigung der Leistungsfreiheit des Vers. Man kann deshalb von einer Obliegenheit oder Last des Vers sprechen (nicht von einer Rechtspflicht: a.M. wohl Prölss Anm. 10 zu § 6, S. 59). Es ist unangängig, zwar nicht das Kündigungsrecht, wohl aber die Kündigungsobliegenheit auf Fälle zu beschränken, „durch die ein vertragswidriger Dauerzustand geschaffen wird" (Anm. 41), vielmehr macht grundsätzlich (vgl. Anm. 43) jeder Verstoß Kündigung notwendig, falls der Ver aus ihm Leistungsfreiheit für einen Vsfall herleiten will (Ivens a.a.O. S. 52—58). Mehrfache Verstöße sind allerdings gesondert zu betrachten, z. B. mehrfache Verletzungen der Führerscheinklausel (Prölss JRPV 1941 S. 153—154); hat der Ver beim ersten Verstoß noch nicht gekündigt, so kann er das doch bei einem späteren tun (Ivens a.a.O. S. 35—36). BGH 31. I. 1952 BGHZ Bd 4 S. 372 betont: „das Unterlassen der Kündigung gibt dem Vmer ... keinen Freibrief für künftige weitere Verstöße (was nicht ausschließt, daß im Einzelfall aus der wiederholten unbeanstandeten Hinnahme von Obliegenheitsverletzungen durch den Ver Schlüsse auf dessen Einverständnis gezogen werden können)".

[43] d) Fallgruppen.

Im einzelnen gibt es zu § 6 I 2, 3 drei Fallgruppen (vgl. Ivens a.a.O. S. 60—76):

Tritt der Vsfall erst später als einen Monat nach der Kenntnis von der Obliegenheitsverletzung ein und kündigt der Ver innerhalb der Frist, so ist er leistungsfrei. Kündigt er nicht, so kann er aus dieser konkreten Obliegenheitsverletzung nichts herleiten.

Erlangt der Ver erst nach einem Vsfall Kenntnis von der Obliegenheitsverletzung, so ist er leistungsfrei, selbst wenn er nicht kündigt; denn es kann keine Rede davon sein, daß insoweit der Ver die Leistungsfreiheit „auf Eis gelegt" haben könnte (Anm. 40), vielmehr war die Leistungsfreiheit zur Zeit der Kenntniserlangung ja bereits eingetreten. Hier kann die Klarstellungsfunktion nur für die Zukunft bei Obliegenheitsverletzungen, die dauernde Folgen zeitigen, Bedeutung haben: Kündigt der Ver nicht, so kann er sich für künftige Vsfälle nicht auf die (neuerliche) Leistungsfreiheit berufen. Ebenso Ehrenzweig S. 177—178, Hagemann HansRGZ 1940 A Sp. 35, Prölss Anm. 10 zu § 6, S. 59 bis 60, JRPV 1941 S. 154—155, Schmidt S. 263, OLG München 17. I. 1952 VersR 1952 S. 205, LG Berlin 7. V. 1953 VersR 1953 S. 239, a.M. BGH 31. I. 1952 BGHZ Bd 4 S. 374—379 (mit kritischen Anm. von Prölss VersR 1952 S. 83—84, Ehrenzweig VersR 1952 S. 116—117, vgl. auch Anm. 40), Thees ÖffrV 1941 S. 19, von Gierke II S. 152, ZHR Bd 115 S. 181—182.

Ebenso ist der dritte Fall zu beurteilen, daß während der Ausschlußfrist der Vsfall eintritt: Hier zwingt auch die laufende Ausschlußfrist den Ver nicht zur Kündigung; kündigt er nicht, so kann er sich bei eingetretenen dauernden Folgen nur für künftige Vsfälle nicht auf die Leistungsfreiheit berufen. Ebenso Hagemann HansRGZ 1940 A Sp. 35, Prölss Anm. 10 zu § 6, S. 59—60, Schmidt S. 264, OLG München 17. I. 1952 VersR 1952 S. 205 gegen BGH 31. I. 1952 BGHZ Bd 4 S. 374—379 (mit kritischen Anm. von Prölss VersR 1952 S. 83—84, Ehrenzweig VersR 1952 S. 116—117, vgl. auch Anm. 40), von Gierke II S. 152, Thees ÖffrV 1941 S. 19.

Angesichts des Urteils des BGH 31. I. 1952 BGHZ Bd 4 S. 374—379 muß den Vern empfohlen werden, immer dann vorsorglich auch im zweiten und dritten Fall zu kündigen, wenn sie sich auf eine Leistungsfreiheit berufen wollen (so auch Prölss VersR 1951 S. 102).

[44] 4. Geltendmachungserfordernis.

Der Ver muß sich im Rechtsstreit auf das Vorliegen einer Obliegenheitsverletzung und das Eingreifen ihrer Rechtsfolgen berufen. Das gilt faktisch auch hinsichtlich der Leistungsfreiheit, obgleich diese — juristisch gesehen — nicht erst kraft einer Willenserklärung des Vers eintritt (Anm. 20). Richtig Ehrenzweig S. 174 Anm. 8 gegen Prölss Anm. 9 zu § 6, S. 58, insoweit richtig auch RG 23. IV. 1940 JRPV 1940 S. 100—101, zweifelnd Schmitt VersR 1952 S. 204, unrichtig Schmidt S. 265, 271, der meint, die Leistungsfreiheit sei von Amts wegen zu berücksichtigen. Parallelfall: § 275 BGB bei wirtschaftlicher Unmöglichkeit. Die Vielzahl der Obliegenheiten und deshalb auch der Verstöße ermöglicht dem Ver häufig eine Ablehnung der Entschädigungsleistung in Fällen, in denen in der Ablehnung eine Härte liegt. Deshalb sind Kulanzentschädigungen häufig; sie stellen sich nicht als Schenkungen dar, da der Vertrag an sich die Leistung vorsieht und der Ver sich nur nicht auf die Obliegenheitsverletzung beruft. Vgl. auch Zingg a.a.O. S. 7—8 und hinsichtlich der abweichenden Rechtslage bei der Leistungsfreiheit nach Klagefristsetzung Anm. 48, 50 zu § 12.

Die Berufung wird für den Ver unmöglich, falls ein Verzicht oder eine Verwirkung in Betracht kommt. Zur Beweislast Anm. 52—53.

[45] a) Verzicht.

aa) Grundsätze.

Forderungen können nur durch Vertrag erlassen werden (§ 397 I BGB). Aber auf Gestaltungsrechte und Einwände kann der Ver durch einseitige Willenserklärung verzichten, deshalb auch auf Geltendmachung der Leistungsfreiheit (im Ergebnis ebenso Schmidt S. 271—274, z. T. mit komplizierter Konstruktion eines Vertragsänderungsvertrages). Der Verzicht auf eine Anfechtungsmöglichkeit wird in § 144 BGB Bestätigung genannt. Die Erklärung kann eine ausdrückliche oder stillschweigende sein, sie ist so auszulegen, wie Treu und Glauben mit Rücksicht auf die Verkehrssitte es erfordern (vgl. § 157 BGB). Auch formularmäßige Erklärungen können einen Verzicht enthalten (OLG Hamm 6. VII. 1931 VA 1931 S. 283 Nr. 2338). Der Verzichtswille kann nur angenommen werden, wenn der Ver die Obliegenheitsverletzung kennt (vgl. § 464 BGB; OLG Frankfurt 9. II. 1910 LZ 1910 Sp. 877, KG 28. VIII. 1940 JRPV 1940 S. 176). Zum mindesten ist erforderlich, daß der „Ver aus der Vorstellung heraus handelt, es könne ihm“ ein Rechtsbehelf „zustehen“ (RG 28. III. 1930 RGZ Bd 128 S. 119, auch RG 28. III. 1930 Praxis 1930 S. 45). Eine unvollständige Kenntnis oder Vorstellung macht den Verzichtswillen unwahrscheinlich. Bei bloßem Kennenmüssen kann der Verzichtswille nicht vorliegen. Durch einen Vorbehalt wird die Annahme eines Verzichtes ausgeschlossen (vgl. § 464 BGB).

[46] bb) Beispiele.

Ein Verzicht des Vers liegt regelmäßig darin, daß er nach dem Vsfall die Vsleistung ganz oder teilweise erbringt (KG 29. V. 1929 Praxis 1929 S. 91, RG 28. III. 1930 Praxis 1930 S. 45, für Naturalleistungen in der Haftpflichtv: OLG Köln 24. X. 1933 VA 1933 S. 419—420 Nr. 2641, 19. II. 1937 VA 1937 S. 156 Nr. 2973; bedenklich OLG Düsseldorf 27. II. 1935 JRPV 1935 Zus. S. 61). Der Leistungserbringung ist eine Aufrechnung seitens des Vers gleichzustellen (a. M. Prölss Anm. 15 zu § 6, S. 62 mit unzutreffendem Zitat). Auch in der Erteilung von Weisungen zur Abwendung und Minderung liegt ein Verzicht (OLG Rostock 10. X. 1927 VA 1928 S. 241 Nr. 1894, OLG Hamm 6. VII. 1931

VA 1931 S. 283 Nr. 2338). Eine Prämieneinforderung oder -entgegennahme ist Verzichtserklärung (KG 8. VIII. 1936 JRPV 1937 S. 47), und zwar auch dann, wenn sie versehentlich erfolgt (a. A. KG 9. VII. 1909 LZ 1911 Sp. 484—485, OLG Frankfurt 9. II. 1910 LZ 1910 Sp. 877—878, OLG Hamm 2. VII. 1931 VA 1931 S. 228 Nr. 2302, OLG Karlsruhe 11. X. 1950 VersR 1951 S. 21—22). Etwas anderes könnte nur gelten, falls dem Vmer das Versehen erkennbar ist, außerdem kommt eine Anfechtung der Verzichtserklärung in Betracht (OLG Karlsruhe 11. X. 1950 VersR 1951 S. 22). Falls ein Ver kündigt, statt weitergehend Rücktritt oder Anfechtung zu erklären, bedeutet dieses Verzicht (KG 8. VIII. 1936 JRPV 1937 S. 47). Über die Bedeutung einer nicht erfolgenden Kündigung, vgl. Anm. 40—43 (Klarstellungserfordernis). Ein Verzicht kann auch darin liegen, daß der Ver auf einen Ablehnungsgrund nicht zurückkommt (KG 15. XI. 1933 JRPV 1933 S. 387, dagegen Prölss Anm. 15 zu § 6, S. 62).

[47] Besonders bestritten ist die Bedeutung der Einleitung eines Sachverständigenverfahrens oder sonstiger Ermittlungen des Schadensumfanges. Hierin kann ein Verzicht liegen, falls dem Ver bei Einleitung ein Ablehnungsgrund bekannt ist (OLG Hamburg 28. IV. 1926 JRPV 1926 S. 201—202), jedoch können häufig die Dinge so liegen, daß der Ver es von der Höhe der Entschädigung abhängig machen will, ob er leistet, ablehnt oder sich vergleicht (RG 24. X. 1924 VA 1924 S. 101 Nr. 1400 = JRPV 1924 S. 54, KG 5. II. 1921 VA 1921 Anh. S. 54 Nr. 1211, 9. V. 1923 HansRZ 1923 Sp. 666, 23. III. 1927 JRPV 1927 S. 165, 30. III. 1927 HansRZ 1927 Sp. 495, 4. I. 1951 VersR 1951 S. 50, OLG Dresden 29. I. 1926 HansRZ 1926 Sp. 331, OLG Hamburg 11. V. 1925 JRPV 1926 S. 104, 262, 25. V. 1932 VA 1932 S. 235 Nr. 2430). Nicht selten und empfehlenswert sind Klauseln, wonach die Einleitung des Sachverständigenverfahrens nicht präjudizieren solle.

[48] Kein Verzicht liegt in der Einleitung von Vergleichsverhandlungen (RG 24. X. 1924 VA 1924 S. 101 Nr. 1400 = JRPV 1924 S. 54, OLG Düsseldorf 16. VI. 1932 VA 1932 S. 260 Nr. 2451), oder darin, daß aus Rücksicht auf den Vmer der Ver zunächst nur einen von zwei Ablehnungsgründen geltend macht (Rücktritt vor Anfechtung: KG 20. I. 1934 VA 1934 S. 10—11 Nr. 2667). Wenn der Ver auf eine mögliche Aufrechnung verzichtet, verzichtet er nicht zugleich auf die Geltendmachung einer Obliegenheitsverletzung (RG 11. II. 1938 RGZ Bd 157 S. 77). Verhandelt der Ver in der Pflichtv für Kraftfahrzeughalter mit dem geschädigten Dritten oder leistet er an ihn, so liegt darin wegen § 158c I noch kein Verzicht, gegenüber dem Vmer eine Obliegenheitsverletzung geltendzumachen (dazu vgl. OLG Düsseldorf 8. VII. 1936 JRPV 1936 Zus. S. 39—40, OLG Hamburg 1. VI. 1950 VersR 1950 S. 133, BGH 31. I. 1952 BGHZ Bd 4 S. 379—380).

[49] **b) Verwirkung.**

Während ein Verzicht Verzichtswillen voraussetzt, also insonderheit Kenntnis der Obliegenheitsverletzung, sind Willen und Kenntnis bei der Verwirkung nicht vorauszusetzen (Siebert bei: Soergel, Bürgerliches Gesetzbuch, I. Band, 8. Aufl., Stuttgart-Köln 1952, Anm. C II 3d zu § 242, S. 596, Staudinger Anm. 675—678 zu § 242, S. 359 bis 360). Während eine Verzichtserklärung anfechtbar ist, trifft dieses bei einem Verwirkungstatbestand nicht zu. Ein Rechtsbehelf ist verwirkt, d. h. kann nicht mehr geltend gemacht werden, wenn seit der Möglichkeit der Geltendmachung längere Zeit verstrichen ist und besondere Umstände hinzutreten, welche die verspätete Geltendmachung als Verstoß gegen Treu und Glauben (§ 242 BGB) erscheinen lassen. „Das wird dann der Fall sein, wenn der Schuldner aus dem Verhalten des Gläubigers hat entnehmen müssen, daß dieser den Anspruch nicht mehr geltend machen wolle, wenn er sich also darauf einrichten durfte, daß er mit diesem Anspruch nicht mehr zu rechnen brauche. Damit ist aber der Kreis der besonderen Umstände, unter denen die verspätete Geltendmachung gegen Treu und Glauben verstößt, nicht erschöpft“ (RG 4. VI. 1937 RGZ Bd 155 S. 151—152). Auch Gesichtspunkte der Rechtssicherheit, der billigen Rücksicht auf die Lage des Vmers, der Verkehrssitte, des Vertrauensschutzes können eine Rechtsausübung und eine Berufung auf Obliegenheitsverletzungen unzulässig machen.

[50] c) **Grenzverschiebung.**

In der Praxis werden Verzicht und Verwirkung oft nicht genügend getrennt, dem Ver wird ein Verzichtswille unterschoben, während besser der Verwirkungsgedanke betont würde. Gute Unterscheidung: KG 28. VIII. 1940 JRPV 1940 S. 176, wo Verzicht und Verwirkung abgelehnt werden wegen kriegsbedingter Personalschwierigkeiten. Typischer Verwirkungsfall OLG Hamburg 28. IV. 1926 JRPV 1926 S. 202: Ver muß nach Treu und Glauben sein Verhalten auch dann gegen sich gelten lassen, wenn es seinen wahren Absichten nicht entsprach. Sehr weitgehend OLG Düsseldorf 10. X. 1932 VA 1932 S. 319 Nr. 2499 = JRPV 1933 S. 194—195, wo zwar verspätete Geltendmachung, aber keine „besonderen Umstände" herausgestellt sind.

[51] d) **Restfälle.**

Ein Unterfall zu § 242 BGB ist auch jener des venire contra factum proprium: Nach Treu und Glauben darf sich der Ver nicht zu seinem eigenen vorgängigen Verhalten in Widerspruch setzen (Siebert bei: Soergel, Bürgerliches Gesetzbuch, I. Band, 8. Aufl., Stuttgart-Köln 1952, Anm. C I 4 zu § 242, S. 591—592, RG 12. XI. 1936 RGZ Bd 153 S. 61). Vsrechtliches Beispiel: KG 26. V. 1926 JRPV 1926 S. 199: Ver, der lange mit dem Vmer über die Höhe verhandelt, niemals aber gegen den Grund Einwände erhebt, kann später nicht seine Ersatzpflicht überhaupt bestreiten, ohne sich zu seinem früheren Verhalten in Widerspruch zu setzen. Vgl. ferner OLG Köln 26. I. 1938 VA 1938 S. 205 Nr. 3064. — Ferner ist der Fall OLG Celle 9. VIII. 1935 HansRGZ 1936 A Sp. 375—379 zu erwähnen, in welchem der Ver die Auswanderung des Vmers dazu benutzt hatte, Obliegenheitsverletzungen des Vmers selbst herbeizuführen, statt die Belange des Vmers zu wahren (dazu Schmidt S. 274). — Das Klarstellungserfordernis (Anm. 40—43) erfährt u. U. eine Ergänzung aus den allgemeineren Gedanken von Treu und Glauben heraus. Ein bestätigendes (deklaratorisches) Anerkenntnis des Vers behandeln BGH 17. I. 1951 VersR 1951 S. 71, 27. IV. 1953 VersR 1953 S. 317—318.

[52] 5. **Beweislastverteilung.**

Ein Ver, der sich auf eine Obliegenheitsverletzung und die sich daraus ergebenden Rechtsfolgen beruft, muß den objektiven Tatbestand der Obliegenheitsverletzung beweisen (RG 18. I. 1927 VA 1927 S. 48 Nr. 1698 = JRPV 1927 S. 40, OLG Jena 14. VII. 1909 LZ 1909 Sp. 956, OLG München 20. X. 1951 VersR 1951 S. 269, 270). Demgegenüber liegt es dem Vmer ob, zu beweisen, ihn treffe kein Verschulden oder keine grobe Fahrlässigkeit oder kein Vorsatz (RG 12. XII. 1913 VA 1914 Anh. S. 12 Nr. 786, 17. IX. 1918 VA 1920 Anh. S. 10—11 Nr. 1121, 30. V. 1924 VA 1925 S. 150 Nr. 1499, 18. VI. 1926 JRPV 1926 S. 206 = HansRZ 1926 Sp. 598, 18. I. 1927 VA 1927 S. 48 Nr. 1698 = JRPV 1927 S. 40, OLG Düsseldorf 6. III. 1930 VA 1930 S. 40 Nr. 2127, a. A. OLG Hamburg 26. VI. 1911 LZ 1912 Sp. 248, OLG Kiel 8. II. 1927 VA 1927 S. 264—265 Nr. 1765), ferner es fehle an der etwa erforderlichen Kausalität (RG 20. IV. 1920 VA 1920 Anh. S. 69—70 Nr. 1158, BGH 14. II. 1951 VersR 1951 S. 101, KG 10. XII. 1927 VA 1928 S. 54 Nr. 1828, 18. VI. 1930 JRPV 1932 S. 347, 6. I. 1940 JRPV 1940 S. 46 = HansRGZ 1942 A Sp. 267, OLG Hamburg 7. X. 1932 JRPV 1932 S. 347, OLG Köln 20. VI. 1951 VersR 1951 S. 206, OLG München 17. I. 1952 VersR 1952 S. 205, OLG Schleswig 29. V. 1951 VersR 1951 S. 206, LG Berlin 7. V. 1953 VersR 1953 S. 239, Hagemann HansRGZ 1940 A Sp. 36, zu allen drei Fragen RG 31. I. 1936 VA 1936 S. 173 Nr. 2867 = JRPV 1936 S. 74, Ehrenzweig S. 178). In Fällen möglicher Teilwirkung muß der Vmer auch beweisen, in welchen Grenzen sich die Kausalität hält. Bei Platzgreifen des Klarstellungserfordernisses muß der Vmer beweisen, wann der Ver Kenntnis von der Obliegenheitsverletzung erlangt hat, der Ver muß gegebenenfalls beweisen, daß er rechtzeitig gekündigt habe (Hagemann HansRGZ 1940 A Sp. 34, Ivens a. a. O. S. 85—91). Da ein Verzicht nie zu vermuten ist, muß der Vmer ihn beweisen, desgleichen einen Verwirkungstatbestand.

[53] Der Beweispflichtige genügt der Beweislast, wenn er zunächst einen Primafaciebeweis führt, Beispiel: KG 28. IV. 1923 VA 1923 Anh. S. 91 Nr. 1347 (Kausalität). Vollen Beweis fordert hinsichtlich der Kausalität zu Unrecht: Prölss Anm. 9 zu § 6,

S. 57, auch OLG Köln 20. VI. 1951 VersR 1952 S. 51, OLG Schleswig 29. V. 1951 VersR 1951 S. 206; strengere Anforderungen erhebt hinsichtlich des objektiven Tatbestandes: OLG Jena 14. VII. 1909 LZ 1909 Sp. 956.

[54] IV. Einstehen für Dritte.

Schrifttum: Auer, Die Haftung für Hilfspersonen mit besonderer Berücksichtigung des Vsrechtes, Bern 1933, Möller, Verantwortlichkeit des Vmers für das Verhalten Dritter, Berlin 1939 m. w. N., auch Anm. 2, 78.

[55] 1. Grundlegung.

Da die Obliegenheiten keine Rechtspflichten sind, also insbesondere § 278[1] BGB nicht unmittelbar anwendbar ist (Anm. 11), bereitet die Frage, inwieweit bei Obliegenheitsverletzungen der Vmer für Dritte einzustehen hat, besondere Schwierigkeiten.

Aus der Rechtsnatur der Obliegenheiten läßt sich folgern, daß sie auch von jedem Dritten erfüllt werden können. Das gilt besonders für Anzeige- und Auskunftspflichten (Anm. 24), aber auch für andere Tunspflichten, während es bei Unterlassungspflichten entscheidend ist, ob der Vmer selbst unterläßt.

Aus der Rechtsnatur folgt ferner, daß Obliegenheiten nicht nur den Vmer, sondern auch dritte Personen belasten können (Anm. 8, 11). Zu unterscheiden sind Sonderfälle (speziell die V für fremde Rechnung, die Fremdpersonenv, die V juristischer Personen und die V mehrerer Personen: Anm. 57—67) von den Normalfällen, bei denen eine einzelne natürliche Person für eigene Rechnung, in der Personenv hinsichtlich der eigenen Person vert ist (Anm. 68-109).

[56] Für die Verantwortlichkeitsfrage ist es von grundlegender Bedeutung, ob eine Obliegenheit eine Wissenserklärung (Anzeige, Auskunft) oder ein sonstiges Verhalten zum Gegenstand hat; über Wissenszurechnung und Wissenserklärungsvertretung Möller WuRdVers 1938 Nr. 1 S. 3—28. — Für Obliegenheiten, für die kein Verschuldensprinzip gilt (Anm. 25), kommt die Zurechnungsfrage nicht in Betracht; denn es entscheidet allein, ob das fragliche Tun beobachtet ist oder nicht. — Es gibt keine Obliegenheit, den Vsfall nicht herbeizuführen (vgl. § 61). Dennoch sind die im Folgenden entwickelten Grundsätze, soweit sie nicht speziell Wissenserklärungen betreffen, auch für die Herbeiführung des Vsfalles maßgebend. Entsprechende Entscheidungen sind teilweise mitangeführt, sonst aber zu § 61 verwertet.

[57] 2. Sonderfälle.

a) Versicherung für fremde Rechnung.

Hier tritt neben den Vmer der Vte als derjenige, der infolge des Vsfalles Schaden erleidet und dementsprechend Träger der Vsforderung ist (§ 75 I 1). Sofern eine Obliegenheit eine Unterlassung erheischt, kann nicht nur ein zuwiderhandelndes Tun des Vmers, sondern auch ein solches des Vten die Verletzungsfolge auslösen (§ 79 I). So richtet sich das Verbot der Vornahme einer Gefahrerhöhung gegen den Vmer, weil der Wortlaut des § 23 I ihn nennt und weil es sinnvoll ist, daß derjenige, der einen Vertrag abschließt, jene Verhaltensnormen selbst beachtet, die in diesem Vertrage auferlegt sind. Der Vte andererseits muß die Obliegenheiten erfüllen, weil er als der Träger der Vsforderung sich gemeinschaftsgemäß verhalten muß (so jetzt auch § 79 I, unrichtig RG 17. II. 1931 VA 1931 S. 20 Nr. 2248, wonach das Anerkennungsverbot in der Haftpflichtv einen Vten nicht belastet). Bei Obliegenheiten, die ein Tun erfordern, gilt nach § 79 I dasselbe.

[58] § 79 I bringt eindeutig zum Ausdruck, daß es bei der V für fremde Rechnung sowohl auf das Verhalten des Vmers als auch auf jenes des Vten ankommt. Bei Unterlassungspflichten schadet die Zuwiderhandlung durch einen von ihnen dem anderen, beispielsweise kann der Ver leistungsfrei sein, wenn nach einem Brande zwar der Vte keine Änderungen vornimmt, wohl aber der Vmer (§ 93). Bei Tunspflichten, etwa bei der Abwendungs- und Minderungspflicht, kann das Tun des einen dem anderen zugute kommen: Wenn der Vmer die rettbaren Sachen rettet, so schadet es dem Vten nicht, falls er selbst vorsätzlich nicht rettet; denn die Abwendungs- und Minderungspflicht setzt objektiv die Notwendigkeit der Rettungsmaßnahme voraus. Anders, wenn mit vereinten Kräften noch mehr Sachen hätten gerettet werden können.

[59] Bei Anzeige- und Auskunftspflichten kommt es, da sie auch den Vten belasten, auch auf dessen Kenntnis an (§ 79 I). Jedoch ist die Kenntnis des Vten nicht dem Vmer zuzurechnen oder umgekehrt. Ist z. B. ein Umstand, den der Vmer kennt, nicht aber der Vte, vom Vmer schuldlos nicht angezeigt, so treten keine Verwirkungsfolgen ein, weil den Vmer kein Verschulden trifft, der Vte keine Kenntnis besitzt.

[60] § 79 I gilt auch bei der Unfallfremdv für fremde Rechnung (§ 179 II 2).

[61] **b) Fremdpersonenversicherung.**

Nach §§ 159 I, 179 I, III 1 kann eine Lebens- oder Unfallv auf die Person eines anderen für eigene Rechnung, also derart genommen werden, daß die Vsforderung dem Vmer zusteht. Auch bei der Krankenv ist solche Fremdpersonenv zulässig und üblich (vgl. § 4 I 1 GrundBed).

In §§ 161, 179 IV ist bestimmt, daß bei solcher Fremdpersonenv das Verhalten oder die Kenntnis dieser Personen dem Verhalten oder der Kenntnis des Vmers gleichsteht, die Vorschriften sind auf die Krankenv analog anzuwenden. Alle Obliegenheiten belasten also auch diese Personen, es gilt das in Anm. 57—59 Gesagte entsprechend. Falls diese Personen allerdings von dem Bestehen der Fremdpersonenv nichts wissen, kann sie kein Verschulden treffen.

[62] **c) Versicherung juristischer Personen.**

Ist eine juristische Person Vmer, so muß im Interesse der Gefahrengemeinschaft auch dann die geordnete Obliegenheitserfüllung gewährleistet sein. Dies trifft nur dann zu, wenn die juristischen Personen für das Verhalten und die Kenntnis ihrer Vertretungsorgane einzustehen haben (RG 4. VI. 1907 RGZ Bd 66 S. 181—186, 20. IX. 1912 Annalen 1912 S. 726, KG 11. II. 1920 VA 1920 Anh. S. 89 Nr. 1173, OLG Zweibrücken 31. I. 1912 VA 1913 Anh. S. 34—37 Nr. 728). Da es sich bei der Verletzung von Obliegenheiten, auch Wissenserklärungen, nicht um ein rechtsgeschäftliches Tun oder Unterlassen handelt, kommen die Vorschriften über Gesamtvertretung nicht zur Anwendung, der Ver kann sich also stets darauf berufen, daß ein einzelnes Vorstandsmitglied eine Obliegenheit verletzt habe. Bei Wissenserklärungen reicht das Wissen eines Vorstandsmitgliedes aus (vgl. §§ 28 II BGB, 71 II 3 AktienG), für die vorvertragliche Anzeigepflicht vgl. Anm. 9 zu § 19. Anders als nach den §§ 31, 89 I BGB kommt es nicht darauf an, ob das Organ in Ausführung der ihm zustehenden Verrichtungen gehandelt hat, von jedem Organ müssen vielmehr jederzeit alle Obliegenheiten erfüllt werden (RG 4. VI. 1907 RGZ Bd 66 S. 181—186).

[63] **d) Versicherung mehrerer Personen.**

Nach der grundlegenden Entscheidung RG 13. V. 1938 RGZ Bd 157 S. 314—320 ist bei der Sachv zu unterscheiden zwischen den Fällen des Gesamthandseigentums und des Miteigentums nach Bruchteilen. Ausführlich: Möller HansRGZ 1938 A Sp. 229—234, JW 1938 S. 1955—1956.

[64] **aa) Gesamthandseigentum.**

aaa) Grundsatz.

Bei Gesamthandseigentum, besonders also bei der Gesellschaft, dem nicht rechtsfähigen Verein, der offenen Handelsgesellschaft, der Kommanditgesellschaft, der Miterbengemeinschaft und der ehelichen Gütergemeinschaft, kommt als Träger des versicherbaren Interesses nur die Gesamtheit der Beteiligten als solche in Betracht, denn für die einzelnen Beteiligten besteht keine Quote an den einzelnen Vermögensgegenständen. Die Gesamtheit der Beteiligten muß also als vert angesehen werden. Entsprechend gehört auch die Vsforderung ins Gesamthandsvermögen. Vmer können entweder alle Beteiligten sein, etwa die offene Handelsgesellschaft als Firma, oder ein Beteiligter, der die V für Rechnung aller Beteiligten nimmt, oder ein Außenstehender.

[65] bbb) Fälle.

Sind alle Beteiligten Vmer und verletzt einer von ihnen schuldhaft eine Obliegenheit, so tritt die Verwirkungsfolge gegen alle Beteiligten ein (ebenso OLG Hamburg 12. II. 1912 LZ 1912 Sp. 870—871 = SeuffArch Bd 67 S. 266—268, OLG Breslau 1. VII. 1931 JRPV 1931 S. 276—277 für die Miterbengemeinschaft; KG 29. XI. 1907 VA 1908 Anh. S. 60—61 Nr. 389, OLG Jena 27. VII. 1913 LZ 1914 Sp. 790, OLG Karlsruhe 20. III. 1929 Praxis 1931 S. 34—35 für die offene Handelsgesellschaft; OLG Stuttgart 11. IX. 1931 JRPV 1932 S. 79 für die fortgesetzte Gütergemeinschaft; LG Köln 20. IV. 1932 VA 1933 S. 423 Nr. 2644 für die Gesellschaft). Bei Wissenserklärungen reicht die Kenntnis eines Beteiligten aus.

Ist Vmer nur ein einzelner Beteiligter und verletzt er selbst die Obliegenheit, so schadet dies allen (RG 3. III. 1916 VA 1916 Anh. S. 56—57 Nr. 938). Wenn jedoch ein anderer Beteiligter als der Vmer der Schuldige ist, so ist die Rechtslage zweifelhafter, aber das Ergebnis muß wohl in entsprechender Anwendung des § 79 I das gleiche sein, weil der Schuldige zu der Vtengemeinschaft gehört, das Interesse und die Vsforderung einheitliche sind und der Ver davon ausgehen kann, daß die Risikoverwaltung durch jeden der an der Vtengemeinschaft Beteiligten ordnungsgemäß erfolgt (vgl. auch Schmidt S. 279).

Ist ein Außenstehender Vmer, so geht sein eigenes Verhalten deshalb zu Lasten der Vtengemeinschaft, weil er Vmer ist. Ein Verschulden der an der Vtengemeinschaft Beteiligten ist wegen der Einheitlichkeit des Interesses und der Vsforderung der ganzen Vtengemeinschaft (wieder analog § 79 I) anzurechnen.

[66] bb) Bruchteilseigentum.

Bei Miteigentum nach Bruchteilen, etwa bei Sammelladungen, Sammellagern, Sammeldepots, hat jeder einzelne Miteigentümer ein eigenes Interesse, es gibt auch keine einheitliche Vsforderung (Schmidt S. 279, anders Helberg VA 1950 S. 141, Kisch III S. 252 Anm. 3, ZVersWiss 1939 S. 5—6, OLG Stuttgart 29. IX. 1937 HansRGZ 1938 A Sp. 229—234). — Treten alle Miteigentümer zusammen, als Vmer auf und nimmt einer von ihnen eine Obliegenheitsverletzung vor, so wird man angesichts der Einheitlichkeit des Vertrages annehmen müssen, daß das Verhalten des einen Miteigentümers den übrigen schadet (OLG Marienwerder 12. XI. 1927 VA 1928 S. 11—12 Nr. 1794, KG 12. IX. 1936 JRPV 1937 S. 43—44). — Tritt dagegen nur ein einzelner Miteigentümer als Vmer auf, so muß man unterscheiden. Verletzt der Vmer selbst eine Obliegenheit, so müssen sich dies wegen der Vmereigenschaft des Schuldigen auch die übrigen Miteigentümer entgegenhalten lassen (RG 3. III. 1916 VA 1916 Anh. S. 56 bis 57 Nr. 938). Ist dagegen ein anderer Miteigentümer, der also nur Vter ist, der Schuldige, so verwirkt dieser nach § 79 I nur seine eigene Vsforderung. Dagegen müssen angesichts des Vorhandenseins gesonderter Interessen die Rechte der unschuldigen Miteigentümer hier unberührt bleiben (Kisch ZVersWiss 1939 S. 6—7; OLG Breslau 1. VII. 1931 JRPV 1931 S. 276—277 für einen Sachverhalt, bei dem allerdings nur ein einziger Miteigentumsanteil versichert war, dann aber ein anderer Miteigentümer schuldhaft handelte). — Ist Vmer ein Außenstehender, so haben für ihn alle Miteigentümer einzustehen. Das Verhalten eines einzelnen Miteigentümers würde aber wiederum nicht gegen die übrigen Vten wirken.

[67] cc) Restfälle.

Die für den Fall des Miteigentums geschilderten Grundsätze gelten für alle Fälle, in denen gesonderte Vsforderungen mehrerer Personen auf Grund eines Vsvertrages bestehen. Vgl. auch KG 20. II. 1926 VA 1926 S. 304—307 Nr. 1655 = JRPV 1926 S. 70—72, 11. II. 1931 JRPV 1931 S. 148.

[68] 3. Normalfälle.

a) Einleitende Bemerkungen.

aa) Fälle der Rechtsnachfolge usw.

Ist eine einzelne natürliche Person Vmerin einer V für eigene Rechnung oder auf die eigene Person, so ist jede Obliegenheit zunächst von ihr selbst zu erfüllen. Das gilt auch nach einer Abtretung (RG 26. XI. 1909 RGZ Bd 72 S. 213—215), Verpfändung, Pfändung, Einsetzung eines Bezugsberechtigten; Zessionare, Pfandgläubiger, Bezugsberechtigte sind ihrerseits nicht mit den Obliegenheiten belastet (Ausnahme: §§ 171 II, 182), jedoch kann ihnen bei Obliegenheitsverletzung u. U. die Arglisteinrede entgegengehalten werden (Prölss Anm. 6 zu § 6, S. 53), und bei Hypotheken- und anderen Realgläubigern, die ein eigenes Recht aus der V erlangt haben, ist die Rechtslage zweifelhaft (dazu Schmidt S. 280—283). Die Obliegenheiten treffen den Erben oder sonstigen Gesamtrechtsnachfolger des Vmers (für Erben: OLG Köln 30. III. 1938 HansRGZ 1938 A Sp. 429), ferner den Erwerber der vten Sache, da er in die Vmerrolle eintritt (§ 69 I, auch § 71 I 2), desgleichen den Eintrittsberechtigten in der Lebensv, sobald er von seinem Recht Gebrauch gemacht hat (§ 177).

[69] **bb) Fälle der Vertretung.**

Natürliche Personen mit gesetzlichem Vertreter haben die Obliegenheiten selbst zu erfüllen, soweit sie im natürlichen Sinne handlungsfähig sind. Bei Anzeigen und Auskünften ist darüber hinaus Geschäftsfähigkeit zu fordern, da es um rechtsgeschäftsähnliche Handlungen geht (speziell für die vorvertragliche Anzeigepflicht Anm. 7 zu § 19). Ein Verschulden kann nur bei Schuldfähigkeit in Betracht kommen, §§ 827, 828 BGB müssen — wie nach § 276 I 2 BGB — Anwendung finden. Neben dem Vmer oder statt seiner ist der gesetzliche Vertreter mit den Obliegenheiten belastet, also Vater, Mutter, Vormund, Pfleger, Beistand (RG 17. XI. 1936 JW 1937 S. 299—300 = HansRGZ 1937 A Sp. 61—62, KG 20. II. 1912 VA 1912 Anh. S. 121—122 Nr. 708, 21. II. 1934 JRPV 1934 S. 204—206, OLG Breslau 25. II. 1913 VA 1913 Anh. S. 54—55 Nr. 736, OLG Königsberg 9. XII. 1930 VA 1930 S. 254 Nr. 2210, a.M. Bruck 7. Aufl. S. 49, Schmidt S. 278).

Über das Tätigwerden von Bevollmächtigten und Vertretern ohne Vertretungsmacht bei der vorvertraglichen Anzeigepflicht Anm. 5, 6 zu § 19.

[70] **cc) Fälle der Verwaltung.**

Neben den Vmern selbst haben auch die gesetzlichen Verwalter die Obliegenheiten zu erfüllen, soweit ihre Befugnisse und Pflichten die Betreuung der Vsverhältnisse umfassen, so Konkursverwalter (KG 17. V. 1933 Praxis 1933 S. 56, LG Arnsberg 4. I. 1935 Praxis 1935 S. 39—40) neben dem Gemeinschuldner (KG 11. X. 1930 VA 1930 S. 267 Nr. 2223 = JRPV 1930 S. 433, vgl. Anm. 18 zu § 14), Nachlaßverwalter, Testamentsvollstrecker (a.M. Bruck 7. Aufl. S. 49). Speziell über die vorvertragliche Anzeigepflicht Anm. 8 zu § 19.

[71] **cc) Obliegenheiten dritter Personen.**

Daß das Gesetz auch Dritten — also nicht nur dem Vmer — Obliegenheiten auferlegt, ist in Anm. 8, 11 bereits gesagt, vgl. außer den bereits behandelten Fällen des § 79 I (Anm. 57—60) und der §§ 161, 179 IV (Anm. 61), §§ 171 II, 182, 71 I 2 (Anm. 68) die §§ 107a[1], 158d, e, § 35 II 1 SchiffsG; auch die Anmeldung von Hypotheken usw. beim Ver des Eigentümerinteresses ist eine Obliegenheit (vgl. § 1128 II BGB; §§ 100, 101[1], 102 II 2, 103 III 1, 106 I, 107, 107b; § 34 I 1, II 1, IV 1 SchiffsG, a.A. Schmidt S. 281).

[72] **dd) Ablehnung des Selbstverschuldungsprinzips.**

Es würde zu unbilligen, für die Gefahrengemeinschaft untragbaren Ergebnissen führen, wenn nur im bisher behandelten Rahmen das Verhalten dritter, neben dem Vmer stehender Personen beachtlich wäre. Das sog. Selbstverschuldungsprinzip (dazu besonders Schneider LZ 1910 Sp. 97—106, 198—206, ZVersWiss 1914 S. 289—291, auch Bruck S. 293, 653, OGH Wien 20. IV. 1949 Vsrundschau 1949 S. 220) wird den Belangen der Gefahrengemeinschaft nicht gerecht (dazu Möller Verantwortlichkeit S. 91—92). Gibt es nun aber andere Fälle des Einstehenmüssens? Nach der hier vertretenen Meinung kommt eine Erfüllungsgehilfenhaftung (Anm. 73—76) ebensowenig in Frage wie eine Verrichtungsgehilfenhaftung (Anm. 77). Im übrigen muß man Anzeige- und Auskunftspflichten (Anm. 78—90) gesondert betrachten von anderen Obliegenheiten (Anm. 91—109).

[73] **b) Keine Erfüllungsgehilfenhaftung.**

Eine weitergehende Beachtlichkeit des Verhaltens dritter Personen ergibt sich nicht aus § 278[1] BGB (Erfüllungsgehilfenhaftung): Der Vmer ist nicht „Schuldner", hat keine echte Rechtspflicht, also keine Verbindlichkeit zu erfüllen. Gerade in Fällen der Nichterfüllung von Obliegenheiten wird man selten feststellen können, ob sich der Vmer eines Dritten „zur Erfüllung ... bedient" hat. Überdies könnte die Anwendung des § 278[1] BGB zu einer starken Entwertung des Vsschutzes für die Vmer führen.

[74] Nach der hier vertretenen Obliegenheits-, auch nach der speziellen Voraussetzungstheorie (Anm. 9—11) ist § 278[1] BGB demnach unanwendbar. So denn auch aus dem Schrifttum die bei Möller Verantwortlichkeit S. 69 Anm. 4 Zitierten. Selbst einige Vertreter der Verbindlichkeitstheorie (Anm. 8) wenden sich teilweise gegen die Anwendung des § 278[1] BGB, so von Gierke II S. 151, ZHR Bd 115 S. 180.
Aus der Rechtsprechung:
für Wissenserklärungen z.B. RG 28. VI. 1904 RGZ Bd 58 S. 342—348, 21. XII. 1905 RGZ Bd 62 S. 190—192, 29. I. 1909 JW 1909 S. 198—199 = VA 1909 Anh. S. 51—52 Nr. 455, 2. XII. 1913 VA 1914 Anh. S. 41—44 Nr. 805 = LZ 1914 Sp. 582—583, 12. XII. 1919 RGZ Bd 97 S. 279—282, 25. IX. 1925 JRPV 1925 S. 282—283 = HansRZ 1925 Sp. 939—941, 8. X. 1926 JW 1927 S. 763—764 = VA 1927 S. 65—67 Nr. 1711, 17. XI. 1936 JW 1937 S. 299—300 = HansRGZ 1937 A Sp. 61—62, 23. I. 1940 JRPV 1940 S. 147 = SeuffArch Bd 94 S. 74, KG 20. III. 1920 VA 1922 Anh. S. 46 Nr. 1204 = HansRZ 1920 Sp. 713—714, 20. III. 1929 VA 1929 S. 252—253 Nr. 2016 = JRPV 1929 S. 170, OLG Braunschweig 25. X. 1935 JRPV 1936 Zus. S. 10—12, OLG Celle 29. V. 1936 VA 1936 S. 233—234 Nr. 2911 = HansRGZ 1936 A Sp. 469—471, OLG Düsseldorf 8. XI. 1916 VA 1917 Anh. S. 15—16 Nr. 977, OLG Hamm 14. I. 1920 VA 1922 Anh. S. 46—48 Nr. 1205, OLG Stuttgart 27. III. 1930 JRPV 1930 S. 385—386, für andere Obliegenheiten z. B. RG 1. XII. 1914 VA 1915 Anh. S. 31—32 Nr. 871 = LZ 1915 Sp. 534—535, 21. X. 1932 VA 1932 S. 329—331 Nr. 2506 = JRPV 1932 S. 341—342, KG 5. IV. 1919 VA 1919 Anh. S. 64—66 Nr. 1105, 25. IX. 1920 VA 1920 Anh. S. 80—82 Nr. 1167 = HansRZ 1920 Sp. 714—716, 24. V. 1924 JRPV 1925 S. 286 bis 288, OLG Celle 8. XII. 1952 VersR 1953 S. 33, OLG Düsseldorf 2. XI. 1933 VA 1933 S. 421—422 Nr. 2643, OLG Hamm 25. II. 1910 VA 1911 Anh. S. 115—117 Nr. 632, OLG Kiel 7. XII. 1925 VA 1926 S. 47—49 Nr. 1559, OLG Köln 28. VI. 1932 VA 1932 S. 260—261 Nr. 2452 = HansRGZ 1938 A Sp. 315—316, OLG Oldenburg 18. VII. 1951 VersR 1951 S. 273, OLG Posen 25. V. 1914 VA 1914 Anh. S. 74—75 Nr. 828, OLG Stuttgart 10. II. 1927 SeuffArch Bd 81 S. 244—246, auch OGH Wien 20. IV. 1949 Vsrundschau 1949 S. 220.

[75] Fälschlich wenden allerdings § 278[1] BGB — meistens von der Verbindlichkeitstheorie (Anm. 8) her — an z. B. Ehrenzweig S. 152—154, Prölss Anm. 7 zu § 6, S. 53—54, Ritter S. 32—43, weitere Nachweise bei Möller Verantwortlichkeit S. 68 Anm. 1. In der Rechtsprechung berufen sich auf § 278[1] BGB:
für Wissenserklärungen z. B. OLG Hamburg 30. IV. 1935 JRPV 1935 S. 268—269, OLG Kiel 12. II. 1926 VA 1927 S. 64—65 Nr. 1711 = JRPV 1926 S. 106—108, OLG München 26. II. 1918 VA 1918 Anh. S. 60—62 Nr. 1049, 23. VII. 1927 JRPV 1927 S. 294—295, LG Berlin 4. III. 1929 JRPV 1931 S. 215—216,
für andere Obliegenheiten z. B. OLG Darmstadt 15. III. 1920 HansRZ 1920 Sp. 711 bis 713, OLG Köln 17. X. 1930 JRPV 1931 S. 131—132.

Auch eine analoge Anwendung des § 278[1] BGB kommt nicht in Frage; § 254 II 2 BGB ist eine Ausnahmevorschrift, aus der sich ein allgemeiner Grundsatz nicht folgern läßt. Anders Schmidt S. 283—291, 318—319 von der Rechtszwangstheorie (Anm. 10) her, der den Vmer analog § 278[1] BGB einstehen lassen will für „funktionsbedingte Erfüllungsdiener", beileibe „nicht für jeden Erfüllungsgehilfen". Das entspreche der „geringeren Pflichtintensität" der Obliegenheiten. Im Endergebnis wird sich also, wenn Schmidt seine Auffassung konkretisiert, wahrscheinlich kein praktischer Unterschied gegenüber der herrschenden Meinung ergeben.

[76] Material zur Herbeiführung des Vsfalles vgl. zu § 61.

[77] **b) Keine Verrichtungsgehilfenhaftung.**

Ebensowenig wie § 278[1] BGB kann § 831 I BGB herangezogen werden. Man kann niemals sagen, der Vmer habe jemanden zu der Verrichtung bestellt, z. B. keine Gefahrerhöhungen vorzunehmen. Außerdem sieht § 831 I 1 BGB als Rechtsfolge nur eine Schadensersatzpflicht des Geschäftsherrn (hier des Vmers) vor, während es sich doch um die Frage handelt, ob überhaupt der Ver leisten muß. Wie hier KG 22. II. 1928 JRPV 1928 S. 141—142 = HansRGZ 1928 A Sp. 411—412, OLG Posen 25. V. 1914 VA 1914 Anh. S. 74—75 Nr. 828, Schrifttum bei Möller Verantwortlichkeit S. 69—70 Anm. 1.

[78] **d) Anzeige- und Auskunftspflichten.**

Schrifttum: Möller WuRdVers 1938 Nr. 1 S. 3—28, Möller Verantwortlichkeit S. 25 bis 31.

[79] **aa) Unterscheidungen.** Bei den Wissenserklärungen, die tatbeständlich ein bestimmtes Wissen voraussetzen, müssen mehrere Fragen scharf voneinander geschieden werden. In erster Linie taucht das Problem der Wissenszurechnung auf: Wann gilt der Vmer als wissend, sofern nicht er, sondern ein Dritter die fragliche Kenntnis besitzt? Die Frage der Wissenszurechnung ist im Grunde keine Frage des Einstehens des Vmers für Dritte. Wenn sich zeigt, daß ein Dritter Wissensvertreter ist, so ergibt sich daraus nur, daß in der Person des Vmers, also nicht des Dritten, ein Tatbestand als gegeben gilt, der den Vmer mit einer Obliegenheit belastet. Aber der Dritte kann außerdem mit der Erfüllung der Anzeige- oder Auskunftspflicht aus eigenem Wissen betraut werden. Der Wissensvertreter wird damit zum Wissenserklärungsvertreter. Für ihn hat der Vmer einzustehen, weil er ihm die Erfüllung der Obliegenheit aufgetragen hat. Neben dem Wissenserklärungsvertreter steht noch der Bote.

[80] **bb) Wissenszurechnung.**

aaa) Abzulehnende Begründung.

Die Wissenszurechnung läßt sich nicht aus § 166 I BGB herleiten (a. A. RG 12. XII. 1919 RGZ Bd 97 S. 279—282). Es mag zwar sein, daß diese Vorschrift nicht nur bei der Vertretung in der Abgabe von Willenserklärungen, sondern auch bei jener in der Abgabe von Wissenserklärungen gilt. Aber wenn ein ortsabwesender Gutsbesitzer, der das von ihm vte Gut verpachtet hat, eine Gefahrerhöhung nicht anzeigt und auch der Pächter diese Anzeige unterläßt, so stellen diese Unterlassungen ein reales Verhalten dar, bei dem Vertretungsgrundsätze deshalb nicht zur Anwendung kommen, weil eine Wissenserklärung gar nicht abgegeben wird. Außerdem ist die Anzeige immer erst zu erstatten, nachdem der Vmer Kenntnis von der Gefahrerhöhung erlangt hat. Auf die Frage, ob ausnahmsweise die Kenntnis eines Dritten — hier des Pächters — der des Vmers gleichzustellen ist, gibt § 166 I BGB keine Antwort. Diese Norm kann vielmehr erst eingreifen, wenn feststeht, ob eine Wissenserklärung überhaupt abzugeben ist.

[81] **bbb) Reichsgerichtliche Lösung.**

Losgelöst von allen gesetzlichen Bestimmungen hat denn auch das RG 8. III. 1921 RGZ Bd 101 S. 403 ausgeführt: „Wenn der verantwortliche Leiter eines geschäftlichen Unternehmens dessen Innenbetrieb in der Weise regelt, daß Tatsachen, deren Kenntnis von Rechtserheblichkeit ist, nicht von ihm selbst, sondern von einem bestimmten Angestellten zur Kenntnis genommen werden, so muß er sich . . . die Kenntnis des Angestellten wie eine eigene anrechnen lassen. Wenn auch der Angestellte nicht sein Stellvertreter im Willen ist, eine Willenserklärung überhaupt nicht in Betracht kommt, so ist er doch zum Wissensvertreter bestellt, und der Leiter des Unternehmens würde in einem solchen Falle gegen Treu und Glauben im geschäftlichen Verkehr verstoßen, wenn er aus der inneren Geschäftsverteilung dem Dritten gegenüber den Einwand der Unkenntnis herleiten wollte". Ähnlich RG 25. IX. 1925 JRPV 1925 S. 282—283 = HansRZ 1925 Sp. 939—941, wo aber nebenher auch § 166 I BGB angezogen wird, und RG 27. XI. 1931 VA 1932 S. 20—21 Nr. 2381.

Diese neuere Rechtsprechung verdient Billigung (so auch Oldenbourg, Die Wissenszurechnung, Mannheim—Berlin—Leipzig 1934, S. 58, Raiser Anm. 11 zu § 5, S. 171—172, zur älteren Judikatur Möller WuRdVers 1938 Nr. 1 S. 17—18, auch KG 28. VIII. 1940 JRPV 1940 S. 175—176, 18. IX. 1940 JRPV 1940 S. 165—166 = HansRGZ 1940 A Sp. 218—219.

[82] **ccc) Praktische Anwendung.** Im Einzelfall wird sich verhältnismäßig leicht klären lassen, ob und in welchem Umfang jemand vom Vmer zum Wissensvertreter bestellt ist. Solche Bestellung kommt nicht etwa nur bei geschäftlichen Unternehmen, sondern überall in Betracht. Das Wissen des Wissensvertreters ist dem Wissen des Vmers sogleich hinzuzurechnen, ohne daß es darauf ankommt, ob der Wissensvertreter dem Vmer Mitteilung gemacht hat oder auch nur machen konnte. Erstattet demzufolge bei Wissen des Wissensvertreters weder dieser noch der Vmer die Anzeige, so kann diese Nichterfüllung Verwirkungsfolgen auslösen; denn der Vmer wird so behandelt, wie wenn er im Besitze des Wissens ist und trotzdem die Anzeige unterläßt. Wird die Anzeige falsch erstattet, sei es vom Wissensvertreter, sei es vom Vmer, so geht auch diese Schlechterfüllung regelmäßig zu Lasten des Vmers: Er wird so behandelt, als wenn er alles weiß, was der Wissensvertreter weiß.

[83] **ddd) Lückenhaftes Gesetz.** Gesetzliche Vorschriften über die Wissensvertretung fehlen. In den Fällen der §§ 79, 161, 179 IV findet ebensowenig wie im Falle des § 19 eine Wissenszurechnung statt, es werden lediglich weitere Personen mit Obliegenheiten belastet (Anm. 5 zu § 19).

[84] **cc) Wissenserklärungsvertretung.**

Während die Wissenszurechnung unabhängig von dem Willen des Vmers bei Gegebensein einer gewissen objektiven Sachlage erfolgt, kann jemand Wissenserklärungsvertreter nur kraft einer Willenserklärung des Vmers sein, also kraft einer Bevollmächtigung. Die Vollmachtsregeln, primär für Willenserklärungen geltend, sind auf Wissenserklärungen analog anzuwenden.

[85] **aaa) Wissensvertreter, kein Wissenserklärungsvertreter.** Wissensvertreter, die nicht auch zum Wissenserklärungsvertreter gemacht werden, sind für den Vmer gefährlich. Er läuft zunächst Gefahr, daß er selbst nicht früh genug Mitteilung von dem Vorgefallenen erhält, um die nachteiligen Folgen der Wissenszurechnung abwenden zu können. Wenn z. B. der Wissensvertreter dem Vmer erst einen Bericht schicken muß, so kann eine kurze Schadensanzeigefrist leicht versäumt werden. Ist nun der Wissensvertreter nicht zum Wissenserklärungsvertreter bestellt, so hat es bei der Wissenszurechnung sein Bewenden. Unterläßt der Vmer die Anzeige, etwa weil er nicht benachrichtigt ist, so gilt dennoch der Vmer als wissend, und es ist regelmäßig ein Verschulden des Vmers anzunehmen (Anm. 35), so daß die Verwirkungsfolge eintreten kann. Erstattet übrigens der bloße Wissensvertreter, ohne hierzu bevollmächtigt zu sein, die erforderliche Anzeige, so kommt diese objektive Tatsache dem Vmer zugute (Anm. 55). Erstattet der bloße Wissensvertreter bewußt eine Falschanzeige, so schadet das dem Vmer an und für sich nicht. Aber da kraft der Wissenszurechnung fingiert wird, daß auch er Vmer das Richtige wußte, kann diesem seine Nichtanzeige nachteilig sein.

[86] **bbb) Wissensvertreter auch Wissenserklärungsvertreter.**

Ist dagegen der Wissensvertreter zugleich Wissenserklärungsvertreter, so ist seine Obliegenheitsverletzung als solche schon rechtserheblich, ohne daß es auf die Wissenszurechnung ankommt (vgl. RG 12. XII. 1919 RGZ Bd 97 S. 279—282).

[87] **ccc) Wissenserklärungsvertreter, kein Wissensvertreter.**

Schließlich kann es auch reine Wissenserklärungsvertreter in Fällen geben, in denen eine Wissenszurechnung deshalb überhaupt nicht in Frage kommt, weil auch der Vmer selbst Kenntnis von allem Vorgefallenen erlangt. Auch hier muß der Vmer für den von ihm bestellten Wissenserklärungsvertreter einstehen, insbesondere für schuldhafte Nicht- und Falschanzeigen (RG 28. VI. 1904 RGZ Bd 58 S. 342—348, 2. I. 1914 LZ

1914 Sp. 864, 26. XI. 1915 LZ 1916 Sp. 381, 25. IX. 1925 JRPV 1925 S. 282—283 = HansRZ 1925 Sp. 939—942, 8. X. 1926 JW 1927 S. 763—764 = VA 1927 S. 65—67 Nr. 1711, 7. VI. 1929 RGZ Bd 124 S. 343—346, 28. I. 1930 JRPV 1930 S. 76—77, 31. I. 1936 RGZ Bd 150 S. 147—152, 13. XII. 1938 RGZ Bd 159 S. 243—247). Dabei kommt „nicht nur die Kenntnis . . . des Vertreters, sondern auch die Kenntnis . . . des Vmers in Betracht" (§ 19[1] für die vorvertragliche Anzeigepflicht). Ein Vmer muß also solchem Wissenserklärungsvertreter, will er selbst schweigen, seine eigene Kenntnis vollständig übermitteln; es ist nicht richtig, daß der Wissenserklärungsvertreter nur aus eigenem Wissen zu erklären habe (wie Prölß Anm. 8 A zu § 6, S. 54 meint).

[88] dd) Botenverhältnis.

aaa) Grundsatz.

Ein bloßer Bote darf mit einem Wissenserklärungsvertreter nicht verwechselt werden. Er übermittelt nur das eigene Wissen des Vmers, ohne daß bezüglich des Inhaltes der Erklärung seiner eigenen Entschließung etwas überlassen bleibt. Der Bote wirkt nur wie ein mechanisches Werkzeug. Was der Bote erklärt, gilt als vom Vmer persönlich erklärt.

[89] bbb) Einzelheiten.

Ein Botenverhältnis kann nicht angenommen werden, falls der Beauftragte eigenes Wissen als solches weitergeben soll. Dadurch, daß einem feststehenden Erklärungsinhalt stilistisch eine beliebige Form gegeben werden kann, wird die Boteneigenschaft nicht aufgehoben. Vgl. RG 30. XII. 1901 RGZ Bd 50 S. 295—297, 21. XII. 1905 RGZ Bd 62 S. 190—192, 29. I. 1909 JW 1909 S. 198—199 = VA 1909 Anh. S. 51—52 Nr. 455, 2. XII. 1913 VA 1914 Anh. S. 41—44 Nr. 805 = LZ 1914 Sp. 582—583 und die weiteren Urteile bei Möller WuRdVers 1938 Nr. 1 S. 22—24. Für Boten hat der Vmer nur einzustehen, wenn ihn eigenes Verschulden trifft. Bei zugangsbedürftigen Wissenserklärungen bleibt allerdings der Begriff des Zuganges hierdurch unberührt: Der verspätete Zugang kann trotz Verschuldens des Boten hinsichtlich des Vmers entschuldbar sein. Als Bote kommt oft auch ein Vsvermittler in Frage (RG 30. XII. 1901 RGZ Bd 50 S. 295—297, KG 20. III. 1929 VA 1929 S. 252—253 Nr. 2016 = JRPV 1929 S. 170, OLG Hamburg 19. II. 1912 VA 1912 Anh. S. 113—114 Nr. 699, OLG Stuttgart 27. III. 1930 JRPV 1930 S. 385—386) oder ein Arzt oder Rechtsanwalt. Über Zusammentreffen der Eigenschaften als Bote und Willenserklärungsvertreter Möller WuRdVers 1938 Nr. 1 S. 24 m. w. N.

[90] ee) Sonderfälle.

Erstattet ein Wissenserklärungsvertreter ohne Wissen und Wollen des Vmers schuldhaft eine unrichtige Wissenserklärung, so hat dennoch der Vmer hierfür einzustehen. Anders RG 22. X. 1937 JW 1938 S. 381—384 = VA 1937 S. 246—248 Nr. 3036 für einen Fall, in welchem die vte Ehefrau ihren Ehemann mit der Erfüllung der Auskunftspflicht betraut hatte, ohne zu wissen, daß der Ehemann der Brandstifter war. Richtig Ehlers JW 1938 S. 382—384, Niemann JRPV 1938 S. 56—57, vgl. auch Möller WuRdVers 1938 Nr. 1 S. 25—27.

Ein Vertreter ohne Vertretungsmacht kommt als Wissenserklärungsvertreter jedenfalls dann nicht in Frage, wenn der Vmer die Vertretung nicht genehmigt. Im Übrigen ist § 180[1] BGB auf einseitige Wissenserklärungen analog anzuwenden (RG 17. XI. 1936 JW 1937 S. 299—300 = HansRGZ 1938 A Sp. 61—62, 22. X. 1937 JW 1938 S. 381—384 = VA 1937 S. 246—248 Nr. 3036).

Ein Ehemann ist nicht nach § 1374[1] BGB ohne weiteres als Wissenserklärungsvertreter der Ehefrau anzusehen (a. A. RG 22. X. 1937 JW 1938 S. 381—384 = VA 1937 S. 246—248 Nr. 3036, wie hier Prölss Anm. 8 A zu § 6, S. 54). § 1375 BGB ergibt, daß der Ehemann nur solche Handlungen mit Wirkung gegen die Ehefrau vornehmen kann, durch die sie lediglich Vorteil erlangt.

Wissenserklärungsvertretung liegt nicht vor, falls ein Dritter „nur als Wissensquelle für den Vmer in Betracht" kommt (RG 23. I. 1940 JRPV 1940 S. 146—147 = SeuffArch Bd 94 S. 74), oder als Zeuge für eigene Angaben des Vmers (RG 17. XI. 1936 JW 1937 S. 299 = HansRGZ 1937 A Sp. 61—62).

[91] d) Sonstige Obliegenheiten.

Die Frage, inwieweit der Vmer bei solchen Obliegenheiten, die keine Wissenserklärungen zum Gegenstand haben, und im Falle der Herbeiführung des Vsfalles für Dritte einzustehen hat, läßt sich nicht einheitlich beantworten. Es gibt mindestens drei Fallgruppen: Repräsentantenhaftung (Anm. 92—102), Einstehenmüssen für wirtschaftlich Vte (Anm. 103—106) und vertragliche Spezialregelungen (Anm. 107—109).

[92] aa) Repräsentantenhaftung.

aaa) Reichsgericht.

Da Erfüllungs- und Verrichtungsgehilfenhaftung nicht in Betracht kommen (Anm. 73—77), hat die Rechtsprechung versucht, von Stellvertretungsgrundsätzen auszugehen. Dabei lassen sich in der Rechtsprechung des RG drei Entwicklungsstufen unterscheiden.

[93] α) Erste Stufe.

In den frühesten Urteilen (RG 22. X. 1895 RGZ Bd 37 S. 149—151, auch RG 26. V. 1883 RGZ Bd 9 S. 118—124, 18. X. 1901 RGZ Bd 51 S. 20—23, 22. IV. 1903 JW 1903 S. 251—252) findet sich die Wendung, daß „in der Regel der Vmer . . . die Handlungen eines Dritten, welcher auf Grund eines Vertretungs- oder eines anderen Verhältnisses an seiner Stelle steht, als die seinigen gelten lassen muß". Eine wirkliche Stellvertretung kommt aber ja schon deshalb nicht in Betracht, weil es sich gar nicht um die Abgabe von Willens- oder auch nur Wissenserklärungen handelt. Zur Rechtfertigung des Haftungsgrundsatzes wird denn auch in RG 22. IV. 1903 JW 1903 S. 251 bis 252 nur gesagt, es dürfe dem Vmer nicht freistehen, „die Lage des Vers dadurch wesentlich zu verschlechtern, daß er die vte Sache aus der Hand gibt und sich der Obhut über sie . . . entschlägt." Aber diese teleologischen Gesichtspunkte sind leider bald in Vergessenheit geraten. RG 4. VI. 1913 RGZ Bd 83 S. 43—45 (auch RG 28. VI. 1927 RGZ Bd 117 S. 327—332) stellt wieder auf ein Vertretungs- oder anderes Verhältnis ab, aber fordert zusätzlich einen Betrieb, zu dem das versicherte Risiko gehört.

[94] β) Zweite Stufe.

Auf einer zweiten Stufe der Entwicklung wird die ursprüngliche Formel in sehr bemerkenswerter Weise eingeschränkt: Es müsse dem Dritten „eine Rechtsvertretung" des Vmers „in Bezug auf das Vsverhältnis" allgemein oder speziell übertragen sein (RG 8. II. 1929 VA 1929 S. 269—270 Nr. 2028 = JRPV 1929 S. 102). Es müsse der Repräsentant befugt sein, für den Vmer „innerhalb des in Frage kommenden Geschäftskreises, einschließlich der Wahrnehmung der für diesen aus dem Vsvertrage hervorgehenden Rechte und Pflichten" selbständig rechtsgeschäftlich zu handeln (RG 4. X. 1929 VA 1929 S. 335—336 Nr. 2085 = JRPV 1929 S. 366). Diese Formulierung ist oft wiederholt (vgl. RG 15. III. 1932 RGZ Bd 135 S. 370—372, weitere Nachweise bei Möller Verantwortlichkeit S. 72 Anm. 4). — Dabei wird verkannt, daß es für die Zurechnungsfrage auf ein rechtsgeschäftliches Handeln gar nicht ankommt, sondern nur darauf, ob der Repräsentant die vten Sachen tatsächlich betreut. Es ist einerseits denkbar, daß der Vmer diese tatsächliche Betreuung selbst vornimmt, obgleich er sich im übrigen eines Vertreters bedient; andererseits ist es vorstellbar, daß ein Vmer, der keinen rechtsgeschäftlichen Vertreter bestellt hat, sich der Sorge für die vten Sachen derart entschlagen hat, daß für eine Repräsentantenhaftung durchaus Raum ist.

[95] γ) Dritte Stufe.

In einer dritten und letzten Epoche sind in zweierlei Richtung noch erhöhte Anforderungen gestellt (RG 15. X. 1935 RGZ Bd 149 S. 69—75, hierauf verweisend RG 14. II. 1936 JW 1936 S. 1968 = HansRGZ 1937 A Sp. 53—56, 9. IV. 1937 JW 1937 S. 2620, 13. V. 1938 RGZ Bd 157 S. 314—320). Danach ist der Repräsentantenbegriff nur anzuwenden „auf Fälle, in denen ein Geschäftsbetrieb, mindestens ein Geschäftsbereich von einiger Bedeutung, auf den sich das Vsverhältnis bezieht, vorlag, innerhalb dessen ein anderer an der Stelle des Vmers stand. Danach müssen Verhältnisse vorliegen, die den klaren Schluß darauf gestatten, daß der Vmer nicht selbst jene Geschäfte wahrnehmen konnte oder wollte, in denen ihm das nach Lage der Dinge auch billigerweise nicht zugemutet werden konnte, Fälle also, in denen ein gewisses Bedürfnis nach jener ‚Repräsentanz' bestand und die tatsächlichen und rechtlichenVerhältnisse auch jenem Bedürfnis entsprechend sich gestaltet hatten." — Es ist nicht einzusehen, warum es auf einen „Geschäftsbereich" und die Bedeutung des Geschäftsbereiches ankommen soll, bedarf doch möglicherweise eine kleine Strohdachkate viel stärkerer Betreuung als ein wertvolles hartgedecktes Bürogebäude, wenn es gilt, einen Feuerschaden zu verhindern. Was das Bedürfnis nach Repräsentanz anlangt, so stellt das RG viel zu sehr auf die Notwendigkeit einer rechtsgeschäftlichen Vertretung statt auf den risikotechnischen Gesichtspunkt ab, ob eine laufende Betreuung der vten Sachen im Interesse der Gefahrengemeinschaft notwendig ist und ob der Vmer diese notwendige laufende Betreuung vollständig einem Dritten überläßt (dazu RG 23. oder 29. I. 1940 JRPV 1940 S. 146—147 = SeuffArch Bd 94 S. 75). Kritisch zum RG auch Prölss Anm. 8 B zu § 6, S. 55.

[96] **bbb) Instanzgerichte.**

Die Judikatur der Oberlandes- und Landgerichte übernimmt durchweg die Formulierungen des RG (Nachweise bei Möller Verantwortlichkeit S. 75—76, dazu OLG Celle 8. XII. 1952 VersR 1953 S. 33, OLG Frankfurt 1. VII. 1948 VW 1949 S. 20, OLG Hamburg 14. XII. 1949 VersR 1950 S. 35, OLG Oldenburg 18. VII. 1951 VersR 1951 S. 273—274). Selbständige Gedanken enthalten die Urteile des OLG Hamburg 15. VI. 1927 VA 1928 S. 37—38 Nr. 1817 = HansRZ 1927 Sp. 895—897, 30. IV. 1935 JRPV 1935 S. 286—287. Hier wird darauf abgestellt, ob sich der Vmer „der eigenen Sorge für die vte Sache vollständig entschlagen hat". Das OLG Düsseldorf 20. I. 1953 VersR 1953 S. 113 kritisiert mit Recht die Unterscheidung von Geschäftsbereich und Nichtgeschäftsbereich.

[97] **ccc) Versicherungsbedingungen.**

Die Verantwortlichkeitsklausel (Ziff. D 5/26 Feuerklauseln) definiert als Repräsentanten „solche Personen, die in dem Geschäftsbereiche, zu dem das vte Wagnis gehört, auf Grund eines Vertretungs- oder ähnlichen Verhältnisses an Stelle des Vmers stehen und für ihn die Obhut über das vte Interesse wahrzunehmen haben". Die Definition bindet auch in der Feuerv den Richter nur, falls die Klausel vereinbart ist.

[98] **ddd) Einzelanwendung.**

α) **Ehegatten.**

Will man prüfen, ob ein Ehegatte der Repräsentant des anderen ist, so taucht das Problem auf, ob der Ehemann beim gesetzlichen Güterstand als Verwalter und Nutznießer des eingebrachten Gutes (§ 1363 I BGB) Repräsentant der Ehefrau ist. Dies hat das KG 5. VI. 1936 JRPV 1936 S. 377—378, hilfsweise auch das OLG Kiel 21. XII. 1934 JRPV 1935 Zus. S. 34—35 zu Unrecht generell bejaht. Es müssen vielmehr die allgemeinen Erfordernisse des Repräsentantenbegriffes vorliegen (RG 15. X. 1935 RGZ Bd 149 S. 69—75, 9. IV.1937 JW 1937 S. 2620, OLG Düsseldorf 20. I. 1953 VersR 1953 S. 113, OLG Stuttgart 29. IX. 1937 HansRGZ 1938 A Sp. 233—243). Die Ehefrau muß sich also ihrerseits der Sorge für die vten Sachen vollständig entschlagen. — Zweitens fragt es sich, ob die Ehefrau insoweit Repräsentantin des Ehemannes ist, als — ohne Rücksicht auf den Güterstand — ihr Recht und ihre Verpflichtung reichen, das gemeinschaftliche Hauswesen zu leiten (§ 1356 I BGB). Mit Recht wird angenommmen, daß die Leitung des Hauswesens allein noch keine Repräsentanteneigenschaft verleiht (RG 28. VI. 1927 RGZ Bd 117 S. 327—332, OLG Hamburg 17. IV. 1905 OLGRspr Bd 11 S. 40, OLG Königsberg 29. III. 1912 VA 1912 Anh. S. 117—118 Nr. 703). Die Rechtsprechung betreffend Eheleute ist zusammengestellt bei Möller Verantwortlichkeit S. 33—48.

[99] *β*) **Familienangehörige.**

Über die Repräsentanteneigenschaft von sonstigen Familienangehörigen Urteile bei Möller Verantwortlichkeit S. 48—51, dazu OLG Königsberg 20. XII. 1938 JRPV 1939 S. 74—75.

[100] γ) Restfälle.

Was sonstige Dritte anlangt, so sind als Repräsentanten angesehen: In der Feuerv ein selbständiger Gutsinspektor (RG 22. IV. 1903 JW 1903 S. 251—252), der Betriebsleiter eines Gutspächters (RG 2. V. 1933 HansRGZ 1938 A Sp. 316—317), der Betriebsleiter einer Tischlerei (OLG Hamm 30. III. 1933 JRPV 1933 S. 274—275), der Sicherungsgeber bei Sicherungsübereignung (OLG Frankfurt 1. VII. 1948 VW 1949 S. 20), der Abteilungsleiter eines Lackierbetriebes (OLG Hamburg 14. XII. 1949 VersR 1950 S. 35—36, bedenklich), nicht aber ein Klempnermeister, der im Winter ein Rohr mit der Lötlampe auftaut (OLG Celle 28. V. 1935 JRPV 1936 Zus. S. 30—31, 15. V. 1936 VA 1936 S. 249—250 Nr. 2921 = JRPV 1936 S. 284). In der Kraftfahrv taucht immer wieder die Frage auf, ob der Fahrer als Repräsentant zu gelten habe. Repräsentanteneigenschaft wird geleugnet z. B. von RG 8. II. 1929 VA 1929 S. 269—270 Nr. 2028 = JRPV 1929 S. 102, 4. X. 1929 VA 1929 S. 335—336 Nr. 2085 = JRPV 1929 S. 366, OLG Celle 8. XII. 1952 VersR 1953 S. 33, weitere Urteile bei Möller Verantwortlichkeit S. 54—59. Auch ein Reisevertreter braucht kein Repräsentant zu sein (OLG Oldenburg 18. VII. 1951 VersR 1951 S. 273—274). Wegen Entscheidungen zur Einbruchdiebstahl-, Warentransport-, Glas- und Tierv Möller Verantwortlichkeit S. 59 bis 66. Vgl. auch die Zusammenstellung bei Prölss Anm. 8 B zu § 6, S. 55—56.

[101] εεε) Stellungnahme.

Eine Analyse der Interessenlage ergibt, daß die Repräsentantenhaftung grundsätzlich zu bejahen ist (a. M. Bruck 7. Aufl. S. 48—49). Im einzelnen kommt es zunächst darauf an, ob die vte Sache laufender Betreuung bedarf. Nur bei der Sachv spielt die Repräsentantenhaftung praktisch eine Rolle. Das Bedürfnis nach laufender Betreuung tritt aber auch in manchen Sachvszweigen zurück, z. B. kann wohl eine Betreuung im Hinblick auf die Hagelgefahr kaum in Betracht kommen. Im übrigen kann die Frage nach der Notwendigkeit laufender Betreuung der vten Sache nur von Fall zu Fall beurteilt werden. Bei der Feuerv muß etwa gefragt werden: Bedeutet es im Hinblick auf die Feuersgefahr objektiv einen Verstoß gegen die Grundsätze normaler ordnungsgemäßer Risikoverwaltung, wenn der Vmer die laufende Betreuung — so wie geschehen — unterläßt? Dabei ist unter Risikoverwaltung und Betreuung nicht an die Vornahme von Rechtsgeschäften, sondern an ein tatsächliches Verhalten zu denken. Die Notwendigkeit laufender Betreuung darf nicht mit der Notwendigkeit ständiger, ununterbrochener Betreuung verwechselt werden: Es kann sich durchaus ergeben, daß es ausreicht, sofern der Vmer von Zeit zu Zeit etwa die Ordnungsmäßigkeit der Blitzableiter- oder Sprinkleranlage prüft. Es schadet dann nichts, falls der Vmer z. B. in der Zwischenzeit eine kurze Reise macht. Wenn nun der Vmer sich der notwendigen laufenden Betreuung völlig entschlägt, so kann in diesem Verhalten eine schuldhafte Obliegenheitsverletzung oder gar Herbeiführung des Vsfalles liegen. Will der Vmer diese Konsequenz vermeiden, so muß er einen Ersatzmann, einen Repräsentanten einsetzen (Anm. 35; zu Unrecht nimmt RG 25. IX. 1925 JRPV 1925 S. 282—283 = HansRZ 1925 Sp. 939 bis 941 ohne weiteres an, daß jemand automatisch ohne Einsetzung als Ersatzmann „angesehen wird"). Die Einsetzung erfolgt, sobald einem Dritten die rein faktische Aufgabe der Risikoverwaltung überlassen wird. Es handelt sich also nicht um eine Bevollmächtigung. Im Interesse der Gefahrengemeinschaft muß die ordnungsgemäße Durchführung der Risikoverwaltung seitens des Ersatzmannes vorausgesetzt werden. Deshalb hat der Vmer für den eingesetzten Ersatzmann einzustehen. Das Verhalten und Verschulden des Ersatzmannes werden wie jenes des Vmers selbst behandelt. Hinterläßt der Vmer mehrere Sachverwalter, so kommt als Repräsentant immer nur der an ihrer Spitze stehende in Betracht.

Nach alledem läßt sich die Repräsentantenhaftung in freier Rechtsfindung nur aus dem Gedanken der Gefahrengemeinschaft herleiten. Es ist unangängig, daß sich ein Vmer der notwendigen Risikoverwaltung völlig entschlägt. Entweder liegt hierin ein eigenes Verschulden oder der Vmer muß sich gefallen lassen, daß das Verhalten und Verschulden seines Ersatzmannes seinem eigenen gleichgestellt wird. Repräsentant ist demnach derjenige, den der Vmer dazu eingesetzt hat, an seiner

Stelle die notwendige laufende Betreuung der vten Sachen vorzunehmen (Näheres bei Möller Verantwortlichkeit S. 92—96).

[102] fff) Tragweite.

Der Repräsentantenbegriff ist nur bedeutsam für die Verletzung von Obliegenheiten, die keine Wissenserklärung zum Gegenstand haben, für die Herbeiführung des Vsfalles (dazu § 61) und ferner für die arglistige Täuschung bei der Schadensermittlung (Zusammenhang mit der Auskunftspflicht: § 34). Es ist nicht richtig, daß der Begriff das ganze Vsrecht, alle Rechtsbeziehungen zwischen Ver und Vmer beherrsche (so Prölss Anm. 8 B zu § 6, S. 56, OLG Hamburg 14. XII. 1949 VersR 1950 S. 35, OLG Nürnberg 23. XII. 1930 VA 1930 S. 260 Nr. 2216 = JRPV 1931 S. 179, übrigens eine Herbeiführung bzw. Obliegenheit behandelnd). Deshalb ist es nicht ausreichend, wenn bei einer Haftpflichtv nicht der Vmer, sondern sein Repräsentant in Anspruch genommen wird (RG 16. III. 1934 RGZ Bd 144 S. 168) oder wenn bei einer Überv nicht der Vmer, sondern ein Repräsentant betrügerisch handelt (§ 51 III; OLG Königsberg 20. III. 1934 JRPV 1934 S. 173).

[103] bb) Wirtschaftlich Versicherte.

aaa) Ausgangspunkt.

Der Repräsentantenbegriff allein ermöglicht es noch nicht, stets zu befriedigenden Ergebnissen zu kommen. Besonders in den Fällen verschleierter Eigentumsverhältnisse ergeben sich Unzuträglichkeiten. Zwecks Gläubigerbenachteiligung wird häufig der Ehefrau formell ein Eigentum übertragen, das materiell dem Ehemann zusteht oder umgekehrt; auch unter sonstigen Familienangehörigen und unter Dritten kommen solche „Schiebungen“ vor (Nachweise bei Möller Verantwortlichkeit S. 77).

Das RG spricht das Eigentümerinteresse (zu Unrecht) dem formalen sachenrechtlichen Eigentümer zu (dazu § 69). Wenn dieser eine Obliegenheit verletzt, so greifen die hinsichtlich des Vmers geltenden Regeln Platz. Was aber gilt, wenn der materielle Eigentümer, der wahre Interessent, ein solches Verhalten beobachtet?

[104] bbb) Rechtsprechung.

Zuerst hat das OLG. Hamburg 15. VI. 1927 VA 1928 S. 37—38 Nr. 1817 = HansRZ 1927 Sp. 895—897 (zustimmend OLG Köln 13. VI. 1928 HansRGZ 1928 A Sp. 512—515, jedoch ablehnend RG 15. III. 1932 RGZ Bd 135 S. 370—372) ausgesprochen, es erscheine in hohem Maße unbillig, wenn der Vmer für das Verschulden dessen, der sozusagen der „wirtschaftliche Vmer“ war, nicht einzutreten hätte.

[105] Später ist aber das RG diesem Gedankengang gefolgt, es spricht von dem „zwar nicht förmlich, aber in Wirklichkeit (auch) Vten“ und zieht § 242 BGB an (RG 15. X. 1935 RGZ Bd 149 Sp. 69—75, dazu RG 9. IV. 1937 HansRGZ 1938 A Sp. 421—423, 22. X. 1937 JW 1938 S. 381—384 = VA 1937 S. 246—248 Nr. 3036, 14. II. 1936 JW 1936 S. 1968 = HansRGZ 1937 A Sp. 142—143, KG 5. VIII. 1936 VA 1936 S. 298—299 Nr. 2951 = JRPV 1937 S. 40—42, 8. VIII. 1936 VA 1936 S. 252 bis 253 Nr. 2923 = JRPV 1936 S. 366—368, OLG Celle 23. VI. 1936 HansRGZ 1937 A Sp. 53—56, LG Berlin 27. X. 1936 JRPV 1937 S. 79—80, 158—159).

[106] ccc) Stellungnahme.

Würde die Rechtsprechung den Interessebegriff richtig anwenden und bei der Ermittlung des Interesseträgers auf den wahren, wirtschaftlichen Eigentümer abstellen, so könnte man mit der gesetzlichen Regelung und der Repräsentantenhaftung auskommen; denn der Interesseträger müßte entweder bei einer V für eigene Rechnung Vmer oder bei einer V für fremde Rechnung echter Vter sein (§ 79 I): Möller Verantwortlichkeit S. 79—81.

[107] cc) Vertragliche Spezialregelungen.

Auch dann, wenn — wie meistens (Ausnahme: Anm. 97) — die AVB nichts über die Zurechnungsfragen sagen, müssen die Grundsätze der Repräsentantenhaftung usw. angewendet werden. Im Interesse der Gefahrengemeinschaft ist das reine Selbstverschuldungsprinzip abzulehnen (Anm. 72).

Es müssen also besondere Gründe vorliegen, falls die Repräsentantenhaftung usw. fortfallen oder eingeschränkt sein soll. Eine ausdrückliche Vereinbarung kommt besonders in Maklerbedingungen vor, ist auch gegeben, wenn der Vmer „nur" für das eigene Verschulden und das seiner gesetzlichen Vertreter einstehen soll. Stillschweigende Vereinbarungen können sich aus Sinn und Zweck des einzelnen Vsvertrages ergeben; es ist zu prüfen, ob der Vmer gerade geschützt sein wollte in Fällen des Verschuldens bestimmter Personen, die als Repräsentanten oder wirtschaftlich Vte in Betracht kämen (z. B. Abzahlungskäufer bei Eigentumsvorbehalt des Verkäufers). Allzu weitgehend OLG Posen 25. V. 1914 VA 1914 Anh. S. 74—75 Nr. 828. Bei der Kraftfahrv wollen die Halter bei Verschulden der Fahrer gedeckt sein; selbst wenn man den Fahrer als Repräsentanten ansehen könnte, ist demnach ein Einstehenmüssen des Vmers zu verneinen.

[108] Bei allen Obliegenheiten ist zu prüfen, welches Verhalten durch sie dem Vmer auferlegt wird. Sinn und Zweck einer Wächterklausel in der Einbruchdiebstahlv gehen nicht dahin, daß der Vmer selbst bewachen solle und der Wächter sein Repräsentant ist; den Vmer treffen nur Auswahl- und Aufsichtspflichten (RG 31. V. 1921 RGZ Bd 102 S. 215—217, bedenklich KG 25. IX. 1920 VA 1920 Anh. S. 80—82 Nr. 1167 = HansRZ 1920 Sp. 714—716). Für die Obliegenheit zur Einreichung eines tierärztlichen Berichtes richtig RG 15. X. 1920 JW 1921 S. 106 = VA 1921 Anh. S. 19—20 Nr. 1183, unrichtig OLG Darmstadt 15. III. 1920 HansRZ Sp. 711—713, weitere Nachweise Möller Verantwortlichkeit S. 86 Anm. 5.

[109] Zuweilen wird der Kreis der Personen, für den der Vmer einzustehen hat, vertraglich erweitert, z. B. hinsichtlich der Beauftragten des Vmers in der Transportv (zum Begriff RG 30. X. 1934 JW 1935 S. 1009—1010 = VA 1935 S. 32—34 Nr. 2777).

[110] **V. Beschränkungen der Vertragsfreiheit.**

§ 6 IV ist absolut zwingend. Dazu vgl. Anm. 20.

§ 6 I—III sind (im Bereich der Beschränkungen der Vertragsfreiheit) relativ zwingend (§ 15a).

Demzufolge gelten Verschuldens-, Kausalitäts- und Klarstellungserfordernis auch dann, wenn die Vsbedingungen sie nicht herausstellen (Anm. 25, 37, 41), insbesondere auch trotz etwaiger Umgehungsversuche (Anm. 13—15). Im einzelnen kann sich der Ver z. B. nicht darauf berufen, daß er auch bei mangelndem Verschulden des Vmers leistungsfrei sein solle, oder daß im Falle des § 6 III eine leicht fahrlässige Obliegenheitsverletzung ihn befreien solle, ferner nicht darauf, daß vertraglich die Ausschlußfrist des § 6 I 2 verlängert sei, daß eine Kündigungsfrist vorgesehen sei (vgl. Anm. 41), daß die Kündigungslast aufgehoben sei. Die in Anm. 52—53 geschilderte Beweislastverteilung ergibt sich aus dem Inhalt des § 6 und ist deshalb gleichfalls nicht zu Lasten des Vmers derart abänderbar, daß sich der Ver auf die Abänderung berufen könnte. Hinsichtlich des Einstehens für Dritte können jedoch Vereinbarungen getroffen werden (Anm. 97, 107—109).

Ist bei einer Transportv von Gütern, einer laufenden V oder einer V bei einer öffentlich-rechtlichen Vseinrichtung (§§ 187 I, II, 192 II) die Frage des Verschuldens, der Kausalität, der klarstellenden Kündigung in den Vsbedingungen nicht in bestimmter Weise geregelt, so ist auch hier § 6 ergänzend heranzuziehen (RG 12. III. 1926 VA 1926 S. 301 Nr. 1652 = JRPV 1926 S. 99).

Darüber, daß sich die Grundgedanken des § 6 sogar in der Seev durchsetzen, vgl. Anm. 15.

§ 7

Ist die Dauer der Versicherung nach Tagen, Wochen, Monaten oder nach einem mehrere Monate umfassenden Zeitraume bestimmt, so beginnt die Versicherung am Mittage des Tages, an welchem der Vertrag geschlossen wird. Sie endigt am Mittage des letzten Tages der Frist.

Materielle Versicherungsdauer (Tag, Stunde).

[1] **Entstehung:** Die Vorschrift ist unverändert geblieben. — Begr. I S. 23.

[2] **Schrifttum:** Bruck S. 234, 239, JW 1925 S. 561—564, Ehrenzweig S. 104—106, von Gierke II S. 132—133, Greiser JW 1934 S. 2319—2320, Hagen I S. 455—456.

[3] **I. Versicherungsdauer.**

Man hat formellen, materiellen und technischen Vsbeginn zu unterscheiden (Anm. 3 zu § 2). § 7¹ betrifft nicht den formellen Vsbeginn, denn dieser richtet sich nach dem Zeitpunkt des Zuganges der Annahmerklärung. Vielmehr ist im Gesetz der Beginn der Gefahrtragung des Vers, der materielle Vsbeginn gemeint. Entsprechend ist in § 7² das materielle Ende der V behandelt. Da die technische Vsdauer sich häufig an die materielle anlehnt, hat mittelbar § 7 auch für die technische Vsdauer Bedeutung.

[4] **II. Zeitpunkt.**

Die Zeit der materiellen Vsdauer pflegt vereinbart zu werden. Dabei kommen zuweilen Zeiträume in Betracht, die nicht bestimmt, sondern nur bestimmbar sind, z. B. eine Reise (§§ 134—136, 138), eine Ausstellung, ein Stapellauf, ein Pferderennen (OLG Königsberg 29. X. 1926 VA 1927 S. 39 Nr. 1690). Solchen Ven mit nur bestimmbarer materieller Vsdauer stehen Zeitven gegenüber. Für sie gilt § 7, die Vsdauer muß „nach Tagen, Wochen, Monaten oder nach einem mehrere Monate umfassenden Zeitraume bestimmt", also z. B. auf ein Jahr oder mehrere Jahre abgestellt sein. Auch lebenslängliche Vsverträge bis zum Tode kommen vor, auch hier handelt es sich um Zeitven, aber mit unbestimmter Dauer (über lebenslängliche Haftpflichtv: VA 1907 S. 86—87, Unfallv: VA 1913 S. 104, Feuerv [Kombination mit Lebensv]: VA 1930 S. 155). Bei ihnen, überhaupt bei Ven auf unbestimmte Zeit (dauernde Ven: § 8 II 1) kann hinsichtlich des Vsbeginns § 7¹ analog angewendet werden (Ehrenzweig S. 106).

[5] **1. Beginn.**

Bei einer Zeitv (oder dauernden V) pflegt der Zeitpunkt des vorgesehenen materiellen Vsbeginns vereinbart zu werden, jedenfalls der Tag, meistens auch die Stunde (vgl. z. B. § 3 II 1 ATierB). Wird eine vorläufige Deckung am 30. I. 10 Uhr zugesagt, so ist stillschweigend eine Vereinbarung darüber getroffen, daß um 10 Uhr der Vsschutz beginnen soll (Anm. 103 zu § 1).

Fehlt eine Vereinbarung über den Tag, so beginnt der Vsschutz am Tage des Vertragsabschlusses (§ 7¹) Fehlt eine Vereinbarung über Tag und Stunde, „so beginnt die V am Mittage des Tages, an welchem der Vertrag geschlossen wird" (§ 7¹). Fehlt nur eine Vereinbarung über die Stunde, so kommt es darauf an, ob als Tag des materiellen Vsbeginns jener des Vertragsabschlusses vereinbart ist. Zutreffendenfalls beginnt an diesem Tage der Vsschutz um 12 Uhr mittags (§ 7¹).

Wenn aber abredegemäß die Tage des Vertragsabschlusses und des materiellen Vsbeginns auseinanderfallen — Vsnahme am 28. XII., Vsschutz ab 1. I. —, so paßt der Wortlaut des § 7¹ nicht. Trotzdem wollen Ehrenzweig S. 106 Greiser JW 1934

S. 2319, Prölss Anm. 3 zu § 7, S. 63 die Vorschrift analog anwenden, also die V am 1. I. erst mittags beginnen lassen. Es erscheint jedoch sachgerechter, hier gemäß § 187 II BGB den Vsschutz schon ab 1. I. 0 Uhr zu gewähren. Entsprechendes gilt bei einer auf Zeit abgestellten Rückwärtsv: Soll eine am 8. I. genommene Rückwärtsv am 1. I. beginnen, so setzt der Vsschutz um Mitternacht, nicht erst am Mittag am 1. I. ein. Zwar weist Begr. I S. 23 darauf hin, daß „die Feststellung, ob ein Vsfall vor oder nach 12 Uhr mittags eingetreten ist, in der Regel leichter sein wird als die Ermittelung, ob er sich vor oder nach Mitternacht ereignet hat", aber dieser Gesichtspunkt läßt sich nur im eigentlichen, durch den Gesetzeswortlaut fest umschriebenen Anwendungsbereich des § 7 durchsetzen.

[6] **2. Ende.**

Mit dem Beginn der V korrespondiert bei einer Zeitv das materielle Vsende. Im Geltungsbereich des § 7^1 endigt deshalb die V am Mittage des letzten Tages der Frist (§ 7^2). Jene Jahresv, genommen am 28. XII., beginnend am 1. I. 0 Uhr, endigt dagegen am 31. XII. 24 Uhr (§ 188 II BGB).

[7] **III. Rückwärtsversicherung.**

§ 7^1 führt am gleichen Tage dann zu einer gesetzlichen Rückwärtsv, wenn der formelle Vsbeginn nach 12 Uhr mittags liegt. Wer um 15 Uhr einen Vsvertrag abschließt, ist im Zweifel schon ab Mittag vert. Jedoch muß § 2 angewendet werden, insbesondere § 2 II 2: Weiß der Vmer, daß der Vsfall schon eingetreten ist, so ist der Ver von der Verpflichtung zur Leistung frei. Dazu Greiser JW 1934 S. 2319—2320.

[8] **IV. Einlösungsklausel.**

Nach § 38 II ist der Ver von der Verpflichtung zur Leistung frei, falls die Erstprämie zur Zeit des Eintritts des Vsfalles noch nicht gezahlt ist. Genauer: Der Vsschutz beginnt erst mit der Prämienzahlung, auch wenn er vertraglich für einen früheren Zeitpunkt vorgesehen war.

Der vorgesehene (potentielle) und der faktische materielle Vsbeginn sind demnach auseinanderzuhalten (Anm. 3 zu § 2). Fraglos gilt § 7^1 für den potentiellen Vsbeginn, aber hinsichtlich des faktischen Vsbeginns muß man unterscheiden. Liegen der Vertragsabschluß und der vorgesehene Vsbeginn am 3. I., wird aber die Prämie erst am 5. I. 10 Uhr beglichen, so ist der Vmer nicht schon ab 3. I. 12 Uhr vert, auch nicht erst ab 5. I. 12 Uhr (so Prölss Anm. 3 zu § 7, S. 63), sondern ab 5. I. 10 Uhr; hier gilt § 7^1 nicht, da die Tage auseinanderfallen. Das gilt auch dann, wenn der Vmer am 5. I. 15 Uhr bezahlt. Er genießt dann nicht Vsschutz ab 5. I. 12 Uhr (so Prölss Anm. 3 zu § 7, S. 63), sondern erst ab 5. I. 15 Uhr. Hätte der Vmer schon am 3. I. 10 Uhr abgeschlossen und bezahlt, so wäre er — vorbehaltlich anderer Vereinbarung: Anm. 5 — doch erst ab 3. I. 12 Uhr vert, da der faktische Vsbeginn niemals vor dem vorgesehenen Vsbeginn liegt. Erfolgen Vertragsabschluß und Prämienzahlung am 3. I. 15 Uhr, so beginnt trotz § 38 II die faktische Gefahrtragung nach § 7^1 schon um 12 Uhr. Denn bei einer Rückwärtsv (Anm. 7) gilt zwar § 38 II, aber die Zahlung löst rückwirkenden Vsschutz aus (Anm. 18 zu § 2). § 7^1 wirkt sich also nicht nur dann aus, wenn die Prämie gestundet ist.

Trotz verspäteter Einlösung bleibt übrigens für das materielle Ende der mit dem vorgesehenen Vsbeginn korrespondierende Zeitpunkt entscheidend: Ist also die Prämie erst am 5. I bezahlt, so endet doch eine einjährige V am 3. I. 12 Uhr des folgenden Jahres. Bei vorzeitiger Beendigung der materiellen Vsdauer ist nicht § 7^2 anwendbar: Zahlt der Vmer eine Folgeprämie nicht, so berechnet sich der Zeitpunkt, von dem ab nach § 39 II der Ver leistungsfrei ist, gemäß § 188 II BGB.

[9] **V. Fristberechnung.**

§ 7 hat nur für die Berechnung der materiellen Vsdauer Bedeutung und auch dort nicht unbeschränkt (vgl. z. B. Anm. 6 zu § 13). Für andere Zeiträume ist § 7 ganz unerheblich, z. B. für die Berechnung von Zahlungsfristen (RG 3. XII. 1937 JW 1938 S. 683 = JRPV 1939 S. 154—155) oder von Kündigungsfristen (Zonenamt VA 1949 S. 31—32 = VW 1949 S. 280, a. M. OLG Hamburg 4. II. 1932 JRPV 1931 S. 93; vgl. auch Anm. 7 zu § 8).

§ 8

[1] **Eine Vereinbarung, nach welcher ein Versicherungsverhältnis als stillschweigend verlängert gilt, wenn es nicht vor dem Ablaufe der Vertragszeit gekündigt wird, ist insoweit nichtig, als sich die jedesmalige Verlängerung auf mehr als ein Jahr erstrecken soll.**

(2) **Ist ein Versicherungsverhältnis auf unbestimmte Zeit eingegangen (dauernde Versicherung), so kann es von beiden Teilen nur für den Schluß der laufenden Versicherungsperiode gekündigt werden. Die Kündigungsfrist muß für beide Teile gleich sein und darf nicht weniger als einen Monat, nicht mehr als drei Monate betragen. Auf das Kündigungsrecht können die Parteien in gegenseitigem Einverständnis bis zur Dauer von zwei Jahren verzichten.**

Formelle Versicherungsdauer (Verlängerung, Beendigung).

Gliederung:

[1] **Entstehung:** § 8 I ist unverändert geblieben; Begr. I S. 23—24. — § 8 II geht auf österreichisches Vorbild zurück und ist durch VO vom 19. XII. 1939 eingefügt; Begr. III S. 5.

[2] **I. Verlängerungsklausel.**

Schrifttum: Bruck S. 236—237, Ehrenzweig S. 102—103, von Gierke II S. 134, Hagen I S. 456—457, Schweighäuser JRPV 1938 S. 36—38, VVV 1950 S. 26—27.

[3] **1. Anwendungsbereich.**

Zeitven (Anm. 4 zu § 7), die auf bestimmte Zeit eingegangen werden (Gegensatz: dauernde V, § 8 II 1), sind in den meisten Vszweigen außer in der Lebens- und Krankenv üblich. Als Höchstdauer der V werden aufsichtsbehördlich in der Feuer- und Glasv längstens 10—12 Jahre erlaubt (VA 1909 S. 158, 1925 S. 63, 1935 S. 89, vgl. auch VA 1935 S. 116—117), in der Vieh- und Hagelv längstens 5—6 Jahre (VA 1904 S. 166 bis 167, 1909 S. 158, 1926 S. 139, § 3 I ATierB), für die Personenv vgl. Anm. 15. Eine Verletzung der aufsichtsbehördlichen Vorschriften macht jedoch eine entgegenstehende Vereinbarung zivilrechtlich nicht nichtig. Da mit Ablauf der vorgesehenen Zeit die Gefahrtragung endigt (materielles Vsende), pflegen gleichzeitig die Verbindlichkeiten der Parteien abgewickelt zu sein (formelles Vsende).

Aber materielle und formelle Vsdauer können verlängert werden, wofür juristisch mehrere Wege offenstehen: Neuer Vertrag (Anschlußvertrag) oder Verlängerungsvertrag, bei letzterem ausdrückliche oder stillschweigende Willenserklärungen, bei stillschweigender Verlängerung solche auf Grund einer Verlängerungsklausel oder auf sonstige Weise. § 8 I geht aus von einem Verlängerungsvertrag, bei dem eine stillschweigende Verlängerung auf Grund einer Verlängerungsklausel erfolgt.

Fehlt es an einer Verlängerungsklausel, so besteht für den Ver keine Verpflichtung, den Vmer auf den bevorstehenden Ablauf hinzuweisen (RG 12. X. 1917 NeumannsZ 1917 S. 464, 26. VI. 1934 HansRGZ 1938 A Sp. 165, KG 31. I. 1931 VA 1931 S. 22 Nr. 2249, vgl. auch ITV 1919 S. 47).

[4] 2. **Mindestinhalt.**

a) Vereinbarung.

Ein Schweigen des Vmers oder Vers hat normalerweise nicht die Bedeutung einer Willenserklärung. Durch Parteivereinbarung kann jedoch dem Schweigen eine solche Bedeutung beigelegt werden. Solche Parteivereinbarung ist die Verlängerungsklausel, die regelmäßig bei Abschluß des Vertrages vereinbart wird, meistens in den grundlegenden AVB, in der Feuerv dagegen gesondert (VA 1930 S. 152; wegen ihrer Gebräuchlichkeit gehört aber auch dort die Klausel — wenn auch nicht formell, so doch — dogmatisch zu den AVB). Über einen Fall, in dem die Vereinbarung der Verlängerungsklausel zweifelhaft war, OLG Braunschweig 4. XII. 1951 VersR 1952 S. 146—147. Aufsichtsbehördlich ist für die Unfall-, Haftpflicht- und Kraftfahrzeugv vorgeschrieben, auf die in den AVB enthaltene Klausel auch im Antrag und im Vsschein hinzuweisen (VA 1937 S. 77), eine Unterlassung ist zivilrechtlich unerheblich. Auch nachträglich während des Laufes der V kann die Klausel vereinbart werden (auch durch schlüssiges Verhalten: RG 16. X. 1923 VA 1923 Anh. S. 76 Nr. 1330 = HansRZ 1923 Sp. 926). Sie gilt — anders als die „Billigungsklausel" (§ 5) — nicht kraft Gesetzes.

[5] **b) Verlängerung.**

Inhaltlich besagt sie, daß das Vsverhältnis als stillschweigend verlängert gilt, wenn es nicht vor dem Ablaufe der Vertragszeit gekündigt wird. Hinsichtlich der Dauer der Verlängerung könnte z. B. eine zehnjährige vereinbart sein. Aber absolut zwingend schreibt § 8 I vor, daß sich die jedesmalige Verlängerung nicht auf mehr als ein Jahr erstrecken soll. Es würde sich besonders für den Vmer eine unbillige Härte ergeben, wenn er kraft seines Schweigens auf längere Dauer gebunden bleibt (Begr. I S. 23—24). Eine widerstreitende Vereinbarung macht nicht die ganze Klausel oder gar den gesamten Vsvertrag nichtig, sondern erfährt kraft Gesetzes eine inhaltliche Korrektur dergestalt, daß die Verlängerung sich nur auf ein Jahr erstreckt (Schweighäuser VVV 1950 S. 26 spricht bedenklicherweise von relativer Nichtigkeit). Auch im Bereiche der §§ 187, 192 II kann eine Verlängerung um mehr als ein Jahr nicht vereinbart werden. Jedoch sieht der Wortlaut des § 8 I vor, daß die Verlängerung sich mehrfach wiederholen kann.

[6] **c) Ausweichungen.**

Umgehungen des § 8 I, z. B. dadurch, daß der Ver sich beim ersten Abschluß sogleich einen zweiten Antrag für die Zeit nach Ablauf der V unterschreiben läßt, sind nichtig (a. A. Schweighäuser VVV 1950 S. 26). Jedoch bestehen zivilrechtlich keine Bedenken dagegen, daß schon während des Laufes einer V ein weiterer Vertrag geschlossen wird (über die aufsichtsrechtliche Behandlung von Vorverlängerungen:

VA 1934 S. 120—121, 1935 S. 89, von Vorven überhaupt Anm. 4 zu § 2). Wegen einer Optionsklausel zugunsten des Vers: RG 27. II. 1931 JRPV 1931 S. 101 = Praxis 1931 S. 27 und OLG Königsberg 28. I. 1930 JW 1930 S. 3649—3650 = VA 1930 S. 6—7 Nr. 2100, zugunsten des Vmers: Schweighäuser VVV 1950 S. 27.

[7] 3. Sonstiger Inhalt.

Die AVB pflegen den in § 8 I umschriebenen Mindestinhalt der Klausel zu ergänzen: So gilt die Klausel regelmäßig nicht bei allen Zeitven, die auf bestimmte Zeit eingegangen werden, sondern nur bei solchen mit ein- oder mehrjähriger Dauer (§§ 20 AEB, AHausratB) oder mit mindestens einjähriger Dauer (§§ 9 I 2 AHaftpflB, 4 I AKB, 17 I 2 AUnfallB). Dazu OLG Breslau 18. III. 1931 VA 1931 S. 5—6 Nr. 2238 (Schreibfehler hinsichtlich der Dauer), OLG Braunschweig 4. XII. 1951 VersR 1952 S. 146—147 (Widerspruch zwischen AVB und besonderen Bedingungen). — Wohl alle AVB machen von der in § 8 I eröffneten Möglichkeit Gebrauch, daß die Verlängerung keine einmalige ist, sondern sich wiederholen kann (§§ 20 AEB, AHausratB, 9 I 2 AHaftpflB, 4 I 1 AKB, 17 I 2 AUnfallB). — Gelegentlich wird überflüssigerweise darauf hingewiesen, daß die Verlängerung nur stattfindet, wenn nichts anderes in den besonderen Bedingungen vereinbart ist (§ 20 AEB). Es kommt immer wieder vor, daß der Vmer die Streichung der Verlängerungsklausel beantragt, der Vsschein sie dann aber doch enthält (Beispiele: Anm. 8 zu § 5); die Billigungsklausel des § 5 greift hier ein. — Fast alle AVB sehen vor, daß die Kündigung, welche die Verlängerung ausschließt, längere Zeit vor dem Ablaufe der Vertragszeit erfolgen muß. Aufsichtsbehördlich wird — ohne zivilrechtliche Folgen — eine Frist von übermäßiger Länge für unangemessen erachtet (VA 1905 S. 114—115, 1906 S. 95, 1909 S. 107, 158). Eine Kündigungsfrist von einem Monat ist vorgesehen in § 3 II 2 ATierB, eine Frist von drei Monaten ist vorgesehen in §§ 20 AEB, AHausratB, 9 I 3 AHaftpflB, 4 I 1 AKB, 17 I 3 AUnfallB (vgl. auch für die Feuerv VA 1930 S. 152: „höchstens" drei Monate). Zu kündigen ist dann spätestens drei Monate vor dem jeweiligen Ablauf. Läuft die V um 12 Uhr mittags ab, so muß drei Monate vorher bis 12 Uhr mittags die Kündigung dem Ver zugegangen sein (OLG Hamm 1. XII. 1939 HansRGZ 1940 A Sp. 108—109, LG Berlin 22. V. 1928 JRPV 1928 S. 206, AG Osnabrück 11. XII. 1941 JRPV 1942 S. 60, Gottschalk JRPV 1928 S. 82—83, zweifelnd VA 1949 S. 31—32 = VW 1949 S. 280). — Das Kündigungsrecht steht nicht nur dem Vmer, sondern beiden Teilen zu, was §§ 20 AEB, AHausratB besonders hervorheben. — Als Form für die Kündigung verlangen §§ 20 AEB, AHausratB Schriftform, §§ 31 I AHagelB, 3 II 2 ATierB sehen sogar einen eingeschriebenen Brief vor, ebenso — jedoch nur im Wege einer Sollvorschrift, deren Verletzung unschädlich ist (Oberbach II S. 286) — §§ 9 I 3 AHaftpflichtB, 17 I 3 AUnfallB. Der absolut zwingende Charakter des § 8 I bezieht sich nicht auf die Formfrage, so daß gegen die Vereinbarung der Schriftform Bedenken nicht bestehen.

[8] 4. Rechtsfolgen.

Die Rechtsfolgen der Verlängerungsklausel sind verschieden, je nachdem ob der Vmer oder Ver ordnungsgemäß kündigt oder nicht.

a) Kündigung.

Die Abgabe der Kündigungserklärung kann nicht als Obliegenheit des Vmers oder Vers angesehen werden (Anm. 12 zu § 6; RG 12. X. 1917 NeumannsZ 1917 S. 464). Es handelt sich vielmehr um die bloße Ausübung eines Gestaltungsrechtes. Vgl. im Einzelnen: Anm. 20—39. Über die wettbewerbsrechtliche Bedeutung der Kündigungshilfe mit vorgedruckten Kündigungsschreiben: Möller in: Rohrbeck, Aus der Privat- und Sozialv des In- und Auslandes, Berlin 1951, S. 20, RG 3. XI. 1933 JW 1934 S. 290—292 = VA 1933 S. 391—394 Nr. 2620, OLG Hamburg 9. XII. 1931 VA 1933 S. 325—326 Nr. 2571 A = JRPV 1932 S. 79, 10. III. 1933 VA 1933 S. 326—328 Nr. 2571 B = JRPV 1933 S. 159—161; vgl. auch VA 1934 S. 118—119, 1949 S. 43, 52.

[9] b) Schweigen.

Wird der Vsvertrag nicht oder nicht ordnungsgemäß, z. B. verspätet oder nicht formgerecht gekündigt, so dauert das Vsverhältnis fort unter Wahrung der Identität (OLG Stuttgart 29. IV. 1904 VA 1904 S. 183—184 Nr. 88), also mit gleichen Vsbedingungen. Die vorvertragliche Anzeigepflicht braucht nicht erneut erfüllt zu werden (RG 26. IV. 1921 VA 1922 Anh. S. 29 Nr. 1255), gegebenenfalls greifen die Regeln über Gefahrerhöhung ein. Soweit es auf den Vswert beim Vsbeginn (Anfangswert) ankommt (§§ 140 I, 141 I 1), entscheidet der Wert beim ursprünglichen Vsbeginn, nicht bei der Verlängerung (RG 3. II. 1926 RGZ Bd 112 S. 387—388). Die Vsdauer ist also eine ununterbrochene. Die nach der Verlängerung zu zahlenden Prämien sind nicht Erst-, sondern Folgeprämien i. S. des § 39 (OLG Dresden 29. I. 1926 JRPV 1926 S. 58 = HansRZ 1926 Sp. 332).

Andererseits kommt immerhin eine Vereinbarung über die Verlängerung zustande, so daß nach § 3 I 1 der Ver verpflichtet ist, einen Verlängerungsschein (Erneuerungsschein) auszuhändigen (verkannt von VA 1911 S. 29). Bei Abweichungen vom vorher Vereinbarten gilt die Billigungsklausel des § 5. Hinsichtlich der Gebühr für den Verlängerungsschein: VA 1911 S. 28—29, 1915 S. 172, 1916 S. 109, 1927 S. 145, 1935 S. 117. — Das Schweigen gilt nach § 8 I als Verlängerungserklärung. Es handelt sich um eine unwiderlegbare Vermutung, ähnlich wie bei Unterlassung des Widerspruches im Rahmen der Billigungsklausel (Anm. 15 zu § 5). Die in dem Schweigen liegende (faktische oder fingierte) Willenserklärung muß bei Vereinbarung einer Kündigungsfrist zeitlich notwendig vor dem Beginn der Zeit liegen, in der nicht mehr gekündigt werden kann (also nicht erst im Zeitpunkt des vorgesehenen Vertragsendes); das ist von Bedeutung, falls etwa eine Partei zeitweilig geschäftsunfähig wäre. Ob die Willenserklärung anfechtbar ist, erscheint zweifelhaft. Jedenfalls ist sie nicht anfechtbar mit der Begründung, mit dem Schweigen habe eine Erklärung überhaupt nicht abgegeben werden sollen (vgl. Anm. 24 zu § 5). Die Anfechtung des Schweigens soll zur Folge haben, daß die Verlängerung nicht Platz greift, müßte also zugleich eine (rechtzeitige?) Kündigung des Vsverhältnisses beinhalten. Hier aber stehen schutzwürdige Belange des Vers auf dem Spiel, ist doch dem Ver solchenfalls nie eine Kündigungserklärung zugegangen. Ausweg: Bei erfolgreicher Anfechtung hat der Vmer ein außerordentliches Kündigungsrecht, wobei die vertraglich vereinbarte Frist einzuhalten ist.

[10] 5. Restfälle.

a) Stillschweigende Verlängerung ohne Verlängerungsklausel.

Sie setzt eine echte stillschweigende Willenserklärung voraus und kann nur selten angenommen werden (richtig aber Ehrenzweig S. 102 Anm. 4 gegen Bruck S. 236 Anm. 5). Übersendet der Ver spontan einen Verlängerungsschein, so kommt durch Schweigen des Vmers keine Verlängerung zustande, die Billigungsklausel greift nicht ein (Anm. 7 zu § 5, VA 1914 S. 125, 1930 S. 154, 1934 S. 120, LG Neustrelitz 16. X. 1913 VA 1914 Anh. S. 71 Nr. 826). Auch ein Verlängerungsvermerk auf einer Prämienrechnung oder -quittung schafft bei Schweigen des Vmers keine Verlängerung (vgl. VA 1925 S. 59, 63, 1933 S. 253). Wenn irrtümlich bei einer Risikolebensv der Ver nach Ablauf noch Beiträge einzieht, so verlängert sich dadurch die V nicht (AG Stuttgart 10. X. 1947 VW 1948 S. 43, LG Düsseldorf 3. II. 1949 VW 1949 S. 172, dahingestellt von OLG Düsseldorf 5. VII. 1949 VW 1949 S. 478). Kommt ausnahmsweise dennoch eine stillschweigende Verlängerung ohne Verlängerungsklausel zustande, z. B. dadurch, daß der Vmer die Prämie auf Grund des ihm zugesandten Verlängerungsscheines zahlt (LG Hamburg 16. III. 1933 JRPV 1933 S. 289—290), so gilt hinsichtlich der Rechtsfolgen Anm. 11. Vgl. auch Anm. 109 zu § 1.

[11] b) Ausdrückliche Verlängerung.

Nimmt ein Vmer ein ihm vom Ver gemachtes Verlängerungsangebot an oder umgekehrt (Beispiel: LG Duisburg 20. II. 1935 JRPV 1935 S. 254—255; zur Schlüsselgewalt der Ehefrau: VA 1949 S. 24), so währt das Vsverhältnis fort, und zwar möglicherweise für mehrere Jahre, wenn dies vereinbart ist (dazu VA 1914 S. 125, 1930 S. 154, 1934 S. 120—121, 1935 S. 89). Aufsichtsrechtlich wird verlangt, daß „der Vmer einen selbständigen und von jeder anderen Beurkundung freien Antrag unterzeichnen muß“ (VA 1948 S. 5—6 = VW 1949 S. 433, auch schon VA 1925 S. 59, 63, 1933 S. 253, 1934

S. 121, 1935 S. 89). Über einen Fall des Verlängerungsantrages seitens des Vers, der stillschweigenden Annahme durch den Vmer KG 5. IV. 1924 HansRZ 1924 Sp. 417—418. Über Nebengebühren VA 1935 S. 117. Es gilt das in Anm. 9 Dargelegte hinsichtlich der Identität der V (a. A. Prölss Anm. 2 zu § 8, S. 64). Vgl. auch Anm. 109 zu § 1.

[12] c) **Anschlußvertrag.**

Ein selbständiger Anschlußvertrag muß oft angenommen werden, falls die „Verlängerung" — wenngleich als Rückwärtsv — erst längere Zeit nach Beendigung des ursprünglichen Vertrages vereinbart wird (KG 16. VI. 1926 VA 1927 S. 49—50 Nr. 1699 = JRPV 1926 S. 232—233, OLG Köln 6. VI. 1952 VersR 1952 S. 269). Auch dann, wenn außer der Verlängerung grundlegende Veränderungen des Vertragsinhalts vereinbart werden, kann ein neuer Vertrag angenommen werden (dazu RG 9. I. 1925 RGZ Bd 110 S. 153—155, 11. XI. 1927 VA 1928 S. 5—6 Nr. 1789 = JRPV 1927 S. 362—363, vgl. aber auch OLG Breslau 30. IV. 1932 JW 1932 S. 2552—2553). Das gilt auch, wenn bei einer Mitv der führende oder andere Ver bei der „Verlängerung" wechseln. Die vorvertragliche Anzeigepflicht ist also zu erfüllen (Anm. 9 zu § 16). Die zu zahlenden Prämien sind grundsätzlich Erstprämien i. S. des § 38. Auch für die Agentenprovision kann es bedeutsam sein, daß ein Neuabschluß vorliegt (vgl. dazu aber auch RG 1. X. 1921 JW 1922 S. 98—100). — Wird, wie häufig, vereinbart „Hiergegen erlischt Vsschein . . .", so endet die frühere V erst dann, wenn die neue V materiell beginnt (OLG Köln 17. X. 1930 JW 1930 S. 3648—3649 = JRPV 1931 S. 131—132). — Vgl. auch Anm. 109 zu § 1.

[13] d) **Gesetzliche Verlängerung.**

Die Zeitv eines transportvten Schiffes verlängert sich, falls das Schiff noch unterwegs ist, nach § 139 kraft Gesetzes.

[14] **II. Dauernde Versicherung.**

Schrifttum: Ehrenzweig S. 101—102.

[15] **1. Anwendungsbereich.**

§ 8 II setzt eine Zeitv voraus, die auf unbestimmte Zeit eingegangen ist. Gesetzlich ist dafür der Begriff dauernde V eingeführt (§ 8 II 1). Eine solche liegt nicht vor, falls die Vsdauer bestimmbar ist durch Begriffe wie Reise, Ausstellung usw. (Anm. 4 zu § 7).

Unzweifelhaft sollte sein, daß eine lebenslängliche V (Anm. 4 zu § 7) § 8 II unterfällt (ablehnend wohl Ehrenzweig S. 101); allerdings hat auch hier § 8 II keine große Lebensbedeutung: Bei der Lebensv gilt die Spezialvorschrift des § 165, es kann also normalerweise nur der Vmer, nicht der Ver kündigen (Prölss Anm. 4 zu § 8, S. 64, Begr. III S. 5). Bedeutung gewinnt § 8 II jedoch für die Krankenv. Hier waren ursprünglich Vsverträge mit einer Laufzeit von jeweils mehr als einem Jahr aufsichtsrechtlich nicht gestattet (VA 1934 S. 135—136, vgl. auch VA 1933 S. 228, wonach § 165 für die Krankenv unanwendbar ist). Später ist eine längstens dreijährige Laufzeit erlaubt (VA 1950 S. 155, dazu VA 1951 S. 181 = VA Berlin 1951 S. 134). Aber auch jetzt noch sind z. B. zehnjährige Verträge aufsichtsrechtlich verboten. Angesichts der Anwendbarkeit des § 8 II bestehen aber seit der Schaffung dieser Vorschrift keine Bedenken mehr gegen lebenslängliche Vsverträge. Solche werden geschaffen durch § 2 II GrundBed, wo § 8 II dahin abgewandelt wird, daß der Ver nur zum Schluß eines jeden der ersten drei Vsjahre kündigen kann (§ 2 II c I GrundBed). Vgl. auch § 2 II KrankenhausGrundBed.

Da in den meisten anderen Vszweigen, insbesondere der Schadensv, aufsichtsbehördlich eine bestimmte Vsdauer vorgeschrieben wird (Anm. 3), bleibt für die Anwendung des § 8 II vorwiegend bei den Gegenseitigkeitsvereinen Raum (Begr. III S. 5, Ehrenzweig S. 100), wo auch die Mitgliedschaft endigt, wenn das Vsverhältnis durch Kündigung aufhört (§ 20^3 VAG).

[16] **2. Kündigungsrecht.**

In der Erwägung, daß möglichst niemand auf unbestimmte Zeit gebunden werden soll, schafft § 8 II 1 ein gesetzliches Kündigungsrecht beider Teile, das als ordentliches

Kündigungsrecht zu qualifizieren ist und neben welchem außerordentliche Kündigungsrechte bestehen bleiben (Begr. III S. 5). Die Tatsache, daß das Kündigungsrecht kraft Gesetzes besteht, läßt sich § 8 II 3 entnehmen. Vereinbart werden muß jedoch die Kündigungsfrist, wofür § 8 II 2 einen Rahmen absteckt. Fehlt es an solcher Vereinbarung, so kann mit einmonatiger Frist für den Schluß der Vsperiode gekündigt werden. Zum Kündigungsrecht Anm. 20—39.

[17] **3. Unabdingbarkeit.**

Nach § 15 a ist § 8 II zugunsten des Vmers relativ zwingend. Im Bereich der Beschränkungen der Vertragsfreiheit kann also dem Vmer das Kündigungsrecht nicht genommen werden, eine längere als eine dreimonatige Kündigungsfrist oder die Vereinbarung der Schriftform (arg. §§ 72^2, 178 I 2) ist unzulässig (Verstoß: § 6 I b GrundBed, der für die Krankenv schriftliche Kündigung verlangt), desgleichen Eintritt der Kündigungswirkung etwa erst auf den Schluß der folgenden Vsperiode. Jedoch können nach § 8 II 3 die Parteien vertraglich auf das Kündigungsrecht bis zur Dauer von zwei Jahren verzichten, d. h. der Vmer muß erstmalig zum Schluß des dritten Vsjahres und dann weiter kündigen können. Auch diese Vorschrift ist nicht absolut zwingend, und sie schließt nicht aus, daß in der Krankenv im Interesse des Vmers der Ver auf längere Zeit auf sein ordentliches Kündigungsrecht verzichtet (§ 2 II c I GrundBed).

[18] **III. Vertragsbeendigung.**

Schrifttum: Blum, Die Auflösungsgründe des Vsvertragsverhältnisses, Erlanger Diss., München 1933, Förstenberg, Das Kündigungsrecht des Vers, Leipziger Diss., Leipzig 1933, von Gierke II S. 133—135, Hagen I S. 457—458, Hahn, Rücktritt und Kündigung im Vsvertrage, Kölner Diss., Düsseldorf 1936, Molitor, Die Kündigung, 2. Aufl., Mannheim (1951), Pfeiffer JRPV 1930 S. 291—294, 328—331, Schmitz, Veränderte Umstände und clausula rebus sic stantibus im schweizerischen Privatvsrecht, Berner Diss., Bern 1945, Schübeler, Die Rechte des Vmers bei Unsicherwerden des Vers, ungedr. Hamburger Diss. 1953, Waltenberger, Kündigung im Vsvertragsgesetz, Erlanger Diss., Augsburg 1937.

[19] **1. Übersicht.**

Für Vsverträge gibt es eine Vielzahl von Beendigungsgründen, und zwar:
Kündigung: Näheres Anm. 20—39,
Rücktritt: §§ 16 II, 17 I, 38 I 1 (vgl. auch § 6 IV),
fingierten Rücktritt: § 38 I 2,
Konkurs: $§ 13^1$,
einseitiges Aufhebungsverlangen: § 60 I, II 1, III,
zweiseitigen Aufhebungsvertrag: Näheres Anm. 40,
Zweckunmöglichkeit: §§ 2 II, 68,
Anfechtung: § 22,
Nichtigkeit: §§ 51 III, 59 III,
Zeitablauf: §§ 7^2, 8 I,
auflösende Bedingung: Anm. 84 zu § 1.

[20] **2. Kündigungsfälle.**

Die Fälle der Kündigung (abgekürzt: Künd) des Vsvertrages lassen sich unter verschiedensten Gesichtspunkten gruppieren:

[21] **a) Gesetzliche und vertragliche Kündigungsfälle.**

Gesetzliche KündFälle behandeln §§ 6 I 2, 8 II 1, 24 I 1, 27 I 1, 30 II, 39 III 1,2, 41 II 1, 70 I 1, II 1, 96 I, 113^1, 158 I, 165. Vertragliche KündVereinbarungen setzen §§ 8 I, 14 voraus, jedoch enthalten die AVB viele sonstige Fälle.

[22] b) Einteilung nach Kündigungsberechtigten.

Die meisten KündRechte sind dem Ver zugebilligt: §§ 6 I 2, 14, 24 I 1, 27 I 1, 39 III 1, 2, 41 II 1, 70 I 1, 113[1]. Jedoch kommen auch KündRechte des Vmers vor: §§ 30 II, 165, sowie solche beider Vertragsteile: §§ 8 I, II 1, 96 I, 158 I. Ein KündRecht des Erwerbers kennt: § 70 II 1.

[23] c) Ordentliche und außerordentliche Kündigungsrechte.

Ordentliche Kündigungsrechte, welche keinen speziellen KündGrund voraussetzen, enthalten nur: §§ 8 I, II 1, 165. Ausnahmsweise kann aber auch in einer ordentlichen Künd eine unzulässige Rechtsausübung liegen (LG Hamburg 31. III. 1939 JRPV S. 239, allgemein: Staudinger Anm. 194—197 zu § 242, S. 262—263). Alle anderen KündRechte sind außerordentlicher Art, setzen also spezielle KündGründe voraus. Als solche kommen nach dem Gesetz in Betracht: Obliegenheitsverletzungen des Vmers: §§ 6 I 2, 24 I 1, 27 I 1, 41 II 1, ferner Verletzungen von Rechtspflichten des Vmers: § 39 III 1, 2, Konkurs usw. des Vmers: § 14, Entwertung des Vsschutzes: § 30 II, Veräußerung der vten Sache: § 70 I 1, II 1, Eintritt des Vsfalles: §§ 96 I, 113[1], 158 I.

Die Zahl dieser Gründe für eine außerordentliche Künd ist aber (auch bei Außerachtlassung der vertraglichen KündFälle) nicht vollständig, nur die wichtigsten weiteren Fälle seien besonders genannt:

[24] aa) Verletzung der Gefahrtragungspflicht.

Leistung des Vers ist die Gefahrtragung (Anm. 40—45 zu § 1). Macht der Ver in zu vertretender Weise die Gefahrtragung unmöglich, so kann nach den §§ 325 I 1, 327[1] BGB der Vmer zurücktreten (Anm. 34—35, 38 zu § 13). Das gilt gemäß §§ 326 I 1, 2, II, 327[1] auch bei Verzug des Vers (Anm. 29 zu § 11).

Bei Dauerschuldverhältnissen, zu denen der Vsvertrag zählt (Anm. 46 zu § 1) tritt an die Stelle des Rücktritts die Künd (RG 11. VII. 1916 JW 1916 S. 1184—1185 = VA 1916 Anh. S. 92 Nr. 957, KG 19. VI. 1926 VA 1927 S. 62 Nr. 1708 = JRPV 1926 S. 222, 7. VII. 1928 VA 1929 S. 53 Nr. 1961 = JRPV 1928 S. 278, OLG Breslau 7. V. 1932 JW 1932 S. 2556 = VA 1932 S. 231 Nr. 2429, OLG Celle 19. VI. 1952 VersR 1952 S. 284, übersehen von RG 28. I. 1905 RGZ Bd 60 S. 58—60, KG 28. II. 1931 JRPV 1931 S. 126—127 = Praxis 1931 S. 26, 14. VI. 1933 JRPV 1933 S. 335, OLG Jena 8. II. 1928 VA 1928 S. 220 Nr. 1873).

Zu vertretende nachträgliche Unmöglichkeit ist bei Unsicherwerden des Vers gegeben (Anm. 35 zu § 13, KG 28. II. 1931 JRPV 1931 S. 126—127 = Praxis 1931 S. 26, 14. VI. 1933 JRPV 1933 S. 334—335). Der Ver gerät in Verzug, falls er die Gefahrtragung ohne Grund hartnäckig verweigert, was eine Mahnung und Nachfristsetzung überflüssig macht (Anm. 9, 15 zu § 11). Bloße Meinungsverschiedenheiten über die Gesetzes- oder Vertragsauslegung genügen allerdings nicht (OLG Celle 19. VI. 1952 VersR 1952 S. 283—284, OLG Hamburg 30. IX. 1919 VA 1920 Anh. S. 34—35 Nr. 1137). Auch wenn ein Ver zu Unrecht zurücktritt, kommt Künd seitens des Vmers in Frage (Anm. 17 zu § 20). Meistens wird in diesen Fällen zu Unrecht von positiver Vertragsverletzung des Vers gesprochen (OLG Celle 19. VI. 1952 VersR 1952 S. 283—284, OLG Hamburg 30. IX. 1919 VA 1920 Anh. S. 34—35 Nr. 1137, OLG Jena 8. II. 1928 VA 1928 S. 220 Nr. 1873, KG 7. VII. 1928 VA 1929 S. 53 Nr. 1961 = JRPV 1928 S. 278, OLG Oldenburg 8. V. 1935 JRPV 1935 S. 224). Jedoch ist dieses Rechtsinstitut überflüssig (Möller Schuldrecht S. 56—59).

[25] bb) Kündigung aus wichtigem Grunde.

Aus einer Analogie zu den §§ 626, 723 I 2 BGB ist abzuleiten, daß bei einem Dauerschuldverhältnis, also auch beim Vsvertrag (Anm. 46 zu § 1), jeder Vertragsteil ohne Einhaltung einer KündFrist kündigen kann, sofern ein wichtiger Grund vorliegt (LG Mannheim 8. II. 1934 JW 1934 S. 3080—3081).

Ein solcher ist z. B. bei Unsicherwerden des Vers für den Vmer gegeben, mag auch der Ver das Unsicherwerden ausnahmsweise nicht zu vertreten haben (a. A. Schübeler

a. a. O. S. 72 mit der Begründung, daß andere rechtliche Gesichtspunkte, insbesondere jener der Verletzung der Gefahrtragungspflicht [Anm. 24], die Analogie zu den §§ 626, 723 I 2 BGB unnötig machen).

Aber es gibt außer dem Unsicherwerden auch andere Fälle des wichtigen Grundes. Zu denken ist besonders an Änderungen des Vertragsinhaltes, die den Vmer oder Ver vor eine wesentlich neue Lage stellen, z. B. an gesetzliche oder aufsichtsbehördliche Eingriffe (preisrechtlich begründete Prämienerhöhungen bei laufenden Kraftfahrtven, Maßnahmen nach § 81 a² VAG; dazu Anm. 113—114 zu § 1). Hier wird zuweilen ein KündRecht ausdrücklich zugebilligt (vgl. § 9 Anordnung PR Nr. 30/49: VA 1949 S. 58 bis 59), aber auch sonst ist es aus wichtigem Grunde gegeben (LG Düsseldorf 30. X. 1951 VersR 1952 S. 10 mit Annahme einer Hinweispflicht des Vers). Eine Ausnahme gilt jedoch, falls der Vmer der Vsnahme nicht ausweichen kann und auch bei anderen Vern die gleichen Nachteile in Kauf nehmen muß (so für Prämienerhöhungen in der Pflichthaftpflichtv für Kraftfahrzeughalter, z. T. bedenklich AG Düsseldorf 28. VII. 1951 VersR 1952 S. 15—16, AG Weilburg 7. XII. 1950 VersR 1951 S. 163). Bei Änderungen des Vertragsinhaltes kraft Satzungsänderung oder kraft vorweggenommener oder nachträglicher Vereinbarung (Anm. 115, 120—121 zu § 1) kann keine Kündigung aus wichtigem Grunde erfolgen (AG Bremen 5. X. 1950 VW 1950 S. 484, vgl. jedoch für die Krankenv VA 1950 S. 92, § 2 II b Ziff. 2 GrundBed, dazu Zonenamt VW 1950 S. 33, AG Heidelberg 29. XI. 1951 ZfV 1952 S. 67, LG Düsseldorf 8. VI. 1951 VA 1951 S. 125, sowie für die Haftpflichtv § 9 II 1 AHaftpflB mit VA 1952 S. 121—122, VW 1953 S. 84).

Sonstige Fälle, bei denen es sich fragt, ob der Ver aus wichtigem Grunde kündigen konnte: RG 13. X. 1936 JW 1937 S. 218—219 = VA 1936 S. 294—295 Nr. 2948, ein Fall, in dem der Vmer schriftlich zur Brandstiftung angeregt hatte; ferner LG Mannheim 8. II. 1934 JW 1934 S. 3080—3081, OLG Köln 5. III. 1937 VA 1937 S. 157 Nr. 2975. § 2 II c Ziff. 3 GrundBed führt einige Tatbestände besonders auf, bei denen der Krankenver aus wichtigem Grunde kündigen kann (unberechtigte Inanspruchnahme von Leistungen, Unzumutbarkeit der Vertragsfortsetzung nach Treu und Glauben), die Vorschrift ist nicht erschöpfend.

Falls der Ver Leistungen zu Unrecht verweigert, kann für den Vmer ein wichtiger Grund zur Künd gegeben sein (AG Iserlohn 28. IX. 1950 VA 1951 S. 44), nicht allerdings bei unverschuldeten Meinungsverschiedenheiten über die Gesetzes- oder Vertragsauslegung (LG Stuttgart 7. IV. 1951 VersR 1951 S. 162). Das AG Heidelberg 18. V. 1951 ZfV 1951 S. 314 erachtet das KündRecht zu Unrecht schon dann für ausgeschlossen, falls nach den AVB dem Vmer „binnen 6 Monaten nach Empfang des Ablehnungsbescheides eine Klage freisteht". — Ein dem Vmer zur Seite stehender wichtiger Grund ist geleugnet vom AG Stuttgart 18. II. 1952 VersR 1952 S. 160. — Zur Frage, ob der Ver den Vmer auf außerordentliche Kündmöglichkeiten hinzuweisen hat: LG Köln 1. VII. 1952 VersR 1953 S. 22, LG Düsseldorf 30. X. 1951 VersR 1952 S. 10.

[26] cc) Erschütterung der Geschäftsgrundlage.

Wenn bei einem Vsvertrag grundlegende Umstände, von deren Vorhandenbleiben Vmer und Ver ausgegangen sind, unvorhersehbar weggefallen oder stark verändert werden, so kann dem Betroffenen ein außerordentliches KündRecht zugebilligt werden (vgl. RG 21. VII. 1943 RGZ Bd 171 S. 184—185, generell auch Larenz, Geschäftsgrundlage und Vertragserfüllung, München-Berlin 1951).

Die Lehre von der Erschütterung der Geschäftsgrundlage ist für Fälle des Unsicherwerdens des Vers im Vsrecht schon früh ausgebildet. Leitentscheidung: RG 28. I. 1905 RGZ Bd 60 S. 56—65, wo ein „Rücktrittsrecht wegen veränderter Umstände" zugebilligt wird. Mit der Wendung, der unveränderte Fortbestand der wirtschaftlichen und rechtlichen Verhältnisse sei „Voraussetzung fortdauernder Bindung an den Vertrag", hat RG 11. VII. 1916 JW 1916 S. 1184—1185 = VA 1916 Anh. S. 91—93 Nr. 957 an dem früheren Urteil festgehalten, aber unter Zubilligung eines Rechts „zu fristloser Kündigung". Ähnlich RG 5. XII. 1916 VA 1917 Anh. S. 3—4 Nr. 969, 27. II. 1917 VA 1917 Anh. S. 5—7 Nr. 971 (letzteres Urteil mit besonderer Betonung der Kündwirkung), ferner OGH Wien 6. XII. 1950 Vsrundschau 1951 S. 45, 46.

Das wichtige Urteil BGH 4. IV. 1951 BGHZ Bd 1 S. 334—341 (Vorinstanz: OLG Celle 6. III. 1950 VA 1950 S. 78—79 = VersR 1951 S. 132—133) geht „von dem in der Rechtsprechung, insbesondere des Reichsgerichts, und auch in der Rechtslehre allgemein anerkannten Grundsatz aus, daß der Vmer das Vverhältnis fristlos kündigen kann, wenn die Erfüllung des Vvertrages durch den Ver unsicher geworden ist. Wenn nämlich die wirtschaftlichen oder rechtlichen Grundlagen des Vsunternehmens, mit deren Fortbestand der Vmer rechnen konnte, beseitigt oder so erheblich zu seinem Nachteil verändert werden, daß sein Vsschutz gefährdet wird und ihm deshalb nach Treu und Glauben ein Festhalten am Vertrag nicht mehr zugemutet werden kann, so ergibt sich hieraus im Wege der Vertragsauslegung auf Grund der §§ 133, 157 BGB für ihn das Recht zur fristlosen Kündigung" (S. 337). Das Kündigungsrecht besteht auch bei Vern, die der Beaufsichtigung unterliegen; der BGH (S. 338—339) nimmt dies jedenfalls dann an, wenn die Aufsichtsbehörde nicht in der Lage ist, rechtzeitig einzuschreiten und Maßnahmen zu ergreifen. Auch bei Gegenseitigkeitsvereinen ist — auch nach Ansicht des BGH (S. 339 bis 341) — das Kündigungsrecht gegeben. Dogmatisch interessant ist es, daß der BGH (S. 337) mit dem Gesichtspunkt eines vertraglichen Kündigungsrechtes arbeitet. Auch der Gedanke, es handle sich um ein Gewohnheitsrecht, klingt an (S. 337), dazu auch KG 28. II. 1931 JRPV 1931 S. 126 = Praxis 1931 S. 26, Schübeler a. a. O. S. 67—69.

Auch dem Ver kann das Kündigungsrecht wegen Erschütterung der Geschäftsgrundlage zugute kommen. Erweisen sich vereinbarte Prämien nachträglich als unzureichend, so wird man allerdings wegen des aleatorischen Charakters der V mit besonderer Sorgfalt prüfen müssen, ob dem Ver nicht doch ein Festhalten am Vertrag zugemutet werden kann (Näheres Anm. 41 zu § 13). Das gilt erst recht dann, wenn Ausschlußklauseln des Vsvertrages sich nachträglich als zu eng erweisen; die Haftung des Vers wird also nicht „durch Veränderung der Geschäftsgrundlage ausgeschlossen oder eingeschränkt" (OGH 23. VI. 1950 OGHZ Bd 4 S. 97). Über die Unanwendbarkeit der clausula rebus sic stantibus bei Fremdwährungsven, falls der Vmer die Prämien in vollwertigem Geld bezahlt hat, RG 17. VI. 1924 VA 1924 S. 112—114 Nr. 1408, auch RG 6. VII. 1923 RGZ Bd 107 S. 117, 25. III. 1924 VA 1923 Anh. S. 122 Nr. 1304f, 18. XI. 1924 VA 1924 S. 114—115 Nr. 1409. Überholt ist die Frage, ob bei Ostven mit der clausula gearbeitet werden könnte, dazu LG Berlin 15. III. 1948 VA 1948 S. 67.

[27] **dd) Sondergesetzliche Spezialfälle.**

Außerordentliche KündRechte sahen die §§ 3 I 1, 6 VI 1 VVO vor, die erstgenannte Vorschrift eine fingierte Künd. Die Fälle sind abschließend geregelt (dazu Zonenamt VA 1948 S. 63, LG Münster 27. IV. 1950 VersR 1950 S. 135, LG Stuttgart 7. IV. 1951 VersR 1951 S. 162).

§ 17 G über die Erhöhung der Einkommensgrenzen in der Sozialv vom 13. VIII. 1952 (BGBl. I S. 437) ermöglichte solchen Personen eine außerordentliche Künd ihrer Krankenvsverträge, die nach diesem G sozialvspflichtig wurden. Dieses KündRecht stand neben dem vertraglichen aus §§ 2 II b Ziff. 3, 6 Ziff. 2b GrundBed. Vgl. auch VA 1952 S. 98 und hinsichtlich der Frage, ob den Ver eine Hinweispflicht trifft: LG Köln 1. VII. 1952 VersR 1953 S. 22.

[28] **3. Kündigungsvoraussetzungen.**

a) Rechtzeitigkeit.

In den meisten Fällen muß eine Künd innerhalb einer bestimmten Ausschlußfrist nach einem bestimmten Zeitpunkt erklärt werden und zugehen (dazu Anm. 2—7 zu § 10); zur Hemmung der Frist: § 3 III 3 mit Anm. 37 zu § 3. Vorherrschend ist die Frist von einem Monat, meistens anknüpfend an die Erlangung einer bestimmten Kenntnis: § 6 I 2, 24 II, 27 I 2, 41 III 2, 70 I 2, II 2; an andere Zeitpunkte ist die Monatsfrist geknüpft in §§ 96 II 1 (Abschluß der Verhandlungen), 158 II 1 (Anerkennung oder Verweigerung der Entschädigung usw.). Indirekt ergibt sich eine Zeitbindung für die KündErklärung, falls nur einmalig auf den Schluß der laufenden Vsperiode gekündigt werden kann (§§ 30 II, 113^1, auch § 114 I). Keine zeitliche Bindung im hier besprochenen Sinn besteht in den Fällen der §§ 8, 14, 39 III 1, 165 (jederzeit).

Wird eine Künd nicht innerhalb der vorgeschriebenen Frist erklärt, die nach den §§ 187 I, 188 II, III, 193 BGB zu berechnen ist, so ist die Künd nicht mehr ordnungsgemäß, sie bedeutet aber zugleich eine Vertragsauflösungsofferte (OLG Düsseldorf 16. XI. 1933 JRPV 1934 S. 143—144). Grundsätzlich schadet auch eine geringfügige Verspätung (LG Hamburg 10. III. 1937 JW 1937 S. 1166 = JRPV 1937 S. 176, anders Zonenamt VA 1949 S. 31—32 = VW 1949 S. 280). Eine verfrühte Künd (vor Zahlung der Entschädigung nach § 17 II a AUnfallB) erklärt LG Stuttgart 7. IV. 1951 VersR 1951 S. 162 für unschädlich.

[29] b) Befristung.

Von der soeben behandelten Frage, ob die Künd innerhalb einer bestimmten Frist erklärt werden muß, ist die ganze andere Frage zu unterscheiden, ob eine KündFrist gewahrt werden muß in dem Sinne, daß zwischen dem Zugang der KündErklärung (dazu Anm. 2—7 zu § 10) und dem Eintritt der KündWirkung noch ein gewisser Mindestzeitraum zu liegen hat. Der Berechtigte kann dagegen ohne weiteres früher kündigen, z. B. im zweiten Jahr zum Ende der zehnjährigen Vsdauer (Schweighäuser VVV 1950 S. 26, Molitor a. a. O. S. 160—162). Für die Berechnung der Mindestfrist sind die §§ 187, 188 II, III BGB maßgebend, nicht aber ist § 7 bedeutungsvoll (Anm. 9 zu § 7, aber auch Anm. 7). Die KündErklärung muß dem Empfänger vor Beginn der Frist zugehen, auch wenn dies ein Sonntag ist (AG Osnabrück 11. XII. 1941 JRPV 1942 S. 60, anders jetzt Prölss Anm. 5 zu § 8, S. 65, AG Hamburg 19. I. 1951 VersR 1951 S. 125, AG München 23. IV. 1951 VersR 1951 S. 205, LG Köln 20. II. 1953 VersR 1953 S. 185).

Während § 8 II 2 für die zu vereinbarende KündFrist einen Spielraum und § 8 I volle Freiheit läßt (vgl. Anm. 16, 7), herrscht im Allgemeinen eine KündFrist von einem Monat vor: §§ 14 I, 24 I 2, 27 I 1, 41 II 1, 70 I 1, 96 II 2, 158 II 2. Keine KündFrist, also eine fristlose Künd ist ausdrücklich vorgesehen in §§ 6 I 2, 24 I 1, 39 III 1, 70 II 1, gilt aber auch nach §§ 30 II, 96 II 3, 113[1], 114 I, 158 II 3, 165.

Auch hier ist festzustellen, daß eine — auch nur geringfügig — verspätet zugegangene KündErklärung ,welche dem Empfänger die KündFrist nicht beläßt, nicht ordnungsgemäß ist. Das Schweigen des Empfängers kann nicht als Annahme einer Vertragsauflösungsofferte gewertet werden (RG 19. I. 1915 VA 1915 Anh. S. 10—11 Nr. 860, a. M. KG 29. V. 1929 JRPV 1929 S. 284). Die verspätete Künd wirkt aber im Zweifel auf den nächstzulässigen Termin, eine unzulässige fristlose Künd desgleichen (RG 24. XI. 1922 JW 1923 S. 594—595, OLG Stuttgart 12. IV. 1929 LZ 1929 Sp. 1293, für den Agenturvertrag RG 24. VI. 1922 RGZ Bd 105 S. 133). Eine Wiederholung der Künd ist also nicht nötig (OLG Celle 18. IV. 1929 VA 1930 S. 3 Nr. 2097, a. A. Prölss Anm. 5 zu § 8, S. 64, LG Berlin 22. II. 1951 VersR 1951 S. 163, LG Lüneburg 2. IV. 1936 VA 1936 S. 219 Nr. 2899). Anders, wenn die Künd vom Empfänger zurückgewiesen ist, hier verliert sie jede rechtliche Bedeutung, es muß also eine neue Künd erklärt werden (vgl. LG Berlin 22. II. 1951 VersR 1951 S. 163, LG Lüneburg 2. IV. 1936 VA 1936 S. 219 Nr. 2899). Eine Zurückweisungspflicht besteht jedoch nicht (a. A. LG Berlin 22. II. 1951 VersR 1951 S. 163). Die Rechtslage ist sehr zweifelhaft, vgl. auch Behne VW 1951 S. 121, Bommer VW 1951 S. 227, Molitor a. a. O. S. 162—163, Schweighäuser VVV 1950 S. 26—27.

[30] c) Sonstige Voraussetzungen.

Nach § 106 I ist eine Künd einer Gebäudefeuerv, bei der ein Realgläubiger sich bei dem Ver angemeldet hat, nur bei Erbringung gewisser Nachweise wirksam. Eine Künd ohne diese Nachweise ist nichtig. Zur Frage, ob den Ver eine ergänzende Rechtspflicht trifft, den Vmer aufzuklären, bejahend: VA 1916 S. 9—12, OLG Hamburg 3. VI. 1909 VA 1912 Anh. S. 79—81 Nr. 680, LG Berlin 29. V. 1931 Praxis 1931 S. 81, LG Elberfeld 13. VII. 1905 VA 1906 Anh. S. 18—19 Nr. 186.

[31] 4. Kündigungserklärung.

a) Erklärender.

Bei einer Künd durch den Vmer ist Berechtigter der Vmer selbst; eine juristische Person handelt durch ihr vertretungsberechtigtes Organ. Ein beschränkt Geschäftsfähiger bedarf der Einwilligung des gesetzlichen Vertreters, da die Künd den Vsvertrag auflöst und damit Nachteil bringt. Dem Vmer steht neben dem gesetzlichen auch sein rechtsgeschäftlicher Vertreter gleich; ein Vsmakler muß zur Künd besonders bevollmächtigt sein. Über Künd durch Vertreter ohne Vertretungsmacht Molitor a. a. O. S. 83—86. Auch gesetzliche Verwalter (Konkurs-, Nachlaß-, Zwangsverwalter, Testamentsvollstrecker) können kündigen, ferner hat der Erwerber der vten Sache nicht nur das außerordentliche KündRecht des § 70 II, sondern nach seinem Eintritt in die Vmerrolle auch alle anderen KündRechte (§ 69 I); ebenso der Eintrittsberechtigte des § 177 in der Lebensv. Entsprechendes gilt für den Erben und sonstige Gesamtnachfolger, nicht aber für den Zessionar, Vertrags- oder Pfändungspfandgläubiger. Bei Vsverträgen zugunsten Dritter kann grundsätzlich der Dritte (Vte, Bezugsberechtigte) nicht kündigen. Bei der Haftpflichtv kann der Drittgeschädigte nicht kündigen.

Sind bei einer Mehrzahl von Vmern diese Gesamtschuldner der Prämie (so meistens nach § 427 BGB), so können sie (trotz § 425 II BGB) nur gemeinschaftlich und dann mit Wirkung für und gegen alle kündigen; die Gläubigerstellung des Vers würde sonst beeinträchtigt (so auch für das Mietrecht KG 8. VI. 1929 JW 1929 S. 3243, RG 28. XI. 1932 RGZ Bd 138 S. 186). Das gilt erst recht dann, wenn die Vmer Gläubiger zur gesamten Hand sind (RG a. a. O.), also z. B. bei V einer offenen Handelgesellschaft, wo jedoch regelmäßig jeder Gesellschafter allein vertretungsberechtigt ist (§ 125 I HGB, vgl. für die Miete auch RG 14. II. 1933 RGZ Bd 140 S. 14). Auch aus der Tatsache der V eines gemeinsamen Interesses kann sich ergeben, daß nur eine gemeinsame Künd in Frage kommt (Kisch III S. 252 Anm. 3, auch Helberg VA 1950 S. 141—142); jedoch dürften Miteigentümer keine einheitliche Vsforderung besitzen (Anm. 66 zu § 6). Kündigt bei gemeinsamer Vsnahme von Eheleuten der Ehemann allein, so kann angenommen werden, daß er zugleich in Vertretung der Ehefrau handelt (vgl. KG 5. VII. 1907 OLGRspr Bd 17 S. 6—7). Kündigt statt des Ehemannes irrtümlich die Ehefrau, so kann den Ver eine Aufklärungspflicht treffen (AG Köln 7. II. 1941 JRPV 1941 S. 76). Sind die angeführten Voraussetzungen nicht gegeben (mehrere Vmer decken in einem einheitlichen Vertrag gesonderte Interessen, ohne Gesamtschuldner zu sein), so kann jeder von ihnen hinsichtlich seines Anteils kündigen (Raiser Anm. 10 zu § 19, S. 489, a. A. Prölss Anm. 5 zu § 8, S. 64 ohne genügende Unterscheidung der Fälle).

Bei einer Künd durch den Ver ist Berechtigter der Ver selbst, der durch seine Organe oder Bevollmächtigte handelt. Ein Abschlußagent hat nach § 45 auch die Befugnis, KündErklärungen abzugeben (vgl. jedoch § 47). — Bei der Mitv hat jeder beteiligte Ver für seinen Anteil das KündRecht, § 356[1] BGB gilt nicht (RG 19. VI. 1917 RGZ Bd 90 S. 330), kraft der Führungsklausel zuweilen auch der führende Ver, jedoch z. B. nicht nach Ziff. D 6/27 Feuerklauseln.

[32] b) Empfänger.

Die KündErklärung muß dem Empfänger rechtzeitig zugehen (dazu Anm. 2—7 zu § 10).

Bei einer Künd durch den Vmer ist Empfänger der Ver, und zwar ein Vorstandsmitglied allein auch dann, wenn nur mehrere gemeinschaftlich vertretungsberechtigt sind (§§ 71 II 3 AktienG, 34 I 1 VAG). Gleichzustellen sind Empfangsbevollmächtigte, zu denen nach § 43 Ziff. 2 auch jeder Agent des Vers zählt, also auch jeder Vermittlungs- und Unteragent, mag er auch nur nebenberuflich tätig sein (vgl. jedoch § 47 und dazu z. B. für die Krankenv § 6 I c GrundBed). Ist in AVB bestimmt, daß Willenserklärungen des Vmers nur dann rechtliche Wirkung haben, „wenn sie dem Ver (Vorstand des Vsunternehmens) oder der zuständigen Geschäftsstelle ... zugegangen sind" (§ 6 I a GrundBed), so kann sich doch der Ver hierauf nicht berufen, wenn ein Empfangsbevollmächtigter der Direktion, nicht ein Vorstandsmitglied selbst eine KündErklärung empfangen hat. Hat die zuständige Geschäftsstelle keine Abschlußvollmacht, sondern ist sie nur Vermittlungsagentur, so ergibt sich aus § 6 I a, c GrundBed ein Widerspruch, der zugunsten des Vmers derart geklärt werden muß, daß die KündErklärung mit dem Eingang bei der Geschäftsstelle zugegangen ist. § 14 III ALB enthält die Vorschrift: „Alle Willenserklärungen ..., die ... der Gesellschaft gegenüber abgegeben werden, brauchen von ihr nur dann als rechtswirksam angesehen zu werden, wenn sie dem Vorstand der Gesellschaft . . . zugegangen sind". Bruck-Dörstling Anm. 14 zu § 14, S. 220—221 sprechen von einem „Vexiercharakter dieser Bestimmung", da der Ver es völlig in der Hand hat, den Zugangszeitpunkt zu bestimmen: Er kann, wenn es ihm gefällt, nach § 43 Ziff. 2 den Zugang beim Agenten entscheiden lassen, andererseits aber, wenn es für ihn günstiger ist, z. B. geltendmachen, eine Künd sei verspätet, weil sie zwar nicht dem Agenten, wohl aber dem Vorstand verspätet zugegangen sei. — Über die Beweislage, falls der Vmer die Künd bedingungswidrig nur einem Agenten übermittelt, AG Stuttgart 18. II. 1952 VersR 1952 S. 160. Gemäß LG Stuttgart 7. IV. 1951 VersR 1951 S. 162 kann sich der Ver hierauf nicht berufen, falls er selbst Künd weitergeleitet erhalten hat. — Bei einer Mitv muß die Künd jedem Ver zugehen, jedoch lassen Führungsklauseln, z. B. Ziff. D 6/27 Feuerklauseln, den Zugang beim führenden Ver oder seiner im Vsschein genannten Geschäftsstelle ausreichen.

Bei einer Künd durch den Ver ist Empfänger der Vertragspartner, also der Vmer, nach dessen Tod der Erbe oder Testamentsvollstrecker oder Nachlaßverwalter. Bei Geschäftsunfähigen oder beschränkt Geschäftsfähigen ist Empfänger der gesetzliche Vertreter (§ 131 I, II 1 BGB), der beschränkt Geschäftsfähige selbst kommt in Betracht, falls der gesetzliche Vertreter einwilligt (§ 131 II 2 BGB), was auch z. B. bei Ermächtigung zum Betrieb eines Erwerbsgeschäfts hinsichtlich der Geschäftsversicherungen eine Rolle spielt (§ 112 I 2 BGB). Bei Konkurs des Vmers ist dem Konkursverwalter gegenüber zu kündigen (Anm. 15 zu § 14), es sei denn, daß die Ansprüche aus dem Vsvertrage nicht zur Konkursmasse gehören. Im Falle der Zwangsverwaltung ist bei Eintritt des Zwangsverwalters in den Vsvertrag die Künd dem Zwangsverwalter gegenüber zu erklären (Anm. 26 zu § 14). Vergleichs- und Vertragshilfeverfahren ändern an der Passivlegitimation des Vmers nichts. Nach einer Veräußerung der vten Sache ist der Erwerber Empfänger der Künd (§ 70 I 1, 69 I), jedoch kommt außerhalb des § 70 I 1 der § 69 III zur Anwendung, d. h. der von der Veräußerung nichts wissende Ver kann dem Veräußerer gegenüber kündigen. Im Falle des § 177 I 1 wird der Eintrittsberechtigte Empfänger der Künd.

Ist ein Ehemann Vmer, so kann die Ehefrau die Künd empfangen, und zwar nicht nur, soweit der Abschluß in den Bereich ihrerer Schlüsselgewalt fiel, sondern darüber hinaus, da die Empfangnahme auch von geschäftlichen Willenserklärungen für den Ehemann zu den häuslichen Vertretungsaufgaben der Ehefrau zu zählen ist (vgl. § 1357 I 1 BGB). Bei Vsverträgen der Ehefrau kommt es darauf an, ob die Rechte beim gesetzlichen Güterstand zum Vorbehaltsgut oder zum eingebrachten Gut gehören. Ersterenfalls genügt die Künd gegenüber der Ehefrau, letzterenfalls ist sie allein gegenüber dem Ehemann nötig, § 1403 I BGB ist anwendbar (RG 15. X. 1929 RGZ Bd 125 S. 403—407). Ohne Erklärung gegenüber dem Ehemann wirkt die Künd überhaupt nicht (Ausnahme: § 1405 I 2 BGB).

Bei juristischen Personen genügt die Künd gegenüber einem Vorstandsmitglied (so für den Verein § 28 II BGB, für die Aktiengesellschaft § 71 II 3 AktienG).

Sind bei einem einheitlichen Vsvertrage mehrere Vmer beteiligt, so muß die Künd jedem von ihnen zugehen, sofern nicht einer vertretungsberechtigt ist. Bei Gesamthandsgemeinschaften braucht die KündErklärung nur einem zuzugehen (so für die offene Handelsgesellschaft § 125 II 3 HGB).

Über Vertretung ohne Vertretungsmacht: § 180 BGB. Empfangsboten sind vom Empfangsbevollmächtigten (§ 164 III BGB) zu unterscheiden, als Bote kann auch ein Geisteskranker fungieren, entscheidend ist in beiden Fällen der Zugang bei der Empfangsperson (von Tuhr II 2 S. 357—360). Nicht empfangsberechtigt sind Vsmakler, Zessionare, Vertrags- oder Pfändungspfandgläubiger, Vte (auch wenn sie im Besitz des Vsscheines sind: Kisch III S. 424), Bezugsberechtigte, Realgläubiger, Drittgeschädigte in der Haftpflichtv.

[33] c) Inhalt.

Die KündErklärung muß unzweideutig erkennen lassen, daß eine Lösung des Vsverhältnisses für die Zukunft gewünscht wird, sie muß klar und bestimmt sein (OLG Hamm 2. IV. 1928 JRPV 1928 S. 260, bedenklich LG Stuttgart 7. IV. 1951 VersR 1951 S. 162). Das Wort Künd braucht nicht benutzt zu werden. Die Ausdrücke

Anfechtung und Rücktritt haben eine so spezielle Bedeutung, daß eine Umdeutung in eine Künd nicht vorgenommen werden kann (OLG Köln 5. V. 1937 VA 1937 S. 185 Nr. 2993, a. A. KG 9. II. 1929 JRPV 1929 S. 145, OLG Celle 19. VI. 1952 VersR 1952 S. 284). Auch das Bestreiten des Vertragsabschlusses kann nicht ohne weiteres in eine Künd umgedeutet werden (a. A. KG 7. XII. 1938 JRPV 1939 S. 91), ebensowenig liegt eine Künd in der Nichtzahlung fälliger Prämien (LG Düsseldorf 8. VI. 1951 VA 1951 S. 125), eher schon in der Weigerung des Vmers, einen neuen Vertrag mit günstigerer Prämie abzuschließen (OLG Hamm 24. I. 1927 VA 1927 S. 71 Nr. 1716). Die Androhung einer Künd steht der Künd selbst nicht gleich (AG Stuttgart 18. II. 1952 VersR 1952 S. 160, LG Stuttgart 7. IV. 1951 VersR 1951 S. 162). Die Zweifelhaftigkeit oder Mehrdeutigkeit einer KündErklärung geht zu Lasten des Kündigenden, der KündGegner kann die Künd als nichtig behandeln, sich aber auch auf den Boden der Künd stellen (Molitor a. a. O. S. 105—108).

Die Künd ist bedingungsfeindlich (Thees OeffrV 1941 S. 18), jedoch gestattet § 39 III 2 ausnahmsweise die Verbindung von Mahnung und Künd. Fordert der Ver Prämienerhöhung, so liegt darin keine Künd (OLG Köln 1. VI. 1938 VA 1938 S. 196—197 Nr. 3060, vgl. auch Molitor a. a. O. S. 99—100); jedoch halten RG 27. II. 1923 RGZ Bd 106 S. 330—333, Prölss Anm. 5 zu § 8, S. 65 eine bedingte Künd für zulässig, die nach Forderung einer Prämienerhöhung lautet: „Sollten Sie nicht bereit sein, diese anzunehmen, so bitten wir, gegenwärtiges Schreiben als Kündigung aufzufassen.“ Da hier die Klärung der Ungewißheit allein beim Empfänger liegt, dürften Bedenken nicht bestehen, vgl. auch Molitor a. a. O. S. 108—113.

[34] d) Form.

In den gesetzlichen KündFällen ist — abgesehen von § 39 III 2 — wegen der Form der KündErklärung nichts gesagt, es reicht also Mündlichkeit aus. Sofern die Vorschriften relativ zwingend sind, darf dann auch zu Lasten der geschützten Personen Schriftlichkeit nicht vereinbart werden (hinsichtlich des absolut zwingenden § 8 I: Anm. 7). Nur für die beiden Fälle der §§ 70 II und 165 gestatten § 72^2, 178 I 2 die Ausbedingung der Schriftform. Diese Fälle lassen sich jedoch nicht im Wege der Analogie vermehren (wegen eines Verstoßes vgl. Anm. 17). Der Ver muß schriftlich kündigen, falls er bei Prämienverzug die Künd gemäß § 39 III 2 mit der schriftlichen Mahnung des § 39 I 1 verbindet.

Soweit Schriftform gültig vertraglich vereinbart ist, gilt § 127^1 BGB. Im Zweifel wäre demnach (in Verbindung mit § 126 I BGB) eigenhändige Namensunterschrift erforderlich. Der Zweifel ist jedoch hinsichtlich des Vers behoben gemäß RG 27. II. 1923 RGZ Bd 106 S. 330—333. Danach darf der Ver sich einer gedruckten oder gestempelten faksimilierten Unterschrift bedienen; dagegen dürfte es formwidrig sein, die Unterschrift in Druckbuchstaben zu bringen. Hinsichtlich des Vmers ist eigenhändige Namensunterschrift erforderlich (LG Köln 9. XI. 1951 VersR 1953 S. 130). Bei vertraglich vereinbarter Schriftform reicht aber auch telegraphische Künd aus (§ 127^2 BGB). — Bei gesetzlich vorgeschriebener Schriftform (zu diesem Begriff: RG 25. VI. 1929 RGZ Bd 125 S. 73) ist nach § 126 I BGB eigenhändige Namensunterschrift erforderlich, nur das Gesetz selbst könnte ausnahmsweise faksimilierte Unterschrift genügen lassen. Solche Ausnahmebestimmung kommt aber für die Künd schon deshalb nicht vor, weil in den gesetzlichen KündFällen regelmäßig Mündlichkeit ausreicht (vgl. im übrigen §§ 3 I 2, 39 I 1, 43 Ziff. 4). Da § 39 I 1 für die Mahnung eine faksimilierte Unterschrift des Vers genügen läßt, ist es problematisch, ob für eine damit verbundene Künd gleichfalls solche Unterschrift ausreicht (dazu Dörstling, Die Unterzeichnung der Erklärungen des Vers, Hamburg 1948, S. 3—13; Anm. 47 zu § 39). — Künd durch eingeschriebenen Brief schreibt dem Krankenver § 6 I b GrundBed vor.

Wird die erforderliche Form nicht gewahrt, so ist die Künd nicht ordnungsgemäß. Jedoch weist Molitor a. a. O. S. 114—117 darauf hin, daß häufig eine Formvorschrift sich nicht auf die KündErklärung, sondern nur auf deren Zugehen bezieht (KG 9. II. 1929 JRPV 1929 S. 145 läßt deshalb genügen, daß dem Gegner der Wille zur Vertragsaufhebung irgendwie bekannt geworden ist, RG 23. IX. 1911 RGZ Bd 77 S. 70—71, KG 3. X. 1905 VA 1905 Anh. S. 89 Nr. 152, AG Heidelberg 29. XI. 1951 ZfV 1952

S. 67 lassen einfachen statt eingeschriebenen Briefes genügen). Nimmt ein Agent eine mündliche Künd entgegen und gibt er sie schriftlich dem Ver weiter, so kann der Ver sich auf den Mangel der Schriftform der Erklärung des Vmers nicht berufen, sofern er die Künd nicht unverzüglich zurückweist (OLG Hamm 24. I. 1927 VA 1927 S. 71 bis 72 Nr. 1716).

[35] **e) Mitteilung.**

In gewissen Fällen ist die Tatsache der KündErklärung Dritten mitzuteilen, so nach §§ 101^2, 103 I (Realgläubiger) und § 34 I 2 SchiffsG (Schiffshypothekengläubiger). Als ergänzende Leistungspflicht trifft den Ver keine Mitteilungspflicht gegenüber dem Zessionar, falls die Vsforderung zediert ist und dem Vmer wegen Verzuges mit einer Folgeprämie gekündigt wird (Möller HansRGZ 1930 A Sp. 96—97).

[36] **5. Kündigungswirkungen.**

a) Gestaltung.

Die Künd, welche derjenige beweisen muß, der sich auf sie beruft (dazu AG Stuttgart 18. II. 1952 VersR 1952 S. 160), ist eine rechtsgestaltende Willenserklärung, welche regelmäßig die Beendigung des Vsverhältnisses zur Folge hat, zuweilen nur die Teilbeendigung (Teilkünd: § 30 I, II; für die Krankenv § 2 II b Ziff. 3 Satz 1, 3, c Ziff. 3, § 6 II b Satz 2, 5 GrundBed), ausnahmsweise nach §§ 173, 175 I 1 bei der Lebensv nur die Umwandlung in eine prämienfreie V. Über den Einfluß der Künd eines Rahmenvertrages auf die Einzelverträge: RG 11. XII. 1931 VA 1932 S. 23—24 Nr. 2383, und umgekehrt über den Einfluß der Künd der Einzelverträge auf den Rahmenvertrag: RG 30. IV. 1937 ÖffrV 1937 S. 305—306. Es besteht niemals eine Rechtspflicht zur Künd, auch handelt es sich nicht um eine Obliegenheit des Vmers oder Vers (Anm. 12 zu § 6; RG 12. X. 1917 NeumannsZ 1917 S. 464). Vielmehr liegt die Abgabe der KündErklärung im Belieben des Berechtigten, es handelt sich um ein bloßes Kannrecht. Ausnahmsweise kann in dessen Gebrauch eine unzulässige Rechtsausübung liegen (LG Hamburg 31. III. 1939 JRPV 1939 S. 239—240, Staudinger Anm. 194—198 zu § 242, S. 262 bis 263, auch Anm. 49—51 zu § 6). Wird nicht ordnungsgemäß gekündigt, so kommt es nicht darauf an, ob der Berechtigte überhaupt die faktische Möglichkeit besaß zu kündigen und ob ihn bei seiner Unterlassung ein „Verschulden" traf (vgl. jedoch Anm. 9). Soweit nicht Beschränkungen der Vertragsfreiheit entgegenstehen, kann auf das KündRecht im Vorwege verzichtet werden (vgl. § 8 II 3, Anm. 17). Über nachträglichen Verzicht Anm. 45—48 zu § 6, Molitor a. a. O. S. 70—71. Aber die erfolgte Ausübung des KündRechts kann nicht widerrufen werden. Im Widerruf liegt nur das Angebot zu einem neuen Vertragsabschluß (Molitor a. a. O. S. 142—150).

Über das Prämienschicksal nach Künd vgl. § 40.

[37] **b) Termin.**

Die Frage, zu welchem Zeitpunkt die KündWirkungen eintreten, ist zu unterscheiden von den Fragen, innerhalb welchen Zeitraums die KündErklärung abgegeben werden muß (Anm. 28) und welche KündFrist dabei dem Empfänger belassen werden muß (Anm. 29). Zuweilen muß eine Künd innerhalb eines Monats und unter Einhaltung einer KündFrist von einem Monat erfolgen, aber auf das Ende der Vsperiode.

Eine Künd auf das Ende der Vsperiode kennen §§ 8 II 1, 113^1 (Ver), 114 I, 165. Über die Rechtslage, falls statt dessen auf sofort gekündigt wird: RG 9. I. 1934 RGZ Bd 143 S. 124—130 (bedenklich). Oft wird allerdings das Ende der Vsperiode nur als spätester Zeitpunkt des Eintritts der KündWirkungen vorgesehen; es kann also auch auf einen früheren Zeitpunkt gekündigt werden, der in der Wahl des Berechtigten liegt: §§ 30 II, 96 II 3, 113^1 (Vmer), 158 II 3. Nur die Wahl zwischen sofortiger Wirkung oder Wirkung auf den Schluß der Vsperiode eröffnet § 70 II 1 für den Erwerber. § 143 I 1 läßt die Künd bei Beendigung der Reise wirken. Ist nichts über die KündWirkung bestimmt, so kann sie doch bei Bestehen einer KündFrist (§§ 14 I, 24 I 2, 27 I 1, 41 II 1, 70 I 1, 96 II 2, 158 II 2) frühestens bei Ablauf dieser Frist eintreten, der Berechtigte kann aber im Zweifel auch einen späteren Zeitpunkt angeben, an dem die KündWirkung eintreten soll (Molitor a. a. O S. 160—162). Bei unbefristeter Künd (§§ 6 I 2, 24 I 1, 39 III 1) entfaltet diese regelmäßig sofort ihre Wirkung, jedoch kann auch hier der Kündigende einen späteren Zeitpunkt bezeichnen (Ausnahme: § 6 I 2, Anm. 41 zu § 6). Ist eine Künd mit sofortiger Wirkung vorgesehen, so ist eine Künd auf einen späteren Termin unwirksam (OLG Stuttgart 12. IV. 1929 LZ 1929 Sp. 1293 bis 1294).

Erfolgt eine Künd, so gilt für die Beendigung der V nicht § 7², die V endet also nicht am Mittag (Anm. 9 zu § 7). Eine Ausnahme kann nur bei der ordentlichen Künd gelten, weil sie die normale Vszeit unberührt läßt.

[38] c) **Nebenwirkungen.**

Zuweilen dient die Künd nicht nur der Beendigung des Vsverhältnisses, sondern auch der Erhaltung gewisser Rechtsbehelfe des Vers. Umgekehrt ausgedrückt: Kündigt der Ver nicht, so kann er sich auf eine eingetretene Leistungsfreiheit nicht berufen (§§ 6 I 3, 25 III, 28 II 2, 71 II 2). Die Unterlassung der Künd wirkt hier für den Vmer klarstellend (Klarstellungserfordernis: Anm. 40—43 zu § 6).

[39] d) **Wirkungsbeschränkungen.**

Nach der eigenartigen Vorschrift des § 39 III 3 fallen die Wirkungen der Künd wieder fort, sofern der Vmer innerhalb bestimmter Frist und vor Eintritt des Vsfalles die Zahlung der Folgeprämie nachgeholt hat.

Eine nur beschränkte Wirkung entfaltet die Künd gegenüber Realgläubigern (§ 103 I), Schiffshypothekengläubigern (§ 34 II SchiffsG) und Drittgeschädigten in der Haftpflichtv (§ 158 c II 1, 3).

[40] 6. **Aufhebungsvertrag.**

Wie jedes Schuldverhältnis ist auch der Vsvertrag durch contrarius consensus aufhebbar (vgl. § 305 BGB). Ein ausdrücklicher Antrag auf Abschluß eines Aufhebungsvertrages bedarf allgemein ausdrücklicher Annahme (OLG Hamburg 1. XII. 1950 VersR 1951 S. 53). Eine Annahme nach § 151¹ BGB ist im Versicherungsgewerbe nicht verkehrsüblich (OLG Hamburg 1. XII. 1950 VersR 1951 S. 53, OLG Koblenz 9. III. 1951 VersR 1951 S. 164), würde übrigens auch irgendeine äußere Kundgebung des Annahmewillens nötig machen (RG 24. VI. 1927 RGZ Bd 117 S. 314—315). Ein Verzicht auf die Annahmeerklärung — zweiter Fall des § 151¹ BGB — ergibt sich z. B. aus der Äußerung des Vmers, er wolle mit dem Ver nichts mehr zu tun haben (OGH 23. VI. 1950 OGHZ Bd 4 S. 80). Macht der Vmer das Angebot, so ist bezüglich der Bindungs- und Annahmefrist (§§ 145, 146, 147 II BGB) zu berücksichtigen, daß der Umfang des Betriebes eines großen Vsunternehmens einen zeitraubenden Geschäftsgang erfordert (OLG Koblenz 9. III. 1951 VersR 1951 S. 164, bestätigt von BGH 24. XI. 1951 VersR 1952 S. 38: Ein Zeitraum von vier Wochen zur Abgabe der Annahmeerklärung — allerdings unter den unmittelbar nach der Währungsreform bestehenden Verhältnissen — ist nicht zu groß). Die für den Abschluß vereinbarten Bindungs- und Annahmefristen gelten bei Vertragsaufhebungen nicht, wohl aber gilt für die Feuerv § 81, da eine Aufhebung zugleich eine „Änderung des Vertrags“ darstellt (BGH 24. XI. 1951 VersR 1952 S. 37—38, auch schon RG 24. VI. 1927 RGZ Bd 117 S. 312—315). Auch eine einverständliche Vertragsaufhebung durch schlüssiges Verhalten ist möglich. Aus der Nichtzahlung von Prämien kann jedoch nicht das Einverständnis des Vmers mit der Aufhebung des Vsverhältnisses gefolgert werden (RG 15. V. 1942 JRPV 1942 S. 144, OGH 23. VI. 1950 OGHZ Bd 4 S. 78—79, OLG München 2. IX. 1949 NJW 1950 S. 110 = VersR 1950 S. 8, anders OLG Celle 10. VII. 1934 VA 1934 S. 207—208 Nr. 2710 = JRPV 1935 Zus. S. 1, LG Lüneburg 9. II. 1950 MDR 1950 S. 425). Etwas anderes kann dann gelten, wenn besondere Umstände hinzutreten, z. B. die auf Papiermark lautende V durch die Umwälzung der Währunsverhältnisse gegenstandslos geworden ist und danach beide Parteien jahrelang nichts unternehmen (RG 12. I. 1932 VA 1932 S. 26 Nr. 2385, a. A. KG 31. I. 1931 VA 1931 S. 20—22 Nr. 2249 = JRPV 1931 S. 222—223). Es muß aber, wenn ein anderer Parteiwille nicht erkennbar zum Ausdruck gekommen ist, davon ausgegangen werden, daß der Vsschutz jedenfalls bis zum Verbrauch des Prämienguthabens des Vmers fortbesteht (BGH 24. I. 1951 NJW 1951 S. 314—316 = VersR 1951 S. 76—77, a. A. OLG Hamm 9. III. 1950 VersR 1950 S. 85). Zur Formlosigkeit von Auflösungserklärungen: OGH 23. VI. 1950 OGHZ Bd 4 S. 79—80. Auch ein Vermittlungsagent kann nach § 43 Ziff. 1, 2 Auflösungsanträge des Vmers entgegennehmen (OLG Hamburg 1. XII. 1950 VersR 1951 S. 53). Ein Recht auf Aufhebung verleiht dem Vmer § 60. Über die Schuldlosigkeit von Obliegenheitsverletzungen bei schwebenden Aufhebungsverhandlungen: OLG Hamburg 1. XII. 1950 VersR 1951 S. 53—54 mit kritischer Anm. Prölss.

§ 9

Als Versicherungsperiode im Sinne dieses Gesetzes gilt, falls nicht die Prämie nach kürzeren Zeitabschnitten bemessen ist, der Zeitraum eines Jahres.

Versicherungsperiode

Gliederung:

Entstehung Anm. 1
Schrifttum Anm. 2
I. Begriff Anm. 3
II. Zustandekommen Anm. 4—5
1. Vorliegen einer Vereinbarung Anm. 4
2. Fehlen einer Vereinbarung Anm. 5
III. Bedeutung Anm. 6
IV. Abdingkarkeit Anm. 7

[1] **Entstehung:** Die Vorschrift ist unverändert geblieben. — Begr. I S. 24—25.

[2] **Schrifttum:** Bruck S. 249—251, Ehrenzweig S. 104—105, von Gierke II S. 133, Hagen I S. 458—459.

[3] **I. Begriff.**

Die technische Vsdauer, also die Zeit, für welche Prämien zu begleichen sind (Anm. 3 zu § 2), gliedert sich regelmäßig in Vsperioden, welche § 43 III 2 VAG Vszeitabschnitte nennt. Die erste Vsperiode beginnt mit dem technischen Vsbeginn. Das ist gewöhnlich der vertraglich vorgesehene materielle Vsbeginn. Jedoch liegt in Fällen der Rückdatierung (Anm. 5 zu § 2) der technische Vsbeginn vor dem materiellen Vsbeginn.

[4] **II. Zustandekommen.**

1. Vorliegen einer Vereinbarung.

Die Länge der Vsperiode kann vereinbart werden, sie kann kürzer sein als ein Jahr (OLG Braunschweig 4. XII. 1951 VersR 1952 S. 147). Jahres- und Monatsperioden herrschen vor, letztere sind in § 3 I, IV 2 GrundBed. für die Krankenv vorgesehen, jedoch spielt dort andererseits auch das „Vsjahr" eine Rolle (§ 2 I 2, II b Ziff. 1, c Ziff. 1), so daß die aufsichtsbehördlichen Bedenken VA 1928 S. 125 ausgeräumt sind. Eine Lebensv mit Vierteljahrsprämie behandelt LG Köln 19. X. 1950 VersR 1951 S. 17. Über die Vsperiode in der Garderobenv: VA 1933 S. 256—257. Die Reisewetterv kennt wöchentliche Vsperioden (§ 3 AVB für die Reisewetterv: VA 1953 S. 46). Vstechnisch bestehen auch keine Schwierigkeiten, den Begriff der Vsperiode dadurch praktisch zu beseitigen, daß Tagesperioden vereinbart werden. Auch bei einer V mit nur bestimmbarer Vsdauer, z. B. einer Reisev (Anm. 4 zu § 7) kommt die Vereinbarung einer Vsperiode in Betracht (Begr. I S. 24).

[5] **2. Fehlen einer Vereinbarung.**

Fehlt es an einer Vereinbarung, so gilt kraft Gesetzes nach § 9 als Vsperiode der Zeitraum eines Jahres, falls nicht die Prämie nach kürzeren Zeitabschnitten bemessen ist. Es kommt also auf die Prämienbemessung, nicht auf die Prämienzahlung an (wie bei der Miete in § 565 I 2, 3, III BGB). Ratenzahlung berührt also die Länge der Vsperiode nicht (Pröls VersR 1950 S. 121—122). Falls Jahresprämien zugrunde gelegt werden, beträgt die Vsperiode ein Jahr. Dabei ist es besonders in der Krankenv üblich, in den Werbeschriften des Vers etwaige Jahresprämien sogleich in Monatsraten umzurechnen. Ist die Prämie — etwa als Einmalprämie in der Lebensv oder als Prämie für eine zweijährige Ausstellung — für einen längeren Zeitabschnitt als ein Jahr bemessen, so beträgt die Vsperiode dennoch im Interesse des Vmers nicht mehr als ein Jahr (Begr. I S. 25; a. M. Ehrenzweig S. 104 in Widerspruch zu S. 105 Anm. 10). Handelt es sich um echte Monatsprämien, so ergeben sich Monatsperioden. Wird während des Laufes der V eine Änderung der Prämienbemessung vereinbart, so ergibt sich auch u. U. eine Änderung der Vsperiode (LG Hamburg 22. XI. 1901, OLG Hamburg 7. IV. 1902, RG 20. VI. 1902 Gerhard Prax Bd. 1 S. 41—49).

[6] III. Bedeutung.

Der Begriff der Vsperiode hat vielfältige Bedeutung. Oft kommt das Ende der Vsperiode als Zeitpunkt, auf den gekündigt werden kann, in Betracht (§ 8 II 1, 30 II, 70 II 1, 96 II 3, 113^1, 114 I, 158 II 3, 165 I), gelegentlich auch als Termin für die Umwandlung einer Lebensv in eine prämienfreie (§ 174 I). Auch der Begriff der Unteilbarkeit der Prämie (Anm. 3—5 zu § 40) knüpft an den Begriff der Vsperiode an. Er bedeutet, daß der Ver trotz vorherigen materiellen Endes der V die Prämie bis zum Schluß der Vsperiode erhält (so für Fälle der Anfechtung, des Rücktritts und der Kündigung: §§ 40 I 1, II 1, 41 II 2, 70 III, 96 III, 113^2, 158 III 1, der Nichtigkeit des Vsvertrages: §§ 51 III, 59 III, für sonstige Fälle: §§ 2 II 2, 68 IV, 128 I 1). Hat allerdings der Ver die Gefahr nie zu tragen begonnen, so kommt Unteilbarkeit der Prämie nicht in Frage (vgl. §§ 2 II 1, 40 II 2, 68 I). Auch eine Prämienkorrektur erfolgt häufig erst mit Beginn einer neuen Vsperiode (§§ 41 I, 41a I, nach Eintritt eines Vsfalles: §§ 95^2, 119^2). Die Prämienreserve wird auf das Ende derVsperiode berechnet gemäß §§ 174 III 1, 176 III. Die Aufhebung oder Herabsetzung einer Doppelv wirkt erst mit dem Ablaufe der Vsperiode, in der sie verlangt wird (§ 60 III 1). Wegen der Haftung des Veräußerers und des Erwerbers der vten Sache für die Prämie kommt es auf die Vsperiode an (§§ 69 II, 70 III). In der Hagelv hat es Bedeutung, wenn in einer Vsperiode mehrere Vsfälle eintreten (§ 112).

[7] IV. Abdingbarkeit.

Es ist nicht ausdrücklich bestimmt, inwieweit § 9 zwingendes Recht enthält. Das ist auch überflüssig. Denn sofern andere zwingende Bestimmungen den Begriff der Vsperiode verwenden, ist er von § 9 her zu bestimmen und insoweit unabdingbar (Ehrenzweig S. 104, zu weitgehend Prölss Anm. 2 zu § 9, S. 68). Es kann also z. B. zu § 8 II 1 wegen § 15a nicht vereinbart werden, die Vsperioden sollten jeweils zwei Jahre währen, der Vmer also nur für den Schluß jedes zweiten Jahres kündigen können. Vgl. Begr. I S. 25.

§ 10

[1] Hat der Versicherungsnehmer seine Wohnung geändert, die Änderung aber dem Versicherer nicht mitgeteilt, so genügt für eine Willenserklärung, die dem Versicherungsnehmer gegenüber abzugeben ist, die Absendung eines eingeschriebenen Briefes nach der letzten dem Versicherer bekannten Wohnung. Die Erklärung wird in dem Zeitpunkte wirksam, in welchem sie ohne die Wohnungsänderung bei regelmäßiger Beförderung dem Versicherungsnehmer zugegangen sein würde.

[2] Hat der Versicherungsnehmer die Versicherung in seinem Gewerbebetriebe genommen, so finden bei einer Verlegung der gewerblichen Niederlassung die Vorschriften des Abs. 1 entsprechende Anwendung.

Zugang, Wohnungsänderung.

Gliederung:

[1] **Entstehung:** § 10 ist unverändert geblieben — Begr. I S. 25—26.

[2] **I. Zugang.**

Schrifttum: von Tuhr II 1 S. 427—452.

[3] **1. Grundsätze.**

Beim Abschluß des Vsvertrages und während des Laufes der V werden viele Willenserklärungen des Vmers und Vers abgegeben, denen rechtlich Wissenserklärungen und Mahnungen gleichzustellen sind. Mit der Abgabe treten die Wirkungen der Erklärung, soweit sie empfangsbedürftig ist, noch nicht ein. § 130 I 1 BGB bestimmt vielmehr, daß eine Erklärung unter Abwesenden durch Zugang beim Adressaten wirksam wird. Erfolgt eine schriftliche Erklärung unter Anwesenden, so muß gleichfalls Zugang vorausgesetzt werden (RG 27. X. 1905 RGZ Bd. 61 S. 415). Mündliche Erklärungen unter Anwesenden werden wirksam, wenn sie in verständlicher und verkehrsüblicher Weise abgegeben werden. Wenn allerdings der Erklärende bei oder unmittelbar nach der Erklärung merkte oder merken konnte, daß seine Worte nicht verstanden werden, z. B. wegen Schwerhörigkeit, so ist die Erklärung unwirksam (von Tuhr II 1 S. 438—440).

[4] **2. Einzelfälle.**

Ein Schriftstück ist zugegangen, wenn es in ein solches räumliches Verhältnis zum Adressaten gekommen ist, daß es nach der Anschauung des Lebens und unter Voraussetzung normaler Verhältnisse vom Adressaten abhängt, Kenntnis vom Inhalt zu nehmen (von Tuhr II 1 S. 433). Weitergehend fordert das RG (RG 10. XI. 1933 RGZ Bd 142 S. 407, auch RG 14. IV. 1920 RGZ Bd 99 S. 23), daß der Empfänger sich nicht nur „unter normalen Verhältnissen Kenntnis vom Inhalt der Erklärung verschaffen konnte“, sondern auch „nach den Gepflogenheiten des Verkehrs von ihm zu erwarten war, daß er sich diese tatsächlich verschaffte“. Ein Brief ist also zugegangen, wenn er dem Adressaten übergeben ist, mag dieser ihn auch sofort zurückgeben oder wegwerfen, sowie dann, wenn er dem Adressaten angeboten, aber von ihm zurückgewiesen wird (außer bei Belastung mit Strafporto). Einwurf in den Briefkasten bewirkt Zustellung, sobald mit Leerung zu rechnen ist. Falls einem Vmer als Privatmann (man denke an eine Lebens- oder Hausratv) ein Brief in den Briefkasten an der Haustür gelegt wird, genügt das regelmäßig, um ein Zugehen anzunehmen, jedoch ist mit einer nächtlichen Leerung des Briefkastens nicht zu rechnen. Im Geschäftsverkehr, also bei Schreiben an den Ver, Vsvertreter oder in kaufmännischen Vszweigen an den Vmer, ist von vornherein davon auszugehen, daß die Briefkästen nur zu bestimmten Zeiten geleert werden (RG 14. IV. 1920 RGZ Bd 99 S. 23, falsch AG Saarbrücken 11. X. 1950

VersR 1951 S. 11—12 mit Anm. Klauser, aufgehoben von LG. Saarbrücken 22. III. 1951 VersR 1951 S. 227). Bei Vern ist die Annahme schriftlicher Erklärungen jedoch nicht auf Werktage beschränkt, da sie laufend mit wichtigen Mitteilungen rechnen müssen (RG 10. XI. 1933 RGZ Bd 142 S. 408). Bedient sich der Ver oder Vmer eines Postschließfaches oder fordert er postlagernde Sendungen, so kann dadurch der Absender nicht schlechter gestellt werden (OLG Hamm 1. XII. 1939 HansRGZ 1940 A Sp. 108—109, RG 10. XI. 1933 RGZ Bd 142 S. 408—409). Reiseabwesenheit oder Krankenhausaufenthalt des Empfängers schließt den Zugang nicht aus. Über den Zugang eines Einschreibebriefes: KG 8. XI. 1907 VA 1908 Anh. S. 5—6 Nr. 353, über den Zugang eines Briefes an den Gemeinschuldner bei Postsperre: OLG Karlsruhe 13. X. 1910 VA 1911 Anh. S. 4—5 Nr. 567.

[5] **3. Dritte.**

Dem Zugang beim Ver oder Vmer steht ein solcher bei Organen, gesetzlichen Vertretern oder Empfangsbevollmächtigten gleich. Können Organe oder Empfangsvertreter (dazu § 164 III BGB) an sich nur gemeinschaftlich handeln, so genügt doch für den Zugang der Zugang bei einem von ihnen (vgl. § 71 II 3 AktienG, § 125 II 3 HGB). Dem Organ oder Vertreter muß erkennbar sein, daß die an ihn gerichtete Erklärung für den Vertretenen bestimmt ist. Dies trifft aber z. B. auch dann zu, wenn eine Kündigungserklärung fälschlich an den Vsvertreter statt an den Ver gerichtet wird. Die Erklärung an ein Organ oder einen Empfangsvertreter ist wirksam, sobald sie ihm zugeht; es kommt nicht darauf an, ob und wann sie dem Vertretenen weitergeleitet wird. Über die gesetzliche Empfangsvertretungsmacht von Vsagenten § 43 Ziff. 1, 2, 4; jedoch ist diese Vertretungsmacht ausschließbar (§ 47) und solcher Ausschluß erfolgt oft. Vgl. auch §§ 55 IV, 75g, 91 HGB.

Von dem Empfangsvertreter ist der Empfangsbote zu unterscheiden (von Tuhr II 2 S. 358—360), der nicht an Stelle des Erklärungsempfängers eine Erklärung entgegennimmt, sondern nur beim Zugang einer an den Erklärungsempfänger selbst gerichteten Erklärung dem Empfänger als Hilfsperson dient. Die Frage, wann hier der Zugang erfolgt, ist bestritten. Wird der Brief einer Person abgegeben, welche Briefe für den Adressaten entgegenzunehmen pflegt, so kommt es darauf an, wo dies geschieht: In den Räumen des Adressaten, z. B. bei Übergabe an den Pförtner des Vers, ist mit der Übergabe der Zugang erfolgt (RG 15. I. 1943 RGZ Bd 170 S. 287—288: Abgabe in einer Postannahmestelle), desgleichen bei Abgabe eines Briefes an eine nahe Verwandte des Vmers, mag dieser auch nach dem Postrecht ein Einschreibebrief nicht ausgehändigt werden dürfen (OLG Frankfurt 18. XII. 1950 VersR 1951 S. 99). Außerhalb dieser Räume übergebene Briefe gehen erst zu, wenn sie in die Räume des Adressaten gebracht sind. Ist also bei einem Vsagenten die passive Vertretungsmacht ausgeschlossen, so kommt es darauf an, ob und wann der Brief dem Ver weitergeleitet wird.

Bei Hausgenossen des Adressaten, z. B. des Vmers, kann man oft zweifeln, ob sie als Übermittlungsboten des Absenders oder als Empfangsboten mitwirken sollen. Wird einem Hausgenossen aufgetragen, mündlich mit dem Adressaten die Erklärung auszurichten, so soll es nach RG 29. III. 1905 RGZ Bd 60 S. 336—337 darauf ankommen, ob die Mittelsperson die erforderliche geistige Fähigkeit besitzt, was bei erwachsenen Hausgenossen regelmäßig anzunehmen sei; solchenfalls sei der Zugang mit der Erklärung gegenüber dem Hausgenossen erfolgt (hiergegen von Tuhr II 1 S. 436—437, der in Ermangelung eines Auftrages des Adressaten an den Hausgenossen darauf abstellt, wann die Bestellung dem Adressaten ausgerichtet ist). Die gleiche Problematik tauchte auch auf in BGH 31. I. 1951 NJW 1951 S. 313 = VersR 1951 S. 115—116 mit kritischer Anm. Ebel, wo der Ehefrau des Vmers dadurch ein Antrag des Vers bekanntgegeben wurde, daß ein Vsschein zur Einlösung präsentiert wurde. Der BGH hat den Zugang des Antrages bereits für den Zeitpunkt der Vorlage des Vsscheins bei der Ehefrau angenommen. Über die Rechtslage, die sich ergibt, wenn bei einer Wissenserklärung der Vmer sich eines Übermittlungsboten bedient: Anm. 89 zu § 6.

Besagen übrigens AVB: „Willenserklärungen und Anzeigen des Vmers haben nur dann rechtliche Wirkung, wenn sie dem Ver (Vorstand des Vsunternehmens) oder der zuständigen Geschäftsstelle .... zugegangen sind“ (so § 6 I a GrundBed), so soll das nur die Vertretungsmacht der übrigen Stellen des Außendienstes ausschließen, bedeutet aber nicht, daß am Sitz des Vers der Zugang nicht auch durch Einwurf in den Briefkasten oder Übergabe an den Pförtner erreicht werden kann.

[6] **4. Hindernisse.**

Wer mit dem Zugang von Willens- und Wissenserklärungen (wie ein Ver) dauernd rechnen muß, hat Vorsorge zu treffen, daß Briefe ihn erreichen. Unterläßt er das, z. B. bei einer Adressenänderung, Reise, Krankheit, so kann er sich auf die selbstverschuldete Verspätung nicht berufen (dazu RG 9. V. 1919 RGZ Bd 95 S. 317—318, 5. I. 1925 RGZ Bd 110 S. 34—37). Jedoch muß der Absender alles tun, was in seiner Macht steht, um dem Adressaten die Erklärung unmittelbar nach Beendigung des Hindernisses zugehen zu lassen (KG 2. III. 1938 JRPV 1938 S. 172). Diese Grundsätze wendet auf eine telegraphische Postanweisung an: OLG Karlsruhe 4. III. 1914 VA 1914 Anh. S. 73—74 Nr. 827, sie werden nicht angewendet bei vergeblichem Zahlungsversuch wegen frühem Geschäftsschluß des Vers von OLG Köln 31. I. 1933 VA 1933 S. 83—84 Nr. 2527. Über die Folgen der Nichtanbringung eines Briefkastens AG Saarbrücken 11. X. 1950 VersR 1951 S. 11—12.

[7] **5. Beweis.**

Der Beweis, daß eine Erklärung überhaupt zugegangen sei, kann prima facie dadurch geführt werden, daß die Absendung der Erklärung bewiesen wird (noch weitergehend OLG Nürnberg 12. IV. 1937 JRPV 1938 S. 141, a. A. OLG Königsberg 11. XII. 1931 VA 1932 S. 12 Nr. 2374 = JRPV 1932 S. 187—188). Bei einem Einschreibebrief reicht die Vorlage des Einlieferungsscheines aus. Für den Zeitpunkt des Zuganges kann nach den Regeln über den Beweis des ersten Anscheins auf die normale Beförderungsdauer abgestellt werden.

[8] **II. Wohnungsänderung.**

Schrifttum: Ehrenzweig S. 109, Hagen I S. 453—455, Schweighäuser Der Vmer 1951 S. 120—121.

[9] **1. Systematische Stellung.**

Oft stehen faktische Hindernisse einem Zugang entgegen, was in Deutschland besonders in der Kriegs- und Nachkriegszeit in Erscheinung getreten ist. Das allgemeine Recht kennt zwei Auswege: Zustellung durch Vermittlung eines Gerichtsvollziehers (§ 132 I BGB) und Zustellung nach den für die öffentliche Zustellung einer Ladung geltenden Vorschriften (§ 132 II BGB): Der Gerichtsvollzieher kann nach § 181 II ZPO evtl. eine Zustellung an den Hauswirt oder Vermieter vornehmen oder nach § 182 ZPO das Schriftstück bei dem Amtsgericht, der Postanstalt, dem Gemeindevorsteher oder dem Polizeivorsteher niederlegen. Hier kommt es also nicht zu einem Zugang i. S. des § 130 I 1 BGB. Noch weniger ist ein solcher bei der öffentlichen Zustellung gemäß § 132 II BGB, 204 ZPO gewährleistet.

Eine öffentliche Zustellung kommt u. a. in Betracht, wenn der Aufenthalt einer Person unbekannt ist. Die Anheftung an die Gerichtstafel erfolgt sodann am Orte des Amtsgerichtes, in dessen Bezirk der Erklärungsempfänger den letzten Wohnsitz oder Aufenthalt hatte. Liegt dieser Ort östlich der Oder-Neiße-Linie, so dürfte praktisch die öffentliche Zustellung unmöglich sein.

Neben die allgemeinen Fälle des Zugangsersatzes stellt § 10 für das Vsrecht einen weiteren Fall (vgl. auch § 107 a, ferner § 35 II SchiffsG). Das Problem der Ostversicherungen ist jedoch praktisch auf andere Weise gelöst, insbesondere durch die fingierte Kündigung des § 3 I 1 VVO.

[10] **2. Gesetzliche Obliegenheit.**

a) Wohnungsänderung.

§ 10 I 1, II erlegt dem Vmer die Verhaltensnorm auf, eine Änderung seiner Wohnung oder Verlegung seiner gewerblichen Niederlassung dem Ver mitzuteilen.

Läuft der Vsvertrag unter der Wohnungsanschrift, so ist die Änderung der Geschäftsadresse nicht anzuzeigen, und umgekehrt. Eine Aufhebung des Wohnsitzes im rechtstechnischen Sinn des § 7 III BGB ist nicht erforderlich. Keine Wohnungsänderung ist gegeben bei vorübergehender Abwesenheit (Reise, Krankheit), bei Tod (von Waldstein VersR 1953 S. 225) oder bei Straßenumbenennung.

[11] b) Mitteilung.

Die Mitteilung des Vmers von der Anschriftenänderung kann mündlich und schriftlich erfolgen, gemäß § 43 Ziff. 2 auch gegenüber einem Vermittlungsagenten. Schriftlichkeit kann vereinbart werden (Ehrenzweig S. 109 Anm. 3), wegen der Verletzung der Form vgl. aber Anm. 12. Es braucht sich nicht um eine gesonderte Mitteilung zu handeln, z. B. genügen Hinweise auf einem Briefkopf, Briefumschlag oder Überweisungsabschnitt. Gehen die Schriftstücke — wie Briefumschläge, Überweisungsabschnitte — normalerweise nicht zu den Korrespondenzakten des Vers, so muß auf die Anschriftenänderung besonders aufmerksam gemacht sein. Anders bei Briefköpfen: Der Ver darf sich nicht auf die auf dem Aktendeckel verzeichnete Anschrift verlassen, sondern muß diese stets an Hand des letzten Briefeinganges kontrollieren (a. A. Prölss Anm. 3 zu § 10, S. 68). Die Mitteilung muß inhaltlich nicht nur den Wegzug, sondern auch die neue Anschrift angeben. Deshalb genügt nicht die Mitteilung des Vmers, er sei „zu den Fahnen einberufen" (a. A. KG 10. I. 1917 VA 1918 Anh. S. 8—9 Nr. 1019).

[12] c) Verschulden, Kenntnis.

Ein Verschulden des Vmers wird in § 10 I 1 nicht vorausgesetzt, es kommt nur auf die objektive Tatsache der Anzeige oder Nichtanzeige an (Anm. 25 zu § 6). Deshalb kommt auch die Frage eines Einstehens für Dritte nicht zum Zuge (Anm. 56 zu § 6). Es kommt dem Vmer jedoch zugute, wenn irgendein Dritter die Anzeige vornimmt (Anm. 55 zu § 6; a. M. Prölß Anm. 3 zu § 10, S. 68). Überhaupt kann sich der Ver auf die Nichtanzeige oder eine Formverletzung nicht berufen, wenn er auf andere Weise von der Anschriftenänderung Kenntnis erlangt hat (Anm. 24 zu § 6, Schweighäuser Der Vmer 1951 S. 120). Die Kenntnis des Vermittlungsagenten steht jener des Vers regelmäßig nicht gleich (§ 44), wohl aber jene des Abschlußagenten; außerdem ist zu beachten, daß die Mitteilung von der Wohnungsänderung auch dem Vermittlungsagenten gemacht werden kann (Anm. 11). Keine Kenntnis vermittelt die Angabe eines Dritten, der Vmer halte sich in Linz auf (RG 1. II. 1935 Praxis 1935 S. 50). Kennenmüssen kann ausnahmsweise der Kenntnis des Vers dann gleichgestellt werden, wenn der Ver, auf die Adressenänderung aufmerksam geworden, ohne Schwierigkeit die neue Anschrift feststellen kann, z. B. durch Nachsehen im Fernsprechbuch seines Sitzes. Eine Auskunft des Einwohnermeldeamtes braucht der Ver nicht einzuholen (a. A. KG 2. III. 1938 JRPV 1938 S. 172).

[13] d) Rechtsnatur.

Die Mitteilung der Anschriftenänderung ist eine gesetzliche Obliegenheit des Vmers (Schmidt S. 251), die für alle Vszweige Bedeutung hat und deren Verletzungsfolgen in § 10 I geregelt sind.

[14] 3. Gesetzliche Verletzungsfolgen.

Ist schuldhaft oder schuldlos die Anschriftenänderung nicht mitgeteilt, so greift keine Verwirkungsfolge zu Lasten des Vmers Platz (woraus sich ergibt, daß die spezielle Voraussetzungstheorie unrichtig ist: Anm. 10 zu § 6). Die mildere Verletzungsfolge liegt vielmehr darin, daß eine empfangsbedürftige Willenserklärung gegenüber dem Vmer zu einem bestimmten Zeitpunkt wirksam wird, sofern ein eingeschriebener Brief nach der letzten dem Ver bekannten Anschrift abgesandt wird.

[15] a) Willenserklärungen des Versicherers.

Vorauszusetzen ist also eine empfangsbedürftige Willenserklärung des Vers gegenüber dem Vmer, z. B. Rücktritt, Kündigung, Anfechtung. Einer Erklärung des Vers steht eine solche seines Vertreters, z. B. eines Abschlußagenten (§ 45) gleich, sofern sie im Namen des Vers abgegeben wird. In Betracht kommen nur Erklärungen gegenüber dem Vmer, dem § 107a, § 25 II SchiffsG gewisse Realgläubiger gleichstellt. Der Erwerber der vten Sache (§ 69 I) und der Eintrittsberechtigte in der Lebensv (§ 177) treten — ebenso wie Gesamtrechtsnachfolger — in der Vmerrolle ein, auch für Erklärungen ihnen gegenüber gilt also § 10 (noch weitergehend Bruck 7. Aufl. S. 55, dagegen Ehrenzweig S. 109). Für Erklärungen des Vmers gegenüber dem Ver gilt § 10 nicht. Den Willenserklärungen des Vers gleichzustellen sind Wissenserklärungen und gewisse andere Rechtshandlungen, die auch sonst nach Analogie der Willenserklärungen behandelt werden, z. B. eine Mahnung (Prölss Anm. 2 zu § 10, S. 68) oder eine Leistungsablehnung nach § 12 III 2.

[16] b) Erklärungen nach Vertragsschluß.

In Betracht kommen nur Willenserklärungen usw. nach Vertragsabschluß, der Empfänger muß bereits Vmer sein (a. M. Worms ZVersWiss 1909 S. 532). Die Annahme eines Antrages kann also nicht gemäß § 10 erfolgen. Erforderlich ist auch, daß sich die Erklärung im Rahmen des abgeschlossenen Vsvertrages hält: Wird z. B. eine Vertragsänderungsofferte (Angebot einer Prämienerhöhung oder Bedingungsänderung) an den Vmer gesandt, so gilt diese nicht als angenommen, auch dann nicht, wenn in dem Schreiben betont wird, eine Nichtbeantwortung solle als Annahme gewertet werden.

[17] c) Ausscheidung von Leistungserbringungen.

Einer Willenserklärung ist nicht gleichzustellen die Erbringung von Leistungen, z. B. die Aushändigung des Vsscheines oder die Zahlung von Vsleistungen (etwa durch Geldbrief). Hier hilft dem Ver evtl. Hinterlegung (§ 372 BGB).

[18] d) Absendung eingeschriebenen Briefes.

Die Willenserklärung usw. muß an die letzte dem Ver bekannte Adresse, die nicht notwendig vom Vmer bekanntgegeben zu sein braucht (Ehrenzweig S. 109), abgesandt werden, und zwar mit eingeschriebenem Brief selbst dann, wenn die Erklärung regelmäßig formfrei ist, also auch mündlich erfolgen kann. Der eingeschriebene Brief muß an die letzte bekannte Adresse gehen, durfte also bei einem Eingezogenen nur an die Feldpostadresse gehen, wenn dem Ver die Feldpostanschrift bekanntgeworden war (LG Göttingen 22. I. 1953 VersR 1953 S. 111, einzuschränken für Postsendungen nach Kriegsende). Die Mehrkosten des eingeschriebenen Briefes gehen zu Lasten des Vmers. Wird die Form des eingeschriebenen Briefes nicht gewahrt, so kann sich der Ver auf den fiktiven Zugang (§ 10 I 2) nicht berufen.

Während es sonst bei Briefen auf den Zugang ankommt (Anm. 3), entscheidet hier die Absendung. Ob der eingeschriebene Brief an den Ver zurückgelangt, ist unerheblich, desgleichen, ob er den Vmer — vielleicht auf Umwegen — erreicht (dazu Schweighäuser Der Vmer 1951 S. 121). Für Beweiszwecke genügt die Vorlage des abgestempelten Einlieferungsscheines.

[19] e) Fiktion des Zuganges.

An die Stelle des Zugangszeitpunktes tritt jedoch nicht der Absendungszeitpunkt, sondern gemäß § 10 I 2 der Zeitpunkt, in welchem die Erklärung ohne die Anschriftenänderung bei regelmäßiger Beförderung dem Vmer zugegangen sein würde. Bei Beförderung in die Ostzone kommt es nicht auf die früheren, sondern auf die jetzigen Beförderungsverhältnisse an. Es verstößt niemals gegen Treu und Glauben, wenn sich der Ver auf § 10 beruft, jedoch darf § 10 vom Ver nicht mißbraucht werden (dazu OLG Celle 9. VIII. 1935 HansRGZ 1936 A Sp. 375—379).

[20] f) Beschränkung der Wirkungen.

Weitere als die in § 10 bezeichneten Wirkungen treten nicht ein. Ist eine Mahnung abgesandt, so bewirkt der fingierte Zugang nicht ohne weiteres, daß der Vmer sich nach Ablauf der Zahlungsfrist in Verzug befindet. Dieser setzt vielmehr Verschulden des Vmers voraus, an dem es mangels tatsächlich erfolgter Mahnung fehlen kann. Verlangt der Ver eine Auskunft, so liegt in der Nichtbeantwortung des (nicht erhaltenen) Schreibens noch kein Verschulden (OLG Celle 9. VIII. 1935 HansRGZ 1936 A Sp. 376).

[21] 4. Dispositiver Charakter.

§ 10 ist gemäß § 15a nicht relativ zwingend. Die Obliegenheit kann also verschärft werden, theoretisch könnten z. B. Verwirkungsfolgen an die Verletzung geknüpft werden, wogegen jedoch aufsichtsbehördliche Bedenken zu erheben wären und wobei § 6 I zu beachten wäre (a. A. Schmidt S. 251—252).

Stark ausgeweitet ist § 10 z. B. in § 14 I, II ALB. Danach kommt es nicht auf das Vorliegen einer Anschriftenänderung an (Bruck-Dörstling Anm. 5 zu § 14, S. 215), sondern auch bei vorübergehender Abwesenheit oder Straßenumbenennung greift die Fiktion des § 14 I ALB Platz, übrigens mit der Modifikation, daß darauf abgestellt wird, wann der Vmer im Falle seiner Anwesenheit „hätte Kenntnis nehmen können" (statt der Zugangs-, gilt also hier die Vernehmungstheorie). — § 14 II ALB greift sogar dann Platz, wenn die Anschriftenänderung dem Ver bekannt ist: Nimmt der Vmer seinen Aufenthalt außerhalb des geschäftsplanmäßigen Geschäftsgebietes, z. B. im Ausland oder in der Ostzone, so kann der Ver doch noch die letzte Anschrift innerhalb des Geschäftsgebietes solange benutzen, bis ein Zustellungsbevollmächtigter innerhalb des Geschäftsgebietes bekannt ist.

§ 11

(1) Geldleistungen des Versicherers sind mit Beendigung der zur Feststellung des Versicherungsfalls und des Umfangs der Leistung des Versicherers nötigen Erhebungen fällig.

(2) Sind diese Erhebungen bis zum Ablaufe eines Monats seit der Anzeige des Versicherungsfalls nicht beendet, so kann der Versicherungsnehmer in Anrechnung auf die Gesamtforderung Abschlagszahlungen in Höhe des Betrages verlangen, den der Versicherer nach Lage der Sache mindestens zu zahlen hat.

(3) Der Lauf der Frist ist gehemmt, solange die Beendigung der Erhebungen infolge eines Verschuldens des Versicherungsnehmers gehindert ist.

(4) Eine Vereinbarung, durch welche der Versicherer von der Verpflichtung, Verzugszinsen zu zahlen, befreit wird, ist unwirksam.

Schuldnerverzug des Versicherers.

Gliederung:

[1] **Entstehung:** § 11 a. F. enthielt nur den negativen Rechtssatz, daß sich der Ver auf eine Vereinbarung nicht berufen könnte, nach der seine Leistung erst mit der Feststellung des Anspruches durch Anerkenntnis, Vergleich oder rechtskräftiges Urteil fällig werden sollte. Demgegenüber sagt § 11 I n. F. positiv, wann Geldleistungen des Vers fällig sind. Außerdem wird für den Vmer ein Recht auf Abschlagszahlungen in § 11 II, III geschaffen, und in § 11 IV wird der Ausschluß von Verzugszinsen für unwirksam erklärt. Die Änderung beruht auf der VO vom 19. XII. 1939. — Begr. III S. 5—6.

[2] **Schrifttum:** Ehrenzweig S. 165—170, von Gierke II S. 202—203, Heller, Die Fälligkeit des Vsanspruchs, Berner Diss., 1945, Metzing, Der Leistungsverzug des Vers, ungedruckte Hamburger Diss. 1951; zu § 11 a. F.: Bruck S. 454—458, Hagen I S. 611—613.

[3] **I. Anwendungsbereich.**

§ 11 betrifft nur Leistungen des Vers, gleichgültig, ob der Vmer oder eine andere Person anspruchsberechtigt ist; die Fälligkeit der Prämienzahlung des Vmers ist in § 35[1] behandelt. — Nur für Geldleistungen des Vers kommt § 11 in Betracht. Die Gefahrtragung des Vers wird mit dem materiellen Vsbeginn fällig. Für die Naturalersatzleistung des Haftpflichtvers nach Eintritt des Vsfalles regelt § 154 I die Fälligkeit, soweit die Befreiungsleistung in Betracht kommt; die Rechtsschutzleistung wird — ebenso wie andere Naturalersatzleistungen (z. B. in der Glas- oder Fahrradv) — nicht sofort fällig (wie Prölss Anm. 1 zu § 11, S. 69 meint), sondern den Umständen nach (§ 271 I BGB) erst nach einer angemessenen Überlegungsfrist zur Nachprüfung der Leistungspflicht (so generell für das frühere Recht RG 16. X. 1925 JW 1926 S. 245—246 = VA 1925 S. 91 Nr. 1455, OLG Celle 19. XI. 1935 HansRGZ 1936 A Sp. 379—380). Keine Geldleistung ist auch die Aushändigung des Vsscheins, Ernennung eines Sachverständigen. — Nur diejenigen Geldleistungen des Vers kommen für § 11 in Betracht, die nach Eintritt des Vsfalles aus der Gefahrtragung des Vers geschuldet werden (Anm. 40—45 zu § 1, Anm. 39 zu § 3). Für Aufwendungen (§ 63) und Kostenerstattung (§ 66) gilt § 271 I BGB. § 11 gilt auch nicht für Überschüsse beim Gegenseitigkeitsverein, Prämienrückgewährungen, Prämienrückvergütungen, Vtendividenden (dazu Anm. 40—43 zu § 3).

[4] Die Fälligkeit einer Leistung ist von dem Zeitpunkt der Anspruchsentstehung zu unterscheiden. Die Gefahrtragung des Vers wird begründet durch den Abschluß des Vsvertrages. Die Gefahrtragung beginnt mit dem materiellen Vsbeginn. Mit dem Vsfall konkretisiert sich die Gefahrtragungsleistung zur Geldleistung. Da der Vsfall sich als gedehnter Vsfall auf eine längere Zeit erstrecken kann (Anm. 49 zu § 1), fragt es sich, ob der Geldleistungsanspruch — wenn man ihn gesondert betrachten will — schon mit dem Beginn oder erst mit dem Ende des Vsfalles entsteht. Die Fälligkeit setzt ihrerseits die Entstehung voraus. Da es z. B. bei einer langwierigen Krankheit billig erscheint,

dem Vmer bereits vor deren Ende ein Recht auf Abschlagszahlungen zu gewähren, wird man annehmen müssen, daß der Geldanspruch des Vmers bereits mit dem Beginn des Vsfalles entsteht (dazu vgl. § 5 I a 1, II c GrundBed).

[5] **II. Fälligkeit.**

1. Regelung im Gesetz.

a) Stellung im System.

§ 11 I bringt eine Ergänzung zu § 271 I BGB, umreißt nämlich die Umstände, denen die Fälligkeit zu entnehmen ist.

Da § 11 I auf die Beendigung der nötigen Erhebungen abstellt, tritt die Fälligkeit nach dem Wortlaut nicht ein, falls der Ver die nötigen Erhebungen nicht einleitet oder sonstwie nicht beendet. Man könnte sich hiermit abfinden in der Erwägung, daß § 11 II dem Vmer solchenfalls ein Recht auf Abschlagszahlungen gibt. Eine andere Lösung besteht darin, dem Vmer den Einwand der Arglist zuzubilligen, falls die Erhebungen infolge Verschuldens des Vers noch nicht beendet sind: Der Ver könnte sich dann auf die mangelnde Fälligkeit nicht berufen (so Metzing a. a. O. S. 17—18). Den Vorzug dürfte die dritte mögliche Ansicht verdienen, wonach die Fälligkeit eintritt, sobald die Nichtbeendigung der nötigen Erhebungen auf Verschulden des Vers beruht. — Zur Fälligkeit im Falle, daß der Ver die Geldleistung verweigert und auch vorsorgliche Schadensermittlungen ablehnt, Anm. 9.

[6] **b) Beendigung von Erhebungen.**

Erhebungen sind Prüfungsmaßnahmen, und zwar nicht nur bezüglich Tatsachen, sondern auch zu Rechtsfragen. Bei einer Mitv gehört auch das Zusammenwirken im Innenverhältnis hierher; nicht umfaßt ist dagegen das Verhältnis zum Rückver (Begr. III S. 6).

Tatsächlich und rechtlich müssen der Vsfall und der Umfang der Geldleistung des Vers festgestellt werden. Erhebungen darüber, ob während der Vsdauer die vte Gefahr (nicht etwa eine ausgeschlossene) sich verwirklicht hat und ob sie in der Interessev das vte Interesse beeinträchtigt und einen vten Schaden verursacht hat, gehören zur Feststellung des Vsfalles. In erweiterter Auslegung gehört hierher aber auch die Prüfung, ob der Anspruchserhebende berechtigt und legitimiert ist (§ 76 II, III; § 17 II a AFB) und ob eine Verwirkungsfolge eingetreten ist, z. B. wegen Obliegenheitsverletzung oder arglistiger Täuschung durch den Vmer. Die Feststellung des Umfangs der Leistung des Vers betrifft besonders die Höhe des ersatzpflichtigen Schadens.

[7] Die Erhebungen sind solche des Vers. Sie können von ihm selbst, z. B. durch Besichtigung eingeleitet werden, setzen aber meistens eine Mitwirkung des Vmers (vgl. § 11 III) oder sonstigen Anspruchsberechtigten durch Anzeige des Vsfalles (§ 33 I) und Erfüllung der Auskunfts- und Belegpflicht (§ 34) voraus. In der Krankenv muß der Vmer Originalrechnungen einreichen (§§ 4 V, 5 II c GrundBed). Ein besonderes Verfahren für die Erhebungen kommt als Sachverständigenverfahren (§§ 64, 184) in Betracht. Hier tritt Fälligkeit ein, sobald die Sachverständigen die Erhebungen beendigt haben. Weicht ihre Feststellung von der wirklichen Sachlage offenbar erheblich ab, so wird die Feststellung durch Urteil getroffen (§§ 64 I 1, 2, 184 I 1, 2), Gleiches gilt, wenn die Sachverständigen die Feststellung nicht treffen können oder wollen oder sie verzögern (§§ 64 I 2, 184 I 3). In diesem Falle kann „die Fälligkeit" des „Schadensbetrags erst mit dem Zeitpunkt angenommen werden, wo seine urteilsmäßige Feststellung tatsächlich erfolgt ist" (OLG Naumburg 5. XII. 1924 VA 1924 S. 98 Nr. 1317). Im übrigen tritt im Falle eines Prozesses die Fälligkeit nicht erst dann ein, wenn die Entschädigungspflicht durch Urteil festgestellt ist (OGH 27. IV. 1950 VA 1953 S. 52 = VersR 1950 S. 101). Auch die Beweiserhebung kann nach § 11 I die Fälligkeit nur hinausschieben, wenn die Beweise nicht bereits außergerichtlich erbracht sind, was bei einem Eid der Parteien nicht zutreffen kann; entscheidend ist hier das Ende der Beweisaufnahme, nicht jenes des Rechtsstreites (Metzing a. a. O. S. 11—13). Zu den Erhebungen gehört auch die Ermittlung des Ergebnisses eines präjudiziellen Strafver-

fahrens (Polizei, Staatsanwaltschaft, Strafgericht; vgl. § 17 IIb AFB). Dabei kann es nicht nur um die Herbeiführung des Vsfalles, sondern z. B. auch um einen Betrug durch arglistige Täuschung bei der Schadensermittlung gehen (Metzing a. a. O. S. 15--16). Wird ein solches Verfahren zunächst eingestellt, so sind insoweit die Erhebungen beendet; die Fälligkeit kann eintreten und wird durch eine erneute Verfahrensaufnahme nicht wieder beseitigt (RG 12. XII. 1933 VA 1933 S. 432—433 Nr. 2650 = JRPV 1934 S. 22, a. A. RG 18. I. 1941 DR 1941 S. 951—952, wonach der Ver die Beendigung eines Wiederaufnahmeverfahrens abwarten darf).

Zu den Erhebungen gehören also insbesondere die außergerichtlichen und gerichtlichen Beweiserhebungen. Die Fälligkeit tritt nicht ein, bevor der Vmer die ihm obliegenden Beweise geführt hat, wobei u. U. ein Beweis des ersten Anscheins ausreicht. Darauf, ob den Vmer ein Verschulden trifft, kommt es hier nicht an (LG Hamburg 20. II. 1951 VersR 1951 S. 172, Ehrenzweig S. 158). Soweit der Ver beweispflichtig ist, muß er ohne schuldhaftes Zögern die Beweise führen, sonst tritt die Fälligkeit ein (Anm. 5).

[8] **c) Notwendigkeit der Erhebungen.**

Unnötige Erhebungen können nach § 11 I die Fälligkeit nicht hinausschieben. Welche Erhebungen erforderlich sind, ist in gerechter Abwägung der Belange der Gefahrengemeinschaft (Schutz vor unberechtigten Ansprüchen) und jener des Anspruchsberechtigten (Interesse an schneller Liquidation) zu beurteilen. Zur Interessenlage: OLG Hamm 20. XII. 1928 VA 1929 S. 41 Nr. 1954 = JRPV 1929 S. 146. Entscheidend ist die Übung „durchschnittlich sorgfältiger Ver dieses Zweiges“ (Prölss Anm. 3 zu § 11, S. 71), der ordnungsmäßige Geschäftsgang einer größeren Gesellschaft (OLG Hamburg 2. VII. 1923 VA 1923 Anh. S. 21 Nr. 1302g).

[9] Erhebungen erscheinen dem Ver unnötig, sofern er die Geldleistung endgültig verweigert und auch eine vorsorgliche Schadensermittlung ablehnt. Stellt sich die Verweigerung als unrechtmäßig heraus, so ist doch mit ihr die Fälligkeit sofort eingetreten (Ehrenzweig S. 166, RG 13. V. 1938 RGZ Bd 158 S. 116—117, auch RG 20. VI. 1933 JW 1933 S. 2129—2130, KG 25. I. 1936 JRPV 1936 S. 171, 6. VI. 1936 JRPV 1936 S. 378, OLG Düsseldorf 14. VI. 1937 JRPV 1938 S. 159, OLG Karlsruhe 17. VII. 1935 HansRGZ 1936 A Sp. 62—63, OLG Kiel 21. IX. 1936 JRPV 1937 S. 126). Zweifelhaft ist die Rechtslage, falls der Ver die Durchführung eines Sachverständigenverfahrens mit der Begründung abgelehnt hat, er sei dem Grunde nach nicht leistungspflichtig. Hier nehmen den Fortfall des Sachverständigenverfahrens (und damit den Eintritt der Fälligkeit) mit Recht an: RG 15. V. 1925 JRPV 1925 S. 175, KG 21. I. 1925 JRPV 1925 S. 90—91, 20. IV. 1932 JRPV 1932 S. 198, 10. III. 1937 JRPV 1937 S. 183, 6. XII. 1939 JRPV 1940 S. 22, OLG Stettin 29. X. 1928 VA 1929 S. 12 Nr. 1925 (dagegen Metzing a. a. O. S. 31—35). Zum Sachverständigenverfahren auch Anm. 7.

[10] **2. Abweichung durch Parteiabrede.**

§ 11 I ist nicht zwingend (vgl. § 15a, allerdings auch Anm. 27). Demzufolge kann der Zeitpunkt der Leistung des Vers durch Parteiabrede verschoben werden. Solche Vereinbarung kann generell im Vorwege erfolgen (dazu Anm. 11) und wird solchenfalls vielfach in den AVB enthalten sein, sie ist aber auch nachträglich mit Bezug auf einen konkreten Fall möglich (dazu Anm. 12). — Über fälligkeitsverschiebende Moratorien Anm. 41—43.

[11] **a) Vorweggenommene Fälligkeitsvereinbarung.**

Abweichend von § 11 I lassen §§ 17 I 1 AFB, AEB, 16 I 1 AHausratB — ähnlich § 14 I 1 AUnfallB — die Entschädigung zwei Wochen nach ihrer vollständigen Feststellung fällig werden (dazu einschränkend OGH 27. IV. 1950 VA 1953 S. 52 = VersR 1950 S. 101). Am schärfsten ist die Regelung in § 26 AVB für den Gütertransport zu Lande (vgl. auch § 11 I 1, 2 ADB), wonach die Entschädigung einen Monat nach Anerkenntnis oder Entscheidungsrechtskraft gezahlt werden muß (dazu einschränkend bei schuldhafter Hinauszögerung des Anerkenntnisses KG 22. I. 1927 JRPV 1927 S. 96, vgl. auch KG 16. V. 1923 VA 1923 Anh. S. 20 Nr. 1302e, 6. VI. 1925 JRPV 1925 S. 255, 7. I. 1928 VA 1928 S. 261 Nr. 1914 = JRPV 1928 S. 61—62).

Besonderheiten gelten auch im übrigen in der Feuerv. § 97 sieht eine Vereinbarung vor, wonach die Entschädigungssumme nur zur Wiederherstellung des vten Gebäudes zu zahlen ist. Hier soll die Fälligkeit erst eintreten, wenn die bestimmungsmäßige Verwendung des Geldes gesichert ist. Solche einfache Wiederaufbauklausel bringt bei Vorhandensein von Realgläubigern § 17 III AFB. Zu den übrigen Fälligkeitsvoraussetzungen muß danach entweder hinzutreten, daß die Verwendung gesichert ist oder die Realgläubiger schriftlich der vorbehaltlosen Zahlung zustimmen oder selbst zur Empfangnahme berechtigt sind. Weitergehend sind strenge Wiederaufbauklauseln, die eine Obliegenheit des Vers, wieder aufzubauen, begründen (Ziff. D 19/5. 04 Feuerklauseln). Hier wird hinsichtlich des dritten Drittels der Entschädigung die Fälligkeit verschoben (Näheres Metzing a. a. O. S. 35—40).

Keine Fälligkeitsvereinbarung liegt vor, wenn der Ver „Kosten der Neuherstellung" oder den „Wiederbeschaffungspreis" oder die „erforderlichen Kosten der Wiederherstellung" zu ersetzen hat (§§ 3 II b, c AFB, 13 II 1 AKB). Hier handelt es sich nur um die Berechnung des Ersatzwertes, die auch abstrakt erfolgen kann (RG 27. IV. 1928 JW 1928 S. 1744).

[12] b) Nachträgliche Fälligkeitsverschiebung.

Wird nicht generell im Vorwege, sondern mit Bezug auf einen konkreten Fall die Fälligkeit verschoben, so spricht man in der Praxis durchweg von Stundung (hierzu Möller in: Probleme der Währungsreform, Berlin-Frankfurt 1949, S. 134; über das pactum de non petendo, das ebenfalls als Stundung angesehen wird, Anm. 17). Solche Stundung kann auch erfolgen, nachdem die Fälligkeit bereits eingetreten ist: In diesem Falle wird sie aufgehoben und tritt erst mit dem vereinbarten Zeitpunkt ein.

[13] 3. Folgen der Fälligkeit.

Mit der Fälligkeit tritt der Zeitpunkt ein, von dem an der Ver die Entschädigung oder Vssumme leisten soll, der Vmer sie fordern darf. Der Vmer kann jetzt auf sofortige Leistung klagen, vorher war insoweit eine Leistungsklage nur als Klage auf künftige Leistung unter den Voraussetzungen des § 259 ZPO möglich. Sind Ver und Vmer Kaufleute und ist der Vsvertrag auch für den Vmer ein Handelsgeschäft (dazu Anm. 47 zu § 1), so werden von der Fälligkeit an Zinsen in Höhe von 5% geschuldet (§§ 353[1], 352 II HGB). Ferner ist Fälligkeit Voraussetzung für eine Prozeßzinsschuld (§ 291[1] BGB). Auch setzt der Schuldnerverzug die Fälligkeit der Leistung voraus (§ 284 I 1 BGB).

[14] III. Schuldnerverzug.

Der Eintritt der Fälligkeit ist die erste Voraussetzung des Schuldnerverzuges des Vers; hinzu treten die Erfordernisse der Mahnung (§ 284 I 1 BGB) und des Vertretenmüssens (§ 285 BGB). Über Verzug mit der Gefahrtragung im ganzen: Anm. 24 zu § 8.

[15] 1. Mahnung.

Der Schuldnerverzug setzt außer der Fälligkeit regelmäßig die Mahnung voraus, durch welche die Schuld „vollfällig" wird. Die Mahnung muß inhaltlich irgendwie das bestimmte und unbedingte Verlangen auf alsbaldige Erbringung der fälligen Leistung zum Ausdruck bringen. Eine Zuvielforderung macht die Mahnung nicht unwirksam, es sei denn, daß der Vmer zu erkennen gibt, er lehne die Annahme eines geringeren Betrages ab.

Eine Mahnung ist nicht erforderlich, wenn der Ver die Leistung bestimmt und endgültig verweigert (KG 30. X. 1935 JRPV 1936 S. 44, OLG Kiel 12. XI. 1937 JRPV 1937 S. 373, OLG Oldenburg 18. VII. 1951 VersR 1951 S. 274, Prölss Anm. 6 zu § 11, S. 72), ferner nicht, wenn der Ver angekündigt hat, er werde die Leistung nunmehr alsbald oder bis zu einem bestimmten Zeitpunkt erbringen, oderwenn er gar fälschlich mitgeteilt hat, die Leistung sei abgesandt (Selbstmahnung).

[16] Nach § 284 II 1 BGB kommt ferner der Ver ohne Mahnung in Verzug, wenn die Leistungszeit nach dem Kalender bestimmt ist, was hinsichtlich des Erlebensfalles in der Lebensv zutreffen könnte. Hier entfällt nach § 171 I 1 die Obliegenheit, den Eintritt des Vsfalles anzuzeigen. Dennoch muß der Ver gewisse Erhebungen anstellen, nämlich prüfen, wer berechtigt und legitimiert ist, bei der reinen Erlebensfallv auch untersuchen, ob der Vmer noch lebt. Die Fälligkeit kann also nur bei der gemischten V und nur dann eintreten, wenn der Anspruchserhebende seine Unterlagen bereits vorher dem Ver übermittelt hat. Solchenfalls erübrigt sich dann auch eine Mahnung (Metzing a. a. O. S. 55—58). In allen anderen Fällen ist eine Mahnung vonnöten, auch dann, wenn nach den AVB innerhalb einer bestimmten Frist nach vollständiger Feststellung die Leistung fällig wird (Anm. 11). Denn hier ist für die Leistung keine Zeit nach dem Kalender bestimmt (a. A. LG Berlin 10. VII. 1941 JRPV 1942 S. 59).

[17] 2. Vertretenmüssen.

Trotz Fälligkeit und Mahnung kommt der Ver nach § 285 BGB nicht in Verzug, solange er die Leistungsverzögerung nicht zu vertreten hat; insoweit trifft ihn im Prozeß die Behauptungs- und Beweislast. Nach Zugang der Mahnung muß der Ver die Geldleistung sofort erbringen, ihm bleibt also nur eine ganz kurze Frist bis zur Leistungshandlung. Einen Mangel an Geldmitteln hat nach § 279 BGB der Ver stets zu vertreten. Er kann sich nicht darauf berufen, daß sein Rückver ihm nicht rechtzeitig die Mittel zur Verfügung gestellt habe (vgl. Begr. III S. 6). Neben § 279 BGB gelten §§ 276 I 1, 278[1] BGB, also das Verschuldensprinzip (vertragliche Einschränkung durch die Verzugsklausel auf Absicht und grobe Fahrlässigkeit: BGH 11. XII. 1951 VersR 1952 S. 118, vgl. aber Anm. 27). Der Ver muß sich exkulpieren, was ihm zunächst gelingt, wenn 1945 eine Banküberweisung stecken bleibt (LG Berlin 5. VI. 1950 VersR 1950 S. 177). Ist dem Ver die Leistung derart gestundet worden, daß er berechtigt ist, die Leistung zu verweigern (pactum de non petendo), so hat er die Verzögerung nicht zu vertreten; über die Fälligkeitsverschiebung als zweite der in der Praxis als Stundung angesprochenen Erscheinungen Anm. 12). — Bei einer Mitv mit Führungsklausel gehört zwar das Benehmen mit den Mitvern zu den nötigen Erhebungen (Anm. 6), es entschuldigt die Mitver, falls die Mahnung gegenüber dem Führenden wirksam erfolgt ist, jedoch nicht, wenn der Führende die Mahnung den Mitvern nicht rechtzeitig weitergeleitet hat (vgl. auch Metzing a. a. O. S. 62—64).

[18] a) Irrtum im Allgemeinen.

aa) Unterscheidungen.

Praktisch am wichtigsten sind die Fälle des Irrtums des Vers. Gerade beim Vsverhältnis können leicht Ungewißheiten wegen Grund und Höhe der Ansprüche des Vmers bestehen (OLG Celle 21. IV. 1936 VA 1936 S. 247 Nr. 5919 = JRPV 1936 S. 300). Zu unterscheiden sind Tatsachen- und Rechtsirrtum: Bei ersterem bezieht sich die irrige Vorstellung auf Tatsachen als Voraussetzungen einer Rechtsfolge, bei letzterem liegt der Irrtum in der rechtlichen Würdigung der Tatsachen. Zur Abgrenzung vgl. BGH 11. XII. 1951 VersR 1952 S. 118—119: Irrtum darüber, daß ein bestimmtes Verhalten als grobfahrlässig anzusehen ist, ist Rechtsirrtum (bedenklich, vgl. Anm. 32 zu § 6, Prölss VersR 1952 S. 119—120); OGH 27. IV. 1950 VA 1953 S. 53 = VersR 1950 S. 101: Irrtum über die Gefahrerheblichkeit eines Umstandes im Sinne von § 16 I 2 ist ebenfalls Rechtsirrtum, wenn der Ver in tatsächlicher Hinsicht aufgeklärt worden ist. — In beiden Fällen ist denkbar, daß den Ver kein Verschulden — nicht einmal Fahrlässigkeit — trifft. Hinsichtlich der Fahrlässigkeit kommt es darauf an, welche Sorgfalt im Verkehr mit ihren Vmern erfahrene Ver anzuwenden pflegen. Diese haben z. B. normalerweise Rechtsberater, denen die Grundsätze des Vsrechtes — auch in Schrifttum und Rechtsprechung — bekannt sind.

[19] bb) Rechtsprechung.

Hinsichtlich des Tatsachenirrtums hat auch die Rechtsprechung stets zugenommen, daß er ein Verschulden ausschließen könne (RG 29. X. 1927 RGZ Bd 118 S. 292).

Schwankend war dagegen die Judikatur hinsichtlich des Rechtsirrtums. Zunächst wurde er dem Tatsachenirrtum gleichgestellt (RG 7. V. 1910 RGZ Bd 73 S. 337), später aber wurde der Standpunkt vertreten, daß grundsätzlich der Schuldner die Folgen eines Rechtsirrtums zu vertreten habe (RG 12. IV. 1918 RGZ Bd 92 S. 379—380, 10. X. 1919 RGZ Bd 96 S. 316, 21. V. 1924 WarnRspr 16. Jahrg. S. 222 Nr. 176, 27. IX. 1927 RGZ Bd 118 S. 131—132, 19. V. 1930 HRR 1930 Nr. 1601, 22. IX. 1930 RGZ Bd 130 S. 28, 6. XI. 1930 HRR 1931 Nr. 404, 18. XI. 1930 JW 1931 S. 3196 = VA 1930 S. 233 Nr. 2192, 19. VI. 1931 VA 1931 S. 232 Nr. 2304 = JRPV 1931 S. 253, 23. VI. 1933 RGZ Bd 141 S. 275, 10. XI. 1933 RGZ Bd 143 S. 343, schon stark abschwächend). Schließlich jedoch ist dieser strenge Standpunkt wieder verlassen und — wie beim Tatsachenirrtum — die Ansicht entwickelt, der Rechtsirrtum sei nur zu vertreten, wenn er auf Fahrlässigkeit beruhe (RG 19. X. 1934 RGZ Bd 146 S. 144—145, 25. VI. 1935 RGZ Bd 148 S. 234, 12. XI. 1937 RGZ Bd 156 S. 120, 3. XII. 1938 JW 1939 S. 356). Der BGH hat diese Rechtsprechung weiterverfolgt (BGH 9. II. 1951 NJW 1951 S. 398 = MDR 1951 S. 218, 11. XII. 1951 VersR 1952 S. 118, Vorinstanz: OLG Hamburg 19. VII. 1951 VersR 1951 S. 294, vgl. auch OGH 27. VII. 1950 OGHZ Bd 4 S. 180).

[20] cc) Irrtum und Zweifel.

Vom Irrtum, der eine feste Überzeugung des Vers voraussetzt, ist der Zweifel über die tatsächliche oder rechtliche Lage zu unterscheiden. Jedoch erscheint es unangängig, Irrtum und Zweifel verschieden zu behandeln und bei letzterem Eventualvorsatz anzunehmen. Denn man kann einen sorgfältig abwägenden Schuldner, der sich weniger leicht überzeugen läßt, nicht schlechter behandeln als einen leichtfertigen (Metzing a. a. O. S. 69—71). Gleichstellend auch RG 18. XI. 1930 JW 1931 S. 3196 = VA 1930 S. 233 Nr. 2192.

[21] dd) Bedeutung der Gefahrengemeinschaft.

Bei Beurteilung der Frage, ob ein Irrtum (oder Zweifel) entschuldbar ist, muß berücksichtigt werden, daß der Ver nicht nur dem einzelnen Vmer gegenübersteht, sondern eine Gefahrengemeinschaft verwaltet (KG 12. X. 1929 JRPV 1930 S. 35, OLG Celle 21. IV. 1936 VA 1936 S. 247 Nr. 2919 = JRPV 1936 S. 300, auch OLG Kiel 22. IV. 1933 JRPV 1933 S. 287—288 = Praxis 1933 S. 64 für den Gegenseitigkeitsverein). Somit kommt ein Ver gleichsam schwerer in Verzug als ein anderer Schuldner (a. M. Schweighäuser VersPrax 1933 S. 144, vgl. auch OLG Hamm 20. XII. 1928 VA 1929 S. 41 Nr. 1954 = JRPV 1929 S. 146, abstellend auf den Vszweck). Sehr zurückhaltend in der Annahme von Verschulden Ehrenzweig S. 168 Anm. 12.

[22] b) Tatsachenirrtum im Besonderen.

Im Einzelnen kann ein Tatsachenirrtum (oder -zweifel) sich auf anspruchsbegründende Tatsachen (Verdacht fingierten Vsfalles) oder anspruchsaufhebende Tatsachen (Herbeiführung des Vsfalles, arglistige Täuschung bei der Schadensermittlung, Obliegenheitsverletzung) beziehen.

Die Grundlagen für den Irrtum (oder Zweifel) können verschiedenartig sein. Danach lassen sich die Fälle (mit Metzing a. a. O. S. 74—81, VVV 1951 S. 40—42) gruppieren, während Prölss Anm. 6 zu § 11, S. 72 meint, es lasse sich keine Richtschnur geben:

[23] aa) Versicherer stützt sich nur auf subjektive Erwägungen.

Handelt es sich um nur subjektive Erwägungen des Vers, die objektiv nicht ausreichend gestützt sind (z. B. Annahme der Brandstiftung, nur weil sich andere Brandursache nicht ermitteln läßt), so handelt der Ver fahrlässig (RG 18. XI. 1930 JW 1931 S. 3196 = VA 1930 S. 233 Nr. 2192). Der Ver muß sich bemühen, den zweifelhaften Sachverhalt mit den ihm zur Verfügung stehenden Mitteln aufzuklären, sonst handelt er fahrlässig (OGH 27. IV. 1950 VA 1953 S. 53 = VersR 1950 S. 101).

[24] bb) Versicherer stützt sich auf tatsächliche Gegebenheiten.

aaa) Mindestens gleiche Wahrscheinlichkeit spricht für Versicherer.

Stützt der Ver sich nicht nur auf subjektive Erwägungen, sondern auf Tatsachen, die pro und contra mindestens gleich wahrscheinlich machen oder die sogar wahrscheinlicher machen, daß der Anspruch des Vmers unbegründet ist, so gerät der Ver nicht in Verzug (Metzing a. a. O. S. 75—76 m. w. N., KG 23. IV. 1927 VA 1927 S. 274 Nr. 1771, OLG Celle 17. III. 1939 VA 1939 S. 278 Nr. 3141, OLG Königsberg 25. XI. 1930 JRPV 1931 S. 43, OLG Stuttgart 8. VI. 1923 VA 1923 Anh. S. 20 Nr. 1302f = LZ 1923 Sp. 466—467, LG Hamburg 9. II. 1950 VersR 1950 S. 65). Dabei kann sich der Ver auch auf nur mittelbar bedeutsame Tatsachen stützen, z. B. die Belastung des Vmers durch glaubwürdig erscheinende Zeugen oder einen Hinweis der Staatsanwaltschaft.

Das Ergebnis eines präjudiziellen Strafverfahrens darf der Ver abwarten, auch wenn es nicht gegen den Vmer schwebt (Prölss Anm. 6 zu § 11, S. 73, enger § 17 IIb AFB: „gegen den Vmer"). Dazu RG 19. VI. 1931 VA 1931 S. 232 Nr. 2304 = JRPV 1931 S. 253, KG 14. III. 1931 JRPV 1931 S. 195—196. Der Ver gerät nachträglich in Verzug, wenn sich die Unschuld des zunächst stark verdächtigen Vmers herausstellt, und der Ver nunmehr nicht zahlt (RG 19. VI. 1931 VA 1931 S. 232 Nr. 2304 = JRPV 1931 S. 253, KG 23. III. 1935 JRPV 1935 S. 285, OLG Kiel 6. IV. 1937 HansRGZ 1937 A Sp. 466). Wird im Strafverfahren der Vmer nur mangels Beweises freigesprochen, so braucht damit der Ver nicht in Verzug zu geraten. Dies gilt besonders dann, wenn im Zivilverfahren die Beweislage eine andere ist (Prölss Anm. 6 zu § 11, S. 73, OLG Kiel 22. IV. 1933 JRPV 1933 S. 287—288 = Praxis 1933 S. 64, 21. IX. 1936 JRPV 1937 S. 127). Vgl. auch RG 10. VI. 1940 JRPV 1940 S. 124 und Anm. 7. Wird im Zivilverfahren der Ver in erster Instanz verurteilt, so ergibt sich damit in aller Regel, daß die vorliegenden Tatsachen den Standpunkt des Vers nicht hinreichend stützen, der Ver gerät also in Verzug (KG 12. X. 1929 JRPV 1930 S. 36, vgl. aber auch OLG Hamm 20. XII. 1928 VA 1929 S. 41 Nr. 1954).

Bei der Würdigung aller Tatsachen ist deren Beweisbarkeit zu berücksichtigen: Soweit der Ver beweispflichtig ist, kann er sich zu seiner Entschuldigung nur auf Umstände berufen, die er beweisen kann, wobei auch an die Parteivernehmung (§ 445 ZPO) zu denken ist.

[25] bbb) Höhere Wahrscheinlichkeit spricht für Versicherungsnehmer.

Ist die Annahme des Vers, er brauche nicht zu leisten, nicht völlig abwegig und unfundiert, spricht aber die höhere Wahrscheinlichkeit für den Vmer, so wird man mit Metzing a. a. O. S. 80—81 wie folgt unterscheiden können: Bei Irrtum oder Zweifel über anspruchsbegründende Umstände, für deren Vorliegen der Vmer beweispflichtig ist, entfällt der Verzug bis zur — evtl. außergerichtlichen — Beweiserbringung (RG 19. X. 1928 Praxis 1928 S. 195, KG 9. V. 1923 VA 1923 Anh. S. 18 Nr. 1302d, 7. I. 1928 VA 1928 S. 261 Nr. 1914 = JRPV 1928 S. 62, OLG Kiel 21. IX. 1936 JRPV 1937 S. 127, anders allerdings RG 12. XI. 1937 RGZ Bd 156 S. 120—121). — Bezieht sich dagegen der Irrtum (oder Zweifel) des Vers auf anspruchsaufhebende Umstände, für deren Vorliegen der Ver beweispflichtig ist (z. B. Herbeiführung des Vsfalles), so liegt Fahrlässigkeit des Vers vor (RG 18. XI. 1930 JW 1931 S. 3196 = VA 1930 S. 233 Nr. 2192).

[26] c) Rechtsirrtum im Besonderen.

In den Fällen des Rechtsirrtums kommt es darauf an, inwieweit die Rechtsansicht, auf die sich der Ver stützt, objektiv beachtlich ist und ob er, von dieser Rechtsansicht ausgehend, „auch bei Wahrung der im Verkehr erforderlichen Sorgfalt mit seinem Unterliegen im Rechtsstreit nicht zu rechnen brauchte" (BGH 9. II. 1951 NJW 1951 S. 398 = MDR 1951 S. 218, ebenso BGH 11. XII. 1951 VersR 1952 S. 118). Kein Verzug liegt vor, wenn der Standpunkt des Vers der eindeutig überwiegenden höchstrichterlichen Rechtsprechung in gleichliegenden Fällen entspricht (OLG Celle 21. IV. 1936 VA 1936 S. 248 Nr. 2919 = JRPV 1936 S. 300). Ist in der Judikatur eine frühere Ansicht aufgegeben, so kommt es auf die jüngeren Entscheidungen an. Verzug wegen entgegenstehender höchstrichterlicher Rechtsprechung ist angenommen von RG 14. XI. 1922 RGZ Bd 105 S. 359, 3. XII. 1938 JW 1939 S. 356. Fehlt es an einer höchstrichterlichen Judikatur, so ist ein Irrtum verschuldet bei Widerspruch zur herrschenden Lehre in der Wissenschaft (RG 19. X. 1934 RGZ Bd 146 S. 145, auch BGH 11. XII. 1951 VersR 1951 S. 118—119). Von Verschulden bei Widerstreit zur herrschenden

Meinung (von Judikatur und Lehre) spricht OLG Oldenburg 18. VII. 1951 VersR 1951 S. 274. Bei Schweigen von Rechtsprechung und Lehre ist eine Rechtsauffassung dann unentschuldbar, wenn sie zu klaren gesetzlichen oder vertraglichen Bestimmungen oder offenbar zum Rechtsgefühl in Widerspruch steht (KG 18. VII. 1936 JRPV 1937 S. 60: Der Ver muß seine eigenen Vsbedingungen kennen). Bei offenen Fragen geht es zu Lasten des Vers, wenn er die Vsbedingungen unklar formuliert hat (RG 12. XI. 1937 RGZ Bd 156 S. 120). Aber im übrigen kann dem Ver kein Vorwurf gemacht werden, wenn er seinen Standpunkt mit guten Gründen vertritt (RG 12. V. 1925 RGZ Bd 110 S. 435—436, 22. IX. 1930 RGZ Bd 130 S. 28, OLG Celle 21. IV. 1936 VA 1936 S. 248 Nr. 2919 = JRPV 1936 S. 300). Das gilt besonders, wenn sich der Ver auf das Rechtsgutachten eines neutralen Vsjuristen, der über den Sachverhalt voll informiert ist, stützt (vgl. RG 30. VI. 1928 RGZ Bd 121 S. 364, a. M. KG o. D. JRPV 1925 S. 302). Wenn dann allerdings der Ver in der ersten Instanz verurteilt wird und trotzdem weiter an seiner Ansicht festhält, so gerät er nach RG 22. X. 1936 JW 1937 S. 159 in Verzug, ein Standpunkt, der bei einem erstinstanzlichen Urteil bedenklich ist (Metzing a. a. O. S. 85—86, vgl. auch OLG Hamm 20. XII. 1928 VA 1929 S. 41 Nr. 1954). Bei Obsiegen des Vers in der ersten, vielleicht auch zweiten Instanz, wird ein unentschuldbarer Rechtsirrtum des Vers nicht stets entschuldbar, z. B. nicht bei Mißachtung einer höchstrichterlichen Judikatur (OLG Hamm 12. VII. 1932 JRPV 1932 S. 347, a. A. OLG Hamburg 30. III. 1925 JRPV 1925 S. 182, Wussow JW 1938 S. 428).

[27] **3. Rechtsfolgen.**

Die Rechtsfolgen des Schuldnerverzuges ergeben sich aus §§ 286—289, 326—327 BGB.

a) Verzugsschaden.

Der Vmer kann insbesondere den Verzugsschaden ersetzt verlangen (§ 286 I BGB), und zwar Verzugszinsen als standardisierten Mindestschaden (§ 288 BGB). Im Gesamtbereich der Binnenv gilt absolut zwingend § 11 IV, wonach eine Vereinbarung, die den Ver von der Zinszahlungspflicht befreit, unwirksam ist. Das gilt auch für eine Teilbefreiung, z. B. Hinausschiebung des Beginnes der Zinspflicht (wodurch mittelbar auch § 11 I zwingend wird: dazu Anm. 10, Prölss Anm. 7 zu § 11, S. 73), Verschärfung der Verzugsvoraussetzungen (Verzugsklausel: dazu Anm. 17) oder Ermäßigung des gesetzlichen Zinssatzes, der 4% (§ 288 I 1 BGB), bei beiderseitigen Handelsgeschäften 5% (§ 352 I 1 HGB) jährlich beträgt. — Verzugszinsen (Ehrenzweig S. 247) und sonstiger Verzugsschaden sind auch über die Vssumme hinaus zu ersetzen (RG 9. VI. 1925 RGZ Bd 111 S. 104, KG 8. X. 1924 JRPV 1924 S. 84—85), § 11 IV ist nicht zwingend hinsichtlich des die Verzugszinsen übersteigenden Schadensbetrages. — Die Klagefrist des § 12 III läuft für Verzugsschaden und -zinsen gesondert (OLG Köln 16. V. 1922 JW 1922 S. 1593). Die Klage kann im vollen Umfang als Feststellungsklage angestrengt werden, solange die Schadensentwicklung nicht abgeschlossen ist (RG 10. IV. 1923 RGZ Bd 108 S. 202). Zur Verjährung Anm. 2—19 zu § 12.

Der Verzugsschaden muß durch den Verzug verursacht sein, es gilt die Lehre von der adäquaten Verursachung (RG 21. V. 1924 WarnRspr. 16. Jahrg. S. 223 Nr. 176). — Bei Geldentwertung oder Preissteigerung kommt es darauf an, ob der Vmer trotz des Verzuges des Vers die vte Sache aus eigenen Mitteln rechtzeitig wieder beschafft hat. Bejahendenfalls liegt ein Verzugsschaden nicht vor (RG 24. II. 1926 JRPV 1926 S. 85). Hat der Vmer die vte Sache nicht wieder beschafft, so fragt es sich, ob er bei rechtzeitiger Auszahlung die Wiederbeschaffung vorgenommen oder einen anderen Sachwert erworben hätte (BGH 15. XI. 1952 VA 1953 S. 53—54 = VersR 1953 S. 14, OLG Celle 14. II. 1952 VersR 1952 S. 227—228; KG 16. XI. 1935 HansRGZ 1936 B Sp. 218, 18. XII. 1950 VersR 1951 S. 73, OLG Köln 16. V. 1922 VA 1923 Anh. S. 14 Nr. 1302a). Das kann vermutet werden (KG 9. V. 1923 VA 1923 Anh. S. 19 Nr. 1302d), was allerdings voraussetzt, daß solche Wiederbeschaffung oder solcher Erwerb möglich war (vor der Währungsumstellung 1948 konnte zu normalen Preisen wenig gekauft werden; vgl. LG Berlin 5. VI. 1950 VersR 1950 S. 177, auch AG Stuttgart 20. VII. 1951 VersR 1951 S. 203, LG Stuttgart 7. VIII. 1951 VersR 1951 S. 242 zur Beweisfrage). Wer vor der Währungsreform Holzvorräte hätte wiederbeschaffen können, hätte sie nach der

Lebenserfahrung auch über die Währungsreform hinweggerettet (BGH 15. XI. 1952 VA 1953 S. 53—54 = VersR 1953 S. 14). — Wegen anderer Verzugsschäden vgl. KG 30. X. 1935 JRPV 1936 S. 43—44, 18. VII. 1936 JRPV 1937 S. 59—60 (Krankenvmer muß infolge Verzuges des Vers zum Wohlfahrtsarzt gehen, der ihn unsachgemäß behandelt). — Die Kausalität ist geleugnet von KG 7. I. 1928 JRPV 1928 S. 62 (Einstellung des Geschäftsbetriebes des Vmers schon vor Fälligkeit der Entschädigung), KG 14. III. 1931 JRPV 1931 S. 195—196 (Vmer hatte in Erwartung der Entschädigung ein Grundstück gekauft, der Verkäufer war wegen Nichtzahlung des Kaufpreises zurückgetreten).

[28] Nach § 254 BGB kommt ein mitwirkendes Verschulden des Vmers in Betracht, insbesondere muß er den Ver darauf aufmerksam machen, daß ein ungewöhnlich hoher Schaden droht (hierzu anläßlich der Währungsreform, mitwirkendes Verschulden verneinend: BGH 15. XI. 1952 VA 1953 S. 54 = VersR 1953 S. 14—15, OLG Celle 14. II. 1952 VersR 1952 S. 227—228, KG 18. XII. 1950 VersR 1951 S. 73 im Gegensatz zu Vorinstanz: LG Berlin 5. VI. 1950 VersR 1950 S. 177). Außerdem muß er den Schaden abwenden oder mindern, z. B. durch Kreditaufnahme (dazu aber OGH Wien 18. III. 1953 Vsrundschau 1953 S. 267, OLG Celle 14. II. 1952 VersR 1952 S. 227). Es liegt regelmäßig kein mitwirkendes Verschulden darin, daß der Vmer es unterläßt, den vten Schaden auf eigene Kosten zu beseitigen. Denn die Beschaffung des erforderlichen Geldes ist gerade der Zweck der V (dazu KG 9. XII. 1922 VA 1923 Anh. S. 16 Nr. 1302b, 9. V. 1923 VA 1923 Anh. S. 19 Nr. 1302d). — Auch der Rechtsgedanke der Vorteilsausgleichung ist zu berücksichtigen. Besteht z. B. der Verzugsschaden in entgangenem Gewinn, so ist der anderweitige Verdienst des Vmers anzurechnen (KG 23. III. 1935 JRPV 1935 S. 285).

[29] **b) Kündigung.**

Da der Vsvertrag ein gegenseitiger Vertrag ist, gibt § 326 I 1, 2 BGB dem Vmer bei Verzug des Vers ein Rücktrittsrecht, das sich zu einem Kündigungsrecht umwandelt, weil der Vsvertrag ein Dauerschuldverhältnis darstellt (Anm. 24 zu § 8). Der Vmer kann also die Prämien für die Vergangenheit nicht herausverlangen. Andererseits muß der Ver die Leistung, mit der er in Verzug ist, noch erbringen. Dazu — abweichend — auch Metzing a. a. O. S. 111—114. — Neben dem soeben behandelten Kündigungsrecht kann ein solches aus wichtigem Grunde entstehen (Anm. 25 zu § 8).

Die Frage, ob bei Verzug Totalschadensersatz nach § 326 I 2 BGB verlangt werden kann, ist von LG Berlin 5. VI. 1947 VW 1947 S. 271—272 behandelt (dazu Durst NJW 1947/48 S. 295).

[30] **IV. Zinsen.**

Die Verzugszinsen wurden schon in Anm. 27 behandelt. Von ihnen sind zu unterscheiden Prozeßzinsen (§ 291 BGB) und Zinsen, die vertraglich nur zur Voraussetzung haben, daß seit Anzeige des Vsfalles eine bestimmte Frist verstrichen ist (Fälligkeit der Geldschuld nicht erforderlich). Solche Zinsen kennen §§ 94, 124 für die Feuer- und Tierv (vgl. auch §§ 17 I 2 AEB, 16 I 2 AHausratB). In § 12 III ALB ist diese Zinspflicht von dem Eingang der erforderlichen Unterlagen mit einer Monatsfrist abhängig gemacht. Über Fälligkeitszinsen Anm. 13.

§ 11 IV gilt für andere als Verzugszinsen nicht. Bei Konkurrenz mehrerer Zinsarten ist der höchste Zins zu zahlen (§§ 288 I 2, 291² BGB, 94 I). — Nach dem Kriege setzten die Aufsichtsbehörden die Bestimmungen der AVB über die Verzinsung von Entschädigungssummen in der Sachv sowie von fälligen Vssummen und gutgeschriebenen Gewinnanteilen in der Lebensv außer Kraft (Ziff. IV Rundschreiben des Zonenamtes Nr. 8 vom 22. XI. 1946, Ziff. VII Rundschreiben Nr. 3 vom 24. III. 1947, dazu Starke VA 1948 S. 14, LG Bremen 6. XI. 1947 VA 1948 S. 15—16), die Anordnung, deren Rechtsgültigkeit dahingestellt bleibe, wurde mit Wirkung vom 1. I. 1948 an aufgehoben (VA 1948 S. 11). Dagegen gilt für die Feuerv fort die Anordnung des RAA vom 26. V. 1944 (RAnz 1944 Nr. 122 S. 1), wodurch unter (gleichfalls problematischer) Berufung auf § 81 a VAG § 17 I AFB geändert ist.

[31] **V. Abschlagszahlung.**

Nach § 11 II, III schuldet der Ver Abschlagszahlungen. Die Vorschrift ist zugunsten des Vmers relativ zwingend (§ 15a). Vor der Novelle, welche § 11 II, III einfügte, gab es entsprechende gesetzliche Bestimmungen nur für die Feuerv und die Hagelv (§§ 94 II, III a. F., 124 a. F.), doch entnahm man aus § 242 BGB auch für andere Vszweige schon damals eine Verpflichtung des Vers zur Leistung von Abschlagszahlungen (RG 30. IV. 1937 RGZ Bd 155 S. 53—54, vgl. auch LG München-Gladbach 18. III. 1938 JRPV 1938 S. 160). Nicht lassen sich auf dem Wege über eine einstweilige Verfügung Abschlagszahlungen erlangen (bedenklich Prölss Anm. 4 zu § 11, S. 72).

[32] **1. Verlangen nach Fristablauf.**

Erste Voraussetzung ist allerdings nach § 11 II ein Verlangen des Vmers, dem ein anderer Anspruchsberechtigter gleichzustellen ist. Bis zum Verlangen liegt ein sogen. verhaltener Anspruch vor. Das Verlangen kann trotz des Gesetzeswortlautes auch schon vor dem Ablauf der Frist des § 11 II, III vom Vmer oder seinem Vertreter gestellt werden. Es ist eine empfangsbedürftige Willenserklärung. Der Anspruch auf eine Abschlagszahlung entsteht aber frühestens mit dem Ablaufe der Frist, die gemäß §§ 187 I, 188 II, III BGB zu berechnen ist. Die Frist beginnt mit dem Zugang der Anzeige beim Ver, sie endet mit dem Ablaufe eines Monats, aber ist gehemmt (dazu vgl. § 205 BGB), solange die Beendigung der Erhebungen infolge eines Verschuldens des Vmers gehindert ist (§ 11 III). Man kann von einer Obliegenheit des Vmers, die Erhebungen zu fördern, sprechen (Ehrenzweig S. 160 spricht von einer Pflicht zur Duldung oder zur Gestattung von Erhebungen). Bei schuldhafter Verletzung entsteht der Anspruch auf Abschlagszahlungen später (Anm. 23 zu § 6). Dabei hat der Vmer für gewisse Dritte einzustehen (Anm. 54—109 zu § 6). Ein Verschulden setzt mindestens leichte Fahrlässigkeit voraus, fehlt also, falls ein Vmer z. B. Obliegenheiten, etwa eine Belegpflicht ohne schuldhaftes Zögern erfüllt. Durchaus nicht jede Nichtüberlassung von Unterlagen an den Ver beruht deshalb auf einem Verschulden. Das Verschulden kann sich auch auf ein Tun des Vmers beziehen, z. B. arglistige Täuschung bei der Schadensermittlung, die — auch als versuchte — sorgsame Ermittlungen des Vers nötig macht. Fehlt es an einem Verschulden des Vmers, so tritt zwar die Fristhemmung nicht ein, aber oft wird sich nicht feststellen lassen, was der Ver mindestens zu zahlen hat (Ehrenzweig S. 167).

[33] **2. Nichtbeendigung der Erhebungen.**

Innerhalb der so zu bemessenden Erhebungsfrist dürfen die nötigen Erhebungen nicht beendet sein. Sind sie beendet, so wird nicht erst eine Abschlagszahlung geschuldet, sondern es ist sogleich die Geldleistung des Vers fällig (§ 11 I). Schweben noch Erhebungen, sind diese aber unnötig, so gilt das gleiche (Anm. 8). Sind die nötigen Erhebungen infolge Verschuldens des Vers nicht beendet, so hat der Vmer die Wahl, ob er die endgültige Geldleistung (Anm. 5) oder eine Abschlagszahlung fordern will. Nur eine Abschlagszahlung kommt in Betracht, falls ohne Verschulden des Vers die nötigen Erhebungen nicht beendet sind.

[34] **3. Feststehen der Leistungspflicht.**

Da die Abschlagszahlung anzurechnen ist (§ 11 II), setzt sie voraus, daß dem Grunde nach die Leistungspflicht feststeht (Begr. III S. 6, vgl. auch RG 26. I. 1917 RGZ Bd 89 S. 353, 10. IV. 1923 RGZ Bd 108 S. 203, LG Hamburg 20. II. 1951 VersR 1951 S. 172, a. A. Ehrenzweig S. 167). Nur die Höhe darf zweifelhaft sein, was in der Lebensv selten zutrifft (vgl. Prölss Anm. 4 zu § 11, S. 71). Für den Vmer ist die Lage besonders mißlich, wenn infolge Verschuldens des Vers die nötigen Erhebungen mit der Wirkung nicht abgeschlossen sind, daß dem Grunde nach seine Leistungspflicht nicht feststeht. Solchenfalls wird der Richter eine Abschlagszahlung auf Grund einer Vorprüfung in einem summarischen Verfahren zubilligen müssen, selbst auf die Gefahr hin, daß eine sorgfältige Nachprüfung dem Ver einen Bereicherungsanspruch auf Rückzahlung verleiht.

Die Höhe des Betrages, den der Ver nach Lage der Sache mindestens zu zahlen hat, kann selbstverständlich nie die zu zahlende Gesamtentschädigung übersteigen.

Die Höhe ist objektiv festzustellen, wird also nicht vom Ver subjektiv bestimmt (irreführend Prölss Anm. 4 zu § 11, S. 71—72).

[35] **4. Prozeß hinsichtlich Abschlußzahlung.**

Entsteht Streit über das Gegebensein der Voraussetzungen des § 11 II, so kann darüber in einem Prozeß nur wegen der Abschlagszahlungen entschieden werden (RG 26. I. 1917 RGZ Bd 89 S. 353—354). Dazu Anm. 34.

[36] **5. Fälligkeit von Abschlagszahlungen.**

Der bei Gegebensein aller Voraussetzungen entstehende Anspruch wird sofort fällig (§ 271 I BGB). Für den Verzug mit Abschlagszahlungen gilt die Besonderheit, daß es neben dem Verlangen nicht noch einer besonderen Mahnung bedarf (a. M. Metzing a. a. O. S. 59): Nach Zugang des Verlangens bleibt also dem Ver nur eine ganz kurze Frist zur Leistungshandlung (dazu auch Prölss Anm. 4 zu § 11, S. 71).

Mit Fortschreiten der Erhebungen können weitere Abschlagszahlungen fällig werden, sobald der Höhe nach weitere Forderungen feststehen (Ehrenzweig S. 167). Eines erneuten Verlangens des Vmers bedarf es nicht, § 11 II spricht pluralisch von dem Verlangen von „Abschlagszahlungen".

[37] **VI. Anhang: Moratorien.**

Schrifttum: Evers, Moratorien im Privatvsrecht, ungedr. Hamburger Diss. 1952, Härle, Vom Gemeinschaftsplan der Lebensver zu den amtlichen Auszahlungsrichtlinien [Hamburg 1948].

[38] **1. Rechtsnatur.**

Besondere Umstände können eine Durchbrechung des Grundsatzes der Vertragstreue, nach dem der Ver zur Bewirkung der versprochenen Leistung verpflichtet ist, erforderlich machen und auch zu entsprechenden hoheitlichen Eingriffen führen. Haben derartige Eingriffe das Ziel, die Durchsetzbarkeit einer Geldforderung materiell oder prozessual vorübergehend zu beeinträchtigen, so kann man von Moratorien sprechen (Evers a. a. O. S. 16). Die Notwendigkeit eines Moratoriums kann sich infolge einer allgemeinen wirtschaftlichen Notlage ergeben, wie sie in Deutschland nach der Kapitulation bestand (dazu Anm. 41), sie kann aber speziell im Vsrecht mit Rücksicht auf die Belange der Gefahrengemeinschaft auch in normalen Zeiten auftreten. Daher sieht § 89 I 2 VAG entsprechende aufsichtsbehördliche Maßnahmen vor (dazu Anm. 39—40 und Rehm-Berliner-Fromm S. 574—577), auch auf §§ 81 II 1, 81a² VAG haben die Aufsichtsbehörden den Erlaß von Moratorien gestützt.

[39] **2. Arten.**

a) Unterscheidung gemäß Entstehung.

Moratorien können unmittelbar durch ein G, aber auch durch einen Verwaltungsakt oder durch Richterspruch erfolgen, in den beiden letzten Fällen muß eine gesetzliche Grundlage vorhanden sein. Um ein richterliches Moratorium handelte es sich früher bei dem Zahlungsverbot nach § 89 I 2 VAG, denn es erfolgte im Wege des Senatsverfahrens (§ 93 I Ziff. 11 a. F. VAG, Rehm-Berliner-Fromm S. 579). Die Novelle zum VAG vom 5. III. 1937 (RGBl. I S. 269) nahm jedoch die Zahlungsverbote aus dem Senatsverfahren heraus, sie erfolgen heute in Form eines Verwaltungsaktes (vgl. § 7 I, II VO vom 25. III. 1953, BGBl. I S. 75). — Im Wege richterlicher Vertragshilfe können nach § 6 Ziff. 2 VertragshilfeG vom 26. III. 1952 (BGBl. I S. 198) Moratorien zugunsten eines Vers nicht gewährt werden, Gleiches galt schon nach § 3 IV 1 VertragshilfeVO vom 30. XI. 1939 (RGBl. I S. 2329).

[40] **b) Unterscheidung gemäß Wirkung.**

Man kann materielle und prozessuale Moratorien unterscheiden (hierzu Evers a. a. O. S. 26—39). Bei letzteren läßt sich eine Unterscheidung treffen zwischen solchen Eingriffen, welche die Klagbarkeit des Anspruchs beeinträchtigen, und solchen, die nur die Vollstreckbarkeit einschränken. Bei dem Zahlungsverbot nach § 89 I 2 VAG handelt es sich um ein materielles Moratorium, nämlich um eine „von der zuständigen Behörde im gesetzlich geordneten Verfahren bewilligte Stundung" (RG 22. I. 1926 RGZ Bd 112 S. 350, ebenso Rehm-Berliner-Fromm S. 576). Da das Zahlungsverbot — wie jedes Moratorium — nur vorübergehender Natur ist, kann hinsichtlich des Vsanspruchs ein Feststellungsurteil ergehen (LG Stettin 4. VI. 1924 VA 1924 S. 122 Nr. 1414). Näheres hierzu Anm. 46 zu § 13.

[41] **3. Nachkriegsvorschriften.**

Die besonderen Verhältnisse, welche in der Nachkriegszeit bestanden, führten zum Erlaß zahlreicher Moratorien zugunsten von Vern. Sie ergingen teilweise durch besatzungsrechtliche Vorschriften, teilweise durch aufsichtsbehördliche Maßnahmen. Diese Moratorien waren teils materieller, teils prozessualer Natur; von diesem Einteilungsprinzip soll auch bei den folgenden Zusammenstellungen der westdeutschen Vorschriften ausgegangen werden. Die speziell für die französische Zone und Berlin erlassenen Moratorien sind ausgenommen, vgl. dazu Prölss Anm. 2 zu § 11, S. 70—71.

[42] **a) Materielle Moratorien.**

Für die Sachv erließ die bayerische Aufsichtsbehörde am 6. XI. 1946 (VW 1947 S. 20) ein materielles Moratorium, entsprechende Maßnahmen wurden in den anderen Ländern der amerikanischen Zone getroffen. Sie wurden durch die von den Aufsichtsbehörden für die Schadens-, Transport-, Haftpflicht- und Unfallv erlassene Auszahlungsanordnung (VA 1948 S. 26—27) gegenstandslos (hierzu VA 1948 S. 37—39, Thees VW 1948 S. 165—166, Möller Neuordnung S. 29—30 m. w. N.), letztere wiederum wurde durch § 9 Dritte VO über die Schadens-, Unfall- und Krankenv vom 27. VII. 1948 aufgehoben. Für die Lebensv wurden Moratorien in der Auszahlungsanordnung vom 3./4. III. 1947 (VA 1947 S. 2—3 mit VA 1948 S. 1) begründet (dazu Ergänzungsrichtlinien vom 18. VII. 1947 [VA 1947 S. 3—4] sowie VA 1948 S. 12—13, 19). Die Vorschrift wurde durch § 5 II VO über die Lebens- und Rentenv vom 5. VII. 1948,dessen Außerkrafttreten allgemein zum 30. VI. 1951 inzwischen aufsichtsbehördlich verfügt worden ist, teilweise gegenstandslos, teilweise wurde sie durch § 7 I Zweite VO über die Lebens- und Rentenv vom 27. VII. 1948 ausdrücklich aufgehoben. Speziell für Berechtigte außerhalb der Westzonen waren schon vorher entsprechende Anordnungen ergangen, so in Württemberg-Baden am 20. VI. 1946 (VW 1946 Heft 4 S. 18), ferner in Bayern und Hessen sowie auch in der britischen Zone (VA 1948 S. 3), sie wurden gegenstandslos durch die Zweite Ergänzungsanordnung zur Auszahlungsanordnung vom 3./4. III. 1947 (VA 1948 S. 25—26 = VW 1948 S. 124), dazu Möller Neuordnung S. 29—30 m. w. N., OLG Gera 22. VI. 1948 VA 1948 S. 74—75 = VW 1948 S. 323. Die Zweite Ergänzungsanordnung wiederum ist durch § 8 Zweite VO über die Lebens- und Rentenv vom 27. VII. 1948 aufgehoben worden. Für Nachzahlungen auf Verbindlichkeiten, deren Erfüllung bis zur Zweiten VO über die Lebens- und Rentenv vom 27. VII. 1948 verweigert werden konnte, brachte § 9 Zweite VO über die Lebens- und Rentenv vom 27. VII. 1948 ein Moratorium bis zum 31. XII. 1948. Für öffentlichrechtliche Lebensver mit früherem Sitz östlich der Oder-Neiße-Linie ergingen auf Grund von § 2 I VVO Moratorien gemäß § 4 WährungsG bis zum 31. XII. 1949 (VA 1949 S. 1, 74, 105). — Moratorien für die Rentenv brachte die Ergänzungsanordnung zur Auszahlungsanordnung vom 3./4. III. 1947 (VA 1948 S. 9), sie wurde durch § 7 I Zweite VO über die Lebens- und Rentenv vom 27. VII. 1948 aufgehoben. Für die Unfallv galt gemäß § 7 Zweite VO über die Schadens-, Unfall- und Krankenv vom 27. VII. 1948 der inzwischen aufgehobene § 5 II Zweite VO über die Lebens- und Rentenv vom 5. VII. 1948. Für Nachzahlungen setzte § 10 Dritte VO über die Schadens-, Unfall- und Krankenv vom 27. VII. 1948 die Fälligkeit auf den 31. XII. 1948 fest. — Die Rechtsgültigkeit der oben angeführten Zahlungsanordnungen war umstritten, hierzu Einl. Anm. 14. — Zu (inzwischen ebenfalls bedeutungslos gewordenen) materiellen Moratorien in der Kriegsgüter- und der Kreditv: Evers a. a. O. S. 103—133.

[43] **b) Prozessuale Moratorien.**

Klageschutz für öffentlichrechtliche Ver bestand — wie für alle anderen Unternehmen der öffentlichen Hand — in der britischen Zone auf Grund Art. VI Ziff. 10g

G Nr. 2 der britischen Militärregierung (vgl. VW 1948 S. 26), er wurde 1948 aufgehoben (VA 1948 S. 63 = VW 1948 S. 280). Für Ansprüche aus Lebensvsverträgen erließ die britische Militärregierung durch ihre Anweisung vom 9. X. 1945 (abgedruckt bei Härle a. a. O. S. 60, vgl. auch Hanseatisches Justizverwaltungsblatt 1946 S. 34) ein Klageverbot, es wurde durch Anordnung vom 3. XI. 1947 (VA 1947 S. 25, Härle a. a. O. S. 60) aufgehoben (dazu Bronisch VA 1947 S. 39, Finke NJW 1947/48 S. 292—294, Thees VW 1948 S. 6—7). — Über Klageschutz in der Kriegsgüterv: Evers a. a. O. S. 114.

§ 12

(1) Die Ansprüche aus dem Versicherungsvertrage verjähren in zwei Jahren, bei der Lebensversicherung in fünf Jahren. Die Verjährung beginnt mit dem Schluß des Jahres, in welchem die Leistung verlangt werden kann.

(2) Ist ein Anspruch des Versicherungsnehmers bei dem Versicherer angemeldet worden, so ist die Verjährung bis zum Eingange der schriftlichen Entscheidung des Versicherers gehemmt.

(3) Der Versicherer ist von der Verpflichtung zur Leistung frei, wenn der Anspruch auf die Leistung nicht innerhalb von sechs Monaten gerichtlich geltend gemacht wird. Die Frist beginnt erst, nachdem der Versicherer dem Versicherungsnehmer gegenüber den erhobenen Anspruch unter Angabe der mit dem Ablaufe der Frist verbundenen Rechtsfolge schriftlich abgelehnt hat.

Verjährung, Klagefrist, Verwirkung.

Gliederung:

[1] **Entstehung:** Durch die VO vom 19. XII. 1939 ist § 12 II n. F. eingefügt. § 12 II a. F., der eine vertragliche Klagefristvereinbarung voraussetzte, ist in § 12 III n. F. dahin umgestaltet, daß schon kraft Gesetzes die Klagefrist vorgesehen ist; die AVB sind dadurch entlastet. § 12 III a. F. ist durch § 15a n. F. überflüssig geworden. — Begr. I S. 26—27, III S. 7.

[2] **I. Verjährung.**

Schrifttum: Bruck S. 473—474, Ehrenzweig S. 181—184, VersR 1953 S. 124—125, von Gierke II S. 156, Hagen I S. 624—626, Schmitt VersR 1952 S. 384, Thalmann, Die Verjährung im Privatvsrecht, Züricher Diss., Zürich 1940.

[3] **1. Systematische Stellung.**

Die Verjährungsvorschriften der §§ 194—225 BGB sind durch § 12 I, II modifiziert: Soweit es sich nicht um regelmäßig wiederkehrende Leistungen (§ 197 BGB) handelt, würde an sich die Verjährungsfrist 30 Jahre betragen (§ 195 BGB). Sie ist durch § 12 I 1 auf 2 Jahre, für die Lebensv auf 5 Jahre verkürzt (Begr. I S. 26). Ansprüche aus einer Rückv (§ 186) und aus einem Vsverhältnis des § 192 I verjähren, sofern es sich nicht um regelmäßig wiederkehrende Leistungen handelt und Landesrecht im Falle des § 192 I nichts anderes bestimmt, erst nach 30 Jahren. — Der Verjährungsbeginn ist in § 12 I 2 abweichend von § 198^1 BGB geregelt. — Die Hemmungsvorschriften der §§ 202—205 BGB sind durch § 12 II ergänzt. — Die Unterbrechungsregeln der §§ 208—217 BGB sind voll anwendbar.

[4] **2. Rechtliche Natur.**

a) Anspruchsverjährung.

§ 12 I, II betreffen die Anspruchsverjährung, die Rechtssicherheit und Rechtsfrieden fördern soll. Die Verjährung ist nicht ausschließbar oder erschwerbar (§ 225^1 BGB). Eine Erleichterung der Verjährung, insbesondere Abkürzung der Verjährungsfrist wäre nach § 225^2 BGB zulässig, jedoch ist bei Ansprüchen des Vmers § 15a bedeutsam (Anm. 56).

[5] **b) Einrede.**

Die Verjährung gibt dem Schuldner nur eine Einrede, er kann die Leistung verweigern (§ 222 I BGB). Der Anspruch selbst bleibt trotz der Verjährung bestehen, so daß Geleistetes nicht zurückgefordert werden kann (§ 222 II 1 BGB). Dadurch unterscheiden sich Verjährung und Ausschlußfristen, die den Anspruch untergehen lassen.

Die Klagefrist des § 12 III ist solche Ausschlußfrist (Anm. 21). Zur Unterscheidung: OLG Hamburg 29. XI. 1918 VA 1919 Anh. S. 31—32 Nr. 1082. Die Verjährung ist — anders als die Ausschlußfrist (Anm. 48) — nicht von Amts wegen zu berücksichtigen.

[6] c) Entkräftung.

Verzicht auf das Einrederecht ist möglich und erfolgt durch einseitige empfangsbedürftige formlose Willenserklärung. Auch ein stillschweigender Verzicht kommt oft vor, setzt jedoch das Bewußtsein der vollendeten oder möglicherweise vollendeten Verjährung voraus (RG 2. I. 1912 RGZ Bd 78 S. 130—132).

Außerdem kann die Einrede der Verjährung u. U. durch den Gegeneinwand der Arglist entkräftet werden: Der Gegner verhindert absichtlich die Unterbrechung der Verjährung, oder er hält durch sein Verhalten den Berechtigten, wenn auch unabsichtlich, von der Klage ab (RG 8. XII. 1925 JRPV 1926 S. 4, 20. VI. 1933 JW 1933 S. 2129—2130 = VA 1933 S. 367 Nr. 2601, 22. V. 1936 JW 1936 S. 2533 = VA 1936 S. 215—216 Nr. 2895, 16. III. 1937 RGZ Bd 154 S. 216—218, KG 21. I. 1931 JRPV 1931 S. 162—163, OLG Düsseldorf 30. IV. 1925 VA 1925 S. 141—142 Nr. 1491 = JRPV 1925 S. 333—334, 14. VI. 1937 JRPV 1938 S. 159, OLG Hamburg 31. I. 1940 DR 1940 S. 580 = HansRGZ 1940 B Sp. 91—92). Jedoch ist nach Treu und Glauben zu beurteilen, auf wie lange Zeit die Geltendmachung der Einrede der Verjährung ausgeschlossen ist (RG 22. V. 1936 JW 1936 S. 2533 = VA 1936 S. 215—216 Nr. 2895). — Die Erhebung der Verjährungseinrede widerstreitet als solche selbstverständlich nicht Treu und Glauben, kann sogar im Interesse der Gefahrengemeinschaft geboten sein (KG 4. XI. 1936 JRPV 1937 S. 121).

[7] 3. Verjährende Ansprüche.

Nach § 12 I 1 verjähren die „Ansprüche aus dem Vsvertrage". Ansprüche (§ 194 I BGB) sind als Sollrechte, als Rechte auf fremdes Verhalten, zu unterscheiden von Gestaltungs- oder Kannrechten, die ein Recht zu eigenem Verhalten darstellen: Kündigungs-, Rücktritts-, Anfechtungsrechte verjähren nicht, jedoch bestehen häufig für sie Ausschlußfristen (für die Kündigung Anm. 28 zu § 8).

[8] a) Positive Aufzählung.

Zu den gemäß § 12 I 1 verjährenden Ansprüchen aus dem Vsvertrag gehören alle Geld- oder sonstigen Ansprüche beider Parteien, welche im Vertrage wurzeln, z. B. Ansprüche des Vers auf Prämie, Zinsen und Kosten, Nebengebühren (Anm. 82 zu § 1), Geschäftsgebühr, Deklaration, Ansprüche des Vmers auf Gefahrtragung, Leistungen nach Eintritt des Vsfalls (Schadensersatz, Kapital- oder Rentenleistung), Rückvergütungen, Polizendarlehen (Vorauszahlungen), Abschlagszahlungen, Aufwendungsersatz (RG 4. I. 1938 JW 1938 S. 876), Ermittlungs- und Feststellungskosten, Überschüsse, Prämienrückgewähr i. e. S., Prämienrückvergütung, Vtendividende, vertraglichen Schadensersatz (wegen Unmöglichkeit, Verzuges: RG 9. VI. 1925 RGZ Bd 111 S. 102, 12. XI. 1937 RGZ Bd 156 S. 121, 4. I. 1938 JW 1938 S. 876, KG 28. XI. 1934 JRPV 1935 S. 109—110, anders RG 17. XII. 1924 RGZ Bd 109 S. 347—348, oder wegen sog. positiver Vertragsverletzung: RG 4. I. 1938 JW 1938 S. 876, KG 28. XI. 1934 JRPV 1935 S. 109—110, OLG Oldenburg 8. V. 1935 JRPV 1935 S. 224), Aushändigung des Vsscheines, einer Ersatzurkunde oder einer Abschrift. Wegen eines Abkommens zur Regelung der Vsentschädigung in Abweichung von den AVB: KG 3. III. 1937 JRPV 1937 S. 203—204. Für beide Teile kommt die Ernennung von Sachverständigen in Betracht.

[9] b) Negative Abgrenzung.

Nicht um Ansprüche aus dem Vsvertrage handelt es sich bei den Forderungen aus ungerechtfertigter Bereicherung (a. A. KG 4. IV. 1936 JRPV 1936 S. 233), insbesondere nach Anfechtung (a. A. Prölss Anm. 2 zu § 12, S. 74) oder nach Leistung des Vers in Unkenntnis seiner Leistungsfreiheit z. B. wegen einer Obliegenheitsverletzung oder schuldhafter Herbeiführung des Vsfalls (a. A. Prölss Anm. 2 zu § 12, S. 74; Gebler JRPV 1934 S. 132 verkennt, daß es sich um Bereicherungsansprüche handeln kann).

Ferner handelt es sich nicht um Ansprüche aus dem Vsvertrage bei den gesetzlichen Rückgewähransprüchen nach Rücktritt (§ 346[1] BGB, a. A. Prölss Anm. 2 zu § 12, S. 74). Weiterhin ist § 12 I, II unanwendbar auf Deliktsansprüche (Gebler JRPV 1934 S. 132 bis 133, KG 28. XI. 1934 JRPV 1935 S. 109—110: Anspruch aus § 831 BGB gegen Ver, OLG Köln 28. II. 1940 JRPV 1940 S. 95: Anspruch aus § 826 BGB wegen Vsbetruges), auf Ausgleichungsansprüche bei Doppelv (§ 59 II 1: OLG Stettin 15. X. 1931 VA 1931 S. 287 Nr. 2342) und auf Ersatzansprüche gegen Dritte (§ 67 I 1). Bei Rückzahlung unverdienter Prämie kann es sich sowohl um einen Vertrags- als auch um einen Bereicherungsanspruch handeln (zu weit RG 4. I. 1938 JW 1938 S. 876).

[10] c) Ansprüche Dritter.

Ansprüche aus dem Vsvertrage sind auch diejenigen des Erwerbers der vten Sache, des Bezugsberechtigten, des Vten bei der V für fremde Rechnung (Begr. I S. 27). Ansprüche des Vten können auch dann verjähren, wenn er zu deren Geltendmachung nicht in der Lage ist, weil ihm die Zustimmung des Vmers oder der Besitz des Vsscheines fehlt (RG 29. IX. 1936 JW 1936 S. 3531 = VA 1936 S. 230 Nr. 2908). Auch die verselbständigten Ansprüche der Realgläubiger sind Ansprüche aus dem Vsverhältnis (so für § 102 I: OLG Hamm 13. XII. 1932 JRPV 1933 S. 257—258; vgl. auch § 36 I SchiffsG). Dem geschädigten Dritten in der Haftpflichtv, der nach § 158c vorgeht, kann entgegengehalten werden, daß der Anspruch des Vmers, wenn er bestünde, verjährt wäre (fälschlich spricht Prölss Anm. 2 zu § 12, S. 75 von einem eigenen Anspruch des Dritten).

[11] 4. Berechnung der Frist.

Die Verjährungsfrist beträgt 2 Jahre, nur in der Lebensv 5 Jahre. Zur Lebensv gehören die durch die §§ 159—178 geregelten Vsarten, bei einer Unfallzusatzv oder Invaliditätszusatzv auch die zusätzlichen Ansprüche, nicht jedoch Todesfall- oder Sterbegeldleistungen in der Unfall- oder Krankenv.

[12] a) Beginn.

aa) Bedeutung der Fälligkeit.

Die Verjährung beginnt nach § 12 I 2 mit dem Schluß des Jahres, in welchem die Leistung verlangt werden kann. Entscheidend ist also die Fälligkeit (Begr. I S. 26), und zwar derjenigen Vertragsleistung, die gefordert und mit der Verjährungseinrede bekämpft wird (RG 9. VI. 1925 RGZ Bd 111 S. 104, 13. V. 1938 RGZ Bd 158 S. 115). Es handelt sich um eine wichtige Abweichung von § 198[1] BGB, wonach schon mit der Entstehung des Anspruchs die Verjährung beginnt (dennoch stellt bei den Ansprüchen auf die Vsleistung Schmitt VersR 1952 S. 384 auf die Entstehung des Anspruchs ab, dagegen Ehrenzweig VersR 1953 S. 124—125).

Stets kommt es auf das Leistensollen des Schuldners (Forderndürfen des Gläubigers) an, nicht auf das Leistendürfen (Annehmensollen). Steht also dem Schuldner eine Zahlungsfrist zur Verfügung, so entscheidet der Ablauf dieser Frist (Begr. I S. 26). Nicht entscheidend ist es, ob die Geltendmachung des Anspruches bereits Aussicht auf Erfolg bietet, man darf also nicht die Erlangung weiterer Beweismittel oder den Verlauf eines Musterprozesses abwarten (dazu OLG Düsseldorf 30. XII. 1940 JRPV 1941 S. 171 bis 172 = HansRGZ 1941 A Sp. 233—234). Hinsichtlich der Verjährung gilt nicht § 12 III 2 (Rechtsbelehrung bei der Klagefrist: LG Hamburg 15. V. 1952 VersR 1953 S. 57, OLG Hamburg 8. VII. 1952 VersR 1953 S. 57).

[13] bb) Leistungen des Versicherers.

Der Zeitpunkt des Verlangenkönnens ergibt sich für Geldleistungen des Vers nach Eintritt des Vsfalles aus § 11 I—III (Anm. 5—13, 31—36 zu § 11). Sind die nötigen Erhebungen durch Verschulden des Vers noch nicht beendet, so mag zwar die Fälligkeit angenommen werden können (Anm. 5 zu § 11), aber der Ver kann sich nicht darauf berufen, daß die Verjährung begonnen habe (Anm. 6, dazu RG 20. VI. 1933 JW 1933 S. 2130 = VA 1933 S. 367 Nr. 2601). Ist die Beendigung der Erhebungen infolge Verschuldens des Vmers gehindert, so ist in entsprechender Anwendung des § 11 III anzunehmen, daß die Verjährung mit dem Schluß des Jahres beginnt, in welchem ohne das Verschulden des Vmers die Leistung hätte verlangt werden können. Weiß der Vmer nicht, daß der Vsfall eingetreten ist, so kann er die Leistung nicht verlangen. Demgegenüber hält Ehrenzweig VersR 1953 S. 124—125 sowohl die Verschuldens- als auch die Frage des Nichtwissens und Nichtwissenkönnens für unerheblich und arbeitet in freier Rechtsfindung mit dem Begriff der „konstruktiven Fälligkeit“: Die Verjährung beginne „mit dem Schluß des Jahres, in welchem je nach der Gestaltung des gegebenen Vsfalls den Fälligkeitserfordernissen von jedem Anspruchswerber hätte genügt werden können“. Aber diese Lösung ist nicht nur schwer praktikabel, sondern benachteiligt zugleich den Vmer in einer Weise, die der Gesetzgeber nicht gewollt hat. Die Belange des Vers sind genügend gewahrt dadurch, daß an die Verletzung der Schadensanzeigepflicht strenge Sanktionen geknüpft werden können und daß § 11 III analog anwendbar ist.

Verweigert der Ver die Leistung des Vsschutzes, so beginnt die Verjährung mit dem Schluß des Jahres, in dem die Verweigerung erklärt ist. Dies ergibt sich aus der Gefahrtragungstheorie, während nach der Geldleistungstheorie vor Eintritt des Vsfalles keine Leistung verlangt werden kann (Anm. 40—45 zu § 1). Ist der Gefahrtragungsanspruch verjährt, so erfaßt er auch den nach Eintritt des Vsfalles entstehenden Anspruch, hier beginnt also keine neue Verjährungsfrist.

Speziell zur Verjährung in der Haftpflichtv vgl. Hagemann HansRGZ 1934 A Sp. 427—436, Oberbach I S. 162—163, OLG Düsseldorf 18. VI. 1934 HansRGZ 1934 A Sp. 408, OLG Karlsruhe 17. VII. 1935 HansRGZ 1936 A Sp. 62—63, OLG Köln 19. VII. 1935 HansRGZ 1936 A Sp. 63—64, LG Karlsruhe 16. XI. 1934 HansRGZ 1936 A Sp. 59—61, wo zum Teil verkannt wird, daß der Ver Gefahrtragung leistet und diese auch schon vor dem Zeitpunkt des § 154 I geschuldet wird. Rechtsschutzfunktion und Entschädigungsfunktion der Haftpflichtv sind dabei zu unterscheiden, jedoch wird häufig in der Verweigerung des Rechtsschutzes zugleich die Verweigerung einer etwa geschuldeten Entschädigung liegen, so daß die Verjährung dann einheitlich beginnt. (Dagegen nimmt einen „einheitlichen Befreiungs- und Rechtsschutz-Anspruch des Vmers“ an: RG 7. II. 1936 RGZ Bd 150 S. 229, 29. IX. 1936 JW 1936 S. 3531 = VA 1936 S. 230 Nr. 2908, 19. I. 1937 VA 1937 S. 147 Nr. 2967.)

Zur Fälligkeit der Prämienforderungen Anm. 29—32 zu § 35.

[14] cc) Besonderheiten bei Verzugsansprüchen.

Schwierig ist die Behandlung von Verzugsansprüchen. Sie stehen als Schadensersatz- oder Zinsansprüche neben dem Hauptanspruch, sind daher grundsätzlich gesondert zu betrachten. Die Einklagung des Hauptanspruches wahrt also nicht die Verjährungsfrist hinsichtlich des Verzugsanspruches und umgekehrt. Verzugsschadensersatz kann erst verlangt werden, wenn der Verzugsschaden entsteht (RG 9. VI. 1925 RGZ Bd 111 S. 104—105, 12. XI. 1937 RGZ Bd 156 S. 121, 12. XI. 1937 VA 1937 S. 234 Nr. 3025). Oft entscheidet sich erst mit der Befriedigung der Hauptforderung, inwieweit ein Verzugsschaden vorliegt (OLG Köln 16. V. 1922 VA 1923 Anh. S. 15 Nr. 1302, ähnlich LG Berlin 10. VII. 1941 JRPV 1942 S. 60).

Die Anlehnung an den Hauptanspruch erweist sich jedoch nach § 224 BGB als bedeutungsvoll: Mit der Vsforderung verjähren auch Ansprüche auf Verzugsschaden und -zinsen (RG 12. XI. 1937 RGZ Bd 156 S. 121, 12. XI. 1937 VA 1937 S. 234 Nr. 3025, OLG Köln 31. I. 1933 JRPV 1933 S. 239). Entsprechendes gilt für Ansprüche auf Aushändigung des Vsscheines (Prölss Anm. 2 zu § 12, S. 75), einer Ersatzurkunde oder einer Abschrift.

[15] b) Hemmung.

aa) Versicherungsrechtliche Fälle.

Trotz der Fälligkeit der Leistung des Vers, welche am Jahresende regelmäßig die Verjährung in Lauf setzt, kann diese gehemmt sein, und zwar nach § 12 II dadurch, daß ein Anspruch des Vmers beim Ver angemeldet ist, der Ver aber keine schriftliche Entscheidung gefällt hat. Die Anmeldung kann vor oder nach der Fälligkeit, vor oder nach dem Verjährungsbeginn erfolgen. Jedoch werden die Fälle einer Anmeldung nach Verjährungsbeginn selten sein, da nach § 12 I die Verjährung voraussetzt, daß die Leistung verlangt werden kann; der Ver kann jedoch nicht mit seinen Erhebungen beginnen, solange ihm der Anspruch nicht gemeldet ist (§ 11 I). Man kann von einer Obliegenheit des Vers sprechen, eine schriftliche Entscheidung zu erklären; auf ein Verschulden des Vers kommt es nicht an. Die Anmeldung muß der „Erhebung" des Anspruches i. S. des § 12 III 2 gleichgestellt werden (Anm. 24). Die Hemmung währt bis zum Zugang einer schriftlichen Entscheidung des Vers. Eine Entscheidung ist nur eine abschließende positive oder negative Stellungnahme zu Grund und Höhe des Anspruches; der Anspruch braucht sich nicht auf die Geldleistungen des Vers nach Eintritt des Vsfalles zu beziehen, sondern kann auch z. B. Verzugszinsen oder -schaden angehen. Eine hinhaltende Mitteilung oder ein Vergleichsangebot des Vers reicht nicht aus; wenn die Vergleichsverhandlungen scheitern, muß der Ver schriftlich negativ entscheiden. Die Entscheidung ist dem Vmer gegenüber abzugeben, sofern es sich um seinen Anspruch handelt. Bei Ansprüchen eines Vten, Bezugsberechtigten, Realgläubigers ist § 12 II entsprechend anzuwenden, die Entscheidung muß dann diesem Anspruchsberechtigten zugehen (Prölss Anm. 4 zu § 12, S. 75). Sie braucht eine Begründung oder Belehrung über die Verjährung nicht zu enthalten. — Wenn Prölss Anm. 3 zu § 12, S. 75 behauptet, der Beginn der Verjährung sei nicht an eine Ablehnungserklärung des Vers geknüpft, so ist das wegen § 12 II heute irreführend: Hat der Vmer seinen Anspruch angemeldet, so ist bis zur schriftlichen Entscheidung des Vers die Verjährung gehemmt (überholt deshalb auch RG 29. IX. 1936 VA 1936 S. 230 Nr. 2908 = JRPV 1936 S. 329, KG 25. I. 1936 JRPV 1936 S. 171—172).

Gemäß § 3 III 3 tritt eine Hemmung der Verjährungsfrist auch u. U. ein, falls der Vmer Abschriften fordert; die Hemmung währt bis zu deren Eingang.

[16] bb) Sonstige Fälle.

Als weitere nicht vsrechtliche Hemmungsfälle kommen in Frage: §§ 202, 203 BGB, für die Ablaufshemmung: §§ 206, 207 BGB.

Über die Hemmung durch Kriegs- und Nachkriegsvorschriften vgl. die Angaben in VA Berlin 1951 S. 32—33 und bei Prölss Anm. 4 zu § 12, S. 76, in der Bundesrepublik seit 31. III. 1951 überholt durch § 1 G vom 28. XII. 1950 (BGBl. 1950 S. 821), dazu ErgänzungsG vom 30. III. 1951 (BGBl. I S. 213), für Westberlin durch § 1 G vom 26. IV. 1951 (G- und VOsblatt S. 333 = VA Berlin 1951 S. 91) mit ErgänzungsG vom 3. VII. 1951 (VA Berlin 1951 S. 92). Anwendung: LG Hamburg 15. V. 1952 VersR 1953 S. 57. Neue Hemmungsfälle bringt § 2 I, II G vom 28. XII. 1950, für Westberlin § 2 I, II G vom 26. IV. 1951. Über die Verjährung von Verbindlichkeiten gegenüber dem Ausland vgl. Allgemeine Genehmigung Nr. 55/51 (VA 1951 S. 101—102), sowie G Nr. 67 der Alliierten Hohen Kommission vom 23. XI. 1951 (Amtsblatt S. 1310).

[17] cc) Wesen der Hemmung.

Nach § 205 I BGB wird der Zeitraum, während dessen die Verjährung gehemmt ist in die Verjährungsfrist nicht eingerechnet. Soweit die Verjährung bereits begonnen hatte, läuft sie in der Zeit zwischen Anmeldung und schriftlicher Entscheidung nicht weiter, und es muß nach Aufhören der Hemmung noch soviel Zeit ablaufen, als bei Beginn der Hemmung an der Verjährungszeit fehlte (von Tuhr II 2 S. 526—527). Hatte die Verjährung noch nicht begonnen, war also die Fälligkeit noch nicht gegeben, so wird durch die Hemmung jener Zeitpunkt nicht verändert, der für den Beginn der Verjährung regelmäßig bedeutsam ist (Schluß des Fälligkeitsjahres); die Hemmung bewirkt nur, daß die Zeit vom Beginn der Verjährung bis zur Beseitigung der Hemmung an die Verjährungszeit angehängt wird. Irreführend Prölss Anm. 4 zu § 12, S. 76: Ist ein Vsfall am 1. X. 1952 eingetreten und am 1. XI. 1952 angemeldet, und sind die notwendigen Erhebungen noch 1952 beendigt, so beginnt die Verjährung mit dem Schluß des Jahres 1952, ist jedoch gehemmt bis zur schriftlichen Entscheidung des Vers. Erfolgt diese erst am 1. II. 1953, so wird nur der Monat Januar in die Verjährungsfrist nicht eingerechnet, nicht aber beginnt die Verjährung erst mit dem Schluß des Jahres 1953. Verfehlt auch Ehrenzweig VersR 1953 S. 124 Anm. 5.

[18] c) Unterbrechung.

aa) Fälle.

Vsrechtliche Sondernormen bestehen nicht, bedeutsam können werden: §§ 208 bis 220 BGB.

Die Anerkennung einer Prämienforderung (§ 208 BGB) kann auch gegenüber einem Vermittlungsagenten erfolgen (zu eng: OLG Hamburg 20. III. 1931 HansRGZ 1931 A Sp. 488, wo darauf abgestellt ist, daß der Agent als Generalagent bezeichnet war und Inkassovollmacht besaß).

Nur die Klage einer aktivlegitimierten Person kann die Verjährung nach § 209 I BGB unterbrechen. Es reicht nicht aus, wenn eine Heilanstalt die Ansprüche des Kranken einklagt (KG 8. VI. 1940 JRPV 1940 S. 133—134). Die Klage auf Einleitung des Sachverständigenverfahrens nach § 64 I unterbricht die Verjährung nicht hinsichtlich des Entschädigungsanspruches (RG 20. VI. 1933 JW 1933 S. 2128—2129 = VA 1933 S. 366—367 Nr. 2601).

Der Erhebung der Klage steht nach § 209 II BGB die Einreichung eines Armenrechtsgesuches nicht gleich, jedoch kann dadurch eine Hemmung nach § 203 II BGB eintreten (RG 12. IV. 1915 RGZ Bd 87 S. 52—56, OLG Karlsruhe 17. VII. 1935 HansRGZ 1936 A Sp. 62—63, LG Karlsruhe 16. XI. 1934 HansRGZ 1936 A Sp. 61). Entsprechendes gilt für eine Versagung des Armenrechts (RG 26. I. 1933 RGZ Bd 139 S. 272—273).

Zu § 211 II BGB: KG 17. XII. 1930 JRPV 1931 S. 128—129.

[19] bb) Wesen.

Wird die Verjährung unterbrochen, so kommt die bis zur Unterbrechung verstrichene Zeit nicht in Betracht; eine neue Verjährung kann erst nach Beendigung der Unterbrechung beginnen (§ 217 BGB). Für den Wiederbeginn gilt nicht § 12 I 2.

[20] II. Klagefrist.

Schrifttum: Bruck S. 408—412 m. w. N., Ehrenzweig S. 184—189, von Gierke II S. 156—157, Hagen I S. 620—624, Hubernagel WuRdVers 1936 Nr. 2 S. 57—86, Prölss JW 1937 S. 841—846, Reinhold, Die Klagefrist im Privatvsrecht, Würzburg 1939.

[21] 1. Rechtsnatur der Klagefrist.

Das Wesen des Vsvertrages bringt es mit sich, daß die Leistungspflicht des Vers oft zweifelhaft ist. Hier soll die Klagefrist klarstellend wirken, „denn durch jede Verzögerung in der Erledigung zweifelhafter Ansprüche wird die zuverlässige Feststellung der maßgebenden Tatsachen erschwert und zugleich die Übersicht über den wahren Stand des Vermögens des Vers beeinträchtigt" (Begr. I S. 27).

Die Klagefrist ist eine Ausschlußfrist, ihr Ablauf läßt den Anspruch gegen den Ver untergehen, gibt also dem Ver nicht nur eine Einrede wie die Verjährung (Anm. 5).

Die gerichtliche Geltendmachung des Anspruchs ist keine Obliegenheit (RG 4. XII. 1931 HansRGZ 1932 A Sp. 472, KG 12. III. 1932 JRPV 1932 S. 187, OLG Breslau 9. II. 1928 JRPV 1928 S. 94, OLG Celle 27. IX. 1935 VA 1935 S. 263 Nr. 2830, OLG Frankfurt 18. V. 1926 VA 1926 S. 238 Nr. 1605 = JRPV 1926 S. 224, OLG Hamm 5. VII. 1928 VA 1929 S. 11 Nr. 1923, OLG Kassel 30. IX. 1927 VA 1928 S. 13 Nr. 1795 = HansRGZ 1928 A Sp. 228, OLG Königsberg 9. XII. 1930 JW 1931 S. 3228 = JRPV 1931 S. 376, a. A. OLG Jena 3. II. 1912 VA 1913 Anh. S. 80 Nr. 748; von einer „Erscheinung, die mindestens an der Grenze zu den allgemein zivilrechtlichen Obliegenheiten steht", spricht Schmidt S. 253). Denn bei Ausschlußfristen handelt es sich um eine zeitliche Komponente des in Betracht kommenden Anspruches, nicht in erster Linie um ein Verhalten des Vmers. von Gierke LZ 1909 Sp. 721 stellt die Notwendigkeit gerichtlicher Geltendmachung der Prämienzahlungspflicht gleich, während doch offenbar keine Rechtspflicht zur Klage besteht (Schmidt S. 252 Anm. 1330).

Die Ausschlußfrist ist nach § 12 III eine gesetzliche, während sie noch nach § 12 II a. F. vertraglich vereinbart sein mußte. Die Neuregelung diente der Verkürzung der AVB (Begr. III S. 7).

Aus dem Zweck ergibt sich, daß es sich um eine nicht verfahrensrechtliche, sondern materiellrechtliche Ausschlußfrist handelt, sie „unterliegt deshalb der Beurteilung unter dem Gesichtspunkt von Treu und Glauben" (RG 10. XI. 1936 RGZ Bd 152 S. 338). Ihr Ablauf berührt die Zulässigkeit des Rechtsweges nicht (OLG Düsseldorf 16. XII. 1914 VA 1915 Anh. S. 9—10 Nr. 859).

Ist die Frist ohne gerichtliche Geltendmachung abgelaufen, so ist der Anspruch untergegangen, unterliegt daher nicht mehr der Verjährung. Dagegen bleibt die Verjährung bedeutsam für alle Ansprüche, die nicht gemäß § 12 III 2 abgelehnt sind. Selbstverständlich verlängert die Klagefristsetzung nicht die Schadensanzeigefrist (LG Düsseldorf 21. XI. 1950 VersR 1951 S. 83).

[22] 2. Voraussetzungen der Leistungsfreiheit.

Die Leistungsfreiheit des Vers, also der Untergang des Anspruches auf die Leistung, hat folgende drei Voraussetzungen: Erhebung des Anspruchs durch den Vmer, Ablehnung des Anspruchs durch den Ver, Unterlassung der Geltendmachung durch den Vmer.

[23] a) Erhebung des Anspruchs durch den Versicherungsnehmer.

aa) Anspruch.

Während die Verjährung die beiderseitigen Ansprüche betrifft, bezieht sich die Klagefrist nur auf Ansprüche gegen den Ver, wobei es gleichgültig ist, wer den Anspruch aus dem Vsvertrage erhebt (Vmer, Vter, Bezugsberechtigter, Realgläubiger, Zessionar, Pfandgläubiger).

Vorausgesetzt ist ein „Anspruch auf die Leistung" (§ 12 III 1). Jede Forderung aus dem Vsvertrage hat eine Leistung zum Gegenstand. Deshalb kommt die Klagefrist nicht nur in Betracht für Ansprüche des Vmers auf Gefahrtragung, Leistung nach Eintritt des Vsfalls, insbesondere Entschädigung (Geld- oder Naturalersatz, z. B. Rechtsschutzgewährung in der Haftpflichtv: vgl. RG 25. II. 1913 VA 1913 Anh. S. 82—83 Nr. 749), sondern auch für alle anderen aus dem Vsvertrage sich ergebenden Forderungen, z. B. auf Rückvergütung (a. A. Ehrenzweig S. 184—185), Polizendarlehen (Vorauszahlung), Aufwendungsersatz, Ermittlungs- und Feststellungskosten, Überschüsse, Prämienrückgewähr i. e. S., Prämienrückvergütung, Vtendividende, vertraglichen Schadensersatz (wegen Unmöglichkeit, Verzugs; dahingestellt von LG Berlin 26. II. 1929 JRPV 1929 S. 386), Aushändigung des Vsscheins, einer Ersatzurkunde oder einer Abschrift, Ernennung von Sachverständigen. Einer vertraglichen Erstreckung des § 12 III bedarf es nicht (a. A. Prölss Anm. 5 zu § 12, S. 76).

Da § 12 III im Zusammenhalt mit § 12 I 1 zu lesen ist, gilt die gesetzliche Ausschlußfrist nur für „Ansprüche aus dem Vsvertrage", also nicht für Forderungen aus ungerechtfertigter Bereicherung, aus Rücktritt oder aus Delikt (ebenso KG 12. III. 1932 JRPV 1932 S. 187 für eine vertragliche Ausschlußfrist zur Zeit des § 12 II a. F.). Dazu vgl. Anm. 9. Hier ist jedoch vertragliche Erstreckung möglich.

[24] bb) Erhebung.

Der Anspruch gegen den Ver muß erhoben sein (§ 12 III 2). Der Gläubiger muß also zum Ausdruck bringen, daß er eine Forderung besitze und geltend mache, was keine Angabe über die Höhe voraussetzt (RG 15. II. 1938 RGZ Bd 157 S. 82). Wird also eine geringere Summe genannt, so wird doch in voller Höhe der Anspruch erhoben (OLG Celle 27. IX. 1935 VA 1935 S. 262 Nr. 2830 = JRPV 1936 Zus. S. 25). Fälligkeit des Anspruchs zur Zeit der Erhebung ist nicht erforderlich. Die Erhebung des Anspruchs kann auch konkludent erfolgen und liegt z. B. in der Erstattung einer Schadensanzeige (RG 15. II. 1938 RGZ Bd 157 S. 82, anders KG 11. VIII. 1937 JRPV 1937 S. 376) oder der Anzeige von der Einleitung eines Strafverfahrens (OLG Köln 14. XII. 1934 VA 1935 S. 22 Nr. 2770 = JRPV 1935 Zus. S. 59).

Die Erhebung des Anspruchs kann auch gegenüber einem Agenten erfolgen (§ 43 Ziff. 2), bei einer Mitv muß jeder Mitver unterrichtet werden, sofern nicht eine Führungsklausel besteht (Ziff. D 6/27 Feuerklauseln).

Vor der Erhebung von Ansprüchen kann eine Ablehnung durch den Ver nicht mit der Wirkung des § 12 III erfolgen, der Vmer kann also nicht zur Klage gezwungen werden (KG 7. V. 1932 JRPV 1932 S. 263, OLG Stuttgart 10. IV. 1920 VA 1922 Anh. S. 19—20 Nr. 1245). Andererseits kann es im Einzelfall gegen Treu und Glauben verstoßen, wenn der Vmer sich darauf beruft, die Klagefristsetzung sei wegen Fehlens einer wirksamen Anspruchserhebung unzulässig, nachdem er vorher die Ablehnung des Vsschutzes formell nicht beanstandet hat (KG 11. VIII. 1937 JRPV 1937 S. 377).

[25] b) Ablehnung des Anspruchs durch den Versicherer.

Nach § 12 III 2 beginnt die Klagefrist erst, nachdem der Ver dem Vmer gegenüber den erhobenen Anspruch unter Angabe der mit dem Ablaufe der Frist verbundenen Rechtsfolge schriftlich abgelehnt hat.

[26] aa) Ablehnung.

aaa) Inhalt.

Die Ablehnung ist eine Erklärung, wonach der erhobene Anspruch nicht erfüllt werden soll oder nicht in voller Höhe (hierzu: RG 7. IV. 1933 JW 1933 S. 2126 = VA 1933 S. 323 Nr. 2569). Solche Erklärung liegt auch in einer Anfechtung oder einem Rücktritt. Sind mehrere Ansprüche erhoben, so kann sich die Ablehnung auf einzelne von ihnen beschränken (RG 25. X. 1907 Recht 1907 Sp. 1477—1478 Nr. 3723). In einer Ablehnung des Vsschutzes liegt noch keine Ablehnung von Verzugsschadensersatz (vgl. LG Berlin 26. II. 1929 JRPV 1929 S. 386).

Die Ablehnung ist eine Rechtshandlung, die in Analogie zu Willenserklärungen zu behandeln ist (Prölss Anm. 5 zu § 12, S. 77 nimmt eine Willenserklärung an, ebenso OLG Düsseldorf 22. I. 1934 JRPV 1934 S. 286, OLG Hamm 19. II. 1934 VA 1934 S. 35 Nr. 2688).

In entsprechender Anwendung des § 138 I BGB kann eine Ablehnung sittenwidrig und deshalb nichtig sein, wenn Ver und Vmer zusammenwirken, um einen Dritten (Gläubiger des Vmers) zu schädigen (vgl. RG 31. I. 1936 RGZ Bd 150 S. 185—186).

Darauf, ob die Ablehnung sachlich gerechtfertigt ist oder nicht, kommt es grundsätzlich nicht an; die sachliche Berechtigung ist eben dann durch rechtzeitige Klageerhebung zur gerichtlichen Prüfung zu bringen (RG 31. I. 1936 RGZ Bd 150 S. 183). In Ausnahmefällen kann allerdings eine unberechtigte Ablehnung eine auch nach § 826 BGB zum Schadensersatz verpflichtende Handlung des Vers darstellen (OLG Düsseldorf 22. I. 1934 JRPV 1934 S. 286).

Es braucht keine Begründung für die Ablehnung gegeben zu werden (RG 9. XI. 1934 VA 1935 S. 27 Nr. 2773 = JRPV 1934 S. 379; abweichend sagt OLG Düsseldorf 21. III. 1932 S. 253 Nr. 2445, nach Treu und Glauben müsse vom Ver verlangt werden, „daß er seine Einwendungen rechtzeitig und möglichst gleichzeitig in dem Ablehnungsschreiben" vorbringe).

Stets muß die Ablehnung klar und unzweideutig sein (OLG Düsseldorf 18. VI. 1934 JRPV 1935 S. 64), auch aus dem sonstigen Verhalten des Vers dürfen sich keine Zweifel an der Bedeutung der Ablehnung ergeben (OLG Hamm 19. II. 1934 VA 1934 S. 35 Nr. 2688 = JRPV 1935 S. 318). Letzteres kann der Fall sein, wenn in dem Ablehnungsschreiben gleichzeitig Vergleichsverhandlungen angebahnt werden (vgl. RG 20. XII. 1907 Recht 1908 Nr. 1697, 2. III. 1909 LZ 1909 Sp. 787—788, bedenklich KG 12. VI. 1918 VA 1919 Anh. S. 20 Nr. 1075, das aus nachträglichem Verhalten des Vers herleitet, ein endgültiger Ablehnungsbescheid liege nicht vor).

Es widerstreitet Treu und Glauben, wenn der (an und für sich wegen Prämienverzugs des Vmers leistungsfreie) Ver den Vsschutz zusagt, um dann doch die Klagefrist in Lauf zu setzen; solchenfalls ist die Fristsetzung unwirksam (OLG Hamm 21. I. 1952 VersR 1952 S. 126 (mit zustimmender Anm. Bischoff, dagegen Schmitt VersR 1952 S. 204—205, Ehrenzweig VersR 1952 S. 262).

[27] bbb) Form.

Die Ablehnung muß schriftlich erfolgen, faksimilierte Unterschrift genügt nach § 126 I BGB nicht. Eingeschriebener Brief ist nicht erforderlich, kann jedoch vertraglich vorgesehen werden (§§ 10 I 2 AHaftpflichtB, 18 I 2 AUnfallB). Auch in diesem Falle genügt es aber, wenn der Ver den Zugang eines nicht eingeschriebenen Ablehnungsschreibens beweist (KG 7. V. 1932 VA 1932 S. 247 Nr. 2441 = JRPV 1932 S. 263, a. A. OLG Augsburg 4. XII. 1928 VA 1929 S. 13 Nr. 1926, OLG Düsseldorf 2. XI. 1933 VA 1933 S. 421 Nr. 2643 = JRPV 1934 S. 142). Der Brief muß an den in Anm. 28 genannten Empfänger gerichtet werden. Es reicht nicht aus, daß der Ver seinem Agenten schreibt und dieser den Brief an den Vmer weitergibt (a. A. OLG Düsseldorf 24. III. 1930 VA 1930 S. 9 Nr. 2103).

[28] ccc) Beteiligte.

Die Ablehnung ist vom Ver oder seinem Vertreter zu erklären, ein Agent müßte dazu besonders bevollmächtigt sein (RG 10. I. 1905 VA 1905 Anh. S. 70—71 Nr. 138). Bei einer Mitv müssen alle Ver ablehnen. Ziff. D 6/27 Feuerklauseln gibt dem führenden Ver keine Ablehnungsvollmacht. Es kommt auf den Zugang der Ablehnung an (Anm. 1—7 zu § 10). Fehlt es am Zugang, so wird die Ausschlußfrist selbst dann nicht in Lauf gesetzt, wenn der Vmer von der Ablehnung anderweitig Kenntnis erlangt hatte (OLG Düsseldorf 2. XI. 1933 JRPV 1934 S. 141).

Als Empfänger der Ablehnung ist in § 12 III 2 nur der Vmer genannt. Ist der Vmer nicht voll geschäftsfähig, so muß das Ablehnungsschreiben an seinen gesetzlichen Vertreter gerichtet werden (vgl. § 131 I, II 1 BGB; RG 15. II. 1929 VA 1929 S. 241 Nr. 2005 = JRPV 1929 S. 97), der aber seinerseits dem (beschränkt geschäftsfähigen) Vertretenen die Einwilligung zur Empfangnahme erteilen kann (vgl. § 131 II 2 BGB; OLG Hamm 15. X. 1931 VA 1931 S. 263 Nr. 2324). Steht der Vmer unter Pflegschaft, so kann sowohl ihm selbst als auch dem Pfleger gegenüber abgelehnt werden (RG 8. II. 1910 VA 1910 Anh. S. 64 Nr. 529). Bei gewillkürter Vertretung kann gegenüber dem Vertreter abgelehnt werden, sofern die Vollmacht die Empfangsvertretung betrifft oder umfaßt (KG 22. III. 1933 VA 1933 S. 341 Nr. 2581 = JRPV 1933 S. 299, OLG Düsseldorf 22. I. 1934 JRPV 1934 S. 286); aber auch gegenüber dem Vertretenen kann weiterhin abgelehnt werden (RG 15. II. 1929 VA 1929 S. 241 Nr. 2005 = JRPV 1929 S. 97). Die Ablehnung gegenüber dem Vertreter genügt auch dann, wenn dieser irrtümlich für den Vmer gehalten wird (RG 4. XII. 1931 Praxis 1931 S. 5). Im Konkurs des Vmers ist die Ablehnung an den Konkursverwalter zu richten (vgl. OLG Jena 3. II. 1912 VA 1913 Anh. S. 79 Nr. 748). Ist Vmerin eine Ehefrau, so ist auf die güterrechtlichen Verhältnisse abzustellen: Gehört der Vsanspruch zum eingebrachten Gut, so ist wegen § 1403 I BGB dem Mann gegenüber abzulehnen (übersehen von OLG Breslau 19. III. 1935 JW 1935 S. 2907—2908). Gegenüber der Ehefrau kann dagegen eine Vsforderung des Mannes (trotz § 1357 I 1 BGB) grundsätzlich nicht abgelehnt werden (RG 8. II. 1910 VA 1910 Anh. S. 64 Nr. 529). Bei einer Erbengemeinschaft ist die Ablehnung an jeden Miterben zu richten (RG 2. V. 1911 VA 1912 Anh. S. 33 Nr. 654, OLG Marienwerder 13. V. 1910 VA 1911 Anh. S. 3 Nr. 566). Handelt es sich nicht um Ansprüche des Vmers, so kommt es auf den Anspruchsberechtigten an, der jedoch nicht nur Inhaber der Forderung, sondern auch verfügungsberechtigt sein muß (RG 1. IX. 1942 JRPV 1942 S. 144 = HansRGZ 1943 A Sp. 14). Hat der Vmer den Anspruch abgetreten, so kann nur noch gegenüber dem Zessionar abgelehnt werden (KG 8. X. 1930 JRPV 1930 S. 435). Eine Ablehnung, welche konkludent in einer Erklärung enthalten ist, die wie etwa die Anfechtung sich nicht nur auf die konkrete Forderung bezieht, sondern den Bestand des Vertrages selbst angreift, muß aber auch dem Vmer als Vertragspartner gegenüber abgegeben werden, hier genügt Zugang beim Anspruchsberechtigten nicht (ebenso Prölss Anm. 5 zu § 12, S. 77).

[29] ddd) Klagemöglichkeit.

Die Ablehnung des Anspruchs kann wirksam nur dann erfolgen, wenn der Vmer zur gerichtlichen Geltendmachung in der Lage ist. Hierzu bedarf es allerdings nicht der Fälligkeit seiner Forderung, da die Möglichkeit einer Feststellungsklage besteht; die Ablehnung setzt also keine Fälligkeit voraus (ebenso Prölss Anm. 5 zu § 12, S. 76, a. A. Bruck 7. Aufl. S. 60, RG 31. I. 1936 RGZ Bd 150 S. 183—184, OLG Köln 19. VII. 1935 HansRGZ 1936 A Sp. 63). Auch ein hoheitliches Zahlungsverbot hindert nicht die wirksame Ablehnung, denn auch hier kann auf Feststellung geklagt werden (KG 13. V. 1947 DRZ 1947 S. 413, 23. III. 1948 JR 1948 S. 258, 9. XI. 1948 VA Berlin 1949 Nr. 2 S. 8, 8. XII. 1949 VersR 1950 S. 102, 5. X. 1950 VA Berlin 1951 S. 69 = VersR 1951 S. 37; abweichend KG 3. I. 1947 VA Berlin 1949 Nr. 2 S. 9 = VW 1947 S. 197—198; irreführend Prölss Anm. 5 zu § 12, S. 76, der einerseits sagt, daß eine Anordnung nach § 89 VAG die gerichtliche Geltendmachung hindere, andererseits aber eine Feststellungsklage zulassen will). Eine gerichtliche Geltendmachung ist dagegen nicht möglich, wenn ein Klageverbot besteht, daher kann solchenfalls die Ausschlußfrist nicht wirksam in Lauf gesetzt werden.

[30] **bb) Rechtsbelehrung.**

An den Inhalt der Ablehnungserklärung stellt § 12 III 2 die Anforderung, daß — neben der Ablehnung — die mit dem Ablaufe der Frist verbundene Rechtsfolge angegeben werden muß. Die Rechtsfolge ist in § 12 III 1 umschrieben, sie muß in dem Schreiben des Vers so klar mitgeteilt sein, „daß auch der einfache Mann aus dem Volke sie ohne weiteres verstehen kann" (RG 11. II. 1936 RGZ Bd 150 S. 259, auch RG 2. III. 1909 LZ 1909 Sp. 788, KG 12. III. 1932 JRPV 1932 S. 186, OLG Hamm 15. X. 1931 VA 1931 S. 262 Nr. 2324). Der genaue Beginn der Klagefrist (Zugang der schriftlichen Ablehnung) braucht dabei aber ebensowenig angegeben zu werden wie der Begriff der gerichtlichen Geltendmachung definiert werden muß. Der Gesetzeswortlaut oder die ihm entsprechende Bestimmung der AVB kann wiederholt werden (OLG Düsseldorf 22. I. 1934 JRPV 1934 S. 285—286, OLG Köln 25. II. 1953 VersR 1953 S. 182), doch ist dies nicht erforderlich; auch die Wendung „von der Verpflichtung zur Leistung frei" braucht nicht wörtlich benutzt zu werden (KG 8. II. 1936 VA 1936 S. 191—192 Nr. 2879 = JRPV 1936 S. 235—236, OLG Köln 14. XII. 1934 JRPV 1935 Zus. S. 58—59). Ein Hinweis auf den Inhalt der §§ 158 c I, 158 f braucht auch in der Kraftfahrhaftpflichtv nicht gebracht zu werden (OLG Köln 25. II. 1953 VersR 1953 S. 182).

Andererseits genügt ein bloßer Hinweis auf § 12 III oder eine entsprechende Bestimmung der AVB nicht (selbst dann nicht, wenn der Empfänger rechts- oder fachkundig ist): RG 22. I. 1935 JW 1935 S. 1148 = JRPV 1935 S. 73, 23. VIII. 1935 RGZ Bd 148 S. 302, 11. II. 1936 RGZ Bd 150 S. 259, KG 9. V. 1923 HansRZ 1923 Sp. 667, 7. III. 1925 VA 1925 S. 148—149 Nr. 1498, OLG Breslau 22. I. 1935 JRPV 1935 S. 73, OLG Düsseldorf 30. III. 1931 VA 1931 S. 6 Nr. 2239 = JRPV 1932 S. 325 bis 326, OLG München 24. III. 1928 VA 1928 S. 252 Nr. 1906, OLG Naumburg 28. I. 1914 Recht 1914 Nr. 1186, OLG Nürnberg 4. VII. 1930 VA 1930 S. 216—217 Nr. 2177.

Die Rechtsbelehrung ist mit der Ablehnung zu verbinden, jedoch muß es ausreichen, wenn einer schriftlichen Ablehnung die schriftliche Rechtsbelehrung nachfolgt: Die Klagefrist beginnt dann mit dem zweiten Schreiben.

Beispiele für ungenügende Rechtsbelehrungen: RG 22. IX. 1931 JW 1932 S. 2513 = VA 1931 S. 297—298 Nr. 2351, 22. I. 1935 JW 1935 S. 1148 = JRPV 1935 S. 73, 7. XI. 1939 JRPV 1940 S. 53 = HansRGZ 1942 A Sp. 245—246, KG 9. V. 1923 HansRZ 1923 Sp. 667, 7. III. 1925 VA 1925 S. 148—149 Nr. 1498, 25. IV. 1925 JRPV 1925 S. 196, 15. X. 1938 VA 1939 S. 203 Nr. 3095 = JRPV 1939 S. 24, OLG Breslau 22. I. 1935 JRPV 1935 S. 73, 19. III. 1935 JW 1935 S. 2907, OLG Düsseldorf 30. III. 1931 VA 1931 S. 6 Nr. 2239 = JRPV 1932 S. 325—326, 19. VI. 1933 VA 1933 S. 329—330 Nr. 2573 = JRPV 1934 S. 108, OLG München 24. III. 1928 VA 1928 S. 252 Nr. 1906, OLG Naumburg 28. I. 1914 Recht 1914 Nr. 1186, OLG Nürnberg 4. VII. 1930 VA 1930 S. 216—217 Nr. 2177. In allen diesen Fällen war auf das Eintreten der selbständigen Rechtsfolge einer Leistungsfreiheit des Vers nicht genügend deutlich hingewiesen. Außerdem war in RG 22. IX. 1931 JW 1932 S. 2513—2514 = VA 1931 S. 297—298 Nr. 2351 die Rechtsbelehrung dadurch ihrer rechtlichen Wirkung entkleidet, daß sie eingeleitet war mit den Worten: „Lediglich um einer gesetzlichen Vorschrift zu genügen . . .". Bei KG 7. V. 1941 JRPV 1941 S. 123 war die zunächst zutreffend erfolgte Rechtsbelehrung in einem späteren Schreiben als unrichtig bezeichnet und gleichzeitig widerrufen worden; daher wurde dem Ver die Berufung auf den Fristablauf versagt. Unrichtig KG 8. II. 1936 VA 1936 S. 192 Nr. 2879 = JRPV 1936 S. 235. Über eine unzureichende Rechtsbelehrung bei einem öffentlichrechtlichen Ver (Nebeneinander von Beschwerdeweg und Klage): RG 11. II. 1936 RGZ Bd 150 S. 260.

Die Frage, ob eine Rechtsbelehrung ungenügend ist, muß objektiv beurteilt werden. Es ist also unerheblich, ob der Vmer oder sein Vertreter davon ausgegangen ist, die Klagefrist sei in Lauf gesetzt (OLG Düsseldorf 19. VI. 1933 VA 1933 S. 329—330 Nr. 2573 = JRPV 1934 S. 108).

[31] **c) Unterlassung der Geltendmachung durch den Versicherungsnehmer.**

Mit dem Zugang der Ablehnung beginnt die Klagefrist: Der abgelehnte Anspruch muß innerhalb von sechs Monaten gerichtlich geltend gemacht werden (§ 12 III 1).

[32] **aa) Fristberechnung.**

Die Klagefrist wird durch den Zugang des Ablehnungsschreibens in Lauf gesetzt, jedoch wird nach § 187 I BGB der Tag des Zuganges nicht mitgerechnet (OLG Breslau 17. VI. 1931 VA 1931 S. 225 Nr. 2300). Die Frist endigt nach § 188 II BGB sechs Monate später mit dem Ablauf desjenigen Tages des sechsten Monats, welcher durch seine Zahl dem Tage des Zuganges der Ablehnung entspricht. Ferner sind in bezug auf das Ende der Frist §§ 188 III, 193 BGB zu beachten. Der Ver kann die Frist von vornherein oder nachträglich durch einseitige Erklärung verlängern (vgl. § 190 BGB, KG 11. VIII. 1937 JRPV 1937 S. 376, OLG Düsseldorf 13. II. 1930 JRPV 1930 S. 282), von einer Verlängerung auf unbestimmte Zeit handelt KG 28. XI. 1925 VA 1926 S. 6 Nr. 1526. Auf die Vereinbarung einer kürzeren Frist kann sich der Ver wegen § 15a nicht berufen. Auch vor der Novelle vom 19. XII. 1939 war ihm dies nach § 12 III a. F. verwehrt, anders in der vorgesetzlichen Zeit (vgl. Begr. I S. 27, RG 20. XII. 1907 Recht 1908 Nr. 1697, 24. III. 1908 Recht 1908 Nr. 2093).

Da Klagefrist und Verjährung streng zu unterscheiden sind, gibt es grundsätzlich keine Hemmung oder Unterbrechung der Klagefrist (RG 1. II. 1910 JW 1910 S. 244—245 = LZ 1910 Sp. 694—695, 12. IV. 1918 VA 1918 Anh. S. 50 Nr. 1043, KG 28. I. 1922 HansRZ 1922 Sp. 342, 7. XI. 1931 JRPV 1931 S. 387—388, OLG Düsseldorf 23. V. 1932 VA 1932 S. 273 Nr. 2464, 20. I. 1950 VersR 1950 S. 36). Insbesondere wird durch ein Sachverständigenverfahren die Frist nicht gehemmt (KG 12. III. 1932 JRPV 1932 S. 186—187), ebensowenig bewirken grundsätzlich Vergleichs- oder sonstige Verhandlungen zwischen Ver und Vmer eine Hemmung oder Unterbrechung (OLG Düsseldorf 12. VII. 1928 VA 1928 S. 203 Nr. 1859 = JRPV 1928 S. 279, 24. III. 1930 VA 1930 S. 9 Nr. 2103, OLG Hamm 15. X. 1931 VA 1931 S. 263 Nr. 2324), erst recht gilt dies von einem einseitigen Vergleichsvorschlag des Vmers (OLG Breslau 9. II. 1928 JRPV 1928 S. 93—94, vgl. auch LG Berlin 10. VII. 1934 JRPV 1935 S. 160). Es kann jedoch Vergleichsverhandlungen ausnahmsweise Bedeutung hinsichtlich der Klagefrist zukommen: Unterbreitet der Ver gleichzeitig mit seiner Ablehnung einen Vergleichsvorschlag, so kann die Ablehnung wegen mangelnder Klarheit unwirksam sein (dazu Anm. 26). Ferner können Vergleichsverhandlungen nach Fristablauf Anzeichen für einen Verzicht des Vers auf seine Rechtsposition sein (dazu Anm. 49), schließlich sind Fälle denkbar, in welchen wegen vorangegangenen Vergleichsverhandlungen nach Treu und Glauben trotz Fristablauf die Leistungsfreiheit nicht eintritt (dazu Anm. 52).

Eine Ausnahme von dem oben erwähnten Grundsatz, daß die Klagefrist nicht hemmungsfähig ist, ergibt sich aus § 3 III 3: Verlangt der Vmer vom Ver Abschriften der von ihm mit Bezug auf den Vertrag abgegebenen Erklärungen, deren er zur gerichtlichen Geltendmachung bedarf, so ist die Klagefrist von der Stellung des Verlangens bis zum Eingang der Abschriften gehemmt. Näheres hierzu Anm. 37 zu § 3.

Die Vorschriften der Kriegs- und Nachkriegszeit, die eine Fristenhemmung brachten, sind heute überholt. Das ergibt sich für die Bundesrepublik aus § 4 G vom 28. XII. 1950 (BGBl. S. 821), dazu ErgänzungsG vom 30. III. 1951 (BGBl. I S. 213), für Westberlin aus § 4 G vom 26. IV. 1951 (G- und VOsblatt S. 333 = VA Berlin 1951 S. 91) mit ErgänzungsG vom 3. VII. 1951 (VA Berlin 1951 S. 92).

Ein Hinweis des Vers darauf, daß die Klagefrist demnächst abläuft, ist grundsätzlich nicht erforderlich (RG 2. II. 1940 DR 1940 S. 736 = JRPV 1940 S. 68, abweichend nimmt OLG Köln 26. IV. 1939 VA 1939 S. 257 eine entsprechende vertragliche Pflicht an). Doch können sich im Einzelfall nach Treu und Glauben Ausnahmen ergeben, so wenn der Vmer nur eine Teilklage erhebt (Anm. 36).

[33] bb) Gerichtliche Geltendmachung.

Der Anspruch muß innerhalb der Klagefrist nach § 12 III 1 gerichtlich geltend gemacht werden.

[34] aaa) Aktivlegitimation.

Die Vorschrift sagt nichts darüber, daß nur der Vmer geltend machen könne, daher reicht es aus, wenn statt seiner der Vte, Bezugsberechtigte, Realgläubiger oder Pfandgläubiger gegen den Ver vorgeht (so für den Pfändungspfandgläubiger OLG Breslau 3. VI. 1931 VA 1931 S. 222—223 Nr. 2299, vgl. auch RG 6. XI. 1934 VA 1935 S. 13 Nr. 2761). Hat ein Dritter hinsichtlich der Vsforderung die Rechtsnachfolge des Vmers angetreten, so ist letzterer zur gerichtlichen Geltendmachung dann noch aktiv legitimiert, wenn ihm der Dritte eine entsprechende Ermächtigung erteilt hat (RG 8. II. 1929 JRPV 1929 S. 95—96). Eine nach Klageerhebung verliehene Prozeßführungsermächtigung muß aber vor Fristablauf erteilt werden, eine spätere läßt den einmal erloschenen Anspruch nicht wieder aufleben (KG 25. VI. 1932 JRPV 1932 S. 322—323). Auch daß ein Dritter, dessen Klage mangels Aktivlegitimation die Frist nicht wahrt, nach Fristablauf die Rechtsnachfolge des Vmers antritt, berührt das Erlöschen des Vsanspruchs nicht (KG 11. XI. 1936 JRPV 1937 S. 78).

[35] bbb) Erscheinungsformen.

Der Begriff „gerichtlich geltend machen“, der auch in § 38 I 2 vorkommt, ist weiter als jener der Klage. Da § 15a den § 12 III zugunsten des Vmers relativ zwingend macht, kann sich der Ver nicht auf eine Vertragsabrede berufen, wonach eine Klage erforderlich ist, z. B. § 18 I 1 ALB, § 8 I 1 AKB, § 18 I 1 AUnfallB (Anm. 57).

[36] *α*) Zulässige Formen.

***αα*) Klageerhebung.**

Was die Klageerhebung bei Zivilgerichten anlangt, so genügt nach § 496 III ZPO im amtsgerichtlichen Verfahren die Einreichung oder Anbringung, sofern die Zustellung demnächst erfolgt (KG 23. XII. 1931 JRPV 1932 S. 60—61, 28. IX. 1938 JRPV 1938 S. 364, 7. V. 1941 JRPV 1941 S. 123, OLG Stuttgart 26. IV. 1927 VA 1927 S. 224 Nr. 1738). Zustellung muß an den Ver oder seinen Vertreter erfolgen, die Zustellung an seinen mit der Sache befaßten Anwalt reicht aus (KG 22. I. 1938 JRPV 1938 S. 121, a. M. Prölss Anm. 9 zu § 12, S. 81), nicht dagegen die an den Vermittlungsagenten (RG 16. IX. 1932 JW 1933 S. 765 = VA 1932 S. 287 Nr. 2475, OLG Hamm 11. III. 1925 VA 1926 S. 22—23 Nr. 1538, Weber VersR 1952 S. 67). Einen Fall, in dem der Ver sich nicht darauf berufen konnte, daß die Zustellung nicht ordnungsmäßig erfolgte, bringt RG 13. III. 1934 WarnRspr 26. Jahrg. Nr. 59. Der Vmer muß die Zustellung durch Zahlung der Gerichtskosten innerhalb angemessener Frist fördern (OLG Bamberg 21. V. 1952 VersR 1952 S. 316—317, Reinhold a. a. O. S. 38). Welche Zustellung im Einzelfalle noch unter § 496 III ZPO fällt, hat der Richter nach pflichtmäßigem Ermessen zu entscheiden (RG 8. XII. 1922 RGZ Bd 105 S. 427). — Die gleiche Regelung wie im amtsgerichtlichen gilt seit der Prozeßrechtsnovelle vom 12. IX. 1950 gemäß § 261b III ZPO auch im landgerichtlichen Verfahren; es genügt also auch hier schon die Einreichung oder Anbringung der Klage (OLG Bamberg 21. V. 1952 VersR 1952 S. 316—317). Als (überholte) Entscheidungen zum früheren Recht vgl. nur OLG Düsseldorf 12. VII. 1928 VA 1928 S. 203 Nr. 1859 = JRPV 1928 S. 279, OLG Hamm 5. VII. 1928 VA 1929 S. 11 Nr. 1923, 2. VII. 1931 VA 1931 S. 227 Nr. 2302, OLG Kassel 30. IX. 1927 VA 1928 S. 13 Nr. 1795 = HansRGZ 1928 A Sp. 227—228. Schon früher konnte bei vertraglicher entsprechender Vereinbarung auch im Landgerichtsprozeß die Klageeinreichung genügen (KG 29. X. 1932 VA 1932 S. 288 Nr. 2476 = JRPV 1933 S. 93).

Eine Klage vor einem örtlich und/oder sachlich unzuständigen Gericht muß ausreichen, auch hier handelt es sich um eine gerichtliche Geltendmachung. Wie hier:

RG 24. IX. 1918 RGZ Bd 93 S. 313—314 (sachlich), 15. XI. 1918 RGZ Bd 94 S. 135 bis 136 (örtlich), 22. VI. 1926 RGZ Bd 114 S. 126 (sachlich), 4. X. 1935 RGZ Bd 149 S. 10—11 (sachlich), 12. V. 1936 RGZ Bd 151 S. 235—238 (sachlich), 22. XII. 1936 JW 1937 S. 1059 (allgemein), KG 28. IX. 1938 JRPV 1938 S. 364 (sachlich), OLG Königsberg 16. VII. 1940 HansRGZ 1941 A Sp. 20—21 (örtlich), OLG Stuttgart 26. IV. 1927 VA 1927 S. 224 Nr. 1738 (sachlich), vgl. auch LG Hamburg 7. IV. 1927 JW 1927 S. 2163 (sachlich). Dagegen aber: RG 1. II. 1910 LZ 1910 Sp. 694—695 (örtlich), 11. I. 1918 RGZ Bd 92 S. 42—43 (örtlich), 12. IV. 1918 VA 1918 Anh. S. 50 Nr. 1043 (allgemein), Reinhold a. a. O. S. 39—40 m. w. N.

Nicht nur eine Leistungs-, sondern auch eine Feststellungsklage wahrt die Ausschlußfrist (RG 15. II. 1938 RGZ Bd 157 S. 82, KG 12. III. 1932 JRPV 1932 S. 186—187, OLG Breslau 17. VI. 1931 VA 1931 S. 224 Nr. 2300, irreführend RG 15. V. 1925 JRPV 1925 S. 175). Zur Frage der Zulässigkeit einer Feststellungsklage: OGH 16. VI. 1950 VersR 1950 S. 148—149 m. w. N., insbesondere LG Offenburg 7. III. 1950 DRZ 1950 S. 253. Auch eine unzulässige Feststellungsklage wahrt die Ausschlußfrist (RG 31. V. 1921 RGZ Bd 102 S. 340—341, dagegen Reinhold a. a. O. S. 41 bis 42). Soll die Beurteilung der Höhe des Anspruches einem Schiedsgericht vorbehalten sein, so reicht eine dennoch erhobene unzulässige Leistungsklage zur Fristwahrung aus (OLG Köln 13. V. 1931 VA 1931 S. 244 Nr. 2315).

Eine Klagerücknahme bewirkt nach § 271 III 1 ZPO, daß der Rechtsstreit als nicht anhängig geworden anzusehen ist. Die Klagefrist muß also als nicht gewahrt betrachtet werden (Reinhold a. a. O. S. 46—47). Entsprechendes gilt bei teilweiser Klagerücknahme (OLG Hamburg 8. XII. 1910 LZ 1911 Sp. 244—246).

Bei der Leistungsklage taucht die Spezialfrage auf, ob die Einklagung eines Teilanspruches (Teilklage) genügt. Grundsätzlich wahrt die Teilklage die Klagefrist nur für den eingeklagten Betrag: So RG 10. XI. 1936 RGZ Bd 152 S. 337, 339, KG 22. III. 1933 VA 1933 S. 342 Nr. 2581 = JRPV 1933 S. 299, 29. VI. 1932 JRPV 1932 S. 296, 11. I. 1951 VersR 1951 S. 130, OLG Celle 27. IX. 1935 VA 1935 S. 262—263 Nr. 2830 = JRPV 1936 Zus. S. 25—26, OLG Düsseldorf 22. III. 1928 VA 1928 S. 251 Nr. 1905, 14. I. 1935 JRPV 1935 Zus. S. 49, 20. I. 1950 VersR 1950 S. 37, OLG Königsberg 7. II. 1936 VA 1936 S. 166 Nr. 2865 = JRPV 1936 Zus. S. 26. Eine verspätete Erweiterung des Klageantrages (§ 268 Ziff. 2 ZPO) nützt dem Vmer grundsätzlich nichts (OLG Düsseldorf 22. III. 1928 VA 1928 S. 251 Nr. 1905).

Jedoch kennen diese Grundsätze eine so große Reihe von Ausnahmen, daß praktisch die Ausnahmen die Regel überwuchern: Eine verspätete Erweiterung des Klageantrages wahrt die Klagefrist, falls der Umfang des erhobenen und abgelehnten Anspruchs sich erst nachträglich erhöht hat (RG 14. II. 1908 RGZ Bd 68 S. 111). — Weiterhin muß eine Teilklage ausreichen, „wenn dem Gesamtanspruch in seiner vollen Höhe ein einheitlicher Tatbestand zugrunde liegt", vorausgesetzt, daß dem Ver erkennbar ist, es handle sich nur um eine Teilklage (RG 10. XI. 1936 RGZ Bd 152 S. 336, 339, ebenso KG 11. I. 1951 VersR 1951 S. 130, a. M. OLG Düsseldorf 14. I. 1935 JRPV 1935 Zus. S. 49, OLG Königsberg 7. II. 1936 VA 1936 S. 166—167 = JRPV 1936 Zus. S. 26). Dieses kann aus der Vorkorrespondenz, besonders aber daraus ersichtlich sein, daß der „Teilanspruch unter Vorbehalt der Erweiterung" eingeklagt wird (KG 22. III. 1933 VA 1933 S. 342 Nr. 2581 = JRPV 1933 S. 299). — Erhebt der Ver eine negative Feststellungsklage, so wird auch damit eine innerhalb der Klagefrist erfolgende Erweiterung des Klageantrages durch den Vmer überflüssig; denn der Ver weiß auch hier, daß er mit einer höheren Forderung des Vmers zu rechnen hat (auf die bloße Möglichkeit der Feststellungswiderklage stellt ab: RG 10. XI. 1936 RGZ Bd 152 S. 339). — Aus Treu und Glauben ergibt sich, daß der Ver „den Gegner darauf hinweisen muß, dessen Teilklage genüge nicht zur Fristwahrung für den über den eingeklagten Teil hinausgehenden Anspruch. Tut er das nicht", so tritt Leistungsfreiheit nicht ein (RG 10. XI. 1936 RGZ Bd 152 S. 337—338, auch RG 22. IX. 1936 VA 1936 S. 218—219 Nr. 2898 = JRPV 1936 S. 325, OLG Nürnberg 4. VII. 1930 VA 1930 S. 217 Nr. 2177, wo allerdings z. T. zu Unrecht mit dem „Vorwurf unerlaubter Rechtsausübung" und dem „Gegeneinwand der Arglist" operiert wird, vgl. Anm. 49. — Aus Treu und Glauben ergibt sich ferner, daß der Ver sich nicht auf den Ablauf der Klagefrist berufen kann, wenn er im Rechtsstreit wegen der Teilklage ausgeführt hat, er müsse die volle Vs-summe zahlen, falls der Tod nicht durch Selbstmord, sondern durch Unfall eingetreten sei (OLG Königsberg 7. II. 1936 VA 1936 S. 167 Nr. 2865 = JRPV 1936 Zus. S. 26—27). — Ferner ist der Ver dem Gegeneinwand der Arglist dann ausgesetzt, wenn er selbst Teilklagen angeregt hat (KG 20. X. 1937 JRPV 1938 S. 140). — Prölss Anm. 9 zu § 12, S. 81—82 verwendet den Begriff der Sittenwidrigkeit statt jenes des Verstoßes gegen Treu und Glauben und will dabei einen strengen Maßstab anlegen. — Alle genannten Ausnahmen von der Regel, wonach eine Teilklage nur für den eingeklagten Betrag wirkt, ergeben sich daraus, daß die Klagefrist keine verfahrens-, sondern eine materiellrechtliche Ausschlußfrist darstellt. Ihre Ziele sind nicht Rechtshängigkeit und Rechtskraft, sondern beschleunigte Tatsachenfeststellungen und Übersicht über den Vermögensstand des Vers. Die Kostenersparnis durch Teilklagen liegt auch im Interesse der Gefahrengemeinschaft.

[37] $\beta\beta$) **Zahlungsbefehl.**

Nach § 693 II ZPO genügt, falls durch die Zustellung des Zahlungsbefehls eine Frist gewahrt werden soll, die Einreichung oder Anbringung des Gesuchs beim Amtsgericht, wenn die Zustellung demnächst erfolgt (Rosenberg S. 732, RG 14. II. 1908 RGZ Bd 68 S. 110—111, 7. IV. 1933 JW 1933 S. 2126—2127 = VA 1933 S. 322—324 Nr. 2569, KG 22. III. 1933 VA 1933 S. 342 Nr. 2581 = JRPV 1933 S. 299, 16. I. 1935 VA 1935 S. 216—217 Nr. 2793 = JRPV 1935 S. 174—175, 2. III. 1938 JRPV 1938 S. 172, 23. III. 1948 JR 1948 S. 258, OLG Frankfurt 18. V. 1926 VA 1926 S. 238 Nr. 1605 = JRPV 1926 S. 224, a. A. OLG Celle 16. XII. 1930 VA 1931 S. 3 Nr. 2236). Ein Zahlungsbefehl muß auch dann die Klagefrist wahren, wenn über die Höhe des Anspruchs eine Sachverständigenkommission zu entscheiden hat (a. A. OLG Celle 16. XII. 1930 VA 1931 S. 3 Nr. 2236).

[38] $\gamma\gamma$) **Konkurstabelle.**

Auch die Anmeldung zur Konkurstabelle hat die Bedeutung gerichtlicher Geltendmachung, wie sich aus § 146 I 1 KO mittelbar ergibt: OLG Breslau 20. XI. 1939 HansRGZ 1940 A Sp. 86—87, LG Berlin 9. VII. 1931 JRPV 1932 S. 207.

[39] $\delta\delta$) **Schiedsgericht.**

Ist ein schiedsgerichtliches Verfahren vorgesehen (vgl. Begr. I S. 27), so kommt es darauf an, ob das Schiedsgericht bereits besteht oder nicht. Besteht es, so entscheidet für die Wahrung der Klagefrist die Einreichung der Klageschrift (vgl. Rosenberg S. 785). Besteht das Schiedsgericht noch nicht, so genügt, daß der Vmer das zur Berufung des Schiedsgerichtes seinerseits Erforderliche einleitet (vgl. § 220 II BGB).

[40] $\varepsilon\varepsilon$) **Güteantrag.**

Solange es das Güteverfahren vor einem Amtsgericht oder einer Gütestelle gab, genügte die Einreichung oder Anbringung des Güteantrages, sofern demnächst Zustellung erfolgte: KG 20. X. 1937 JRPV 1938 S. 140, 23. III. 1948 JR 1948 S. 258, OLG Celle 18. VIII. 1939 HansRGZ 1942 A Sp. 225, OLG Jena 1. III. 1932 JW 1932 S. 2553—2554.

[41] β) **Unzulässige Formen.**

Nicht ausreichend als gerichtliche Geltendmachung sind folgende Maßnahmen:

$\alpha\alpha$) **Armenrechtsgesuch.**

Seine Anbringung (§ 118 I ZPO) genügt grundsätzlich nicht (RG 15. II. 1929 VA 1929 S. 240 Nr. 2005 = JRPV 1929 S. 97, 11. II. 1936 RGZ Bd 150 S. 259, KG 26. IX. 1931 JRPV 1931 S. 371, OLG Frankfurt 18. V. 1926 VA 1926 S. 238 Nr. 1605 = JRPV 1926 S. 224, OLG Hamm 30. IV. 1928 JRPV 1929 S. 146, 21. III. 1929 JRPV 1929 S. 383—384, 15. X. 1931 VA 1931 S. 263 Nr. 2324, LG Karlsruhe 12. VII. 1951 VersR 1951 S. 266, anders LG München 10. I. 1929 JRPV 1929 S. 129). Dies gilt auch dann, wenn dem Gesuch bereits „der zur Mitteilung an den Ver bestimmte Entwurf einer Klageschrift beigefügt ist“ (RG 2. II. 1940 DR 1940 S. 736 = JRPV 1940 S. 67, ebenso KG 12. III. 1932 JRPV 1932 S. 187, OLG Düsseldorf 20. I. 1950 VersR 1950 S. 36, a. A. OLG Breslau 15. V. 1935 JRPV 1935 Zus. S. 37, für die Zulassung von Ausnahmen OLG Köln 26. IV. 1939 VA 1939 S. 256 Nr. 3127).

Doch ist zu beachten, daß der Vmer wegen der Fristversäumnis entschuldigt sein kann (über die Bedeutung schuldloser Fristversäumung Anm. 43—47), nämlich dann, wenn er das Armenrechtsgesuch früh genug anbrachte, um damit rechnen zu können, die Bewilligung werde so zeitig erfolgen, daß die gerichtliche Geltendmachung noch vor Fristablauf bewirkt werden könne (RG 24. III. 1908 LZ 1908 Sp. 623, KG 26. IX. 1931 JRPV 1931 S. 371, 12. III. 1932 JRPV 1932 S. 187, OLG Frankfurt 18. V. 1926 VA 1926 S. 238 Nr. 1605, OLG Hamm 14. V. 1928 JW 1929 S. 951—952, 5. VII. 1928 VA 1929 S. 11 Nr. 1923, 21. III. 1929 JRPV 1929 S. 384, 23. VI. 1930 JRPV 1931 S. 42, 2. VII. 1931 VA 1931 S. 227 Nr. 2302, OLG Köln 26. IV. 1939 VA 1939 S. 256—257 Nr. 3127, vgl. hierzu auch RG 4. XII. 1903 VA 1904 S. 58—59 Nr. 37, 24. VI. 1904 JW 1904 S. 476, 1. II. 1935 VA 1935 S. 205—206 Nr. 2787, 2. II. 1940 DR 1940 S. 736 = JRPV 1940 S. 67—68, KG 27. I. 1937 JRPV 1937 S. 122). Ein Verschulden seines Prozeßbevollmächtigten hat der Vmer hierbei aber wie eigenes zu vertreten (RG 4. XII. 1903 VA 1904 S. 59 Nr. 37, 15. II. 1929 VA 1929 S. 240—241 Nr. 2005 = JRPV 1929 S. 97, 2. II. 1940 DR 1940 S. 736 = JRPV 1940 S. 67, OLG Hamm 30. IV. 1928 JRPV 1929 S. 147, 14. V. 1928 JW 1929 S. 951—952).

[42] **ββ) Restfälle.**

Nicht ausreichend als gerichtliche Geltendmachung sind ferner:

Streitverkündung (RG 2. II. 1909 LZ 1909 Sp. 696—697, 20. VI. 1911 VA 1913 Anh. S. 3 Nr. 711 = LZ 1912 Sp. 87, 25. II. 1913 VA 1913 Anh. S. 83 Nr. 749 = LZ 1914 Sp. 291, KG 7. V. 1932 JRPV 1932 S. 263, OLG Colmar 29. X. 1910 LZ 1912 Sp. 874, OLG Kassel 9. XII. 1909 LZ 1910 Sp. 708, anders bei Gegebensein einer entsprechenden Vereinbarung: KG 19. VI. 1937 JRPV 1937 S. 294—295),

Beweissicherungsverfahren (KG 23. III. 1948 JR 1948 S. 258),

Arrest,

einstweilige Verfügung,

Sachverständigenverfahren gemäß § 64 (KG 23. III. 1948 JR 1948 S. 258, vgl. auch KG 12. III. 1932 JRPV 1932 S. 186—187),

Ärztekommissionsverfahren gemäß § 184,

Beschwerde bei der Vsaufsichtsbehörde (OLG Frankfurt 18. V. 1926 VA 1926 S. 238 Nr. 1605 = JRPV 1926 S. 224).

[43] **cc) Verschuldensfrage.**

aaa) Grundsätze.

Die Frage, ob jede Versäumung der Klagefrist den Anspruch des Vmers untergehen läßt, ist seit jeher bestritten (Näheres Reinhold a. a. O. S. 53—56 für die vorgesetzliche Zeit). Sowohl das Reichsoberhandelsgericht (zuletzt ROHG 24. IV. 1879 ROHG Bd 25 S. 50—51) als auch das RG (Nachweise bei Reinhold a. a. O. S. 56 Anm. 188) stellten sich auf den Boden der Verschuldenslehre. Für das geltende Recht verharrt Hagen I S. 623 bei dem Verschuldenserfordernis, allerdings noch ausgehend von einer vertraglichen Klagefristvereinbarung. Zweifelnd angesichts der jetzt gesetzlichen Ausschlußfrist Prölss Anm. 8 zu § 12, S. 79—80, ablehnend Prölss VersR 1951 S. 38.

Auf dem Boden rein objektiver Beurteilung stehen die bei Reinhold a. a. O. S. 60 Anm. 201 Zitierten. Dabei kann nur die Gegeneinrede der Arglist oder der allgemeinere Gesichtspunkt von Treu und Glauben eine Korrektur herbeiführen. Diese Korrektur läuft praktisch dann wieder auf die Verschuldenslehre hinaus, falls man annimmt, ein Ver verstoße immer dann gegen Treu und Glauben, wenn er sich auf eine unverschuldete Fristversäumung beruft. Zuweilen wird auch darauf abgestellt, ob aus Gründen höherer Gewalt der Vmer an der gerichtlichen Geltendmachung gehindert ist, so von Hubernagel WuRdVers 1936 Nr. 2 S. 67—68. Ehrenzweig S. 188 stellt darauf ab, ob eine

„wirkliche Verhinderung an der Wahrung der Frist" vorlag, gibt aber selbst zu, daß dadurch „alles Tatfrage" wird.

Fraglos gibt es es keine Anfechtung des Verstreichenlassens der Klagefrist (OLG Köln 25. II. 1953 VersR 1953 S. 182).

[44] **bbb) Höchstgerichte.**

Die Rechtsprechung des RG hat für die Zeit nach Inkrafttreten des VVG an der vorgesetzlichen Verschuldenslehre festgehalten: RG 6. VI. 1916 RGZ Bd 88 S. 295, 12. IV. 1918 VA 1918 Anh. S. 50—51 Nr. 1043, 20. III. 1923 VA 1923 Anh. S. 4 Nr. 1294 = HansRZ 1923 Sp. 730—732, 15. II. 1929 VA 1929 S. 240 Nr. 2005 = JRPV 1929 S. 97, 4. XII. 1934 VA 1935 S. 283 Nr. 2847 = JRPV 1935 S. 26, 1. II. 1935 VA 1935 S. 205—206 Nr. 2787, 31. I. 1936 RGZ Bd 150 S. 186, 2. II. 1940 DR 1940 S. 736 = JRPV 1940 S. 67. Zur Begründung wurde zur Zeit der vertraglichen Ausschlußfristen darauf hingewiesen, daß nach den das Vertragsrecht beherrschenden Normen eine unverschuldete Fristversäumung unschädlich bleiben könne (vgl. nur RG 6. VI. 1916 RGZ Bd 88 S. 295). Heute, da die Klagefrist eine gesetzliche ist, kann man darauf hinweisen, daß im Gesamtbereiche des Vsrechtes der Gesetzgeber eine Verwirkungsfolge zu Lasten des Vmers nur dann eintreten läßt, wenn den Vmer Verschulden trifft. Das zweite Argument der RG, wonach der Ver gegen Treu und Glauben verstößt, wenn er sich auf eine unverschuldete Fristversäumung beruft, beruht auf der Billigkeitserwägung, daß die Klagefrist—angesichts der kurzen Verjährung des § 12 I—keine so entscheidende Bedeutung für den Vsbetrieb besitzt, daß es sich rechtfertigen ließe, einen nicht schuldhaft handelnden Vmer seines Anspruches verlustig gehen zu lassen. Diese Interessenabwägung erscheint geboten, unabhängig von der rein formalen Tatsache, ob es sich um eine gesetzliche oder vertragliche Ausschlußfrist handelt. Man wollte nur eine Verkürzung der AVB erreichen (Begr. III S. 7).

Der BGH 1. IV. 1953 VersR 1953 S. 192, 195 hat sich zwar nicht speziell mit der Klagefrist befaßt, aber generell — unter Bezugnahme auf die Rechtsprechung des RG zur Klagefrist — ausgeführt, der Ver könne sich nach Treu und Glauben nicht auf die Versäumung von Ausschlußfristen berufen, wenn die Versäumung entschuldbar ist. Allerdings wird der Satz vorangestellt: „Für die in den Verwirkungsklauseln der Vsbedingungen enthaltenen Ausschlußfristen gelten wegen ihrer Vertragsnatur die das gesamte Vertragsrecht beherrschenden Grundsätze von Treu und Glauben". Aber es kann nicht darauf ankommen, daß heute die Klagefrist keine vertragliche Ausschlußfrist mehr ist, zumal auch die gesetzliche Klagefrist immer noch eine rechtsgeschäftsähnliche (Anm. 26) Erklärung des Vers erfordert.

[45] **ccc) Instanzgerichte.**

Der sonach billigenswerten höchstgerichtlichen Rechtsprechung haben sich angeschlossen: KG 26. IX. 1931 JRPV 1931 S. 371, 12. III. 1932 JRPV 1932 S. 186 bis 187, 13. V. 1933 JRPV 1933 S. 301, 27. I. 1937 JRPV 1937 S. 122, OLG Düsseldorf 22. III. 1928 VA 1928 S. 251 Nr. 1905, OLG Hamburg 30. III. 1928 HansRGZ 1928 A Sp. 290—291, OLG Hamm 14. V. 1928 JW 1929 S. 951, 5. VII. 1928 VA 1929 S. 11 Nr. 1923, 21. III. 1929 JRPV 1929 S. 384, 23. VI. 1930 JRPV 1931 S. 42, 2. VII. 1931 VA 1931 S. 227 Nr. 2302, 19. II. 1934 VA 1934 S. 36 Nr. 2688, OLG Kassel 30. IX. 1927 VA 1928 S. 13 Nr. 1795 = HansRGZ 1928 A Sp. 228, OLG Königsberg 21. X. 1930 JRPV 1931 S. 61, 9. XII. 1930 JW 1931 S. 3228 = JRPV 1931 S. 376, OLG Nürnberg 4. VII. 1930 VA 1930 S. 217 Nr. 2177, OLG Stuttgart 26. IV. 1927 VA 1927 S. 224 Nr. 1738. Auch für die Zeit nach der VO vom 19. XII. 1939, durch welche die Klagefrist zu einer gesetzlichen Ausschlußfrist wurde, hält KG 5. X. 1950 VA Berlin 1951 S. 70 = VersR 1951 S. 38, OLG Düsseldorf 20. I. 1950 VersR 1950 S. 36 an der Verschuldenslehre fest.

Gegen die Verschuldenslehre: KG 3. XII. 1924 JRPV 1925 S. 14, 22. III. 1933 VA 1933 S. 342 Nr. 2581 = JRPV 1933 S. 299, 8. II. 1936 VA 1936 S. 192 Nr. 2879 = JRPV 1936 S. 236, OLG Breslau 9. II. 1928 JRPV 1928 S. 93—94, OLG Düsseldorf

12. VII. 1928 VA 1928 S. 203—204 Nr. 1859 = JRPV 1928 S. 279, OLG Frankfurt 18. V. 1926 VA 1926 S. 238 Nr. 1605 = JRPV 1926 S. 224, OLG Stuttgart 8. X. 1912 VA 1913 Anh. S. 5 Nr. 712.

Einzelne der Entscheidungen, die sich gegen die allgemeine Verschuldenslehre wenden, lassen aber die Fristversäumung dann unschädlich sein, wenn ein Fall unabwendbaren Zufalls oder höherer Gewalt vorliegt: So KG 22. III. 1933 VA 1933 S. 342 Nr. 2581 = JRPV 1933 S. 299, 8. II. 1936 VA 1936 S. 192 Nr. 2879 = JRPV 1936 S. 236; dahingestellt gelassen wird die Frage durch OLG Stuttgart 8. X. 1912 VA 1913 S. 5—6 Nr. 712. — Andere Entscheidungen, die sich gegen die Verschuldenslehre wenden, stellen auf Arglist ab (OLG Frankfurt 18. V. 1926 VA 1926 S. 238 Nr. 1605 = JRPV 1926 S. 224) oder auf Treu und Glauben (OLG Düsseldorf 12. VII. 1928 VA 1928 S. 203—204 Nr. 1859 = JRPV 1928 S. 279).

Trotz Verschuldens des Vmers treten die Rechtsfolgen bei einer Versäumung der Klagefrist nicht ein, wenn die Berufung gegen Treu und Glauben verstößt (Anm. 49): RG 2. II. 1940 DR 1940 S. 736 = JRPV 1940 S. 67—68.

Speziell zum Verschulden bei Anbringung von Armenrechtsgesuchen vgl. Anm. 41.

[46] ddd) Drittverschulden.

Bei der hier vertretenen Verschuldenslehre ist zu beachten, daß der Vmer das Verschulden seines Prozeßbevollmächtigten grundsätzlich wie sein eigenes zu vertreten hat. Aus § 278[1] BGB ergibt sich das allerdings nicht, denn die fristgerechte Klageerhebung ist keine Verbindlichkeit des Vmers gegenüber dem Ver. Da es sich auch nicht um eine Obliegenheit handelt, sind die Grundsätze über die Haftung des Vmers für Obliegenheitsverletzungen von Hilfspersonen (Anm. 54—109 zu § 6) ebenfalls unanwendbar. Die Rechtsprechung hat daher auch die Haftung des Vmers für seinen Prozeßvertreter nicht unmittelbar auf jene Rechtsgrundsätze gestützt, sondern — zur Zeit der vertraglichen Ausschlußfristen — ausgeführt, daß es sich bei der Klageerhebung um die Erfüllung einer Bedingung des Vsanspruchs handele; verursache der vom Vmer in seinem eigenen Interesse zugezogene Anwalt den Ausfall der Bedingung, so könne der Schaden nur den Vmer treffen (so RG 4. XII. 1903 VA 1904 S. 59 Nr. 37, 15. I. 1915 VA 1915 S. 26 Nr. 868 = LZ 1915 Sp. 764, ihnen folgend RG 12. IV. 1918 VA 1918 Anh. S. 51 Nr. 1043, 15. II. 1929 VA 1929 S. 240—241 Nr. 2005 = JRPV 1929 S. 97, 1. II. 1935 VA 1935 S. 205—206 Nr. 2787, 2. II. 1940 DR 1940 S. 736 = JRPV 1940 S. 67, OLG Düsseldorf 22. III. 1928 VA 1928 S. 251 Nr. 1905, OLG Hamburg 30. III. 1928 HansRGZ 1928 A Sp. 291, OLG Hamm 14. V. 1928 JW 1929 S. 951—952, OLG Kassel 30. IX. 1927 VA 1928 S. 13 Nr. 1795 = HansRGZ 1928 A Sp. 229, a. A. KG 12. V. 1908 VA 1908 Anh. S. 76—77 Nr. 396). Der diesen Entscheidungen zugrundeliegende Gedanke der Zurechnung fremden Verschuldens aus Billigkeitsgründen ist selbstverständlich auch heute angesichts der gesetzlichen Ausschlußfrist zu berücksichtigen. Er darf aber auch allein im konkreten Falle herangezogen werden, denn ein allgemeiner Grundsatz des Inhalts, daß der Vertretene auch außerhalb der Fälle des § 278[1] BGB für ein Verschulden seines Vertreters einzustehen habe, ist dem geltenden Recht fremd (RG 3. XI. 1938 RGZ Bd 158 S. 360—361 unter teilweiser Aufgabe früherer Rechtsprechung).

[47] eee) Exkulpationswirkung.

Als Rechtsfolge der Exkulpation des Vmers ergibt sich nicht der Lauf einer neuen Sechsmonatsfrist vom Fortfall des Entschuldigungsgrundes an; vielmehr ist jetzt „innerhalb einer der Sachlage entsprechenden, angemessenen Frist" Klage zu erheben (RG 2. II. 1909 LZ 1909 Sp. 697, auch RG 17. IX. 1887 RGZ Bd 19 S. 134, 18. IV. 1913 LZ 1914 Sp. 485, OLG Jena 3. II. 1912 VA 1913 Anh. S. 80—81 Nr. 748).

[48] 3. Leistungsfreiheit als Rechtsfolge.

a) Regelfälle.

Soweit der Anspruch auf die-Leistung schuldhaft nicht fristgemäß gerichtlich geltend gemacht wird, ist der Ver von der Verpflichtung zur Leistung frei (§ 12 III 1).

Bei nicht oder nicht fristgemäß erfolgender gerichtlicher Geltendmachung geht der erhobene Anspruch des Vmers unter, und zwar mit Wirkung ex nunc. Neben den vom Ver zunächst ins Auge gefaßten Ablehnungsgrund tritt damit ein neuer. Leistet der Ver nach Ablauf der Klagefrist, so leistet er ohne rechtlichen Grund; jedoch wird vielfach einem Bereicherungsanspruch des Vers aus § 812 I 1 BGB die Vorschrift des § 814 BGB entgegenstehen.

Der Ablauf der Ausschlußfrist ist von Amts wegen zu berücksichtigen (KG 22. III. 1933 VA 1933 S. 342 Nr. 2581 = JRPV 1933 S. 299, OLG Düsseldorf 23. V. 1932 VA 1932 S. 273 Nr. 2464, OLG Köln 26. IV. 1939 VA 1939 S. 255 Nr. 3127). Da die Setzung der Klagefrist gradezu das Ziel verfolgt, den Anspruch untergehen zu lassen, ist hier die Rechtslage anders als bei Leistungsfreiheit nach Obliegenheitsverletzungen, auf die sich der Ver berufen muß (Anm. 44 zu § 6).

Die Leistungsfreiheit des Vers bezieht sich nur auf den vom Vmer erhobenen Anspruch, auf diesen jedoch in voller Höhe (Anm. 24). Hat also der Vmer in der Lebensv die Vssumme gefordert, so schließt dies nicht aus, daß er nach Ablauf der Klagefrist Erstattung der Rückvergütung verlangt. Eine weitergehende Wirkung kann nur angenommen werden, falls der erhobene Anspruch Einzelansprüche umfaßt: Hat der Ver die Gefahrtragung schon vor Eintritt eines Vsfalles abgelehnt, so kann nicht nach Ablauf der Klagefrist wegen eines eingetretenen Vsfalles der Vmer den Anspruch auf Entschädigung oder Vssumme erheben (vgl. KG 7. XI. 1931 JRPV 1931 S. 387). Entsprechendes gilt für das Verhältnis eines Hauptanspruches zu einem Nebenanspruch (Zinsen).

Die Wirkungen des Klagefristablaufes treten auch nur ein, falls und insoweit der Ver den erhobenen Anspruch abgelehnt hat. Lehnt also der Ver eine Entschädigung nur zum Teil ab, so läuft die Klagefrist nicht für den unstreitigen Teil.

Mit dem Erlöschen des Anspruchs ist der Ver auch gegenüber dem Rechtsnachfolger des Vmers leistungsfrei (RG 12. IV. 1932 VA 1932 S. 244 Nr. 2438 = HansRGZ 1932 A Sp. 629—630, 1. II. 1935 VA 1935 S. 205—206 Nr. 2787, KG 11. XI. 1936 JRPV 1937 S. 78). Seine Leistungspflicht gegenüber dem Realgläubiger bleibt dagegen bestehen (§ 102 I 1; RG 13. X. 1933 RGZ Bd 142 S. 68, OLG Hamm 31. III. 1939 DöV 1939 S. 237), doch kann auch diesem gegenüber die Ausschlußfrist in Lauf gesetzt werden. Auch in Ansehung des geschädigten Dritten in der Haftpflichtv bleibt der Ver nach Fristablauf leistungspflichtig (§ 158c I); da der Dritte nach § 158c V keinen Anspruch gegen den Ver hat, läuft ihm gegenüber grundsätzlich (vor Pfändung und Überweisung des Vsanspruches) keine Ausschlußfrist (a. A. Prölss Anm. 2 zu § 158c, S. 406). Zu § 158f vgl. AG Schleswig 9.VI.1953 VersR 1953 S. 356.

[49] b) Ausnahmefälle.

Ausnahmsweise tritt die Rechtsfolge der Leistungsfreiheit nicht ein. Zum Folgenden vgl. auch Anm. 44—51 zu § 6.

aa) Vorgänge vor Eintritt der Leistungsfreiheit.

Es ist denkbar, daß nach der Ablehnung, aber vor Eintritt der Leistungsfreiheit der Ver eine Willenserklärung abgibt, wonach die Rechtsfolge der Leistungsfreiheit nicht eintreten soll. Eine solche Erklärung liegt z. B. darin, daß der Ver dem Vmer schreibt, die Frist solle nicht weiterlaufen oder werde auf unbestimmte Zeit verlängert (vgl. KG 28. XI. 1925 VA 1926 S. 6 Nr. 1526 = JRPV 1926 S. 23—24). Auch konkludent kann der Ver auf seine Rechtsposition „verzichten", z. B. durch Leistungserbringung, Aufrechnung, Anordnung einer ärztlichen Untersuchung wenige Tage vor Fristablauf (OLG Köln 14. XII. 1934 VA 1935 S. 22—23 Nr. 2770) oder Verhalten des Vers im Armenrechtsverfahren kurz vor Fristablauf (OLG Köln 26. IV. 1939 VA 1939 S. 256 Nr. 3127). Anzeichen für einen Verzicht können Vergleichsverhandlungen des Vers nach Fristablauf sein (OLG Nürnberg 4. VII. 1930 VA 1930 S. 217 Nr. 2177). Ein Verzicht ist verneint von OLG Düsseldorf 20. I. 1937 JRPV 1938 S. 269, OLG Breslau 30. X. 1919 OLG Rspr Bd 40 S. 238 (erneute, aber ergebnislose Verhandlungen vor Ablauf der Anschlußfrist).

Fehlt es an einer Willenserklärung des Vers, so kann sich doch aus Treu und Glauben ergeben, daß die Leistungsfreiheit nicht eintritt. Das trifft — schon wegen unwirksamer Fristsetzung — z. B. zu, falls der (an sich wegen Prämienverzugs des Vmers leistungsfreie) Ver den Vsschutz zusagt, um dann doch die Klagefrist in Lauf zu setzen (Anm. 26). Erwähnt sei ferner der Fall, daß der Vmer eine Teilklage anstrengt und der Ver ihn nicht darauf hinweist, daß dies unzureichend sei (Anm. 36). RG 16. XI. 1909 VA 1910 Anh. S. 39—40 Nr. 517 = LZ 1910 Sp. 409—410 behandelt den Fall, daß der Ver während des Fristablaufes den Wunsch kundgibt, seine Entschließung bis zum Abschlusse eines staatsanwaltlichen Untersuchungsverfahrens aufzuschieben und stellt ihn dem Tatbestand gleich, daß die „Klagefrist über Vergleichsverhandlungen zwischen Ver und Vmer verstreicht"; zum letzten Tatbestand auch schon RG 9. XI. 1888 RGZ Bd 22 S. 205, ferner KG 28. I. 1922 HansRZ 1922 Sp. 342, 30. IX. 1925 VA 1926 S. 304 Nr. 1654 = JRPV 1925 S. 303, 16. V. 1936 JRPV 1937 S. 30, OLG Stuttgart 11. X. 1907 VA 1908 Anh. S. 40—41 Nr. 374, LG Passau 5. IV. 1951 VersR 1951 S. 243, 1952 S. 23. Weitere Fälle: RG 23. VIII. 1935 RGZ Bd 148 S. 298 bis 301 (Haftpflichtver gewährt Rechtsschutz während Laufes der Klagefrist, vgl. aber hierzu auch RG 25. V. 1937 RGZ Bd 155 S. 106—108), KG 27. I. 1937 JRPV 1937 S. 122 (Ver weist im Armenrechtsverfahren nicht auf drohenden Fristablauf hin), KG 5. X. 1950 VersR 1951 S. 37—38 (Ver verhält sich so, daß Vmer annehmen durfte, der Ver lege auf die Frist keinen Wert mehr). Verstößt der Ver gegen Treu und Glauben, so kann auch ein Verschulden des Vmers hinsichtlich der Fristversäumung ausgeschlossen sein (KG 13. V. 1933 JRPV 1933 S. 301, 5. X. 1950 VersR 1951 S. 37—38), andererseits kann aber der Gedanke von Treu und Glauben sich auch bei Verschulden des Vmers durchsetzen (RG 2. II. 1940 DR 1940 S. 736 = JRPV 1940 S. 67—68: Verhalten des Vers im Armenrechtsverfahren).

In den Verzichtsfällen kann sich aus dem Inhalt der Willenserklärung des Vers ergeben, daß die Klagefrist bis zu einem bestimmten Zeitpunkt verlängert werden sollte. Dann, aber auch nur dann wird mit Ablauf der verlängerten Frist der Ver leistungsfrei. In den Fällen, in denen sich der Ver nach Treu und Glauben nicht auf den Ablauf der Klagefrist berufen kann, beginnt eine Frist erst wieder zu laufen, „wenn die Zweifel des Vmers über die Haltung des Vers durch dessen erneute Ablehnung geklärt sind und der Ver die Frist durch erneuten Hinweis auf die Folgen ihrer Nichtinnehaltung wieder in Lauf gesetzt hat" (RG 23. VIII. 1935 RGZ Bd 148 S. 302).

[50] bb) Vorgänge nach Eintritt der Leistungsfreiheit.

Mit dem Eintritt der Leistungsfreiheit erlischt der Anspruch des Vmers. Diese Tatsache ist von Amts wegen zu berücksichtigen (Anm. 48). Es handelt sich also nicht um eine Einrede des Vers, auf die er verzichten könnte, sondern eine Leistungspflicht des Vers kann (auch als umstrittene oder ungewisse) erst durch eine neue Verpflichtung wieder entstehen, wozu es nach § 305 BGB eines Vertrages mit dem Vmer bedarf (RG 14. VII. 1923 RGZ Bd 107 S. 347—350), daher bedenklich OLG Nürnberg 4. VII. 1930 VA 1930 S. 217 Nr. 2177, unrichtig RG 4. X. 1929 HansRGZ 1930 A Sp. 144—145 („Verzicht auf die Einrede der Ausschlußfrist"), OLG Düsseldorf 20. I. 1937 JRPV 1938 S. 269 („auf die durch die Fristsetzung . . . erworbenen Rechte zu verzichten"), unklar KG 28. I. 1922 HansRZ 1922 Sp. 341—342. Es handelt sich in solchen Fällen nicht um eine Schenkung des Vers, sondern um einen Rechtsvorgang im Rahmen des ursprünglichen Vsverhältnisses, durch den im Zweifel der Vmer nur jene Rechtsposition wieder erlangen soll, die vor Fristablauf für ihn bestand. Der Ver kann sich also zwar nicht mehr auf den Fristablauf, wohl aber auf die sonstigen Ablehnungsgründe berufen. — Der Antrag des Vers kann auch konkludent erfolgen, z. B. einem „Verzicht" entnommen werden, die Annahme seitens des Vmers wird häufig nach § 151¹ BGB erfolgen.

[51] III. Verwirkung.

Schrifttum: Siebert bei: Soergel, Bürgerliches Gesetzbuch, I. Band, 3. Aufl., Stuttgart-Köln 1952, Anm. C II zu § 242, S. 595—600.

[52] **1. Begriff.**

Im Vsvertragsrecht spricht man von Verwirkungsfolgen oft dann, wenn bei Obliegenheitsverletzungen der Ver leistungsfrei ist oder gar der ganze Vsvertrag durch Kündigung oder Rücktritt endet (Anm. 20 zu § 6). Auch bei schuldhafter Herbeiführung des Vsfalles (§ 61) oder Versäumung der Klagefrist (§ 12 III 1) sagt man gelegentlich, der Ver verwirke den Vsschutz.

Aber in allen diesen Fällen handelt es sich nicht um jene Verwirkung im rechtstechnischen Sinn, wie sie als Unterfall der wegen Verstoßes gegen Treu und Glauben unzulässigen Rechtsausübung im Anschluß an § 242 BGB von Rechtsprechung und Rechtslehre als Rechtsinstitut entwickelt ist. Die Verwirkung ist von der Verjährung und von den Ausschlußfristen (also auch der Klagefrist) streng zu scheiden. Es handelt sich um einen außerordentlichen, nur selten in Frage kommenden Rechtsbehelf; grundsätzlich hat jeder Schuldner seine Verbindlichkeiten zu erfüllen (RG 19. IX. 1938 RGZ Bd 158 S. 238, 10. XII. 1938 RGZ Bd 159 S. 106).

Nur unter besonderen Umständen kann einer verspäteten, also nach längerer Zeit erfolgenden Rechtsausübung der Einwand der Verwirkung entgegengesetzt werden, Zeitablauf allein genügt nicht. Solche besonderen Umstände „werden immer dann vorliegen, wenn die verspätete Geltendmachung als Verstoß gegen Treu und Glauben empfunden wird. Das wird dann der Fall sein, wenn der Schuldner aus dem Verhalten des Gläubigers hat entnehmen müssen, daß dieser den Anspruch nicht mehr geltend machen wolle, wenn er sich also darauf einrichten durfte, daß er mit diesem Anspruch nicht mehr zu rechnen brauche. Damit ist aber der Kreis der besonderen Umstände, unter denen die verspätete Geltendmachung gegen Treu und Glauben verstößt, nicht erschöpft. Der Gesichtspunkt der Rechtssicherheit, der Gemeinschaftsgedanke, die billige Rücksicht auf die Lage des Verpflichteten, die Verkehrssitte, der Vertrauensschutz, die konkrete Rechtspflicht zur rechtzeitigen Geltendmachung des Anspruchs ... erfordern, daß der einzelne sich hinsichtlich der Verwirklichung von Rechten so verhalte, wie das Verhalten jedes einzelnen der Gemeinschaft am zuträglichsten wäre" (RG 4. VI. 1937 RGZ Bd 155 S. 152).

[53] **2. Fälle.**

Im Bereiche des Vsvertragsrechtes ist für eine Verwirkung nur sehr selten Raum. Das ergibt sich aus der kurzen Verjährungsfrist des § 12 I 1 (KG 5. VIII. 1936 JRPV 1937 S. 26), für Ansprüche des Vmers auch aus dem Vorhandensein des Rechtsinstitutes der Klagefrist (§ 12 III) und der Schadensanzeigepflicht (§ 33). Immerhin ist es nicht begrifflich ausgeschlossen, daß auch ein Ver oder ein Vmer seine Rechte — nicht nur Ansprüche, sondern auch Gestaltungsrechte — aus dem Vsvertrag verwirkt.

Wegen der Verwirkung zu Lasten des Vers bei Obliegenheitsverletzungen des Vmers vgl. Anm. 49, 50 zu § 6.

Eine „Verwirkung" zu Lasten des Vmers ist in der Zeit nach der Kapitulation 1945 öfters erwogen worden. Dabei handelte es sich durchweg um den Fall, daß ein Vmer längere Zeit keine Prämie zahlte, nicht gemahnt wurde, oft auch nicht gemahnt werden konnte und dann doch nach Eintritt eines Vsfalles Vsschutz forderte. Hier ging es nicht eigentlich darum, daß ein Vmer seinen Anspruch wider Treu und Glauben nicht geltend gemacht hat, sondern umgekehrt darum, daß der Anspruch realisiert werden sollte, obgleich die Gegenleistung nicht erbracht wurde. Deshalb durfte man von Verwirkung hier nicht sprechen, es handelt sich vielmehr um einen anderen Tatbestand unzulässiger Rechtsausübung. Näheres Anm. 36—37 zu § 39.

[54] **IV. Unabdingbarkeit.**

1. Verjährung.

a) Ausschluß.

Nach der absolut zwingenden Bestimmung des § 225[1] BGB kann die Verjährung durch Rechtsgeschäft nicht ausgeschlossen werden. Eine entgegenstehende Vereinbarung ist nichtig. Jedoch ist ein Verzicht auf die Einrede vollendeter Verjährung statthaft.

[55] b) Erschwerung.

§ 225¹ BGB gilt auch für die Erschwerung der Verjährung, insbesondere die Verlängerung der Verjährungsfrist. Jedoch kann eine Erschwerung als mittelbare Folge einer andersartigen Abrede eintreten, z. B. dadurch, daß durch Stundung die Fälligkeit einer Prämienschuld hinausgeschoben wird. Auch § 15a, wonach sich der Ver nicht auf eine Vereinbarung berufen kann, durch welche von § 12 zum Nachteile des Vmers abgewichen wird, steht solcher mittelbaren Erschwerung nicht entgegen. Eine Abrede, durch welche die Verjährung der Ansprüche des Vmers erschwert wird, scheint zwar nach § 15a zulässig, ist aber doch wegen § 225¹ BGB nichtig. Eine mittelbare Erschwerung durch Hinausschiebung der Fälligkeit der Verleistungen ist auch hier bedenkenfrei (vgl. aber §§ 11 II, 15a).

[56] c) Erleichterung.

Nach § 225² BGB wäre an und für sich eine Erleichterung der Verjährung, insbesondere Abkürzung der Verjährungsfrist, zulässig. Aber wegen § 15a kann sich der Ver auf eine Vereinbarung, die den Vmer (oder Vten oder sonstigen aus dem Vsvertrag Berechtigten) benachteiligt, nicht berufen. Deshalb kann hinsichtlich der Ansprüche der genannten Personen die Verjährung nicht erleichtert werden, auch nicht durch Wegbedingung der Hemmungsvorschrift des § 12 II. Wohl aber könnte bezüglich der Ansprüche des Vers, z. B. auf Prämienzahlung, eine kürzere als zwei- bzw. fünfjährige Verjährungsfrist vereinbart werden, auch könnte insoweit vorgesehen werden, daß die Verjährung nicht erst mit dem Schluß des Jahres beginnt.

Außerhalb der Beschränkungen der Vertragsfreiheit (§ 187 I, II) gilt zwar § 15a nicht, wohl aber § 225² BGB. Deshalb ist dort jede Erleichterung der Verjährung zulässig.

[57] 2. Klagefrist.

Auch die Vorschrift über die Klagefrist ist nach § 15a zugunsten des Vmers relativ zwingend. Es ist also unzulässig, zuungunsten des Vmers (oder Vten oder sonstigen aus dem Vsvertrag Berechtigten) von den in § 12 III normierten Voraussetzungen der Leistungsfreiheit des Vers wegen Klagefristversäumung abzuweichen. So wäre es nicht statthaft, hinsichtlich des Fristbeginns eine dem Vmer ungünstigere Regelung zu treffen. Dies wäre der Fall, wenn als Fristbeginn das Schadensereignis oder die Schadensanmeldung vereinbart würde, ebenso dann, wenn von dem Erfordernis der Anspruchserhebung durch den Vmer abgesehen würde: Der Ver kann also ohne vorherige Anspruchserhebung durch den Vmer die Frist nicht in Lauf setzen (dazu OLG Stuttgart 10. IV. 1920 VA 1922 Anh. S. 19—20 Nr. 1245). Schweigen die AVB über diesen Punkt (§§ 17 IV AFB, 10 IV ATierB, 18 ALB, 8 I AKB), so sind sie aus § 12 III 2 entsprechend zu ergänzen. Ferner ist die Notwendigkeit schriftlicher Anspruchsablehnung und Rechtsbelehrung als weitere Voraussetzung für den Fristbeginn nicht abdingbar; keine dem Vmer ungünstige Abweichung wäre es aber, wenn die Übersendung mit eingeschriebenem Brief erfolgen soll (§§ 10 I 2 AHaftpflB, 18 I 2 AUnfallB, auch Anm. 27). Die Fristdauer von sechs Monaten darf nicht verkürzt, wohl aber verlängert werden (dazu Anm. 32). Hinsichtlich der gerichtlichen Geltendmachung ist zu betonen, daß keine Einschränkung des unter diesen Begriff fallenden Kreises von Rechtshandlungen zulässig ist, insbesondere nicht eine Beschränkung auf die Klage (Hubernagel WuRdVers 1936 Nr. 2 S. 74, Prölss Anm. 9 zu § 12, S. 80, bedenklich daher § 18 I 1 ALB, § 8 I 1 AKB, § 18 I 1 AUnfallB) oder auf die Geltendmachung vor dem zuständigen Gericht (so § 8 I 1 AKB, § 18 I 1 ALB, dagegen mit Recht Stiefel-Wussow Anm. 9 zu § 8, S. 160). Wenn in der Krankenv teilweise verlangt wird, die Klage müsse fristgemäß zugestellt sein (Prölss S. 527), so ergibt sich aus §§ 261b III, 496 III ZPO, daß die rechtzeitige Einreichung regelmäßig genügt. Schließlich darf das durch Auslegung aus § 12 III zu ermittelnde Verschuldenserfordernis (Anm. 43—47) nicht abbedungen werden.

Vertragliche Besserstellungen des Vmers sind zulässig. Falls die AVB Bestimmungen über die Klagefrist enthalten, ist zugunsten des Vmers anzunehmen, daß die Regelung abschließend ist. Wenn also § 17 IV AFB, § 10 IV ATierB, § 8 I 1 AKB von der Klagefrist nur hinsichtlich des Entschädigungsanspruches, des Vsschutzes sprechen, so kann eine Klagefrist hinsichtlich anderer Ansprüche des Vmers, z. B. auf Aufwendungsersatz, Verzugsschaden, nicht in Lauf gesetzt werden (Stiefel-Wussow Anm. 1 zu § 8, S. 154). Entsprechendes gilt, falls AVB von einer Klagefrist nur für den Fall sprechen, daß der Ver den Anspruch auf Vsschutz dem Grunde nach abgelehnt hat (so § 8 I 1 AKB), hier läuft bei Ablehnung des Anspruchs der Höhe nach die Klagefrist nicht (Stiefel-Wussow Anm. 4 zu § 8, S. 156).

Keine Bedenken bestehen gegen die Vereinbarung von Ausschlußfristen für die durch § 12 III nicht erfaßten Ansprüche des Vmers außerhalb des Vsvertrages, z. B. aus ungerechtfertigter Bereicherung. Eine solche Abrede wäre insbesondere in Form einer vertraglichen Erstreckung des § 12 III auf derartige Forderungen denkbar.

Außerhalb der Beschränkungen der Vertragsfreiheit sind von § 12 III abweichende Abreden zulässig. Hierher gehören insbesondere die Vszweige des § 187 I, II. Vgl. für die Transportv von Gütern (bei Fahrzeugen gilt § 187 I nicht: VA 1927 S. 169) KG 19. X. 1927 JRPV 1928 S. 12, wonach es den Charakter als Transportv nicht berührt, wenn in ihrem Rahmen das Lagerrisiko eingeschlossen ist, andererseits aber RG 4. X. 1929 HansRGZ 1930 A Sp. 144, wonach nicht „der Vertrag Lagerwaren in einer mit dem Begriff der Transportv unvereinbaren Abgrenzung" umfassen darf. Zur Abgrenzung vgl. auch BAA VA 1953 S. 63—64. § 187 I deckt nicht eine Diebstahlv, die in das Gewand der Transportv gekleidet ist (KG 11. IV. 1923 VA 1924 S. 155 Nr. 1435). Als laufende V, aber nur als solche kann die Speditionsv in § 10 VI SVS vorsehen: „Die Ansprüche des Vten ... erlöschen, wenn nicht innerhalb Jahresfrist, seit der Schadensanmeldung gerechnet, die Klage gegen die Gesellschaften erhoben worden ist". Eine zulässige Klausel aus der Gütertransportv behandeln KG 28. I. 1922 HansRZ 1922 Sp. 341—342, 3. XII. 1924 JRPV 1925 S. 13—14, OLG Düsseldorf 23. V. 1932 VA 1932 S. 272—273 Nr. 2464. — Zu § 192 I, II, auch § 25 I preußisches G betreffend die öffentlichen Feuervsanstalten vom 25. VII. 1910 (Sozietäten) vgl. RG 11. II. 1936 RGZ Bd 150 S. 260.

§ 13

Wird über das Vermögen des Versicherers der Konkurs eröffnet, so endigt das Versicherungsverhältnis mit dem Ablaufe eines Monats seit der Eröffnung; bis zu diesem Zeitpunkte bleibt es der Konkursmasse gegenüber wirksam. Soweit das Versicherungsaufsichtsgesetz besondere Vorschriften über die Wirkungen der Konkurseröffnung enthält, bewendet es bei diesen Vorschriften.

Konkurs-, Vergleichsverfahren, Unsicherwerden, Sanierung des Versicherers.

Gliederung:

[1] **Entstehung:** § 13 ist sachlich unverändert geblieben, in § 13² ist durch die VO vom 19. XII. 1939 lediglich der Hinweis auf das Vsaufsichtsrecht redaktionell geändert. — Begr. I S. 27—29, III S. 7.

[2] **I. Konkursverfahren des Versicherers.**

Schrifttum: Bruck S. 711—719, Ehrenzweig S. 125—127, Kirchberger ZHR Bd 68 S. 147—228, Lesser JRPV 1930 S. 41—43, Pagenstecher HansRGZ 1931 A Sp. 9—20, Judicium 1931 Sp. 155—162, Rehm-Berliner-Fromm Anm. 1—5 zu § 49, S. 370—377, Anm. 1—6 zu § 51, S. 379—382, Anm. 4—6 zu § 77, S. 503—505, Anm. 1—8 zu § 80, S. 510—518.

[3] **1. Konkurs im allgemeinen.**

a) Regelung.

Die Vorschriften über das Vskonkursrecht finden sich in § 13, in §§ 42 Ziff. 3, 4, 45²,³, 49 II, 51 II, 52, 77 III, IV, 78—80, 88 VAG, in § 7 II Ziff. 10 Dritte DVO zum BAG, im Gesellschaftsrecht und in der Konkursordnung. § 17 KO gilt nicht (Begr. I S. 28).

[4] **b) Konkursgrund.**

Konkursgrund ist die Zahlungsunfähigkeit des Vers (§ 102 KO), bei Aktiengesellschaften und Gegenseitigkeitsvereinen auch Überschuldung (§§ 207 I, 213 KO). Für ausländische Ver vgl. §§ 237 I, 238 I, III KO.

[5] **c) Eröffnungsantrag.**

Der Antrag auf Eröffnung des Verfahrens kann bei beaufsichtigten Aktiengesellschaften und Gegenseitigkeitsvereinen nur von der Aufsichtsbehörde gestellt werden

(§ 88 I 2 VAG). Bei anderen beaufsichtigten Vern, so z. B. bei Einzelvern, steht der Aufsichtsbehörde kein Antragsrecht zu. Der Konkursverwalter ist nicht verpflichtet, jedem Vmer von der Eröffnung des Konkurses Kenntnis zu geben. Die Geschäftsstelle des Konkursgerichts hat die Vmer, falls die Voraussetzungen des § 111 III KO gegeben sind, durch besondere Zustellung zu benachrichtigen.

[6] **2. Konkurs bei Schadensversicherungsverträgen.**

§ 13[1] gilt für alle Vsverhältnisse außerhalb der Rück- und Seev, sofern nicht die §§ 77 III, 79 VAG (für die Lebens-, Kranken- und Unfallv) eingreifen (über den Konkurs des Rückvers Alexander WuRdVers 1933 Nr. 1 S. 57—120, des Seevers Alexander HansRGZ 1932 A Sp. 75—84). Man kann also — etwas ungenau — sagen, § 13[1] gelte für die Schadensv (vgl. Anm. 17).

Das Vsverhältnis endigt gemäß § 13[1] spätestens einen Monat nach der Konkurseröffnung (§ 108 KO), falls es nicht aus einem anderen Grunde schon früher geendigt hat. Es endet allerdings nicht gegenüber einem Hypotheken- und einem ihm gleichgestellten Gläubiger (§§ 103 I 1, 107b; anders § 34 II 2 SchiffsG). Die Berechnung der Monatsfrist ergibt sich aus §§ 187 I, 188 II, III BGB. Die Anwendung des § 7 ist ausgeschlossen (Anm. 9 zu § 7). Besteht ein Vsvertrag mit mehreren Vern, die als Gesamtschuldner haften, und gerät einer von ihnen in Konkurs, so endet die V allen gegenüber (LG Hamburg 17. II. 1932 HansRGZ 1932 A Sp. 277—281).

[7] **a) Befristetes Wirksambleiben.**

Das Vsverhältnis bleibt bis zu dem Ablauf eines Monats seit der Konkurseröffnung der Konkursmasse gegenüber wirksam (§ 13[1]), damit der Vmer eine anderweitige V schließen kann (Begr. I S. 28). Daraus folgt:

[8] **aa) Gefahrtragung.**

Tritt der Vsfall innerhalb, also vor Ablauf der Monatsfrist ein, so ist der Anspruch auf die Entschädigungsleistung und auf Ersatz von Aufwendungen Masseschuld, da es sich um einen Anspruch aus einem zweiseitigen Vertrag handelt, der erfüllt werden muß (§ 59 Ziff. 2 KO; Begr. I S. 28; dagegen Ehrenzweig S. 126). Es kommt bei gedehnten Vsfällen darauf an und genügt, daß der Beginn des Vsfalles in die Monatsfrist fällt. Naturalersatzleistungen wandeln sich in Geldforderungen um (sie fallen nicht fort: ungenau OLG Breslau 20. XI. 1939 HansRGZ 1940 A Sp. 87 für den Rechtsschutz in der Haftpflichtv). Valutaforderungen wandeln sich in Forderungen inländischer Währung um (über die Umrechnung OLG Hamburg 29. IV. 1936 JRPV 1936 S. 201—202 = HansRGZ 1936 B Sp. 347—349).

Tritt der Vsfall vor der Konkurseröffnung ein, so ist seit der Novelle zum VAG vom 30. III. 1931 der Anspruch auf die Entschädigungsleistung und auf Ersatz von Aufwendungen nicht mehr wie früher eine einfache Konkursforderung, sondern eine bevorrechtigte Forderung, die vor dem Rückforderungsanspruch für unverbrauchte Prämien rangiert, aber allen Konkursgläubigern, die sonst bevorrechtigt sind, im Range nachsteht (§ 80 VAG). Das Konkursvorrecht des § 80 VAG gilt auch bei der Haftpflichtv (RG 17. III. 1933 RGZ Bd 141 S. 58, 26. XI. 1935 RGZ Bd 149 S. 258—260, vgl. jedoch Anm. 17) und bei der Rückv (RG 8. I. 1937 RGZ Bd 153 S. 189—190, 1. VI. 1937 RGZ Bd 155 S. 147, 22. XII. 1939 RGZ Bd 162 S. 245, 256, 11. VI. 1940 RGZ Bd 164 S. 214, OLG Hamburg 13. VII. 1938 HansRGZ 1938 B Sp. 381). Es gilt ferner ohne Rücksicht darauf, ob es sich um ein aufsichtspflichtiges oder aufsichtsfreies Vsunternehmen handelt (RG 19. II. 1935 RGZ Bd 147 S. 69—76, 26. XI. 1935 RGZ Bd 149 S. 260—263, 8. I. 1937 RGZ Bd 153 S. 190—192, 1. VI. 1937 RGZ Bd 155 S. 147, 22. XII. 1939 RGZ Bd 162 S. 245). Unerheblich ist es auch, ob die bevorrechtigte Forderung in eine laufende Rechnung eingestellt und dabei ein Saldo festgestellt ist: § 80 VAG bleibt anwendbar (RG 22. XII. 1939 RGZ Bd 162 S. 244—256, 11. VI. 1940 RGZ Bd 164 S. 215—216, OLG Hamburg 20. V. 1938 JRPV 1938 S. 216—217 = HansRGZ 1938 B Sp. 175—177, 13. VII. 1938 HansRGZ 1938 B Sp. 382—384). Auch ein Vergleich läßt regelmäßig keine neue Forderung derart entstehen, daß vorher bestehende Konkursvorrechte untergehen (RG 11. VI. 1940 RGZ Bd 164 S. 216—218, LG Görlitz 21. XI. 1933 VA 1934 S. 40—41

Nr. 2691). Bei Gegenseitigkeitsvereinen rangieren die Ansprüche von gegen feste Prämie Vten vor den Ansprüchen der Mitglieder (§ 51 I 2 VAG). Die Auffasssung, daß § 80 VAG bei Mitgliedern von Gegenseitigkeitsvereinen in der Schadensv wegen § 51 I 2 VAG überhaupt nicht anwendbar sei (von der Thüsen JRPV 1934 S. 289—291, auch von Gierke, Die Vsvereine auf Gegenseitigkeit, Stuttgart 1942, S. 86—87, Prölss Anm. 4 zu § 13, S. 83) läßt sich nicht halten. Sie verkennt, daß der Gegenseitigkeitsverein hinsichtlich der Gläubigerstellung der Vmer immer mehr der Aktiengesellschaft angepaßt wird. Im Ergebnis wie hier: RG 19. II. 1935 RGZ Bd 147 S. 76, wohl auch Müller-Erzbach, Das private Recht der Mitgliedschaft, Weimar 1948, S. 136.

Tritt der Vsfall nach Ablauf der Monatsfrist ein, so ist, da das Vsverhältnis materiell beendigt ist, kein Anspruch auf Leistung des Vers gegeben.

[9] bb) Prämienschicksal.

Die Prämie bleibt für die Zeit bis zum Ablauf der Monatsfrist der Konkursmasse gegenüber geschuldet. Die Gesamtprämie wird also aufgeteilt, auch eine Einmalprämie (Prölss Anm. 5 zu § 40, S. 139).

aaa) Zahlung nach Konkurseröffnung.

Ist die Prämie zur Zeit der Konkurseröffnung noch nicht bezahlt, dann gebührt der Konkursmasse die Prämie (unter Aufgabe des problematischen Grundsatzes der Unteilbarkeit) pro rata temporis, also nur bis zu dem Ablauf der Monatsfrist, zuzüglich der aufgewendeten Kosten (§ 40 III analog; Pagenstecher HansRGZ 1931 A Sp. 13—20, Prölss Anm. 5 zu § 40, S. 139; RG 21. II. 1934 RGZ Bd 144 S. 30 für einen Lebensvsfall). Unrichtig Fromm JRPV 1931 S. 33—34, Frentzel JRPV 1931 S. 172—173, nach denen die Jahresprämie zu zahlen ist und hinsichtlich des nicht verbrauchten Teils der Prämie ein Rückforderungsrecht als Konkursforderung besteht. Dagegen Kramer JRPV 1931 S. 100—101, Helmer JRPV 1931 S. 188—190.

Ist die Prämie infolge Unwissenheit (sonst vgl. § 814 BGB) nach der Konkurseröffnung voll bezahlt, so hat der frühere Prämienschuldner eine Masseforderung für den auf die Zeit nach Ablauf der Monatsfrist entfallenden Teil der vorausbezahlten Prämie, wobei die für diese Zeit aufgewendeten Kosten abzuziehen sind (§ 40 III; 59 Ziff. 3 KO; Pagenstecher HansRGZ 1931 A Sp. 12—13, Judicium 1931 S. 160).

[10] bbb) Zahlung vor Konkurseröffnung.

Ist die Prämie zur Zeit der Konkurseröffnung bezahlt, so hat der frühere Prämienschuldner einen aufschiebend bedingten Rückforderungsanspruch für den auf die Zeit nach Ablauf der Monatsfrist entfallenden Teil der vorausbezahlten Prämie, wobei die für diese Zeit aufgewendeten Kosten abzuziehen sind (§ 40 III). Der Anspruch ist Konkursforderung (KG 3. II. 1914 VA 1914 Anh. S. 65 Nr. 821). Er ist deshalb aufschiebend bedingt, weil zur Zeit der Konkurseröffnung noch ungewiß ist, ob das Vsverhältnis erst mit Ablauf der Monatsfrist oder vorher aus einem anderen Grunde endigen wird (Pagenstecher HansRGZ 1931 A Sp. 11—12). Die Forderung des Vmers ist bevorrechtigte Konkursforderung, die an letzter Stelle der bevorrechtigten Forderungen, somit unmittelbar vor den einfachen Konkursforderungen, steht (§ 80 VAG; vgl. Anm. 8).

[11] ccc) Berücksichtigung der Kosten.

Als Kosten, die abgezogen oder zugerechnet werden, kommen insbesondere Abschluß- und Inkassoprovision in Betracht, die den Ver treffen. Nicht entscheidend ist, ob die Kosten bereits bezahlt sind. Es reicht aus, daß sie geschuldet werden. Hierbei ist zu beachten, daß die Provisionen auch dann beansprucht werden können, wenn der Tatbestand des § 88 II HGB gegeben ist, eine Voraussetzung, die vielfach bei Konkursen des Vers vorhanden sein wird. Vgl. aber AG Hamburg 19. IV. 1932 HansRGZ 1932 A Sp. 573—574: Agent erhält nur anteilige Provision. Sind die Kosten größer als die auf den Prämienschuldner entfallende Prämie, so hat die Konkursmasse keinen Anspruch auf Vergütung des Differenzbetrages.

[12] cc) Sonstige Wirkungen.

Während der Monatsfrist sind die Obliegenheiten weiter zu erfüllen (OLG Breslau 20. XI. 1939 HansRGZ 1940 A Sp. 87). — Wegen Beendigung des Vsverhältnisses nach Ablauf der Monatsfrist hat der Vmer keinen Schadensersatzanspruch, da § 13[1] als Sonderbestimmung vorgeht (§ 25 KO). Dagegen will Prölss Anm. 5 zu § 13, S. 84 dem Vmer in entsprechender Anwendung des § 26 KO einen Schadensersatzanspruch zubilligen (zur Berechnung des Schadens: OLG Hamburg 4. VI. 1903 VA 1903 S. 137 Nr. 6).

[13] b) Vorzeitiges Versicherungsende.

Das Vsverhältnis muß nicht bis zu dem Ablauf eines Monats seit der Konkurseröffnung der Konkursmasse gegenüber bestehen bleiben, sondern kann vorher erlöschen, insbesondere durch Zeitablauf, Kündigung des Vmers oder Eintritt des Vsfalls.

[14] aa) Kündigung des Versicherungsnehmers.

Der Vmer kann vor der Konkurseröffnung das Vsverhältnis fristlos kündigen (a. A. Ehrenzweig S. 125), z. B. wegen Verletzung der Gefahrtragungspflicht des Vers (Anm. 24 zu § 8, Anm. 38) oder aus wichtigem Grunde (Anm. 25 zu § 8, Anm. 39) oder wegen Erschütterung der Geschäftsgrundlage (Anm. 26 zu § 8, Anm. 39). In diesen Fällen gebührt dem Ver die Prämie längstens bis zur Kündigung, auch aufgewendete Kosten sind nicht für eine spätere Zeit zu begleichen, § 40 III ist nicht anwendbar (KG 14. VI. 1933 JRPV 1933 S. 334—335, wo allerdings von Rücktritt statt Kündigung die Rede ist).

Nach der Konkurseröffnung kann der Vmer nicht mehr kündigen (Lesser JRPV 1930 S. 42), da er während der Monatsfrist des § 13[1] Massegläubiger ist (Anm. 8). Vorauszusetzen ist allerdings, daß die Massegläubiger unzweifelhaft Befriedigung erhalten werden.

[15] bb) Eintritt des Versicherungsfalles.

aaa) Schäden nach Konkurseröffnung.

Tritt ein Totalschaden nach der Konkurseröffnung, aber vor Ablauf der Monatsfrist ein, so ergibt sich die Behandlung des Anspruchs auf die Entschädigungsleistung und auf Ersatz von Aufwendungen aus dem oben in Anm. 8 Ausgeführten. Ist die Prämie ganz bezahlt, so entfällt der Rückforderungsanspruch für zuviel gezahlte Prämie, da das Vsverhältnis nicht infolge der Eröffnung des Konkurses beendigt ist (§ 40 III). Ist die Prämie überhaupt nicht oder nicht vollständig bezahlt, so ist die ganze Prämie oder der noch nicht bezahlte Teil der Prämie nach § 68 IV zu bezahlen. Anders Prölss Anm. 3 zu § 13, S. 83, Helmer JRPV 1931 S. 188—190, Ehrenzweig S. 127 Anm. 12; letztere meinen, bei Konkurs des Vers bestünde niemals eine über die sich aus § 13[1] ergebende Frist hinausgehende Verpflichtung zur Prämienzahlung. Es müsse als von vornherein vereinbart angenommen werden, daß der Vsvertrag mit Ablauf des Monats nach der Konkurseröffnung endigen solle.

Tritt in demselben Zeitraum ein Teilschaden ein und bleibt das Vsverhältnis bis zu dem Ablauf der Monatsfrist bestehen — man denke aber an die Kündigungsmöglichkeiten im Schadensfalle (§§ 96 I, 113[1], 158 I) — so gilt hinsichtlich der Behandlung des Prämienanspruches das unter Anm. 9—11 Ausgeführte.

[16] bbb) Schäden vor Konkurseröffnung.

Tritt vor der Konkurseröffnung ein Totalschaden ein, so ist das Vsverhältnis zur Zeit der Konkurseröffnung bereits erloschen. In Ansehung der Entschädigungsforderung gilt das in Anm. 8, in Ansehung der Prämie das in Anm. 15 Ausgeführte.

Tritt vor der Konkurseröffnung ein Teilschaden ein, so gilt in Ansehung der Entschädigungsforderung das in Anm. 8, in Ansehung der Prämie das in Anm. 9—11 Ausgeführte.

[17] 3. Konkurs bei Lebensversicherungsverträgen.

Für alle Lebensvsverträge gelten Besonderheiten, gleichgültig ob eine Deckungsrücklage für sie zu bilden ist oder nicht. Bei Kranken- und Unfallvsverträgen kommt es darauf an, ob der einzelne Vertrag einem Geschäftsplan unterfällt, bei dem bestimmte Wahrscheinlichkeitstafeln zugrundeliegen (§§ 12, 11, 79 VAG). Es ist denkbar, daß dies bei einem einheitlichen Vsvertrag teils zutrifft, teils nicht (kombinierte Sterbegeld- und Krankheitskostenv). Solchenfalls ist der Vsvertrag aufzuspalten. In wachsendem Maße wird auch die Krankheitskostenv nach mathematischen Grundsätzen betrieben. Entsprechend anzuwenden ist § 12 VAG auf die Haftpflichtv, sofern mathematische Grundsätze angewendet werden (Rentenreserven, lebenslängliche V: VA 1903 S. 83, 1904 S. 113, 1905 S. 81—82, 1906 S. 27—28). Das wirkt sich auch auf die konkursrechtliche Behandlung der in Betracht kommenden Haftpflichtvsverträge aus (VA 1904 S. 113; Ehrenzweig S. 126 Anm. 9). Für ausländische Ver vgl. § 110 I VAG.

Über die Behandlung von Verbindlichkeiten, die auf Grund des AltsparerG entstanden sind, im Konkurs der Lebensvers, vgl. § 20 II AltsparerG: Den Gläubigern haften die Deckungsforderungen.

[18] **a) Vertragsbeendigung.**

Mit der Konkurseröffnung erlöschen die Vsverhältnisse (§§ 77 III VAG, 13²). Der Vmer hat keinen Schadensersatzanspruch, da die vsrechtlichen Sonderbestimmungen vorgehen (§ 25 KO, a. A. Prölss Anm. 6 zu § 13, S. 84).

[19] **b) Deckungsrücklage.**

Dem Vmer steht der Betrag zu, der als rechnungsmäßige Deckungsrücklage (Prämienreserve) zur Zeit der Konkurseröffnung auf ihn entfällt (§ 77 III VAG): Einzelreserve. Abweichend von § 176 III, IV ist bei der Ermittlung nicht auf den Schluß der Vsperiode, sondern auf die Konkurseröffnung abzustellen, auch kommt ein Abzug nicht in Frage. Der Anspruch ist eine in eigenartiger Weise bevorrechtigte Konkursforderung, zu deren Befriedigung nur die Bestände des Deckungsstockes (Prämienreservefonds) zur Verfügung stehen. Es handelt sich nicht um ein Aussonderungs- oder Absonderungsrecht oder eine Masseschuld (§ 77 IV 1, 2 VAG; Bruck S. 718). Reicht der Deckungsstock nicht aus, etwa weil die vorgeschriebenen Zuführungen unterblieben sind, so haben die Vmer insoweit nur gewöhnliche Konkursforderungen (§ 77 IV 3 VAG). — Weitergehende Ansprüche aus dem Vsverhältnis werden nicht berührt (§ 77 III VAG). Deshalb kann der Vmer, wenn der Vsfall vor der Konkurseröffnung eingetreten, aber die Geldleistung noch nicht ausgezahlt ist, den über die Einzelreserve hinausgehenden Anspruch als einfacher Konkursgläubiger geltend machen. Tritt der „Vsfall" nach der Eröffnung des Konkursverfahrens ein, so bleibt der Vmer auf seinen Anspruch auf die Einzelreserve beschränkt.

[20] **c) Prämienschicksal.**

Ist die Prämie zur Zeit der Konkurseröffnung noch nicht bezahlt, dann gebührt der Konkursmasse die Prämie (unter Aufgabe des problematischen Grundsatzes von der Unteilbarkeit) pro rata temporis, also nur bis zu dem Zeitpunkt der Eröffnung des Konkurses, zuzüglich der aufgewendeten Kosten (§ 40 III analog, Anm. 9, 11). Über die Rechtslage bei hypothekarischer Sicherung der Prämienschuld: RG 21. II. 1934 RGZ Bd 144 S. 30.

Ist die Prämie zur Zeit der Konkurseröffnung im voraus für eine Zeit, die über die Zeit der Konkurseröffnung hinausgeht, bezahlt, so hat der frühere Prämienschuldner einen Rückforderungsanspruch für den auf die Zeit nach der Konkurseröffnung entfallenden Teil der vorausbezahlten Prämie, wobei die für diese Zeit aufgewendeten Kosten abzuziehen sind (§ 40 III). Die Forderung ist eine einfache Konkursforderung (Begr. I S. 29), da § 80 VAG nicht gilt.

Ist die Prämie infolge Unwissenheit (sonst vgl. § 814 BGB) nach der Konkurseröffnung bezahlt, so hat der Prämienschuldner eine Masseforderung für den auf die Zeit nach der Konkurseröffnung entfallenden Teil der vorausbezahlten Prämie, wobei die für diese Zeit aufgewendeten Kosten abzuziehen sind (§ 59 Ziff. 3 KO, § 40 III; Anm. 9, 11).

[21] 4. Zwingender Charakter.

§ 13 ist als Norm des materiellen Konkursrechtes grundsätzlich absolut zwingend für den ganzen Bereich des Gesetzes (Begr. I S. 29). Hierdurch wird nicht ausgeschlossen, daß dem Vmer vertraglich das Recht zur Kündigung des Vsvertrages auf einen früheren Zeitpunkt als den Ablauf der einmonatigen Frist eingeräumt werden kann, denn die Rechtslage des Vmers wird verbessert, nicht verschlechtert. Ein dem Ver eingeräumtes Kündigungsrecht mit einer kürzeren als einmonatigen Frist widerspricht dem Schutzcharakter des § 13 (bedenklich Begr. I S. 29). Eine spätere als einmonatige Kündigung des Vsverhältnisses kann weder für den Vmer noch für den Ver vertraglich vorgesehen werden, denn eine solche Vereinbarung würde dem Liquidationszweck des Konkurses widerstreiten (Ehrenzweig S. 125).

[22] II. Vergleichsverfahren des Versicherers.

Schrifttum: Pagenstecher Judicium 1931 Sp. 162—172, Reichert-Facilides VersR 1953 S. 125—127, Steindler, Der Einfluß des Vergleichsverfahrens zur Abwendung des Konkurses auf Vsverträge, Hamburger Diss., Hamburg 1931.

[23] 1. Vergleichsverfahren im allgemeinen.
a) Regelung.

Nur über aufsichtsfreie Vsunternehmen (§ 148 VAG, § 27 I 2 GüKG) findet das Vergleichsverfahren statt (§ 112 I VglO), also z. B. nicht über Lebensvsunternehmen. Deshalb hat § 20 III AltsparerG für die Lebensv keine Bedeutung. Die durch die VO vom 2. XII. 1931 (RGBl. 1931 I S. 696) gemäß § 148 I 2 VAG einigen Vorschriften des Aufsichtsrechts unterworfenen reinen Rückvsunternehmen können in ein Vergleichsverfahren gehen, da § 89 VAG, der eine aufsichtsrechtliche Sanierung ermöglicht, auf sie unabwendbar ist. Rückver, die auch aufsichtspflichtige Zweige betreiben oder als Gegenseitigkeitsvereine organisiert sind, unterliegen voll der Beaufsichtigung (§ 148 I 1 VAG), also keinem Vergleichsverfahren. Wenn eine aufsichtsfreie Transportvsgesellschaft (§ 148 I 1 VAG) einen aufsichtspflichtigen Vszweig betreibt, so unterliegt sie zwar nicht voll der Aufsicht, da aber das Vergleichsverfahren ein unteilbares ist, muß es unzulässig sein und die Sanierungsvorschrift des § 89 VAG analog auch auf die Transportvsabteilung angewendet werden. Über öffentlichrechtliche Vsunternehmen vgl. Reichert-Facilides VersR 1953 S. 125.

Vertragshilfe kommt für Ver nicht in Betracht (§ 6 Ziff. 2 VertragshilfeG vom 26. III. 1952 [BGBl. I S. 198], Vogels, Vertragshilfe und Kriegsausgleichsverfahren, Berlin 1940 S. 43).

[24] b) Vergleichsgrund.

Vergleichsgrund ist jeder Konkursgrund (§ 2 I 3 VglO; Anm. 4).

[25] c) Eröffnungsantrag.

Den Antrag auf Eröffnung des Verfahrens kann nur der Ver, nie ein Gläubiger des Vers stellen (§ 2 I 2 VglO). Wenn die Eröffnung des Vergleichsverfahrens abgelehnt wird, dann ist zugleich von Amts wegen über die Eröffnung des Konkursverfahrens zu entscheiden (§ 19 I VglO).

[26] 2. Einfluß auf Versicherungsverträge.

Nach Eröffnung des Verfahrens geschlossene Vsverträge werden nicht berührt. Denn nur für im Zeitpunkt der Eröffnung des Verfahrens begründete Forderungen des Vmers vermag das Verfahren Bedeutung zu erlangen. Es reicht aus, wenn eine Forderung auf Gefahrtragung begründet ist, ein Vsfall braucht nicht eingetreten zu sein (Reichert-Facilides VersR 1953 S. 125—126).

a) Beiderseitig nicht voll erfüllter Vertrag.

aa) Versicherungsfall nicht eingetreten.

Bei Eröffnung des Vergleichsverfahrens ist die Prämie ganz oder teilweise noch nicht bezahlt. Der Vsfall ist noch nicht eingetreten. Hier gilt § 36 I, II 1 VglO, da der-

Vsvertrag ein gegenseitiger Vertrag ist (Anm. 38—45 zu § 1) und da nicht nur die Prämien-, sondern auch die Gefahrtragungsleistung teilbar ist, letztere zeitlich (Reichert-Facilides VersR 1953 S. 127, a. A. Höring-Markowski VersR 1950 S. 63, Niemann JRPV 1940 S. 142). Es folgt hieraus: Hat der Vmer noch keine Prämie bezahlt, so wird — vorbehaltlich der §§ 50 I 1, 52 I VglO (Anm. 31) — der Vertrag vom Verfahren nicht betroffen (§ 36 I VglO). Hat der Vmer schon teilweise geleistet, so ist er nur insoweit Vergleichsgläubiger, als dies zeitlich seiner Teilleistung entspricht (§ 36 II 1 VglO) — wiederum vorbehaltlich der §§ 50 I, 52 I VglO (Anm. 31). Die restliche Prämie wird vom Vmer geschuldet, er kann sich aber aus bürgerlichrechtlichen Gründen evtl. vom Vertrag lösen.

[27] **bb) Versicherungsfall ist eingetreten.**

War bei Eröffnung des Vergleichsverfahrens schon ein Vsfall eingetreten, so ist wegen der rückständigen Leistung des Vers der Vmer nach § 26 I VglO, 80[1] VAG nicht Vergleichsgläubiger.

[28] **b) Einseitig nicht voll erfüllter Vertrag.**

Ist aus einem im übrigen abgewickelten Vsverhältnis der Vmer noch Prämie schuldig, so ist das Vergleichsverfahren ohne Einfluß.

Schwieriger ist die Lage, wenn bei Eröffnung des Vergleichsverfahrens die Prämie bezahlt ist. Man unterscheide:

[29] **aa) Versicherungsfall ist eingetreten.**

Der Vsfall ist bereits eingetreten. Der Anspruch auf die Entschädigungsleistung wäre bevorrechtigte Konkursforderung, da er den übrigen Konkursforderungen des § 61 Ziff. 6 KO im Range vorgeht. § 80 VAG gilt entsprechend der Entstehungsgeschichte und dem Wortlaut auch für aufsichtsfreie Vsunternehmen (Anm. 8). Infolgedessen ist der Vmer kein Vergleichsgläubiger (§ 26 I VglO).

[30] **bb) Versicherungsfall nicht eingetreten.**

Der Vsfall ist noch nicht eingetreten. Hier greift § 25 I VglO ein, der Vmer ist Vergleichsgläubiger. Wenn man annimmt, daß die Gefahrtragungsleistung „nicht auf Geld gerichtet" ist (§ 34 VglO), so müßte ein „Schätzungswert" festgesetzt werden, welcher den Kosten einer gleichwertigen Deckungsv entsprechen könnte (Pagenstecher Iudicium 1931 Sp. 164). Aber der Sanierungszweck des Vergleichsverfahrens wird durch diese Ansicht vereitelt. Wenn auch der Ver keine Geldleistung schuldet, so kann man doch sagen, daß die Gefahrtragungsleistung letztlich auf Geld „gerichtet" sei (Anwartschaftsverschaffung). Deshalb erübrigt sich eine Umrechnung der Gefahrtragungsforderung und es erfolgt nach Eintritt des Vsfalls eine quotale Verminderung der Entschädigung (ähnlich Reichert-Facilides VersR 1953 S. 126—127).

[31] **c) Erfüllungsablehnung.**

Ist der Vsvertrag beiderseits zur Zeit der Eröffnung des Vergleichsverfahrens nicht oder nicht völlig erfüllt (Anm. 26), so finden §§ 50 I, 52 I VglO Anwendung. Mithin kann der **Ver** mit Ermächtigung des Vergleichsgerichts die Erfüllung oder die weitere Erfüllung mit Wirkung ex nunc ablehnen und der Vmer von dem Ver Schadensersatz wegen Nichterfüllung verlangen. Ist die Prämie über den Zeitpunkt der rechtswirksamen Erfüllungsablehnung hinaus bezahlt, so ist der überschießende Prämienbetrag Bestandteil des Schadensersatzanspruches, mit dem der Vmer am Vergleichsverfahren beteiligt ist. § 40 III gilt hier nicht. Ist die Prämie nicht voll bis zum Zeitpunkt der Erfüllungsablehnung bezahlt, so muß sich der Vmer auf seinen Schadensersatzanspruch die bis dahin geschuldete Prämie anrechnen lassen. Hier gibt es keine Unteilbarkeit der Prämie (Steindler a. a. O. S. 79). Eine entsprechende Anwendung des § 13 verbietet sich, weil dann alle Vsverträge einen Monat nach Eröffnung des Verfahrens erlöschen würden, ein Ergebnis, das den Zwecken des Vergleichsverfahrens entgegensteht.

[32] Eine Erfüllungsablehnung durch den **Vmer** gibt es nicht mehr.

[33] III. Unsicherwerden des Versicherers.

Schrifttum: Bruck S. 705—711, Ehrenzweig S. 124—125, Ewald HansRGZ 1928 A Sp. 449—468, Schenk, Der Einfluß von Bestandsübertragungen und Fusionen von Vs-Aktiengesellschaften auf laufende Vsverträge und das Recht zur Kündigung durch den Vmer bei Unsicherheit des Vers, Dresden 1932, Schübeler, Die Rechte des Vmers bei Unsicherwerden des Vers, ungedr. Hamburger Diss. 1953 m. w. N.

[34] 1. Tatbestand.

a) Verletzung der Gefahrtragungspflicht.

Der Ver schuldet Gefahrtragung, also dauernde Verschaffung einer Anwartschaft (Anm. 42 zu § 1). Diese Rechtspflicht des Vers wird verletzt, falls er unsicher wird. Dabei braucht es sich nicht darum zu handeln, daß eine Unternehmung „für die Dauer nicht mehr imstande ist, ihre Verpflichtungen zu erfüllen", so daß der Konkurs bevorsteht (§ 89 I 1 VAG). Auch weniger ernste, möglicherweise vorübergehende finanzielle Schwierigkeiten bedeuten eine Verletzung der Gefahrtragungspflicht, die „dauernd erfüllbar" sein muß (§§ 5 II, 8 I Ziff. 2 VAG). Andererseits reichen ungünstige Gerüchte für sich allein nicht aus. Man wird mit dem OLG Breslau 7. V. 1932 JW 1932 S. 2557 = VA 1932 S. 232 Nr. 2429 darauf abstellen können, ob „ein nicht übermäßig ängstlicher Ver bei ruhiger Überlegung berechtigte Zweifel an seiner Sicherheit haben kann (subjektive Unsicherheit)" (dagegen Prölss Anm. 8 zu § 13, S. 84—85).

[35] aa) Nachträgliche Unmöglichkeit.

Ein Unsicherwerden des Vers nach dem materiellen Vsbeginn bewirkt regelmäßig nachträgliche Unmöglichkeit (§ 275 BGB; KG 28. II. 1931 JRPV 1931 S. 126—127 = Praxis 1931 S. 26, 14. VI. 1933 JRPV 1933 S. 334—335). Da es sich um eine Dauerleistung handelt, ist die Leistung unnachholbar, so daß Verzug regelmäßig nicht vorliegt. Unnötig erscheint die Konstruktion positiver Vertragsverletzung (vgl. aber Anm. 24 zu § 8).

Die nachträgliche Unmöglichkeit der Gefahrtragung, wie sie bei Unsicherwerden eintritt, ist meistens vom Ver zu vertreten, denn die Gefahrtragung gehört zu den Gattungsleistungen, welche andere Ver gewähren können (§ 279 BGB). Ist das Unsicherwerden vom Ver, seinen gesetzlichen Vertretern oder Erfüllungsgehilfen verschuldet, so ist es gleichfalls zu vertreten nach §§ 276 I 1, 278 [1] BGB. Ein Verschulden kann liegen in der Verletzung aufsichtsrechtlicher Vorschriften, z. B. im Betrieb vsfremder Geschäfte, in der Nichtzuführung von Beträgen zum Deckungsstock, in vorschriftswidriger Vermögensanlage, aber auch in der Aufwendung übersetzter Verwaltungskosten, insbesondere wenn für diese im Geschäftsplan eine Begrenzung vorgesehen ist.

[36] bb) Anfängliche Unmöglichkeit.

Bei anfänglicher, also vor formellem Vsbeginn gegebener Unsicherheit des Vers gilt nicht § 306 BGB (Nichtigkeit); denn diese Vorschrift bezieht sich nur auf anfängliche objektive Unmöglichkeit, nicht auf subjektives Unvermögen (vgl. § 275 BGB).

[37] b) Sonstige rechtliche Qualifikation.

Nicht nur als Verletzung der Gefahrtragungspflicht kann das Unsicherwerden oder Unsichersein des Vers qualifiziert werden. Da bei einem Ver die Solvenz als verkehrswesentliche Eigenschaft angesehen werden muß, kommt weiterhin Irrtumsanfechtung nach § 119 II BGB in Betracht, sofern schon beim Vertragsabschluß die Unsicherheit bestand. Wird der Ver später unsicher, insbesondere zwischen formellem und materiellem Vsbeginn, so gilt § 321 BGB (Prämienverweigerungsrecht; a. A. bei beaufsichtigten Vern Ehrenzweig S. 124). Außerdem kann der Vmer aus wichtigem Grunde kündigen, sofern der Ver unsicher wird oder sofern der Vmer von einer von vornherein bestehenden Unsicherheit erfährt (dazu Anm. 25 zu § 8). Will man den Gesichtspunkt einer Erschütterung der Geschäftsgrundlage anwenden, so muß es sich um eine nachträgliche Unsicherheit handeln; auf die Frage der Beaufsichtigung sowie darauf, ob es sich etwa um einen Gegenseitigkeitsverein handelt, kommt es nicht an (dazu Anm. 26 zu § 8 mit Hinweisen besonders auf RG 28. I. 1905 RGZ Bd 60 S. 56—65, BGH 4. IV. 1951 BGHZ Bd 1 S. 334—341, vgl. ferner Schübeler a. a. O. S. 6—10, a. A. OLG Celle 25. X. 1915 VA 1915 Anh. S. 77 Nr. 894; Ehrenzweig S. 124).

[38] 2. Rechtsfolgen.

a) Verletzung der Gefahrtragungspflicht.

Wird der Ver nach dem materiellen Vsbeginn unsicher, so kann der Vmer wegen zu vertretender Unmöglichkeit an und für sich vom Vertrage zurücktreten (§ 325 I 1 BGB); aber an die Stelle des Rücktrittsrechtes tritt ein fristloses Kündigungsrecht, weil es sich um ein Dauerschuldverhältnis handelt (Anm. 24 zu § 8). Infolge der Kündigung erhält der Vmer (in Durchbrechung des problematischen Grundsatzes von der Unteilbarkeit der Prämie) die für die Zukunft vorausbezahlte Prämie unter dem Gesichtspunkt ungerechtfertigter Bereicherung zurück, auch aufgewendete Kosten verbleiben dem Ver nicht (Anm. 14). — Zu dem gleichen Ergebnis müßte man übrigens bei Annahme eines Rücktrittsrechtes kommen (§§ 327 [1], 346 [2] BGB analog). Die Rücktrittskonstruktion hätte weiter zur Folge, daß der Ver die Prämie nur bis zum Zeitpunkt des Unsicherwerdens erhält, nicht bis zur Abgabe der Willenserklärung des Vmers. Denn nur bis zum Unsicherwerden hat der Ver die Gefahrtragung geleistet, nur bis dahin ist deshalb ihr Wert zu vergüten (§ 346 [2] BGB analog). Eine Kündigung wirkt dagegen notwendig nur ex nunc. — Nimmt der Vmer eine Umdeckung vor, so muß er möglicherweise beim neuen Ver (neben nochmaligen Abschlußkosten) eine höhere Prämie bezahlen. Deshalb kann dem Vmer daran liegen, statt zu kündigen Totalschadensersatz zu verlangen (§ 325 I 1 BGB; Schübeler a. a. O. S. 45—46). Auch hierdurch erlischt das Vsverhältnis. Bei der Berechnung des Totalschadens ist davon auszugehen, daß der Vmer die Prämie längstens bis zum Zugang des Schadensersatzverlangens schuldet. Hat der Vmer keine Umdeckung vorgenommen und tritt der „Vsfall" nach der Vertragsbeendigung ein, so kann als Schadensersatz derjenige Betrag gefordert werden, den der Ver hätte leisten müssen, falls der Vertrag nicht beendet wäre.

[39] b) Folgen anderer Rechtsbehelfe.

Ist das Unsicherwerden vom Ver ausnahmsweise nicht zu vertreten, so bleibt dem Vmer ein Recht zur fristlosen Kündigung aus wichtigem Grunde (Anm. 25 zu § 8). Der Ver muß die Prämie pro rata temporis für die Zukunft als ungerechtfertigte Bereicherung zurückerstatten (OLG Hamburg 19. XI. 1915 VA 1916 Anh. S. 29 Nr. 925), die Prämie ist nicht unteilbar (OGH Wien 6. XII. 1950 Vsrundschau 1951 S. 47). Schadensersatz kann der Vmer nicht fordern.

Die Lehre von der Gefahrtragung und der Kündigung aus wichtigem Grunde machen es durchweg unnötig, auf den Gesichtspunkt der Erschütterung der Geschäftsgrundlage zurückzugreifen. RG 28. I. 1905 RGZ Bd 60 S. 56—60 hat angenommen, daß wegen veränderter Umstände ein Rücktrittsrecht des Vmers gegeben sei. Besser spricht von Kündigung statt von Rücktritt der BGH 4. IV. 1951 BGHZ Bd 1 S. 334—341 (Anm. 26 zu § 8). Schadensersatz kann auch hier der Vmer nicht verlangen.

Bei anfänglichem subjektivem Unvermögen des Vers ist dieser schadensersatzpflichtig (RG 21. X. 1908 RGZ Bd 69 S. 355—357).

Bei Irrtumsanfechtung seitens des Vmers entsteht dagegen für den Ver keine Ersatzpflicht. Auch § 321 BGB gibt nur ein Leistungsverweigerungsrecht, zur Frage der Sicherheitsleistung vgl. Schübeler a. a. O. S. 32—33.

[40] c) Einschränkung der Rechtsfolgen.

Alle Rechtsbehelfe können dem Vmer nur vor der Konkurseröffnung zugebilligt werden (Anm. 14).

Ferner können sie nicht mehr geltend gemacht werden, sofern der frühere Zustand der Sicherheit wiederhergestellt worden ist (Prölss Anm. 8 zu § 13, S. 84; OLG Breslau 7. V. 1932 JW 1932 S. 2556 = VA 1932 S. 231 Nr. 2429). Solchenfalls hat es sich dann nur um eine vorübergehende Unmöglichkeit gehandelt. Die Sicherheit kann auch durch Bestandsübertragung wiederhergestellt werden (Anm. 42).

[41] IV. Sanierung des Versicherers.

1. Selbsthilfe.

Auf verschiedene Weise kann die Sanierung eines Vers versucht und erreicht werden. Sind Prämien unzureichend oder Vsleistungen übersetzt, so kommt für das Neugeschäft eine Geschäftsplanänderung in Betracht (die von der Aufsichtsbehörde gemäß §§ 81 II 1, 81 a[1] VAG verlangt werden kann). Beim Altbestand kommt eine Vertragsänderung nach dem Grundsatz pacta sunt servanda grundsätzlich nicht in Frage. Ausnahmen gelten jedoch erstens bei Gegenseitigkeitsvereinen, falls eine entsprechende Satzungsbestimmung vorliegt (Einl. Anm. 29, Anm. 115 zu § 1), zweitens — auch bei Aktiengesellschaften — falls kraft vorweggenommener Vereinbarung eine Änderung Platz greift (Einl. Anm. 29, Anm. 120 zu § 1). Liegt solcher Ausnahmefall nicht vor, so ist Selbsthilfe nur im Wege einer nachträglichen Vereinbarung möglich (Einl. Anm. 29, Anm. 121 zu § 1). Speziell über zivilrechtliche Maßnahmen zur Prämienerhöhung vgl. auch Anm. 23—28 zu § 41.

Außerdem kann der Ver nach allgemeinen Grundsätzen eine Vertragsbeendigung herbeiführen, z. B. durch ordentliche Kündigung oder nach Schadensfällen durch außerordentliche Kündigung (Anm. 23 zu § 8). Ein spezielles außerordentliches Kündigungsrecht kannte früher die Haftpflichtv für den Fall, daß „die Grundlagen für die Haftpflichtv allgemein derart erschüttert werden, daß bei unveränderter Fortsetzung der bestehenden Ven die Durchführung einer geordneten und den Interessen der Vten auf die Dauer gerecht werdenden Geschäftsgebarung des Unternehmens ernsthaft gefährdet erscheint" (dazu VA 1925 S. 39, 1939 S. 106—107; Oberbach II S. 305). Die Beseitigung der Vorschrift schließt nicht aus, daß sich die Ver ausnahmsweise auf eine Erschütterung der Geschäftsgrundlage berufen können. Dabei ist jedoch zu berücksichtigen, daß jede V ihrer Natur nach ein Risikogeschäft darstellt. Eine Erschütterung der Geschäftsgrundlage kann jedoch nur berücksichtigt werden, wenn sie unvoraussehbar war, also nicht als Vertragsrisiko übernommen ist (OLG Hamm 24. II. 1923 VA 1923 Anh. S. 62—64 Nr. 1820). Vgl. auch Anm. 26 zu § 8. Außer der Kündigung wegen Erschütterung der Geschäftsgrundlage kommt eine Kündigung aus wichtigem Grunde in Frage (dazu Anm. 25 zu § 8).

[42] 2. Bestandsübertragung.

Dazu Schenk, Der Einfluß von Bestandsübertragungen und Fusionen von Vs-Aktiengesellschaften, Dresden 1932.

Oft wird zu Zwecken der Sanierung eine Bestandsübertragung auf einen stärkeren Ver vorgenommen, was der Genehmigung durch die Aufsichtsbehörde bedarf (§ 14 I 1 VAG). Bei einer Bestandsübertragung gehen seit 1931 die Pflichten und Rechte des übertragenden Vers auf den übernehmenden Ver über (§ 14 I 3 VAG). Auf die Zustimmung des Vmers kommt es bei dieser Schuldübernahme demnach entgegen § 415 I 1, 2 BGB nicht an (zur früheren Rechtslage Rehm-Berliner-Fromm Anm. 10 zu § 14, S. 231—232). Da nach der Bestandsübertragung ein solventer Ver die Gefahrtragung schuldet, hat der Vmer keine Rechtsbehelfe mehr wegen Unsicherwerdens des ersten Vers. Kündigung und Schadensersatzverlangen (Anm. 38, 39) kommen also nur bis zur Genehmigung der Bestandsübertragung in Betracht (Anm. 40). Zur Frage, ob die Genehmigung mit rückwirkender Kraft erteilt werden kann, Rehm-Berliner-Fromm Anm. 10 zu § 14, S. 233—234.

[43] 3. Aufsichtsbehördliche Maßnahmen.

Sieht man von den rechtsetzenden Maßnahmen gemäß der VO vom 29. XI. 1940 (dazu Einl. Anm. 29) ab, so kommen Sanierungsmaßnahmen als Verwaltungsakt gemäß §§ 81 a[2], 87, 89 VAG in Frage.

a) Geschäftsplanänderung.

Nach § 81 a[2] VAG kann die Aufsichtsbehörde den Geschäftsplan mit Wirkung für bestehende oder noch nicht abgewickelte Vsverhältnisse ändern oder aufheben, wenn es zur Wahrung der Belange der Vten notwendig erscheint. Dazu vgl. auch Einl. Anm. 29, Anm. 31 zu § 41 m. w. N., besonders Starke in: 50 Jahre materielle Vsaufsicht, 1. Band, Berlin o. J., S. 73—103, 291—347.

Der Begriff des Geschäftsplanes ist aus § 5 II, III VAG zu entnehmen (a. A. Starke VW 1949 S. 214—215: In § 81 a VAG sei ein weiterer Begriff des Geschäftsplans verwendet; richtig VA 1938 S. 41). Zum Geschäftsplan gehören die AVB, die Prämientarife jedoch gemäß §§ 11, 12 VAG nur in der Lebensv, evtl. in der Kranken- und Unfallv (VA 1903 S. 108, 1920 S. 112, 1924 S. 56, 1928 S. 107, 1934 S. 119—120, 1936 S 78). Auch der Einheitstarif in der Kraftfahrv gehört nicht zum Geschäftsplan, er hat nur preis-, nicht aufsichtsrechtliche Bedeutung. Auch in der Lebens-, Kranken- und Unfallv kann eine Prämienerhöhung mit Wirkung für bestehende Vsverhältnisse deshalb nicht verfügt werden, weil eine solche niemals einer „Wahrung der Belange der Vten" dient (Verfassungsgerichtshof Wien 7. X. 1948 VW 1949 S. 61). Als „Belange der Vten" kommen grundsätzlich nur parallellaufende Interessen der einzelnen Vmer in Betracht; es ist gefährlich, hier vom Gedanken der Gefahrengemeinschaft her die Belange der Gemeinschaft aller Vmer im ganzen zu betrachten (Näheres Anm. 4 zu § 1). § 81 a² VAG setzt im übrigen eine Verfügung der Aufsichtsbehörde voraus, die auf die Notwendigkeiten des einzelnen Vers abgestellt ist. Dagegen wird der Aufsichtsbehörde hier keine Verordnungsbefugnis delegiert (Näheres Einl. Anm. 29).

Hat die Aufsichtsbehörde nach § 81a² VAG eingegriffen, so schließt das die Kündigung oder das Verlangen von Totalschadensersatz nicht aus, sofern die allgemeinen Voraussetzungen dieser Rechtsbehelfe weiterhin gegeben sind.

[44] **b) Geschäftsbetriebsuntersagung.**

Sie ist in § 87 VAG vorgesehen und kann erfolgen, wenn sich bei Prüfung der Vermögenslage eines Vers so schwere Mißstände ergeben, daß eine Fortsetzung des Geschäftsbetriebs die Belange der Vten gefährdet. Die Geschäftsbetriebsuntersagung hat zur Folge, daß keine neuen Ven abgeschlossen, früher abgeschlossene nicht erhöht oder verlängert werden können. Die Aufsichtsbehörde kann alles anordnen, was zur einstweiligen Sicherung des Vermögens nötig ist. Die Vmer werden regelmäßig in der Lage sein, zu kündigen oder Totalschadensersatz zu verlangen.

[45] **c) Konkursvermeidung.**

Nach § 89 I 1 VAG kann die Aufsichtsbehörde das Erforderliche anordnen, wenn sich ergibt, daß ein Ver für die Dauer nicht mehr imstande ist, seine Verpflichtungen zu erfüllen, die Vermeidung des Konkurses aber zum Besten der Vten geboten erscheint. Reiches Material zu § 89 VAG bei Starke in: 50 Jahre materielle Vsaufsicht, 1. Band, Berlin o. J., S. 101—103.

[46] **aa) Speziell: Zahlungsverbot.**

Als vorbereitende Sanierungsmaßnahme ist besonders ein zeitweiliges Zahlungsverbot vorgesehen (§ 89 I 2 VAG). Es bewirkt eine (materiellrechtliche: Anm. 40 zu § 11) Stundung der gegen den Ver gerichteten Geldforderungen („Zahlungen") (RG 22. I. 1926 RGZ Bd 112 S. 350). Auch eine bereits fällig gewesene Schuld wird durch das Zahlungsverbot zu einer gestundeten, so daß mit dem Zahlungsverbot die Verzugsvoraussetzung der Fälligkeit in Fortfall kommt. Der Ver kann nicht zu sofortiger Zahlung verurteilt werden (RG 22. I. 1926 RGZ Bd 112 S. 351, OLG Stettin 15. I. 1925 VA 1925 S. 186 Nr. 1522). War es nicht mehr möglich, den Stundungseinwand im Prozeß selbst vorzubringen, so kann er nachträglich im Wege der Vollstreckungsgegenklage nach § 767 ZPO erhoben werden (RG 22. I. 1926 RGZ Bd 112 S. 351). Eine Feststellungsklage des Vmers ist auch während des Zahlungsverbotes statthaft (LG Stettin 4. VI. 1924 VA 1924 S. 122 Nr. 1414). Das Zahlungsverbot schließt nicht aus, daß der Vmer kündigt oder Totalschadensersatz fordert, sofern hierfür die allgemeinen Voraussetzungen vorliegen.

[47] **bb) Speziell: Leistungsherabsetzung.**

Die Aufsichtsbehörde ist grundsätzlich nicht in der Lage, eine Geschäftsplanänderung von sich aus vorzunehmen. Nur in der Lebensv können nach § 89 II VAG die Verpflichtungen aus Vsverträgen dem Vermögensstand entsprechend herabgesetzt werden. Dabei können selbständige Abteilungen des Deckungsstocks von der Herabsetzung verschont bleiben (§ 89 III VAG). Auch ohne Rücksicht darauf, ob eine selbständige Abteilung des Deckungsstocks vorhanden ist, kann die Aufsichtsbehörde u. U. ungleichmäßig verfahren (§ 89 II 2 VAG). Die Herabsetzung bewirkt ein teilweises Erlöschen der Schuld der Vers. Es muß sich um Verpflichtungen aus Ven handeln, zu denen auch Dividendenansprüche gehören. Die Vmer müssen trotz der Herabsetzung die vereinbarte Prämie weiter zahlen (§ 89 II VAG). Das Kündigungsrecht des Vmers wegen Unsicherwerdens des Vers ist ebenso wie das Verlangen von Totalschadensersatz von der Herabsetzung an insoweit ausgeschlossen, als die Herabsetzung in Frage steht. Denn sonst wird der Sanierungszweck unerreichbar. Bleibt aber der Ver trotz der Herabsetzung hinsichtlich der geschuldeten Restleistungen unsicher, so müssen dem Vmer seine Rechtsbehelfe verbleiben.

[48] **4. Preisrechtliche Maßnahmen.**

Eine Sanierung des Vers auf dem Wege über preisrechtliche Maßnahmen kommt nur noch insoweit in Betracht, als Vsprämien sich als gebundene Preise darstellen. Das trifft nur noch für den Einheitstarif der Kraftfahrtv zu. Preisrechtliche Maßnahmen finden ihre Grenze u. a. am rechtlichen Gesichtspunkt der Enteignung (DOG 21. VI. 1950 VersR 1950 S. 129—132, dazu Möller BetrBer 1951 S. 35—38, ZfV 1951 S. 81—83 gegen Jellinek und Ebel VersR 1951 S. 3—7). Dazu Einl. Anm. 29, Anm. 113 zu § 1, Anm. 34 zu § 41.

§ 14

(1) Der Versicherer kann sich für den Fall der Eröffnung des Konkurses oder des Vergleichsverfahrens über das Vermögen des Versicherungsnehmers die Befugnis ausbedingen, das Versicherungsverhältnis mit einer Frist von einem Monat zu kündigen.

(2) Das gleiche gilt für den Fall, daß die Zwangsverwaltung des versicherten Grundstücks angeordnet wird.

Konkurs-, Vergleichs-, Zwangsverwaltungs-, Vertragshilfeverfahren des Versicherungsnehmers.

Gliederung:

[1] **Entstehung:** § 14 ist durch die VO vom 19. XII. 1939 positiv statt bislang negativ formuliert, das Vergleichsverfahren ist dem Konkursverfahren gleichgestellt. — Begr. I S. 29—30, III S. 7.

[2] **I. Konkursverfahren des Versicherungsnehmers.**

Schrifttum: Bruck S. 689—705, Ehrenzweig S. 127—129, Gilbert DR 1941 S. 2365 bis 2369, Gottschalk JRPV 1931 S. 137—139, 217—220, 1932 S. 17—19, 129—132, Höring-Markowski VersR 1950 S. 18, Kirchberger ZHR Bd 68 S. 169—228, de la Motte VersR 1951 S. 187—188.

[3] **1. Abgrenzung.**

Ist der Vmer schon bei Vertragsabschluß unsicher, so kann der Ver anfechten (§ 119 II BGB, evtl. § 123 BGB), meistens schützt ihn auch § 38. — Wird der Vmer nachträglich unsicher, so kann der Ver sich auf § 321 BGB berufen.

Über den Konkurs des Vten bei der V für fremde Rechnung § 77, des Vmers bei der Haftpflichtv § 157, über das Eintrittsrecht des Bezugsberechtigten, des Ehegatten und der Kinder bei Konkurs des Vmers in der Lebensv § 177.

Gerät der Vmer vor der Annahme seines Antrages in Konkurs, so bleibt er gebunden. Nimmt der Ver den Antrag an, so hat der Vsvertrag gegenüber den Konkursgläubigern keine Wirksamkeit. Nimmt der Ver dem Konkursverwalter gegenüber an, so ist das ein neuer Antrag (§ 150 II BGB, Gottschalk JRPV 1931 S. 139).

Zur Frage, ob Lebensvsprämien einen übermäßigen Aufwand i. S. des § 240 Ziff. 1 KO darstellen können: RG 29. VI. 1934 JW 1934 S. 2472—2473.

[4] **2. Konkursmasse.**

a) Positive Umgrenzung.

Zu der Konkursmasse gehört das gesamte der Zwangsvollstreckung unterliegende Vermögen, das dem Vmer zur Zeit der Eröffnung des Verfahrens gehört (§ 1 I KO), mithin grundsätzlich die Ansprüche und sonstigen Rechte aus allen Vsverträgen. Es reicht aus, daß ein Vsvertrag zur Zeit der Konkurseröffnung bereits abgeschlossen ist, mag auch der materielle Vsbeginn später liegen, mag auch die Gefahrtragung noch nicht durch Eintritt eines Vsfalles konkretisiert sein. Die Konkursmasse ändert sich nur in ihrer Zusammensetzung, wenn sich der abstrakte Gefahrtragungsanspruch mit dem Vsfall in einen Geldleistungsanspruch verwandelt. — Auch RG 20. VI. 1902 RGZ Bd 52 S. 49—54 stellt darauf ab, wann der Rechtsgrund für den Erwerb einer Vsforderung entstanden ist, jedoch wird dieser Rechtsgrund nicht schon im Vertragsabschluß, sondern in der alljährlichen Prämienzahlung gesehen. Das Urteil ist mit der jetzigen Fassung des § 38 II nicht mehr vereinbar.

[5] **b) Negative Umgrenzung.**

Zur Konkursmasse des Vmers gehört nicht:

aa) die Vsforderung aus einer Lebens- oder Unfallv mit einer unwiderruflichen Bezugsberechtigung. Der Anspruch steht dem unwiderruflich Bezugsberechtigten, nicht dem Gemeinschuldner zu, unterliegt mithin auch nicht dem Zugriff der Gläubiger des Gemeinschuldners. Bei widerruflicher Bezugsberechtigung gehört das Widerrufsrecht zur Konkursmasse des Vmers (RG 13. II. 1914 VA 1914 Anh. S. 78 Nr. 831); tritt vor erfolgtem Widerruf jedoch der Vsfall während des Konkurses des Vmers ein, so erwirbt der Bezugsberechtigte nunmehr ein konkursfreies eigenes Recht.

bb) eine unpfändbare Vsforderung (dazu Anm. 11—28 zu § 15).

cc) ein Anspruch oder sonstiges Recht des Gemeinschuldners aus Vsverträgen jeder Art, die der Konkursverwalter mit konkursbefreiender Wirkung dem Gemeinschuldner zur freien Verfügung überläßt (§ 6 II KO). Die Freigabe hat der Konkursverwalter ausdrücklich oder durch schlüssiges Verhalten zu erklären. Keine Freigabeerklärung braucht die bloße Ablehnung weiterer Prämienzahlung zu sein. Die Freigabe, eine einseitige, gegenüber dem Gemeinschuldner empfangsbedürftige Willenserklärung, ist wegen ihres rechtsgestaltenden Charakters unwiderruflich (RG 7. V. 1912 LZ 1912 Sp. 934—935).

Gehören Ansprüche aus Vsverträgen nicht zu der Konkursmasse, so unterliegen sie nach wie vor der Verfügungsgewalt des Gemeinschuldners (vgl. § 6 I KO). Insoweit hat der Konkursverwalter kein Wahlrecht, kann insbesondere nicht Erfüllung wählen. Über den Zugang eines Mahnschreibens an den Gemeinschuldner bei Postsperre: OLG Karlsruhe 13. X. 1910 VA 1911 Anh. S. 4—5 Nr. 567.

[6] **3. Kündigungsrecht.**

Durch die Zugehörigkeit zu der Konkursmasse des Vmers wird an und für sich der Anspruch oder das sonstige Recht aus dem Vsvertrage in keiner Weise berührt. Vor allem kann im Interesse der Konkursmasse für den Bereich der Beschränkungen der Vertragsfreiheit wegen § 14 I, 15a vertraglich nicht vorgesehen werden, daß durch die Eröffnung des Konkursverfahrens das Vsverhältnis erlöschen oder der Ver zur sofortigen Kündigung oder zur Kündigung unter Einhaltung einer Kündigungsfrist von weniger als einem Monat befugt sein soll (vgl. § 14 I a. F.). Jedenfalls kann sich der Ver auf solche Vereinbarung nicht berufen (wohl aber der Konkursverwalter: Ehrenzweig S. 128). Eine vertragliche Regelung des Kündigungsrechtes unter Beobachtung der genannten Einschränkungen ist zulässig, es kann also ein Kündigungsrecht des Vers mit einer Frist von einem Monat und länger vereinbart werden. Kündigt der Ver, so behält oder erhält er die Prämie lediglich für die Zeit bis zur Beendigung des Vsverhältnisses, allerdings zuzüglich der in § 40 III erwähnten Kosten; Unteilbarkeit der Prämie greift nicht Platz (Ehrenzweig S. 129). Einzelheiten zur Kündigung: Anm. 28—39 zu § 8). Über das Verhältnis von Kündigung und Erfüllungsablehnung durch den Konkursverwalter Anm. 10 und Ehrenzweig S. 129. — Eine besondere Anzeige an den Ver von der Konkurseröffnung ist nur zu erstatten, wenn sie vertraglich vorgesehen ist (OLG Kolmar 28. X. 1904 VA 1905 Anh. S. 23—24 Nr. 102).

[7] **4. Vertragsschicksal.**

a) Einseitig vollständig erfüllter Vertrag.

Ist der Vsvertrag zur Zeit der Eröffnung des Konkursverfahrens von dem Gemeinschuldner oder von dem Ver vollständig erfüllt, so greifen besondere konkursrechtliche Vorschriften nicht Platz. Das Vsverhältnis dauert fort (Begr. III S. 29). Die Voraussetzung trifft zu, wenn der Gemeinschuldner keine Prämie schuldet oder der Ver die Gefahrtragung nicht mehr schuldet, weil entweder ein Totalschaden eingetreten und von dem Ver bezahlt ist, oder weil das Vsverhältnis aus einem anderen Grunde dergestalt beendigt ist, daß der Ver endgültig alle geschuldeten Leistungen erbracht hat. Schuldet solchenfalls der Vmer noch Prämien, so hat der Ver eine Konkursforderung (vgl. Prölss Anm. 1 C zu § 14, S. 86).

[8] **b) Beiderseitig nicht vollständig erfüllter Vertrag.**

Ist der Vsvertrag zur Zeit der Konkurseröffnung von dem Gemeinschuldner nicht oder nicht vollständig erfüllt — der Gemeinschuldner schuldet also noch Prämie (wenn auch vielleicht erst für künftige Vsperioden) — und trägt der Ver noch die Gefahr, so hat der Konkursverwalter (unabdingbar: Ehrenzweig S. 128) das sich aus § 17 KO ergebende Wahlrecht (Begr. I S. 29—30; Prölss Anm. 1 zu § 14, S. 85 will § 17 KO nur analog anwenden). Eine starke Einschränkung der Anwendung des § 17 KO befürwortet Gottschalk JRPV 1931 S. 218—219: Das Wahlrecht des Konkursverwalters sei nicht gegeben, wenn sich der Ver zur Zeit der Konkurseröffnung im Risiko befinde, denn der

Vsvertrag sei als Dauerschuldverhältnis schon dann erfüllt, wenn die Gefahrtragung des Vers begonnen habe. Gegen diese Ansicht spricht, daß Erfüllung in dem Sinne von § 17 I KO nur vorliegt, wenn alles geleistet worden ist, was nach dem Inhalt des Vertrages geschuldet war. Es entscheidet also über die Frage, ob noch etwas zu leisten ist, nur die Tatsache, ob das Leistungsverhalten des Schuldners schon abgeschlossen ist, nicht die Fälligkeit der Leistung zur Zeit der Konkurseröffnung. Bei dem Vsvertrag als Dauerschuldverhältnis hat der Ver erst alles geleistet, wenn er die Gefahr bis zu dem Ende der materiellen Vsdauer getragen hat. Wie hier Pfeiffer JRPV 1931 S. 286—287; im Ergebnis auch de la Motte VersR 1951 S. 187—188, ferner Ehrenzweig S. 128 (obgleich er die Gefahrtragungstheorie verwirft; er spricht stattdessen von „Haftung").

Der Ver kann verlangen, daß der Konkursverwalter unverzüglich erklärt, ob er die Erfüllung des Vsvertrages fordern will (§ 17 II 1 KO). Die Einleitung des Mahnverfahrens (§ 39 I) gilt als ein solches Verlangen. Gibt der Konkursverwalter die Erklärung nicht oder nicht unverzüglich ab, oder bezahlt er nicht den angemahnten Betrag, so gilt sein Verhalten als Ablehnung der Erfüllung (§ 17 II 2 KO). — Äußert der Ver kein Verlangen und gibt der Konkursverwalter keine Erklärung ab, so bleibt das Vsverhältnis unberührt, der Ver hat wegen der Prämie eine Konkursforderung. Dazu Pfeiffer JRPV 1931 S. 288.

[9] **aa) Erfüllungsverlangen.**

Wählt der Konkursverwalter weitere Erfüllung, so wird der Anspruch des Vers auf Bezahlung der Prämie Masseanspruch (§ 59 Ziff. 2 KO). Zahlt der Konkursverwalter nicht rechtzeitig die Prämie und Nebenkosten, so kann der Ver nur ihm gegenüber das Mahnverfahren einleiten. Tritt der Vsfall ein, so fällt die Entschädigungsleistung des Vers in die Konkursmasse.

[10] **bb) Erfüllungsablehnung.**

aaa) Beendigung des Versicherungsverhältnisses.

Wählt der Konkursverwalter Nichterfüllung, so erlöschen die beiderseitigen Erfüllungsansprüche, und zwar auch dann sofort, wenn eine nach § 14 I vom Ver erklärte Kündigung noch nicht wirkt. Die Erfüllungsablehnung ist also eine „Tatsache, welche die Beendigung des Vsverhältnisses zur Folge hat" (vgl. § 103 I 1, auch OLG Nürnberg 18. X. 1932 VA 1932 S. 306 Nr. 2486 = JRPV 1932 S. 376). Die Frage, auf welchen Zeitpunkt diese Wirkung eintritt, ist umstritten. Für die Rückwirkung auf den Konkursbeginn: Gilbert DR 1941 S. 2368—2369. Da im Zweifel eine Rückwirkung nicht anzunehmen ist, muß der Zeitpunkt des Zuganges der Ablehnungserklärung maßgebend sein (Capitain JRPV 1935 S. 87, Prölss Anm. 1 zu § 14, S. 85, OLG Nürnberg 18. X. 1932 VA 1932 S. 305 Nr. 2486 = JRPV 1932 S. 376). Erklärt sich ein Konkursverwalter nicht auf ein Verlangen des Vers, so wirkt die fingierte Ablehnung des § 17 II 2 KO mit dem Ablaufe der Unverzüglichkeitsfrist (Capitain JRPV 1935 S. 87; Rückwirkung ab Konkursbeginn nimmt hier an Prölss Anm. 1 zu § 14, S. 85).

[11] **bbb) Eintritt eines Versicherungsfalles.**

Ist der Vsfall vor der tatsächlichen oder fingierten Ablehnungserklärung eingetreten, so gebührt die Vsleistung der Konkursmasse. Tritt der „Vsfall" später ein, so hat der Ver nicht zu leisten. Eine Ausnahme gilt zum Schutze der Realgläubiger (§§ 103 I 1, 107b; § 34 II 1 SchiffsG). Bei einer rückkaufsfähigen Lebensv ist nach §§ 173, 176 der Ver zur Zahlung des Rückkaufswertes verpflichtet, man wird § 176 I analog anwenden müssen (OLG Nürnberg 18. X. 1932 VA 1932 S. 306 Nr. 2486 = JRPV 1932 S. 376—377; Ehrenzweig S. 128—129). Dagegen nehmen Bruck-Dörstling Anm. 70 zu § 15, S. 265 an, daß erst bei eintretendem Vsfall die Rückvergütung zu zahlen sei.

[12] **ccc) Schicksal der Prämienschuld.**

Was die Prämie anlangt, so ist der Ver Konkursgläubiger für die Zeit bis zur tatsächlichen oder fingierten Erfüllungsablehnung (insoweit handelt es sich nicht um Schadensersatz, a. A. Capitain JRPV 1935 S. 87). Unteilbarkeit der Prämie gilt nicht, sofern dies nicht vereinbart ist. Überschießende Prämie kann folglich der Konkursverwalter erstattet verlangen.

Über Aufrechnungsfragen OLG Nürnberg 18. X. 1932 VA 1932 S. 305—306 Nr. 2486 = JRPV 1932 S. 376—377.

[13] ddd) Frage des Schadensersatzes.

Bestritten ist die Frage, ob an die Stelle der erloschenen Erfüllungsansprüche ein Schadensersatzanspruch des Vers tritt; bejahend z. B. Ehrenzweig S. 129. — Bruck 7. Aufl. S. 73 meinte: Ein Schadensersatzanspruch nach § 26 KO komme nicht in Betracht, da er eine isolierte Betrachtung des Vertrages und seines Ablaufes voraussetze, die an dem kollektivistischen Charakter der V und dem Moment der Ungewißheit scheitere (zustimmend OLG Nürnberg 18. X. 1932 VA 1932 S. 305 Nr. 2486 = JRPV 1932 S. 376). Vielleicht ermöglicht aber gerade der kollektive Charakter der V eine Berechnung des entgangenen Gewinns (Prölss Anm. 1 zu § 14, S. 85—86). Allerdings müßte der Konkursverwalter gegenüber einem so berechneten Schadensersatzanspruch einwenden können, daß auf den in Betracht kommenden Vertrag im Falle der Nichtbeendigung eine Vsleistung hätte erbracht werden müssen. In der Lebensv wird wegen § 165 ein Schadensnachweis dem Ver selten möglich sein (Prölss Anm. 1 zu § 14, S. 85—86). Der Schadensersatzanspruch ist Konkursforderung.

[14] eee) Fortsetzung durch Gemeinschuldner.

Die Fortsetzung einer durch Erfüllungsablehnung beendeten V kann dadurch erfolgen, daß der Gemeinschuldner aus konkursfreien Mitteln die ferneren Prämien entrichtet. Hierin liegt ein Neuabschluß. Tritt der Vsfall ein, so gehört die Vsforderung nicht zur Konkursmasse.

[15] 5. Verfügungsverbot für Versicherungsnehmer.

a) Allgemein: Grundsätze.

Mit Eröffnung des Konkursverfahrens verliert der Vmer die Befugnis, über die Rechte aus seiner V zu verfügen, die Befugnis geht auf den Konkursverwalter über (§ 6 KO). Rechtshandlungen, die der Vmer nach Konkurseröffnung vornimmt, sind den Konkursgläubigern gegenüber unwirksam (§ 7 KO). Er kann daher insbesondere nicht den Vsvertrag kündigen, den Anspruch aus der V abtreten oder verpfänden, den Lebensvsvertrag umwandeln (§ 174), einen Bezugsberechtigten benennen (§§ 166 I 1, 180), Vorauszahlungen erheben. Der Vmer kann auch nicht mehr aus der Konkursmasse Prämien zahlen. Ein gutgläubiger Eigentumserwerb findet nicht statt, bei Vermischung ist der Ver zur Herausgabe der Bereicherung an die Konkursmasse nach § 951 I 1 BGB verpflichtet.

Aber auch der Ver kann dem Vmer gegenüber keine Rechtshandlungen mehr vornehmen. Er kann daher insbesondere nicht ihm gegenüber anfechten, zurücktreten, kündigen, eine Überv herabsetzen (§ 51 I), mahnen (§ 39 I). Entscheidend für die Wirksamkeit ist der Zeitpunkt des Zugehens der Erklärung.

Schwebende Prozesse werden unterbrochen (§ 240 ZPO), nicht aber ein schiedsgerichtliches Verfahren oder ein Verfahren nach §§ 64, 184 (Gottschalk JRPV 1931 S. 138).

[16] b) Speziell: Leistungsbewirkungen.

Alle Leistungen, die der Ver nach Eröffnung des Konkursverfahrens an den Vmer bewirkt, sind den Konkursgläubigern gegenüber insoweit wirksam, als das Geleistete in die Konkursmasse geflossen ist (§ 8 I KO). Sie sind ferner dann wirksam, wenn das Geleistete zwar nicht in die Konkursmasse geflossen ist, der Ver aber zur Zeit der Leistung noch keine Kenntnis von der Eröffnung des Konkursverfahrens hatte: Vor der Bekanntmachung der Konkurseröffnung erfolgte Leistungen gelten als rechtswirksam, sofern dem Ver nicht nachgewiesen wird, daß er von der Konkurseröffnung wußte, während nach der Bekanntmachung erfolgte Leistungen den Ver nur dann befreien, wenn er nachweist, daß er zur Zeit der Leistung noch keine Kenntnis von der Konkurseröffnung hatte (§ 8 II, III KO). Der Ver ist stets von seiner Leistungspflicht gegenüber der Konkursmasse, nicht von seiner Schadensersatzpflicht befreit, wenn er an den Vmer als Inhaber des Vsscheines zahlt (Bruck-Dörstling Anm. 72 zu § 15, S. 267).

[17] 6. Verfügungsrecht für Konkursverwalter.

Die Verfügung über die Vsforderung und alle anderen Rechte aus dem Vsvertrage steht dem Konkursverwalter zu. Selbst wenn er der Genehmigung des Gläubigerausschusses bedarf, ist die Verfügung dem Ver gegenüber wirksam ohne Rücksicht darauf, ob er die Genehmigung erlangt hat oder nicht (§ 136 KO). Der Konkursverwalter kann insbesondere anfechten, zurücktreten, kündigen, den Anspruch aus der V abtreten, den Lebensvsvertrag umwandeln (§ 174), eine Bezugsberechtigung widerrufen (§§ 166 I, 180; RG 13. II. 1914 VA 1914 Anh. S. 78 Nr. 831), eine Vorauszahlung erheben.

[18] 7. Obliegenheiten und Herbeiführung.

Trotz des Konkurses bleibt der Vmer rechtlicher Inhaber der Ansprüche und sonstigen Rechte aus dem Vsvertrage und Träger des Vsverhältnisses. Der Konkursverwalter tritt nicht in die Vmerrolle ein (KG 11. X. 1930 VA 1930 S. 267 Nr. 2263 = JRPV 1930 S. 433). Der Konkursverwalter ist vielmehr nur Verwalter fremden Vermögens, sei es kraft Amtes, sei es als gesetzlicher Vertreter des Gemeinschuldners bezüglich der Konkursmasse.

Die Obliegenheiten belasten daher weiter den Vmer, daneben aber auch den Konkursverwalter (Anm. 70 zu § 6). Eine nur den Konkursverwalter belastende Obliegenheit ist es, sich im Falle des § 17 II KO zu erklären. Auf die Repräsentanteneigenschaft des Konkursverwalters kommt es nicht an (a. A. Prölss Anm. 1 zu § 14, S. 86). Wird eine Anzeige vom Vmer erstattet, so braucht sie der Konkursverwalter nicht nochmals zu erstatten und umgekehrt (OLG Kolmar 28. X. 1904 VA 1904 Anh. S. 23 Nr. 102).

Schuldhafte Herbeiführung des Vsfalles durch den Vmer läßt den Ver gegenüber der Konkursmasse leistungsfrei werden (KG 11. X. 1930 VA 1930 S. 267 Nr. 2263 = JRPV 1930 S. 433). Das gleiche gilt für eine schuldhafte Herbeiführung durch den Konkursverwalter.

[19] II. Vergleichsverfahren des Versicherungsnehmers.

Schrifttum: Ehrenzweig S. 130, Hagemann JRPV 1933 S. 245—247, Höring-Markowsky VersR 1950 S. 63, Pagenstecher Judicium 1931 Sp. 162—172, Steindler, Der Einfluß des Vergleichsverfahrens zur Abwendung des Konkurses auf Vsverträge, Hamburger Diss., Hamburg 1931, HansRGZ 1932 A Sp. 329—338.

[20] 1. Kündigungsrecht.

Die Bestimmung des § 14 I gilt auch für das Vergleichsverfahren. Die Erwägungen, auf denen sie beruht, treffen auch in dem Vergleichsverfahren zu. Vgl. also Anm. 6. Jedoch bleibt zu beachten, daß gegebenenfalls § 50 I 1 VglO Anwendung findet.

[21] 2. Vertragsschicksal.

a) Vom Versicherungsnehmer vollständig erfüllter Vertrag.

Hier ist das Vergleichsverfahren ohne Einfluß, da der Ver nicht mehr Vergleichsgläubiger ist (§ 25 I VglO). Der Ver muß leisten (Steindler a. a. O. S. 24, 80).

[22] b) Vom Versicherer vollständig erfüllter Vertrag.

Hier ist der Ver mit seinem Prämienanspruch vom Vergleich betroffen und ist an ihm beteiligt (§ 25 I VglO). Hat ein Ver eine Folgeprämie angemahnt und ist die Frist fruchtlos abgelaufen, so kann doch der Vertrag wegen der eintretenden Leistungsfreiheit des Vers nicht als vom Ver vollständig erfüllt angesehen werden. Denn es ist nicht feststehend, daß der Vmer sich auch noch bei Eintritt des Vsfalles im Verzug befindet (§ 39 II). Es gilt also das in Anm. 23 Gesagte. Ebenso Höring-Markowsky VersR 1950 S. 63, Prölss Anm. 3 B zu § 14, S. 87, Steindler HansRGZ 1932 A Sp. 329—338, a. M. LG Berlin 5. II. 1932 JW 1932 S. 2564 = JRPV 1932 S. 80.

[23] c) Beiderseitig nicht vollständig erfüllter Vertrag.

Ist der Vsvertrag im Zeitpunkt der Vergleichseröffnung beiderseits nicht oder nicht vollständig erfüllt, so ist der Ver nach dem Grundsatz des § 36 I VglO nicht Vergleichsgläubiger. Von diesem Grundsatz gelten jedoch Ausnahmen: Zunächst ist der Ver insoweit Vergleichsgläubiger, als für die Zeit bis zur Eröffnung des Verfahrens noch Prämien rückständig sind (§ 36 II 1 VglO, a. M. Höring-Markowsky VersR 1950 S. 63). Im übrigen kommt es darauf an, ob der Vmer gemäß § 50 I VglO die Erfüllung oder weitere Erfüllung ablehnt. Geschieht das, so erlöschen die Erfüllungsansprüche, sobald die Ablehnungserklärung dem Ver zugegangen ist. Etwa für eine spätere Zeit vorausgezahlte Prämie kann der Vmer zurückverlangen. Der Ver kann gemäß § 52 I VglO Schadensersatz wegen Nichterfüllung verlangen; er ist mit dem Ersatzanspruch am Vergleichsverfahren beteiligt und wird von dem Vergleich betroffen (anders Bruck 7. Aufl. S. 75, wie hier Höring-Markowsky VersR 1950 S. 63, Prölss Anm. 3 zu § 14, S. 86—87, Steindler a. a. O. S. 80—81).

[24] III. Zwangsverwaltungsverfahren des Versicherungsnehmers.

1. Kündigungsrecht.

Nach § 14 II gilt § 14 I auch dann, wenn die Zwangsverwaltung des vten Grundstückes angeordnet wird. Es kann sich nicht nur um eine V gegen Feuer, sondern auch z. B. gegen Wasserleitungsschäden oder Hagel handeln. Auch eine V von Gegenständen, auf welche sich die Beschlagnahme des Grundstückes erstreckt, kommt in Betracht (§§ 148 I 1, 21 I, II ZVG). Für solche Ven kann sich der Ver wegen des erhöhten subjektiven Risikos ein Kündigungsrecht ausbedingen (Näheres: Anm. 6). Eine Grundeigentümerhaftpflichtv unterfällt nicht § 14 II.

[25] 2. Vertragsschicksal.

Dem Zwangsverwalter gegenüber sind die bestehenden Vsverträge nicht wirksam (arg. § 152 II ZVG; OLG Marienwerder 1. VII. 1911 VA 1912 Anh. S. 76 Nr. 677). Da er jedoch die Pflicht hat, alle Handlungen vorzunehmen, die erforderlich sind, um das Grundstück in seinem wirtschaftlichen Bestande zu erhalten (§ 152 I ZVG), ist er ähnlich wie ein Nießbraucher (§ 1045 I 1 BGB) gehalten, für Vsschutz zu sorgen (Wilhelmi-Vogel, ZVG, 3. Aufl., München-Berlin 1952, Anm. 16 zu § 152, S. 243; RG 2. II. 1915 RGZ Bd 86 S. 190, AG Witten 11. V. 1934 JRPV 1934 S. 240). Daraus kann allerdings der Ver keine Rechte herleiten (OLG Marienwerder 1. VII. 1911 VA 1912 Anh. S. 76 Nr. 677).

[26] a) Eintritt des Zwangsverwalters.

Der Zwangsverwalter kann in bestehende Vsverträge „eintreten", er tritt nicht kraft Gesetzes ein, auch nicht bei der Hagelv gemäß § 115 (OLG Marienwerder 1. VII. 1911 VA 1912 Anh. S. 76 Nr. 677, LG Berlin 2. VI. 1931 JRPV 1932 S. 32). Der Eintritt ist eine einseitige empfangsbedürftige Willenserklärung, die auch durch schlüssiges Verhalten abgegeben werden kann. Inhaltlich wird der Vertrag durch den Eintritt nicht geändert. Vgl. RG 20. X. 1933 RGZ Bd 142 S. 89. Unrichtig Prölss Anm. 4 zu § 14, S. 87, wonach der Zwangsverwalter „keinen Anspruch auf Eintritt" habe. Der Vmer selbst bleibt Vertragsgegner, seine Zustimmung zum Eintritt ist nicht erforderlich (a. A. Prölss Anm. 4 zu § 14, S. 87). Eine Umschreibung des Vsscheines auf den Zwangsverwalter kann nicht verlangt werden (AG Witten 11. V. 1934 JRPV 1934 S. 240). Folge des Eintritts ist in erster Linie, daß die Prämien gemäß § 155 I ZVG vorweg aus den Nutzungen des Grundstücks zu zahlen sind, daneben aber haftet der Vmer weiter (LG Berlin 2. VI. 1931 JRPV 1931 S. 32). Durch Vertragsabreden zwischen Vmer und Ver kann der Zwangsverwalter nicht zum Eintritt gezwungen werden (OLG Marienwerder 1. VII. 1911 VA 1912 Anh. S. 76 Nr. 677). Erfolgt der Eintritt, so wird nach § 148 II ZVG dem Vmer die Verwaltung entzogen. Handlungen des Zwangsverwalters, z. B. eine Änderung des Vertragsinhaltes, binden den Vmer auch über die Dauer der Zwangsverwaltung hinaus. Hinsichtlich der Obliegenheiten und der Herbeiführung des Vsfalles gilt das in Anm. 18 für den Konkurs Ausgeführte. Eine Mahnung nach § 39 I muß dem Zwangsverwalter zugehen (RG 15. I. 1943 RGZ Bd 170 S. 288—289). Trotz des Eintritts kann der Vmer gegen den Ver auf Leistung an den Zwangsverwalter klagen, wenn letzterer zustimmt (OLG Hamburg 14. III. 1933 JRPV 1933 S. 141).

[27] **b) Nichteintritt des Zwangsverwalters.**

Tritt der Zwangsverwalter nicht ein, so bleibt der vom Vmer geschlossene Vsvertrag unberührt, der Vmer haftet aber nur persönlich für die Prämie. Trotz Nichteintritts hat nur der Zwangsverwalter im Vsfalle jene Vsforderungen geltend zu machen, auf welche sich die Beschlagnahme erstreckt (§ 152 I ZVG; OLG Hamburg 14. III. 1933 JRPV 1933 S. 141). Obliegenheitsverletzung und Herbeiführung des Vsfalles durch den Zwangsverwalter schaden hier nur, wenn der Zwangsverwalter als Repräsentant des Vmers in Betracht kommt (Anm. 92—102 zu § 6).

[28] **3. Sonderfälle.**

Statt einzutreten kann der Zwangsverwalter auch selbst eine V abschließen, sei es als V für fremde Rechnung eine Sachv, sei es als V für eigene Rechnung eine Haftpflichtv (so wohl RG 30. IV. 1915 RGZ Bd 86 S. 392—394). Letztere bildet im Verhältnis zu einer Sachv keine Doppelv. Wohl aber liegt eine Doppelv vor, wenn Eigentümer und Zwangsverwalter je eine Sachv abschließen, die Doppelv entsteht nicht erst mit Aufhören der Zwangsverwaltung (a. A. Prölss Anm. 4 zu § 14, S. 87). Auch für die Prämien einer vom Zwangsverwalter abgeschlossenen V haftet der Vmer (LG Berlin 2. VI. 1931 JRPV 1932 S. 32).

Eine Grundeigentümerhaftpflichtv ist einer Sachv nicht gleichzustellen, die Umstellung auf den Zwangsverwalter bedarf der Zustimmung des Vmers und des Vers (OLG Düsseldorf 28. V. 1934 JRPV 1935 S. 62—63). Eine vom Zwangsverwalter genommene Haftpflichtv (dazu Wilhelmi-Vogel, ZVG, 3. Aufl., München-Berlin 1952, Anm. 2 zu § 152, S. 239) erlischt mit der Zwangsverwaltung (LG Berlin 13. XII. 1929 JRPV 1930 S. 407—408, dagegen Prölss Anm. 4 zu § 14, S. 87). Wird nach einer Zwangsversteigerung ein gerichtlicher Verwalter bestellt (§ 94 ZVG), so war mit der Zwangsversteigerung das Vsverhältnis auf den Ersteher übergegangen (§§ 73, 69 I); das Kündigungsrecht des Erwerbers (§ 70 II) ist für den Ersteher von dem gerichtlichen Verwalter auszuüben, der die Stellung eines Zwangsverwalters hat (RG 2. II. 1915 RGZ Bd 86 S. 187—191; dagegen Prölss Anm. 4 zu § 14, S. 87).

Über die Rechtsstellung eines Custodian: Anm. 69 zu § 1, Anonym ZfV 1951 S. 422, Plath VA 1948 S. 50, Prölss Anm. 5 zu § 14, S. 87—88, OGH Wien 10. I. 1951 Vsrundschau 1951 S. 140—141, AG Zehlendorf 17. XI. 1950 ZfV 1951 S. 98.

[29] **IV. Vertragshilfeverfahren des Versicherungsnehmers.**

Schrifttum: Fleischmann VersR 1952 S. 77—78, Fromm ÖffrV 1940 S. 1—3, NeumannsZ 1939 S. 1008—1010, Hagemann ÖffrV 1939 S. 433—435, Höring-Markowsky VersR 1950 S. 63 (sämtlich zum früheren Recht).

[30] **1. Rechtsquellen.**

Während Konkurs- oder Vergleichsverfahren von der dauernden Insolvenz des Schuldners ausgehen, sollte sich der Vertragshilferichter mit bloßen Liquiditätsstockungen befassen.

Die Rechtsquellen zur Vertragshilfe waren höchst buntscheckig. Sie sind jetzt zusammengefaßt im VertragshilfeG vom 26. III. 1952 (BGBl. I S. 198).

[31] **2. Tragweite.**

Der Gedanke der Gefahrengemeinschaft verbietet es, Verbindlichkeiten aus einem Vsverhältnis in die Vertragshilfe einzubeziehen. Demzufolge bestimmt § 6 Ziff. 2 VertragshilfeG, auch § 87 I Ziff. 4 BundesvertriebenenG, daß die Vertragshilfevorschriften nicht anzuwenden seien auf „Vsansprüche". Dazu zählen auch die gegen den Vmer gerichteten Prämienzahlungsansprüche (Duden-Rowedder, VertragshilfeG, München-Berlin 1952, Anm. 1 zu § 6, S. 66, Saage, VertragshilfeG, Berlin-Frankfurt 1952, Anm. II. 2 zu § 6, S. 95, LG Braunschweig 27. IX. 1949 VW 1950 S. 64, AG Neuss 6. X. 1950 VersR 1951 S. 9).

[32] **3. Entschuldung.**

Über Entschuldung und V: Bohn JW 1935 S. 2796—2797, Plath NeumannsZ 1934 S. 191—193, 1089—1092, Schröder NeumannsZ 1938 S. 93.

§ 15

Soweit sich die Versicherung auf unpfändbare Sachen bezieht, kann die Forderung aus der Versicherung nur an solche Gläubiger des Versicherungsnehmers übertragen werden, die diesem zum Ersatze der zerstörten oder beschädigten Sachen andere Sachen geliefert haben.

Pfändung, Abtretung, Verpfändung der Rechte aus Versicherungsverträgen.

Gliederung:

[1] **Entstehung:** § 15 ist unverändert geblieben. — Begr. I S. 30.

[2] **Schrifttum:** Bischoff-Rochlitz, Die Lohnpfändung, Heidelberg 1952, Bruck S. 720 bis 761, Bruck-Dörstling Anm. 22—49, 54—64 zu § 15, S. 239—255, 257—262, Ehrenzweig S. 195—198, Gottschalk HansRGZ 1928 A Sp. 7—28, Heilmann DR 1941 S. 168 bis 170, Hennings, Pfändung und Verpfändung der Vsforderung, Hamburger Diss., Hamburg 1929, Meyer-Zöller-Karch, LohnpfändungsVO, 2. Aufl., Regensburg 1952, Möller VW 1953 S. 432—434, Niewiesch, Die Zwangsvollstreckung in die Rechte aus einem Lebensvsvertrag, Hamburg 1939, Oellers JW 1937 S. 2937—2940, Schönke, Zwangsvollstreckungsrecht, 5. Aufl., Karlsruhe 1948, Starke VW 1950 S. 30—31.

[3] **I. Übersicht über Fallgruppen.**

Aus einem Vsvertrag ergibt sich eine Vielzahl von Ansprüchen und Gestaltungsrechten.

Die Ansprüche, also die Forderungen aus dem Vsvertrage sind grundsätzlich abtretbar, verpfändbar, pfändbar.

Was die Ansprüche des Vers anlangt, so werden bei einer Bestandsübertragung (vgl. § 14 I 1 VAG, Anm. 42 zu § 13) die Prämienforderungen des Vers an den übernehmenden Ver abgetreten. Im übrigen sind jedoch Verfügungen über die Prämienforderungen sowie deren Pfändung praktisch höchst selten. Über Abtretbarkeit und Pfändbarkeit auch von Beitragsforderungen beim Gegenseitigkeitsverein: Kisch Gegenseitigkeitsverein S. 208—210, auch RG 29. XII. 1903 VA 1904 S. 62—64 Nr. 42, OLG Hamburg 22. XII. 1904 VA 1905 Anh. S. 53—54 Nr. 122. — Über die Zwangsvollstreckung in Bestände des Deckungsstockes vgl. § 77 II VAG und dazu Rehm-Berliner-Fromm Anm. 3 zu § 77, S. 502—503.

Was die Rechte des Vmers anlangt, so steht unter den Ansprüchen jener auf Gefahrtragung im Vordergrund (Anm. 4). Daneben gibt es sonstige Ansprüche (Anm. 5) sowie Gestaltungsrechte (Anm. 7).

Auszugehen ist von der Regel freier Verfügungsmöglichkeit (Anm. 4—10), jedoch gibt es Pfändungsbeschränkungen (Anm. 11—28), Abtretungsbeschränkungen (Anm. 29—36) und Verpfändungsbeschränkungen (Anm. 37—38).

[4] **II. Regel freier Verfügungsmöglichkeit.**

1. Gegenstand der Verfügung.

a) Gefahrtragungsanspruch.

Grundsätzlich ist die Forderung auf jene Hauptleistung, die dem Vmer aus dem Vsvertrag geschuldet wird, abtretbar, verpfändbar, pfändbar, und zwar ohne Rücksicht darauf, ob der Vsfall bereits eingetreten ist oder nicht. Aus der Gefahrtragungstheorie ergibt sich, daß vom materiellen Vsbeginn an der Vmer nicht nur eine künftige, sondern eine gegenwärtige Forderung hat (Oellers JW 1937 S. 2937). Vgl. aber auch Anm. 16.

Dem Gefahrtragungsanspruch gleichzustellen sind die Ansprüche auf Abschlagszahlungen, auf Leistungen aus einer umgewandelten prämienfreien Lebensv, auf Rückvergütung und auf Polizendarlehen (vgl. Anm. 39 zu § 3). Jedoch ist von Fall zu Fall klarzustellen, welche Einzelansprüche eine Verfügung oder Zwangsvollstreckung umfaßt.

[5] **b) Nebenansprüche.**

Bei ihnen kommt es auf die Selbständigkeit oder Unselbständigkeit an.

Selbständige Verfügungen und Pfändungen sind z. B. denkbar hinsichtlich des Anspruchs auf Verzugszinsen oder weitergehenden Verzugsschaden, hinsichtlich sonstiger Ansprüche auf Zinsen oder Schadensersatz, hinsichtlich der Ansprüche auf Aufwendungsersatz oder Kostenerstattung, Überschüsse, Prämienrückgewähr i. e. S., Prämienrückvergütung, Vtendividende (vgl. Anm. 39—43 zu § 3, hinsichtlich der Vtendividende aber auch Prölss Anm. 1 zu § 15, S. 88).

Unselbständige Nebenansprüche teilen durchweg das Schicksal des Anspruches, zu dem sie gehören. Besonders wichtig sind hier die Ansprüche des Vmers aus § 3, speziell der Anspruch auf Aushändigung des Vsscheins. Ist einem Zessionar die Vsforderung zediert, so ist im Zweifel der Anspruch aus § 3 I 1 mit abgetreten (§ 401 I BGB analog); eine Abtretung nur des Aushändigungsanspruches ist regelmäßig nicht möglich, es fehlt an einem schutzwürdigen Interesse des Zessionars (Ehrenzweig S. 197). Entsprechendes gilt für Verpfändung und Pfändung.

[6] Was den **Versicherungsschein als Sache** anlangt, so kommt eine selbständige Übereignung, Verpfändung, Pfändung nur in Betracht, sofern es sich um ein Order- oder Inhaberwertpapier handelt (Anm. 30 zu § 3). Ansonsten gilt § 952 I BGB, bei Abtretung folgt das Recht am Papier (Eigentum) dem Recht aus dem Papier, bei Verpfändung oder Pfändung der Vsforderung entsteht ein Pfandrecht am Vsschein (Näheres Anm. 9 zu § 4, mit Hinweis auf § 836 III ZPO, vgl. auch Hennings a. a. O. S. 17—20).

[7] **c) Gestaltungsrechte.**

Auch Gestaltungsrechte, die sich aus dem Vsvertrage ergeben, können abgetreten, verpfändet und gepfändet werden. Durchweg haben sie keinen wirtschaftlichen Eigenwert, sondern sind akzessorisch, d. h. über sie kann nur zusammen mit der Vsforderung verfügt werden. Erwähnt sei aus der Lebensv das Recht zur Kündigung (§ 165), auf Umwandlung einer V in eine prämienfreie (§ 174 I), zur Bezeichnung oder zum Widerruf von Bezugsberechtigten (§ 166 I) (Niewiesch a. a. O. S. 14—15). Prölss S. 511—512 hält diese Gestaltungsrechte für im Zweifel mit übertragen und gepfändet.

[8] **2. Durchführung der Verfügung.**

a) Abtretung.

Die Abtretung der Vsforderung erfolgt gemäß § 398 BGB durch Vertrag (rechtsgeschäftliche Übertragung einer Forderung, Verfügungsgeschäft) zwischen dem Vmer (Altgläubiger, Zedent) und dem Neugläubiger (Zessionar). Der Ver (Schuldner der Vsforderung) braucht nach der gesetzlichen Regelung nicht mitzuwirken (vgl. aber Anm. 34—35), wird jedoch durch §§ 406—409 BGB gegen die sich für ihn aus der Abtretung ergebenden Gefahren geschützt (zu § 409 BGB vgl. RG 12. XI. 1929 JW 1930 S. 3615—3617 mit Anm. Gerhard). Eine Abtretung liegt regelmäßig in der Übergabe des Vsscheins an die Ehefrau mit der Erklärung, nun sei sie vor Not geschützt (RG 13. II. 1914 LZ 1914 Sp. 955—956, OLG Königsberg 27. VIII. 1937 JRPV 1937 S. 361). Noch weitergehend KG 13. XI. 1937 JRPV 1938 S. 25, wonach der Besitz des Vsscheins ein sehr starkes Indiz für die Abtretung sein soll.

Auch eine Zession zu Inkasso- oder Sicherungszwecken ist zulässig, letztere kommt z. B. bei der Autofinanzierung vor (vgl. RG 30. IV. 1937 JRPV 1937 S. 230, Vorinstanz OLG Hamburg 11. IX. 1936 HansRGZ 1938 A Sp. 96—97), aber auch zur Sicherung eines Personalkredites durch eine Lebensv. Da jede Forderung sich aus Einzelbefugnissen zusammensetzt, kann sich die Abtretung auch auf solche Einzelbefugnis beschränken (Einziehungsermächtigung, Inkassomandat; Möller Schuldrecht S. 65), z. B. auf die Befugnis des Vmers bei einer V für fremde Rechnung (§ 76 I). Die Zulässigkeit wird bejaht von RG 10. III. 1941 RGZ Bd 166 S. 237—238, KG 5. VIII. 1936 JRPV 1937 S. 41.

Wegen der Übertragung von Nebenansprüchen vgl. Anm. 5, wegen der Übertragung von Gestaltungsrechten vgl. Anm. 7 und § 413 BGB.

Durch die Abtretung wird das Gläubigerrecht des Vmers beendet, der Zessionar tritt an seine Stelle (RG 3. VII. 1931 VA 1931 S. 234 Nr. 2305). Sonst aber bleibt das Vsverhältnis identisch und unberührt (Prölss Anm. 6 zu § 15, S. 90), insbesondere belasten den Vmer weiterhin alle Rechtspflichten und Obliegenheiten (RG 26. XI. 1909 RGZ Bd 72 S. 213—215). Über die Rechtslage bei der Kündigung vgl. Anm. 31, 32 zu § 8, bei der Klagefrist Anm. 28 zu § 12. Die Teilnahme des Zessionars an einem Sachverständigenverfahren behandelt RG 3. VII. 1931 VA 1931 S. 234 Nr. 2305.

Jedoch kann der Ver dem Zessionar die Einwendungen entgegensetzen, die zur Zeit der Abtretung gegen den Vmer begründet waren (§ 404 BGB), man denke an

Leistungsfreiheit, Rücktritt, Anfechtung, Aufrechnung, Rücktrittsmöglichkeit, Anfechtbarkeit oder Aufrechenbarkeit (dazu § 406 BGB), Verjährung, Zurückbehaltungsrechte. Außerdem können selbständige Einwendungen gegen den Zessionar entstehen. Wegen der Erfüllung der Obliegenheiten durch den Zessionar vgl. Anm. 68 zu § 6, aber auch § 172 II.

Zusätzliche Rechte entstehen für den Zessionar aus den §§ 402, 403 BGB, die dort behandelten Ansprüche auf Auskunft, Beurkundung usw. richten sich gegen den Vmer. Aus Treu und Glauben können sich auch für den Ver zusätzliche Verpflichtungen ergeben, z. B. zur Mitteilung einer Prämienmahnung oder Kündigung (Möller HansRGZ 1930 A Sp. 87—98, dagegen Ehrenzweig S. 196).

Über die Rechtsverhältnisse in Bereicherungsfällen vgl. Anm. 22 zu § 6.

Wegen eines cessio legis von Vsforderungen nach der VO über die Fürsorgepflicht vgl. VA 1929 S. 111 = VA 1953 S. 101 (Krankenv).

[9] **b) Verpfändung.**

Der Vmer kann durch Verpfändung einem anderen (auch dem Ver selbst: RG 7. III. 1904 RGZ Bd 57 S. 363—364) ein dingliches Befriedigungsrecht an der Vsforderung rechtsgeschäftlich bestellen (§§ 1273—1296 BGB). Die Verpfändung erfolgt gemäß § 1274 I 1 BGB nach Abtretungsvorschriften, also durch Vertrag zwischen Vmer und Pfandgläubiger. Außerdem muß die Verpfändung jedoch nach § 1280 BGB dem Ver angezeigt werden (Wirksamkeitsvoraussetzung.) Sofern nicht vertraglich schriftliche Anzeige vorgeschrieben ist, bedarf es dann nicht der Anzeige, wenn der Ver anderweitig von der Verpfändung Kenntnis erlangt hat (vgl. die sparkassenrechtliche Entscheidung RG 3. IV. 1908 RGZ Bd 68 S. 277—285).

Über die Verpfändung bei Vsforderungen, die in Order- oder Inhaberwertpapieren verbrieft sind, vgl. §§ 1292 ,1293 BGB. Über stillschweigenden Widerruf einer Bezugsberechtigung anläßlich einer Verpfändung RG 25. II. 1930 RGZ Bd 127 S. 272. Über Besonderheiten einer Teilverpfändung OLG Hamm 30. IV. 1935 JW 1935 S. 2910—2911.

Der Ver muß vom Pfandgläubiger fällige Prämien usw. annehmen (§ 35a I), das Pfandrecht kann dann auch wegen der ausgelegten Beträge und ihrer Zinsen geltend gemacht werden (§ 35a II). Eine Mitteilungspflicht bei Prämienverzug wird zu Unrecht verneint von RG 23. VI. 1908 VA 1908 Anh. S. 77—78 Nr. 397. Über die Verrechnung von Prämienrückständen gegen einen verpfändeten Dividendenanspruch RG 8. X. 1935 JW 1936 S. 177—178 = VA 1935 S. 265—266 Nr. 2832.

Die Befriedigung des Pfandgläubigers richtet sich nach den §§ 1281—1290 BGB.

Wegen der Erfüllung von Obliegenheiten durch den Pfandgläubiger vgl. Anm. 68 zu § 6. Über die Rechtslage in Bereicherungsfällen vgl. Anm. 22 zu § 6.

[10] **c) Pfändung.**

Wegen Geldforderungen kann auch in Vsforderungen, Nebenforderungen und Gestaltungsrechte zwangsvollstreckt werden, auch vom Ver selbst (RG 7. III. 1904 RGZ Bd 57 S. 363—364).

Die Vollstreckung in die Vsforderung ist als Vollstreckung in eine Geldforderung zu behandeln, da sie sich auf die nicht nur latente Gefahrtragung bezieht (vgl. Anm. 16). Sie erfolgt durch Pfändung und in der Regel durch Überweisung an den Gläubiger zur Einziehung oder an Zahlungsstatt. Der Pfändungsbeschluß verbietet dem Ver, an den Vmer zu zahlen, und gebietet dem Vmer, sich jeder Verfügung über die Forderung, insbesondere der Einziehung, zu enthalten (§ 829 I ZPO). Mit der Zustellung des Beschlusses an den Ver ist die Pfändung als bewirkt anzusehen (§ 829 III ZPO). Zur Überweisung vgl. §§ 835, 836 ZPO.

In die Forderung auf Aushändigung des Vsscheins ist nach § 846 ZPO zu vollstrecken, während in Gestaltungsrechte nach § 857 I ZPO zu vollstrecken ist (über die Vollstreckung in das Widerrufsrecht bei einer Lebensv mit widerruflicher Bezugsberechtigung LG Gotha 21. IV. 1939 JRPV 1939 S. 192, besonders aber RG 13. II. 1914 VA 1914 Anh. S. 78 Nr. 831, 25. II. 1930 RGZ Bd 127 S. 269—271: Nach diesem Urteil soll die Pfändung aller „Ansprüche“ auch das Gestaltungsrecht umfassen).

Wegen der Erfüllung von Obliegenheiten durch den Pfändungspfandgläubiger vgl. Anm. 68 zu § 6. Über die Rechtslage in Bereicherungsfällen vgl. Anm. 22 zu § 6. Für die Lebensv vgl. auch § 177.

Über die besondere Stellung eines Arrestpfändungsgläubigers RG 12. I. 1937 RGZ Bd 153 S. 223—225, auch RG 12. VII. 1934 JW 1934 S. 2763—2764.

[11] **III. Pfändungsbeschränkungen.**

1. Tatbestände.

a) § 851 ZPO: Unpfändbarkeit wegen Unübertragbarkeit.

Eine Forderung ist in Ermangelung besonderer Vorschriften nur insoweit pfändbar, als sie übertragbar ist (§ 851 I ZPO). Andererseits bestimmt § 400 BGB, eine Forderung könne nicht abgetreten werden, soweit sie der Pfändung nicht unterworfen ist. Der in dieser Regelung liegende scheinbare circulus vitiosus löst sich, wenn man die Pfändungsregelung zum Ausgangspunkt nimmt. Daß dies erforderlich ist, erweist § 851 II ZPO, wonach eine gemäß § 399 BGB unabtretbare Forderung dennoch u. U. pfändbar ist.

Nach § 851 I sind folgende Vsforderungen unpfändbar:

[12] **aa) Forderungen aus der Versicherung unpfändbarer Sachen.**

In Verbindung mit § 15 ergibt sich, daß dann, wenn eine Sache unpfändbar ist, grundsätzlich auch die diesbezügliche Sachvsforderung unpfändbar ist.

[13] **aaa) Regel.**

Die unpfändbaren Sachen sind in § 811 aufgezählt, aber auch § 812 ZPO kommt in Betracht (Hagen I S. 614 Anm. 4, a. M. Bruck 7. Aufl. S. 75, Raiser Anm. 85 zu § 18, S. 471, Prölss Anm. 2 zu § 15, S. 90). Besonders kommen in Frage: dem persönlichen Gebrauch oder dem Haushalt dienende Sachen, soweit zu angemessener, bescheidener Lebens- und Haushaltsführung nötig, eine Milchkuh oder zwei Schweine, Ziegen oder Schafe, landwirtschaftliches Gerät und Vieh sowie landwirtschaftliche Erzeugnisse, die zur Fortsetzung einer Erwerbstätigkeit erforderlichen Gegenstände. In allen Fällen sind die näheren Voraussetzungen zu prüfen (über sie Schönke a. a. O. S. 96—102, wo auf S. 102 auch einige weitere Fälle unpfändbarer Sachen aufgezählt sind, z. B. Manuskripte).

Wenn die Sachen selbst unpfändbar sind, so erscheint es gerechtfertigt, auch die Sachvsforderung dem Zugriff der Gläubiger zu entziehen, da sie dem Vmer die Wiederbeschaffung der Gegenstände ermöglichen soll (Begr. I S. 30). In Betracht kommt jede Sachv, nicht nur die Feuer-, auch z. B. die Vieh- oder Transportv. Bei einer Neuwertv gehört die Differenz von Neu- und Zeitwert nicht zur Sachv, der Vmer möge sich alte Sachen wieder kaufen. Ferner ist eine Gewinnv keine Sachv. Nach § 15 ist nur die Vsforderung selbst unpfändbar, pfändbar sind z. B. Aufwendungsersatz- und Zinsansprüche (Prölss Anm. 2 C zu § 15, S. 90). Der Rechtsgedanke des § 15 ist auf die V unpfändbarer Forderungen analog anzuwenden.

Sachen, bei denen nur eine Mobiliarzwangsvollstreckung verwehrt ist, während Immobiliarzwangsvollstreckung gestattet ist (§ 865 ZPO), sind nicht unpfändbar (Prölss Anm. 2 zu § 15, S. 90). Es kommt vielmehr darauf an, daß die Sachen überhaupt keiner irgendwie gearteten Zwangsvollstreckung unterliegen (RG 9. II. 1932 RGZ Bd 135 S. 159—161).

Hat ein Dritter die Sache schuldhaft beeinträchtigt, so geht der Ersatzanspruch gegen ihn nach § 67 I 1 auf den Ver über, der Gläubiger des Vmers kann deshalb nach dem Übergang auch den Ersatzanspruch nicht pfänden.

Entfällt auf unpfändbare Sachen nur ein Teil der Entschädigungsforderung, so ist diese im übrigen pfändbar.

[14] **bbb) Ausnahme.**

Die Unübertragbarkeit (und demzufolge Unpfändbarkeit) ist nach § 15 keine ausnahmslose. Abtretung ist gestattet an solche Gläubiger des Vmers, welche zum Ersatz der zerstörten oder beschädigten Sachen andere geliefert haben. Diese Ersatzlieferanten können deshalb auch die Vsforderung pfänden, und zwar ohne Begrenzung: Hat der Vmer statt des verbrannten unpfändbaren Rundfunkkleinempfängers einen teuren Apparat wieder gekauft, so kann auch die auf Tisch und Bett entfallende Vsforderung gepfändet werden. Die Ersatzsachen müssen geliefert sein, d.h. es muß dem Vmer der unmittelbare oder mittelbare Besitz verschafft sein. Eigentumsübergang ist nicht erforderlich. Deshalb ist auch der Vorbehaltsverkäufer begünstigt. Im Wege der Analogie kann (nach Lieferung) dem Ersatzlieferanten gleichgestellt werden, wer darlehensweise den Kaufpreis vorgeschossen hat (Prölss Anm. 3 zu § 15, S. 90). Ferner ist eine Gleichstellung derjenigen Personen geboten, die beschädigte Sachen ausgebessert haben. Die Unpfändbarkeit der Vsforderung nach § 15 hört auf, wenn der Vmer aus eigenen Mitteln Ersatzsachen angeschafft, bezahlt und geliefert erhalten hat; denn sonst würde erstens die Ersatzsache und zweitens die Vsforderung unpfändbar sein, das unpfändbare Vermögen würde sich also verdoppeln.

[15] **bb) Forderungen aus der Feuerversicherung wiederherzustellender Gebäude.**

Nach § 98 kann im Falle der Vereinbarung einer Wiederherstellungsklausel die Vsforderung aus einer Feuerv vor der Wiederherstellung des Gebäudes bei Meidung relativer Unwirksamkeit (RG 25. III. 1919 RGZ Bd 95 S. 207—209) nur an bestimmte Personen abgetreten werden. Deshalb können auch nur diese Personen pfänden (§ 851 I ZPO). Anders als bei § 15 ist es nicht erforderlich, daß die Pfändenden ihre Wiederherstellungsarbeiten usw. bereits „geliefert" haben, Übernahme reicht aus (Raiser Anm. 86 zu § 18, S. 472). Zu entsprechenden Regelungen für die öffentlich-rechtlichen Feuerversicherungsanstalten Sievers in: Schmidt-Sievers S. 71—72.

[16] **cc) Forderungen, deren Inhalt sich verändern würde.**

Nach § 399 BGB ist eine Forderung unabtretbar, wenn die Leistung an einen anderen als den ursprünglichen Gläubiger nicht ohne Veränderung ihres Inhaltes erfolgen kann. Jedoch kann nach § 851 II ZPO auch eine solche Forderung gepfändet werden, falls der geschuldete Gegenstand der Pfändung unterworfen ist.

Der **Gefahrtragungsanspruch** des Vmers kann nicht derart übertragen werden, daß künftig einer anderen Person ein Risiko abgenommen wird, z. B. statt des Hauses oder des Kraftfahrzeugs oder des Lebens des Vmers jenes eines Zessionars vert ist. Dadurch würde sich der Inhalt der Leistung des Vers ändern. In der Aktivenv sorgt überdies der Interessebegriff (Anm. 28 zu § 1) für die personale Bindung der Vsforderung.

Jedoch kann die Vsforderung insoweit übertragbar sein, als sie sich durch **Eintritt eines Vsfalls** (in der Person des Vmers) zu einem Anspruch auf Natural- oder Geldleistung konkretisiert, also aus einem latenten in ein akutes Stadium tritt (Anm. 42 zu § 1). Diese Übertragung ist auch schon vor Eintritt des Vsfalls grundsätzlich möglich (Ehrenzweig S. 195—196, Bedenken für die Schadensv bei Bischoff VA 1951 S. 186). Im einzelnen ist zu unterscheiden:

[17] **aaa) Naturalleistungsforderungen.**

Bei Naturalersatzleistungen kommt es darauf an, wie erstens die Forderung und zweitens ihr Gegenstand zu qualifizieren ist. Nicht alle Ansprüche auf Naturalersatz sind unpfändbar (a. A. Prölss Anm. 1 zu § 15, S. 88), man denke z. B. an die Fahrradv bei nicht beruflich benutzten Fahrrädern. Bei der Glasv ist die Rechtslage zweifelhaft, der vollstreckende Gläubiger könnte wohl jedenfalls nicht vom Ver verlangen, daß die Scheibe bei ihm eingesetzt wird. Rechtsschutz in der Haftpflichtv kann nur der Vmer, kein Dritter entgegennehmen; deshalb ist die Pfändung ausgeschlossen (OGH Wien 10. I. 1951 Vsrundschau 1951 S. 104).

Der Befreiungsanspruch des Vmers aus der Haftpflichtv ist grundsätzlich unabtretbar und unpfändbar, weil nur der Vmer von dem Anspruch des Dritten befreit werden kann. Jedoch kann der mit der V angestrebte wirtschaftliche Erfolg durch Abtretung an oder Pfändung durch den geschädigten Dritten erreicht werden. Mit der (zulässigen) Abtretung oder Pfändung an oder durch ihn wandelt sich der Befreiungs- in einen Zahlungsanspruch (dazu Sieg, Ausstrahlungen der Haftpflichtv, Hamburg

1952, S. 72—74, 196—205). Das was sich schon aus der Rechtsnatur des Befreiungsanspruches ergibt, wird bestätigt und ausgebaut durch das relative Verfügungsverbot des § 156 I (Sieg a. a. O. S. 74—77).

In der Personenv sind Ansprüche auf Naturalersatzleistungen unabtretbar und unpfändbar (z. B. Beerdigungsdurchführung).

[18] **bbb) Geldleistungsforderungen.**

Solche Forderungen sind grundsätzlich pfändbar.

Bei der Fremdlebens- und Fremdunfallv für eigene Rechnung (§§ 159, 179) kann aus dem Einwilligungserfordernis der §§ 159 II 1, 179 III 1 nicht hergeleitet werden, daß eine Abtretung und Pfändung hinsichtlich der Geldleistungen im Todesfalle oder nach einem Unfall nur mit (neuerlicher) Zustimmung der Gefahrspersonen erfolgen kann. Die Einwilligung ist nur beim Vertragsabschluß erforderlich. Willigt bei einer Fremdv die Gefahrsperson ein, daß auf sie eine V genommen wird, so übernimmt sie damit zugleich das Risiko, daß der aus der V Berechtigte wechselt. Bei einer sonstigen Todesfall- oder Unfallv kann der Vmer als Gefahrsperson sich nicht darauf berufen, die Pfändung durch einen Dritten schwöre die Gefahr einer Ermordung usw. herauf. Auch hier bedarf es also nicht der Einwilligung des Vmers in die Pfändung. Bei einer Abwägung der Belange des Gläubigers und der Gefahrsperson müssen die der Gefahrsperson zurücktreten, wäre es sonst doch leicht möglich, eine höhere Lebensv dadurch dem Gläubigerzugriff zu entziehen, daß die Zustimmung verweigert wird (anders Bruck 7. Aufl. S. 447, 491, Grimm HansRGZ 1930 A Sp. 264—268, im Ergebnis wie hier Bruck-Dörstling Anm. 26 zu § 15, S. 240).

Bei Geldleistungen aus einer Krankheitskostenv erwägt eine Anwendung des § 851 ZPO das OLG München 6. VI. 1952 NJW 1953 S. 108 = VersR 1952 S. 255. Ablehnend für eine Insassenunfallv OLG Düsseldorf 12. IX. 1938 JRPV 1938 S. 368.

[19] **b) §§ 850—850i ZPO: Unpfändbarkeit aus Sozialgründen.**

Die LohnpfändungsVO vom 30. X. 1940 (RGBl. I S. 1451), geändert durch G vom 22. IV. 1952 (BGBl. I S. 247) ist ersetzt durch die §§ 850—850i ZPO in der Fassung des G über Maßnahmen auf dem Gebiete der Zwangsvollstreckung vom 20. VIII. 1953 (BGBl. I S. S. 952).

Danach sind auch gewisse Vsforderungen unpfändbar. Hat der Ver die Vsforderung getilgt, so gilt bei Barzahlung § 811 Ziff. 8 ZPO, bei Überweisung auf ein Bank- oder Postscheckkonto gilt § 811 Ziff. 8 ZPO entsprechend (Schönke a. a. O. S. 99, 103, anders Rosenberg S. 926).

Die §§ 850—850i ZPO behandeln nicht nur Arbeitseinkommen (Anm. 20—23), ein Begriff, dem gewisse Vsforderungen unterfallen, sondern unabhängig davon auch Sterbebezüge (Anm. 24), Verletzungsrenten (Anm. 25), Bezüge aus gewissen Kassen und Todesfallven (Anm. 26).

Zu beachten ist auch die generelle Vorschrift des § 765a I ZPO, wonach eine Aufhebung von Vollstreckungsmaßnahmen dann in Betracht kommt, wenn die Maßnahme „wegen ganz besonderer Umstände eine Härte bedeutet, die mit den guten Sitten nicht vereinbar ist".

[20] **aa) Unpfändbarkeit von Arbeitseinkommen.**

aaa) Begriff des Arbeitseinkommens.

Arbeitseinkommen, das in Geld zahlbar ist, kann nur beschränkt gepfändet werden. Der Begriff ist umschrieben in § 850 II ZPO, in § 850 III ZPO sind dem Arbeitseinkommen andere Bezüge gleichgestellt.

[21] **α) Versorgungsbezüge, Ruhegelder usw.**

§ 850 II ZPO lautet:

„Arbeitseinkommen im Sinne dieser Vorschrift sind die Dienst- und Versorgungsbezüge der Beamten, Arbeits- und Dienstlöhne, Ruhegelder und ähnliche nach dem einstweiligen oder dauernden Ausscheiden aus dem Dienst- oder Arbeitsverhältnis gewährte fortlaufende Einkünfte, ferner Hinterbliebenenbezüge sowie sonstige Vergütungen für Dienstleistungen aller Art, die die Erwerbstätigkeit des Schuldners vollständig oder zu einem wesentlichen Teil in Anspruch nehmen."

Dabei kommt es nicht darauf an, ob der Arbeitgeber selbst zahlt oder ein Dritter, z. B. ein Ver, etwa eine selbständige Pensionskasse (Vsverein auf Gegenseitigkeit); Bischoff-Rochlitz a. a. O. Anm. 11, 12 zu § 1, S. 94, Schönke a. a. O. S. 104, a. A. hinsichtlich des Begriffs der Ruhegelder Baumbach-Lauterbach, ZPO, 21. Aufl., München-Berlin 1952, Anm. 2 D zu § 1, S. 1265. Nur ist in solchem Falle eine selbständige Pfändung im Verhältnis zu dem Dritten durchzuführen (Bischoff-Rochlitz a. a. O. Vorbem. V 49, 50, S. 58).

Nötig ist nur ein Zusammenhang mit einem Arbeitsverhältnis, woran es fehlt, falls allein der Arbeitnehmer die Prämien bezahlt hat. Jedoch ist es unerheblich ob nur der letzte Arbeitgeber Prämien gezahlt hat oder auch frühere Arbeitgeber. Hat der Arbeitnehmer intern oder auch extern im Verhältnis zum Ver einen Teil der Prämie getragen, so handelt es sich bei der Vsforderung aus solcher V, insbesondere aus einer Gefolgschaftsv vollen Umfangs um Arbeitseinkommen.

Die V muß Personenv sein, aber nicht notwendig eine Lebensv. In Betracht kommt besonders eine Gefolgschaftsv (dazu Anm. 86—87 zu § 1). Vorauszusetzen sind Rentenleistungen des Vers.

Pfändungsschutz genießen auch die Hinterbliebenen.

[22] β) Gleichgestellte Bezüge.

Gemäß § 850 III b ZPO gelten als Arbeitseinkommen auch

„Renten, die auf Grund von Vsverträgen gewährt werden, wenn diese Verträge zur Versorgung des Vmers oder seinen unterhaltsberechtigten Angehörigen eingegangen sind."

In Betracht kommen besonders Renten aus der Lebensv- und Unfallv, sowie das Tagegeld in der Krankenv. Es muß sich um die Versorgung des Vmers oder seiner Angehörigen handeln, und zwar von vornherein („eingegangen": Heilmann DR 1941 S. 170). Ein Zusammenhang mit einem Arbeitsverhältnis ist hier nicht erforderlich, wäre auch nur derart denkbar, daß der Arbeitgeber Vmer ist und die unterhaltsberechtigten Angehörigen versorgt werden. Eine Pensionsv, die vom Arbeitgeber genommen wird, kommt im Rahmen des § 850 III b ZPO nicht in Frage (Heilmann DR 1941 S. 170). Dies erweist aber zugleich, daß eine typische Gefolgschaftsv dem § 850 II ZPO subsumiert werden muß (Anm. 21). Bei § 850 III b ZPO ist es denkbar, daß der Vmer oder sonst Berechtigte niemals Bezieher von echtem Arbeitseinkommen war (Bischoff-Rochlitz a.a.O. Anm. 4 zu § 2, S. 101), man denke an eine Rente aus einer Handwerkerlebensv (Anm. 27).

[23] bbb) Behandlung von Arbeitseinkommen.

Arbeitseinkommen im geschilderten Sinne (Anm. 21, 22) unterliegt gemäß § 850c I nicht der Pfändung in Höhe von 169 DM monatlich (bei Auszahlung für Monate). Der Satz erhöht sich bei Unterhaltsgewährung an Ehegatten, frühere Ehegatten, Verwandte oder uneheliche Kinder (§ 850c II ZPO).

Bei der Berechnung des pfändbaren Arbeitseinkommens bleiben gemäß § 850e Ziff. 1 u. a. die Beträge außer Betracht, „die unmittelbar auf Grund ... sozialrechtlicher Vorschriften zur Erfüllung gesetzlicher Verpflichtungen des Schuldners abzuführen sind". Bei den Handwerkern fallen unter diese Bestimmung zweifellos Beiträge zur sozialen Angestelltenv. Hat sich aber ein Handwerker für eine private Handwerkerlebensv entschieden, so darf er nicht schlechter gestellt sein.

Ferner sind Beiträge, die der Schuldner an ein Unternehmen der privaten Krankenversicherung leistet, auf Grund des § 850e Ziff. 1b ZPO abziehbar. Allerdings gilt das nur insoweit, als sie „den Rahmen des Üblichen nicht übersteigen". Unzutreffend hat man dazu ausgeführt, die Beitragssätze der gesetzlichen Krankenversicherung könnten zur Bestimmung des „Üblichen" herangezogen werden (Bischoff-

Rochlitz a.a.O. Anm. 7 zu § 7, S. 127). Abzustellen ist vielmehr auf vergleichbare Tarife anderer privater Krankenversicherungsunternehmen und auf die soziale Lage des Schuldners.

Abzugsfähig sind ferner die nach § 850a ZPO der Pfändung entzogenen Bezüge (dazu Anm. 24), vgl. § 850e Ziff. 1 ZPO.

[24] bb) Unpfändbarkeit von Sterbebezügen.

§ 850a ZPO zählt gewisse Bezüge auf, die — unabhängig vom Begriff des Arbeitseinkommens (OLG München 6. VI. 1952 NJW 1953 S. 109 = VersR 1952 S. 255) — in keinem Falle gepfändet werden dürfen.

Für das Vswesen ohne große Bedeutung ist § 850a Ziff. 5 ZPO, wo „Heirats- und Geburtsbeihilfen" genannt sind. Immerhin ist hier an die Leistungen aus einer Aussteuerv oder Geburtsleistungen einer Krankenv zu denken.

Wichtiger ist die Frage, wie der Begriff der Sterbe- und Gnadenbezüge in § 850a Ziff. 7 ZPO (vorher § 3 Ziff. 7 LohnpfändungsVO) auszulegen ist.

aaa) Früherer Rechtszustand (§ 3 Ziff. 7 LohnpfändungsVO).

Seitdem die „aus Sterbekassen zu beziehenden Hebungen" infolge Aufhebung des § 850g Ziff. 4 ZPO a. F. nicht mehr pfändungsfrei waren, war streitig, ob § 3 Ziff. 7 LohnpfändungsVO auch auf Sterbegelder aus Vsverträgen Anwendung fand. Dabei konnte es dahingestellt bleiben, ob es sich bei der Neufassung um ein Redaktionsversehen handelte (einerseits Prölss Anm. 2 A zu § 15, S. 89, andererseits Starke VW 1950 S. 30—31).

Gegen die Einbeziehung des Sterbegeldes sprach der Wortlaut des § 3 Ziff. 7 LohnpfändungsVO. Denn bis zur Schaffung der VO war es unzweifelhaft, daß die Begriffe „Sterbe- und Gnadenbezüge" in § 850 II ZPO a. F. versicherungsmäßiges Sterbegeld nicht umfaßten. In Übereinstimmung mit dieser Auslegung wurde auch fernerhin vielfach die Auffassung vertreten, daß das Sterbegeld keinen Pfändungsschutz nach § 3 Ziff. 7 LohnpfändungsVO genösse (Heilmann DR 1941 S. 168—169, Prölss Anm. 2 A zu § 15, S. 89, NeumannsZ 1940 S. 600, LG Mosbach 19. I. 1952 VersR 1952 S. 140, AG Aschaffenburg 14. II. 1952 VersR 1952 S. 139—140).

Gegen diese Ansicht sind damals Einwendungen aus drei Gesichtspunkten erhoben worden: Erstens gebe es keine Legaldefinition der Begriffe „Sterbe- und Gnadenbezüge" (Starke VW 1950 S. 30—31), zweitens sei eine extensive Auslegung des § 3 Ziff. 7 LohnpfändungsVO dann zulässig, wenn Vsleistungen den gleichen Zweck haben wie Sterbebezüge i. e. S., also Leistungen eines Arbeitgebers aus Anlaß eines Todesfalles (vgl. bereits den Zweckgedanken bei Oellers JW 1937 S. 2940 zu § 850g Ziff. 4 ZPO a. F., ferner Starke VW 1950 S. 31, Bischoff-Rochlitz a. a. O. Anm. 20 zu § 3, S. 108, Meyer-Zöller-Karch a. a. O. S. 19, 20, AG Regen 5. XI. 1951 VersR 1952 S. 11, AG Regen 9. XI. 1951 VersR 1952 S. 11; AG München 12. XI. 1951 VersR 1952 S. 11), drittens gebiete die Interessenlage Pfändungsschutz für das Sterbegeld (Borchert VersR 1952 S. 141). Ferner für die Anwendung des § 3 Ziff. 7 LohnpfändungsVO auf vsrechtliches Sterbegeld: Ewerling VersR 1952 S. 90, Fleischmann VersR 1952 S. 265 bis 266, Lent NJW 1953 S. 107—108, Oswald ZfV 1951 S. 406—407, Rühling, Das neue Lohnpfändungsrecht, Berlin 1941, S. 20, LG Traunstein 17. I. 1952 VersR 1952 S. 90, AG Amberg 18. III. 1952 VersR 1952 S. 139, AG Kelheim 12. IX. 1951 VersR 1951 S. 265, AG München 12. XI. 1951 VersR 1952 S. 11, AG Nürnberg 14. XII. 1951 VersR 1952 S. 42, AG Weiden 2. II. 1951 VersR 1951 S. 265.

Mit dem OLG München 6. VI. 1952 NJW 1953 S. 107—109 = VersR 1952 S. 255—256 mußte in der Tat § 3 Ziff. 7 LohnpfändungsVO ausdehnend ausgelegt und auf ein vsmäßiges Sterbegeld angewendet werden, sofern dieses den gleichen Zweck hatte, wie Sterbebezüge aus einem Dienst- oder Arbeitsverhältnis. Dieser Zweck war zu sehen in der Deckung der durch den Tod entstehenden Kosten (Oellers JW 1937 S. 2940), nicht auch der Kosten des Lebensunterhaltes in einer Übergangszeit. Es mußte sich also handeln um Leistungen aus einer Kleinlebensv, einer Krankenv oder einer kleinen Unfallv. Die Lebensv durfte keine gemischte V, sondern mußte eine Todesfallv sein. Alles das ergab eine Würdigung des sozialpolitischen Zwecks der LohnpfändungsVO.

Der alte Streit darüber, ob auch Vsleistungen aus Großlebensvsverträgen in entsprechender Höhe unpfändbar wären, war negativ zu entscheiden: Leistungen, die über den genannten Rahmen hinausgingen, waren in voller Höhe pfändbar.

Der unpfändbare Betrag des Sterbegeldes war der Höhe nach nicht generell bestimmt. Maßgebend waren die Umstände des Einzelfalles, insbesondere die soziale Stellung des Vmers (der in diesen Fällen regelmäßig Gefahrsperson ist) (vgl. bereits Oellers JW 1937 S. 2940, Starke VW 1950 S. 31, Fleischmann VersR 1952 S. 12, 265, OLG München 6. VI. 1952 NJW 1953 S. 108—109 = VersR 1952 S. 255). In Betracht kamen höchstens 2000 DM. Mehrere Sterbegeldven waren jeweils isoliert zu betrachten, also nicht zusammenzurechnen (vgl. Oellers JW 1937 S. 2940).

Geschützt war nicht nur im Falle einer unwiderruflichen Bezugsberechtigung der Begünstigte, sondern nach zutreffender Ansicht vor Eintritt des Vsfalles im Falle einer widerruflichen Bezugsberechtigung auch der Vmer; denn auch er soll, für den Fall, daß er Gefahrsperson ist, bezüglich der Begräbniskosten usw. gesichert werden (Lent NJW 1953 S. 108). Allerdings mußte die Verwendung der Vssumme für diesen Zweck hinreichend gesichert sein. OLG München 6. VI. 1952 NJW 1953 S. 109 = VersR 1952 S. 255—256 sah eine derartige Zweckbindung so lange nicht als gegeben an, als der Vmer kündigen kann. Richtiger war es, mit Lent NJW 1953 S. 108 so lange Pfändungsschutz zu gewähren, als nicht gekündigt ist.

bbb) Jetziger Rechtszustand (§ 850a Ziff. 7 ZPO).

Ein Federstrich des Gesetzgebers macht ganze Bibliotheken zu Makulatur. Nach § 850a Ziff. 7 ZPO sind jetzt nur noch „Sterbe- und Gnadenbezüge aus Arbeits- oder Dienstverhältnissen" unpfändbar: Der Bundestagsausschuß hat diese Klarstellung vorgenommen und die oben wiedergegebene Auslegung als „unzulässige Ausweitung" gekennzeichnet (Deutscher Bundestag, 1. Wahlperiode, 1949, Drucksache Nr. 4452, S. 3). Danach wird man Vsleistungen nur noch der Vorschrift des § 850a Ziff. 7 ZPO subsumieren können, wenn es sich um eine arbeitsrechtlich geschuldete Leistung eines Arbeitgebers handelt, die er vermittelst einer Pensionskasse oder Gefolgschaftsv erbringt. Zum Begriff der Sterbebezüge kann sodann auf die Ausführungen zu dem früheren § 3 Ziff. 7 LohnpfändungsVO verwiesen werden. Praktische Bedeutung hat das Problem wegen der Neufassung des § 850b I Ziff. 4 ZPO nicht mehr (Anm. 26).

[25] cc) Unpfändbarkeit von Verletzungsrenten.

Nach § 850b I Ziff. 1 ZPO sind „Renten, die wegen einer Verletzung des Körpers oder der Gesundheit zu entrichten sind", bedingt pfändbar. Es muß sich jedoch um nicht lediglich auf vertraglicher Grundlage beruhende Renten handeln (Stein-Jonas-Schönke, Kommentar zur ZPO, 17. Aufl., 2. Band, Tübingen 1951, Anm. II 1 zu § 4, S. 19). Pfändungsschutz kommt aber in Frage, falls im Wege der Schuldübernahme vom Haftpflichtversicherer Renten an den geschädigten Dritten gezahlt werden.

Dagegen unterliegen Kapitalbeträge aus Vsverträgen in keinem Falle dem Pfändungsschutz nach § 850b I Ziff. 1 ZPO (Bischoff-Rochlitz a. a. O. Anm. 4 zu § 4, S. 110, Meyer-Zöller-Karch a. a. O. S. 19).

[26] dd) Unpfändbarkeit von Kassenbezügen, Todesfallversicherungen.

Bedingt unpfändbar waren ferner gemäß § 4 Ziff. 4 LohnpfändungsVO „fortlaufende Bezüge aus Witwen-, Waisen-, Sterbe-, Hilfs- und Krankenkassen, die ausschließlich oder zu einem wesentlichen Teil zu Unterstützungszwecken gewährt werden".

Der neue § 850b I Ziff. 4 ZPO hat die Bestimmung wesentlich verändert durch Streichung des Wortes „fortlaufende" und durch eine Hinzufügung. Danach sind unpfändbar:

„Bezüge aus Witwen-, Waisen-, Hilfs- und Krankenkassen, die ausschließlich oder zu einem wesentlichen Teil zu Unterstützungszwecken gewährt werden, ferner Ansprüche aus Lebensven, die nur auf den Todesfall des Vmers abgeschlossen sind, wenn die Vssumme 1500 Deutsche Mark nicht übersteigt."

Es sind also zwei Hauptfälle zu unterscheiden: Kassenbezüge und Todesfallven.

aaa) Kassenbezüge.

Was die Kassenbezüge — erste Fallgruppe der Vorschrift — anlangt, so braucht es sich nicht um Unterstützungseinrichtungen i. S. des § 1 II VAG zu handeln, bei denen kein Rechtsanspruch der Mitglieder besteht (Oellers JW 1937 S. 2939—2940). Auch Bezüge von seiten einer Vseinrichtung sind bedingt unpfändbar, wobei unter Krankenkassen usw. auch nicht nur Vsträger der Sozialv zu verstehen sind (Bischoff-Rochlitz a. a. O. Anm. 8 zu § 4, S. 111, Meyer-Zöller-Karch a. a. O. S. 20, Oellers JW 1937 S. 2939, Schönke a. a. O. S. 115). Umstritten ist es, ob die privaten Vsunternehmen in ihrer Unternehmensform besonders qualifiziert sein müssen. Da die im Gesetz genannten Ausdrücke dem Vsrecht nicht geläufig sind, kommt es nicht darauf an, daß die Kassen als kleinere Gegenseitigkeitsvereine (§ 53 I 1 VAG) organisiert sind. Auch ein großer Gegenseitigkeitsverein, eine Aktiengesellschaft oder eine öffentlichrechtliche Vseinrichtung können bedingt unpfändbare Bezüge gewähren (wie hier Starke VW 1950 S. 30, Oellers JW 1937 S. 2939—2940, OLG München 6. VI. 1952 NJW 1953 S. 108 = VersR 1952 S. 255, dagegen Heilmann DR 1941 S. 169, der im Einzelfall prüfen will, ob die betreffende Einrichtung nach dem Lebenssprachgebrauch als Kasse der im G genannten Art angesprochen werden kann). Unfallvseinrichtungen lassen sich schwerlich als Kassen der im G genannten Art bezeichnen.

§ 4 Ziff. 4 LohnpfändungsVO setzte (wie § 2 Ziff. 2 LohnpfändungsVO = § 850 IIIb ZPO, Anm. 22) fortlaufende Bezüge voraus. Kapitalversicherungen kamen also nicht in Betracht (ebenso Starke VW 1950 S. 30). Das ist jetzt anders. Bedingt unpfändbar kann also z. B. ein Sterbegeld aus einer Krankenv sein.

Da die Bezüge mindestens „zu einem wesentlichen Teil zu Unterstützungszwecken gewährt werden" müssen, ergibt sich ein Wegfall des Pfändungsschutzes, sofern die Leistung einem der Unterstützung nicht Bedürftigen zufließt. Auch besonders hohe Leistungen wird man nicht einbeziehen können.

Kranken- und Krankenhaustagegeldleistungen der privaten Krankenv sind (fortlaufende) Bezüge zu Unterstützungszwecken (a. A. Bischoff-Rochlitz a.a.O. Anm. 9 zu § 4, S. 112, wie hier Prölss Anm. 2 A zu § 15, S. 89, OLG München 6. VI. 1952 NJW 1953 S. 108 = VersR 1952 S. 255). Ansprüche auf Ersatz der (konkreten) Krankheitskosten genossen den Pfändungsschutz des § 4 I Ziff. 4 LohnpfändungsVO nicht (Prölss Anm. 2 A zu § 15, S. 89, zweifelnd OLG München 6. VI. 1952 NJW 1953 S. 108 = VersR 1952 S. 255, a. A. Bischoff-Rochlitz a. a. O. Anm. 8 zu § 4, S. 111, Schönke a. a. O. S. 115), wohl aber unterfallen sie § 850b I Ziff. 4 ZPO.

bbb) Todesfallversicherungen.

Neu ist die Vorschrift des § 850b I Ziff. 4 ZPO — zweiter Fall —, wonach gewisse Lebensvsansprüche bedingt unpfändbar sind, nämlich „Ansprüche aus Lebensven, die nur auf den Todesfall des Vmers abgeschlossen sind, wenn die Vssumme 1500 Deutsche Mark nicht übersteigt". Die Bestimmung sollte die Auslegungszweifel zum Begriff der Sterbebezüge (§ 3 Ziff. 7 LohnpfändungsVO, § 850a Ziff. 7 ZPO) sowie zum Begriff der Bezüge aus Sterbekassen (§ 4 Ziff. 4 LohnpfändungsVO) beheben, von den Sterbekassen ist in der ersten Fallgruppe des § 850b I Ziff. 4 ZPO deshalb jetzt nicht mehr die Rede (Deutscher Bundestag, 1. Wahlperiode, 1949, Drucksache Nr. 3284, S. 20).

Wenn auf Ansprüche aus Lebensven abgestellt wird, so kommt es auf den Inhalt des Vertragsverhältnisses, nicht auf den Vertragspartner des Vmers an. Der Lebensv steht eine Unfall- oder Krankenv gegenüber: Eine Todesfalleistung aus solcher V kann als Kapitalleistung nur auf dem Wege über §§ 765a I, 850a Ziff. 7 ZPO oder über die erste Fallgruppe des § 850b I Ziff. 4 ZPO Pfändungsschutz genießen. Zur Lebensv gehört auch die Unfallzusatzv, vgl. ferner § 7 III VAG. Auf die Rechtsnatur des Vers kommt es — wie gesagt — nicht an: Außer großen und kleineren Gegenseitigkeitsvereinen (Sterbe- und Pensionskassen) kommen auch Aktiengesellschaften und öffentlichrechtliche Vseinrichtungen in Frage.

Die Lebensv muß nur auf den Todesfall abgeschlossen sein, eine gemischte V scheidet also aus, auch dann, wenn der Erlebensfall unwahrscheinlich ist (Deutscher Bundestag, 1. Wahlperiode, 1949, Drucksache Nr. 4452, S. 3). Eine Unfallzusatzv kann durchaus nur auf den Todesfall abgeschlossen sein.

Die Lebensv muß „auf den Todesfall des Vmers abgeschlossen" sein, die Gefahrsperson muß also mit dem Vmer übereinstimmen. Eine Lebensfremdv (vgl. § 159) darf nicht vorliegen. Ist z. B. ein Arbeitgeber Vmer im Rahmen einer Gefolgschaftsv, ein Verein Vmer im Rahmen einer Vereinsgruppenv (Anm. 86—87 zu § 1), so greift der Pfändungsschutz nach § 850b I Ziff. 4 ZPO nicht Platz, in Frage kommt bei einer Kapitalleistung allenfalls § 850a Ziff. 7 ZPO, in Ausnahmefällen wird man auch von einer Witwen- oder Waisenkasse (erste Fallgruppe des § 850b I Ziff. 4 ZPO) sprechen können. Das ist eine bedauerliche, kaum verständliche Lücke, die man aber angesichts des klaren Gesetzeswortlautes nicht durch eine Analogie zu schließen vermag. Hat der Vmer seine Ansprüche abgetreten oder einen Bezugsberechtigten eingesetzt, so genießt der Zessionar oder Bezugsberechtigte Pfändungsschutz, bei einer widerruflichen Bezugsberechtigung auch der Vmer selbst (vgl. Anm. 24). Indem die Vorschrift z. B. Kreditgeber schützt, schießt sie möglicherweise über das Ziel hinaus (aber hier hilft dem Gläubiger § 850b II ZPO).

Die Vssumme darf 1500 DM nicht übersteigen. Die Grenze läuft nicht auf der unklaren Linie zwischen Groß- und Kleinlebensv, sondern ist mit 1500 DM starr fixiert. Da die Kleinlebensv höhere Vssummen als 1500 DM kennt, geht die Grenze mitten durch die Kleinlebensv hindurch, aber auch bei einer Großlebensv übersteigt die Vssumme zuweilen 1500 DM nicht. Bei einer höheren Vssumme versagt der Pfändungsschutz vollen Umfangs. Die Vorschrift läßt erkennen, daß es sich um eine Kapitalv handeln muß. Versicherungssummen mehrerer Vsverträge sind — auch beim gleichen Ver — nicht zusammenzuzählen (zweifelhaft wegen § 850e Ziff. 2 ZPO in Verbindung mit § 850b II ZPO). Eine Unfallzusatzv bildet zwar mit der Hauptv einen Vertrag. Wenn aber die Hauptvssumme 1500 DM nicht übersteigt, wird man für sie den Pfändungsschutz eingreifen lassen können, selbst wenn sich kraft der Unfallzusatzleistung die Gesamtvssumme auf über 1500 DM beläuft. Es darf sich die Rechtslage nicht dadurch nachteilig ändern, daß der Vmer nicht eines gewöhnlichen, sondern eines Unfalltodes gestorben ist.

[27] ee) Unpfändbarkeit von Handwerkerlebensversicherungen.

§ 850i IV ZPO hat Sondervorschriften des Vsrechtes unberührt gelassen.

Hier ist für die Handwerkerlebensv § 22 I VO vom 13. VII. 1939 (RGBl. I S. 1255) zu nennen:

> „Wenn auf Grund eines Lebensvsvertrags Vsfreiheit oder Halbv geltend gemacht wird, so ist der Anspruch auf Leistung eines Kapitals bis zum Höchstbetrage von 10000 Deutsche Mark, der Anspruch auf Zahlung einer Rente in dem gleichen Umfang wie Ansprüche auf Arbeitsvergütung der Pfändung entzogen."

Es müssen demnach nicht nur die Voraussetzungen der Vsfreiheit oder Halbv gegeben sein (Haaß-Glanzmann, G über die Altersversorgung für das Deutsche Handwerk, Berlin 1939, Anm. 51 zu § 3, S. 110—111), sondern es muß außerdem Vsfreiheit oder Halbv wirklich geltend gemacht worden sein.

Die Unpfändbarkeit von Renten läßt sich auch auf § 850 IIIb ZPO stützen (Heilmann DR 1941 S. 170), da der Handwerker stets selbst Vmer ist (Möller JRPV 1939 S. 18). Aber bei einer Kapitalv hat § 22 I VO große Bedeutung. Erstmals ist hier eine so hohe Vsforderung (bis zu 10000 DM) der Zugriffsmöglichkeit der Gläubiger entzogen, und zwar selbst dann, wenn die Vssumme die gesetzlich vorgeschriebene Höhe übersteigt (Brunn-Dobbernack, Die Handwerker-V, Berlin 1939, S. 72—73). Letzteres gilt sogar für die Halbv, es kann also ein Handwerker, dessen Mindestsumme sich auf nur

2500 DM beläuft, Pfändungsschutz bis zu 10000 DM beanspruchen, wenn er sich höher vert (Heyn, Die Handwerkerv, 2. Aufl., Bremen (1949), S. 157, Haaß-Glanzmann a. a. O. Anm. 53 zu § 3, S. 111).

Gleichgültig ist es, wem der Anspruch aus der Handwerkerlebensv zusteht, der Berechtigte genießt Pfändungsschutz (Haaß-Glanzmann a. a. O. Anm. 52 zu § 3, S. 111).

[28] **2. Rechtsfolgen.**

Das Vollstreckungsgericht hat die Pfändungsbeschränkungen von Amtswegen zu berücksichtigen, sofern die Unpfändbarkeit dem Gericht bekannt ist (Schönke a. a. O. S. 116). Der Schuldner kann nicht auf den Einwand der Unpfändbarkeit verzichten (Schönke a. a. O. S. 116). Insbesondere § 15 ist für den ganzen Anwendungsbereich absolut zwingend. Ein Pfändungsbeschluß, der unter Mißachtung der Pfändungsbeschränkungen erlassen ist, läßt nach RG 22. V. 1936 RGZ Bd 151 S. 285 ein wirksames Pfandrecht nicht entstehen (ebenso Rosenberg a. a. O. S. 925—926, a. A. Schönke a. a. O. S. 116). Die Nichtigkeit der Pfändung kann sowohl vom Vmer wie vom Ver gemäß § 766 I 1 ZPO geltend gemacht werden, vom Ver auch durch Einrede gegen die Klage des Pfändungsgläubigers (Rosenberg a. a. O. S. 926). Eine Rechtspflicht des Vers, dem Vmer dabei behilflich zu sein, die Unpfändbarkeit durchzusetzen, konstruiert Prölss VersR 1953 S. 110.

Vsforderungen, die nicht pfändbar sind, gehören nicht zur Konkursmasse des Vmers (§ 1 I KO). Was speziell § 15 anlangt, so kommt es auf Folgendes an: Tritt der Vsfall nach der Konkurseröffnung ein, dann gehört der Anspruch auf die Entschädigungsleistung nicht zu der Konkursmasse. Tritt der Vsfall vor der Konkurseröffnung ein, dann gehört der Anspruch auf die Entschädigungsleistung zu der Konkursmasse, wenn der Ersatzlieferant befriedigt oder wenn das Ersatzstück geliefert ist. Der Ersatzlieferant, der das Ersatzstück geliefert hat, ist einfacher Konkursgläubiger; das sich aus § 15 ergebende Veräußerungsverbot ist wirkungslos (§ 13 KO).

[29] **IV. Abtretungsbeschränkungen.**

1. Gesetzliche Abtretungsbeschränkungen.

a) Unabtretbarkeit wegen Unpfändbarkeit.

Eine Vsforderung kann nicht abgetreten werden, soweit sie der Pfändung nicht unterworfen ist (§ 400 BGB, Anm. 11). Das Verfügungsverbot heben besonders hervor §§ 15, 98^1, 156 I 1, ferner § 22 II 1 VO vom 13. VII. 1939 (RGBl. I S. 1255).

Eine Ausnahme von § 400 BGB gilt nach § 22 II 2 VO für die Handwerkerlebensv:

> „Ausnahmsweise darf der Berechtigte über den Anspruch, soweit er der Pfändung entzogen ist, mit Genehmigung des Vsamtes ganz oder zum Teil verfügen; wird das Recht auf die künftigen Leistungen des Lebensvsvertrags verpfändet oder zur Sicherung abgetreten, so enden Vsfreiheit oder Halbv mit dem Ablauf von sechs Kalendermonaten seit der Verpfändung oder Abtretung, wenn sich das Pfandrecht oder die Abtretung nicht bis dahin erledigt."

Dazu Haaß-Glanzmann, G über die Altersversorgung für das Deutsche Handwerk, Berlin 1939, Anm. 64—73 zu § 3, S. 115—118, Heyn, Die Handwerkerv, 2. Aufl., Bremen (1949), S. 158—159, Bayerisches Landesvsamt 20. XI. 1952 Breithaupt Jahrg. 42 S. 418—422, OLG Schleswig 3. X. 1951 VersR 1952 S. 32—33 (mit Anm. Bronisch), 30. X. 1952 VersR 1953 S. 19.

Beschränkungen der Unabtretbarkeit ergeben sich, falls auch die Unpfändbarkeit eine beschränkte ist:

Um ein nur relatives Abtretungsverbot handelt es sich bei § 98 (RG 25. III. 1919 RGZ Bd 95 S. 207—209), ferner bei § 156 I 1. Dazu vgl. § 135 I 1, II BGB.

Zwar um ein absolutes Abtretungsverbot, jedoch um ein solches, das hinsichtlich gewisser Personen nicht gilt, geht es bei § 15 (Prölss Anm. 2 C zu § 15, S. 90, dagegen spricht OGH Wien 10. I. 1951 Vsrundschau 1951 S. 104 von einem relativen Verbot, ebenso Ehrenzweig S. 197). Über die privilegierten Personen Anm. 14, an sie kann die Vsforderung zediert werden. Im übrigen ist aber § 15 für den ganzen Anwendungsbereich absolut zwingend.

Die summenmäßig begrenzten Pfändungsbeschränkungen des § 850c ZPO bringen es mit sich, daß darüber hinaus auch abgetreten werden kann, ferner ist eine Abtretung in den Fällen des § 850d ZPO an die begünstigten Personen (Ehegatten usw.) möglich. In den Fällen bedingter Unpfändbarkeit des § 850b ZPO (Anm. 25, 26) ist die Unabtretbarkeit anzunehmen, solange das Vollstreckungsgericht eine Pfändung nicht zugelassen hat (vgl. RG 2. VI. 1943 DR 1943 S. 942—943).

Über die Zulässigkeit einer Einziehungsermächtigung: Anm. 36.

[80] b) Unabtretbarkeit wegen Inhaltsveränderung.

Auch wenn die Vsforderung pfändbar ist (vgl. § 851 II ZPO) kann sie gemäß § 399 BGB nicht abgetreten werden, wenn die Leistung an einen anderen als den ursprünglichen Gläubiger nicht ohne Veränderung ihres Inhalts erfolgen kann. Jedoch spielen solche Fälle praktisch keine Rolle. Deshalb braucht nur verwiesen zu werden auf Anm. 16—18.

Zu § 159 II 1 (vgl. Anm. 18) hat das OLG Königsberg 27. VIII. 1937 JRPV 1937 S. 361 betont, daß diese Vorschrift bei einer Abtretung der Todesfallvsforderung nicht eingreife, ebenso RG 14. VI. 1932 RGZ Bd 136 S. 398.

Das Zonenamt hat gegen Zessionsklauseln in der Industriefeuerv Bedenken erhoben, die auf § 399 BGB gestützt sind: Die Abtretung der Vsforderung an den Wettbewerber des Vers störe das Treueverhältnis zwischen Ver und Vmer (VA 1951 S. 180 und dazu Bischoff VA 1951 S. 185—187). Hier dürfte der Begriff der Leistung zu stark ausgeweitet sein.

[81] c) Unabtretbarkeit wegen Verfügungsverbotes.

Spezielle vsrechtliche Verfügungsverbote finden sich in den §§ 15, 98, 156 I, auch § 22 II 1 VO vom 13. VII. 1939 (RGBl. I S. 1255). Da es sich zugleich um Pfändungsbeschränkungen handelt, vgl. Anm. 12—15, 17, 27, 29.

[82] d) Unabtretbarkeit wegen Sittenwidrigkeit.

Eine Abtretung an bestimmte Personen kann wegen Verstoßes gegen die guten Sitten nichtig sein (§ 138 BGB), auch Treu und Glauben verletzen (§ 242 BGB). Man denke an die Abtretung der Lebensvsforderung eines Ehemannes an seine Geliebte oder an eine Fülle von Teilabtretungen, die den Ver unbillig beschweren.

[83] 2. Rechtsgeschäftliche Abtretungsbeschränkungen.

Nach § 399 BGB kann eine Forderung auch dann nicht abgetreten werden, wenn die Abtretung durch Vereinbarung mit dem Schuldner ausgeschlossen ist. (Eine Pfändbarkeit ist in diesen Fällen wegen § 851 II ZPO durchweg gegeben: KG 21. VI. 1927 JRPV 1927 S. 292.) Von einer echten Ausschließungsabrede sind Abtretungserschwerungen (Anzeige, Form) zu unterscheiden. Besonders zu behandeln ist die Einziehungsermächtigung.

[84] a) Ausschließungsabrede.

Eine Ausschließungsabrede kann auch vor dem materiellen Vsbeginn, also vor Entstehung der Vsforderung, vereinbart werden (RG 1. XI. 1919 RGZ Bd 97 S. 78). Das Abtretungsverbot dient dem Interesse des Vers. Es greift nicht § 137 BGB ein, sondern der Vsforderung wird die Eigenschaft der Veräußerungsfähigkeit genommen; eine dem Schuldner gegenüber unwirksame Abtretung bewirkt keinen Forderungsübergang, die Vsforderung verbleibt dem Zedenten (RG 14. VI. 1932 RGZ Bd 136 S. 399). Jedoch kann der Ver wie im Falle des § 135 II BGB nachträglich der Abtretung zustimmen dazu RG 14. VI. 1932 RGZ Bd 136 S. 399, 29. V. 1935 RGZ Bd 148 S. 112—113). Die Zu-(stimmung wirkt nicht zurück (RG 13. I. 1911 RGZ Bd 75 S. 144—145, 14. VI. 1932 RGZ Bd 136 S. 399). Einen dauernden Abtretungsausschluß enthält § 6 IV a GrundBed, einen vorübergehenden Abtretungsausschluß (bis zur endgültigen Feststellung) enthalten § 3 III AKB, § 7 III AHaftpflichtB, § 15 III AUnfallB (dazu einschränkend für den Fall einer Auseinandersetzung zwischen Erben: KG 27. XI. 1935 JRPV 1936 S. 124, für den Fall einer Abtretung an eine Gefahrsperson oder deren Erben bei einer Unfallfremdv: OLG Stuttgart 2. II. 1923 VA 1923 Anh. S. 61—62 Nr. 1319), wobei in allen Fällen eine Ausnahme bei ausdrücklicher Zustimmung des Vers vorgesehen ist. Vgl. dazu auch Stiefel-Wussow Anm. 17—20 zu § 3, S. 82—84, KG 8. X. 1930, JRPV 1930 S. 435, OLG Celle 18. XII. 1931 HansRGZ 1932 A Sp. 630—631, OLG Düsseldorf 30. III. 1933 JRPV 1933 S. 273—274, OLG Kiel 4. V. 1937 JRPV 1937 S. 250—251, OLG Köln 8. X. 1931 VA 1931 S. 285—286 Nr. 2341.

[35] **b) Abtretungserschwerung.**

Für die Lebensv bestimmt § 15 II ALB, daß Abtretungen der Gesellschaft gegenüber nur dann wirksam sind, wenn sie der bisherige Verfügungsberechtigte dem Vorstand schriftlich angezeigt hat; statt der Anzeige kann die Abtretungsurkunde vorgelegt werden. Nach dieser Vorschrift sind Schriftlichkeit und Anzeige nur im Verhältnis zum Ver, nicht im Verhältnis zum Zessionar bedeutungsvoll. Materiell geht die Vsforderung mit dem Vertrag zwischen Verfügungsberechtigtem und einem Gläubiger auf letzteren über (OLG Königsberg 27. VIII. 1937 JRPV 1937 S. 361). Die schriftliche Anzeige an der Ver dient nur der formellen Klarstellung, d. h. der Ver kann vor Eingang der schriftlichen Anzeige mit befreiender Wirkung an den Zedenten leisten. Bei Geltung der Inhaberklausel (§ 4) verliert die schriftliche Abtretungsanzeige ihre Bedeutung (RG 8. X. 1918 RGZ Bd 94 S. 26—29, 28. IV. 1936 JW 1936 S. 2537—2538 = VA 1936 S. 221—222 Nr. 2901).

[36] **c) Einziehungsermächtigung.**

Von einer Abtretung zu unterscheiden ist eine Einziehungsermächtigung (Inkassomandat) als Übertragung eines bloßen Forderungsausschnittes (Anm. 8). Fraglich ist es, ob eine Unmöglichkeit der Abtretung auch eine Einziehungsermächtigung verbietet. Dies nimmt an Prölss Anm. 4 zu § 15, S. 90. Man wird nach der Interessenlage unterscheiden müssen. Ergibt sich eine Unabtretbarkeit nur aus der Unpfändbarkeit (§ 400 BGB), so steht einer Einziehungsermächtigung nichts im Wege (RG 18. XI. 1918 RGZ Bd 94 S. 137). Dagegen ist die Interessen- und Rechtslage eine andere, falls ein vertragliches Abtretungsverbot besteht; denn hier kommt der Wille des Vers zum Ausdruck, es nur mit dem Vmer zu tun haben zu wollen (bedenklich deshalb RG 22. IX. 1933 RGZ Bd 141 S. 413—414, OLG Breslau 19. III. 1935 JW 1935 S. 2907, im Ergebnis richtig KG 15. IX. 1934 JRPV 1935 S. 78).

[37] **V. Verpfändungsbeschränkungen.**

1. Ausschließung.

Rechte, welche nicht übertragen werden können, sind unverpfändbar gemäß § 1274 II BGB. Es gilt das zur Unabtretbarkeit Gesagte auch hier (vgl. deshalb Anm. 29—36). Einen dauernden Verpfändungsausschluß enthält § 6 IVa GrundBed.

[38] **2. Erschwerung.**

Auch vertragliche Verpfändungserschwerungen kommen entsprechend den Abtretungserschwerungen vor (§ 15 II 1 ALB, s. o. Anm. 35). Aus § 159 II 1 ergeben sich ebensowenig Beschränkungen für die Verpfändung wie für die Pfändung (Anm. 18) und Abtretung (Anm. 30) des Lebensvsanspruchs (RG 14. II. 1932 RGZ Bd 136 S. 398).

§ 15a

Auf eine Vereinbarung, durch welche von den Vorschriften des § 3 Abs. 3, § 5 Abs. 1 bis 3, § 6 Abs. 1 bis 3, § 8 Abs. 2, § 11 Abs. 2, §§ 12, 14 zum Nachteile des Versicherungsnehmers abgewichen wird, kann sich der Versicherer nicht berufen.

Zwingende Vorschriften.

Gliederung:

[1] **Entstehung:** § 15a ist durch die VO vom 9. XII. 1939 eingefügt worden in dem Bestreben, jeweils am Ende eines Gesetzestitels die zwingenden Normen übersichtlich zusammenzustellen. — Begr. III S. 7.

[2] **Schrifttum:** Vgl. Einl. Anm. 40.

[3] **I. Arten zwingender Vorschriften.**

Man muß relativ und absolut zwingende Normen unterscheiden (Einl. Anm. 45—50). Der § 15a beschränkt sich auf die Zusammenstellung relativ zwingender Vorschriften, aber gerade der Erste Titel enthält auch mehrere absolut zwingende Bestimmungen.

Alle Beschränkungen der Vertragsfreiheit gelten nicht nur für endgültige Vsverträge, sondern auch für vorläufige Deckungszusagen (Anm. 94 zu § 1).

[4] **II. Relativ zwingende Vorschriften.**

Der Ver kann sich nicht auf eine Vereinbarung berufen, durch welche von gewissen, in § 15a genannten Vorschriften zum Nachteile des Vmers abgewichen wird. Die Vereinbarung ist aber durchaus juristisch existent, sie ist nicht nichtig. Das zeigt sich darin, daß der Vmer, ein Vter, ein Bezugsberechtigter, überhaupt jede Person außer dem Ver (oder seinem Rechtsnachfolger) sich auf die Vereinbarung berufen kann. Das hat besonders dann praktische Bedeutung, falls eine Vereinbarung den Vmer usw. im Vergleich zur gesetzlichen Rechtslage teils schlechter, teils besser stellt. Hinsichtlich der Besserstellungen wird der Vmer sich regelmäßig auf das Vereinbarte stützen. Näheres Einl. Anm. 49.

Den Abweichungen zum Nachteile des Vmers stehen regelmäßig solche zum Nachteile des Vten, Bezugsberechtigten, Zessionars usw. gleich. Auch eine Umgehung stellt sich als Abweichung dar.

Im Einzelnen wird auf die Ausführungen zu den in § 15a genannten Normen verwiesen, nämlich zu

§ 3 III auf Anm. 38 zu § 3,
§ 5 I—III auf Anm. 26 zu § 5,
§ 6 I—III auf Anm. 110 zu § 6,
§ 8 II auf Anm. 17 zu § 8,
§ 11 II auf Anm. 31 zu § 11,
§ 12 auf Anm. 54—57 zu § 12,
§ 14 auf Anm. 6, 20, 24 zu § 14.

Alle Bestimmungen sind nur relativ zwingend im Bereich der Beschränkungen der Vertragsfreiheit; dazu Einl. Anm. 41.

[5] **III. Absolut zwingende Vorschriften.**

Die absolut zwingenden Bestimmungen sind durchweg schwieriger zu ermitteln als die relativ zwingenden. Sie können weder zum Nachteil noch zum Vorteil des Vmers oder Vers wegbedungen werden. Sie setzen sich auch im Bereich der Beschränkungen der Vertragsfreiheit durch. Näheres Einl. Anm. 42.

Das Gesetz selbst läßt den absolut unabdingbaren Charakter folgender Vorschriften erkennen:

§ 5 IV, dazu Anm. 23, 26 zu § 5,
§ 6 IV, dazu Anm. 20, 110 zu § 6,
§ 8 I, dazu Anm. 5—7 zu § 8,
§ 11 IV, dazu Anm. 27 zu § 11.

Im Wege der Auslegung muß man zu dem Ergebnis kommen, daß auch folgende

Vorschriften absolut zwingende Normen enthalten:

§ 1 I 1 (vsrechtliches Bereicherungsverbot), vgl. Einl. Anm. 42, Anm. 26 zu § 1,
§ 4 I (Vsschein kein Inhaberwertpapier), vgl. Anm. 32 zu § 3, Anm. 10 zu § 4,
§ 13 (Vertragsbeendigung durch Verkonkurs), vgl. Anm. 21 zu § 13,
§ 15 (Abtretungsverbot bei V unpfändbarer Sachen), vgl. Anm. 29 zu § 15.

In gewissem Sinne sind auch zu nennen:

§ 1 II (Gleichstellung von Prämien und Beiträgen im Rahmen zwingender Bestimmungen z. B. §§ 38, 39, vgl. Anm. 36, 39 zu § 1),
§ 9 (Höchstdauer der Vsperiode im Rahmen zwingender Bestimmungen, vgl. Anm. 7 zu § 9).

[6] **IV. Nicht zwingende Vorschriften.**

Abdingbar sind z. B. § 2 (Anm. 43 zu § 2), § 3 I, II, IV (Anm. 14, 35 zu § 3), § 4 II, § 7 (Anm. 5 zu § 7), § 9 (Anm. 4, 7 zu § 9, vgl. aber auch oben Anm. 5), § 10 (Anm. 21 zu § 10), § 11 I, III (Anm. 10—12 zu § 11).

Als abdingbar kann auch § 1 I 2 bezeichnet werden, da eine Personenv nicht nur als Summenv, sondern auch als Schadensv betrieben werden kann (Anm. 26 zu § 1).

FSC
www.fsc.org
MIX
Papier | Fördert gute Waldnutzung
FSC® C083411

Kolibri 360 GmbH
Ferdinand-Jühlke-Straße 7
99095 Erfurt, Deutschland
produktsicherheit@kolibri360.de